Tradução de MILLÔR FERNANDES



Shakespeare

# HAMLET

www.lpm.com.br

L&PM POCKET

Coleção **L&PM** POCKET, vol. 4

Texto de acordo com a nova ortografia.

Primeira edição na Coleção **L&PM** POCKET: fevereiro de 1997
Esta reimpressão: junho de 2025

*Tradução*: Millôr Fernandes
*Capa*: Ivan Pinheiro Machado. *Ilustração*: iStock
*Revisão*: Renato Deitos e Ruiz Renato Faillace

ISBN 978-85-254-0611-8

---

S52h

Shakespeare, William, 1564-1616.
Hamlet / William Shakespeare; tradução de Millôr Fernandes.
Porto Alegre: L&PM, 2025.
144 p.; 18 cm. – (Coleção L&PM POCKET; v. 4)

1. Teatro inglês-Tragédias. I.Título. II. Série.

CDD 822.33S7-8
CDU 820 Shak..03

---

Catalogação elaborada por Isabel A. Merlo, CRB 10/329


Rua Comendador Coruja, 314, loja 9 – Floresta – 90.220-180
Porto Alegre – RS – Brasil / Fone: 51.3225.5777

Pedidos & Depto. Comercial: vendas@lpm.com.br
Fale conosco: info@lpm.com.br
www.lpm.com.br

Impresso no Brasil
Outono de 2025

## William Shakespeare
(1564-1616)

William Shakespeare nasceu e morreu em Stratford, Inglaterra. Poeta e dramaturgo, é considerado um dos mais importantes autores de todos os tempos. Filho de um rico comerciante, desde cedo Shakespeare escrevia poemas. Mais tarde associou-se ao Globe Theatre, onde conheceu a plenitude da glória e do sucesso financeiro. Depois de alcançar o triunfo e a fama, retirou-se para uma luxuosa propriedade em sua cidade natal, onde morreu. Deixou um acervo impressionante, do qual destacam-se clássicos como *Romeu e Julieta, Hamlet, A megera domada, O rei Lear, Macbeth, Otelo, Sonho de uma noite de verão, A tempestade, Ricardo III, Júlio César, Muito barulho por nada,* etc.

Livros do autor publicados pela **L&PM** EDITORES:

*As alegres matronas de Windsor* – Trad. de Millôr Fernandes
*Antônio & Cleópatra* – Trad. de Beatriz Viégas-Faria
*Bem está o que bem acaba* – Trad. de Beatriz Viégas-Faria
*A comédia dos erros* – Trad. de Beatriz Viégas-Faria
*Como gostais / Conto de inverno* – Trad. de Beatriz Viégas-Faria
*Hamlet* – Trad. de Millôr Fernandes
*Henrique V* – Trad. de Beatriz Viégas-Faria
*Júlio César* – Trad. de Beatriz Viégas-Faria
*Macbeth* – Trad. de Beatriz Viégas-Faria
*Medida por medida* – Trad. de Beatriz Viégas-Faria
*A megera domada* – Trad. de Millôr Fernandes
*O mercador de Veneza* – Trad. de Beatriz Viégas-Faria
*Muito barulho por nada* – Trad. de Beatriz Viégas-Faria
*Noite de Reis* – Trad. de Beatriz Viégas-Faria
*Otelo* – Trad. de Beatriz Viégas-Faria
*O rei Lear* – Trad. de Millôr Fernandes
*Ricardo III* – Trad. de Beatriz Viégas-Faria
*Romeu e Julieta* – Trad. de Beatriz Viégas-Faria
*Sonetos* – Trad. de Jorge Wanderley (Edição bilíngue)
*Sonho de uma noite de verão* – Trad. de Beatriz Viégas-Faria
*A tempestade* – Trad. de Beatriz Viégas-Faria
*Tito Andrônico* – Trad. de Beatriz Viégas-Faria
*Trabalhos de amor perdidos* – Trad. de Beatriz Viégas-Faria

Leia também:

*Guia Cambridge de Shakespeare* – Emma Smith
*Hamlet* (MANGÁ)
*Shakespeare* – Claude Mourthé (Série Biografias)
*Shakespeare* – Obras escolhidas
*Shakespeare* – Série Ouro
*Shakespeare de A a Z (Livro das citações)* – Org. de Sergio Faraco
*Shakespeare traduzido por Millôr Fernandes*

# WILLIAM SHAKESPEARE
## (1564-1616)

WILLIAM SHAKESPEARE nasceu em Stratford-upon-Avon, Inglaterra, em 23 de abril de 1564, filho de John Shakespeare e Mary Arden. John Shakespeare era um rico comerciante, além de ter ocupado vários cargos da administração da cidade. Mary Arden era oriunda de uma próspera família. Pouco se sabe da infância e da juventude de Shakespeare, mas imagina-se que tenha frequentado a escola primária King Edward VI, onde teria aprendido latim e literatura. Em dezembro de 1582, Shakespeare casou-se com Anne Hathaway, filha de um fazendeiro das redondezas. Tiveram três filhos.

A partir de 1552, os dados biográficos são mais abundantes. Em março, estreou no Rose Theatre de Londres uma peça chamada *Harry the Sixth*, de muito sucesso, que foi provavelmente a primeira parte de *Henry VI*. Em 1593, Shakespeare publicou seu poema *Venus and Adonis* e, no ano seguinte, o poema *The Rape of Lucrece*. Acredita-se que, nessa época, Shakespeare já era um dramaturgo (e um ator, já que os dramaturgos na sua maior parte também participavam da encenação de suas peças) de sucesso. Em 1594, após um período de poucas montagens em Londres, devido à peste, Shakespeare juntou-se à trupe de Lord Chamberlain. Os dois mais célebres dramaturgos do período, Christopher Marlowe (1564-1593) e Thomas Kyd (1558-1594), respectivamente autores de *Tamburlaine, the Jew of Malta* (*Tamburlaine, o judeu de Malta*) e *Spanish Tragedy* (*Tragédia espanhola*), morreram por esta época, e Shakespeare encontrava-se pela primeira vez sem rival.

Os teatros de madeira elisabetanos eram construções simples, a céu aberto, com um palco que se projetava à frente, em volta do qual se punha a plateia, de pé. Ao fundo, havia duas portas, pelas quais atores entravam e saíam. Acima, uma sacada, que era usada quando tornava-se necessário mostrar uma cena que se passasse em uma ambientação secundária. Não havia cenário, o que abria toda uma gama de versáteis possibilidades, já que, sem cortina, a peça começava quando entrava o primeiro ator e terminava à saída do último, e simples objetos e peças de vestuário desempenhavam importantes funções para localizar a história. As ações se passavam muito rápido. Devido à proximidade com o público, trejeitos e expressões dos atores (todos homens) podiam ser facilmente apreciados. As companhias teatrais eram formadas por dez a quinze membros e funcionavam como cooperativas: todos recebiam participações nos lucros. Escrevia-se, portanto, tendo em mente cada integrante da companhia.

Em 1594, Shakespeare já havia escrito as três partes de *Henry VI, Richard III, Titus Andronicus, The Two Gentleman of Verona* (*Dois cavalheiros de Verona*), *Love's Labour's Lost* (*Trabalhos de amor perdidos*), *The Comedy of Errors* (*A comédia dos erros*) e *The Taming of the Shrew* (*A megera domada*). Em 1596, morreu o único filho homem de Shakespeare, Hamnet. Logo em seguida, ele escreveu a primeira das suas peças mais famosas, *Romeo and Juliet*, à qual seguiram-se *A Midsummer's Night Dream* (*Sonho de uma noite de verão*), *Richard II* e *The Merchant of Venice* (*O mercador de Veneza*). *Henry IV*, na qual aparece Falstaff, seu mais famoso personagem cômico, foi escrita entre 1597-1598. No Natal de 1598, a companhia construiu uma nova casa de espetáculos na margem sul do Tâmisa. Os custos foram divididos pelos diretores da companhia, entre os quais Shakespeare, que provavelmente já tinha alguma fortuna. Nascia o Globe Theatre. Também é de 1598 o reconhecimento de Shakespeare como o mais importante dramaturgo de língua inglesa: suas peças, além de atraírem milhares de espectadores para os teatros de madeira, eram impressas e vendidas sob a forma de livro – às vezes até mesmo pirateados. Seguiram-se *Henry V, As You Like It* (*Como gostais*), *Jules Cesar* – a primeira das suas tragédias da maturidade –, *Troilus and Cressida, The Merry Wives of Windsor* (*As alegres matronas de Windsor*), *Hamlet* e *Twelfth Night* (*Noite de Reis*). Shakespeare escreveu a maior parte dos papéis principais de suas tragédias para Richard Burbage, sócio e ator, que primeiro se destacou com *Richard III.*

Em março de 1603, morreu a rainha Elisabeth. A companhia havia encenado diversas peças para ela, mas seu sucessor, o rei James, contratou-a em caráter permanente, e ela tornou-se conhecida como King's Men – Homens do Rei. Eles encenaram diversas vezes na corte e prosperaram financeiramente. Seguiram-se *All's Well that Ends Well* (*Bem está o que bem acaba*) e *Measure for Measure* (*Medida por medida*) – suas comédias mais sombrias –, *Othello, Macbeth, King Lear, Anthony and Cleopatra* e *Coriolanus.* A partir de 1601, Shakespeare escreveu menos. Em 1608, a King's Men comprou uma segunda casa de espetáculos, um teatro privado e fechado em Blackfriars. Nesses teatros privados, as peças eram encenadas em ambientes fechados, o ingresso custava mais do que nas casas públicas de espetáculos, e o público, consequentemente, era mais seleto. Parece ter sido nessa época que Shakespeare aposentou-se dos palcos: seu nome não aparece nas listas de atores a partir de 1607. Voltou a viver em Stratford, onde era considerado um dos mais ilustres cidadãos. Escreveu então quatro tragicomédias, subgênero que começava a ganhar espaço: *Péricles, Cymbeline, The Winter's Tale* (*Conto de inverno*) e *The Tempest* (*A tempestade*), sendo que esta última foi encenada na corte em 1611. Shakespeare morreu em Stratford em 23 de abril de 1616. Foi enterrado na parte da igreja reservada ao clero. Escreveu ao todo 38 peças, 154 sonetos e uma variedade de outros poemas. Suas peças destacam-se pela grandeza poética da linguagem, pela profundidade filosófica e pela complexa caracterização dos personagens. É considerado unanimemente um dos mais importantes autores de todos os tempos.

# HAMLET

# Personagens

**Cláudio** – Rei da Dinamarca
**Hamlet** – Filho do falecido rei, sobrinho do atual rei
**Polônio** – Lord camarista
**Horácio** – Amigo de Hamlet
**Laertes** – Filho de Polônio
**Voltimando** – Cortesão
**Cornélio** – Cortesão
**Rosencrantz** – Cortesão
**Guildenstern** – Cortesão
**Osric** – Cortesão
**Um cavalheiro**
**Um sacerdote**
**Marcelo** – Oficial
**Bernardo** – Oficial
**Francisco** – Um soldado
**Reinaldo** – Criado de Polônio
**Atores**
**Dois clowns** – Coveiros
**Fortinbrás** – Príncipe da Noruega
**Um capitão**
**Embaixadores ingleses**
**Gertrudes** – Rainha da Dinamarca, mãe de Hamlet
**Ofélia** – Filha de Polônio
Damas, cavalheiros, oficiais, soldados, marinheiros, mensageiros e servidores
Fantasma do pai de Hamlet, o **Rei Hamlet**

Cena – Dinamarca

# ATO I

## CENA I

*Elsinor – Terraço diante do castelo. (Francisco está de sentinela. Bernardo entra e vai até ele.)*

**BERNARDO:** Quem está aí?

**FRANCISCO:** Sou eu quem pergunta! Alto, e diz quem vem!

**BERNARDO:** Viva o rei!

**FRANCISCO:** Bernardo?

**BERNARDO:** O próprio.

**FRANCISCO:** Chegou na exatidão de sua hora.

**BERNARDO:** Acabou de soar a meia-noite.
Vai pra tua cama, Francisco.

**FRANCISCO:** Muito obrigado por me render agora. Faz um frio mortal – até meu coração está gelado.

**BERNARDO:** A guarda foi tranquila?

**FRANCISCO:** Nem o guincho de um rato.

**BERNARDO:** Boa noite, então.
Se encontrar Marcelo e Horácio,
Meus companheiros de guarda, diga-lhes que se apressem.

**FRANCISCO:** Parece que são eles. Alto aí! Quem vem lá? *(Entram Horácio e Marcelo.)*

**HORÁCIO:** Amigos deste país.

**MARCELO:** E vassalos do Rei da Dinamarca.

**FRANCISCO:** Deus lhes dê boa-noite.

**MARCELO:** Boa noite a ti, honesto companheiro.
Quem tomou o teu posto?

**FRANCISCO:** Bernardo está em meu lugar.
Deus lhes dê boa-noite. *(Sai.)*

**MARCELO:** Olá, Bernardo!

**BERNARDO:** Quem está aí? Horácio?

**HORÁCIO:** Só um pedaço dele. O resto ainda dorme.

**Bernardo:** Bem-vindo, Horácio. Bem-vindo, bom Marcelo.
**Marcelo:** Então, me diz – esta noite a coisa apareceu de novo?
**Bernardo:** Eu não vi nada.
**Marcelo:** Horácio diz que tudo é fantasia nossa
E não quer acreditar de modo algum
Na visão horrenda que vimos duas vezes.
Por isso eu insisti pra que estivesse aqui, conosco,
Vigiando os minutos atravessarem a noite
Assim, se a aparição surgir de novo
Ela não duvidará mais de nossos olhos,
E falará com ela.
**Horácio:** Ora, ora, não vai aparecer.
**Bernardo:** Senta um pouco, porém.
E deixa mais uma vez atacarmos teus ouvidos
Fortificados contra a nossa história –
O que vimos nessas duas noites.
**Horácio:** Bem, vamos sentar, então,
E ouvir Bernardo contar o que ambos viram.
**Bernardo:** Na noite passada,
Quando essa mesma estrela a oeste do polo
Estava iluminando a mesma parte do céu
Que ilumina agora, Marcelo e eu –
O sino, como agora, badalava uma hora –
**Marcelo:** Silêncio! Não fala! Olha – vem vindo ali de novo!
*(Entra o Fantasma.)*
**Bernardo:** Com a mesma aparência do falecido rei.
**Marcelo:** Você é um erudito; fala com ele, Horácio.
**Bernardo:** Não te parece o rei? Repara bem, Horácio.
**Horácio:** É igual – estou trespassado de espanto e medo.
**Bernardo:** Ele quer que lhe falem.
**Marcelo:** Fala com ele, Horácio.
**Horácio:** Quem és tu que usurpas esta hora da noite
Junto com a forma nobre e guerreira
Com que a majestade do sepulto rei da Dinamarca
Tantas vezes marchou? Pelos céus, eu te ordeno: fala!

**Marcelo:** Creio que se ofendeu.
**Bernardo:** Olha só; com que altivez vai embora!
**Horácio:** Fica aí! Fala, fala! Eu te ordenei – fala!
*(O Fantasma sai.)*
**Marcelo:** Foi embora e não quis responder.
**Bernardo:** E então, Horácio? Você treme, está pálido.
Não é um pouco mais que fantasia?
Que é que nos diz, agora?
**Horácio:** Juro por Deus; eu jamais acreditaria nisso
Sem a prova sensível e verdadeira
Dos meus próprios olhos.
**Marcelo:** Não era igual ao rei?
**Horácio:** Como o rei num espelho.
A armadura também era igual à que usava
Ao combater o ambicioso rei da Noruega
E certa vez franziu assim os olhos, quando,
Depois de uma conferência violenta,
Esmagou no gelo os poloneses
Em seus próprios trenós.
É estranho.
**Marcelo:** Assim, duas vezes seguidas, e nesta mesma hora morta,
Atravessou nossa guarda nesse andar marcial.
**Horácio:** Não sei o que pensar. Com precisão, não sei.
Mas, se posso externar uma opinião ainda grosseira,
Isso é augúrio de alguma estranha comoção em nosso Estado.
**Marcelo:** Pois bem; vamos sentar. E quem souber me responda:
Por que os súditos deste país se esgotam todas as noites
Em vigílias rigidamente atentas, como esta?
Por que, durante o dia, se fundem tantos canhões de bronze?
Por que se compra tanto armamento no estrangeiro?
Por que tanto trabalho forçado de obreiros navais,
Cuja pesada tarefa não distingue o domingo dos dias de semana?

O que é que nos aguarda,
O que é que quer dizer tanto suor
Transformando a noite em companheira de trabalho do dia?
Quem pode me informar?
**Horácio:** Eu posso;
Pelo menos isto é o que se murmura: nosso último rei,
Cuja imagem agora mesmo nos apareceu,
Foi, como vocês sabem, desafiado ao combate por
Fortinbrás, da Noruega,
Movido pelo orgulho e picado pela inveja.
No combate, nosso valente Rei Hamlet,
Pai de nosso amado príncipe,
Matou esse Fortinbrás; que, por um contrato lacrado,
Ratificado pelos costumes da heráldica,
Perdeu, além da vida, todas as suas terras,
Que passaram à posse do seu vencedor.
O nosso rei também tinha dado em penhor
Uma parte equivalente do seu território
A qual teria se incorporado às posses de Fortinbrás
Houvesse ele vencido.
Agora, senhor, o jovem Fortinbrás, príncipe da Noruega,
Cheio de ardor, mas falho em experiência,
Conseguiu recrutar, aqui e ali,
Nos confins de seu país,
Um bando de renegados sem fé nem lei
Decididos a enfrentar, por pão e vinho,
Qualquer empreitada que precise estômago.
No caso (como compreendeu bem claro o nosso Estado)
A empreitada consiste em recobrar,
Com mão de ferro e imposições despóticas,
As mesmas terras perdidas por seu pai.
Está aí, acredito,
A causa principal desses preparativos,
A razão desta nossa vigília,
E a origem do tumulto febril que agita o país.

**Bernardo:** Acho que tudo se passa como disse.
Isso explica a visão espantosa,
Tão parecida com o rei, que foi e é a causa dessas guerras,
Ter vindo assombrar a nossa guarda.
**Horácio:** Um grão de pó que perturba a visão do nosso espírito.
No tempo em que Roma era só louros e palmas,
Pouco antes da queda do poderoso Júlio,
As tumbas foram abandonadas pelos mortos
Que, enrolados em suas mortalhas,
Guinchavam e gemiam pelas ruas romanas;
Viram-se estrelas com caudas de fogo,
Orvalhos de sangue, desastres nos astros,
E a lua aquosa, cuja influência domina o mar, império de Netuno,
Definhou num eclipse, como se houvesse soado o Juízo Final.
Esses mesmos sinais, mensageiros de fatos sinistros,
Arautos de desgraças que hão de vir,
Prólogo de catástrofes que se formam.
Surgiram ao mesmo tempo no céu e na terra,
E foram vistos em várias regiões,
Com espanto e terror de nossos compatriotas.
Mas calma agora! Olhem: ele está aí de novo! *(O Fantasma entra.)*
Vou barrar o caminho, mesmo que me fulmine.
*(Ao Fantasma.)* Para, ilusão! *(O Fantasma abre os braços.)*
Se sabes algum som ou usas de palavras,
Fala comigo.
Se eu posso fazer algo de bom,
Que alivie a ti e traga alívio a mim,
Fala comigo. Se sabes um segredo do destino do reino
Que, antecipado por nós, possa ser evitado,
Fala comigo!
Se em teus dias de vida, enterraste

Nas entranhas da terra um tesouro, desses extorquidos,
Pelos quais, dizem, os espíritos vagueiam após a morte,
*(O galo canta.)*
Fala! Para e fala! Cerca ele aí, Marcelo!
**Marcelo:** Posso atacá-lo com a alabarda?
**Horácio:** Se não se detiver, ataca!
**Bernardo:** Está aqui!
**Horácio:** Está aqui!
**Marcelo:** Foi embora! *(O Fantasma sai.)*
Erramos tudo, tentando a violência,
Diante de tanta majestade.
Ele é como o ar, invulnerável,
E nossos pobres golpes uma tolice indigna.
**Bernardo:** Ele ia falar quando o galo cantou.
**Horácio:** E aí estremeceu como alguém culpado
Diante de uma acusação. Ouvi dizer que o galo,
Trombeta da alvorada, com sua voz aguda,
Acorda o Deus do dia,
E que a esse sinal,
Os espíritos errantes,
Perdidos em terra ou no mar, no ar ou no fogo,
Voltam rapidamente às suas catacumbas.
O que acabamos de ver prova que isso é verdade.
**Marcelo:** Se decompôs ao clarinar do galo,
Dizem que, ao se aproximar o Natal de Nosso Salvador,
O galo, pássaro da alvorada, canta a noite toda:
E aí, se diz, nenhum espírito ousa sair do túmulo.
As noites são saudáveis; nenhum astro vaticina;
Nenhuma fada encanta, nem feiticeira enfeitiça;
Tão santo e cheio de graça é esse tempo.
**Horácio:** Eu também ouvi assim e até acredito, em parte.
Mas, olha: a alvorada, vestida no seu manto púrpura,
Pisa no orvalho, subindo a colina do Oriente.
Está terminada a guarda; se querem um conselho,
Acho que devemos comunicar ao jovem Hamlet

O que aconteceu esta noite; creio, por minha vida,
Que esse espírito, mudo pra nós, irá falar com ele.
**Marcelo:** Pois então vamos logo.
Eu sei onde encontrá-lo com certeza
A esta hora da manhã. *(Saem.)*

## Cena II

*Sala de cerimônias do castelo. (Entram o Rei, a Rainha, Hamlet, Polônio, Laertes, Voltimando, Cornélio, Cava-lheiros e Cortesãos.)*

**Rei:** Embora a morte de nosso caro irmão, Hamlet,
Ainda esteja verde em nossos sentimentos,
O decoro recomende luto em nosso coração,
E o reino inteiro ostente a mesma expressão sofrida,
A razão se opõe à natureza,
E nos manda lembrar dele com sábia melancolia –
Sem deixar de pensarmos em nós mesmos.
Por isso, não desconsiderando vossos melhores conselhos,
Que nos foram livremente transmitidos esse tempo todo,
Tomamos por esposa nossa antes irmã, atual rainha,
Partícipe imperial deste Estado guerreiro.
Embora, por assim dizer, com alegria desolada;
Um olho auspicioso, outro chorando,
Aleluia no enterro, réquiem no casamento,
Equilibrados, em balança justa, o prazer e a mágoa.
A todos nossos agradecimentos.
E agora segue o que todos sabem: o jovem Fortinbrás,
Fazendo uma apreciação infeliz de nosso poderio,
Ou achando, talvez, que com a morte de nosso amado irmão
Nosso Estado se tenha desagregado ou desunido,
Apoiado na quimera de sua suposta superioridade,
Não para de nos acicatar com mensagens hostis

Exigindo a devolução das terras que seu pai perdeu
Pra nosso valorosíssimo irmão
Dentro das mais escritas regras
De lei, da honra e da coragem.
E quanto a ele basta.
Agora, quanto a nós – o motivo desta reunião.
Escrevemos ao rei da Noruega, tio do jovem Fortinbrás,
O qual, impotente e recolhido ao leito,
Mal sabe das intenções do sobrinho,
Exigimos do rei que impeça Fortinbrás
De prosseguir com seus planos, já que
O aliciamento, manobras e adestramento de tropas,
Tudo é feito dentro de seu território.
E aqui os despachamos,
Você, bom Cornélio, e você, Voltimando,
Como portadores de nossas saudações ao velho norueguês,
Sem que tenham, porém, qualquer poder pessoal
Pra negociar com o rei fora do objetivo
Por nós já detalhado.
Adeus, e que a vossa presteza ressalte
Vosso senso de dever.

**Cornélio & Voltimando:** Nisso, e em tudo mais, cumpriremos o ordenado.

**Rei:** Não temos qualquer dúvida; de todo coração, adeus.
*(Saem Cornélio e Voltimando.)*
E agora, Laertes, que assunto te traz?
Você nos falou de certa pretensão; qual é ela, Laertes?
Nada de razoável que peças ao rei da Dinamarca
Será pedido em vão. O que podes pedir, caro Laertes,
Que não seja, por antecipação, uma oferta minha?
A cabeça não é mais aliada ao coração,
Nem a mão mais ligada com a boca,
Do que teu pai com este trono.
Diz o que tu desejas.

**Laertes:** Venerado senhor,

Vossa licença e proteção pra regressar à França,
De onde vim com a maior alegria
Cumprir meu dever de presença em vossa coroação.
Agora, porém, eu devo confessar, esse dever cumprido,
Meus pensamentos e desejos se curvam outra vez para a França,
Como eu, aqui, rogando humildemente permissão e perdão.
**Rei:** Você tem a licença de seu pai? O que nos diz, Polônio?
**Polônio:** Ele conseguiu essa licença, senhor.
Foi arrancada de mim por incansáveis pedidos,
Ao fim dos quais lhe dei minha relutante permissão.
Eu te suplico, senhor, permita que ele vá.
**Rei:** Escolhe tua melhor hora, Laertes; o tempo te pertence.
E gasta como entenderes as qualidades que tens!
E agora, caro Hamlet, meu primo e meu filho...
**Hamlet:** *(À parte.)* Me perfilha como primo, pois não primo como filho.
**Rei:** Por que essas nuvens sombrias ainda em teu semblante?
**Hamlet:** Me protejo, senhor, por estar tão perto do sol.
**Rainha:** Querido Hamlet, arranca de ti essa coloração noturna.
E olha com olhar de amigo o rei da Dinamarca.
Chega de andar com os olhos abaixados
Procurando teu nobre pai no pó, inutilmente,
Sabes que é sorte comum – tudo que vive morre,
Atravessando a vida para a eternidade.
**Hamlet:** Sim, madame, é comum.
**Rainha:** Se é, por que a ti te parece assim tão singular?
**Hamlet:** Parece, senhora? Não, madame, é!
Não conheço o *parece.*
Não é apenas o meu manto negro, boa mãe,
Minhas roupas usuais de luto fechado,
Nem os profundos suspiros, a respiração ofegante.
Não, nem o rio de lágrimas que desce de meus olhos,

Ou a expressão abatida do meu rosto,
Junto com todas as formas, vestígios e exibições de dor,
Que podem demonstrar minha verdade. Isso, sim, *parece*,
São ações que qualquer um pode representar.
O que está dentro de mim dispensa e repudia
Os costumes e galas que imitam a agonia.
**Rei:** Dedicar ao pai esse tributo póstumo, Hamlet,
Revela a doçura da tua natureza.
Mas, você bem sabe, teu pai perdeu um pai;
O pai que ele perdeu também perdeu o dele;
Quem sobrevive tem, por certo tempo, o dever filial de demonstrar sua pena.
Mas insistir na ostentação de mágoa
É teimosia sacrílega; lamento pouco viril,
Mostra uma vontade desrespeitosa ao céu,
Um coração débil, alma impaciente,
Mente simplória e inculta,
Pois se sabemos que a coisa é inelutável,
Por que enfrentá-la com oposição estéril?
Tolice! Ofensa aos céus, ofensa aos mortos,
Ofensa à natureza, gigantesco absurdo pra razão,
Que sabe ser normal os pais morrerem antes,
E que sempre gritou, desde o primeiro morto
Até esse que morreu agora: "Assim deve ser. É assim mesmo!"
Por isso te rogamos, Hamlet – afasta de ti essa dor já inútil,
E pensa em nós como um pai.
E que o universo tome nota:
Este é o herdeiro mais imediato do meu trono!
O amor que te devoto é tão nobre
Quanto o que o pai mais amoroso dedica ao filho mais amado.
Quanto à tua intenção de voltar a estudar em Wittenberg,
Não há nada mais oposto à nossa vontade.
Para a alegria e sob a proteção de nossos olhos,

Te pedimos que permaneças aqui,
Como nosso primeiro cortesão, parente e filho nosso.
**Rainha:** Não deixe que as orações de tua mãe
se percam, Hamlet.
Eu te imploro, fica conosco, não vai pra Wittenberg.
**Hamlet:** Farei o melhor que possa para obedecer-lhe, madame.
**Rei:** É uma resposta bonita e carinhosa;
Esteja na Dinamarca como se fosse nós mesmos.
*(À Rainha.)* Venha, senhora,
O consentimento nobre e espontâneo de Hamlet
Traz um sorriso a meu coração e, em louvor disso,
O rei não erguerá hoje um único brinde
Sem que o grande canhão o anuncie às nuvens,
Pra que as nuvens, ecoando a saudação real,
Reproduzam, no céu, a alegria terrestre. Venham todos.
*(Fanfarras. Saem todos, menos Hamlet.)*
**Hamlet:** Oh, que esta carne tão, tão maculada, derretesse,
Explodisse e se evaporasse em neblina!
Oh, se o Todo-Poderoso não tivesse gravado
Um mandamento contra os que se suicidam.
Ó Deus, ó Deus! Como são enfadonhas, azedas ou rançosas,
Todas as práticas do mundo!
O tédio, ó nojo! Isto é um jardim abandonado,
Cheio de ervas daninhas,
Invadido só pelo veneno e o espinho –
Um quintal de aberrações da natureza.
Que tenhamos chegado a isto...
Morto há apenas dois meses! Não, nem tanto. Nem dois.
Um rei tão excelente. Compará-lo com este
É comparar Hipérion, Deus do sol,
Com um sátiro lascivo. Tão terno com minha mãe
Que não deixava que um vento mais rude lhe roçasse o rosto.
Céu e terra! É preciso lembrar?

Ela se agarrava a ele como se seu desejo crescesse
Com o que o nutria. E, contudo, um mês depois...
É melhor não pensar! Fragilidade, teu nome é mulher!
Um pequeno mês, antes mesmo que gastasse
As sandálias com que acompanhou o corpo de meu pai,
Como Níobe, chorando pelos filhos, ela, ela própria –
Ó Deus! Uma fera, a quem falta o sentido da razão,
Teria chorado um pouco mais – ela casou com meu tio,
O irmão de meu pai, mas tão parecido com ele
Como eu com Hércules! Antes de um mês!
Antes que o sal daquelas lágrimas hipócritas
Deixasse de abrasar seus olhos inflamados,
Ela casou. Que pressa infame,
Correr assim, com tal sofreguidão, ao leito incestuoso!
Isso não é bom, nem vai acabar bem.
Mas estoura, meu coração! Devo conter minha língua!

**Horácio:** Salve, meu senhor.

**Hamlet:** Contente por te ver tão bem.
É Horácio – ou já nem sei quem eu sou.

**Horácio:** Ele mesmo, meu senhor, e vosso humilde servidor.

**Hamlet:** Senhor – meu bom amigo.
É o tratamento que nós nos daremos.
O que é que você faz tão longe de Wittenberg, Horácio? Marcelo!

**Marcelo:** Meu bom senhor...

**Hamlet:** Estou muito contente de te ver. *(Pra Bernardo.)* Boa tarde, senhor.
Mas vamos lá, me diz, que faz você longe de Wittenberg?

**Horácio:** Minha inclinação à vadiagem, acho.

**Hamlet:** Eu não permitiria que um inimigo teu dissesse isso,
Nem deixarei que você violente os meus ouvidos
Pra que aceitem tua acusação contra ti mesmo.
Você não é preguiçoso; qual é o teu interesse em Elsinor?
Aqui te ensinarão a beber muito; eu sei.

**Horácio:** Senhor – eu vim pra assistir aos funerais de seu pai.
**Hamlet:** Ou seja: veio assistir aos esponsais de minha mãe.
**Horácio:** É verdade, senhor; foram logo em seguida.
**Hamlet:** Economia, Horácio! Os assados do velório
Puderam ser servidos como frios na mesa nupcial.
Preferia ter encontrado no céu meu pior inimigo
Do que ter visto esse dia!
Meu pai – estou vendo meu pai, Horácio!
**Horácio:** Seu pai? Onde, senhor?
**Hamlet:** No olhar do espírito, Horácio.
**Horácio:** Eu o vi uma vez; era um belo rei.
**Hamlet:** Era um homem – e nada mais importa.
Jamais haverá um outro como ele.
**Horácio:** Senhor, acho que o vi ontem de noite.
**Hamlet:** Viu quem?
**Horácio:** O rei, seu pai.
**Hamlet:** Meu pai? O rei?
**Horácio:** Contenha seu espanto por um instante
E me dê ouvido atento pra que eu lhe conte
O prodígio que vi, testemunhado por meus companheiros.
**Hamlet:** Pelo amor de Deus, sou todo ouvidos. Fala!
**Horácio:** Duas noites seguidas,
Marcelo e Bernardo tiveram essa visão,
Quando estavam de guarda na vastidão sepulcral da meia-noite.
Figura igual a seu pai, armada exatamente como ele –
Igual de cima a baixo! – apareceu a eles e,
Com andar majestoso, passou solenemente pelos dois.
Passou três vezes
Por seus olhos esbugalhados de surpresa e medo,
Tão perto que chegou a tocá-los com o cetro.
Enquanto eles, a quem o pavor liquefez em gelatina,
Ficaram mudos, incapazes de emitir uma palavra.
Eles me comunicaram isso em absoluto segredo;

Juntei-me à guarda na terceira noite;
A aparição surgiu na hora e da forma como tinham narrado,
Confirmando e provando cada palavra dita.
Reconheci seu pai: estas mãos não são tão semelhantes.
**Hamlet:** Mas onde foi isso?
**Marcelo:** Na esplanada do Sul, onde se faz a guarda.
**Hamlet:** Não falaram com ele?
**Horácio:** Eu falei, meu senhor; mas não me deu resposta.
Uma vez pareceu levantar a cabeça, no movimento
De quem pretende falar mas, exato aí,
O galo da matina cantou forte.
A sombra se encolheu subitamente
E se diluiu na nossa vista.
**Hamlet:** É muito estranho.
**Horácio:** Meu honrado senhor, é a verdade,
Tão certo quanto eu estar vivo.
Acreditamos que nosso primeiro dever era informá-lo.
**Hamlet:** Claro, claro, senhores, mas isso me perturba.
Ainda estão de prontidão esta noite?
**Marcelo & Bernardo:** Estamos, senhor.
**Hamlet:** Armado, vocês dizem?
**Marcelo & Bernardo:** Armado, sim senhor.
**Hamlet:** Dos pés à cabeça?
**Marcelo & Bernardo:** Do elmo ao calcanhar.
**Hamlet:** Então ninguém viu o rosto dele!
**Horácio:** Vimos, senhor; estava com a viseira levantada.
**Hamlet:** A expressão dolorida?
**Horácio:** Mais tristeza do que raiva.
**Hamlet:** Pálido ou rubro?
**Horácio:** Não, muito pálido.
**Hamlet:** Tinha os olhos fixados em vocês?
**Horácio:** Com insistência.
**Hamlet:** Eu queria ter estado lá.
**Horácio:** Acho que ficaria horripilado.
**Hamlet:** É bem provável, é bem provável. Durou muito tempo?

**Horácio:** O tempo de contar até cem, sem muita pressa.
**Marcelo & Bernardo:** Muito mais, muito mais.
**Horácio:** Não quando eu vi.
**Hamlet:** Tinha a barba grisalha? Não?
**Horácio:** Estava como eu vi quando era vivo: bem preta, com alguns fios de prata.
**Hamlet:** Vou ficar de guarda hoje à noite – talvez volte.
**Horácio:** Eu garanto que sim.
**Hamlet:** Se surgir na figura de meu nobre pai eu falo com ele
Mesmo que o inferno abra sua goela de fogo
E ordene que eu me cale. Imploro a todos,
Já que até agora mantiveram em segredo o que viram,
Que conservem o silêncio.
E seja o que for que aconteça esta noite
Tenham os olhos abertos – e a língua imóvel.
Eu retribuo a afeição de todos. Passem bem;
Antes da meia-noite estarei com vocês na plataforma.
**Todos:** Senhor, pode contar com a nossa obediência.
**Hamlet:** Me deem amizade – eu lhes darei a minha. Adeus! *(Saem todos, menos Hamlet.)*
O espírito de meu pai! E armado! Nem tudo está bem;
Suspeito de alguma felonia. Queria que já fosse noite!
Te contém até lá, meu coração!
A infâmia sempre reaparece ao olhar humano,
Mesmo que a afoguem no fundo do oceano. *(Sai.)*

## Cena III

*Aposento na casa de Polônio. (Entram Laertes e Ofélia.)*
**Laertes:** Minha bagagem está a bordo. Adeus, irmã.
Sempre que os ventos forem favoráveis
E houver um transporte disponível, não dorme;
Quero ter notícias tuas.

**Ofélia:** Está duvidando?
**Laertes:** Quanto a Hamlet e ao encantamento de suas atenções,
Aceita isso como uma fantasia, capricho de um temperamento,
Uma violeta precoce no início da primavera; suave, mas efêmera,
Perfume e passatempo de um minuto – Não mais.
**Ofélia:** Não mais que isso?
**Laertes:** Não mais;
Pois a natureza não nos faz crescer
Apenas em forças e tamanho.
À medida que este templo se amplia,
Se amplia dentro dele o espaço reservado
Pra alma e pra inteligência.
Talvez Hamlet te ame, agora, e não haja mácula ou má-fé,
Só sinceridade nas suas intenções.
Mas você deve temer, dada a grandeza dele,
O fato de não ter vontade própria:
É um vassalo do seu nascimento.
Não pode, como as pessoas sem importância,
Escolher a quem deseja, pois disso depende
A segurança e o bem-estar do Estado.
Portanto, a escolha dele está subordinada
À voz e à vontade desse outro corpo
Do qual ele é a cabeça. Então, quando diz que te ama,
Convém à tua prudência só acreditar nisso
Até onde seu desejo pessoal pode transformar
O que ele diz em fato: ou seja,
Até onde permitir a vontade universal da Dinamarca.
Assim, pesa o que pode sofrer a tua honra,
Se ouvir suas canções com ouvido crédulo,
Lhe entregar o coração ou abrir teu mais casto tesouro
À sua luxúria sem controle.
Cuidado, Ofélia, cuidado, amada irmã, vigia!

E coloca tua afeição
Fora do alcance e do perigo do desejo.
A donzela mais casta não é bastante casta
Se desnuda sua beleza à luz da lua.
A mais pura virtude não escapa ao cerco da calúnia.
A praga ataca os brotos da primavera
Antes mesmo que os botões floresçam;
E na manhã orvalhada da existência
Os contágios fatais são mais constantes.
Tem cuidado, então; o medo é a melhor defesa.
Uma jovem se seduz com sua própria beleza.
**Ofélia:** Terei o nobre sentido das tuas palavras
Como guarda do meu coração. Mas, meu bom irmão,
Não faz como certos pastores impostores,
Que nos mostram um caminho pro céu, íngreme
e escarpado,
E vão eles, dissolutos e insaciáveis libertinos,
Pela senda florida dos prazeres,
Distante dos sermões que proferiram.
**Laertes:** Não se preocupe comigo.
Mas já me demorei muito. E aí vem meu pai,
*(Entra Polônio.)*
Uma dupla bênção é uma dupla graça.
Feliz por despedir-me duas vezes.
**Polônio:** Ainda aqui, Laertes! Já devia estar no navio,
que diabo!
O vento já sopra na proa de teu barco;
Só esperam por ti. Vai, com a minha bênção, vai!
*(Põe a mão na cabeça de Laertes.)*
E trata de guardar estes poucos preceitos:
Não dá voz ao que pensares, nem transforma em ação um
pensamento tolo.
Amistoso, sim, jamais vulgar.
Os amigos que tenhas, já postos à prova,
Prende-os na tua alma com grampos de aço;

Mas não caleja a mão festejando qualquer galinho implume
Mal saído do ovo. Procura não entrar em nenhuma briga;
Mas, entrando, encurrala o medo no inimigo,
Presta ouvido a muitos, tua voz a poucos.
Acolhe a opinião de todos – mas você decide.
Usa roupas tão caras quanto tua bolsa permitir,
Mas nada de extravagâncias – ricas, mas não pomposas.
O hábito revela o homem,
E, na França, as pessoas de poder ou posição
Se mostram distintas e generosas pelas roupas que vestem.
Não empreste nem peça emprestado:
Quem empresta perde o amigo e o dinheiro;
Quem pede emprestado já perdeu o controle de sua economia.
E, sobretudo, isto: sê fiel a ti mesmo.
Jamais serás falso pra ninguém
Adeus. Que minha bênção faça estes conselhos frutificarem em ti.

**Laertes:** Com toda a humildade, eu me despeço, pai.

**Polônio:** Vai – que o tempo foge. Teus criados esperam.

**Laertes:** Adeus, Ofélia, e não esquece o que eu disse.

**Ofélia:** Está encerrado na minha memória,
E só você tem a chave.

**Laertes:** Adeus. *(Sai.)*

**Polônio:** O que foi que ele te disse, Ofélia?

**Ofélia:** Se deseja saber, algo referente ao príncipe Hamlet.

**Polônio:** Ah, bem lembrado.
Disseram-me que, ultimamente,
Tem gasto muito tempo com você e que você,
Por seu lado, o tem acolhido liberal e generosamente.
Se é assim, e assim me foi contado,
Devo te dizer – como um aviso –
Que você não compreende claramente
O que te convém como minha filha e quanto à tua honra.
O que há entre vocês? Quero a verdade.

**Ofélia:** Senhor, ultimamente ele tem me dado muitas demonstrações de ternura.

**Polônio:** Ternura! Qual! Você fala como uma moça ingênua
Inconsciente do perigo em que se encontra.
Você acredita nessas ternuras de que fala?

**Ofélia:** Senhor, não sei o que pensar.

**Polônio:** Por Deus; você está agindo como uma menina
Que ganha uma moeda falsa e acha que é dinheiro de verdade.

**Ofélia:** Senhor, se ele me importuna com palavras de amor,
É da forma mais honrosa.

**Polônio:** Oh, honrosa! Não diz, não diz!

**Ofélia:** E apoia as intenções com que fala, senhor,
Com os juramentos mais sagrados do céu.

**Polônio:** Alçapão pra apanhar rolinhas. Eu sei bem,
Quando o sangue ferve, como a alma é pródiga
Em emprestar mil artimanhas à língua.
São chispas, minha filha, dão mais luz que calor
E se extinguem no momento da promessa –
Não são fogo verdadeiro. De agora em diante
Tua presença de donzela deve ser menos visível.
Que os teus encontros tenham um preço mais alto
Do que um simples chamado ocasional.
Não deves esquecer que o príncipe Hamlet
É jovem, e príncipe;
Tem rédea bem mais solta do que a tua.
Ofélia, não acredite nas promessas dele;
São simples mensageiras de ânsias pecaminosas,
Com ares de devotas, pra seduzir melhor. Simplificando:
Não quero mais, de hoje em diante,
Que você conspurque um minuto sequer,
Trocando palavras, ou conversando, com o príncipe.
Presta atenção: é uma ordem. Pode ir.

**Ofélia:** Eu obedeço, meu senhor.

## Cena IV

*Na Esplanada. (Entram Hamlet, Horácio e Marcelo.)*

**Hamlet:** O ar corta a pele, de tanto que está frio.

**Horácio:** Gelado e penetrante.

**Hamlet:** Que horas?

**Horácio:** Acho que é quase meia-noite.

**Marcelo:** Já soou meia-noite.

**Horácio:** É mesmo? Eu nem ouvi. Então está perto da hora
Em que o espírito costumava aparecer.
*(Toques festivos de trombeta. Canhões disparam no castelo.)*
Que significa isso, meu senhor?

**Hamlet:** O rei está fazendo uma noitada, promovendo uma orgia.
Festeja e dança danças debochadas
E, enquanto engolfa talagadas de vinho do Reno,
Manda tambores e trompas proclamarem
A apoteose de sua bebedeira.

**Horácio:** Isso é um costume?

**Hamlet:** Oh, sim, como não.
Mas, pro meu sentimento – e sou nascido aqui,
Criado nesses hábitos – é uma tradição
Que seria mais honroso romper, não respeitar.
Esse deboche brutal
Nos transforma em alvos de insultos e achincalhes
De todas as nações, do Oriente ao Ocidente,
Nos dá fama de bêbados, mancha nossa reputação;
Dinamarqueses suínos. Todos os nossos feitos,
Por mais belos que sejam, ficam ofuscados
Por esse costume inglório.
Isso acontece também com indivíduos que,
Por nascerem com algum defeito natural,
Do qual não são culpados (a Natureza não permite
Que escolham sua origem), têm um temperamento exaltado,

E rompem as fronteiras e defesas da razão;
Ou que, por adquirirem hábitos nocivos,
Se chocam com os comportamentos bem aceitos.
Essas pessoas, digo, pela nódoa de um estigma –
Marca da natureza ou azar do destino –
Terão todas as suas virtudes desprezadas,
Sejam elas tão altas ou infinitas quanto o homem é capaz.
Uma gota do mal, uma simples suspeita,
Transforma o leite da bondade no lodo da infâmia.
**Horácio:** Olha só, meu senhor, lá está ele!
*(Entra o Fantasma.)*
**Hamlet:** Anjos e mensageiros de Deus, defendei-nos!
Sejas tu um espírito sagrado ou duende maléfico;
Circundado de auras celestes ou das chamas do inferno;
Tenhas intenções bondosas ou perversas;
Tu te apresentas de forma tão estranha
Que eu vou te falar. Tu és Hamlet,
Meu rei, meu pai, senhor da Dinamarca. Vai, me responde!
Não deixa que eu exploda em ignorância: me diz
Por que teus ossos, devidamente consagrados, enterrados com as devidas cerimônias
Romperam a mortalha; por que o sepulcro,
Onde te depusemos tão tranquilamente,
Abriu suas pesadas mandíbulas de mármore
Pra te jogar outra vez neste mundo?
O que quererá dizer, cadáver morto, tu, assim,
De novo em armadura completa, vir nos revisitar
Aos fulgores da lua, tornando sinistra
A noite luminosa, enquanto nós, joguetes da natureza,
Sentimos o pavor penetrar nosso ser.
Por pensamentos muito além dos limites que alcançamos?
Diz por que isso! Com que fim? Que devemos fazer?
*(O Fantasma acena pra Hamlet.)*
**Horácio:** Faz sinais pro senhor ir com ele
Como se quisesse lhe comunicar alguma coisa sozinho.

**Marcelo:** Olha, faz um gesto gentil pra que o acompanhe a um lugar
Mais afastado... Não vai não!
**Horácio:** Não, de maneira nenhuma!
**Hamlet:** Se não vou, ele não fala. Vou atrás dele.
**Horácio:** Não faça isso, meu senhor.
**Hamlet:** Por quê? Qual é o medo?
Minha vida não vale um alfinete
E à minha alma ele não pode fazer nada,
Pois é tão imortal quanto ele.
Faz sinais de novo; vou segui-lo.
**Horácio:** Mas, senhor, e se ele o arrastar para o oceano,
Ou pro cume apavorante dessa rocha
Que avança pelas ondas e aí,
Assumindo uma outra forma mais horrível,
Privá-lo do império da razão
E precipitá-lo na loucura? Pensa nisso;
O próprio local – não precisa outro motivo –
Traz vertigens insensatas
Só de olhar o mar que estoura
No precipício lá em baixo.
**Hamlet:** Continua me fazendo sinais.
*(Ao Fantasma.)* Pode ir que eu te sigo.
**Marcelo:** Não vá lá, meu senhor. *(Segura Hamlet.)*
**Hamlet:** Tira as mãos.
**Horácio:** Se convença, senhor – não deve ir.
**Hamlet:** O meu destino chama
E torna as menores artérias do meu corpo
Tão fortes quanto os nervos do Leão da Nemeia.
*(O Fantasma acena.)*
Continua chamando. Me deixem livre, senhores.
Pelos céus, transformarei também em fantasma
Quem me detiver novamente. Afastem-se!
*(Ao Fantasma.)* Pode ir – vou atrás.
*(Saem, o Fantasma e Hamlet.)*

**Horácio:** A imaginação o arrasta a qualquer ousadia.
**Marcelo:** Vamos segui-lo; é um erro obedecer agora.
**Horácio:** Vou com você. Mas o que é que quer dizer isso?
**Marcelo:** Há algo de podre no Estado da Dinamarca.
**Horácio:** O céu providencia.
**Marcelo:** Vamos lá. *(Saem.)*

## Cena V

*Outra parte da Esplanada. (Entram o Fantasma e Hamlet.)*
**Hamlet:** Pra onde me leva? Fala: não passo daqui.
**Fantasma:** Me escuta.
**Hamlet:** Te escuto.
**Fantasma:** Está quase na hora
Em que devo voltar pro tormento
Das chamas de enxofre.
**Hamlet:** Ah, espírito infeliz!
**Fantasma:** Não desejo pena, só teu ouvido atento
Ao que vou revelar.
**Hamlet:** Fala: estou pronto pra ouvir.
**Fantasma:** E também pra me vingar, depois de ouvir.
**Hamlet:** O quê?
**Fantasma:** Sou o espírito de teu pai
Condenado, por um certo tempo, a vagar pela noite
E a passar fome no fogo enquanto é dia,
Até que os crimes cometidos em meus tempos de vida
Tenham sido purgados, se transformando em cinza.
Se não me fosse proibido
Narrar os segredos das profundas,
Eu te revelaria uma história cuja palavra mais leve
Arrancaria as raízes da tua alma.
E gelaria o sangue da tua juventude,
Fazendo teus dois olhos abandonarem as órbitas
Como estrelas perdidas; enquanto teus cabelos,

Separados em tufos, ficariam com os fios em pé:
Cerdas na pele de um porco-espinho.
Mas esses segredos do sobrenatural
Não são pra ouvidos feitos de carne e sangue,
Escuta, escuta, escuta!
Se você algum dia amou seu pai...
HAMLET: Ó, Deus!
FANTASMA: Vinga esse desnaturado, infame assassinato.
HAMLET: Assassinato!
FANTASMA: Todo assassinato é infame:
Este é infame, perverso – monstruoso.
HAMLET: Me conta tudo logo, pra que eu,
Mais rápido do que um pensamento de amor,
Voe para a vingança.
FANTASMA: Te vejo decidido:
E serias mais insensível do que as plantas adiposas
Que apodrecem molemente nas margens do rio Letes
Se ficasses impassível diante disso. Então, Hamlet, escuta:
Se divulgou que fui picado por uma serpente
Quando dormia em meu jardim;
Com essa versão mentirosa do meu falecimento
Se engana grosseiramente o ouvido de toda a Dinamarca.
Mas saiba você, meu nobre jovem:
A serpente cuja mordida tirou a vida de teu pai
Agora usa a nossa coroa.
HAMLET: Ó, minha alma profética! Meu tio!
FANTASMA: Sim, essa besta incestuosa e adúltera,
Com seu engenho maligno e dádivas de traição –
Maldito engenho e dádivas malditas
Por seu poder de sedução! – descobriu, pra sua lascívia incontrolável,
A volúpia da minha rainha tão virtuosa – em aparência.
Oh, Hamlet, que queda foi aquela!
De mim – cujo amor ainda mantinha a dignidade
Dos votos feitos em nosso matrimônio –

Rebaixar-se a um canalha, cujos dons naturais
Eram mais que execráveis, comparados com os meus!
Mas, assim como a virtude não se deixa corromper,
Ainda que a luxúria a corteje em forma de anjo,
Também a lascívia, mesmo ligada a um anjo refulgente,
Continua devassa nos lençóis celestes,
E goza na imundície.
Mas, espera! Já sinto o odor do ar matutino;
Devo ser breve; eu dormia, de tarde, em meu jardim,
Como de hábito. Nessa hora de calma e segurança
Teu tio entrou furtivamente, trazendo, num frasco,
O suco da ébona maldita,
E derramou, no pavilhão de meus ouvidos,
A essência morfética
Que é inimiga mortal do sangue humano,
Pois, rápida como o mercúrio, corre através
Das entradas e estradas naturais do corpo;
E, em fração de minuto, talha e coalha
O sangue límpido e saudável,
Como gotas de ácido no leite. Assim aconteceu comigo,
Num segundo minha pele virou crosta leprosa,
Repugnante, e me surgiram escamas purulentas pelo corpo.
Assim, dormindo, pela mão de um irmão, perdi, ao mesmo tempo,
A coroa, a rainha e a vida.
Abatido em plena floração de meus pecados,
Sem confissão, comunhão ou extrema-unção,
Fui enviado para o ajuste final,
Com todas minhas imperfeições pesando na alma.

**Hamlet:** Oh, terrível! Terrível! Tão terrível!

**Fantasma:** Se você tem sentimentos naturais não deve tolerar;
Não deve tolerar que o leito real da Dinamarca
Sirva de palco à devassidão e ao incesto.
Mas, seja qual for a tua forma de agir,

Não contamina tua alma deixando teu espírito
Engendrar coisa alguma contra tua mãe. Entrega-a ao céu,
E aos espinhos que tem dentro do peito:
Eles ferem e sangram. Adeus de uma vez!
O vaga-lume começa a empalidecer sua luz noturna;
É que a alvorada o vence.
Adeus, adeus, adeus! Lembra de mim. *(Sai.)*
**Hamlet:** Oh, gigantescas legiões do céu! Oh, terra! Que mais ainda?
Devo apelar ao inferno? Infâmia! Calma, calma, coração;
E vocês, meus nervos, não envelheçam de repente;
Me mantenham tranquilo. *(Levanta-se.)* Lembrar de ti!
Ah, pobre fantasma, enquanto a memória tiver um lugar neste globo alterado. *(Toca a cabeça.)* Lembrar de ti!
Ouve, vou apagar da lousa da minha memória
Todas as anotações frívolas ou pretensiosas,
Todas as ideias dos livros, todas as imagens,
Todas as impressões passadas,
Copiadas pela minha juventude e observação.
No livro e no capítulo do meu cérebro
Viverá apenas o teu mandamento,
Sem mistura com qualquer matéria vil. Sim, pelo céu!
Perniciosíssima senhora!
Ó traidor, traidor; desgraçado, sorridente traidor!
Minha lousa! – preciso registrar
Que se pode sorrir e, sorrindo, ser canalha.
Pelo menos, estou certo – aqui na Dinamarca.
Eis aí, o teu retrato. E aqui está minha divisa:
"Adeus, adeus! Lembra de mim".
Está jurado.
**Horácio:** *(Fora de cena.)* Meu senhor, meu senhor...
**Marcelo:** *(Fora de cena.)* Príncipe Hamlet!
**Horácio:** *(Fora de cena.)* Que o céu o proteja!
**Hamlet:** Amém!
**Marcelo:** *(Fora de cena.)* Olá, ho, ho, meu senhor!

**Hamlet:** Hilô, ho, ho, vem meu falcão, aqui!
*(Entram Marcelo e Horácio.)*
**Marcelo:** Como está o senhor?
**Horácio:** Que foi que aconteceu, meu senhor?
**Hamlet:** Coisas maravilhosas!
**Horácio:** Meu bom senhor, queremos saber.
**Hamlet:** Pra quê, pra repetir?
**Horácio:** Não eu, meu senhor, pelo céu.
**Marcelo:** Nem eu, senhor.
**Hamlet:** Vão ouvir o que nenhum coração jamais
imaginou. Mas, guardam segredo?
**Horácio & Marcelo:** Sim, meu senhor,
por tudo que é sagrado.
**Hamlet:** Não há em toda Dinamarca um só canalha
Que não seja... um patife consumado.
**Horácio:** Meu senhor, não é preciso um fantasma sair da
sepultura
Pra nos dizer isso.
**Hamlet:** É mesmo; é verdade. Você está certo.
Então, sem mais circunlóquios,
Acho conveniente, com um aperto de mão,
Irmos embora.
Vocês pra onde as ocupações ou a vontade lhes indique –
Pois todo homem, a todo momento,
– tem uma ocupação e uma vontade, seja esta ou aquela –
E eu, por meu lado, meu pobre lado,
Sabem o quê?, eu vou rezar.
**Horácio:** Isso, senhor, me parece somente um turbilhão
De palavras desconexas.
**Hamlet:** Perdão se eu os ofendi: de todo coração.
Perdão mesmo, por minha fé, verdade!
**Horácio:** Não há ofensa nenhuma, meu senhor.
**Hamlet:** Há sim, por São Patrício,
E ofensa grande. Falando da tal visão...
Deixa que eu te diga, Horácio.

É um fantasma honesto. Quanto ao teu desejo
De saber o que houve entre nós, é melhor que o reprima.
E agora, bons amigos, como amigos, estudiosos e soldados,
Um pequeno favor.
**Horácio:** Nós faremos, senhor, seja o que for.
**Hamlet:** Ninguém deve saber o que foi visto hoje.
**Horácio & Marcelo:** Senhor, ninguém saberá.
**Hamlet:** Muito bem – então jurem.
**Horácio:** Minha palavra, senhor.
**Marcelo:** Senhor, por minha fé.
**Hamlet:** Na cruz da minha espada! *(Estende a espada.)*
**Marcelo:** Mas nós já juramos, senhor.
**Hamlet:** Não importa. Não importa. Jurem na espada.
**Fantasma:** *(Debaixo da cena.)* Jurem!
**Hamlet:** Ho, ho, meu rapaz! Você está aí, amigão?
Vamos lá! Não ouviram o camarada da adega?
Concordem e jurem.
**Horácio:** Então propõe o juramento: nós juramos.
**Hamlet:** "Nunca falaremos no que vimos esta noite."
Jurem por minha espada
**Fantasma:** *(Debaixo da cena.)* Jurem.
**Hamlet:** *Hic et ubique?* Você está em toda a parte, hein?
Pois vamos mudar de lugar. Venham pra cá, senhores.
*(Vão pra outra parte do palco.)*
Aqui. Ponham de novo a mão na minha espada;
"Nunca falaremos em nada do que ouvimos."
Jurem por minha espada.
**Fantasma:** *(Debaixo da cena.)* Jurem.
**Hamlet:** Muito bem, ratazana! Você cava depressa
embaixo da terra, hein?
O rei da mineração! Vamos mudar de novo de lugar.
**Horácio:** Ó dia, ó noite! Isso é espantosamente estranho!
**Hamlet:** Portanto, como estranho, deve ser bem recebido.
Há mais coisas no céu e na terra, Horácio,
Do que sonha a tua filosofia.

Mas, vamos lá;
Aqui, como antes, nunca, com a ajuda de Deus,
Por mais estranha e singular que seja minha conduta –
Talvez, de agora em diante, eu tenha que
Adotar atitudes absurdas –
Vocês não devem jamais, me vendo em tais momentos,
Cruzar os braços assim, mexer a cabeça assim,
Ou pronunciar frases suspeitas,
Como "Ora, ora, eu já sabia", ou "Se nós quiséssemos, podíamos",
Ou "Se tivéssemos vontade de, quem sabe?"
Ou "Existem os que, se pudessem..."
Ou ambiguidades que tais pra darem a entender
Que conhecem segredos meus. Não façam nada disso,
E a graça e a misericórdia os assistirão
Quando necessitarem. Jurem.
**Fantasma:** *(Debaixo da cena.)* Jurem.
*(Eles juram na espada de Hamlet.)*
**Hamlet:** Repousa, repousa, espírito confuso! –
Assim, amigos,
Com todo meu afeto, me recomendo aos senhores,
E tudo que um homem tão pobre quanto Hamlet
Puder fazer pra exprimir sua amizade e gratidão,
Se Deus quiser, ele fará. Vamos entrar juntos;
E por favor, um dedo sempre sobre os lábios.
Nosso tempo está desnorteado. Maldita a sina
Que me fez nascer um dia pra consertá-lo!
Venham, vamos entrar os três. *(Saem.)*

# ATO II

## Cena I

*Elsinor. Sala na casa de Polônio. (Entram Polônio e Reinaldo.)*

**Polônio:** Dá estas cartas e este dinheiro a ele, Reinaldo.
**Reinaldo:** Pois não, meu senhor.
**Polônio:** Mas, bom Reinaldo, será de grande sabedoria
Obter algumas informações sobre o comportamento dele,
Antes de visitá-lo.
**Reinaldo:** Era a minha intenção, meu senhor.
**Polônio:** Bem dito, muito bem dito. Mas olha, Reinaldo,
Primeiro vai ter que saber que dinamarqueses vivem em Paris;
E como, e quem são, com que meios, onde moram,
Com quem andam, quanto gastam.
Com rodeios e por generalidades,
Conhecendo os que conhecem meu filho,
Chegará mais perto do que desejamos
Do que o faria com perguntas diretas.
Assuma o ar de quem o conhece de vista,
Como "conheço bem o pai dele, e alguns amigos,
E ele, um pouco". Percebeu, Reinaldo?
**Reinaldo:** Ah, sim, muito bem, sim senhor.
**Polônio:** "E ele um pouco" – mas pode acrescentar: "Não muito bem:
Mas, se é quem eu estou pensando, é um dissipado;
Viciado em... nisto e naquilo" – e aí atribui a ele
Os defeitos que quiser; mas vê lá, nada tão torpe
Que possa desonrá-lo; presta atenção a isso.
Fale só de erros menores, transvios, loucuras, pequenos deslizes,

Companheiros notórios e inevitáveis
Da juventude quando em liberdade.
**Reinaldo:** Como jogar, meu senhor?
**Polônio:** Claro – ou beber, duelar, praguejar,
Fazer arruaças e andar com mulheres;
Até aí pode ir.
**Reinaldo:** Mas, senhor, isso não o desonraria?
**Polônio:** Não se você moderar a acusação.
Não deve dizer nada que produza escândalo,
Como que ele participa de... deboches.
Eu não quis dizer isso. Sussurre as faltas dele habilmente
Pra que pareçam excessos naturais da liberdade,
Centelhas e fulgores de alma fogosa,
Selvagerias dum sangue efervescente.
Coisas de jovens – ou de qualquer um.
**Reinaldo:** Mas, bom senhor...
**Polônio:** Por que agir assim?
**Reinaldo:** É, meu senhor –
Eu queria saber.
**Polônio:** Olha, te esbocei meu esboço
Porque, acho, é um estratagema permissível:
Colocamos essas pequenas nódoas no meu filho
Como manchas que acontecem num trabalho.
Veja bem,
Teu interlocutor, esse que você sonda,
Se alguma vez viu o jovem que você acusa
Envolvido nos crimes de que você fala,
Fará coro contigo:
"Bom senhor, eu...", ou "Amigo", ou "Cavalheiro...",
De acordo com a forma de expressão dessa pessoa,
Seu título e país.
**Reinaldo:** Muito bem, meu senhor.
**Polônio:** E então, teu interlocutor, ele aí – ele faz – hei...
O que é que eu ia dizer? Misericórdia,
Eu ia dizer alguma coisa. Onde foi que eu parei?

**Reinaldo:** “Fará coro contigo”, ou “Amigo”, ou “Cavalheiro”...
**Polônio:** “Fará coro contigo” – pois bem,
Fará o coro assim: “Conheço bem o jovem;
Eu o vi ontem, ou no outro dia,
Ou agora, hoje mesmo, não sei quando,
Com alguém, não sei quem, e, como disse você,
Lá estava ele jogando, ou caindo de bêbado,
Ou brigando no campo”. Ou talvez ele diga:
“Eu o vi entrando numa mansão de tolerância,
*Videlicet* – é evidente! – um bordel”, e assim por diante.
O que aconteceu então?
Tua isca de falsidade atraiu a carpa da verdade.
É assim que nós, pessoas sábias e sagazes,
Por vias sinuosas e bolas de efeito,
Achamos a direção com indiretas.
Agirás com meu filho dessa forma, seguindo meu discurso e meu conselho. Você me entende, não entende?
**Reinaldo:** Entendo, meu senhor, entendo.
**Polônio:** Deus te acompanhe. Vai!
**Reinaldo:** Meu bom senhor.
**Polônio:** Observa as tendências dele você mesmo.
**Reinaldo:** Farei como ordena.
**Polônio:** E deixa ele dançar sua própria dança.
**Reinaldo:** Como não?, meu senhor.
**Polônio:** Boa viagem. *(Sai Reinaldo. Entra Ofélia.)*
Que foi, Ofélia? Que aconteceu?
**Ofélia:** Oh, meu senhor, meu senhor, que medo eu tive!
**Polônio:** Em nome de Deus; medo de quê?
**Ofélia:** Bom senhor, eu estava costurando no meu quarto
Quando o príncipe Hamlet me surgiu
Com o gibão todo aberto,
Sem chapéu na cabeça, os cabelos desfeitos,
As meias sujas, sem ligas, caídas pelos tornozelos,
Branco como a camisa que vestia,

Os joelhos batendo um contra o outro,
E o olhar apavorado
De quem foi solto do inferno
Pra vir contar cá em cima os horrores que viu.
**Polônio:** Como? Louco de amor por ti?
**Ofélia:** Meu senhor, eu não sei; tenho medo que sim.
**Polônio:** O que foi que ele disse?
**Ofélia:** Me pegou pelo pulso e me apertou com força.
Depois se afastou à distância de um braço
E, com a outra mão na fronte,
Ficou olhando meu rosto com intensidade
Como se quisesse gravá-lo. Ficou assim muito tempo.
Por fim, sacudindo meu braço,
E balançando três vezes a cabeça,
soltou um suspiro tão doloroso e fundo
Que eu temi pudesse estourar seu corpo,
Fosse o último suspiro. E aí, me soltou;
Com a cabeça virada pra trás
Foi andando pra frente, como um cego,
Atravessando a porta sem olhar,
Os olhos fixos em mim até o fim.
**Polônio:** Vem cá, vem comigo. Vou procurar o rei.
Isso é um delírio de amor,
Violência que destrói a si mesma
E, mais que qualquer paixão,
Das tantas que, sob o céu, afligem nossas fraquezas,
Arrasta o ser a ações tresloucadas.
Sinto muito. Você lhe disse alguma palavra rude,
ultimamente?
**Ofélia:** Não, meu bom senhor. Mas, como o senhor mandou,
Recusei as cartas
E evitei que ele se aproximasse.
**Polônio:** Foi isso que o enlouqueceu. Lamento não tê-lo
observado
Com mais atenção e prudência. Temi que fosse só uma
trapaça

Pra abusar de você; maldita desconfiança!
Mas é próprio da minha idade o excesso de zelo,
Como é comum no jovem a ação insensata.
Vem, vamos falar ao rei; ele deve ser informado.
Manter segredo vai nos causar mais desprazer
Do que a ira que esta revelação pode trazer. *(Saem.)*

### Cena II

*Um aposento no castelo. (Entram o Rei, a Rainha, Rosencrantz, Guildenstern e Cortesãos.)*

**Rei:** Bem-vindos, caros Rosencrantz e Guildenstern!
Além da nossa ânsia de revê-los,
O motivo de chamá-los com urgência
Foi necessitarmos de seus préstimos. Devem ter ouvido alguma coisa
Sobre a metamorfose de Hamlet.
Metamorfose é a palavra certa,
Pois nem exterior, nem interiormente ele é mais o que foi.
Não sei que coisa o poderá ter afastado tanto do entendimento de si mesmo,
Além da morte do pai.
Peço aos dois, criados com Hamlet desde a infância,
E próximos dele pela idade e modo de ser,
Que permaneçam em nossa corte por certo tempo,
Pra que se divirta um pouco com vocês,
E pra que descubram, surgindo a ocasião,
Indícios que esclareçam o que o aflige,
Permitindo-nos dar remédio à sua aflição.

**Rainha:** Bondosos cavalheiros, ele nos fala sempre dos senhores;
Estou certa de que não há no mundo outras pessoas
A quem esteja mais ligado. Se tiverem a cortesia,
E a extrema boa vontade, de ficar algum tempo aqui conosco,

Pra ajudar e inspirar nossa esperança,
A visita e a atenção receberão reconhecimento
Correspondente ao que se espera da memória de um rei.
**Rosencrantz:** Majestades,
Dado o poder soberano que têm sobre nós,
Poderiam exprimir esse honroso convite
Mais como um comando do que uma sugestão.
**Guildenstern:** Mas obedecemos ambos,
E nos curvamos ambos,
Colocando a vossos pés toda nossa disposição
De ser comandados.
**Rei:** Obrigado, Rosencrantz – e gentil Guildenstern.
**Rainha:** Obrigada, Guildenstern – e gentil Rosencrantz.
Suplico que visitem imediatamente
Meu filho tão transtornado.
*(Aos Cortesãos.)* Alguns dos senhores aí,
Levem esses cavalheiros aonde estiver Hamlet.
**Guildenstern:** Os céus permitam que nossa presença
E nossos atos sejam úteis e agradáveis a ele.
**Rainha:** Assim seja. Amém. *(Saem Rosencrantz, Guildenstern e Cortesãos. Entra Polônio.)*
**Polônio:** Meu bom senhor, estão aí de volta
Nossos bem-sucedidos embaixadores na Noruega.
**Rei:** Você sempre foi o pai de boas notícias.
**Polônio:** É mesmo, senhor? Posso assegurar ao bom soberano
Que o meu dever e a minha alma
Estão sempre a serviço de Deus e do meu rei.
E, a não ser que este meu cérebro
Tenha perdido a astúcia que já teve,
Eu penso ter achado a causa verdadeira
Da loucura de Hamlet.
**Rei:** Oh, me fala disso; quero muito saber.
**Polônio:** Senhor, dê primeiro atenção aos embaixadores;
Minhas notícias serão a sobremesa do nosso festim.

**Rei:** Então você também deve servir a entrada.
*(Sai Polônio.)*
Ele me diz, Gertrudes, ter encontrado
A fonte ou a causa da perturbação do teu filho.
**Rainha:** Duvido que haja outra causa além do essencial;
A morte do pai e o nosso apressado matrimônio.
**Rei:** Vamos ter que ver isso com cuidado.
*(Entram Polônio, Voltimando e Cornélio.)*
Bem-vindos, bons amigos!
Então, Voltimando, que nos traz de nosso irmão da Noruega?
**Voltimando:** A mais ampla retribuição de cumprimento e votos.
Assim que nos ouviu, mandou ordens ao sobrinho
Pra suspender todo o recrutamento,
Que tinha autorizado como preparação contra os polacos
Mas que, com nossa informação,
Verificou que era contra Vossa Alteza. Indignado
Por ver sua doença, idade e impotência
Abusadas assim, o rei expediu logo ordens de arresto contra Fortinbrás.
Este obedece sem tardar, recebe censura pública do tio
E, finalmente, promete ao rei, jura,
Jamais tentar a fortuna das armas contra Vossa Majestade.
Diante disso, o velho monarca, possuído de júbilo,
Lhe dá três mil coroas de renda anual,
E a permissão de usar contra a Polônia
Os soldados até aí já recrutados.
O rei então nos fez uma petição,
Aqui amplamente detalhada *(Dá um papel ao Rei.)*,
Requerendo, pra essa expedição, se vos aprouver,
Passagem pacífica por vossos domínios
Com as garantias de segurança e reciprocidade
Aí expressas.
**Rei:** Estamos satisfeitos;

E, assim que tivermos vagares,
Leremos a proposta, refletiremos e responderemos.
Mas desde já agradecemos pelo excelente resultado
  do esforço que fizeram.
Descansem um pouco; festejaremos juntos, esta noite.
Mais uma vez, bem-vindos! (*Saem Voltimando e Cornélio.*)
**Polônio:** O assunto, afinal, terminou bem.
Meu soberano e minha senhora; especular
O que é a majestade, o que é o dever,
Por que o dia é dia, a noite noite, e o tempo tempo,
É apenas desperdiçar o dia, a noite e o tempo.
Portanto, já que a concisão é a alma do argumento
E o tédio mortal seu corpo e membros,
Devo ser breve: vosso nobre filho está louco.
Eu digo louco; mas como definir a verdadeira loucura?
Loucura não é mais do que estar louco.
Mas paremos aí.
**Rainha:** É. Menos arte e mais substância.
**Polônio:** Madame, juro que não uso arte alguma.
Que Hamlet está louco é verdade. É verdade lamentável.
E lamentável ser verdade; uma louca retórica.
Mas adeus a essa arte.
Louco então: estejamos de acordo.
Falta achar a causa desse efeito,
Melhor dizer, causa desse defeito,
Pois mesmo um efeito defeituoso há de ter uma causa.
Sendo isso o que sobra, nada resta.
Ponderem.
Eu tenho uma filha – tenho enquanto for minha –
Que, por dever e obediência, notem bem,
Me entregou isto. *(Mostra uma carta.)*
Rogo que escutem e concluam.
*(Lê.)* "Ao ídolo celestial da minha alma,
À belíssima Ofélia..."
Uma expressão falsa, uma invenção vulgar – belíssima;

*(Lê.)* "Que ela, na excelsa alvura nívea de seu seio..." Etc.
**Rainha:** Foi Hamlet quem mandou isso?
**Polônio:** Boa senhora, um só momento. Leitura textual!
*(Lê.)* "Duvida que o sol seja a claridade,
Duvida que as estrelas sejam chama,
Suspeita da mentira na verdade,
Mas não duvida deste que te ama!
Oh, cara Ofélia, sou tão ruim com os versos.
Suspiros sem inspiração.
Mas que eu te amo com um amor supremo,
Crê – meu supremo encanto.
Adeus –
Teu para todo o sempre, dama queridíssima,
Enquanto a máquina deste corpo me pertencer,
Hamlet."
Isto minha filha me mostrou – por obediência.
E ainda confiou aos meus ouvidos as solicitações do Príncipe;
Como aconteceram, em que lugar, e quando.
**Rei:** E como ela acolheu essas formulações de amor?
**Polônio:** O que é que o senhor pensa de mim?
**Rei:** Que és um homem fiel e honrado.
**Polônio:** É o que gostaria de demonstrar. Que pensaria o senhor,
Se eu, vendo esse ardente amor começar a bater asas,
E eu percebi, lhe digo, antes que minha filha me falasse,
Que diria o senhor, e a minha cara Rainha aqui presente,
Se eu tivesse assumido o papel do leva e traz,
Olhasse esse amor com olhar complacente,
Ou pelo menos bancasse o surdo-mudo?
Que pensariam de mim? Não...
Fui direto ao assunto, e falei assim à minha donzela:
"Lord Hamlet é um príncipe, fora da tua órbita,
Isto não pode ser". Ordenei que se afastasse dele,
Lhe evitasse as visitas, não recebesse mensagens,
E recusasse lembranças. O que ela fez,

Colhendo os frutos de meus bons conselhos.
Ele, repudiado – vou encurtar a história –
Caiu em melancolia, depois em inapetência;
Logo na insônia; daí em fraqueza; afinal, em delírio.
E, por esse plano inclinado, na loucura em que se agita agora;
E que todos deploramos.

**Rei:** *(À Rainha.)* Acha que é isso?

**Rainha:** Pode ser. É bem possível.

**Polônio:** Houve alguma vez – me digam, por favor –
Em que eu declarasse firmemente: "É isto",
Quando a coisa era outra?

**Rei:** Não, que eu saiba.

**Polônio:** *(Apontando pra cabeça e ombros.)*
Separe isto, disto,
Se for de outra maneira;
Se as circunstâncias me ajudarem,
Eu acharei a verdade,
Mesmo que esteja escondida no centro da Terra.

**Rei:** O que devemos fazer pra nos certificarmos?

**Polônio:** O senhor sabe, algumas vezes ele vagueia
Horas seguidas, aí na galeria.

**Rainha:** É mesmo – é verdade.

**Polônio:** Numa ocasião dessas eu solto minha filha pra ele,
Nós dois, escondidos atrás de uma tapeçaria,
Assistiremos ao encontro. Se ele não a ama,
E se essa não é a causa de ter perdido a razão,
Deixo de ser Conselheiro do Estado.
E vou ser fazendeiro, tratador de animais.

**Rei:** Vamos tentar a prova.

**Rainha:** Mas, olha, aí vem ele, tão triste, lendo; o meu pobre coitado!

**Polônio:** Saiam, por favor, me deixem só com ele.
Vou falar com ele agora. Oh, eu suplico. *(Saem o Rei, a Rainha e o séquito. Entra Hamlet, livro na mão.)*
Como está o meu bom príncipe Hamlet?

**Hamlet:** Bem, Deus seja louvado.

**Polônio:** O senhor me conhece, caro Príncipe?

**Hamlet:** Até bem demais; você é um rufião.

**Polônio:** Não eu, meu senhor!

**Hamlet:** Que pena; me parece igualmente honesto no que faz.

**Polônio:** Honesto, senhor?

**Hamlet:** E ser honesto, hoje em dia, é ser um em dez mil.

**Polônio:** Isso é bem verdade, meu senhor.

**Hamlet:** Pois mesmo o sol, tão puro, gera vermes num cachorro.

Deuses gostam de beijar carniça... O senhor tem uma filha?

**Polônio:** Tenho sim, meu senhor.

**Hamlet:** Não deixe que ela ande no sol. A concepção

É uma bênção; mas não como sua filha pode conceber...

Amigo, toma cuidado.

**Polônio:** *(À parte.)* O que é que ele diz? Acaba sempre em minha filha. E a princípio nem me conheceu – disse que eu era um rufião. Ele está longe, muito longe. Contudo, devo compreender, pois, na minha mocidade, também sofri muito de amor – cheguei bem perto disso. Vou falar de novo com ele. *(A Hamlet.)* O que é que está lendo, meu Príncipe?

**Hamlet:** Palavras, palavras, palavras.

**Polônio:** Mas, e qual é a intriga, meu senhor?

**Hamlet:** Intriga de quem?

**Polônio:** Me refiro à trama do que lê, meu Príncipe.

**Hamlet:** Calúnias, meu amigo. O cínico sem-vergonha diz aqui que os velhos têm barba grisalha e pele enrugada; que os olhos deles purgam goma de âmbar e resina de ameixa; que não possuem nem sombra de juízo; e que têm bunda mole! É claro, meu senhor, que embora tudo isso seja verdadeiro, e eu acredite piamente em tudo, não aprovo nem acho decente pôr isso no papel. Pois o senhor mesmo ficaria tão velho quanto eu se, como o caranguejo, se pudesse a avançar de trás pra frente.

**Polônio:** *(À parte.)* Loucura, embora tem lá o seu método. *(Pra Hamlet.)* O senhor precisa evitar completamente o ar, meu Príncipe.

**Hamlet:** Entrando na tumba?

**Polônio:** Realmente, não há melhor proteção. *(À parte.)* Que respostas precisas! Achados felizes da loucura; a razão saudável nem sempre é tão brilhante. Vou deixá-lo agora e arranjar logo um encontro entre ele e minha filha. *(Pra Hamlet.)* Meu honrado Príncipe, não quero mais roubar seu tempo.

**Hamlet:** Não há nada que o senhor me roubasse que me fizesse menos falta.

Exceto a vida, exceto a vida, exceto a vida!

**Polônio:** Passe bem, senhor.

**Hamlet:** Esses velhos estúpidos e fastidiosos! *(Entram Rosencrantz e Guildenstern.)*

**Polônio:** Conversem com o Príncipe. Ele está aí.

**Rosencrantz:** *(A Polônio.)* Deus o tenha, senhor. *(Sai Polônio.)*

**Guildenstern:** Meu honrado Príncipe.

**Rosencrantz:** Meu honrado Príncipe.

**Hamlet:** Excelentes amigos. Como está você, Guildenstern?

Ah, Rosencrantz! Como vão ambos, meus camaradões?

**Rosencrantz:** Como os mais comuns filhos da Terra.

**Guildenstern:** Felizes por não sermos excessivamente felizes.

No barrete da fortuna nós não somos o penacho.

**Hamlet:** Nem a sola do sapato.

**Rosencrantz:** Também, senhor!

**Hamlet:** Quer dizer, vocês vivem na cintura dela; bem ali, no botão de seus favores.

**Guildenstern:** Sim, temos algumas intimidades.

**Hamlet:** Com as partes pudendas da Fortuna!

Ah, a velha rameira!

Quais são as novidades?

**Rosencrantz:** Nenhuma, senhor, senão que o mundo está ficando honesto.

**Hamlet:** Então se aproxima o fim do mundo. Mas essa notícia não é verdade. Deixem que os interrogue com cuidado: o que é que vocês fizeram com a Fortuna pra ela jogá-los nesta prisão?

**Guildenstern:** Prisão, meu senhor?!

**Hamlet:** A Dinamarca é uma prisão!

**Rosencrantz:** Então o mundo também.

**Hamlet:** Uma enorme prisão, cheia de células, solitárias e masmorras – a Dinamarca é das piores.

**Rosencrantz:** Não pensamos assim, meu senhor.

**Hamlet:** Então pra você não é. Não há nada de bom ou mau sem o pensamento que o faz assim. Pra mim é uma prisão.

**Rosencrantz:** Não será sua ambição que faz que ela seja? Vai ver a Dinamarca é pequena demais pro seu espírito.

**Hamlet:** Oh, Deus, eu poderia viver recluso numa casca de noz e me achar o rei do espaço infinito se não tivesse maus sonhos.

**Guildenstern:** Sonhos que são, de fato, a ambição. A substância do ambicioso é a sombra de um sonho.

**Hamlet:** O sonho em si mesmo é somente uma sombra.

**Rosencrantz:** Verdade. E a ambição, tão frágil e ligeira, apenas a sombra de uma sombra.

**Hamlet:** Então só nossos mendigos são corpos, e nossos assombrosos monarcas não mais que sombra deles. É melhor irmos à corte. Porque, por minha fé, já não sei raciocinar.

**Rosencrantz & Guildenstern:** Nos colocamos às suas ordens.

**Hamlet:** Nada disso. Não desejo ordená-los; não quero sacerdotes. Pra falar com honestidade, ando mal servido e desordenado. Mas, voltando à velha estrada da amizade, que vieram vocês fazer aqui em Elsinor?

**Rosencrantz:** Visitá-lo, senhor. Nenhum outro motivo.

**Hamlet:** Sou um mendigo e mais pobre ainda em agradecimentos. Mas, muito obrigado, embora esse obrigado não valha um níquel furado. Vocês não foram chamados? Vieram por vontade própria? Visita espontânea? Vamos, falem comigo francamente. Vamos, vamos – vai, fala!
**Guildenstern:** Que podemos dizer, meu senhor?
**Hamlet:** Ué, qualquer coisa – que não fuja à questão. Vocês foram chamados. A diplomacia com que agem não consegue esconder o brilho de confissão que têm no olhar. Eu sei que o bom Rei, e a Rainha, chamaram vocês.
**Rosencrantz:** Com que fim, meu senhor?
**Hamlet:** É o que vão me explicar. Mas suplico seriamente, pelos compromissos de nossa camaradagem, pelos laços de nossa juventude, pelas obrigações de uma amizade nunca interrompida e por tudo que um negociador mais hábil do que eu pudesse lembrar: sejam francos, sem rodeios. Foram ou não foram chamados?
**Rosencrantz:** *(À parte, pra Guildenstern.)* O que é que você diz?
**Hamlet:** *(À parte.)* Ahn, estou de olho em vocês. *(Aos dois.)* Se me têm estima, não demorem em silêncio.
**Guildenstern:** Meu Príncipe, fomos chamados.
**Hamlet:** Vou lhes dizer por quê: assim minha antecipação evitará que confessem, e o segredo prometido ao Rei e à Rainha não perderá nem uma pluma. Ultimamente – e por que, não sei – perdi toda alegria, abandonei até meus exercícios, e tudo pesa de tal forma em meu espírito, que a Terra, essa estrutura admirável, me parece um promontório estéril; esse maravilhoso dossel que nos envolve, o ar, olhem só, o esplêndido firmamento sobre nós, majestoso teto incrustado com chispas de fogo dourado, ah, pra mim é apenas uma aglomeração de vapores fétidos, pestilentos. Que obra-prima é o homem! Como é nobre em sua razão! Que capacidade infinita! Como é preciso e benfeito em forma e movimento! Um anjo na ação! Um

deus no entendimento, paradigma dos animais, maravilha do mundo. Contudo, pra mim, é apenas a quintessência do pó. O homem não me satisfaz; não, nem a mulher também, se sorri por causa disso.

ROSENCRANTZ: Senhor, não há nada assim em meu pensamento.

HAMLET: Então por que riu quando eu falei que o homem não me satisfaz?

ROSENCRANTZ: Pensei, senhor, que se o homem não o satisfaz, os comediantes que vêm lhe oferecer divertimento na quaresma não devem esperar boa recepção. Passamos por eles na estrada. Estão chegando.

HAMLET: O que representa o rei será bem-vindo; essa majestade receberá meu tributo; o cavaleiro deverá usar o florete e o escudo; o amoroso não vai suspirar grátis; o ator característico terminará sua parte em paz; o bufão fará rir os que têm pulmões fáceis; e a dama poderá dizer tudo que pensa livremente. Que atores são esses?

ROSENCRANTZ: Aqueles mesmos com que o senhor se divertia tanto; os trágicos da cidade.

HAMLET: E por que viajam? Permanecendo em Wittenberg lucrariam muito mais, tanto em reputação quanto em proventos.

ROSENCRANTZ: Houve alguma proibição pra eles devido ao que representam.

HAMLET: Continuam com o mesmo prestígio que tinham quando eu estava na cidade? Ainda são solicitados?

ROSENCRANTZ: Não. Realmente não.

HAMLET: Por que isso? Enferrujaram?

ROSENCRANTZ: Não, continuam a trabalhar com o mesmo empenho. Mas é que existe agora, senhor, uma ninhada de fedelhos, filhotes de falcão, que berram textos com a voz esganiçada e são barbaramente aplaudidos. Estão na moda, e tanto vituperam contra o que eles chamam de teatro vulgar, que muito marmanjão de espada à cinta não frequenta mais nossos teatros com medo das críticas desses plumitivos.

**Hamlet:** Mas, são crianças mesmo? E quem as mantém? São pagos como? Ficarão na profissão só enquanto têm voz? Não vão dizer depois, quando se tornarem atores comuns – o que é bem provável se não tiverem outros recursos –, que os escritores agiram mal com eles, fazendo-os agredidos seu próprio futuro?
**Rosencrantz:** É, o fato é que já houve muito aborrecimento em ambos os lados, mas ninguém no país acha pecado alimentar a controvérsia. Durante certo tempo não se ganhava um soldo numa peça se autor e ator não se pegassem a pau por essa questão.
**Hamlet:** É possível?
**Guildenstern:** Oh, o que houve por aí de cabeça rachada!
**Hamlet:** E os garotos venceram?
**Rosencrantz:** Venceram mesmo, meu senhor; carregaram Hércules, com seu fardo e tudo.
**Hamlet:** Não é tão estranho; meu tio agora é rei da Dinamarca, e muitos que faziam caretas pra ele enquanto meu pai era vivo, hoje dão vinte, quarenta, cinquenta, até cem ducados por um retrato dele em miniatura. Pelo sangue de Deus! Há nisso alguma coisa sobrenatural que a filosofia não consegue explicar. *(Trombetas fora de cena.)*
**Guildenstern:** Aí estão os atores.
**Hamlet:** Cavalheiros, sejam bem-vindos a Elsinor. Meu aperto de mão. A demonstração de uma boa acolhida é a cortesia e a cerimônia. Permitam-me que cumpra com vocês o ritual, pra que a minha acolhida aos atores (a qual, lhes digo, deve se revestir de certa pompa) não pareça superior à que lhes dedico. Vocês são bem-vindos; mas meu tio-pai e minha mãe-tia estão enganados.
**Guildenstern:** Em que, estimado senhor?
**Hamlet:** Eu só sou louco a Norte-noroeste; quando o vento é do Sul distingo um gavião de um falcão. *(Entra Polônio.)*
**Polônio:** Saúde, senhores!

**Hamlet:** Ouça bem, Guildenstern *(Para Rosencrantz.)*, e você também – em cada orelha um ouvinte: esse bebê grande que estão vendo aí ainda não saiu dos cueiros...

**Rosencrantz:** Talvez tenha conseguido uma nova entrada; a velhice não é uma segunda infância?

**Hamlet:** Aposto como veio me anunciar aos atores; repara só. Têm toda razão, amigos; na segunda-feira de manhã; foi isso mesmo!

**Polônio:** Meu senhor, tenho novidades a lhe comunicar.

**Hamlet:** Meu senhor, tenho novidades a *lhe* comunicar. Quando o grande Roscius era ator em Roma...

**Polônio:** Estão aí os atores, meu senhor.

**Hamlet:** Ora, ora!

**Polônio:** Belo repertório. É impressionante o que eles montaram.

**Hamlet:** Entre nós, já montaram num burro.

**Polônio:** Os melhores atores do mundo, seja na tragédia, na comédia, história, pastoral, pastoral-cômica, histórico-pastoral, trágico-histórico, trágico-histórico-pastoral-cômico, com unidade de tempo e espaço, ou poema ilimitado. A tragédia de Sêneca não muito pesada, e a comédia de Plauto não demasiado leve. Tanto no respeito aos textos quanto nas liberdades que tomam, eles são únicos.

**Hamlet:** Ó, Jefté, juiz de Israel, que tesouro tu tinhas!

**Polônio:** Que tesouro ele tinha, meu senhor?

**Hamlet:** Uma linda filha, filha única,
Que ele amava mais que tudo.

**Polônio:** *(À parte.)* Sempre a minha filha.

**Hamlet:** Condenada ao celibato. Não é verdade isso, velho Jefté?

**Polônio:** Se o senhor me chama de Jefté, meu Príncipe, tenho uma filha que amo acima de tudo.

**Hamlet:** Não, a sequência não era essa.

**Polônio:** Qual então a sequência, meu senhor?

**Hamlet:** Bem,

"Se vier é porque Deus quer"
e aí segue, você sabe,
"Só te acontece o que merece"
A primeira estrofe dessa velha balada vai te ensinar muito mais, porque... Aqui há uma diversão. *(Entram quatro ou cinco atores.)*
São muito bem-vindos, mestres; bem-vindos todos; estou contente em vê-los tão bem; bem-vindos, bons amigos. Oh, meu velho camarada, teu rosto passou a usar cortina, desde a última vez em que te vi. Fizeste isso pra eu poder rir nas tuas barbas? *(A um ator vestido de mulher.)* Olá, jovem dona e senhora. Pela madona, está um salto de coturno mais perto do céu do que quando a vi da última vez. Queira Deus que o timbre da sua voz não esteja rachado, como o das nossas moedas de ouro. Mestres, são muito bem-vindos. Como os falcoeiros franceses, quero vê-los voar sobre a primeira presa que surja. Vamos ouvir logo alguma coisa. Uma provadinha do talento de vocês. Uma fala apaixonada.
**Primeiro ator:** Que fala, meu bom senhor?
**Hamlet:** Eu já ouvi você dizendo um trecho – que nunca foi posto em cena, ou foi só uma vez, pois a peça, eu me lembro, não era pra multidões. Caviar pro populacho. Mas era (pelo que entendi, e entenderam outros, cujo julgamento nessa matéria grita mais alto que o meu) um drama excelente, com cenas bem distribuídas, e realizadas com contenção e habilidade. Recordo alguém dizer que faltava algo picante no texto pra torná-lo mais digerível, embora não tivesse também nenhuma frase pela qual se pudesse acusar o autor de afetação. A mesma pessoa reconheceu um roteiro honesto, tão agradável quanto sadio, porém mais bonito do que refinado. Tinha lá esse trecho que eu apreciava muito: é o relato que Enéas faz a Dido, principalmente a parte onde fala do assassinato de Príamo. Se isso ainda vive em tua memória, começa neste verso, deixa eu ver, deixa eu ver...

"O hirsuto Pirro, como o tigre da Hircânia..."
Não é isso. Mas começa com Pirro:
"O hirsuto Pirro, cujas armas negras,
Fúnebres como seu intento, semelhavam a noite,
Ali dentro, agachado no fatal cavalo,
Tinha pintado de cores mais sinistras
Sua já, por sinistra, renomada heráldica.
Da cabeça aos pés está todo vermelho,
Horrendamente tinto pelo sangue de pais, mães, filhas e filhos,
Cozido e retostado pelas ruas em chamas
Que iluminavam, com luz diabólica,
Os seus vis assassinos. Assado em ódio e fogo,
A estatura ampliada pelo sangue coagulado,
Esse Pirro infernal de olhos de rubi
Caçava o velho Príamo."
Continua você.

**Polônio:** Por Deus, meu senhor, muito bem-declamado, bem-pronunciado e no tom exato.

**Primeiro ator:** "E logo o encontra
Desferindo nos gregos os seus golpes cansados;
A velha espada, já rebelde ao seu braço,
Cai onde entende, e onde cai demora,
Repugnando o comando. Combate desigual!
Pirro se arroja contra Príamo; cego de ódio, só atinge o vácuo;
Mas basta o sopro e o sibilar da espada em fúria
Pra derrubar o alquebrado rei. Como sentindo o golpe,
A Troia inanimada precipita nas rochas os seus tetos em chama,
E, com um estrondo horrendo, petrifica os ouvidos de Pirro.
E vejam então; o ferro que se abatia sobre a cabeça láctea do venerando Príamo:
Está cravado no ar, e Pirro não faz nada,

Imobilizado entre seu objetivo e sua intenção,
Igual a um tirano eternizado em vitral.
Como vemos, às vezes, antes de um temporal,
Há silêncio nos céus, as nuvens ficam imóveis,
Ventos selvagens passam mudos,
E a terra gira como morta, antes que súbito,
Brutal, um trovão gigantesco rasgue o espaço.
Assim, depois da pausa, a vingança sanguinária
Retoma a mão de Pirro.
Jamais os martelos dos Cíclopes malharam
A couraça de Marte, ao forjá-la pra eternidade,
Com menos remorso do que a espada ensanguentada de Pirro
Tomba agora sobre Príamo.
Fora, fora, fortuna traiçoeira! Ó deuses, vocês todos,
Reunidos em assembleia, arrebatem-lhe o poder
Quebrem pinos, e raios, e juntas de sua roda,
E façam a esfera rolar das escarpas do céu
Ao fundo dos demônios!"

**Polônio:** Isso é muito comprido.

**Hamlet:** Levamos ao barbeiro com a tua barba. *(Ao primeiro ator.)* Por favor, continua – esse, se não é uma farsa ou uma história obscena, dorme logo. Vamos lá – à Hécuba.

**Primeiro ator:** "Mas que, oh, quem tivesse visto a rainha em sufíbulo..."

**Polônio:** "A rainha em sufíbulo."

**Hamlet:** Em sufíbulo: com o véu das vestais. É bom. É bom.

**Primeiro ator:** "Correr agora descalça, sem destino, ameaçando as chamas
Com seu pranto cego, coberta por um trapo
A cabeça onde há pouco havia um diadema,
E protegendo os flancos descarnados
E o ventre exaurido
Pela voraz fecundidade de cem filhos
Apenas com uma manta qualquer arrebatada na confusão do pânico,

Quem visse isso embeberia a língua de veneno
Pra condenar a Fortuna por traição.
E se os próprios deuses a vissem, no momento
Em que encontrou Pirro no perverso prazer
De esquartejar corpo e membros do esposo,
O urro animal que explodiu de dentro dela
Teria umedecido de lágrimas os olhos áridos do céu,
E movido esses deuses à piedade,
Por menos que se comovam com as dores humanas."

**Polônio:** *(À parte.)* Mas vejam se não mudou de cor? Se não tem lágrimas nos olhos? *(Ao primeiro ator.)* Por favor, basta.

**Hamlet:** Está bem; daqui a pouco te farei recitar o resto. *(A Polônio.)* Meu bom amigo, faça com que todos fiquem bem-instalados. Está ouvindo?; que sejam bem-cuidados, pois são a crônica sumária e abstrata do tempo. É preferível você ter um mau epitáfio depois de morto do que ser difamado por eles, enquanto vivo.

**Polônio:** Pode deixar, senhor, serão tratados como merecem.

**Hamlet:** Que é isso? Trate-os melhor. Se tratarmos as pessoas como merecem, nenhuma escapa ao chicote. Trata-os da forma que consideras tua própria medida. Quanto menos merecerem, mais meritória será tua generosidade. Acompanha-os.

**Polônio:** Venham, senhores.

**Hamlet:** Sigam-no, amigos; a representação será amanhã. *(Sai Polônio com os atores, menos o Primeiro.)* Escuta, velho amigo, vocês podem representar "O Assassinato de Gonzaga"?

**Primeiro ator:** Sim, meu senhor.

**Hamlet:** Então quero essa peça amanhã. E você poderá, se necessário, decorar uma fala de doze ou dezesseis versos escritos por mim e intercalá-los na peça?

**Primeiro ator:** Sim, meu senhor.

**Hamlet:** Muito bem. Vai te juntar aos teus. E que não zombem do velho. *(Sai o Primeiro Ator. A Rosencrantz e Guildenstern.)* Meus bons amigos, eu os deixo até a noite. Mais uma vez, bem-vindos a Elsinor.

**Rosencrantz:** Meu bom senhor!

**Hamlet:** Deus vos acompanhe. *(Saem Rosencrantz e Guildenstern.)*

Agora estou só.
Oh, que ignóbil eu sou, que escravo abjeto!
Não é monstruoso que esse ator aí,
Por uma fábula, uma paixão fingida,
Possa forçar a alma a sentir o que ele quer,
De tal forma que seu rosto empalidece,
Tem lágrimas nos olhos, angústia no semblante,
A voz trêmula, e toda sua aparência
Se ajusta ao que ele pretende? E tudo isso por nada!
Por Hécuba!
O que é Hécuba pra ele, ou ele pra Hécuba,
Pra que chore assim por ela? Que faria ele
Se tivesse o papel e a deixa da paixão
Que a mim me deram? Inundaria de lágrimas o palco
E estouraria os tímpanos do público com imprecações horrendas,
Enlouquecendo os culpados, aterrorizando os inocentes,
Confundindo os ignorantes; perturbando, na verdade,
Até a função natural de olhos e ouvidos.
Mas eu,
Idiota inerte, alma de lodo,
Vivo na lua, insensível à minha própria causa,
E não sei fazer nada, mesmo por um rei
Cuja propriedade e vida tão preciosa
Foram arrancadas numa conspiração maldita.
Sou então um covarde? Quem me chama canalha?
Me arrebenta a cabeça, me puxa pelo nariz,
E me enfia a mentira pela goela até o fundo dos pulmões?

Hein, quem me faz isso?
Pelas chagas de Cristo, eu o mereço!
Pois devo ter fígado de pomba, sem o fel
Que torna o insulto amargo,
Ou já teria alimentado todos os abutres destes céus
Com as vísceras desse cão.
Ah, vilão obsceno e sanguinário!
Perverso, depravado, traiçoeiro, cínico, canalha!
Ó, vingança!
Mas que asno eu sou! Bela proeza a minha.
Eu, filho querido de um pai assassinado,
Intimado à vingança pelo céu e o inferno,
Fico aqui, como uma marafona,
Desafogando minha alma com palavras,
Me satisfazendo com insultos; é; como uma meretriz;
Ou uma lavadeira!
Maldição! Oh! Trabalha, meu cérebro! Ouvi dizer
Que certos criminosos, assistindo a uma peça,
Foram tão tocados pelas sugestões das cenas,
Que imediatamente confessaram seus crimes;
Pois embora o assassinato seja mudo,
Fala por algum órgão misterioso. Farei com que esses atores
Interpretem algo semelhante à morte de meu pai
Diante de meu tio,
E observarei a expressão dele quando lhe tocarem
No fundo da ferida.
Basta um frêmito seu – e sei o que fazer depois.
Mas o espírito que eu vi pode ser o demônio.
O demônio sabe bem assumir formas sedutoras
E, aproveitando minha fraqueza e melancolia,
– Tem extremo poder sobre almas assim –
Talvez me tente para me perder.
Preciso de provas mais firmes do que uma visão.
O negócio é a peça – que eu usarei
Pra explodir a consciência do rei.

# ATO III

## Cena I

*Elsinor. Sala do Castelo. (Entram o Rei, a Rainha, Polônio, Ofélia, Rosencrantz e Guildenstern.)*

**Rei:** Mas os senhores não conseguem, com algum subterfúgio,
Arrancar dele o motivo desse agir estranho
Que lançou a tranquilidade de sua vida
Na perigosa turbulência da loucura?
**Rosencrantz:** Ele confessa sentir-se perturbado;
Mas se recusa a revelar a causa.
**Guildenstern:** Nem está inclinado a discutir o assunto;
É uma loucura esperta, com a qual escapa,
Toda vez que o pressionamos
A revelar seu verdadeiro estado.
**Rainha:** Ele os recebeu bem?
**Rosencrantz:** Um perfeito cavalheiro!
**Guildenstern:** Mas forçando visivelmente a própria disposição.
**Rosencrantz:** Avaro nas perguntas,
Porém até excessivo quando nos respondia.
**Rainha:** Os senhores o convidaram para algum
passatempo?
**Rosencrantz:** Acontece, senhora, que encontramos um grupo de atores
No caminho; contamos isso a ele que, ao ouvir,
Demonstrou certa alegria. Os atores estão aí,
Na corte, e já receberam ordens de representar
Pra ele, hoje à noite.
**Polônio:** É verdade.
E me pediu que convidasse vossas majestades
Pra ver e ouvir a coisa.

**Rei:** De todo coração; fico muito contente
Em sabê-lo assim disposto.
Bons senhores, animem-no, empurrem-no,
Pra que tire prazer dessa inclinação.
**Rosencrantz:** Nós o faremos, senhor. *(Saem Rosencrantz e Guildenstern.)*
**Rei:** Doce Gertrudes, deixe-nos também, agora:
Em segredo, provocamos Hamlet a vir aqui
Onde, por pura obra do acaso,
Vai encontrar Ofélia.
Eu e o pai dela, espiões por seu bem,
Vendo sem ser vistos,
Poderemos julgar o encontro livremente,
Verificando, pela conduta dele,
Se é por aflições do amor, ou não,
Que ele sofre tanto.
**Rainha:** Eu obedeço.
E quanto a ti, Ofélia, tudo que anseio
É que tua terna beleza
Seja a feliz razão do transtorno de Hamlet.
Como anseio também que, por tuas virtudes,
Ele volte tranquilo ao caminho normal:
E para honra de ambos.
**Ofélia:** Madame, eu também o desejo. *(Rainha sai.)*
**Polônio:** Você fica aqui, Ofélia. *(Ao Rei.)* E se apraz
A Vossa Graça, nos escondemos ali.
*(Para Ofélia.)* Você lê este breviário
Pra que o exercício espiritual
Dê algum colorido à tua solidão,
Vamos ser acusados de coisa já tão provada;
Com um rosto devoto e alguns gestos beatos,
Açucaramos até o demônio.
**Rei:** *(À parte.)* Oh, como isso é verdade!
Que ardente chicotada em minha consciência é esse discurso.

A face da rameira, embelezada por cosméticos,
Não é mais feia para a tinta que a ajuda
Do que meu feito pra minha palavra mais ornamentada.
Oh, fardo esmagador!
**Polônio:** Ele vem vindo. Vamos nos retirar, senhor.
*(Saem Polônio e o Rei.)*
**Hamlet:** Ser ou não ser – eis a questão.
Será mais nobre sofrer na alma
Pedradas e flechadas do destino feroz
Ou pegar em armas contra o mar de angústias –
E, combatendo-o, dar-lhe fim? Morrer; dormir;
Só isso. E com o sono – dizem – extinguir
Dores do coração e as mil mazelas naturais
A que a carne é sujeita; eis uma consumação
Ardentemente desejável. Morrer – dormir –
Dormir! Talvez sonhar. Aí está o obstáculo!
Os sonhos que hão de vir no sono da morte
Quando tivermos escapado ao tumulto vital
Nos obrigam a hesitar: e é essa reflexão
Que dá à desventura uma vida tão longa.
Pois quem suportaria o açoite e os insultos do mundo,
A afronta do opressor, o desdém do orgulhoso,
As pontadas do amor humilhado, as delongas da lei,
A prepotência do mando, e o achincalhe
Que o mérito paciente recebe dos inúteis,
Podendo, ele próprio, encontrar seu repouso
Com um simples punhal? Quem aguentaria fardos,
Gemendo e suando numa vida servil,
Senão porque o terror de alguma coisa após a morte –
O país não descoberto, de cujos confins
Jamais voltou nenhum viajante – nos confunde a vontade,
Nos faz preferir e suportar os males que já temos,
A fugirmos pra outros que desconhecemos?
E assim a reflexão faz todos nós covardes.
E assim o matiz natural da decisão

Se transforma no doentio pálido do pensamento.
E empreitadas de vigor e coragem,
Refletidas demais, saem de seu caminho,
Perdem o nome de ação. *(Vê Ofélia rezando.)*
Mas, devagar, agora!
A bela Ofélia!
*(Para Ofélia.)* Ninfa, em tuas orações
Sejam lembrados todos os meus pecados.
**Ofélia:** Meu bom senhor,
Como tem passado todos esses dias?
**Hamlet:** Lhe agradeço humildemente. Bem, bem, bem.
**Ofélia:** Meu senhor, tenho comigo umas lembranças suas
Que desejava muito lhe restituir.
Rogo que as aceite agora.
**Hamlet:** Não, eu não;
Nunca lhe dei coisa alguma.
**Ofélia:** Respeitável senhor, sabe muito bem que deu;
E acompanhadas por palavras de hálito tão doce
Que as tornaram muito mais preciosas. Perdido o perfume,
Aceite-as de volta; pois, pra almas nobres,
Os presentes ricos ficam pobres
Quando o doador se faz cruel.
Eis aqui, meu senhor. *(Dá os presentes a ele.)*
**Hamlet:** Ah, ah! Você é honesta?
**Ofélia:** Meu senhor?!
**Hamlet:** Você é bonita?
**Ofélia:** O que quer dizer Vossa Senhoria?
**Hamlet:** Que se você é honesta e bonita, sua honestidade não deveria admitir qualquer intimidade com a beleza.
**Ofélia:** Senhor, com quem a beleza poderia ter melhor comércio do que com a virtude?
**Hamlet:** O poder da beleza transforma a honestidade em meretriz mais depressa do que a força da honestidade faz a beleza se assemelhar a ela. Antigamente isso era um paradoxo, mas no tempo atual se fez verdade. Eu te amei, um dia.

**Ofélia:** Realmente, senhor, cheguei a acreditar.

**Hamlet:** Pois não devia. A virtude não pode ser enxertada em tronco velho sem pegar seu cheiro. Eu não te amei.

**Ofélia:** Tanto maior meu engano.

**Hamlet:** Vai prum convento. Ou preferes ser geratriz de pecadores? Eu também sou razoavelmente virtuoso. Ainda assim, posso acusar a mim mesmo de tais coisas que talvez fosse melhor minha mãe não me ter dado à luz. Sou arrogante, vingativo, ambicioso; com mais crimes na consciência do que pensamentos para concebê-los, imaginação para desenvolvê-los, tempo para executá-los. Que fazem indivíduos como eu rastejando entre o céu e a terra? Somos todos rematados canalhas, todos! Não acredite em nenhum de nós. Vai, segue pro convento. Onde está teu pai?

**Ofélia:** Em casa, meu senhor.

**Hamlet:** Então que todas as portas se fechem sobre ele, pra que fique sendo idiota só em casa. Adeus.

**Ofélia:** *(À parte.)* Oh, céu clemente, ajudai-o!

**Hamlet:** Se você se casar, leva esta praga como dote:
Embora casta como o gelo, e pura como a neve, não escaparás
À calúnia. Vai pro teu convento, vai. Ou,
Se precisa mesmo casar, casa com um imbecil. Os espertos sabem muito bem em que monstros vocês os transformam. Vai prum conventilho, um bordel: vai – vai depressa! Adeus.

**Ofélia:** Ó, poderes celestiais, curai-o!

**Hamlet:** Já ouvi falar também, e muito, de como você se pinta. Deus te deu uma cara e você faz outra. E você ondula, você meneia, você cicia, põe apelidos nas criaturas de Deus, e procura fazer passar por inocência a sua volúpia. Vai embora – chega – foi isso que me enlouqueceu. Afirmo que não haverá mais casamentos. Os que já estão casados continuarão todos vivos – exceto um. Os outros ficam como estão. Prum bordel – vai! *(Sai.)*

**Ofélia:** Ó, ver tão nobre espírito assim tão transtornado!
O olho, a língua, a espada do cortesão, soldado, sábio,
Rosa e esperança deste belo reino,
Espelho do gosto e modelo dos costumes,
Admirado pelos admiráveis – caído assim, assim destruído!
E eu, a mais aflita e infeliz das mulheres,
Que suguei o mel musical de suas promessas,
Veio agora essa razão nobre e soberana,
Descompassada e estrídula como um sino rachado e rouco.
A forma incomparável, a silhueta da juventude em flor,
Queimada no delírio! Oh, desgraçada de mim,
Que vi o que vi, vendo o que vejo!
*(Entram o Rei e Polônio.)*
**Rei:** Amor! Os sentimentos dele não tendem pra esse lado
E também o que disse, embora meio louco,
Não parece loucura. A melancolia
Incuba alguma coisa em sua alma
Que, ao sair da casca, pode ser perigosa.
Para evitá-lo, determino o seguinte:
Irá pra Inglaterra sem demora,
Reclamar nossos tributos atrasados.
Talvez os mares, países diferentes,
Outras paisagens, expulsem
A mania enraizada em seu coração
Contra a qual seu cérebro luta sem cessar
Deformando-lhe até o modo de ser. Que pensa disso?
**Polônio:** Uma boa solução. Mas ainda acredito
Que a causa e o começo da desdita de Hamlet
Residam no amor rejeitado. E muito bem, Ofélia!
Não precisa nos contar o que o príncipe disse:
Ouvimos tudo. *(Ao Rei.)* Meu senhor, faz como achar melhor,
Mas, depois do drama, se acredita oportuno,
Deixe que a rainha-mãe, sozinha com ele,
Lhe suplique discutir sua angústia.

Que ela seja franca. Se me permitir,
Estarei oculto: um ouvido a mais na conferência.
Se ela não o desvelar, envie-o à Inglaterra,
Ou mande confiná-lo onde vossa sabedoria achar melhor.
É coisa consagrada:
A loucura dos grandes deve ser vigiada. *(Saem.)*

## Cena II

*Elsinor. Sala no castelo (Entram Hamlet e dois ou três Atores.)*

**Hamlet:** Peço uma coisa, falem essas falas como eu as pronunciei, língua ágil, bem claro; se é pra berrar as palavras, como fazem tantos de nossos atores, eu chamo o pregoeiro público pra dizer minhas frases. E nem serrem o ar com a mão, o tempo todo *(Faz gestos no ar com as mãos.)*; moderação em tudo; pois mesmo na torrente, tempestade, eu diria até no torvelinho da paixão, é preciso conceber e exprimir sobriedade – o que engrandece a ação. Ah, me dói na alma ouvir um desses latagões robustos, de peruca enorme, estraçalhando uma paixão até fazê-la em trapos, arrebentando os tímpanos dos basbaques que, de modo geral, só apreciam berros e pantomimas sem qualquer sentido. A vontade é mandar açoitar esse indivíduo, mais tirânico do que Termagante, mais heroico do que Herodes. Evitem isso, por favor.

**Primeiro ator:** Prometo a Vossa Honra.

**Hamlet:** Mas também nada de contenção exagerada; teu discernimento deve te orientar. Ajusta o gesto à palavra, a palavra ao gesto, com o cuidado de não perder a simplicidade natural. Pois tudo que é forçado deturpa o intuito da representação, cuja finalidade, em sua origem e agora, era, e é, exibir um espelho à natureza; mostrar à virtude sua própria expressão; ao ridículo sua própria imagem e a cada época e geração sua forma e efígie. Ora, se isso é exagerado, ou então mal concluído, por mais que faça rir ao ignorante só pode causar tédio ao exigente; cuja opinião deve pesar mais no teu conceito do que uma plateia inteira de patetas. Ah, eu tenho visto atores – e elogiados até! e muito elogiados! – que, pra não usar termos profanos, eu diria que não tem nem voz nem jeito de cristãos, ou de pagãos – sequer de homens! Berram, ou gaguejam de tal forma, que eu fico pensando se não foram feitos – e malfeitos! – por algum aprendiz da natureza, tão abominável é a maneira com que imitam a humanidade!

**Primeiro ator:** Creio, senhor, que em nosso grupo isso já foi bastante corrigido.

**Hamlet:** Então corrija tudo! E não permita que os jograis falem mais do que lhes foi indicado. Pois alguns deles costumam dar risadas pra fazer rir também uns tantos espectadores idiotas; ainda que, no mesmo momento, algum ponto básico da peça esteja merecendo a atenção geral. Isso é indigno e revela uma ambição lamentável por parte do imbecil que usa esse recurso. Vai te aprontar. *(Saem Atores. Entram Polônio, Rosencrantz e Guildenstern.)* *(Para Polônio.)* Como é, meu senhor? O Rei concorda em ouvir a peça?

**Polônio:** E a Rainha também; vêm imediatamente.

**Hamlet:** Manda que os atores se apressem.

*(Sai Polônio.)* Vocês dois podem ajudá-los?

**Rosencrantz & Guildenstern:** Pois não, meu senhor.

*(Saem Rosencrantz e Guildenstern.)*

**Hamlet:** Olá, Horácio! *(Entra Horácio.)*

**Horácio:** Aqui, estimado senhor; às suas ordens.

**Hamlet:** Horácio, você é o homem mais equilibrado com quem convivi em toda a minha vida.

**Horácio:** Oh, meu caro senhor.

**Hamlet:** Não creia que eu o lisonjeio;
Que vantagens posso tirar de ti
Que não tens pra te vestir e comer

Outra renda que não a de teus dotes de espírito?
Por que lisonjear o pobre?
Não; a língua açucarada deve lamber somente a pompa extrema,
E os gonzos ambiciosos dos joelhos dobrar apenas
Onde haja lucro na bajulação. Você me escuta?
Desde quando minha alma preciosa se tornou senhora de vontade própria,
E aprendeu a distinguir entre os homens,
Ela te elegeu pra ela. Porque você foi sempre uno,
Sofrendo tudo e não sofrendo nada;
Um homem que agradece igual
Bofetadas e carícias da fortuna... Felizes esses
Nos quais paixão e razão vivem em tal harmonia
Que não se transformam em flauta onde o dedo da sorte
Toca a nota que escolhe.
Me mostra o homem que não é escravo da paixão
E eu o conservarei no mais fundo do peito,
É, no coração do coração – o que faço contigo.
Mas já me excedi nisso. Esta noite há uma representação
Para o Rei. Uma das cenas lembra as circunstâncias
Que te narrei, da morte de meu pai.
Peço, quando vires a cena em questão,
Que observes meu tio com total concentração de tua alma.
Se a culpa que ele esconde não se denunciar nesse momento,
Então o que vimos era um espírito do inferno,
E minha suspeita tão imunda
Quanto a forja de Vulcano. Escuta-o atentamente;
Meus olhos também estarão cravados em seu rosto.
Depois juntaremos nossas impressões
Pra avaliar a reação que teve.
**Horácio:** Bem, meu senhor,
Se o Rei me furtar alguma coisa enquanto se representa
E escapar à observação, eu pago o roubo.

**Hamlet:** Eles chegam pro espetáculo. Devo fazer o louco. Escolhe um bom lugar. *(Marcha dinamarquesa. Fanfarra. Entram o Rei, a Rainha, Polônio, Ofélia, Rosencrantz, Guildenstern e outros Cortesãos, com a guarda carregando tochas.)*

**Rei:** Como passa nosso sobrinho Hamlet?

**Hamlet:** Magnífico; passadio de camaleão: eu como o ar, cheio de promessas. Com isso o senhor não conseguiria engordar nem os seus capões.

**Rei:** Não sei o que entender dessa resposta, Hamlet. Tuas palavras me escapam.

**Hamlet:** Não; escaparam de mim. *(Para Polônio.)* Meu senhor, é verdade que representou também, na universidade?

**Polônio:** É verdade. E até que era considerado um bom ator.

**Hamlet:** E representou o quê?

**Polônio:** Representei Júlio Cesar. Brutus me assassinou no Capitólio.

**Hamlet:** Mas que brutalidade – matar um carneirão tão capital. Os atores estão prontos?

**Rosencrantz:** Sim, meu senhor, quando lhe aprouver.

**Rainha:** Vem cá, querido Hamlet, senta a meu lado.

**Hamlet:** Perdão, boa mãe, tenho aqui um ímã mais atraente. *(Indica Ofélia.)*

**Polônio:** *(Ao Rei.)* Oh, oh! O senhor notou isso?

**Hamlet:** Senhora, posso me enfiar no seu colo? *(Deita-se aos pés de Ofélia.)*

**Ofélia:** Não, meu senhor.

**Hamlet:** Quero dizer, pôr minha cabeça no seu colo?

**Ofélia:** Sim, meu senhor.

**Hamlet:** Achou que eu estava dizendo coisa que não se reputa?

**Ofélia:** Não penso nada, meu senhor.

**Hamlet:** Boa coisa pra se meter entre as pernas de uma virgem.

**Ofélia:** O que, meu senhor?

**Hamlet:** Nada.

**Ofélia:** Está alegre, não está, meu senhor?

**Hamlet:** Quem, eu?

**Ofélia:** Sim, meu senhor.

**Hamlet:** Oh, Deus, sou teu único farsante; quer dizer, autor de farsas. Que faria o homem, se não risse? Oh, olha só o ar fagueiro da senhora minha mãe. E meu pai morreu não tem nem duas horas.

**Ofélia:** O quê?; duas vezes dois meses, meu senhor!

**Hamlet:** Tanto assim? Então, se o diabo ainda se veste de negro, eu usarei luto de luxo. Céus! Morto há dois meses e ainda não foi esquecido? Então há esperança de que a memória de um grande homem possa sobreviver a ele até uns seis meses. Mas, por Nossa Senhora, terá que construir catedrais ou sofrerá a punição do esquecimento, como o cavalo de pau cujo epitáfio vai ser: "Ói! Ói! Esqueceram da égua!" *(Soam oboés. Começa a pantomina. Entram um Rei e uma Rainha, muito amorosos; os dois se abraçam. Ela se ajoelha e faz demonstrações de devoção a ele. Ele se levanta do chão e inclina a cabeça no ombro dela. Ele se deita num canteiro de flores. Ela, vendo-o dormir, se afasta, sai. Imediatamente surge um homem, tira a coroa do rei, derrama o veneno no ouvido dele. Sai, beijando a coroa. A Rainha volta; encontra o Rei morto, faz apaixonadas demonstrações de dor. O Envenenador volta, acompanhado de dois ou três comparsas, e mostra-se condoído com a morte do Rei; acompanha a Rainha em suas demonstrações. O cadáver é levado embora. O Envenenador corteja a Rainha com presentes. Ela mostra alguma relutância; recusa os presentes por uns momentos, por fim aceita as provas de amor. Saem.)*

**Ofélia:** Que significa isso, meu senhor?

**Hamlet:** Oi, oi! Um mistério maligno, ou melhor, maldito.

**Ofélia:** Parece que essa pantomima representa o enredo do drama.

*(Entra o Prólogo.)*

**Hamlet:** Esse daí vai dizer. Atores não guardam segredos. Contam tudo.

**Ofélia:** Ele vai nos dizer o significado daquela cena?

**Hamlet:** É, ou de qualquer cena que você fizer. Se você não tiver vergonha de encenar, ele não se envergonhará de explicar.

**Ofélia:** O senhor é mau! O senhor é mau! Deixa eu prestar atenção à peça!

**Prólogo:** Pra nós e nossa tragédia
Pedimos vossa audiência
E suplicamos clemência.

**Hamlet:** Isso é um prólogo ou uma inscrição de anel?

**Ofélia:** Pelo menos foi curto.

**Hamlet:** Como o amor da mulher. *(Entram dois atores, como Rei e Rainha.)*

**Rei (Ator):** Já o sol trinta voltas perfeitas tinha dado
Sobre o verde da terra e o mar salgado
Trinta dúzias de luas usando luz alheia
Tinham doze vezes trinta sido lua cheia
Desde que o amor uniu você e eu
Pelos laços sagrados do Himeneu.

**Rainha (Atriz):** O sol e a lua darão mil voltas assim
Antes que o nosso amor um dia tenha fim.
Mas que infeliz eu sou!, tens estado tão mal,
Tão longe de tua alegria habitual,
Que eu temo por ti. Mas não tema esse temor;
As mulheres são assim, no medo e no amor,
Nelas os dois vivem sempre irmanados
E, ou não são nada, ou são extremados.
O meu amor, tu sabes, não pode ser maior,
E quando o amor é grande, o medo não é menor.
Num amor tão enorme qualquer dúvida assusta
Pequenos medos crescem; e o amor, à sua custa.

**Rei (Ator):** Eu devo te deixar e muito em breve
Mas o fim da existência me é mais leve
Sabendo você, quando eu tiver partido,
Amada e honrada; e com outro marido
Tão terno quanto...
**Rainha (Atriz):** Não, eu não aceito!
Um outro amor não cabe no meu peito.
É maldição ter novo companheiro;
Só tem o segundo quem mata o primeiro.
**Hamlet:** *(À parte.)* O veneno! O veneno!
**Rainha (Atriz):** A razão que leva a um outro casamento
Não é amor, é razão vil – o rendimento.
Será matar meu marido de outro jeito
Deixar novo marido me beijar no leito.
**Rei (Ator):** Você crê no que diz, mas sejamos serenos,
É comum falarmos mais e fazermos menos;
A intenção é apenas escrava da memória,
Violenta ao nascer, mas transitória;
Enquanto fruto verde só nos dá trabalho,
E assim que madura cai do galho.
É muito natural que nunca nos lembremos
De pagar a nós, o que nós nos devemos;
O que a nós na paixão foi por nós prometido
Terminada a paixão perde todo o sentido.
O sangue quente da dor e da alegria
Já trazem consigo a própria hemorragia;
Onde a alegria mais canta e a dor mais deplora,
Num instante a dor canta e a alegria chora.
O mundo não é eterno e tudo tem um prazo
Nossas vontades mudam nas viradas do acaso;
Pois esta é uma questão ainda não resolvida:
A vida faz o amor, ou este faz a vida?
Se o poderoso cai, somem até favoritos;
Se o pobre sobe surgem amigos irrestritos.
E até aqui o amor segue a Fortuna, eu digo;

A quem não precisa nunca falta um amigo.
Mas quem, precisado, prova um falso amigo
Descobre, oculto nele, um inimigo antigo.
Voltando ao começo de tudo que converso –
Desejos e fatos correm em sentido inverso.
Por isso nossos planos nunca atingem a meta,
O pensamento é nosso, não o que projeta.
Assim, tu crês que não terás outro marido;
Uma crença que morre quando eu tiver morrido.

**Rainha (Atriz):** A terra não me dê pão, nem luz o céu!
Repouso e paz me fujam – eu só tenha fel!
A fé e a esperança se transformem em desdita
Eu só tenha de meu um catre de eremita!
Cada revés que bater na face da alegria
Destrua, ao passar, tudo o que eu mais queria!
Que uma eterna angústia me cosa e me recosa
Se, uma vez viúva, for outra vez esposa!

**Hamlet:** Eis um belo perjúrio!

**Rei (Ator):** Um juramento solene. Dileta, me deixa agora.
Meu espírito pesa; quero enganar com o sono
O tédio desta hora. *(Dorme.)*

**Rainha (Atriz):** Que o sono embale a tua alma:
Nunca haja amargura entre nós,
Só calma.

**Hamlet:** *(Para a Rainha.)* Madame, que tal achou a peça?

**Rainha:** Me parece que a dama promete demais.

**Hamlet:** Ah, mas ela vai cumprir a promessa.

**Rei:** Você já conhece o argumento? Não há nenhuma ofensa?

**Hamlet:** Não, não, eles brincam, apenas; envenenam de brincadeira; absolutamente nenhuma ofensa.

**Rei:** Como é que se chama o drama?

**Hamlet:** "A Ratoeira." Por quê? Ratificação de um fato. Um assassinato acontecido em Viena. Gonzaga é o nome de um duque; a mulher se chama Batista. O senhor verá

logo – uma obra-prima de perfídia. Mas, que importa isso? Vossa majestade e nós temos almas livres, isso não nos toca; que o cavalo de rédea curta relinche de dor, nós temos a rédea solta. *(Entra o ator Luciano.)*
Isso é um tal de Luciano, sobrinho do Rei.

**Ofélia:** O senhor é melhor do que um coro, meu Príncipe.

**Hamlet:** Daria um bom intérprete entre você e o seu amoroso, se pudesse ver os dois marionetes marionetando.

**Ofélia:** Resposta afiada, meu senhor, o senhor é muito afiado.

**Hamlet:** Só lhe custaria um vagido, tornar meu fio cego.

**Ofélia:** Mais afiado ainda – e mais cego.

**Hamlet:** Como vocês gostam que seus maridos sejam. *(Ao ator.)* Começa, assassino! Peste, deixa de fazer essas care-tas abomináveis e começa. Vai, o corvo crocitante grasna por vingança.

**Luciano:** Pensamentos negros, drogas prontas, hora dada
Tempo cúmplice, mãos hábeis – e ninguém vendo nada;
Tu, mistura fétida, destilada de ervas homicidas,
Infectadas por Hécate com tripla maldição, três vezes seguidas,
Faz teu feitiço natural, tua mágica obscena,
Usurparem depressa esta vida ainda plena.
*(Derrama veneno no ouvido do Rei.)*

**Hamlet:** Ele envenena o rei no jardim pra usurpar o Estado. O nome dele é Gonzaga. A história ainda existe e está escrita num italiano impecável. Agora vocês vão ver como o assassino arrebata o amor da mulher de Gonzaga.

**Ofélia:** O Rei se levanta!

**Hamlet:** Ué, assustado com tiro de festim!

**Rainha:** *(Para o Rei.)* Sente alguma coisa, meu senhor?

**Polônio:** Parem com a peça!

**Rei:** Me deem alguma luz! Depressa!

**Todos:** Luzes! Luzes! Luzes! *(Saem todos, menos Hamlet e Horácio.)*

**Hamlet:** Pois é; o cão ferido sai uivando
Enquanto o cervo salvo se distrai
Pra um dormir, há sempre um vigiando,
Assim foi feito o mundo, e assim vai.
Não te parece, amigo, que com esta minha invenção – metidos nessa floresta de penas – eu, caso a fortuna me falhasse, poderia, usando um par de rosas no sapato, obter uma boa quota, numa cambada de atores?

**Horácio:** Meia quota.

**Hamlet:** Ah, não, uma quota inteira!
Damon querido, tu sabes bem
Que nos tiraram um rei absoluto:
O próprio Júpiter. Pra reinar quem?
Um grande, um grande... pavão.

**Horácio:** Podia ter rimado.

**Hamlet:** Oh, bom Horácio, agora eu aposto mil libras na palavra do fantasma. Você percebeu?

**Horácio:** Muito bem, meu senhor.

**Hamlet:** Quando se falou no veneno...

**Horácio:** Observei tudo.

**Hamlet:** Ah, ah! Venham, um pouco de música!
Os flautins!
A peça, ao Rei,
Não lhe parece bem, bem não lhe faz –
Talvez, meu Deus, por parecer demais.
Vamos logo; a música!
*(Entram Rosencrantz e Guildenstern.)*

**Guildenstern:** Meu bom senhor, permita-me uma palavra.

**Hamlet:** Senhor, uma história inteira.

**Guildenstern:** O rei, meu senhor...

**Hamlet:** Sim, meu *senhor,* o que é que há com ele?

**Guildenstern:** Se retirou, como viu, e está lá dentro num horrível destempero.

**Hamlet:** Bebeu demais, senhor?

**Guildenstern:** Não, senhor, destempero de cólera.

**Hamlet:** Oh, então tua sabedoria se mostraria mais rica se tivesses ido avisar o médico. Pois a lavagem que tenho pra administrar só lhe aumentará a bílis.
**Guildenstern:** Meu bom senhor, peço que dê uma certa ordem ao que fala não arrancando a rédea do meu assunto e saltando em todas as direções.
**Hamlet:** Eu já estou domado, senhor. Falai-vos.
**Guildenstern:** A Rainha, sua mãe, na maior aflição de espírito, mandou que eu o procurasse...
**Hamlet:** Seja bem-vindo.
**Guildenstern:** Perdão, meu Príncipe, essa cortesia não é ouro de lei. Se ao senhor lhe aprouver me dar uma resposta razoável, eu terei cumprido a ordem da Rainha; se não, peço licença e minha retirada será o fim da minha missão.
**Hamlet:** Perdão, não posso.
**Guildenstern:** O que, meu senhor?
**Hamlet:** Responder razoavelmente. Eu perdi a razão. Mas a resposta que posso dar, essa eu ponho ao seu dispor, ou, como diz, da senhora minha mãe. E basta de coisa e vamos ao fato. Minha mãe, o senhor dizia...
**Rosencrantz:** Daí ela externou que o seu comportamento a tinha mergulhado em espanto e estupor.
**Hamlet:** Oh, filho maravilhoso, capaz de estuporar a própria mãe. Mas o que é que segue nos calcanhares desta mãe estuporada? Solta!
**Rosencrantz:** Quer lhe falar em seu quarto de dormir, antes de ir deitar.
**Hamlet:** Nós obedeceremos, como se ela fosse dez vezes nossa mãe. Temos mais algum negócio a tratar?
**Rosencrantz:** Meu Príncipe, houve um tempo em que o senhor me estimava.
**Hamlet:** E estimo ainda, juro *(Mostra as mãos.)* por estes cinco gatunos e estes cinco ladrões.
**Rosencrantz:** Meu bom senhor, posso saber o motivo da sua perturbação? O senhor certamente tranca a porta à própria liberdade se esconde as angústias até do seu amigo.

**Hamlet:** A mim me falta amparo.

**Rosencrantz:** Mas como?; se o senhor tem o amparo do próprio Rei para a sucessão na Dinamarca!

**Hamlet:** Ah, sim, só que o provérbio "Enquanto a grama cresce" anda um pouco mofado. *(Entram atores com flautins.)* Ah, os flautins. Me dá um aí. *(Dão um flautim a ele.)* Me diz aqui, à parte; por que você me segue a contravento, como quem quer me jogar numa armadilha?

**Guildenstern:** Oh, meu Príncipe, o meu dever, por ser audacioso, prejudica o comportamento da minha afeição.

**Hamlet:** Não entendi muito bem. Não quer tocar esta flauta?

**Guildenstern:** Não o saberia, senhor.

**Hamlet:** Por favor!

**Guildenstern:** Acredite-me, eu não sei.

**Hamlet:** Mas eu suplico.

**Guildenstern:** Não sei nem onde pôr os dedos, meu senhor.

**Hamlet:** É tão fácil quanto mentir. Governa-se estes buracos com estes dedos e o polegar, dá-se ar com a boca, e ela nos discursa uma música eloquente. Veja só: aqui estão os registros.

**Guildenstern:** Mas eu não consigo comandar daí qualquer declaração harmoniosa; me falta a perícia.

**Hamlet:** Pois veja só que coisa mais insignificante você me considera! Em mim você quer tocar; pretende conhecer demais os meus registros; pensa poder dedilhar o coração do meu mistério. Se acha capaz de me fazer, da nota mais baixa ao topo da escala. Há muita música, uma voz excelente, neste pequeno instrumento, e você é incapaz de fazê-lo falar. Pelo sangue de Cristo!, acha que eu sou mais fácil de tocar do que uma flauta? Pode me chamar do instrumento que quiser – pode me dedilhar quanto quiser, que não vai me arrancar o menor som... *(Entra Polônio.)* Deus o tenha, senhor.

**Polônio:** Meu Príncipe, a Rainha gostaria de lhe falar. E imediatamente.

**Hamlet:** Estás vendo aquela nuvem ali, quase em forma de camelo?
**Polônio:** Pela santa missa, eu diria que é um exato camelo.
**Hamlet:** Pois me parece mais um esquilo.
**Polônio:** É; tem a corcova de um esquilo.
**Hamlet:** Ou será uma baleia?
**Polônio:** É! Uma perfeita baleia.
**Hamlet:** Então vou ver minha mãe agora mesmo. *(À parte.)* Brincam comigo até onde eu aguente. *(Aos outros.)* Eu volto logo.
**Polônio:** Vou avisá-la. *(Sai Polônio.)*
**Hamlet:** "Eu volto logo" – dizer é fácil.
Deixem-me só, amigos.
*(Saem Rosencrantz, Guildenstern, Horácio e Atores.)*
Agora chega a hora maligna da noite,
Quando as campas se abrem, e o próprio inferno
Expira seu hálito mefítico no mundo.
Agora eu poderia beber sangue quente,
E perpetrar horrores de abalar o dia,
Se ele visse. Calma! Vamos à minha mãe.
Ó, coração, não esquece tua natureza; não deixa
Que a alma de Nero entre neste peito humano.
Que eu seja cruel, mas não desnaturado.
Minhas palavras serão punhais lançados sobre ela;
Mas meu punhal não sairá do coldre.
Que, neste momento, minha alma e minha língua sejam hipócritas;
Por mais que as minhas palavras transbordem em desacatos
Não permita, meu coração, que eu as transforme em atos!
*(Sai.)*

## Cena III

*Aposento no palácio. (Entram o Rei, Rosencrantz e Guildenstern.)*

**Rei:** Não gosto do jeito dele; e não é seguro pra nós
Deixar campo livre a esse lunático. Preparem-se, portanto;
Vou despachar imediatamente as instruções
E ele partirá com vocês pra Inglaterra.
A situação atual de nosso reino não pode ser exposta
A perigos tão sérios como os que nascem a toda hora
Dessa estranha loucura.

**Guildenstern:** Vamos nos preparar.
É precaução santa e piedosa
Proteger tantas e tantas vidas
Cujo sono e nutrição depende de Vossa Alteza,

**Rosencrantz:** O simples ser individual deve empregar
Toda a força e invenção de seu espírito
Pra proteger-se de golpes; e muito mais ainda
O ser de cujo bem-estar dependem – e no qual repousam –
Tantas vidas. Quando se extingue um soberano
Ele não morre só. Como o vórtice de um redemoinho
Atrai pro abismo tudo que o rodeia. É uma roda maciça,
Fixada no pico da montanha mais alta,
Em cujos raios enormes dez mil coisas menores
Vivem incrustadas ou grudadas; e aí, quando ela cai,
Cada pequeno anexo, diminuta dependência,
Acompanha a queda tonitruante.
Quando um rei suspira, o reino inteiro geme.

**Rei:** Equipem-se, eu lhes peço, pra essa viagem urgente;
Temos que colocar grilhões nesse pavor
Que anda por aí com os pés demasiado livres.

**Rosencrantz & Guildenstern:** Vamos nos apressar.

*(Saem Rosencrantz e Guildenstern. Entra Polônio.)*

**Polônio:** Meu senhor, ele já foi pro quarto da Rainha.
Vou me botar atrás da tapeçaria,
Para escutar o que aconteça. Estou seguro

De que ela vai censurá-lo com dureza
E, como o senhor disse, e o disse sabiamente,
Convém no caso um ouvido a mais
Além do maternal *(*naturalmente parcial*)*
Para auscultar outros sentidos. Até já, meu senhor;
Espero vê-lo antes que se recolha
Pra lhe contar o que sei.
**Rei:** Obrigado, caro senhor meu. *(Sai Polônio.)*
Oh, meu delito é fétido, fedor que chega ao céu;
Pesa sobre ele a maldição mais velha,
A maldição primeira – assassinar um irmão!
Nem consigo rezar – embora a inclinação e a vontade
imensa.
Mas se a vontade é grande, minha culpa é maior.
Como homem envolvido numa empreitada dúplice.
Hesito e paro, sem saber por onde começar;
E desisto de ambas. Mas, mesmo que esta mão maldita
Tivesse sua espessura duplicada pelo sangue fraterno,
Será que nesses céus clementes não haveria
Chuva bastante pra lavá-las de novo brancas como a neve?
Pra que serve a piedade, senão para apagar a face do delito?
E o que é a oração senão essa virtude dupla –
Evitar nossa queda; ou perdoar-nos, depois,
Então, eu olharei pro alto; pra resgatar minha culpa.
Mas, que forma de oração pode servir meu intuito?
"Perdoai meu torpe assassinato?"
Isso não pode ser, pois retenho a posse
Dos benefícios que me levaram ao crime –
É possível ser perdoado retendo os bens do crime?
Nas correntes corruptas deste mundo
As mãos douradas do delito podem afastar a justiça –
Como tanto se vê – o próprio lucro do malfeito
Comprando a lei. Mas não é assim lá em cima;
Ali não há trapaças. Lá a ação se mostra tal qual foi,
E nós, nós mesmos, somos compelidos a prestar testemunho,

Olhando nossas culpas no dente e no olho.
E então? Que resta? Ver o que pode o arrependimento.
O que não pode? Mas o que pode, quando não
conseguimos nos arrepender?
Que lamentável estado! Peito negro como a morte!
Oh, alma cheia de visgo, cuja luta pra ser livre
Ainda a embaraça mais. Socorro, anjos! Um esforço, por mim!
Dobrem-se, joelhos orgulhosos; coração de tendões de aço,
Fica suave como a carne tenra do recém-nascido!
Tudo pode sair bem. *(Se move para um lado e se ajoelha. Entra Hamlet.)*

**Hamlet:** Eu devo agir é agora; ele agora está rezando.
Eu vou agir agora – e assim ele vai pro céu;
E assim estou vingado – isso merece exame.
Um monstro mata meu pai e, por isso,
Eu, seu único filho, envio esse canalha ao céu.
Oh, ele pagaria por isso recompensa – isso não é vingança.
Ele colheu meu pai impuro, farto de mesa,
Com todas suas faltas florescentes, um pleno maio.
E o balanço desse aí – só Deus sabe,
Mas pelas circunstâncias e o que pensamos
Sua dívida é grande. Eu estarei vingado
Pegando-o quando purga a alma,
E está pronto e maduro para a transição?
Não.
Para espada, e espera ocasião mais monstruosa!
Quando estiver dormindo bêbado, ou em fúria,
Ou no gozo incestuoso do seu leito;
Jogando, blasfemando, ou em qualquer ato
Sem sombra ou odor de redenção.
Aí derruba-o, pra que seus calcanhares deem coices no céu,
E sua alma fique tão negra e danada
Quanto o inferno, pra onde ele vai. Minha mãe me espera;
Este remédio faz apenas prolongar tua doença; *(Sai.)*

**Rei:** *(Levantando.)* Minhas palavras voam;
Meu pensamento lhes é infiel;
Palavras assim jamais chegam ao céu. *(Sai.)*

## Cena IV

*O aposento da Rainha. (Entram a Rainha e Polônio.)*
**Polônio:** Ele vem logo. Deve lhe falar com firmeza.
Que as extravagâncias dele se tornaram exageradas,
Não são mais suportáveis. E que Vossa Alteza
Já tem servido de biombo
E se interposto sempre entre ele e o ódio que suscita.
Ficarei escondido aqui mesmo.
Eu lhe peço; seja clara com ele.
**Hamlet:** *(Fora.)* Minha mãe, minha mãe, minha mãe!
**Rainha:** Eu lhe garanto isso; não tenha receio. Saia agora.
Ele vem vindo. *(Polônio vai pra trás da tapeçaria. Entra Hamlet.)*
**Hamlet:** Olá, minha mãe, de que se trata?
**Rainha:** Hamlet, ofendeste muito teu pai.
**Hamlet:** Mãe, a senhora ofendeu muito meu pai.
**Rainha:** Vamos, vamos, tu respondes com uma língua tola.
**Hamlet:** Vem, vem, a senhora pergunta com uma língua indigna.
**Rainha:** Como? O que é isso, Hamlet?
**Hamlet:** Que foi que aconteceu?
**Rainha:** Esqueceste quem eu sou?
**Hamlet:** Não, pela cruz, não esqueci.
A senhora é a Rainha, esposa do irmão de seu marido;
E – antes não fosse! – é minha mãe.
**Rainha:** Muito bem, vou te colocar diante de pessoas capazes de falar contigo.
**Hamlet:** Vamos lá, sente aí e não se mova;
Não vai sair daqui antes que eu a ponha diante de um espelho
Onde veja a parte mais profunda de si mesma.

**Rainha:** Que pretendes fazer? Vais me matar?
Socorro, socorro, aqui!
**Polônio:** *(Atrás da tapeçaria.)* Olá! Socorro! Socorro! Socorro!
**Hamlet:** *(Puxando o florete.)* Que é isso? Um rato? Morto! Aposto um ducado; morto! *(Dá um lance com o florete através da tapeçaria.)*
**Polônio:** *(Atrás.)* Oh, me mataram! *(Cai e morre.)*
**Rainha:** Ai de mim, que fizeste?
**Hamlet:** Ora, eu não sei. Quem é; o rei?
**Rainha:** Oh, que ação sangrenta e absurda!
**Hamlet:** Ação sangrenta! Quase tão má, minha boa mãe,
Como matar um rei e casar com o irmão dele.
**Rainha:** Como matar um rei!
**Hamlet:** Sim, senhora, foram as minhas palavras,
*(Levanta a tapeçaria e olha Polônio.)*
Tu, miserável, absurdo, intrometido idiota – adeus!
Eu te tomei por um teu maior. Aceita teu destino;
Ser prestativo demais tem seus perigos!
*(À Rainha.)* Deixa de torcer as mãos. Calma;
E senta aí!
Pois eu pretendo torcer o seu coração;
Se ainda tiver substância penetrável;
Se o hábito do mal não o empederniu em bronze
Como couraça e proteção contra qualquer sentimento.
**Rainha:** Que foi que eu fiz pra tua língua vibrar
Contra mim com esse ódio todo?
**Hamlet:** Um ato
Que empalidece a graça e o rubor do recato
Chama a virtude de hipócrita; arranca a rosa
Da bela fronte de um amor inocente
E põe aí um sinal infamante; torna os votos conjugais
Tão verdadeiros quanto promessas de viciados.
Oh, esse ato arranca a própria alma do corpo de um juramento

E transforma a santa religião em rapsódia de palavras;
A face do céu se torna púrpura, sim, e esta terra sólida e compacta,
Como sentindo aproximar-se o Dia do Juízo,
Ganha um ar doloroso, doente de desgosto diante desse ato.
**Rainha:** Pobre de mim, que ato é esse,
Cujo simples prólogo ruge tão alto e me ameaça tanto?
**Hamlet:** Olha aqui este retrato, e este. *(Mostra a ela retratos do pai e do tio.)*
Retratos fiéis de dois irmãos.
Veja a graça pousada neste rosto –
Os cabelos de Apolo, a fronte do próprio Júpiter;
O olho de Marte, que ameaça e comanda;
O pobre igual ao de Mercúrio-mensageiro
Descendo numa montanha alta como o céu;
Um conjunto e uma forma na qual
Cada deus fez questão de colocar sua marca,
Pra garantir ao mundo a perfeição de um homem.
Este era seu marido. Vê agora o que se segue;
Aqui está o outro marido, como uma espiga podre,
Contaminando o irmão saudável. A senhora tem olhos?
E deixa de se alimentar nesta montanha límpida
Para ir engordar num lamaçal? Hei! Tem ou não tem olhos?
Não pode chamar isso de amor; na sua idade,
O zênite do sangue já passou, está domado.
E obedece à razão; e que razão
Trocaria isto por isto? *(Aponta os retratos.)*
Desejo, claro, a senhora tem,
Do contrário não teria impulsos. Mas certamente
São desejos apopléticos; a própria loucura não erraria assim;
O desejo jamais foi escravo do delírio,
Sempre se reservou certa medida
Pra distinguir tais diferenças. Qual foi o demônio
Que a vendou pra essa sinistra cabra-cega?
Olhos sem tato, tato sem vista.

Ouvidos sem mãos nem olhos, o simples olfato,
A parte mais doente de qualquer sentido
Não poderia se extraviar assim.
Que vergonha! Onde está seu rubor? Rebelde inferno,
Se não pode fazer a vergonha se insurgir
Nos ossos de uma matrona, então que a virtude vire cera
Ao calor da juventude,
E derreta nesse fogo.
Proclama que não é vergonha ceder ao assalto
Do ardor desenfreado,
Pois o próprio gelo queima violento
Quando a razão é a bordeleira da luxúria.
**Rainha:** Oh, Hamlet, não fala mais.
Você vira meus olhos pra minha própria alma;
E vejo aí manchas tão negras e indeléveis
Que jamais poderão ser extirpadas.
**Hamlet:** É, mas viver
No suor azedo de lençóis ensebados,
Ensopados na corrupção, arrulhando e fazendo amor
Numa sentina imunda...
**Rainha:** Oh, não fala mais;
Tuas palavras, como adagas, penetram meus ouvidos.
Chega, querido Hamlet!
**Hamlet:** Um assassino covarde,
Um escravo que não chega a um vintésimo de um dízimo
Do teu primeiro senhor; bufão entre os reis;
Salteador do império e do poder
Que roubou do reino seu mais precioso diadema,
E o enfiou no bolso!
**Rainha:** Basta!
**Hamlet:** Um rei só de remendos e retalhos...
*(Entra o Fantasma.)*
Salvai-me e cobri-me com vossas asas,
Ó guardas celestiais! *(Ao Fantasma.)* Que espera de mim,
Graciosa figura?

RAINHA: Deus meu, está louco!
HAMLET: O senhor vem repreender o filho negligente
Que deixou escapar a hora e a paixão
Sem executar sua ordem terrível?
Me diz!
FANTASMA: Não esqueça; esta visita
É para aguçar tua resolução já quase cega.
Mas olha, o espanto domina tua mãe.
Coloca-te entre ela e sua alma em conflito;
Nos corpos frágeis a imaginação trabalha com mais força.
Fala com ela, Hamlet.
HAMLET: O que é que tem, senhora?
RAINHA: Ai, o que é que você tem,
Fixando assim seus olhos no vazio,
E conversando com o ar incorpóreo?
Os teus espíritos espiam impetuosos por teus olhos,
Soldados despertados pelo alarme,
Teus cabelos deitados se levantam e ficam em pé
Como excrescências vivas. Ó filho gentil,
Asperge paciência fresca sobre o calor e a chama
Da tua loucura. Está olhando o quê?
HAMLET: Ele, ele! Olha só, o seu brilho tão pálido!
Sua causa e seu aspecto, juntos,
Seriam capazes de comover as pedras.
*(Ao Fantasma.)* Não olhe assim pra mim,
Pois esse apelo piedoso pode me demover
Do meu rígido intento; e faltará cor ao que devo fazer;
Lágrimas talvez, não mais gotas de sangue.
RAINHA: Pra quem você diz isso?
HAMLET: A senhora não vê?
RAINHA: Não vejo nada: e vejo tudo que há.
HAMLET: Nem ouviu nada?
RAINHA: Não, nada – a não ser a nós mesmos.
HAMLET: Mas, como? Olha lá! Vê?, está indo embora!
Meu pai, vestido como vivia!

Olha, lá vai ele, atravessa o portal agora mesmo!
*(Sai Fantasma.)*
**Rainha:** É teu cérebro que forja essa visão;
Teu delírio se excede
Em criações incorpóreas.
**Hamlet:** Delírio!
O meu pulso, como o seu, marca o tempo calmamente,
E soa música saudável. Não é loucura
O que eu proferi; é só me pôr à prova
Que repito, palavra por palavra,
Aquilo que a loucura embolaria. Mãe, pela graça divina,
Não passa em tua alma esse enganoso unguento
De que não é o teu delito que fala, mas a minha demência.
Isso é apenas uma pele fina cobrindo tua alma gangrenada,
Enquanto a pútrida corrupção, em infecção oculta,
Corrói tudo por dentro. Confessa-te ao céu;
Arrepende-te do que se passou e evita o que há de vir;
Não joga estrume sobre ervas daninhas
Que elas crescem ainda com mais força.
Perdoa-me por minha virtude:
É! Na velhacaria destes tempos flácidos,
A virtude tem que pedir perdão ao vício;
Sim, curvar-se e bajulá-lo pra que ele permita que ela o beneficie.
**Rainha:** Oh, Hamlet, você partiu meu coração em dois.
**Hamlet:** Pois joga fora a pior parte dele,
E vive mais pura com a outra metade.
Boa noite. Mas não vá pra cama de meu tio;
Simula uma virtude, já que não a possui.
O costume, esse monstro que devora qualquer sentimento,
Demônio dos hábitos, nisto, porém, é um anjo
Pois também empresta hábito, ou libré,
Às nossas ações justas e nobres –
E que elas vestem prazenteiras. Abstenha-se esta noite:
Isso tornará mais fácil a próxima abstinência;

A seguinte será inda mais fácil.
O costume quase pode mudar o timbre da natureza,
Dominando o demônio, ou expulsando-o
Com violência irresistível. Mais uma vez, boa noite,
E quando sentir necessidade de ser abençoado
Eu lhe pedirei que me abençoe.
Quanto a este senhor *(Aponta Polônio.)*
Eu me arrependo; mas Deus quis assim;
Que eu fosse o castigo dele, e ele o meu;
Me apontou pra seu flagelo e ministro.
Vou dispor dele de qualquer maneira
E responder depois pela morte que lhe dei.
Então, ainda uma vez, boa noite.
Tenho que ser cruel para ser justo;
Aqui começa o mal, o pior ainda vem.
Uma palavra a mais, boa senhora.
**Rainha:** O que devo fazer?
**Hamlet:** De forma alguma nada que eu lhe diga:
Deixe que o rei balofo a atraia outra vez ao leito,
Que belisque suas bochechas de maneira lasciva;
Que a chame de minha ratinha.
Depois que ele lhe der alguns beijos nojentos,
E lhe acariciar o colo com seus dedos malditos,
Deve ter a impressão de que lhe arrancou a revelação de tudo:
Ou seja: eu não estou louco de verdade;
Estou louco somente por astúcia. Seria bom que ele soubesse assim;
Pois, se uma verdadeira rainha, justa, sóbria e sábia, não fosse capaz de revelar
Segredos tão preciosos a um sapo, um vampiro, um gato,
Quem o faria?
Não, contra todo o bom senso e a prudência,
Abra a gaiola no alto do telhado,
Deixe os pássaros voarem e, como o macaco da fábula,

Entre depois na gaiola, só pra ver o que acontece;
E quebre o pescoço saltando lá de cima.
**Rainha:** Olha aqui: se as palavras são feitas de aspiração,
E aspiração de vida, eu não tenho vida para aspirar
Nada do que você me disse.
**Hamlet:** Vou partir pra Inglaterra; sabia disso?
**Rainha:** Ai!,
Eu tinha esquecido. Está decidido, então.
**Hamlet:** As cartas já estão seladas. E meus dois companheiros de escola
Em que confio menos do que em dentes de víboras,
São portadores das ordens. Devem limpar o caminho
Pra eu chegar à armadilha. Vamos deixar;
Pois é um prazer ver-se o engenheiro
Voar pelos ares com o próprio engenho.
E só muito má sorte me impedirá
De cavar um palmo abaixo da mina deles,
Explodindo-os em pedaços até a lua. Oh, como é bonito
Ver, numa mesma linha, duas maquinações se chocando.
Este homem me obriga a usar uma escapatória.
Vou arrastar suas tripas para o quarto ao lado.
Boa noite, minha mãe! Engraçado, o conselheiro,
Aí está tão quieto, tão grave, e sagaz,
E em vida era um biltre, agitado e loquaz
*(Ao corpo.)* Vamos, senhor, é só o arrastão final.
Boa noite, mãe.
*(Saem separadamente, Hamlet puxando Polônio.)*

# ATO IV

## Cena I

*Sala do castelo. (Entram o Rei, a Rainha, Rosencrantz e Guildenstern.)*

**Rei:** Esses suspiros e esses gemidos profundos têm uma causa.
Você deve traduzir; precisamos saber.
Onde está seu filho?
**Rainha:** Concedam-nos este espaço por alguns momentos.
*(Saem Rosencrantz e Guildenstern.)*
Ah, meu bom senhor, o que eu vi esta noite!
**Rei:** O que, Gertrudes? Como está Hamlet?
**Rainha:** Louco como o mar e o vento lutando
Pra decidir qual o mais forte. Num acesso de fúria,
Ouvindo alguma coisa mexer atrás da tapeçaria,
Arrancou o florete e gritou: "Um rato, um rato!"
E, exaltado, pela imaginação, matou,
Sem ver, o excelente velho.
**Rei:** Oh, que ação funesta!
Teria feito o mesmo a nós, estivéssemos lá.
A liberdade dele está cheia de ameaça para todos,
Pra você mesma, pra nós, pra qualquer um.
Ai de mim, como responderemos a essa ação sangrenta?
Seremos responsabilizados por não termos freado,
Confinado e segregado do mundo esse jovem lunático.
Mas era tanto o nosso amor
Que não soubemos decidir o mais conveniente:
Como quem está atacado de um mal vergonhoso
E, pra evitar que se o divulgue,
Prefere deixar-se devorar até a medula. Onde foi Hamlet?
**Rainha:** Esconder o corpo que ele assassinou;

E aí, sua própria loucura, como ouro
Fulgindo em uma mina de metal ordinário,
Mostra-se completamente pura: ele chora pelo acontecido.
**Rei:** Vem comigo, Gertrudes!
Assim que o sol tocar a montanha,
Nós o embarcaremos daqui; quanto prestígio e habilidade
Vamos ter que empregar
Para coonestar e desculpar esse ato nefando.
Ho, Guildenstern! *(Entram Rosencrantz e Guildenstern.)*
Amigos, busquem, vocês dois, mais alguém como reforço.
Hamlet, na sua loucura, assassinou Polônio,
e o arrastou pra fora do quarto da Rainha.
Procurem-no; falem com ele calmamente –
E tragam o corpo pra capela.
*(Saem Rosencrantz e Guildenstern.)*
Vem, Gertrudes, vamos chamar nossos amigos mais sábios,
Comunicar a eles o que pretendemos fazer
E isso que aconteceu em tão má hora. Assim, quem sabe,
A calúnia, cujo murmúrio pode atravessar o diâmetro do mundo
Transportando seu tiro envenenado –
Reta como um canhão que visa o alvo –
Não consiga atingir o nosso nome.
E acerte no ar, que é invulnerável. – Oh, vamos embora!
Minha alma está cheia de angústia e confusão. *(Saem.)*

## Cena II

*Outro aposento no castelo. (Entra Hamlet.)*
**Hamlet:** Está bem guardado.
**Rosencrantz & Guildenstern:** *(Fora de cena.)* Hamlet! Príncipe Hamlet!
**Hamlet:** Que barulho é esse? Quem chama por Hamlet?
Oh, lá vêm eles! *(Entram Rosencrantz e Guildenstern.)*

**Rosencrantz:** O que é que o senhor fez, meu príncipe, com o corpo do morto?

**Hamlet:** Eu o misturei ao pó, do qual ele é parente.

**Rosencrantz:** Diga-nos onde é que está, pra que possamos pegá-lo

E levá-lo à capela.

**Hamlet:** Não acredite nisso.

**Rosencrantz:** Acreditar em quê?

**Hamlet:** Que eu possa seguir o teu conselho em vez do meu próprio.

Me diz aí: ao ser interrogado por uma esponja,

Que resposta deve dar o filho de um rei?

**Rosencrantz:** O senhor acha que eu sou uma esponja, meu senhor?

**Hamlet:** Isso mesmo, meu caro, encharcada pelos favores do Rei, suas recompensas, seus cargos. São tais seguidores que prestam os melhores serviços ao Rei. Ele os guarda num canto da boca como o macaco faz com a noz; primeiro mastiga, depois engole. Quando precisa do que vocês chuparam, basta espremê-los. Espremidos, vocês, esponjas, estão secos de novo.

**Rosencrantz:** Me recuso a compreendê-lo, senhor.

**Hamlet:** Fico contente em saber. O discurso patife dorme no ouvido idiota.

**Rosencrantz:** Meu senhor, precisa nos dizer onde está o corpo. E acompanhar-nos até o Rei.

**Hamlet:** O corpo está com o Rei, mas o Rei não está com o corpo. O Rei é uma coisa...

**Guildenstern:** Uma coisa, meu senhor?

**Hamlet:** ...de nada. Me leva até o Rei. Te esconde, raposa; estão atrás de ti. *(Sai correndo.)*

## CENA III

*Outro aposento no castelo. (Entram o Rei e séquito.)*

**REI:** Mandei que o procurassem e que achassem o corpo.
É assaz perigoso deixar esse homem solto!
Mas contra ele não devemos usar a dura lei.
Hamlet é amado pela multidão leviana,
Que não ama com a razão, mas com os olhos;
Quando é assim, devemos pesar o culpado,
E não o crime. Pra que tudo vá calmo e dê certo,
Esta sua partida repentina tem que parecer
Cuidadosa deliberação. As doenças desesperadoras
Se curam com medicações desesperadas;
Ou não. *(Entra Rosencrantz.)*
E então, que foi que aconteceu?

**ROSENCRANTZ:** Meu senhor, não conseguimos que nos disseste
Onde escondeu o corpo.

**REI:** Mas ele, onde está?

**ROSENCRANTZ:** Lá fora, senhor; sob guarda. Esperando o que a Vossa Majestade lhe aprouver.

**REI:** Tragam-no à nossa presença.

**ROSENCRANTZ:** Olá! Guildenstern! Faz entrar o Príncipe!
*(Entram Hamlet e Guildenstern.)*

**REI:** Muito bem, Hamlet, onde está Polônio?

**HAMLET:** Na ceia.

**REI:** Na ceia! Onde?

**HAMLET:** Na ceia. Mas não está comendo. Está sendo comido. Um determinado congresso de vermes políticos se interessou por ele. Nesses momentos, o verme é o único imperador. Nós engordamos todos os outros seres pra que nos engordem; e engordamos pra engordar as larvas. O rei obeso e o mendigo esquálido são apenas variações de um menu – dois pratos, mas na mesma mesa; isso é tudo.

**REI:** Ai, ai, ai!

**Hamlet:** Um homem pode pescar com o verme que comeu o rei e comer o peixe que comeu o verme.
**Rei:** O que é que você quer dizer com isso?
**Hamlet:** Nada, senão demonstrar-lhe que um rei pode fazer um belo desfile pelas tripas de um mendigo.
**Rei:** Onde está Polônio?
**Hamlet:** No céu; manda alguém ver. Se o seu mensageiro não o encontrar lá, o senhor mesmo pode ir procurá-lo no seu novo endereço. Agora, se o senhor não o encontrar até o fim do mês, vai sentir o cheiro dele quando subir os degraus da galeria.
**Rei:** *(A alguns servidores.)* Vão procurá-lo lá.
**Hamlet:** Ele espera, ele espera. *(Saem os servidores.)*
**Rei:** Hamlet, esse ato, pra tua própria segurança,
Que nos é tão cara, sem que deixemos de lamentar
Profundamente aquilo que fizeste, nos obriga a te tirar daqui
Com a rapidez do fogo. Prepara-te, então:
O barco está pronto, o vento nos ajuda:
Acompanhantes já esperam: tudo está apontado
Pra Inglaterra.
**Hamlet:** Pra Inglaterra!
**Rei:** Sim, Hamlet.
**Hamlet:** Bom.
**Rei:** Você diria o mesmo, se conhecesse nossas intenções.
**Hamlet:** Eu vejo um querubim que as vê. – Mas vamos lá – à Inglaterra!
Adeus, querida mãe.
**Rei:** Teu pai que te ama, Hamlet.
**Hamlet:** Minha mãe. Pai e mãe são marido e mulher; marido e mulher são uma carne só; portanto, minha mãe. *(Para Rosencrantz e Guildenstern.)* Vamos; pra Inglaterra! *(Sai.)*
**Rei:** Nos calcanhares dele! Façam com que embarque imediatamente.
Não retardem a partida; eu o quero fora daqui esta noite!
Longe! Tudo o mais que diz respeito a esse caso

Já está resolvido e selado. Eu lhes peço, corram!
*(Saem Rosencrantz e Guildenstern.)*
E tu, Inglaterra – se de algum modo te interessa minha amizade –
E minha extrema potência te aconselha a que assim queiras –
Pois ainda tens viva e sangrenta
A cicatriz que te deixou a espada dinamarquesa,
E, embora livre, o teu temor é homenagem a nós,
Não podes receber com frieza nossa decisão soberana,
A qual, por cartas que formalizam a exigência,
Conduz à morte imediata de Hamlet. Faz isso, Inglaterra;
Pois Hamlet queima em meu sangue como a febre.
Tu deves curar-me. Até que isso aconteça,
O mais que me aconteça não poderá se chamar felicidade.
*(Sai.)*

## Cena IV

*Uma planície da Dinamarca. (Entram Fortinbrás e um capitão, com um exército, marchando pelo palco.)*

**Fortinbrás:** Vai, capitão, e saúda em meu nome o rei dinamarquês,
Diz que, com a sua permissão, Fortinbrás
solicita salvo-conduto, já combinado, para atravessar
As terras deste reino. Sabes onde nos encontrar:
Se Sua Majestade tiver algo mais a discutir conosco,
Iremos pessoalmente prestar-lhe homenagens.
Comunique-lhe isso.

**Capitão:** Assim farei, senhor.

**Fortinbrás:** *(Às tropas.)* Avancem lentamente. *(Saem todos, menos o capitão. Entram Hamlet, Rosencrantz, Guildenstern e outros.)*

**Hamlet:** Bom senhor, de quem são essas forças?

**Capitão:** Do rei da Noruega, senhor.

**Hamlet:** Se dirigem pra onde, por favor?
**Capitão:** Contra uma parte da Polônia.
**Hamlet:** E quem as comanda, senhor?
**Capitão:** Fortinbrás, o sobrinho do velho rei da Noruega.
**Hamlet:** Vão lutar contra a Polônia toda, ou apenas alguma parte da fronteira?
**Capitão:** Falar verdade, senhor, e evitando exagero,
Vamos conquistar um pequeno terreno
Que não nos interessa a não ser pela glória.
Nem por cinco ducados, cinco! eu o arrendaria.
Não renderia mais que isso ao rei da Polônia
Ou da Noruega, vendido como feudo.
**Hamlet:** Mas então os polacos nem vão defendê-lo!
**Capitão:** Ah, vão! Já têm uma guarnição aí!
**Hamlet:** Duas mil almas e vinte mil ducados
Não chegam pra decidir essa ninharia,
Isso é um abscesso causado por muita paz e riqueza:
Arrebenta por dentro não mostrando, por fora,
A causa mortis. Humildemente eu lhe agradeço, senhor.
**Capitão:** Deus esteja convosco. *(Sai.)*
**Rosencrantz:** Podemos ir agora, meu Príncipe?
**Hamlet:** Estarei com vocês imediatamente. Vai um pouco na frente. *(Saem todos, exceto Hamlet.)*
Todos os acontecimentos parecem me acusar,
Me impelindo à vingança que retardo!
O que é um homem cujo principal uso e melhor aproveitamento
Do seu tempo é comer e dormir? Apenas um animal.
É evidente que esse que nos criou com tanto entendimento,
Capazes de olhar o passado e conceber o futuro, não nos deu
Essa capacidade e essa razão divina
Para mofar em nós, sem uso. Ora, a não ser por esquecimento animal,
Ou por indecisão pusilânime,
Nascida de pensar com excessiva precisão nas consequências –

Uma meditação que, dividida em quatro,
Daria apenas uma parte de sabedoria
E três de covardia – eu não sei
Por que ainda repito: – "Isso deve ser feito",
Se tenho razão, e vontade, e força e meios
Pra fazê-lo. Exemplos grandes quanto a Terra me incitam;
Testemunha é este exército, tão numeroso e tão custoso,
Guiado por um príncipe sereno e dedicado,
Cujo espírito, inflado por divina ambição,
É indiferente ao acaso invisível,
E expõe o que é mortal e precário
A tudo que a Fortuna, a morte e o perigo engendram,
Só por uma casca de ovo. Se verdadeiramente grande
É não se agitar sem uma causa maior,
Mas encontrar motivo de contenda numa palha
Quando a honra está em jogo. Como é que eu fico, então,
Eu que com um pai assassinado e uma mãe conspurcada,
Excitações do meu sangue e da minha razão,
Deixo tudo dormir? E, pra minha vergonha,
Vejo a morte iminente de vinte mil homens
Que, por um capricho, uma ilusão de glória,
Caminham para a cova como quem vai pro leito,
Combatendo por um terreno no qual não há espaço
Para lutarem todos; nem dá tumba suficiente
Para esconder os mortos? Oh, que de agora em diante
Meus pensamentos sejam só sangrentos; ou não sejam nada! *(Sai.)*

### Cena V

*Elsinor. Um aposento no castelo. (Entram a Rainha e Horácio.)*

**Rainha:** Não quero falar com ela.

**Horácio:** Mas ela é insistente; está fora de si –
Seu estado merece piedade.

**Rainha:** Que quereria ela?
**Horácio:** Fala muito do pai; diz que sabe
Que há intrigas no mundo; tosse e bate no coração.
Se irrita por qualquer migalha; fala coisas sem nexo,
Ou com apenas metade do sentido. O que diz não diz nada,
Mas permite aos que a escutam
Tirarem suspeitas dessa deformação; e aí conjeturam,
Rearrumando as palavras de acordo com o que pensam.
As palavras, junto com os olhares, meneios e gestos
Que ela faz, dão pra acreditar
Que realmente ali há um pensamento, bastante incerto;
Mas muito doloroso.
Seria bom que falassem com ela, pois pode espalhar
Suposições perigosas em cérebros malignos.
**Rainha:** Manda ela entrar. *(Sai Horácio.)*
Pra minha alma doente – a natureza do pecado é assim –
Cada migalha é um desastre, é o fim;
A culpa é cheia de medo escondido
Que se trai, com medo de ser traído.
*(Entra Horácio com Ofélia, fora de si.)*
**Ofélia:** Onde está a radiosa rainha da Dinamarca?
**Rainha:** O que foi, Ofélia?
**Ofélia:** *(Canta.)* Como distinguir de todos
O meu amante fiel?
Pelo bordão e a sandália;
Pela concha do chapéu.
**Rainha:** Ai, minha encantadora jovem, que significa essa canção?
**Ofélia:** O que diz? Não, presta atenção, por favor.
*(Canta.)* Está morto, senhora, foi embora;
Está morto, foi embora,
Uma lápide por cima
E grama verde, por fora.
Oh, oh!
**Rainha:** Mas, querida Ofélia...

**Ofélia:** Ouve, por favor.
*(Canta.)* Seu sudário, como a neve da montanha...
*(Entra o Rei.)*
**Rainha:** Ai de mim, veja isso, senhor.
**Ofélia:** *(Canta.)* O pranto do amor fiel
Fez as flores perfumadas
Descerem à tumba molhadas.
**Rei:** Como está você, minha bela jovem?
**Ofélia:** Bem! E Deus vos ajude. Dizem que a coruja era filha de um padeiro.
Senhor, nós sabemos o que somos, mas não o que seremos. Deus esteja em vossa mesa!
**Rei:** Ela pensa no pai.
**Ofélia:** Por favor, nem uma palavra sobre isso; mas quando perguntarem que coisa significa, respondam assim:
*(Canta.)* Amanhã é São Valentino
E bem cedo eu, donzela,
Pra ser tua Valentina
Estarei em tua janela.
E ele acorda e se veste
E abre o quarto pra ela.
Se vê a donzela entrando
Não se vê sair donzela.
**Rainha:** Gentil Ofélia!
**Ofélia:** Está bem, Ô!, sem praguejar, eu termino;
*(Canta.)* Por Jesus e a Santa Caridade
Vão pro diabo os pecados
Os rapazes fazem o que podem
Mas como eles são malhados!
Disse ela: "Antes de me atracar,
Você prometeu casar".
Ele responde:
"Pelo sol, eu o tinha feito
Se não fosses ao meu leito".
**Rei:** Há quanto tempo ela está assim?

**Ofélia:** Eu espero que tudo saia bem. Devemos ser pacientes. Mas não posso deixar de chorar pensando que o enfiaram nessa terra fria. Meu irmão tem que ser informado. Por isso eu agradeço os vossos bons conselhos. Vem, minha carruagem! Boa noite, senhoras. Boa noite, amáveis senhoras; boa noite, boa noite. *(Sai.)*

**Rei:** Sigam-na de perto; vigiem-na com cuidado, eu lhes peço.

*(Sai Horácio.)*

Ah, esse é o veneno do pesar profundo; brota
Tudo da morte do pai dela. Oh, Gertrudes, Gertrudes,
Quando as desgraças chegam, elas não vêm solitárias,
Mas em batalhões. Primeiro, o pai dela assassinado;
Depois, a partida de teu filho; ele próprio o tresloucado autor
Do seu justo desterro. E o povo se agitando,
Turbulento e malsão no que pensa e murmura,
Quanto à morte desse bom Polônio, agimos com imprudência
Fazendo seus funerais secretamente; e a pobre Ofélia,
Perdida de si própria e de sua razão,
Sem a qual somos apenas imagens ou meros animais.
E por fim, a ameaça mais grave:
O irmão dela voltou da França em segredo;
E anda envolvido em sombras,
E não faltam intrigas pra envenenar seus ouvidos
Com versões pestilentas sobre a morte do pai;
Mendigos de provas, os intrigantes não hesitarão
Em incriminar nossa pessoa de ouvido em ouvido.
Oh, querida Gertrudes, isso,
Como um canhão a metralha,
Me atinge em várias partes, me dando uma morte múltipla,
*(Barulho fora de cena.)*

**Rainha:** Meu Deus, que barulho é esse?

**Rei:** Onde estão meus suíços? Que guardem a porta. *(Entra um cavalheiro.)* Que foi que houve?

**Cavalheiro:** Protegei-vos, senhor!
O oceano ultrapassando seus limites,
Não devora as terras com mais fúria
Do que o jovem Laertes, à testa de uma horda sediciosa,
Derruba vossos comandos. O populacho o aclama;
E como se o mundo começasse agora,
Esquecendo o passado e renegando as tradições
Que dão às palavras valor e conteúdo,
Eles gritam: "Nós decidimos: Laertes será rei!
E mãos, línguas e gorros aplaudem até as nuvens;
"Laertes será rei; Laertes rei!"
**Rainha:** Com que alegria ladram numa pista falsa!
Seguem a pista ao contrário, falsos cães dinamarqueses!
*(Tumulto fora de cena.)*
**Rei:** Arrebentaram a porta. *(Entra Laertes armado. Dinamarqueses o seguem.)*
**Laertes:** Onde está esse rei? *(Aos soldados dinamarqueses.)* Senhores, fiquem todos lá fora.
**Dinamarquês:** Não; queremos entrar.
**Laertes:** Eu lhes peço – isso é comigo.
**Dinamarqueses:** Pois não, pois não. *(Se retiram.)*
**Laertes:** Eu agradeço – vigiem a porta. E tu, rei canalha, me devolve meu pai!
**Rainha:** Calma, bom Laertes.
**Laertes:** Uma gota de sangue que em mim ficar calma me proclama: *bastardo*; grita a meu pai: *cornudo*; e marca a fogo: *devassa* – na testa imaculada de minha santa mãe.
**Rei:** Por que razão, Laertes,
Tua rebelião surgiu tão gigantesca?
Deixa-o, Gertrudes; não tema por nossa pessoa.
É tal a aura divina protegendo um rei
Que a traição mal consegue entrever o que pretende,
E fica impotente pra qualquer ação. Me diz, Laertes,
Por que tão enfurecido? Deixa-o, Gertrudes.
Fala, homem.

**Laertes:** Onde está meu pai?
**Rei:** Morto!
**Rainha:** Mas não por ele.
**Rei:** Deixe que ele pergunte até ficar bem farto.
**Laertes:** Como foi que morreu? Não pensem que me iludem!
Pro inferno a obediência! Ao demônio mais negro os juramentos!
A consciência e a graça ao mais fundo abismo!
Eu desafio a danação! Cheguei a um extremo
Em que já não me importa este mundo ou o outro.
Aconteça o que acontecer; quero apenas vingar
Meu pai, completamente.
**Rei:** Quem te impedirá?
**Laertes:** Nem o mundo inteiro – só a minha vontade.
Quanto aos recursos que tenho, eu os usarei de tal maneira
Que, embora poucos, chegarão bem longe.
**Rei:** Bom Laertes,
Se desejas conhecer a verdade
Sobre a morte de teu caro pai, diz;
Está escrito em tua vingança que jogarás todas as fichas nesse jogo,
Arrastando amigos e inimigos, vencedores e vencidos?
**Laertes:** Só os inimigos dele.
**Rei:** Queres então conhecê-los?
**Laertes:** Pros seus bons amigos, abrirei bem os meus braços,
E sacrificarei minha vida como um pelicano,
Alimentando-os com meu próprio sangue.
**Rei:** Bem, agora falas
Como filho amante e bom cavalheiro.
Que eu não tenho culpa na morte de teu pai,
E sinto a dor mais profunda pelo fato.
Ficará tão claro ao teu julgamento
Quanto o dia que penetra nos teus olhos.

**Dinamarquês:** *(Fora de cena.)* Deixem-na entrar!
**Laertes:** Que acontece aí? Que barulho é esse?
*(Entra Ofélia.)*
Oh, fogo, consome meu cérebro! Lágrimas sete vezes salgadas,
Queimem a função e o valor dos meus olhos!
Juro pelos céus, tua loucura será paga em peso
Até que o braço da balança penda para o nosso lado.
Ó rosa de maio, virgem amada, boa irmã, gentil Ofélia!
Ó céus! É possível que a razão de uma donzela
Seja tão frágil quanto a vida de um velho?
A natureza é sutil no amor e, nessa sutileza,
Sacrifica um pedaço precioso de si própria
Àquele a quem ama.
**Ofélia:** *(Canta.)* O puseram no caixão com o rosto descoberto
Olelê, olelê, olelê.
Caíram chuvas de lágrimas na campa
Vai em paz, meu pombinho!
**Laertes:** Se estivesses em teu juízo e me incitasses à vingança,
Não terias tanta força.
**Ofélia:** Todos têm que cantar: "Embaixo, embaixo; e chamando baixinho";
A roda da Fortuna gira assim! Foi o pérfido mordomo quem roubou a filha do patrão.
**Laertes:** Isso não é nada, e é mais que tudo.
**Ofélia:** *(Para Laertes.)* Este é um rosmaninho, serve pra lembrança. Eu te peço, amor, não esquece. E aqui amores-perfeitos, que são pros pensamentos.
**Laertes:** Uma lição na loucura; pensamentos e recordações se harmonizam.
**Ofélia:** *(Ao Rei.)* Funchos para o senhor, e aquileias.
*(À Rainha.)*
Arruda para vós, pra mim também alguma coisa – vamos chamar de flor da graça dos domingos; ah, tem que usar a

sua arruda de modo diferente. Eis uma margarida. Gostaria de lhe dar algumas violetas, mas murcharam todas quando meu pai morreu – Dizem que ele teve um bom fim... *(Canta.)* O meu bonito Robin é toda a minha alegria...

**Laertes:** A mágoa e a aflição, o sofrimento, o próprio inferno.

**Ofélia:** *(Canta.)* E ele não voltará mais?
E ele não voltará mais?
Não, não, ele está morto
Em leito de paz e conforto
Não voltará nunca mais.
Tinha a barba branca como a neve
Tinha a cabeça tão leve
Foi embora, foi embora,
É inútil nosso pranto
Que Deus o proteja, agora.
E para todas as almas cristãs, eu peço a Deus –
Deus esteja convosco.

**Laertes:** Vede isso, ó céus!

**Rei:** Laertes, deixa que eu partilhe tua dor.
Ou estarás me negando um direito. Retira-te,
Escolhe entre os teus, teus amigos mais sábios,
E que ouçam e decidam entre você e eu.
Se por via direta ou mão por nós instruída
Acharem que temos alguma culpa, te entregaremos o reino,
A coroa, nossa vida, e tudo o mais que nos pertence,
Como forma de reparação. Não sendo assim,
Terás que nos emprestar tua paciência;
E trabalharemos de acordo com a tua alma
Para a satisfação que lhe é devida.

**Laertes:** Pois que assim seja;
O modo como morreu, o funeral furtivo –
Sem troféus, espada, nem escudo sobre os ossos,
Nenhum rito nobre ou a menor pompa mortuária,
Tudo isso grita do céu à terra

Reclamando que eu exija explicação.
**Rei:** Tu a terás; vem comigo.
Onde estiver o mal
Cairá sobre ele o machado fatal. *(Saem.)*

## Cena VI

*Outra sala no castelo (Entram Horácio e servidor.)*
**Horácio:** Quem são esses que querem falar comigo?
**Servidor:** Gente do mar, senhor; trazem cartas.
**Horácio:** Manda entrar. *(Sai servidor.)*
Não sei de que parte do mundo me enviam mensagens;
A não ser que sejam de Hamlet. *(Entram os marinheiros.)*
**Primeiro marinheiro:** Deus vos bendiga, senhor.
**Horácio:** Que também vos abençoe.
**Primeiro marinheiro:** Ele o fará, senhor, se for sua vontade. Trago-vos uma carta. Mandada pelo embaixador que ia pra Inglaterra. Se vosso nome é Horácio, como assim me informaram. *(Entrega a carta.)*
**Horácio:** *(Lê.)* "Horácio, quando tiveres percorrido estas linhas, facilita a estes homens alguma maneira de chegarem ao rei; têm cartas para ele. Não estávamos no mar nem há dois dias quando um navio pirata fortemente armado nos deu caça. Como éramos muito lentos de vela, tivemos que demonstrar uma coragem forçada e, na abordagem, saltei para o navio pirata. Nesse exato instante o barco se afastou do nosso e fiquei sendo o único prisioneiro. Os atacantes se comportaram comigo com curiosa misericórdia – sabiam o que faziam. Esperam que eu lhes preste um bom serviço. Faz com que o Rei receba as cartas que enviei: e me responde com a pressa com que fugirias da morte. Tenho palavras pra dizer em teus ouvidos que te deixarão mudo; mas mesmo assim são munição ligeira para o calibre do assunto. Essa boa gente te conduzirá aonde eu estou. Rosencrantz

e Guildenstern continuam a viagem pra Inglaterra. Tenho muito a te contar sobre eles. Adeus.

Aquele que tu sabes teu,

Hamlet."

Venham, vou abrir caminho para as cartas que trazem;
E o mais depressa possível, pra que me levem logo
Àquele que as enviou. *(Saem.)*

## Cena VII

*Outra sala no castelo. (Entram o Rei e Laertes.)*

**Rei:** Agora a tua consciência deve selar minha absolvição,
E pôr-me em teu coração como um amigo,
Já que ouviste com ouvido prevenido
Que o assassino de teu pai
Atentava era contra mim.

**Laertes:** É o que me parece – mas
Por que o senhor não agiu contra esses atos
Tão criminosos, capitais pela própria natureza?
A sua segurança, grandeza, sabedoria e todas as outras coisas
O forçavam a isso.

**Rei:** Oh, por duas razões especiais,
Que te parecerão, talvez, bastante débeis;
Pra mim, porém, são muito fortes. A mãe de Hamlet
Vive praticamente por seus olhos. E quanto a mim –
Virtude ou maldição, seja o que for –
Ela está em tal conjunção com minha alma e minha vida,
Que, como uma estrela presa à sua órbita,
Eu só sei me mover em torno dela. O outro motivo,
Pelo qual não posso me arriscar a um confronto público,
É o grande amor que a gente comum tem pelo Príncipe;
O povo, mergulhando em afeição todas as faltas dele,
Como a fonte que transforma o lenho em pedra,

Converteria suas cadeias em relíquias; e minhas flechas
De hastes muito leves pra vento tão forte,
Não atingiriam o alvo onde eu mirasse
E voltariam todas sobre mim.
**Laertes:** E assim eu perdi um nobre pai;
Vi minha irmã lançada ao desespero –
Ela, cujos méritos, se é possível louvar o que é passado –
Desafiavam do alto todo o nosso tempo,
Tal sua perfeição. Mas minha vingança virá.
**Rei:** Que isso não te interrompa o sono. Não deves pensar
Que somos feitos de matéria frouxa e inerte;
Que deixamos o perigo nos arrancar a barba
Fingindo que é brincadeira.
Em breve saberás mais.
Eu amava teu pai, como amo a mim próprio;
E isso, espero, te levará a imaginar...
*(Entra um mensageiro.)*
Que foi, agora? Alguma notícia?
**Mensageiro:** Cartas, meu senhor, de Hamlet.
*(Entrega as cartas a ele.)*
Esta para Vossa Majestade; esta para a Rainha.
**Rei:** De Hamlet! Quem trouxe?
**Mensageiro:** Marinheiros, senhor, me disseram; eu não os vi.
Me foram entregues por Cláudio. Ele as recebeu
De quem as trouxe.
**Rei:** Laertes, tens que ouvir.
*(Ao mensageiro.)* Deixe-nos. *(Mensageiro sai.)*
*(Lê.)* "Alta e Poderosa Majestade, sabei que fui deixado nu em vosso reino. Amanhã pedirei permissão para estar ante vossos olhos reais; ocasião em que eu, desde já pedindo vosso perdão, narrarei os motivos de meu estranho e súbito retorno. Hamlet."
Que quer dizer isto? Os outros todos também estão voltando?
Ou isto é só um estratagema?

**Laertes:** O senhor reconheceu a mão?
**Rei:** Caracteres de Hamlet. "Nu."
A letra dele aqui, no *post-scriptum:* "Sozinho".
Que me aconselhas?
**Laertes:** Estou perdido, senhor. É deixar que ele venha;
Reaquece o meu coração sofrido –
A ideia de poder viver e lhe dizer nos dentes:
"Tu o fizeste!"
**Rei:** Se for assim, Laertes,
Como será assim? Como o contrário?
Deixarás que eu te guie?
**Laertes:** Sim, meu senhor;
Desde que não me conduza para a paz.
**Rei:** À tua própria paz. Se ele agora voltou –
Abandonando a viagem – e não tem mais intenção
De embarcar de novo, eu o tentarei
A uma empreitada já madura em minhas cogitações,
Da qual ele não conseguirá escapar.
E a morte dele não trará nem um sopro
Do vento da suspeita.
Até sua mãe desconhecerá o estratagema
E o chamará de acaso.
**Laertes:** Meu senhor, deixar-me-ei guiar;
Com prazer maior se puder organizar tudo
De modo a que eu sirva de instrumento.
**Rei:** Pois vem bem a propósito.
Falou-se muito de ti enquanto viajavas –
Isso em presença de Hamlet – por uma habilidade
Na qual, dizem, você é esplendoroso. Todas as tuas qualidades juntas
Não despertaram nele tanta inveja
Quanto esta sozinha; aliás, aqui no meu parecer,
Sem nenhuma importância.
**Laertes:** Que habilidade é essa, meu senhor?
**Rei:** Apenas uma fita no barrete da juventude,

Embora necessária; pois à juventude vão tão bem
As roupas ligeiras e descuidadas
Quanto vão bem na idade avançada
As vestes de peles e indumentárias negras
Que denotam gravidade e riqueza. Há dois meses atrás
Esteve aqui um fidalgo da Normandia.
Eu mesmo vi, e militei contra, os franceses;
São belos cavaleiros. Mas o nosso galante
Era mais – um feiticeiro. Colava-se na sela
E fazia o cavalo executar proezas extraordinárias,
Como se se incorporasse ao esplêndido animal,
Metade cada um da mesma natureza. Ultrapassou tudo
em minha imaginação
Pois, por mais evoluções e acrobacias que eu inventasse,
Ficava muito aquém de todas que fazia.
**Laertes:** Era um normando?
**Rei:** Um normando.
**Laertes:** Aposto por minha vida – era Lamond.
**Rei:** Era esse mesmo.
**Laertes:** Conheço bem; ele é a joia, melhor,
A pedra preciosa de toda a nação.
**Rei:** Mas se inclinava a ouvir teu nome:
Falando de ti como um mestre sem par
Na arte e na prática do ataque e defesa
E muito especialmente no uso do florete;
E chegou a gritar: "Seria um vero espetáculo
Se houvesse um outro igual". Os esgrimistas de seu país,
Ele jurou, não teriam ataque, ou guarda, nem golpe de vista,
Se fosses o adversário. Pois essa avaliação feita por ele
De tal modo envenenou Hamlet de inveja
Que ele só ansiava por tua volta;
Para esgrimir contigo.
Ora, a partir daí...
**Laertes:** O que a partir daí, meu senhor?
**Rei:** Laertes, não amavas teu pai?

Ou você é apenas a pintura de uma dor,
Rosto sem coração?
**Laertes:** Por que essa pergunta?
**Rei:** Não que eu pense que não amavas teu pai,
Mas por saber que o amor se constrói com o tempo,
Vejo casos que provam isso –
O tempo lhe modifica a centelha e o ardor.
Dentro da própria chama da paixão
Vive um pavio ou abafador que arrefece sua luz.
E nada mantém a qualidade inicial:
Pois a qualidade, tornando-se pletórica,
Morre do próprio excesso. O que queremos fazer
Está sujeito a tantas demoras e desânimos
Quantas são as línguas, as mãos e os acidentes que o cercam.
E assim esse *devemos* é um suspiro excessivo
Que, aliviando, dói. Mas vamos ao carnegão do abscesso:
Hamlet está de volta. Que estás disposto a fazer
Pra te mostrares filho de teu pai em atos;
Não mais em palavras?
**Laertes:** Cortar-lhe o pescoço na igreja.
**Rei:** Nenhum lugar, na verdade, devia dar asilo a um assassino;
Nem servir de limites à vingança. Mas, bom Laertes,
Se desejas vingança, permanece fechado no teu quarto.
Hamlet, chegando, saberá que tu voltaste.
Nós o cercaremos dos que só louvarão tua competência,
Dando até outra camada de verniz à fama
Que o francês te outorgou. E aí provocaremos um entrevero entre vocês,
E apostaremos nas duas cabeças. Ele, negligente que é,
E generosíssimo, alheio a qualquer trama,
E alguma habilidade, poderás escolher
Um florete sem botão pra, num passe maldoso,
Pagar a vida de teu pai com a vida dele.

**Laertes:** Assim farei;
E com esse fim untarei minha espada.
Um charlatão me vendeu um certo unguento,
Tão mortal que basta mergulhar nele uma lâmina
E, onde esta tirar sangue, o emplastro mais raro,
Composto de todas as ervas que a lua
Alimenta de virtudes, não livrará da morte
Quem sofrer um arranhão. Molharei no veneno
A minha ponta. O mais simples toque
Será a morte.
**Rei:** Vamos refletir um pouco;
Pesar as circunstâncias de tempo e de meios
Que se adaptem melhor ao nosso plano. Se for pra falhar
E deixar nossas intenções se revelarem por um mau desempenho,
Será melhor nem tentar. Por isso nosso projeto
Deve ter outro que o apoie ou substitua, pra ser executado
Caso este negue fogo. Calma! Vejamos –
Faremos uma aposta solene na perícia de ambos.
E eis aqui:
Quando, em meio ao combate, sentirem calor e sede –
Tens que fazer ataques bem violentos pra que isso aconteça –
E Hamlet pedir bebida, eu já terei um cálice
Preparado pra ocasião, no qual basta ele tocar os lábios –
Se até aí escapou de tua estocada venenosa –
Pra coroar nosso plano. Mas, espera! Que barulho é...?
*(Entra a Rainha.)*
Que foi, meiga Gertrudes?
**Rainha:** Uma desgraça marcha no calcanhar de outra,
Tão rápidas se seguem. Tua irmã se afogou, Laertes.
**Laertes:** Afogada! Oh, onde?
**Rainha:** Há um salgueiro que cresce inclinado no riacho
Refletindo suas folhas de prata no espelho das águas;
Ela foi até lá com estranhas grinaldas
De botões-de-ouro, urtigas, margaridas,

E compridas orquídeas encarnadas,
Que nossas castas donzelas chamam dedos de defuntos,
E a que os pastores, vulgares, dão nome mais grosseiro.
Quando ela tentava subir nos galhos inclinados,
Para aí pendurar as coroas de flores,
Um ramo invejoso se quebrou;
Ela e seus troféus floridos, ambos,
Despencaram juntos no arroio soluçante.
Suas roupas inflaram e, como sereia,
A mantiveram boiando um certo tempo;
Enquanto isso ela cantava fragmentos de velhas canções,
Inconsciente da própria desgraça
Como criatura nativa desse meio,
Criada pra viver nesse elemento.
Mas não demoraria pra que suas roupas,
Pesadas pela água que a encharcava,
Arrastassem a infortunada do seu canto suave
À morte lamacenta.
**Laertes:** Ai de mim! Minha irmã afogada!
**Rainha:** Afogada! Afogada!
**Laertes:** Já tens água demais, pobre Ofélia,
Por isso contenho minhas lágrimas. Mas
Esse é o jeito humano; a natureza cobra à natureza,
A vergonha diga o que quiser.
Quando acabarem minhas lágrimas,
Não haverá mais mulher em mim. Adeus, senhor.
Tenho um discurso de fogo pronto a explodir suas chamas
Mas esta minha fraqueza o apaga. *(Sai.)*
**Rei:** Vamos segui-lo, Gertrudes.
O que tive que fazer para acalmar sua fúria!
Temo que este infortúnio o inflame de novo:
Vamos segui-lo. *(Saem.)*

# ATO V

## Cena I

*Elsinor. Um cemitério. (Entram dois coveiros carregando pás e outras ferramentas.)*

**Primeiro coveiro:** Mas como vão enterrar numa sepultura cristã? Ela não procurou voluntária a sua salvação?

**Segundo coveiro:** Eu te digo que sim; mas cava a cova dela bem depressa. O juiz examinou o caso e decidiu enterro cristão.

**Primeiro coveiro:** Como é que pode ser? Só se ela se afogou em legítima defesa.

**Segundo coveiro:** Parece que foi.

**Primeiro coveiro:** Bom, deve ter sido se defendendo; não pode ser doutro jeito. E aí está o nó: se eu me afogo voluntário, isso prova que há um ato; e um ato tem três galhos; que é a ação, a facção e a executação. *Argo*, foi uma afogação voluntária.

**Segundo coveiro:** Claro, mas ouve aqui, cavalheiro coveiro...

**Primeiro coveiro:** Com a sua licença! *(Mexe na poeira com o dedo.)* Aqui tem a água; bom. Aqui tem o homem; bom. Se o homem vai nessa água e se afoga, não interessa se quis ou não quis – ele foi. Percebeu? Agora, se a água vem até o homem e afoga ele, ele não se afoga. *Argo*, quem não é culpado da própria morte, não encurta a própria vida.

**Segundo coveiro:** Mas isso tá na lei?

**Primeiro coveiro:** Claro que está; é a lei das perguntas do juiz.

**Segundo coveiro:** Quer que eu te diga? Se essa não fosse da nobreza, nunca que iam dar pra ela uma sepultura cristã.

**Primeiro coveiro:** Você disse tudo. E o maior pecado é

que os grandes deste mundo podem se afogar ou enforcar mais do que os simples cristãos. Vem, minha pá! Não há nobreza mais antiga do que a dos jardineiros, agricultores e coveiros: eles continuam a tradição de Adão.

**Segundo coveiro:** Adão era nobre?

**Primeiro coveiro:** O primeiro do mundo.

**Segundo coveiro:** Nunca ouvi isso!

**Primeiro coveiro:** Você é um herege? Nunca leu a escritura? A escritura diz que Adão cavava. E para ajudá-lo, Deus lhe deu Eva como companheira. Ele foi o primeiro par deste reino. E Eva não fiava? Uma mulher de linhagem. Vou te fazer outra pergunta: se não responderes certo, faz tua confissão que...

**Segundo coveiro:** Vê lá.

**Primeiro coveiro:** Quem é que constrói mais forte do que o pedreiro, o engenheiro e o carpinteiro?

**Segundo coveiro:** O armador de forcas; o que ele constrói dura mais do que mil inquilinos.

**Primeiro coveiro:** Gostei do teu espírito, pode crer. Nessa da forca você se saiu bem; quer dizer, se saiu bem pros que se saem mal. Mas se saiu mal em admitir que a forca é mais forte do que a Igreja. *Argo*; a forca pode te sair bem. Outra resposta, vamos.

**Segundo coveiro:** "Quem constrói mais forte do que o pedreiro, o engenheiro e o carpinteiro?"

**Primeiro coveiro:** É, responde e pode tirar a cangalha.

**Segundo coveiro:** Espera, eu já sei...

**Primeiro coveiro:** Força!

**Segundo coveiro:** Que diabo, não sei. *(Entram Hamlet e Horácio.)*

**Primeiro coveiro:** Não maltrata mais teu cérebro, pois um burro burro não fica esperto com pancada. Quando te fizerem essa pergunta uma outra vez, responde logo: "O coveiro". As casas que ele constrói duram até o Juízo Final. Agora vai até a bodega de Yanam e me traz um caneco de cerveja. *(Sai o Segundo Coveiro. O Primeiro cava e canta.)*

Na mocidade eu amava e amava;
Como era doce passar assim o dia
Encurtando (ô!) o tempo (ah!) que voava
E eu não via a vida que fugia.

**Hamlet:** Esse camarada não tem consciência do trabalho que faz, cantando enquanto abre uma sepultura?

**Horácio:** O costume transforma isso em coisa natural.

**Hamlet:** É mesmo. A mão que não trabalha tem o tato mais sensível.

**Primeiro coveiro:** *(Canta.)* E a velhice chega bem furtiva
Na lentidão que tarda, mas não erra
E nos atira aqui dentro da cova
Como se o homem também não fosse terra.
*(Descobre um crânio.)*

**Hamlet:** Esse crânio já teve língua um dia, e podia cantar. E o crápula o atira aí pelo chão, como se fosse a queixada de Caim, o que cometeu o primeiro assassinato. Pode ser a cachola de um politiqueiro, isso que esse cretino chuta agora; ou até o crânio de alguém que acreditou ser mais que Deus.

**Horácio:** É, pode ser.

**Hamlet:** Ou de um cortesão que só sabia dizer: "Bom dia, amado príncipe!
Como está o senhor, meu bom senhor?" Pode ter sido o Lord Tal-e-qual, que elogiava o cavalo do Lord Qual-e-Tal na esperança de ganhá-lo, não é mesmo?

**Horácio:** É, meu senhor.

**Hamlet:** Pode ser. E agora sua dona é Madame Verme; desqueixado e com o quengo martelado pela pá de um coveiro. Uma bela revolução, se tivéssemos capacidade de entendê-la. A educação desses ossos terá custado tão pouco que só sirvam agora pra jogar a bocha? Os meus doem, só de pensar nisso.

**Primeiro coveiro:** *(Canta.)*
Uma picareta e uma pá, uma pá

E também uma mortalha
Cova de argila cavada
Pra enterrar a gentalha.

*(Desenterra outro crânio.)*

**Hamlet:** Mais um! Talvez o crânio de um advogado! Onde foram parar os seus sofismas, suas cavilações, seus mandatos e chicanas? Por que permite agora que um patife estúpido lhe arrebente a caveira com essa pá imunda e não o denuncia por lesões corporais? Hum! No seu tempo esse sujeito talvez tenha sido um grande comprador de terras, com suas escrituras, fianças, termos, hipotecas, retomadas de posse. Será isso a retomada final de nossas posses? O termo de nossos termos, será termos a caveira nesses termos? Os fiadores dele continuarão avalizando só com a garantia desse par de identificações? As simples escrituras de suas terras dificilmente caberiam nessa cova; o herdeiro delas não mereceria um pouco mais?

**Horácio:** Nem um dedo mais, senhor.

**Hamlet:** O pergaminho das escrituras não é feito de pele de carneiro?

**Horácio:** É, meu senhor. De vitela também.

**Hamlet:** É; só vitelos e carneiros têm confiança nisso. Vou falar com esse aí. *(Ao Coveiro.)* De quem é essa cova, rapaz?

**Primeiro coveiro:** Minha, senhor.
*(Canta.)* O que falta a tal hóspede
É um buraco de argila.

**Hamlet:** Tua, claro. Estás todo encovado.

**Primeiro coveiro:** Sua é que não é. O senhor parece preocupado, e ela é pós-ocupada.
Eu me ocupo da campa, logo estou acampado.

**Hamlet:** A cova que cavas é coisa de morto. Um vivo na tumba está só confinado.

**Primeiro coveiro:** Resposta bem viva, senhor; xeque-mortal!

**Hamlet:** Pra que homem está cavando o túmulo?
**Primeiro coveiro:** Pra homem nenhum, senhor.
**Hamlet:** Pra qual mulher, então?
**Primeiro coveiro:** Nenhuma, também.
**Hamlet:** Então o que é que você vai enterrar aí?
**Primeiro coveiro:** Alguém que foi mulher, senhor; mas, paz à sua alma, já morreu.
**Hamlet:** O patife é esperto! Devemos falar com precisão, ou ele nos envolve em ambiguidades. Por Deus, Horácio, há uns três anos venho notando isso; nosso tempo se tornou tão refinado que a ponta do pé do camponês já está no calcanhar do cortesão; até lhe machucando os calos. *(Ao Coveiro.)* Há quanto tempo você é coveiro?
**Primeiro coveiro:** Entre todos os dias do ano escolhi começar no dia em que o falecido rei Hamlet venceu Fortinbrás.
**Hamlet:** Há quanto tempo, isso?
**Primeiro coveiro:** O senhor não sabe? Qualquer idiota sabe. Foi no mesmo dia em que nasceu o príncipe Hamlet, o que ficou maluco e foi mandado pra Inglaterra.
**Hamlet:** Ó, diabo, por que foi mandado pra Inglaterra?
**Primeiro coveiro:** Ué, porque ficou maluco. Diz que lá recupera o juízo; e, se não recuperar, lá não tem importância.
**Hamlet:** Por quê?
**Primeiro coveiro:** Na Inglaterra ninguém repara nele, aquilo lá é tudo doido.
**Hamlet:** Como é que ficou maluco?
**Primeiro coveiro:** Dizem que de maneira muito estranha.
**Hamlet:** Estranha como?
**Primeiro coveiro:** Parece que perdeu o juízo.
**Hamlet:** E qual foi a razão?
**Primeiro coveiro:** Achar que não tinha razão! Isso, na Dinamarca! Já sou coveiro aqui, juntando rapaz e homem feito, tem bem trinta anos.

**Hamlet:** Quanto tempo um homem pode ficar embaixo da terra antes de apodrecer?
**Primeiro coveiro:** Olha, se já não estava podre antes de morrer – hoje tem aí muito cadáver pestilento que já quase nem espera a gente enterrar – dura uns oito ou nove anos. Um curtidor aguenta bem nove anos.
**Hamlet:** Por que ele mais que os outros?
**Primeiro coveiro:** Ora, senhor, a pele dele está tão curtida pela profissão que a água custa muito a penetrar. Essa água é que é a inimiga corroedora do filho da puta do cadáver. Olha, vê aqui esse crânio? – tava enterrado aí há vinte e três anos.
**Hamlet:** De quem era?
**Primeiro coveiro:** Um maluco filho da puta, esse aí. O senhor pensa que é de quem?
**Hamlet:** Sei lá – não sei.
**Primeiro coveiro:** Que a peste nunca abandone esse palhaço louco! Uma vez derramou na minha cabeça um garrafão inteiro de vinho do Reno. Esse crânio aí, cavalheiro, foi o crânio de Yorick, o bobo do rei.
**Hamlet:** Este aqui?
**Primeiro coveiro:** Esse aí!
**Hamlet:** Deixa eu ver. *(Pega o crânio.)* Olá, pobre Yorick! Eu o conheci, Horácio. Um rapaz de infinita graça, de espantosa fantasia. Mil vezes me carregou nas costas; e agora, me causa horror só de lembrar! Me revolta o estômago! Daqui pendiam os lábios que eu beijei não sei quantas vezes. Yorick, onde andam agora as tuas piadas? Tuas cambalhotas? Tuas cantigas? Teus lampejos de alegria que faziam a mesa explodir em gargalhadas? Nem uma gracinha mais, zombando da tua própria dentadura? Que falta de espírito! Olha, vai até o quarto da minha grande Dama e diz a ela que, mesmo que se pinte com dois dedos de espessura, este é o resultado final; vê se ela ri disso! Por favor, Horácio, me diz uma coisa.

**Horácio:** O que, meu senhor?
**Hamlet:** Você acha que Alexandre também ficou assim embaixo da terra?
**Horácio:** Assim mesmo.
**Hamlet:** E fedia assim? Puá! *(Joga o crânio fora.)*
**Horácio:** Assim mesmo.
**Hamlet:** A que serventias vis podemos retornar, Horácio! Nada nos impede de seguir o caminho da nobre cinza de Alexandre, até achá-lo calafetando um furo de barrica.
**Horácio:** Pensar assim é chegar a minúcias excessivas.
**Hamlet:** Não, por minha fé, nada disso! É apenas seguir o pensamento com naturalidade. Vê só: Alexandre morreu; Alexandre foi enterrado; Alexandre voltou ao pó; o pó é terra; da terra nós fazemos massa. Por que essa massa em que ele se converteu não pode calafetar uma barrica?

Cesar Augusto é morto, virou terra;
Pôr o vento pra fora é sua guerra –
O mundo tremeu tanto ante esse pó
Que serve agora pra tapar buraco – só.

Mas, devagar! Devagar agora! Vamos nos afastar. O Rei vem aí!
*(Entram o Rei, Rainha, Laertes e o corpo de Ofélia, num caixão, com Padres e Fidalgos em procissão.)*
A Rainha, os cortesãos. Quem é que eles seguem?
E com um cortejo assim tão incompleto? Isso indica
Que o corpo que seguem destruiu a própria vida
Com mão desesperada. Era alguém de alta condição.
Vamos nos esconder um pouco e observar.
*(Afasta-se com Horácio.)*
**Laertes:** *(A um Padre.)* Mais alguma cerimônia?
**Hamlet:** *(Para Horácio, à parte.)* Esse é Laertes,
Um jovem nobilíssimo. Observa-o.
**Primeiro Padre:** As exéquias foram celebradas nos limites
A que nos autorizaram. Sua morte foi suspeita;
Não fosse a ordem superior para exceção da regra,
Teria sido enterrada em campo não consagrado

Até as trombetas do Juízo Final; em vez de preces caridosas,
Pedras, cacos e lama seriam atirados sobre ela.
Contudo lhe foram concedidas grinaldas de virgem,
Braçadas de flores brancas e tímpanos e séquito,
Acompanhando-a à última morada.
**Laertes:** Não se pode fazer mais nada?
**Primeiro Padre:** Nada mais a fazer,
Profanaria o ofício dos mortos
Cantar um réquiem como fazemos pro descanso
Das almas que partiram em paz.
**Laertes:** Deponha-a sobre a terra;
Que de sua carne bela e imaculada
Brotem as violetas! Te digo, padre cretino,
Minha irmã será um anjo eleito entre os eleitos,
Quando tu uivares nas profundas do inferno.
**Hamlet:** O que; a pura Ofélia?!
**Rainha:** *(Espargindo flores.)* Flores às flores. Adeus!
Esperava que fosses a esposa do meu dileto Hamlet;
Pensava adornar o teu leito de noiva, doce criança,
Não florir tua sepultura.
**Hamlet:** Oh, tríplice desgraça
Caia dez vezes triplicada sobre a cabeça maldita
Cuja ação criminosa privou você
De tua inteligência luminosa! Parem um momento a terra
Para que eu a aperte uma última vez em meus braços.
*(Salta na sepultura.)*
Cubram agora de pó o vivo e a morta,
Até que essa planície se transforme em monte
Mais alto do que o Monte Pélion ou do que o pico
Do Olimpo azul, que fura o firmamento.
**Hamlet:** *(Avançando.)* Quem é esse cuja mágoa
Se adorna com tal violência; cujo grito de dor
Enfeitiça as estrelas errantes, detendo-as no céu,
Petrificadas como espantadas ouvintes? Esse sou eu,
Hamlet, da Dinamarca. *(Salta na sepultura.)*

**Laertes:** Que o demônio carregue a tua alma!
*(Luta com ele.)*
**Hamlet:** Mau modo de rezar. Eu te peço, tira teus dedos da minha garganta;
Pois embora eu não seja raivoso ou violento,
Tenho em mim alguma coisa perigosa
Que tua sabedoria fará bem em respeitar. Tira as tuas mãos!
**Rei:** Separem-nos!
**Rainha:** Hamlet! Hamlet!
**Horácio:** Meu bom senhor, se acalme.
*(Os Cortesãos separam os dois, que saem da campa.)*
**Hamlet:** Por esta causa eu lutarei com ele
Até que minhas pálpebras parem de pestanejar.
**Rainha:** Ó, filho meu, que causa?
**Hamlet:** Eu amava Ofélia. Quarenta mil irmãos
Não poderiam, somando seu amor,
Equipará-lo ao meu. *(A Laertes.)* Que farás
Tu por ela?
**Rei:** Ele está louco, Laertes.
**Rainha:** Pelo amor de Deus, deixem-no só.
**Hamlet:** Pelo sangue de Cristo, mostra-me o que
pretendes fazer,
Vais chorar? Vais lutar? Jejuar? Fazer-te em
Pedaços? Beber um rio? Comer um crocodilo? Eu farei isso.
Vieste aqui choramingar? Ou me desafiar saltando em sua tumba?
Mande que te enterrem vivo junto dela e eu farei o mesmo.
E já que falas bravatas de montanhas, deixa que lancem
Milhões de acres sobre nós, até que nosso solo,
Esturricando o crânio lá na zona ardente,
Faça o Monte Ossa parecer verruga! Vai, vocifera;
Meu rugido será igual ao teu.
**Rainha:** Isso é loucura completa;
E o acesso vai dominá-lo assim por algum tempo;

Depois, manso como uma pomba
Quando vê nascer os filhos dourados,
O silêncio o envolverá, acabrunhado.
**Hamlet:** Ouve, cavalheiro:
Por que razão me trata desse modo?
Eu sempre o estimei. Mas não importa;
Mesmo que Hércules use toda sua energia,
O gato miará e o cão terá seu dia. *(Sai.)*
**Rei:** Eu te peço, bom Horácio, toma conta dele.
*(Sai Horácio. Para Laertes.)* Fortalece a tua paciência
Com nossa conversa de ontem à noite;
Vamos dar continuidade à nossa decisão.
Boa Gertrudes, manda vigiar o teu filho.
Esta tumba terá um monumento duradouro.
Em breve chegará a nossa hora de paz;
Se agirmos, até lá, com paciência audaz. *(Saem.)*

## Cena II

*Sala no castelo. (Entram Hamlet e Horácio.)*
**Hamlet:** E quanto a isso, basta. Vejamos então o resto;
Recorda-te de todos os detalhes?
**Horácio:** Como não recordar, senhor?
**Hamlet:** Amigo, em meu coração havia uma espécie de luta
Que me impedia de dormir. Me sentia
Pior do que os amotinados presos nos porões. Fui impulsivo,
Mas louvada seja a impulsividade,
Pois a imprudência às vezes nos ajuda
Onde fracassam as nossas tramas muito planejadas.
Isso nos deveria ensinar que há uma divindade
Dando a forma final aos nossos mais toscos projetos...
**Horácio:** Nada mais certo.

**Hamlet:** Subindo de minha cabine,
Uma manta enrolada nos meus ombros, tateando
No escuro, encontrei o que queria;
Botei as mãos no pacote desejado
E voltei finalmente ao meu beliche. Nesse golpe de audácia,
Meu medo dominando meus escrúpulos, violei
O selo do despacho solene. E encontrei aí, Horácio –
Oh, a canalhice real! –, uma ordem precisa,
Alicerçada em muitas e variadas espécies de razões
Concernentes à segurança do rei da Dinamarca,
E também da Inglaterra, falando dos horrores
E fantasmas que surgiriam se eu continuasse vivo,
De modo que, à primeira leitura, e sem perda de tempo,
Não, nenhuma, nem mesmo a de afiar o machado,
Deviam me cortar a cabeça.
**Horácio:** Será possível?
**Hamlet:** Aqui está o despacho. Leia depois, com mais calma.
Queres ouvir como eu procedi?
**Horácio:** Eu lhe suplico.
**Hamlet:** Estando assim preso na rede de velhacarias –
E antes que eu pudesse enviar um prólogo ao meu cérebro,
Este já tinha iniciado o drama – eu me sentei,
Inventei uma mensagem, escrevi-a com letra burilada –
Como qualquer de nossos estadistas.
Eu, antigamente, considerava uma baixeza
Escrever com letra caprichada
E me esforcei o que pude
Para esquecer essa arte subalterna; mas nesse momento, amigo,
Ela me prestou um serviço inestimável. Queres saber agora
O teor da mensagem?
**Horácio:** Claro, meu bom senhor.
**Hamlet:** O rei da Dinamarca faz um apelo premente –
Já que o rei da Inglaterra é seu fiel tributário;
Já que o amor entre os dois deve florir como as palmas;

Já que a paz deve sempre trazer sua coroa dourada;
Servindo de união entre as duas amizades –
E muitos outros *já-ques* da maior importância –
Para que, visto e conhecido o conteúdo da carta,
Sem qualquer outra deliberação, grande ou pequena,
Seja dada morte aos portadores,
Não se lhes concedendo nem tempo para a confissão.
**Horácio:** E como selou o escrito?
**Hamlet:** Ah, até nisso o céu me foi propício.
Eu tinha na bolsa o sinete de meu pai;
Cópia fiel do selo da Dinamarca;
Dobrei a folha como estava a outra;
Assinei-a, timbrei-a; coloquei-a no lugar da verdadeira,
Como as fadas trocam uma criança. No dia seguinte,
Aconteceu a abordagem – tudo o que vem depois
Já é de teu conhecimento.
**Horácio:** Então Guildenstern e Rosencrantz se foram...
**Hamlet:** Ora, homem, os dois cortejaram tudo pelo cargo.
Não pensam na minha consciência; sua destruição
Procede do próprio intrometimento.
É perigoso para os inferiores
Se meterem entre o passo e a estocada
Das pontas furiosas de inimigos potentes.
**Horácio:** Céus, que rei é esse?!
**Hamlet:** Pois é; não achas que é meu dever agora –
Com esse que matou o meu rei e prostituiu minha mãe;
Que se interpôs entre a eleição ao trono e as minhas esperanças;
Que lançou o anzol da infâmia pra pescar minha própria vida –
Não é meu dever de consciência abatê-lo com suas próprias armas?
E não seria criminoso deixar que essa pústula da natureza
Continuasse a disseminar sua virulência?
**Horácio:** Mas logo ele vai receber notícias da Inglaterra
Contando o que aconteceu por lá.

**Hamlet:** E não demora. Mas o intervalo é meu;
A vida de um homem é só o tempo de se contar "um".
Mas estou muito triste, Horácio,
Por ter me excedido com Laertes;
Pois na imagem da minha causa
Vejo o reflexo da dele. Vou cortejar sua amizade.
Porém, com franqueza, sua ostentação de dor
Me deixou numa fúria incontrolável.

**Horácio:** Atenção! Quem vem lá? *(Entra Osric.)*

**Osric:** Minhas boas-vindas a Vossa Senhoria por ter retornado à Dinamarca.

**Hamlet:** Lhe agradeço humildemente, senhor.
*(À parte, a Horácio.)*
Conhece esse pernilongo?

**Horácio:** *(À parte, a Hamlet.)* Não, meu senhor.

**Hamlet:** *(À parte, a Horácio.)* Então estás em estado de graça – conhecê-lo é um pecado. Ele tem muita terra, e fértil. E quando um animal é senhor de animais, acaba tendo a manjedoura na mesa do rei. É uma cacatua, mas, como eu disse, possui vastas áreas de bosta.

**Osric:** Doce senhor, se Vossa Graça pudesse dispor de algum vagar, eu lhe transmitiria uma coisa emanada de sua Majestade.

**Hamlet:** Eu a receberei, senhor, com toda disponência. E pode colocar o cobre-crânio onde é devido – na cabeça.

**Osric:** Agradeço a Vossa Senhoria: mas faz tanto calor.

**Hamlet:** Não, pode crer, faz muito frio; venta do Norte.

**Osric:** Só agora percebo, meu senhor, faz mesmo um friozinho.

**Hamlet:** Pro meu temperamento está até bem quente e abafado.

**Osric:** Excessivamente, meu Príncipe – está até sufocante – como se fosse... em nem sei dizer como. Mas, meu senhor, Sua Majestade conjurou-me a informá-lo de que fez uma grande aposta sobre a sua cabeça. Senhor, a coisa é a seguinte...

**Hamlet:** Eu lhe suplico, não se esqueça... *(Acena pra que ele ponha o chapéu.)*

**Osric:** Não, meu bom senhor, lhe asseguro que assim estou mais à vontade. Senhor, aqui na corte, recentemente chegado, está Laertes; creia-me, pode crer, um absoluto cavalheiro, cheio das mais excelentes distinções, de trato amabilíssimo e aparência nobre; na verdade falar de seus méritos é falar do atlas e do calendário da fidalguia, pois todos encontram nele o compêndio do comportamento que um cavalheiro deve seguir.

**Hamlet:** Senhor, o definimento dele não sofreu perdição na sua boca; embora eu saiba que dividi-lo inventarialmente tontearia a aritmética da memória, e seria apenas desviarmos da rota um barco tão veloz. Mas concordo na veracidade do seu panegírico, é uma alma muito bem dotada, com uma essência de tão peregrina raridade, que, pra dizer a verdade final, só encontra semelhante no seu próprio espelho; e só pode segui-lo a sua sombra – ninguém mais.

**Osric:** Vossa Senhoria fala dele com infalibilidade.

**Hamlet:** E o correlacionamento, senhor? Por que embrulhar o cavalheiro nesse mau hálito verbal?

**Osric:** Perdão?

**Horácio:** Ora, senhor, não entende a própria língua numa outra língua? Vamos, senhor, só um pequeno esforço.

**Hamlet:** Em que implica ter evocado tal donzel?

**Osric:** Laertes?

**Horácio:** *(À parte, a Hamlet.)* Sua bolsa de metáforas esvaziou. Já gastou todas as palavras de ouro.

**Hamlet:** Ele mesmo, senhor.

**Osric:** Sabemos bem que o senhor não é ignorante...

**Hamlet:** Ainda bem. Se fosse o contrário eu me sentiria envergonhado.

**Osric:** ...que o senhor não é ignorante da excelência de Laertes...

**Hamlet:** Não conheço bem sua excelência...

**Osric:** ...a excelência de Laertes, o renome de que goza, seu mérito incomparável no manejo da arma branca.
**Hamlet:** Qual é a arma dele?
**Osric:** Adaga e florete.
**Hamlet:** Já aí temos duas. Mas está bem.
**Osric:** O Rei, meu senhor, apostou com ele seis cavalos bérberes contra os quais Laertes exigiu, me disseram, seis floretes e seis punhais franceses, com todos os seus acessórios: cintos, alças, boldriés, enfim, tudo. Três desses boldriés são peças refinadas, combinando divinamente com os punhos; uma concepção luxuriosa.
**Hamlet:** O que é que Vossa Senhoria chama de boldriés?
**Horácio:** *(À parte, a Hamlet.)* Sabia que o senhor teria que recorrer às notas marginais antes dele terminar.
**Osric:** Boldriés, senhor, são os suportes.
**Hamlet:** A frase seria mais suportável se levássemos bandeiras a tiracolo. Mas, enquanto isso, vamos chamar de talabartes. Relembrando: seis cavalos bérberes contra seis espadas francesas, seus acessórios e três talabartes de concepção luxuriosa. Essa a aposta francesa contra a dinamarquesa. E com que fito se exigiu tudo isso, como dizes?
**Osric:** O Rei, senhor, apostou que, numa dúzia de passes entre o senhor e Laertes, este não levará vantagem de mais do que três toques. Laertes impôs como condição que os assaltos então sejam doze e não nove: e a disputa será imediata, assim que Vossa Senhoria nos consignar sua resposta.
**Hamlet:** Senhor, vou passear um pouco nesta sala. Se assim agradar a Sua Majestade, este é o momento de descanso do meu dia. Mandem trazer os floretes, caso o cavalheiro concordar e o Rei permanecer em seu propósito; eu vencerei por ele, se puder; se não puder, ganharei apenas a vergonha e as estocadas a mais.
**Osric:** Devo levar a resposta nesses termos?

**Hamlet:** Esse é o sentido, senhor; mas pode usar os floreios e meneios que lhe são naturais.

**Osric:** Aceite Vossa Senhoria os meus serviços.

**Hamlet:** Aceito. Aceito. *(Sai Osric.)*

Faz bem em oferecer ele próprio os seus serviços. Nenhuma outra língua o faria tão bem.

**Horácio:** Uma ave inexperiente – quer voar ainda na casca do ovo.

**Hamlet:** Já cumprimentava a teta antes de mamar. Como tantos outros da mesma ninhada, que nossos tempos frívolos estimulam, só conseguiu pegar o tom da moda e o lado superficial das relações; uma espécie de espuma que flutua sobre as opiniões mais sérias e amadurecidas; não resistem ao menor sopro de prova. Estouram. *(Entra um Fidalgo.)*

**Fidalgo:** Meu senhor, Sua Majestade mandou cumprimentá-lo através do jovem Osric, o qual, de volta, lhe comunicou que o senhor o espera nesta sala. Sua Majestade deseja saber se o senhor continua no propósito de se bater com Laertes ou se deseja esperar mais algum tempo.

**Hamlet:** Estou firme em meu propósito, que se ajusta à vontade do Rei. Se ele está preparado, eu estou pronto, agora ou a qualquer momento, desde que me sinta tão apto quanto agora.

**Fidalgo:** O Rei e a Rainha descem com toda a corte.

**Hamlet:** Em boa hora.

**Fidalgo:** A Rainha deseja que, antes de começar o assalto, o senhor dê um acolhimento amável a Laertes.

**Hamlet:** Eis aí um bom conselho. *(Sai Fidalgo.)*

**Horácio:** Vai perder essa aposta, meu senhor.

**Hamlet:** Não creio. Desde que ele foi pra França tenho me exercitado sem cessar; eu vencerei. Com as estocadas de vantagem. Você nem imagina a angústia que tenho aqui no coração. Mas não importa.

**Horácio:** Como não, meu bom senhor?

**Hamlet:** Não passa de tolice; só uma espécie de pressentimento, desses que perturbam as mulheres.

**Horácio:** Se há alguma apreensão em seu espírito, obedeça. Providenciarei pra que não venham, dizendo que o senhor não está preparado.

**Hamlet:** Em absoluto; desafio os augúrios. Existe uma previdência especial até na queda de um pássaro. Se é agora, não vai ser depois; se não for depois, será agora; se não for agora, será a qualquer hora. Estar preparado é tudo. Se ninguém é dono de nada do que deixa, que importa a hora de deixá-lo? Seja lá o que for! *(Entram o Rei, a Rainha, Laertes, Fidalgos, Osric e Servidores, com floretes e luvas de esgrima; uma mesa e frascos de vinho.)*

**Rei:** Vem, Hamlet, vem, e aperta a mão que a minha mão te estende.

*(O Rei põe a mão de Laertes na de Hamlet.)*

**Hamlet:** Dá-me teu perdão, senhor. Eu te ofendi.
Mas me perdoarás, como um cavalheiro.
Os presentes sabem,
E tu mesmo deves ter ouvido que fui atacado
Por cruel insânia. O que eu fiz,
Que tenha agredido tua natureza, teu temperamento,
Honra ou consciência – proclamo aqui que é a loucura.
Foi Hamlet quem ofendeu Laertes? Hamlet, jamais;
Se Hamlet foi posto fora de si.
E com Hamlet fora de si ofendeu a Laertes,
Não é Hamlet quem ofende, e Hamlet o nega.
Quem ofende, então? Sua loucura. E se é assim,
Hamlet está na parte ofendida.
A loucura também é sua inimiga.
Senhor, diante desta audiência,
Que minha negativa de qualquer má intenção
Tire do seu generosíssimo espírito
A ideia de que atirei minha flecha sobre a casa
E feri meu irmão.

**Laertes:** Estou satisfeito nos meus sentimentos,
Cujos impulsos, neste caso, me incitariam
A um ato de vingança. Mas no que toca minha honra
Me mantenho onde estava e não aceito reconciliação,
Até que conselheiros mais velhos, sábios na matéria,
Me deem julgamento do meu nome. No entanto,
Recebo como afeto o afeto que oferece,
E prometo respeitá-lo.
**Hamlet:** Aceito isso com ânimo sincero.
E jogarei lealmente a aposta fraternal.
Os floretes, senhores! Vamos lá!
**Laertes:** Vamos. Um aqui pra mim.
**Hamlet:** Serei o floreado do teu hábil florete, Laertes.
Como uma estrela numa noite negra
A tua perícia brilhará mais visível que nunca,
Refletida na minha incompetência.
**Laertes:** Tu zombas de mim.
**Hamlet:** Por esta mão, te juro.
**Rei:** Entrega os floretes, jovem Osric. Primo Hamlet,
Conheces a aposta?
**Hamlet:** Muito bem, senhor;
Vossa majestade protege a parte mais fraca.
**Rei:** Não temo por isso; já vi ambos lutando.
Mas ele progrediu; daí tua vantagem.
**Laertes:** *(Experimenta o florete.)*
Este é muito pesado; dá um outro.
**Hamlet:** *(Experimenta o florete.)*
Este me serve. São todos do mesmo comprimento?
**Osric:** Sim, bom senhor. *(Preparam-se.)*
**Rei:** Coloquem os jarros de vinho nesta mesa.
Se Hamlet der o primeiro ou o segundo toque
Ou devolver o toque no terceiro assalto,
Que os canhões disparem de todas as ameias.
O Rei beberá ao fôlego de Hamlet
Jogando na taça uma pérola única,

Mais preciosa do que as que quatro reis sucessivos
Usaram na coroa deste reino. Deem-me as taças;
Que o tambor fale às trombetas,
As trombetas aos canhoneiros,
Os canhões aos céus; o céu à terra:
"O Rei está brindando a Hamlet". *(Trompa.)*
Vamos, comecem:
E vós, juízes, olhos atentos.

**Hamlet:** Em guarda, senhor.

**Laertes:** Em guarda, meu senhor; *(Lutam.)*

**Hamlet:** Um!

**Laertes:** Não!

**Hamlet:** Julgamento!

**Osric:** Um toque. Um toque bem visível.

**Laertes:** Muito bem. De novo.

**Rei:** Um momento; deem-me bebida. Hamlet, esta pérola é tua.
*(Envenena a taça.)*
À tua saúde.
*(Soam trombetas. Tiros de canhão fora de cena.)*
Deem esta taça a Hamlet.

**Hamlet:** Mais um assalto, antes; deixe a taça aí.
Em guarda. *(Lutam.)*
Toquei outra vez; que diz agora?

**Laertes:** Tocou, tocou – eu reconheço.

**Rei:** Nosso filho vai ganhar.

**Rainha:** Está suando e sem fôlego.
Aqui, Hamlet, toma meu lenço, enxuga a testa.
A Rainha brinda à tua fortuna. Hamlet.
*(Ela pega a taça envenenada.)*

**Hamlet:** Gentil senhora!

**Rei:** Gertrudes, não beba!

**Rainha:** Vou beber, meu senhor; rogo que me perdoe. *(Bebe.)*

**Rei:** *(À parte.)* A taça envenenada; tarde demais.
*(A Rainha oferece a taça a Hamlet.)*

**Hamlet:** Não, ainda não, senhora; bebo daqui a pouco.
**Rainha:** Deixa eu enxugar teu rosto.
**Laertes:** *(À parte.)* Vou acertá-lo agora, meu senhor.
**Rei:** Não acredito.
**Laertes:** *(À parte.)* E contudo faço isso quase contra a minha consciência.
**Hamlet:** Em guarda pro terceiro assalto, Laertes. Tu estás brincando;
Eu te peço: ataca com a maior violência;
Receio que estejas querendo me fazer de bobo.
**Laertes:** Achas isso? Em guarda, então! *(Lutam.)*
**Osric:** Nada, de nenhum dos dois.
**Laertes:** Toma essa agora! *(Laertes fere Hamlet; então, na violência, as armas saltam e são trocadas. Hamlet fere Laertes.)*
**Rei:** Separem-nos. Estão furiosos.
**Hamlet:** Não, não. Continua! Ataca! *(A Rainha cai.)*
**Osric:** Socorram a Rainha – a Rainha!
**Horácio:** Os dois estão sangrando.
*(A Hamlet.)* Como está, meu senhor?
**Osric:** Como está, Laertes?
**Laertes:** Preso como um engodo em minha própria armadilha, Osric.
Morto, com justiça, por minha própria traição.
**Hamlet:** Como está a Rainha?
**Rei:** Desmaiou quando os viu ensanguentados.
**Rainha:** Não, não, a bebida, a bebida – Oh, querido Hamlet,
A bebida, a bebida! Fui envenenada!
**Hamlet:** Ó, infâmia! Hei – tranquem as portas.
Traição! Procurem o traidor. *(Laertes cai.)*
**Laertes:** Está aqui, Hamlet; Hamlet, você está morto;
Nenhum remédio no mundo poderá te salvar
Não sobra em ti meia hora de vida;
O instrumento traidor está em tua mão,

Sem proteção e envenenado. O torpe estratagema
Se voltou contra mim; olha, eis-me caído;
Pra não me erguer jamais. Tua mãe foi envenenada.
Não posso mais – o Rei, o Rei é o culpado.

**Hamlet:** A ponta! Envenenada também!
Então, veneno, termina tua obra! *(Fere o Rei.)*

**Todos:** Traição! Traição!

**Rei:** Ai! Defendam-me ainda, amigos! Estou apenas ferido!

**Hamlet:** Toma, Rei maldito, assassino –
Incestuoso dinamarquês, acaba esta poção!
Engole tua pérola.
Segue minha mãe. *(O Rei morre.)*

**Laertes:** Teve o que merecia;
O veneno que ele próprio preparou.
Troca o teu perdão com o meu, nobre Hamlet.
Que minha morte e a de meu pai não pesem em ti.
Nem a tua em mim! *(Morre.)*

**Hamlet:** O céu te absolva! Vai, eu te sigo.
Eu estou morto, Horácio. Pobre Rainha, adeus!
*(A todos.)* Todos vocês que estão pálidos e trêmulos
Diante deste drama; que são apenas comparsas
Ou espectadores mudos desta cena,
Se me sobrasse tempo – mas a morte,
Essa justiceira cruel, é inexorável nos seus prazos –
Oh, eu poderia lhes contar...
Mas que assim seja. Eu estou morto, Horácio;
Você vive. Explica a mim e a minha causa fielmente
Àqueles que duvidem.

**Horácio:** Não esperes por isso.
Não sou um dinamarquês, sou mais um romano antigo.
Ainda tem um pouco de bebida. *(Levanta a taça.)*

**Hamlet:** Se você é um homem;
Me dá essa taça. Larga-a, pelos céus, deixa comigo!
Ó Deus, Horácio, que nome execrado

Viverá depois de mim,
Se as coisas ficarem assim ignoradas!
Se jamais me tiveste em teu coração
Renuncia ainda um tempo à bem-aventurança,
E mantém teu sopro de vida neste mundo de dor
Pra contar minha istória.
*(Marcha ao longe, disparos fora de cena.)*
O que são esses barulhos guerreiros?
**Osric:** O jovem Fortinbrás chegou vitorioso da Polônia,
E mandou dar essa salva marcial
Aos embaixadores da Inglaterra.
**Hamlet:** Oh, eu morro, Horácio;
O poderoso veneno domina o meu espírito.
Não vou viver pra ouvir notícias da Inglaterra;
Mas profetizo que a eleição recairá em Fortinbrás.
Ele tem o meu voto agonizante;
Diz-lhe isso e fala de todas as ocorrências,
Maiores e menores, que me impulsionaram a...
O resto é silêncio. *(Morre.)*
**Horácio:** Assim estoura um nobre coração. – Boa noite, amado príncipe,
Revoadas de anjos cantando te acompanhem ao teu repouso! *(Marcha fora de cena.)* Por que se aproximam esses tambores? *(Entram Fortinbrás, o Embaixador da Inglaterra. Tambores, bandeiras e Servidores.)*
**Fortinbrás:** Onde é o espetáculo?
**Horácio:** O que é que esperavas ver?
Se é um quadro de horror e infelicidade,
Não procures mais.
**Fortinbrás:** Este monte de cadáveres é um grito de extermínio.
Ó morte orgulhosa!
Que festa se prepara em teu antro sinistro,
Para que tenhas derrubado tantos príncipes
Num só golpe sangrento?

**Primeiro Embaixador:** A cena é sombria:
Nossas mensagens da Inglaterra chegam tarde demais.
Os ouvidos que deviam nos ouvir estão insensíveis,
Não saberão que suas ordens foram executadas,
Não saberão que Rosencrantz e Guildenstern estão mortos.
De quem receberemos nossos agradecimentos?
**Horácio:** Não de sua boca,
Se ainda tivesse a capacidade viva do agradecimento.
Jamais deu ordem pra que fossem mortos.
Mas como chegaram aqui
Logo após esta luta sangrenta,
Um das guerras polonesas, e outro da Inglaterra,
Ordenem que estes corpos sejam colocados à vista do povo
Numa essa bem alta, e deixem que eu relate ao mundo,
Que ainda não o sabe, como essas coisas se passaram.
Me ouvirão falar de atos carnais, sanguinolentos
E contra a natureza; julgamentos fortuitos, assassinatos casuais,
Mortes instigadas por perfídias e maquinações,
E, como epílogo, maquinações confundidas,
Caindo na cabeça de seus inventores.
O meu relato trará a verdade inteira.
**Fortinbrás:** Nos apressamos em te ouvir.
Convocaremos os mais nobres para essa audiência.
Quanto a mim, é com pesar que abraço a minha fortuna.
Tenho neste reino alguns direitos jamais esquecidos
Que a ocasião propícia me obriga a reivindicar.
**Horácio:** Disso eu também terei motivo de falar.
Em nome de alguém, cuja voz poderosa,
Arrastará outras consigo; mas que tudo se faça bem depressa,
Enquanto os ânimos ainda estão perplexos,
E antes que novas desgraças aconteçam
Por enganos e intrigas.

FORTINBRÁS: Que quatro capitães
Carreguem Hamlet como soldado para um cadafalso.
É evidente que, se houvesse reinado,
Seria um grande rei.
Que a música marcial e os ritos guerreiros
Falem alto por ele,
Na sua partida.
Levai os corpos.
Esta cena final
Convém mais ao campo de batalha. Aqui vai mal.
Ide! Que os soldados disparem.
*(Marcha fúnebre. Saem, levando os corpos; depois do que se ouvem salvas de artilharia.)*

**FIM**

Agatha Christie®

L&PM POCKET
GRANDES CLÁSSICOS EM VERSÃO
MANGÁ
SHAKESPEARE
HAMLET
SIGMUND FREUD
A INTERPRETAÇÃO DOS SONHOS
Die Psychoanalyse
FIÓDOR DOSTOIÉVSKI
OS IRMÃOS KARAMÁZOV
殺す
殺してやる！
クソ親父め
F. SCOTT FITZGERALD
O GRANDE GATSBY
MARX & ENGELS
MANIFESTO DO PARTIDO COMUNISTA
団結せよ！
FRANZ KAFKA
A METAMORFOSE
JEAN-JACQUES ROUSSEAU
O CONTRATO SOCIAL
行くぞ——
うおおお!!
SUN TZU
A ARTE DA GUERRA
F. NIETZSCHE
ASSIM FALOU ZARATUSTRA
L&PM POCKET MANGÁ

IMPRESSÃO:

PALLOTTI
GRÁFICA

Santa Maria - RS | Fone: (55) 3220.4500
www.graficapallotti.com.br

# LEVIAT

OU MATÉRIA, FORMA E PODER DE
UM ESTADO ECLESIÁSTICO E CIVIL

Thomas Hobbes

COLEÇÃO A OBRA-PRIMA DE CADA AUTOR

# LEVIATÃ

## OU MATÉRIA, FORMA E PODER DE UM ESTADO ECLESIÁSTICO E CIVIL

Thomas Hobbes

Série Ouro

2ª EDIÇÃO

TRADUÇÃO
Rosina D'Angina

CONSULTOR JURÍDICO
Thélio de Magalhães

MARTIN CLARET

Título original: *Leviathan, or The Matter, Form and Power of a Commonwealth Ecclesiastical and Civil* (1651).

| | |
|---|---|
| DIREÇÃO | Martin Claret |
| PRODUÇÃO EDITORIAL | Carolina Marani Lima<br>Flávia P. Silva |
| DIAGRAMAÇÃO | Giovana Gatti Leonardo |
| DIREÇÃO DE ARTE E CAPA | José Duarte T. de Castro |
| ILUSTRAÇÃO DE CAPA | David M. Schrader / Shutterstock |
| TRADUÇÃO | Rosina D'Angina |
| CONSULTOR JURÍDICO | Thélio de Magalhães |
| REVISÃO | Durval Cordas / Julio Talhari |
| IMPRESSÃO E ACABAMENTO | Renovagraf |

Este livro segue o novo Acordo Ortográfico da Língua Portuguesa.

**Dados Internacionais de Catalogação na Publicação (CIP)**
**(Câmara Brasileira do Livro, SP, Brasil)**

Hobbes, Thomas, 1588-1679.
Leviatã, ou Matéria, forma e poder de um Estado eclesiástico e civil / Thomas Hobbes; tradução Rosina D' Angina; consultor jurídico Thélio de Magalhães. — 2. ed. — São Paulo: Martin Claret, 2012. — (Coleção a obra-prima de cada autor. Série ouro; 1)

Título original: Leviathan, or The Matter, Form and Power of a Commonwealth Ecclesiastical and Civil.
"Texto integral"
Bibliografia
ISBN 978-85-7232-762-6

1.Filosofia inglesa 3. Hobbes, Thomas. 1588-167 3. O Estado 4. Poder (Ciências Sociais) 5. Política - Filosofia I. Magalhães, Thélio de. II. Título. III. Título: Matéria, forma e poder de um Estado eclesiástico e civil. III. Série.

09-01035 CDD-320.1

Índices para catálogo sistemático:

1. Estado: Poder político 320. 1
2. Poder político do Estado 320. 1

**EDITORA MARTIN CLARET LTDA.**
Rua Alegrete, 62 – Bairro Sumaré – 01254-010 – São Paulo, SP
Tel.: (11) 3672-8144
www.martinclaret.com.br
5ª reimpressão - 2020

# Sumário

## Leviatã

## PARTE II – DO ESTADO



## PARTE III – DO ESTADO CRISTÃO

## PARTE IV – DO REINO DAS TREVAS

# Leviatã

# Abreviaturas dos livros bíblicos (em ordem alfabética)

Ab - Abdias
Ag - Ageu
Am - Amós
Ap - Apocalipse
At - Atos dos Apóstolos
Br - Baruc
Cl - Colossenses
1Cor - Primeira Epístola aos Coríntios
2Cor - Segunda Epístola aos Coríntios
1Cr - Primeiro Livro das Crônicas
2Cr - Segundo Livro das Crônicas
Ct - Cântico dos Cânticos
Dn - Daniel
Dt - Deuteronômio
Ecl - Eclesiastes
Eclo - Eclesiástico
Ef - Epístola aos Efésios
Esd - Esdras
Est - Ester
Ex - Êxodo
Ez - Ezequiel
Fl - Epístola aos Filipenses
Fm - Epístola a Filemon
Gl - Epístola aos Gálatas
Gn - Gênesis

Hab - Habacuc
Hb - Epístola aos Hebreus
Is - Isaías
Jd - Epístola de São Judas
Jl - Joel
Jn - Jonas
Jó - Jó
Jo - Evangelho segundo São João
1Jo - Primeira Epístola de São João
2Jo - Segunda Epístola de São João
3Jo - Terceira Epístola de São João
Jr - Jeremias
Js - Livro de Josué
Jt - Judite
Jz - Livro dos Juízes
Lc - Evangelho segundo São Lucas
Lm - Lamentações
Lv - Levítico
Mc - Evangelho segundo São Marcos
1Mc - Primeiro Livro dos Macabeus
2Mc - Segundo Livro dos Macabeus
Ml - Malaquias
Mq - Miqueias
Mt - Evangelho segundo São Mateus
Na - Naum
Ne - Neemias
Nm - Números
Os - Oseias
1Pd - Primeira Epístola de São Pedro
2Pd - Segunda Epístola de São Pedro
Pr - Provérbios
Rm - Epístola aos Romanos
1Rs - Primeiro Livro dos Reis
2Rs - Segundo Livro dos Reis
Rt - Rute
Sb - Sabedoria
Sf - Sofonias
Sl - Salmos

1Sm - Primeiro Livro de Samuel
2Sm - Segundo Livro de Samuel
Tb - Tobias
Tg - Epístola a São Tiago
1Tm - Primeira Epístola a Timóteo
2Tm - Segunda Epístola a Timóteo
1Ts - Primeira Epístola aos Tessalonicenses
2Ts - Segunda Epístola aos Tessalonicenses
Tt - Epístola a Tito
Zc - Zacarias

# Introdução

A Natureza (a arte com a qual Deus fez e governa o mundo) é imitada de tal maneira, como em muitas outras coisas, pela arte do homem, que esta pode até mesmo criar um animal artificial. E, sendo a vida um movimento de membros cujo início se verifica em alguma parte dos mesmos, por que não poderíamos dizer que todos os autômatos (artefatos que se movem por si mesmos por meio de molas e rodas, como faz um relógio) têm uma vida artificial? O que é, na realidade, um coração, senão uma mola; e os nervos, senão diversas fibras; e as articulações, senão várias rodas que dão movimento ao corpo inteiro, da maneira como o Artífice o propôs? A arte vai mais além, imitando essa obra racional que é a mais excelsa da Natureza: o homem. Na realidade, graças à arte criamos esse grande Leviatã a que chamamos República ou Estado (em latim, *Civitas*), que nada mais é que um homem artificial, bem mais alto e robusto que o natural, e que foi instituído para sua proteção e defesa; nele, a soberania é uma alma artificial que dá vida e movimento a todo o corpo; os magistrados e outros oficiais de justiça e execução são ligamentos artificiais; a recompensa e o castigo (mediante os quais cada ligamento e cada membro vinculado à sede da soberania é induzido a executar seu dever) são os nervos, que fazem o mesmo no corpo natural; a riqueza e a abundância de todos os membros particulares constituem sua potência; a *salus populi* (a segurança do povo) é seu objetivo;

os conselheiros, que informam sobre tudo o que é preciso conhecer, são a memória; a equidade e as leis, uma razão e uma vontade artificiais; a concórdia é a saúde; a sedição, a enfermidade; a guerra civil, a morte. Por fim, os pactos e os convênios, mediante os quais as partes desse corpo político se criam, combinam e se unem entre si, assemelham-se àquele *fiat* ou "Façamos o homem" pronunciado por Deus quando da Criação.

Ao descrever a natureza desse homem artificial, proponho-me a considerar:

primeiro, a matéria de que ele é feito e seu artífice; ambas são o homem;

segundo, como e por que pactos se institui; quais são os direitos e o poder justo ou a autoridade justa de um soberano; e o que o mantém ou o aniquila;

terceiro, o que é um Estado cristão;

e, por fim, o que é o Reino das Trevas.

No que diz respeito ao primeiro ponto, existe um ditado segundo o qual a sabedoria não se adquire mediante a leitura dos livros, mas, sim, dos homens. Portanto, as pessoas comuns, que não podem dar provas de serem sábias, se comprazem em mostrar o que pensam que leram dos homens, mediante desapiedadas censuras feitas pelas costas. Porém, existe outro ditado bem mais antigo segundo o qual os homens podem aprender a ler fielmente uns aos outros, se assim o quiserem; é o *Nosce te ipsum*, "Conhece-te a ti mesmo", que antes não era entendido, como hoje, no sentido de uma defesa contra a bárbara conduta dos titulares do poder ante seus inferiores ou de um encorajamento aos homens de baixo estofo a uma conduta insolente perante os que são melhores do que eles. Esse ditado nos ensina que, tendo em vista a semelhança entre os pensamentos e as paixões de um homem e os pensamentos e as paixões de outro, que olha para si mesmo e considera o que faz quando pensa, opina, raciocina, espera, teme, etc., qualquer homem poderá ler e saber, por conseguinte, quais são os pensamentos e paixões dos demais homens em ocasiões parecidas. Refiro-me à similitude daquelas paixões que são as mesmas em todos os homens: desejo, temor, esperança, etc., e não à semelhança entre os objetos das paixões, que são as coisas desejadas, temidas, esperadas, etc. Por isso, a constituição individual e a educação particular variam de tal maneira e são tão fáceis de serem subtraídas de nosso conhecimento, que as características do coração humano, apagadas e encobertas como estão, pela dissimulação, pela falácia, pela ficção e pelas doutrinas errôneas, só se tornam legíveis para quem investiga os corações. Mesmo que, às vezes, descubramos os desígnios dos homens pelas suas ações, deixar de compará-los com nossos próprios desejos e notar todas as circunstâncias capazes de alterá-los equivale a tentar decifrar sem uma chave e a expor-nos ao erro, por excesso de confiança ou de desconfiança, segundo o homem que o leia seja bom ou mau.

Mesmo que um homem possa ler, de modo perfeito, seu semelhante por suas ações, só o pode fazer com aqueles com quem tem algum relacionamento, e esses são em número reduzido. Quem governa uma nação inteira deve ler em si mesmo, não neste ou naquele homem em particular, mas em toda a humanidade, o que é mais difícil do que aprender um idioma ou uma ciência. Quando eu tiver exposto ordenadamente o resultado de minha leitura, os demais não terão outro incômodo senão comprovar se, em si mesmos, chegam a conclusões análogas. Este gênero de doutrina não admite outra demonstração.

# Parte I

# Do homem

## Capítulo I
## Das sensações

No que concerne aos pensamentos do homem, quero considerá-los, a princípio, *individualmente* e, em seguida, em seu *conjunto*, isto é, em sua mútua dependência. Individualmente, cada um deles é a representação ou o aspecto de determinada qualidade ou qualquer outro acidente de um corpo exterior ao nosso, que vulgarmente chamamos objeto. O referido objeto atua sobre os olhos, os ouvidos e outras partes do corpo humano e, por sua diversidade de atuação, produz uma variedade de aparências.

A origem de todas elas é o que chamamos sensação (efetivamente, não existe nenhuma concepção no intelecto humano que não tenha sido recebida, totalmente ou em parte, antes, pelos órgãos dos sentidos). O restante deriva desse elemento original.

Não é necessário, para o que nos propomos, conhecer a principal causa das sensações; em outra parte deste livro, escrevo e me aprofundo sobre o assunto. Entretanto, para preencher cada parte de meu método, preciso examinar aqui, mesmo que superficialmente, a matéria.

A causa das sensações é o corpo externo ou objeto que age sobre o órgão apropriado a cada sentido, diretamente, como no caso do paladar ou do tato, ou indiretamente, como na visão, na audição ou no olfato: o corpo externo ou objeto pressiona, por mediação, os nervos e outras fibras e membranas do corpo, e neles penetra até atingir o cérebro e o coração, causando uma resistência, reação e esforço do coração, em busca da libertação. Esse esforço, dirigido de dentro para fora, parece ser algo externo. Essa aparência ou fantasia é o que os homens chamam de sensação e consiste, para o olho, numa luz ou cor figurada; para o ouvido, num som; para o nariz, num odor; para a língua, ou paladar, num sabor; para o resto do corpo, em calor, frio, aspereza, suavidade e diversas outras qualidades que discernimos por intermédio da sensação. Todas essas qualidades, denominadas sensíveis, nada mais são, nos objetos que as causam, que os diversos movimentos da matéria por meio dos quais ela atua sobre os órgãos humanos. Quando somos influenciados por esse efeito, nada mais há que movimentos (pois o movimento não produz outra coisa a não ser movimento). Mas sua aparência, para nós, constitui a fantasia, tanto em estado de vigília como de sono; assim, tal como quando esfregamos e pressionamos o olho vemos uma luz, e ao comprimirmos o ouvido produzimos um rumor, também os corpos que vemos e ouvimos produzem o mesmo efeito por sua ação tenaz, mesmo que imperceptível. Efetivamente, se tais cores ou sons estivessem nos corpos ou objetos que os causam, não poderiam ser separados deles, como o são, por espelhos e, nos ecos, por meio da reflexão. Assim, resulta evidente que a coisa vista se encontra numa parte, e a aparência, em outra. Mesmo que a determinada distância o objeto real pareça envolvido pela fantasia que produz em nós, o certo é que uma coisa é o objeto e outra a imagem ou fantasia. Portanto, as sensações, em todos os casos, são meras fantasias originais, causadas, como já disse, pela pressão, ou seja, pelos movimentos das coisas externas sobre nossos olhos, ouvidos e outros órgãos.

Porém, as escolas filosóficas de todas as universidades da cristandade, baseadas em certos textos de Aristóteles, ensinam outra doutrina, e dizem, no que diz respeito à visão, que a coisa vista emite, nas várias direções, uma espécie visível, aparência ou aspecto; a recepção pelo olho se constitui na visão. Com referência à audição, dizem que a coisa ouvida emite uma espécie audível, aspecto ou coisa audível, que ao penetrar no ouvido engendra a audição. Mais ainda, sobre o entendimento, dizem que a coisa compreendida emana de si uma espécie inteligível, ou seja, algo inteligível que, ao chegar à compreensão, nos faz compreender. Não digo tudo isso com o propósito de censurar o que é usado nas universidades, mas sendo que, posteriormente, referir-me-ei a sua missão no Estado, me interessa fazer ver, em todas as ocasiões, quais são as emendas a serem feitas a respeito. Entre elas, a frequência com que usam elocuções desprovidas de significado.

## CAPÍTULO II
## DA IMAGINAÇÃO

Que uma coisa que está em repouso mantém-se assim a menos que algo a perturbe é uma verdade de que ninguém duvida; porém, que uma coisa que está em movimento continua em movimento eternamente, a menos que algo a detenha, é uma afirmação não muito fácil de entender, mesmo sendo a razão idêntica (ou seja, que nada pode mudar por si mesmo). Efetivamente, os homens não medem por eles mesmos apenas os demais homens, mas também as coisas; assim, sendo que ficam sujeitos, depois do movimento, às penas do cansaço, pensam que todas as coisas param de se movimentar e procuram descansar por decisão própria; consideram pouco a possibilidade de existir um outro movimento em que consista essa sensação de cansaço que notam em si mesmos. Nisso se apoia a afirmação escolástica de que os corpos pesados caem movidos por uma necessidade de descanso, e de que se mantêm, por natureza, no lugar mais adequado a eles: desse modo se atribui, absurdamente, às coisas inanimadas, apetência e conhecimento do que é bom para sua própria conservação (o que é mais do que tem o homem).

Quando um corpo se põe em movimento, move-se eternamente (a menos que algo o impeça) e, ao encontrar algum obstáculo, não detém seu movimento imediatamente, mas, sim, depois de um certo período e gradualmente. Do mesmo modo como vemos que, na água, quando o vento cessa, as ondas continuam a bater por um bom espaço de tempo, assim também ocorre com o movimento que se registra no interior dos homens, quando eles veem, sonham, etc. Realmente, mesmo depois que o objeto é apartado de nós, quando fechamos os olhos nós continuamos a reter sua imagem, embora menos nítida do que quando a enxergávamos. Esse é o fato a que os latinos chamavam imaginação, aquilo que é criado pela imagem na visão; o mesmo se aplica, embora impropriamente, a todos os demais sentidos. Os gregos, por seu turno, o chamavam fantasia, que quer dizer aparência, tão peculiar a um sentido como aos demais. Assim, a imaginação nada mais é que a sensação debilitada; sensação que se encontra nos homens e em muitas outras criaturas vivas, tanto durante o sonho como no estado de vigília.

A debilitação das sensações no homem que se encontra em estado de vigília não é a debilitação do movimento que se verifica nas sensações; é uma obnubilação desse movimento, algo análogo ao escurecimento da luz das estrelas pela claridade do sol. De fato, as estrelas não exercem a virtude que as faz brilhar menos durante o dia do que à noite. Porém, sendo que, entre as diferentes solicitações que nossos olhos, nossos ouvidos e nossos órgãos recebem dos corpos externos, somente a predominante é sensível, e sendo predominante a luz do sol, nossos sentidos não são impressionados pela luz das demais estrelas. Quando afastamos de nossa visão qualquer objeto, embora a impressão provocada por ele em nós permaneça, a sucessão de outros objetos mais presentes agindo sobre nós faz a imaginação do passado se obscurecer e enfraquecer, como ocorre com a voz humana em meio aos demais rumores do cotidiano. Disso depreende-se que, quanto mais longo o tempo transcorrido desde a visão ou sensação de um objeto, mais fraca é a imaginação. As mudanças contínuas verificadas no corpo humano destroem, com o tempo, as partes que se moveram na sensação; a distância no tempo ou no espaço produzem em nós o mesmo efeito. Da mesma forma como, a grande distância, um objeto mirado parece minúsculo e não conseguimos distinguir seus detalhes, e, igualmente, as vozes longínquas ficam fracas e inarticuladas, também, depois de um longo lapso de tempo, nossa imagem do passado se enfraquece. Esquecemos, por exemplo, detalhes de muitas ruas de cidades que visitamos há tempos, como também circunstâncias particulares que nos levaram a determinadas ações. A essa sensação declinante, quando queremos nos referir à coisa em si (à fantasia em si), chamamos imaginação, como eu já disse antes; porém, quando queremos nos referir ao próprio declínio, no sentido de que a sensação se atenua, envelhece e passa, chamamos a isso memória. Assim, imaginação e memória são a mesma coisa, mas recebem nomes diferentes, dependendo da consideração que desejamos fazer.

Uma memória copiosa, ou a memória de muitas coisas, é denominada experiência. Novamente, referindo-se a imaginação apenas às coisas que foram percebidas pelos sentidos, ora de uma só vez, ora por partes e em tempos diferentes, o primeiro tipo (que consiste na imaginação do objeto inteiro, tal como foi apresentado aos sentidos) é a imaginação simples, e ocorre quando alguém imagina um homem ou um cavalo que viu anteriormente; o outro tipo é a imaginação composta, e se verifica quando, com base na visão de um homem em certa ocasião e de um cavalo, em outra, compomos em nossa mente a imagem de um centauro. Assim, quando um homem combina a imagem de sua pessoa com a imagem das ações de outro homem, como quando imagina a si mesmo como um Hércules ou um Alexandre (coisa que ocorre com frequência, quando uma pessoa lê muitos romances), essa é uma imaginação composta, ou, mais propriamente, uma ficção mental. Existem, também, outras imagens que se produzem nos homens (mesmo em estado de vigília) graças a uma impressão recebida pelos sentidos. Por exemplo, quando olhamos fixamente para o sol, a impressão deixa diante de nossos olhos, por um longo período, a imagem desse astro; quando um homem olha fixamente e de modo prolongado para figuras geométricas, em meio à penumbra (mesmo desperto), conserva imagens de linhas e ângulos diante de seus olhos. Essa espécie de fantasia não tem um nome em particular, por ser algo que ordinariamente não faz parte do discurso do homem.

A imaginação dos que dormem constitui o que chamamos sonhos. Essa, como as demais imaginações, foi percebida anteriormente, em sua totalidade ou em partes, pelos sentidos. Sendo que o cérebro e os nervos, necessários às sensações, ficam em letargo durante o sono, dificilmente se movendo pela ação dos objetos externos, dá-se que não produzem outras imaginações, nem, por conseguinte, outros sonhos, senão os que procedem da movimentação dos órgãos internos do corpo humano. Dada a conexão que têm com o cérebro e outros órgãos, esses elementos internos, quando se perturbam, dão movimento a esses órgãos. Portanto, estando os órgãos da sensação em letargia e não existindo um novo objeto que possa obscurecê-los ou dominá-los com uma impressão mais vigorosa, o sonho necessariamente é mais nítido, nesse silêncio das sensações, do que nossos pensamentos, em estado de vigília. Pode tornar-se difícil e, em certos casos, até mesmo impossível, distinguir a sensação do sonho. No meu caso, em particular, as pessoas, os lugares e os objetos de meus sonhos não são frequentemente os mesmos de quando estou desperto; nem recordo, durante um bom período, uma série de pensamentos coerentes com sonhos anteriores; e, como quando estou desperto observo, com frequência, o absurdo dos sonhos, mas nunca sonho com o absurdo de meus pensamentos em estado de vigília, fico satisfeito com o fato de que, estando desperto, sei que não estou sonhando, enquanto, quando durmo, penso estar desperto.

Se notarmos que os sonhos são causados por alguma destemperança em qualquer parte interna do corpo, chegaremos à conclusão de que essas alterações causarão, necessariamente, sonhos diferentes. Assim, quando estamos com frio, por estarmos descobertos, sonhamos com coisas apavorantes (sendo recíproco o movimento do cérebro às partes internas, e das partes internas ao cérebro); do mesmo modo como a cólera causa calor em algumas partes do corpo quando estamos despertos, quando dormimos o excesso de calor das mesmas partes causa a cólera, e gera no cérebro a imagem de um inimigo. A paixão natural, quando estamos despertos, gera o desejo; e o desejo produz calor em outras determinadas partes do corpo; assim também, o excesso de ardor nessas partes, quando estamos adormecidos, produz no cérebro a imagem de algum desejo nesse sentido. Em resumo, nossos sonhos são o inverso de nossas imagens no estado de vigília; quando estamos despertos, o movimento se inicia num extremo, e, quando dormimos, em outro.

A maior dificuldade para discernir entre um sonho de um homem e seus pensamentos em estado de vigília se dá quando, por acidente, deixamos de observar que estamos dormindo. Isso ocorre facilmente a um homem repleto de pensamentos horríveis e com a consciência perturbada, quando dorme em circunstâncias estranhas, por exemplo, vestido e numa poltrona. Efetivamente, alguém que esteja sofrendo e se esforce, em vão, para dormir, se uma fantasia estranha ou exorbitante lhe aparece, não pensará que se trata de um sonho. Dizem que Marco Bruto (um personagem que deve sua vida a Júlio César, que o fez seu favorito e, não obstante isso, foi por ele assassinado), em Filipos, na véspera da batalha contra César Augusto, teve uma aparição espantosa que os historiadores comumente apresentam como uma visão, embora, considerando as circunstâncias, possamos facilmente inferir que não se tratasse senão de um sonho fugaz. Sentado em sua tenda, pensativo e conturbado pelo ato cometido, não lhe foi difícil, enregelado pelo frio, sonhar com o que mais o afligia; esse mesmo temor o fez despertar gradualmente e, com isso, a aparição foi desvanecendo-se aos poucos. Como não estava seguro de estar dormindo, não havia motivo para pensar que tudo fora um sonho, nem que não fora uma visão. Essa eventualidade não é rara, pois inclusive os que estão perfeitamente acordados, quando têm medo e são supersticiosos, e se veem dominados por terríveis pensamentos, quando sozinhos na escuridão, ficam sujeitos a tais fantasias, acreditando ver espíritos e fantasmas vagando pelos cemitérios. Isso tudo nada mais é que fantasia, ou mesmo a fraude de certas pessoas, que, abusando do temor alheio, passam disfarçadas, durante a noite, por lugares que desejam frequentar sem serem reconhecidas.

Dessa ignorância a respeito da maneira de distinguir sonhos e outras fantasias das visões e das sensações, surgiram, em sua maior parte, as crenças religiosas dos gentios, em tempos passados, quando eram adorados sátiros, faunos, ninfas e outras ficções do gênero. Essa é também a origem atual do conceito que as pessoas comuns têm sobre fadas, fantasmas, gnomos e duendes, bem como sobre o poder das bruxas. Quanto a estas últimas, não creio que exista algum poder efetivo em suas bruxarias, mas as castigamos em razão da falsa crença de que são maléficas e, ainda, por seu propósito de fazer maldades. Suas ações estão mais próximas de uma nova religião do que de uma arte ou ciência. Quanto às fadas e aos fantasmas vagantes, o conceito que deles temos nasceu, seguramente, do uso do exorcismo, das cruzes, da água benta e de outras coisas semelhantes inventadas por pessoas supersticiosas, ou pelo menos por estas não foi contestado. Apesar disso, não há dúvidas de que Deus possa fazer aparições sobrenaturais; porém, que as faça tão frequentemente que os homens venham a temer tais coisas, mais do que temem a continuidade ou a mudança do curso da Natureza (que também pode permanecer ou mudar), não é um ponto da fé cristã. Mas os homens malvados, sob o pretexto de que Deus tudo pode, são tão ousados que dizem tudo aquilo que serve a seus próprios propósitos, mesmo que seja falso. É inerente à condição do homem sábio não acreditar senão em coisas que tiverem sido confirmadas. Se a superstição e o temor aos espíritos fossem eliminados, e com eles os prognósticos baseados em sonhos e em outras coisas concomitantes — mediante as quais algumas pessoas ambiciosas de poder abusam das pessoas simples —, os homens estariam mais aptos do que estão à obediência civil.

Tal deveria ser a missão das escolas, que, pelo contrário, tendem a alimentar doutrinas como essas. Porque (não sabendo o que são a imaginação e as sensações) ensinam aquilo que conhecem por tradição. Assim, alguns afirmam que as imaginações surgem em nós mesmos e não têm causas. Outros asseguram que, mais comumente, se produzem por obra da vontade; que os pensamentos bons são inspirados por Deus nos homens e os pensamentos maus, pelo demônio, ou que os bons pensamentos foram inculcados nos homens por Deus e os malignos pelo demônio. Alguns dizem que os sentidos recebem as espécies das coisas e as entregam ao sentido comum, e este as transmite à fantasia, e esta à memória, e a memória ao juízo, como se as coisas pudessem passar de um lado para o outro, com um monte de palavras que não fazem o menor sentido.

A imaginação produzida no homem (ou em qualquer outra criatura dotada da faculdade de imaginar), por meio de palavras e outros signos voluntários, é o que geralmente chamamos entendimento, comum nos homens e nos animais. Pelo hábito, um cachorro poderá entender o chamado ou a reprimenda de seu dono, o mesmo ocorrendo com outros animais. O entendimento peculiar ao homem não é apenas compreensão da vontade, mas de suas concepções e pensamentos, pela sucessão e agrupamento dos nomes das coisas em afirmações, negações e outras formas de expressão. Falarei, mais adiante, dessa espécie de entendimento.

## Capítulo III
### Da consequência ou série de imaginações

Por consequência ou série de imaginações, compreendo a sucessão de um pensamento a outro: para distingui-lo do discurso em palavras, nós o chamamos discurso mental.

Quando um homem pensa numa coisa qualquer, seu pensamento imediatamente posterior não é, definitivamente, tão casual como possa parecer. Um pensamento não sucede a outro pensamento de modo indiferente. Da mesma maneira como não possuímos imaginação, a menos que tenha sido precedida por sensações, em conjunto ou em partes, assim também não teremos transição de uma imaginação a outra se antes não a houvermos tido em nossas sensações. A razão disso é a seguinte: todas as fantasias são ações verificadas dentro de nós, relíquias das que operaram em nossa sensação. Essas ações que sucederam imediatamente as sensações continuam se encontrando, em conjunto, depois delas. Assim, quando o primeiro movimento volta a ocupar um lugar predominante, o segundo continua, por coerência, com a matéria movida, da mesma forma que a água numa mesa pode ser puxada de um lado para outro com o dedo. Porém, sendo que, na sensação, a percepção resultante de uma mesma coisa às vezes é seguida da percepção de uma, às vezes de outra coisa, acontece, com o passar do tempo, que, ao imaginar uma coisa, não podemos ter certeza do que vamos imaginar depois. Há apenas uma certeza: o mesmo deve ter acontecido antes, num tempo ou em outro.

Essa série de pensamentos, ou discurso mental, é de duas espécies: a primeira é desorientada, sem destino e inconstante; não há nela pensamento apaixonado que governe e atraia os que o seguem, constituindo-se em fim ou objeto de algum desejo ou de outra paixão. Em tal caso, dizemos que os pensamentos flutuam e parecem incoerentes entre si, como num sonho. Esses são comumente os pensamentos dos seres humanos não apenas privados de qualquer companhia, mas também sem qualquer preocupação. Inclusive, pode ocorrer que esses pensamentos sejam tão ativos como outrora, mas careçam de harmonia, como o som de um alaúde desafinado, nas mãos de uma pessoa qualquer, ou afinado, nas mãos de alguém que não saiba tocar. Mesmo nessa estranha disposição da mente, um homem percebe, muitas vezes, o elo e a dependência entre os pensamentos. Assim, num discurso sobre a guerra civil, seria absurdo perguntar qual é o valor do dinheiro romano. No entanto, para mim, a coerência é bastante evidente, pois o pensamento da guerra traz consigo a ideia da entrega do rei aos inimigos, sugerindo a entrega de Cristo, e esta, por sua vez, lembra os 30 dinheiros, o preço da traição; disso se infere a malícia da questão. Tudo isso sucede em poucos minutos, porque o pensamento é veloz.

A segunda série de pensamentos é mais constante, pois é regulada por algum desejo ou desígnio. A impressão que nos causam as coisas que desejamos ou tememos é, efetivamente, intensa e permanente ou (quando cessa por algum tempo) de rápido retorno. É tão forte, às vezes, que chega a interromper ou impedir nosso sono. Do desejo surge o pensamento de alguns meios que vimos produzir efeitos análogos aos que perseguimos; do pensamento desses efeitos, nasce a ideia dos meios que conduzem a esse fim, e assim sucessivamente, até chegarmos a algum começo dentro de nossas possibilidades. E como o fim, pela grandeza da impressão, chega frequentemente à mente, quando nossos pensamentos começam a se dissipar são rapidamente reconduzidos ao caminho inicial. Ao observar isso, um dos sete sábios deu aos homens este conselho: *Respice finem*. Isto é, em todas as vossas ações, considerai sempre o que quereis possuir, pois isso direcionará todos os vossos pensamentos para o caminho que proporcionará seu alcance.

A série de pensamentos regulados é de dois tipos. Um em que procuramos descobrir as causas e os meios que produzem um efeito imaginado. Esse gênero é comum tanto ao homem como ao animal. No outro, imaginando uma coisa qualquer, procuramos determinar os efeitos que possa causar, isto é, imaginar o que podemos fazer com uma coisa quando a possuímos. Apenas no homem se verifica essa espécie de pensamento. Essa é, efetivamente, uma particularidade que não ocorre na natureza de qualquer outra criatura viva que não possua outras paixões além das sensoriais, como a fome, a sede, o apetite sexual e a raiva. Em resumo, o discurso mental, quando governado por desígnios, é meramente a busca ou a faculdade da invenção, que os latinos chamavam *sagacitas* e *solertia*, a procura das causas de algum efeito presente ou passado ou dos efeitos de alguma causa passada ou presente. Muitas vezes, o homem procura alguma coisa que perdeu; e, a partir do lugar e do momento em que percebeu a falta dessa coisa, sua mente retrocede de lugar para lugar e de momento para momento, a fim de descobrir quando e onde a possuía; isto é, procura encontrar momentos e lugares evidentes e limitados dentro dos quais possa iniciar uma investigação metódica. Seus pensamentos retornam aos mesmos lugares e tempos para descobrir quais foram as ações e as contingências que causaram a perda. É o que denominamos lembrança ou evocação da memória. Os latinos chamavam esse ato *reminiscentia*, considerando-o como um reconhecimento de nossas ações anteriores.

Às vezes, o homem conhece um lugar determinado dentro do âmbito no qual há de buscar; então, seus pensamentos vasculham todas as partes desse local, da mesma maneira como reviraríamos uma residência em busca de uma joia; ou como um cachorro de caça vasculharia o campo até encontrar o rastro; ou como alguém percorreria todo o alfabeto para encontrar uma rima.

Há ocasiões em que o homem deseja saber o curso de determinada ação e, então, pensa em alguma ação semelhante do passado e em suas consequências, presumindo que em acontecimentos iguais ocorrem ações iguais. Quando alguém quer prever o que acontecerá a um criminoso, reconhece o que viu acontecer em crime igual anterior. A ordem de seus pensamentos é esta: o crime, os policiais, a prisão, o juiz e a condenação. Essa espécie de pensamento chama-se previsão, prudência ou providência e, às vezes, sabedoria, mesmo que tais conjeturas sejam enganosas, dada a dificuldade de observar todas as circunstâncias. Mas uma coisa é certa: alguns homens têm uma experiência muito maior das coisas passadas do que outros e, na mesma medida, são mais prudentes e suas previsões raramente falham. O presente somente tem uma realidade na natureza; coisas passadas somente têm uma realidade na memória; coisas que ainda devem vir não têm realidade alguma. O futuro nada mais é que uma ficção da mente que aplica as consequências das ações passadas às ações presentes; dessa forma, quem tem maior experiência age com mais certeza, mas não com a suficiente convicção. Ainda que chamemos prudência quando o acontecimento corresponde às nossas expectativas, isso não é, por natureza, senão presunção. Efetivamente, a previsão das coisas futuras, que é a providência, pertence apenas Àquele por cuja vontade sobrevivem. Dele e de modo sobrenatural provém a profecia. O melhor profeta, naturalmente, é o melhor adivinho, e quem é mais versado sobre o assunto e o tiver estudado está mais habilitado a profetizar, porque conhece um maior número de signos.

Um signo é um evento antecedente ao consequente e, contrariamente, o consequente do antecedente, quando consequências iguais foram observadas antes. Quanto maior a frequência dessas observações, mais acertado é o signo e, portanto, quem tem maior experiência em qualquer espécie de negócio dispõe de mais signos para predizer o futuro. Por conseguinte, é mais prudente do que os mais novos naquele gênero de negócio, não podendo ser igualado por nenhuma vantagem proveniente de uma inteligência natural ou extemporânea, embora muitos jovens pensem o contrário.

Não é, porém, a prudência que distingue os homens dos animais. Há animais com apenas um ano que observam mais e perseguem o que é bom para eles com maior prudência do que um menino de 10 anos.

A prudência é uma presunção do futuro, baseada numa experiência do passado; porém, existe uma presunção de que as coisas do passado derivem de outras coisas que não são futuras, mas passadas também. Quem já observou os procedimentos e os graus que levam um Estado florescente à guerra civil e, em seguida, à ruína, ao ver qualquer outro Estado em ruínas deduzirá que foi uma consequência das mesmas guerras e dos mesmos acontecimentos. Porém, essa conjetura tem o mesmo grau de incerteza da conjetura do futuro. Ambas estão baseadas apenas na experiência.

Que eu me recorde, não existe na mente humana qualquer ato, nela implantado naturalmente, que necessite de outra coisa para exercitar-se, senão de haver nascido homem e fazer uso dos cinco sentidos. Por meio do estudo e do trabalho se incrementam outras faculdades sobre as quais falarei aos poucos e que parecem ser exclusivas do homem. Muitos homens as adquirem por intermédio da instrução e da disciplina e todas derivam da invenção da palavra e da linguagem. A mente humana não conhece outras ações além das sensações, dos pensamentos e da série de pensamentos, mas, com a ajuda da linguagem e do método, as mesmas faculdades podem ser aperfeiçoadas até atingir o ponto que permite distinguir o homem das demais criaturas.

Qualquer coisa imaginada é finita. Portanto, não existe ideia ou concepção de qualquer espécie que possamos chamar infinita. Nenhum homem pode conservar em sua mente imagem de infinita magnitude, nem conceber infinita sabedoria, tempo infinito, força infinita ou infinito poder. Quando dizemos que uma coisa é infinita, queremos significar apenas que não somos capazes de conceber suas terminações e limites. Não possuímos concepção da coisa, mas apenas de nossa ineficiência. Então, o nome de Deus é usado, não para que possamos concebê-lo (posto que é incompreensível e seu poder e grandeza são inconcebíveis), mas para que possamos honrá-lo. Assim (como disse antes), qualquer coisa que concebemos foi anteriormente percebida pelos sentidos, de uma vez ou por partes, e um homem não pode imaginar o que significa uma coisa que não está sujeita à sensação. Consequentemente, ninguém pode conceber uma coisa que não estiver situada em algum lugar, for provida de determinada magnitude e suscetível de dividir-se em partes; não é possível que algo esteja em dois lugares diferentes ao mesmo tempo; nem que duas ou mais coisas ocupem o mesmo lugar ao mesmo tempo. Nenhuma dessas coisas podem ser ou vir a ser incidentais à sensação; trata-se de afirmações absurdas (sem qualquer significado), propaladas por filósofos enganados e escolásticos enganados ou enganadores.

## Capítulo IV
## Da linguagem

A invenção da imprensa, apesar de engenhosa, não tem qualquer valor se comparada com a invenção das letras. Porém, ignoramos quem foi o primeiro a descobrir o uso das letras. O primeiro a levá-las para a Grécia, dizem, foi Cadmo, filho de Agenor, rei da Fenícia. Essa foi uma invenção engenhosa para perpetuar a memória do tempo passado e reunir o gênero humano, disperso em tantas e tão distantes regiões da Terra. E para tanto houve grande dificuldade, como a cuidadosa observação dos diversos movimentos da língua, do palato, dos lábios e de outros órgãos da palavra; adicionemos a isso a necessidade de estabelecer uma distinção de caracteres, a fim de que pudessem ser lembrados. Mas a mais nobre e útil de todas as invenções foi a da linguagem, que se baseia em nomes ou apelações, e em suas conexões. Por meio desses elementos, os homens registram seus pensamentos e suas lembranças, e os enunciam aos demais para mútua utilidade e conversação. Sem isso, não haveria, entre os homens, nem governo, nem sociedade, nem tratado de paz, além daquele existente entre leões, ursos e lobos. O primeiro autor da linguagem foi o próprio Deus, que instruiu Adão de como deveria chamar as criaturas que ia pondo diante de seus olhos. Segundo a Escritura, Deus não foi além nessa questão. Mas isso foi suficiente para induzir o homem a acrescentar nomes novos, à medida que a experiência e o uso das criaturas lhe iam dando oportunidade, e para se aproximar delas de modo que pudesse se fazer entender. E assim, através do tempo, foi formando-se a linguagem, tal como a usamos, mesmo que não tão copiosa como a necessária a um orador ou filósofo. Efetivamente, não encontro nada nas Escrituras de que diretamente ou por consequência possa inferir que Deus ensinou a Adão os nomes de todas as figuras, coisas, medidas, cores, sons, fantasias e relações. Muito menos o nome de palavras e de discursos como geral, especial, afirmativo, negativo, indiferente, optativo, infinitivo, que são tão úteis; e menos ainda o nome de palavras como entidade, intencionalidade, quididade e outros insignificantes termos escolásticos.

Mas toda essa linguagem foi sendo absorvida e aumentada por Adão e sua posteridade, e se perdeu, novamente, na torre de Babel, quando todos os homens, por se terem rebelado, foram castigados pela mão de Deus com o esquecimento de sua língua primitiva. E, vendo-se, assim, forçados a dispersar--se por várias partes do mundo, necessariamente sobreveio a multiplicidade de línguas que hoje existem, e que derivaram, por níveis, daquela, tal como exigia a necessidade (mãe de todas as invenções) que lhes foi ensinada e que, com o passar do tempo, foi crescendo cada vez mais.

O uso comum da linguagem consiste em transformar nosso discurso mental em verbal; ou a série de pensamentos em série de palavras; e isso com duas finalidades: uma delas é o registro das consequências de nossos pensamentos, que, passíveis de serem subtraídos da memória, podem, quando empreendemos uma nova tarefa, ser recordados por meio das palavras que os distinguiram. Assim, o primeiro emprego dos nomes é imprimir em nossa memória marcas ou notas. O outro é o uso, por várias pessoas, de idênticas palavras para traduzir (por sua conexão e ordem) o que elas concebem ou pensam sobre determinada matéria, e também o que desejam, temem ou pelo qual tenham qualquer outra paixão. Para isso, empregam os signos. Os usos especiais da linguagem são: em primeiro lugar, registrar aquilo que, por meditação, achamos ser a causa de todas as coisas, presentes ou passadas e, segundo nosso parecer, os efeitos de qualquer coisa passada ou presente, isto é, o que essa coisa pode produzir e quais os resultados. Essa é a origem das artes. Em segundo lugar, transmitir aos demais homens os conhecimentos adquiridos, o que, em outras palavras, significa aconselhar e ensinar. Em terceiro lugar, dar a conhecer aos outros nossas vontades e propósitos, para que possamos nos ajudar mutuamente. Em quarto lugar, agradar e deleitar a nós mesmos e aos outros, jogando com nossas palavras, por prazer.

A esses empregos correspondem quatro abusos. Primeiro: quando os homens registram seus pensamentos equivocadamente, pela inconstância do significado de suas palavras, enganando a si próprios. Segundo: quando usam as palavras metaforicamente, isto é, com outro sentido, diverso daquele com que foram criadas, para enganar aos outros. Terceiro: quando declaram ser sua vontade aquilo que não é. Quarto: quando utilizam as palavras para agredir uns aos outros, o que não é correto, pois a natureza armou as criaturas, algumas com dentes, outras com cornos e outras com patas ou mãos para atacar o inimigo, constituindo um abuso o uso das palavras para a agressão com a língua, a não ser que nosso interlocutor seja um nosso subordinado, a quem devemos dirigir, e, assim, a agressão com palavras não seria um abuso, mas uma emenda ou corretivo.

O uso dos nomes e a correlação entre eles é a forma

utilizada pela linguagem para recordar as consequências, causas e efeitos.

Alguns nomes são próprios e particulares a uma única coisa ou pessoa, como João, Pedro, este homem, esta árvore; outros são nomes comuns a muitas coisas, como homem, cavalo, árvore; cada um destes, embora seja um único nome, é, contudo, o nome de diversas coisas em particular, que, consideradas em conjunto, constituem o que chamamos universal. Nada no mundo é mais universal do que os nomes, sendo cada uma das coisas denominadas individual e singular.

Um nome universal para muitas coisas é estabelecido pela similaridade entre suas qualidades ou outras causas. Enquanto um nome próprio lembra apenas uma coisa, os universais recordam cada uma das diversas coisas a que se referem.

Entre os nomes universais, alguns são mais extensos, outros menos; os de melhor compreensão são os mais curtos; alguns, por sua vez, possuem a mesma extensão, e são abrangentes. Por exemplo, o nome *corpo* tem significação mais ampla que *homem*, mas o compreende. Os nomes *homem* e *racional* são de extensão idêntica e se abrangem mutuamente. Porém, é preciso notar que por meio de um nome nem sempre se entende, como se dá na gramática, uma única palavra, mas, às vezes, por circunlocução, várias palavras juntas. Para todas estas palavras: *Aquele que obedece as leis de seu país*, estabelecemos um único nome, equivalente a esta palavra: *justo*.

Mediante a aplicação de nomes, alguns de significado mais amplo, outros, mais restrito, convertemos a avaliação das consequências das coisas imaginadas pela mente em cômputo das consequências de suas apelações. Assim, um homem que careça por completo do uso das palavras (por exemplo, o que nasce e continua por toda a sua vida surdo e mudo), quando vê diante de seus olhos um triângulo e, junto dele, dois ângulos retos (como os cantos de uma figura quadrada), pode, por meditação, comparar e notar que os três ângulos dessa figura são iguais aos dois ângulos retos vizinhos. Porém, se mostrarmos a ele outro triângulo, de traçado diferente do primeiro, ele não se dará conta, sem que faça um novo esforço, de que os três ângulos deste também são iguais aos do outro. Pois bem, quem pode fazer uso da palavra, quando observa que essa igualdade não é uma consequência do comprimento dos lados nem de outra peculiaridade desse triângulo, mas, somente, do fato de que os lados são linhas retas e os ângulos, três, e que por isso a figura é chamada de triângulo, chegará à conclusão universal de que qualquer triângulo tem ângulos semelhantes, resumindo suas conclusões em: *Todo triângulo tem seus três ângulos iguais a dois ângulos retos*. Então, a consequência de um caso particular é registrada e rememorada por meio de uma norma universal; assim, nossa lembrança mental não está ligada a circunstâncias de tempo e lugar, o que nos liberta de qualquer trabalho mental, exceto o primeiro, e faz com que o que foi constatado como verdadeiro aqui e agora seja verdade em todos os tempos e lugares.

Logo, o uso das palavras para registrar nossos pensamentos em nada resulta tão evidente como na numeração. Uma pessoa que tenha nascido imbecil e que, portanto, nunca conseguiu aprender a contar, memorizando a sequência dos numerais, como *um*, *dois* e *três*, pode ouvir cada badalada de um relógio, acompanhando com o menear da cabeça e dizendo *um*, *um*, *um*, mas nunca saberá que horas o relógio está marcando. Parece que já existiu um tempo em que o nome desses números não era usado; nessa época, os homens cansavam de usar os dedos, de uma ou das duas mãos, para contar coisas; disso resultou que, hoje, nossos numerais são dez na maioria dos países, apesar de alguns adotarem apenas cinco, após o que começa tudo de novo. Quem só sabe contar até dez, se recitar os números fora de ordem, se perderá, sem notar quando isso se deu; muito menos poderá somar, subtrair e realizar as diversas outras operações aritméticas. Portanto, sem palavras não é possível calcular números, muito menos grandezas, velocidades, força e outras coisas mais, cujo cálculo é sobejamente necessário para o bem-estar do ser humano.

Quando dois nomes se juntam numa consequência ou afirmação, por exemplo: *O homem é uma criatura viva*, ou: *Se ele é um homem, ele é uma criatura viva*, se a última expressão, *criatura viva*, significa tudo o que representa o primeiro nome, *homem*, então a afirmação ou consequência é uma verdade; caso contrário, é falsa. Efetivamente, verdade e falsidade são atributos da linguagem, não das coisas. Então, onde não há linguagem não há também verdade ou falsidade. Pode haver erro, quando esperamos por algo que não pode ser ou quando suspeitamos de algo que não tenha sido. Em nenhum dos dois casos pode ser imputada ao homem a inverdade.

Vendo que a verdade consiste na correta ordenação dos nomes em nossas afirmações, um homem que busca a verdade precisa recordar o que significa cada um dos nomes e usá-los adequadamente; se não for assim, será envolvido pelas palavras como um pássaro no alçapão; quanto mais se debater, mais angustiado se sentirá. Por isso, na geometria (única ciência que, com satisfação, Deus ensinou à criatura humana), os homens começam a fixar o significado de suas palavras. Essa fixação é chamada definição, e se posiciona no início das averiguações.

A partir disso, vemos o quanto é necessário a cada homem que aspire pelo verdadeiro conhecimento e examine as definições de autores precedentes, para corrigi-las, se tiverem sido estabelecidas com negligência ou feitas por própria conta. Porque os erros das definições se multiplicam espontaneamente, à medida que as averiguações avançam, e conduzem o homem a absurdos que ele, apesar de os reconhecer, não consegue evitar, sob pena de ter de iniciar, novamente, as averiguações. Nisso consiste a base de seus erros. Em resumo, quem confia nos livros faz como aqueles que agrupam diversas pequenas somas numa soma maior, sem considerar se as primeiras estavam corretas. Ao final, diante de um erro visível e não desconfiando dos primeiros fundamentos, não sabe que caminho deverá seguir. Limita-se, então, a perder tempo, vagando sobre livros, como os pássaros que, tendo entrado pela chaminé, ficam presos dentro da casa e se atiram contra a falsa luz de uma janela de vidro, porque carecem de iniciativa para buscar um novo caminho. Assim, na correta definição dos nomes se encontra o primeiro uso da linguagem, que é a conquista da ciência. Em falsas definições, ou na falta de definições, está o abuso que dá origem a todas as hipóteses falsas e insensatas; nesse abuso incorrem os homens que adquirem seus conhecimentos da autoridade dos livros e não de suas próprias meditações. Ficam, assim, tão rebaixados à condição de homens ignorantes quanto os homens que adquiriram a verdadeira ciência estão acima dessa condição. Entre a verdadeira ciência e as doutrinas errôneas, a ignorância ocupa a parte central. Senso natural e imaginação não estão sujeitos ao absurdo. A natureza não erra, mas, como os homens abundam numa linguagem copiosa, podem se tornar mais sábios ou mais loucos que o comum. Não é possível que um homem, sem letras, se torne extremamente sábio ou extraordinariamente louco (a menos que sua memória tenha sido atacada por alguma enfermidade ou em razão de deficiências orgânicas). Os sábios usam as palavras para efetuar seus cálculos e raciocinam por intermédio delas; porém, há uma multidão de loucos que as avaliam pela autoridade de um Aristóteles, de um Cícero ou de um Tomás, ou de outro doutor qualquer, definitivamente homens.

*Sujeita a nomes* é uma parcela de uma conta que pode vir a ser somada a outra para compor uma nova soma ou subtraída de outra para deixar uma diferença. Os latinos davam às contas o nome de *rationes*, e ao ato de contar, *ratiocinatio*; aquilo que em livros de contabilidade ou faturas chamamos, atualmente, de *itens*, os romanos chamavam *nomina*, isto é, *nomes*. Parece que foi disso que partiram para, com *ratio*, significar a faculdade de computar em todas as demais coisas. Os gregos usavam uma única palavra para linguagem e razão. Isso não quer dizer que acreditassem não existir linguagem sem razão, mas, sim, que não há razão sem linguagem. O ato de raciocinar era por eles chamado silogismo, que significa deduzir, das consequências de uma coisa anunciada, uma outra. Sendo que as mesmas coisas podem ser consideradas para diversos fatos, seus nomes se estabelecem e se diversificam refletindo essa diversidade. Tal diversidade de nomes pode ser reduzida a quatro grupos gerais.

Em primeiro lugar, uma coisa pode ser considerada *matéria*, ou *corpo*, e ser *viva*, *simples*, *racional*, *quente*, *fria*, *em movimento* ou *em repouso*; sob todos esses nomes a palavra *matéria*, ou *corpo*, é conhecida; todos são nomes de *matéria*.

Em segundo lugar, uma coisa pode ser considerada com base em um acidente ou qualidade que concebemos estar nela, como *ser movida*, *ser muito comprida* ou *estar quente*, etc.; então, do nome da coisa, graças a uma pequena mudança de significado, inventamos um nome para o acidente considerado; para *vivo*, consideramos *vida*; para *movido*, *movimento*; para *quente*, *calor*; para *longo*, *longuidão*, e assim por diante. Todos esses nomes são os de acidentes e propriedades por meio dos quais uma matéria, ou corpo, se distingue de outra. Esses nomes são chamados *abstratos*, porque se separam, não da matéria, mas da consideração da matéria.

Em terceiro lugar, consideramos as propriedades de nosso próprio corpo, por meio das quais fazemos distinções. Quando uma coisa é vista por nós, consideramos não a coisa em si, mas a *visão*, a *cor*, a *ideia* dela em nossa imaginação. Quando uma coisa é ouvida, não captamos a coisa em si, mas apenas a *audição* ou *som*, que é uma fantasia ou concepção dela, adquirida pelos ouvidos. Assim, esses são nomes de imagens.

Em quarto lugar, consideramos e damos nomes aos próprios nomes e à linguagem. Assim, *geral*, *universal*, *especial*, *equívoco* são nomes de nomes. *Afirmação*, *interrogação*, *narração*, *silogismo*, *sermão*, *oração* e muitos outros são nomes da linguagem. Essa é toda uma variedade de nomes denominados *positivos*, os quais servem para indicar algo que está na Natureza ou que pode ser imaginado pela mente humana, como os corpos que existem ou cuja existência pode ser concebida, ou os corpos que têm propriedades ou podem ser imaginados com elas, ou as palavras e a linguagem.

Existem outros nomes chamados negativos; são notas que significam que uma palavra não é o nome da coisa em questão; isso ocorre com as palavras *nada*, *ninguém*, *infinito*, *indizível*, *três não são quatro* e outras coisas semelhantes. Não obstante, tais palavras são usuais no cálculo ou na correção do cálculo e, mesmo não sendo nomes de nenhuma coisa, nos recordam nossas cogitações passadas, porque nos fazem recusar a admissão de nomes usados incorretamente.

Todos os demais nomes não passam de sons sem sentido e pertencem a duas classes. Uma é a classe dos sons novos, cujo significado ainda não está bem explicado por definição; uma grande quantidade desses nomes foi posta em circulação pelos escolásticos e por filósofos obscuros. A outra é a classe que passa a existir quando criamos um nome baseado em dois outros, cujos significados são contraditórios e inconsistentes, como ocorre com a denominação *corpo incorporal* ou (o que significa o mesmo) *substância incorpórea*, entre outros. De fato, em qualquer, caso uma afirmação é falsa se os dois nomes que a compõem, unidos para formar um outro, não significam absolutamente nada. Por exemplo, é falso afirmar que um quadrângulo é redondo; a expressão *círculo quadrado* não significa nada, a não ser mero som. Da mesma forma, é falso dizer que a virtude pode ser *insuflada* ou *aspergida*. As expressões *virtude insuflada* e *virtude aspergida* são tão absurdas e desprovidas de significado como *círculo quadrado*.

As palavras sem sentido ou significado quase sempre derivam de nomes gregos ou latinos. Um francês raramente ouvirá chamar seu Salvador pelo nome *Parole*, mas, normalmente, pelo nome *Verbe*; ora, *Parole* e *Verbe* não diferem entre si, a não ser por ser uma latina e a outra francesa.

Quando um homem, após ouvir uma frase, pensa que as palavras da referida frase estão em conexão, dizemos que ele a entendeu. Compreensão nada mais é que a concepção causada pelo discurso. Por conseguinte, se a palavra é peculiar ao homem (como o é, segundo nos parece), a compreensão também lhe é peculiar. Portanto, de afirmações absurdas e falsas, no caso de serem universais, não pode derivar a compreensão. Mesmo que alguns pensem que as entendem, nada mais fazem senão repetir palavras e decorá-las.

A que tipo de discurso pertencem os apetites, as aversões e as paixões da mente humana, como também seus usos e abusos, eu direi depois de ter falado das paixões.

O nome das coisas que nos afetam, ou seja, que nos agradam e nos desagradam (pois a mesma coisa não afeta todos os homens do mesmo modo, nem o mesmo homem todas as vezes), são de significação *inconstante* nos discursos comuns dos homens. Notemos que todos os nomes se estabelecem para dar significado a nossas concepções, e todos os nossos afetos não são mais do que concepções; assim, quando concebemos de modo diferente as diferentes coisas, dificilmente podemos evitar chamá-las de maneira distinta. Mesmo que a natureza seja a mesma, a diversidade de nossa recepção dela, motivada pelas diferentes constituições do corpo e preconceitos de opinião, dá a cada coisa as cores de nossas diferentes paixões. Por conseguinte, ao raciocinar, um homem deve ponderar as palavras, as quais, ao lado da significação que imaginamos possuírem por natureza, têm também um significado que é próprio da natureza, da disposição e do interesse daquele que fala; tal ocorre com o nome das virtudes e dos vícios: um homem chama *sabedoria* ao que outros chamam *temor*; *crueldade*, ao que para outros é *justiça*; *prodigalidade*, ao que para os demais é *magnanimidade*; e *compostura*, ao que a outros é *estupidez*, etc. Assim, tais nomes não podem constituir a verdadeira base de qualquer raciocínio. Tampouco podem sê-lo as metáforas e os tropos da linguagem, embora sejam estes menos perigosos, em razão de sua inconsistência manifesta, coisa que não ocorre aos demais.

## Capítulo V
## Da razão e da ciência

Quando um homem raciocina, nada mais faz que conceber uma soma total, por meio da adição das parcelas; ou um resíduo, pela subtração de uma soma de outra. Isso, quando é feito por meio de palavras, consiste em conceber com base na consequência do nome de todas as partes o nome do conjunto, ou, com base no nome do conjunto e no nome de uma parte, o nome de outra parte. Em algumas coisas, como no caso dos números, além de somar e subtrair, os homens dão nomes a outras operações, como multiplicar e dividir, embora sejam a mesma coisa: a multiplicação é uma adição de coisas iguais, e a divisão, a subtração de uma coisa, tantas vezes quanto possível. Essas operações não ocorrem apenas com os números, mas com todas as coisas que podem ser somadas ou subtraídas. Da mesma forma como os matemáticos ensinam a somar e a subtrair números, os geômetras ensinam a fazê-lo em relação às linhas, às figuras (sólidas e planas), aos ângulos, às proporções, aos tempos, aos graus de velocidade, força, poder, e a outros termos semelhantes. Por sua vez, os lógicos ensinam o mesmo em relação às consequências das palavras: somam dois nomes para fazer uma afirmação; duas afirmações para criar um silogismo; e vários silogismos para fazer uma demonstração. E, da soma, ou conclusão, de um silogismo, subtraem uma proposição para encontrar outra. Os escritores de assuntos políticos somam pactos para estabelecer deveres humanos, e os juristas, leis e fatos para determinar o que é certo ou errado nas ações dos homens. Portanto, em qualquer matéria em que há lugar para adição ou subtração, há também lugar para a razão, e, quando essas operações não são possíveis, a razão nada pode fazer.

Tomando isso por base, podemos definir (isto é, determinar) o que é e o que significa a palavra razão, quando incluída entre as faculdades mentais. Porque razão, nesse sentido, nada mais é que a consideração (isto é, a adição e a subtração) das consequências dos nomes gerais ajustados para a caracterização e a significação de nossos pensamentos. Emprego o termo caracterização quando a consideração se refere a nós mesmos, e significação ao demonstrar ou aprovar nossa suposição a respeito de outras pessoas.

Do mesmo modo como em aritmética os homens que não têm prática forçosamente erram, e até mesmo os professores podem errar com frequência e fazer cálculos falsos, também em outros setores do raciocínio os homens mais capazes, mais atentos e mais práticos podem enganar-se a si próprios e inferir falsas conclusões. Porque a razão, em si mesma, é uma razão correta, como a aritmética é uma arte certa e infalível. Sem dúvida, nem a razão de um homem nem a razão de um número qualquer de homens constituem a certeza, tal como não podemos dizer que um cálculo está correto porque um grande número de homens o aprovou unanimemente. Portanto, assim como, quando surge uma controvérsia referente a uma suposição ou cálculo, as partes, de comum acordo, devem fixar como razão a razão de um árbitro ou juiz, em cuja sentença possam apoiar-se (a falta dele poderia converter o desacordo em disputa ou fazer que permanecesse a indecisão, por falta de uma razão natural), também isso deve ocorrer em todos os debates de qualquer espécie. Quando os homens que se julgam mais sábios do que todos os demais reclamam e invocam a verdadeira razão, como juízes, pretendem que se determinem as coisas, não pela razão de outros homens, mas pela sua. Isso é tão intolerável na sociedade humana como o é num jogo em que pretendamos usar o mesmo trunfo em todas as rodadas. Esse homens não fazem outra coisa senão tomar como razão verdadeira as paixões que os dominam, revelando sua carência de verdadeira razão pela ostentação que dela fazem.

O uso e o fim da razão não são o encontro da soma e da verdade de uma ou poucas consequências, afastadas das primeiras definições e significações estabelecidas para os nomes, mas começa nestas e vai avançando de uma consequência a outra. Não pode haver certeza quanto à última conclusão sem uma certeza sobre todas as afirmações e negações com base nas quais essa conclusão foi fundamentada e inferida. Se um chefe de família, ao ordenar uma conta, lançar os totais das faturas pagas numa soma geral, sem levar em consideração como cada fatura foi somada, nem o quanto pagou por elas, estará aceitando a conta globalmente, confiando na destreza e honestidade dos credores. Assim também, ao raciocinar sobre todas as demais coisas, aquele que tira conclusões pela confiança que merecem os autores, se não as comprova desde os primeiros elementos de cada consideração (os quais são os significados dos nomes, estabelecidos pelas definições), perde seu tempo. Não sabe nada sobre as coisas. Simplesmente acredita nelas.

Quando um homem calcula, sem fazer uso das palavras, o que pode ser feito em determinados casos (por exemplo, quando, à vista de uma coisa, conjeturamos o que deve precedê-la e o que a seguirá), se o que pensamos que ia suceder não sucede, ou o que imaginamos que precederia não precedeu, chamamos a isso erro. Ao erro estão sujeitos até mesmo os homens mais prudentes. Porém, quando raciocinamos com palavras de significado geral e verifica-se uma inferência geral que é falsa, embora comumente denominemos a isso erro, trata-se, de fato, de um absurdo ou expressão sem sentido. Efetivamente, o erro nada mais é que uma decepção ao presumir que algo ocorreu ou ainda ocorrerá; algo que, mesmo não tendo ocorrido ou não tendo ocorrência futura, não entranha uma impossibilidade efetiva. Porém, quando fazemos uma afirmação geral, a menos que seja uma afirmação verdadeira, sua possibilidade é inconcebível. Assim, as palavras das quais não percebemos mais do que o som são as que chamamos absurdas, insignificantes e insensatas. Portanto, se um homem me fala de um *retângulo redondo*, de *acidentes do pão no queijo*, de *substâncias imateriais* ou de um *sujeito livre*, de uma *livre vontade* ou de qualquer coisa livre, no sentido de não enfrentar nenhum tipo de oposição, não direi que está cometendo um erro, mas que suas palavras carecem de significado, isto é, são absurdas.

Eu disse anteriormente (no capítulo II) que o homem supera todos os demais animais, no sentido de que, quando concebe algo, está apto a identificar suas consequências e efeitos. Acrescento, agora, outro grau da mesma excelência, a saber, que, por intermédio das palavras, o homem pode reduzir as consequências que encontra a regras gerais, chamadas teoremas ou aforismos; isto é, o homem pode raciocinar, ou calcular, não apenas sobre números, mas sobre todas as demais coisas que podem ser somadas a ou subtraídas de outras.

Esse privilégio está associado a um outro; refiro-me ao privilégio do absurdo, ao qual nenhuma criatura viva além do homem está sujeita. E, entre os homens, os mais sujeitos são os que professam a filosofia. É uma grande verdade o que sobre eles dizia Cícero: não pode haver nada mais absurdo do que aquilo que está contido nos livros dos filósofos. A razão é manifesta: nenhum deles começa seu raciocínio pelas definições ou explicações dos nomes que vão empregar; esse método é usado apenas pela geometria, razão pela qual as conclusões dessa ciência são indiscutíveis.

1. A primeira causa das conclusões absurdas é a falta de método, uma vez que não se inicia o raciocínio com definições, isto é, estabelecendo o significado das palavras. É como se quiséssemos contar sem conhecer o valor dos numerais *um*, *dois* e *três*.

E, como todos os corpos podem ser considerados sob distintos aspectos (conforme foi referido no capítulo anterior), as considerações podem receber diversas denominações, originando-se possibilidades distintas de absurdo pela confusão e conexão inadequadas de seus nomes nas afirmações. Como consequência:

2. A segunda causa das proposições absurdas eu imputo à atribuição de nomes de *corpos* a *acidentes*, ou de *acidentes* a *corpos*. Nesse tipo de absurdo incorrem aqueles que afirmam que a fé é inspirada ou infusa, quando nada pode ser insuflado ou introduzido numa coisa ou num corpo; ou mesmo que a extensão é um corpo e os fantasmas são espíritos, etc.

3. A terceira eu imputo à atribuição de nomes de acidentes de corpos situados fora de nós aos acidentes de nossos corpos; nesse absurdo incorrem os que dizem que a cor está no corpo, o som, no ouvido, etc.

4. A quarta, à atribuição de nomes de *corpos* a *expressões*, como quando alguém afirma que existem coisas universais, que uma criatura é um gênero, ou uma coisa geral, etc.

5. A quinta, à atribuição de nomes de *acidentes* a *nomes* e *expressões*, como quando alguém diz que a natureza de uma coisa é sua definição, que o comando de um homem é sua vontade, e assim sucessivamente.

6. A sexta, ao uso de metáforas, tropos e outras retóricas, em vez das palavras corretas. Por exemplo: ainda que seja legítimo dizer, numa conversação normal, que *o caminho vai ou conduz a tal parte* ou que *o provérbio diz isso ou aquilo* (mesmo sabendo que os caminhos não podem conduzir, nem os provérbios, falar), na determinação e na investigação da verdade tais expressões não podem ser admitidas.

7. A sétima, à existência de nomes que não significam nada, mas são usados e aprendidos rotineiramente na escola, como hipostático, transubstanciação, consubstancial, eterno--atual e outras cantilenas semelhantes dos escolásticos.

Quem puder evitar tudo isso não cairá no absurdo, a menos que seja pela extensão de seu raciocínio, caso em que pode ocorrer o esquecimento das coisas que vêm antes. Efetivamente, todos os homens, por natureza, raciocinam da mesma forma e o fazem bem quando têm bons princípios. Por que alguém seria tão estúpido a ponto de equivocar-se em geometria e persistir no equívoco, mesmo quando outros assinalam seu erro?

Desse modo fica evidente que a razão não é, como os sentidos e a memória, inata no homem, nem adquirida apenas pela experiência, como a prudência, mas alcançada mediante o esforço: primeiramente, pela adequada imposição de nomes e, em segundo lugar, aplicando um método correto e razoável, partindo dos elementos, que são os nomes, para chegar às proposições, feitas por meio da conexão de um deles com outros e, em seguida, aos silogismos, que são as conexões de uma afirmação a outra, até chegar ao conhecimento de todas as consequências dos nomes relativas ao tema considerado; e é a isso que os homens denominam ciência. Enquanto a sensação e a memória nada mais são que o conhecimento do fato, que é uma coisa passada e irrevogável, a ciência é o conhecimento das consequências e dependências de um fato em relação a outro; com base nisso, partindo do que podemos fazer no presente, sabemos como realizar qualquer outra coisa, igual ou semelhante a essa, quando quisermos, no futuro. Isso porque, quando vemos como uma coisa surge, por que motivos e de que forma, e as mesmas causas caem sob nosso domínio, sabemos como fazê-las produzir os mesmos efeitos.

Essa é a causa pela qual as crianças, que não são completamente dotadas de razão enquanto não conseguem fazer uso da palavra, são, porém, chamadas criaturas racionais, pela possibilidade aparente de que venham a fazer uso da razão no futuro. E a maior parte dos homens, mesmo fazendo uso do raciocínio em certos casos, por exemplo na numeração até certo nível, usam-no muito pouco em sua vida cotidiana, governam-se a si mesmos, uns melhor, outros pior, em conformidade com seu grau de experiência, destreza de memória e inclinações para distintos fins, mas especialmente de acordo com sua boa ou má sorte e com os erros cometidos por outrem. Mesmo tendo a ciência como referência ou conhecendo certas regras, estão tão afastados delas que não sabem o que significam. Pensam na geometria como um ilusionismo, mas, no que diz respeito às demais ciências, aqueles que não aprenderam seus princípios ou não fizeram algum progresso neles, de forma que se possa ver como são adquiridos e engendrados, são como as crianças, que, não tendo ideia de como foram geradas, acreditam no que dizem as mulheres, ou seja, que seus irmãos e irmãs não nasceram, mas que foram encontrados num jardim.

Ora, os que carecem de ciência estão, com sua prudência natural, em melhor e mais nobre condição que os homens que, em razão de falsos raciocínios ou por confiar em quem raciocina erroneamente, formulam regras gerais falsas e absurdas. Ignorando as causas e as normas, os homens não se afastam tanto de seu caminho quanto crendo em falsas normas e tomando por causas daquilo a que aspiram, não as causas verdadeiras, mas outras que não são senão causas do contrário.

Concluindo: a luz da mente humana é constituída por palavras claras e perspicazes, mas livres e depuradas da ambiguidade mediante definições exatas; a razão é o passo; o incremento da ciência, o caminho; e o benefício do gênero humano, o fim. Ao contrário, as metáforas e as palavras sem sentido ou ambíguas são como os fogos-fátuos; raciocinar tomando-as por base equivale a perambular entre absurdos incontáveis; seu fim será o litígio, a sedição e o desdém.

Da mesma forma que muita experiência significa prudência, muita ciência é sapiência. Muito embora empreguemos a palavra sabedoria para ambas; de fato, os latinos fazem uma distinção entre *prudentia* e *sapientia*, dando o primeiro nome à experiência e o segundo à ciência. Para entendermos melhor a diferença, imaginemos um homem dotado de uma excelente habilidade natural e destreza no manejo das armas, e outro que, a essa destreza, tenha agregado uma ciência adquirida a respeito de como pode ferir um adversário ou por este ser ferido, em qualquer possível postura ou guarda. A habilidade do primeiro seria, em relação à do segundo, como a prudência em relação à sapiência. Ambas são úteis, mas esta última é infalível. Os que confiam apenas na autoridade dos livros seguem cegamente ao cego. Eles são como aqueles que, confiando nas falsas regras de um professor de esgrima, se aventuram presunçosamente diante de um adversário, podendo vir a ser mortos ou aleijados.

Alguns sinais da ciência são certos e infalíveis; outros, incertos. São certos quando quem pretende a ciência de uma coisa pode ensiná-la, isto é, demonstrar a verdade da mesma, de modo evidente, a um semelhante. Incertos, quando só alguns acontecimentos particulares respondem a sua pretensão e, apenas em certas ocasiões, provam aquilo que queriam provar. Todos os sinais de prudência são incertos, pois é impossível observar por experiência e lembrar de todas as circunstâncias que podem alterar o sucesso. Em qualquer negócio, um homem que, não contando com uma ciência infalível para apoiar-se, renuncia ao julgamento natural e se deixa guiar pelas sentenças gerais extraídas de um livro, sujeitas a diversas exceções, demonstra loucura, sendo sua atitude geralmente intitulada pedantismo. A maioria dos homens que, nos conselhos de governo, gostam de ostentar suas leituras sobre política e história não o faz quando se trata de seus negócios domésticos para não ferir seus interesses particulares. Agem com suficiente prudência em assuntos privados, mas, nos públicos, apreciam mais a avaliação de seu próprio juízo do que o sucesso dos negócios alheios.

## Capítulo VI

### Da origem interna das moções voluntárias, comumente chamadas paixões, e das palavras que as expressam

Existem nos animais dois tipos de moções que lhes são peculiares. As chamadas vitais começam no momento em que um ser é gerado e o acompanham durante toda a sua existência. São elas: circulação do sangue, pulsação, respiração, digestão, nutrição, excreção, etc. Essas moções, ou movimentos, não necessitam da ajuda da imaginação. O outro tipo são as moções animais, também chamadas moções voluntárias, que são: andar, falar, mover um de nossos membros da forma como foi imaginado por nossa mente. Essas sensações são moções dos órgãos das e partes internas do corpo humano provocadas pela ação das coisas que vemos, ouvimos, etc. Essa fantasia é a lembrança da moção em si, que permanece mesmo depois das sensações, como dissemos nos capítulos I e II. Como a marcha, a conversação e outras moções voluntárias dependem sempre de um pensamento precedente sobre o onde, o como e o porquê, é evidente que a imaginação é o princípio interno de todas as moções voluntárias. Não obstante os homens sem instrução não concebam moção nenhuma quando a coisa movida é invisível ou o espaço em que ela se move, em razão de sua pequenez, é insensível, a moção também nesses casos existe. Nenhum espaço pode ser tão pequeno que aquilo que é movido num espaço maior, ao qual pertence esse pequeno espaço, não seja primeiramente movido no maior. Esses tênues começos da moção, dentro do corpo humano, antes que surjam a marcha, a fala, a luta ou outras ações visíveis são chamados de esforços.

Esse esforço, quando se dirige a algo que o causa, é denominado apetite, ou desejo, sendo este último termo mais usado em sentido geral, enquanto o primeiro se refere ao desejo de comida, tendo o nome de fome e sede. Quando o esforço se traduz em afastamento de algo, é denominado aversão. As palavras apetite e aversão derivam do latim e significam moções de aproximação e de afastamento. Os gregos usam as palavras *hormé* e *aphormé* para expressar as mesmas ideias. A Natureza impõe aos homens certas verdades contra as quais se chocam os que buscam a verdade fora dela. A escolástica não reconhece nenhuma moção nos desejos de se mover, de partir, etc., mas, como tem forçosamente de reconhecer alguma moção, chamam-na moção metafórica, o que é uma expressão absurda, porque, se as palavras podem ser metafóricas, o corpo e as moções não podem.

Os seres humano desejam aquilo que amam, e odeiam coisas pelas quais têm aversão. Assim, desejo e amor são a mesma coisa, só que, com desejo significamos sempre a ausência do objeto e, com amor, sua presença. Assim também, com aversão significamos a ausência e, com ódio, a presença do objeto.

Entre os apetites e as aversões, alguns nascem com o ser humano, como o apetite para se alimentar ou o apetite para excretar (esse poderia também, e mais propriamente, ser chamado de aversão a algo que está dentro do corpo). Outros apetites, por coisas particulares, têm origem na experiência ou na comprovação dos seus efeitos sobre nós mesmos ou sobre os outros. O ser humano tem o desejo de experimentar coisas que não conhece ou nas quais não crê. Já a aversão, o ser humano a tem pelas coisas que o prejudicaram e também por coisas que, talvez, possam vir a causar-lhe algum mal.

As coisas que não desejamos nem odiamos são chamadas depreciadas. A depreciação nada mais é que uma imobilidade ou contumácia do coração, que resiste à ação de certas coisas. Assim procedendo, o coração é estimulado de outro modo, por outros objetos mais potentes ou pela falta de conhecimento daquilo que depreciamos.

Como a constituição do corpo humano está em contínua mutação, é impossível que as mesmas coisas venham a causar, numa mesma pessoa, os mesmos apetites e aversões. Muito menos pode haver a coincidência de todos os homens terem desejo pelo mesmo objeto.

O que denominamos bom é, quase sempre, objeto de algum apetite ou desejo humano, enquanto o mau é objeto de ódio e aversão. O termo depreciação é usado em relação ao que é vil, inconsiderável ou indigno. Mas as palavras bom, mau e depreciação nem sempre estão relacionadas com a pessoa que as utiliza. Nada é simples e absoluto, nem nenhuma regra de bem ou mal pode proceder da natureza dos objetos, mas, sim, do homem, onde não existe Estado, ou, quando há um Estado, da pessoa que o representa; ou, ainda, de um árbitro ou juiz ao qual o homem permite estabelecer e impor como sentença sua regra do bem e do mal.

A língua latina possui duas palavras cujo significado se aproxima de bom e mau. São elas *pulchrum* e *turpe*. *Pulchrum* se refere àquilo que, por certos sinais aparentes, promete o que é bom, enquanto *turpe*, àquilo que promete o que é mau. Em nosso idioma, porém, não temos nomes tão gerais que expressem essas ideias. Para *pulchrum* temos várias palavras, como belo, lindo, galante, adequado, honrado, amigável, e, para *turpe*, néscio, disforme, malvado, baixo, nauseabundo e outros termos parecidos, usados de acordo com o assunto. Todas essas palavras, no emprego que lhes é próprio, não significam senão o aspecto ou a disposição do que representa o bom e o mau. Para o bom, existem três classes: como promessa, o bom quer dizer *pulchrum*; como efeito, segundo a finalidade desejada, o bom é *jucundum*, aprazível, deleitoso; como meio, é útil, proveitoso. O mau, como promessa, é chamado *turpe*; como efeito e fim, é *molestum*, desagradável, perturbador; como meio, é inútil, penoso, imprestável.

Tal como nas sensações, o que realmente acontece em nosso interior (como já vimos anteriormente) é apenas moção causada pela ação dos objetos, mesmo que seja apenas em aparência: para a visão, luz e cor; para a audição, som; para o olfato, odor, etc.; assim, quando a ação desse objeto, continuando a partir dos olhos, ouvidos, nariz e outros órgãos, chega até o coração, o efeito real nada mais é que a moção, ou esforço, que consiste em apetite ou aversão pelo objeto em movimento. Assim, a aparência ou a sensação dessa moção é denominada deleite ou transtorno da mente.

Essa moção chamada apetite, e, em sua manifestação, deleite ou prazer, é, segundo meu parecer, uma confirmação da moção vital, uma ajuda que lhe é prestada. Consequentemente, as coisas que causam deleite são chamadas apropriadamente *jucunda*, agradáveis (*a juvando*), pois ajudam a fortalecer; ao contrário, às outras denominamos *molesta*, molestas, ofensivas, porque obstaculizam e perturbam a moção vital.

Assim, prazer ou deleite é a aparência ou sensação do bom, enquanto incômodo ou desagrado, a aparência ou sensação do que é mau. Então, todo apetite, desejo e amor estão acompanhados por deleite mais ou menos intenso; o ódio e a aversão, por maior ou menor desagrado e ofensa.

Alguns prazeres ou deleites surgem da sensação de um objeto presente, e podem, assim, ser chamados prazeres dos sentidos (a palavra sensual, da forma como é usada, apenas por aqueles que condenam tais prazeres, não cabe enquanto não existirem leis). A esse gênero pertence tudo o que onera e exonera o corpo, por exemplo, tudo o que é agradável à visão, à audição, ao olfato, ao paladar e ao tato. Outros prazeres derivam da expectativa que procede da previsão do fim ou das consequências das coisas, quer provoquem sensação de agrado, quer de desagrado. Esses são os prazeres da mente, para aqueles que deduzem deles consequências, e os que causam agrado são chamados de modo geral alegria; os que causam desagrado aos sentidos são chamadas dor, enquanto os que causam desagrado na expectativa das consequências são denominados pesar.

Essas paixões simples, conhecidas como apetite, desejo, amor, aversão, ódio, alegria e pesar, têm distintos nomes de acordo com a maneira distinta como são consideradas. Em primeiro lugar, quando essas paixões se sucedem, uma após outra, recebem uma denominação diferente, dependendo da opinião que os homens têm sobre a possibilidade de alcançar o que desejam; em segundo lugar, são denominadas de acordo com o objeto amado ou odiado; em terceiro, quando muitas delas são consideradas em conjunto; em quarto, de acordo com a alteração ou sucessão dessas paixões.

O apetite, unido à ideia de alcançar, chama-se esperança.

A mesma paixão, sem essa ideia, é desespero.

A aversão, ligada à ideia de poder ser ferido pelo objeto, chama-se temor.

Quando alguém tem a esperança de poder evitar esse ferimento pela resistência, a aversão toma o nome de coragem.

A coragem repentina é chamada cólera.

A esperança constante, confiança em nós mesmos.

O desespero constante, desconfiança de nós mesmos.

A ira, diante de grande dano feito a outrem, quando concluímos que foi feito injustamente, recebe o nome de indignação.

O desejo de bem ao próximo chama-se benevolência, boa vontade, caridade. Se referente ao homem em geral, bondade natural.

O desejo de riquezas, cobiça; esse nome é sempre usado no sentido pejorativo, pois os homens que lutam para obter riquezas se desagradam quando os outros as obtêm; portanto, esse desejo, por si mesmo, deve ser censurado ou permitido segundo os meios que entram em jogo para sua realização.

O desejo de posição ou proeminência se chama ambição. Esse nome é usado também, pelas mesmas razões que acabo de mencionar, em sentido pejorativo.

O desejo que dificilmente conduz às metas e é obtido de coisas que opõem alguns obstáculos para serem alcançadas é denominado pusilanimidade.

O desprezo por ajudas ou obstáculos insignificantes, magnanimidade.

A magnanimidade em perigo de morte ou ferimentos, coragem, firmeza.

A magnanimidade no uso das riquezas, liberalidade.

A pusilanimidade em relação às riquezas denomina-se tacanhice, miséria e parcimônia, segundo seja aceitável ou não.

O amor pelo próximo, em sociedade, amabilidade.

O amor às pessoas, por mera complacência, é lascívia natural.

O mesmo gênero de amor, mediante maquinação insistente, por imaginação do prazer obtido no passado, é luxúria.

Amor particular por alguém, com desejo de ser reciprocamente amado, é paixão amorosa. O mesmo, porém, cercado de dúvidas de que haja reciprocidade, é ciúmes.

O desejo de fazer mal a outrem, obrigando-o a lamentar algum fato ocorrido, é afã de vingança.

O desejo de saber por que e como, curiosidade; esse sentimento é exclusivo do homem, não se verificando em nenhuma outra criatura viva. O homem distingue-se dos outros animais não só pela razão, mas também pela paixão. Nos animais, o apetite alimentar e os prazeres dos sentidos predominam, afastando qualquer preocupação de conhecer as causas. A paixão é uma luxúria da mente que, perseverando no deleite que produz a contínua e infatigável geração do conhecimento, supera a fugaz veemência do prazer carnal.

O temor invisível, imaginado pela mente ou baseado em relatos publicamente permitidos, chama-se religião; quando são proibidos, superstição. Quando o poder imaginado é, realmente, como o imaginamos, religião verdadeira.

O temor, sem a apreensão do como ou do porquê, terror, pânico. O nome advém das fábulas que fazem de Pã autor dessas paixões. Na verdade, existe sempre, nos que sentiram o temor, um certo entendimento das causas, e ignorância do restante; cada qual imagina que o semelhante saiba o porquê. Assim, essa paixão ocorre somente entre um grupo numeroso de pessoas, isto é, uma multidão.

A alegria pela compreensão de uma novidade se chama admiração; ela é própria do homem, porque excita o apetite em conhecer a causa.

A alegria gerada pela imaginação da própria força e capacidade do homem é a exultação da mente que se denomina glorificação; quando se baseia na experiência de ações passadas, chama-se confiança; quando, porém, se fundamenta na bajulação de outrem ou no próprio conceito para usufruir dos deleites das consequências, toma o nome de vanglória, nome bem aplicado, pois a confiança bem fundada suscita o esforço, ao passo que a pretensão do poder, não, e assim essa glória bem pode ser chamada vã.

O pesar ocasionado pela opinião de ausência de poder é chamado de desalento da mente.

A vanglória, que consiste na simulação ou suposição de nossas capacidades, quando estamos cientes de não as termos, é mais comum nos jovens, e é alimentada pelas histórias ou ficções de personagens intrépidos; muitas vezes, é corrigida pela idade e pela ocupação.

O entusiasmo repentino é a paixão que proporciona as caretas a que chamamos riso. Ele é causado por algum ato repentino que nos agrada ou pela apreensão de algo disforme em outras pessoas, cuja comparação nos enaltece. Isso ocorre com a maior parte daqueles que, conscientes de sua pouca capacidade, se favorecem com a observação das imperfeições de seus semelhantes. A constância em rir dos defeitos alheios é um sinal de pusilanimidade, pois os grandes homens estão sempre propensos a ajudar os demais em seus infortúnios e a comparar-se apenas com os mais capazes.

Ao contrário, o desalento repentino é a paixão que causa o pranto. Ele é motivado por certos acidentes, como a perda repentina de alguma veemente esperança ou um fracasso da própria força. A ele estão propensas as pessoas que necessitam contar indubitavelmente com alguma força externa, como as mulheres e as crianças. Alguns choram diante da perda de um amigo ou por sua indelicadeza, e outros por verem seus desejos de vingança abolidos pela reconciliação. Porém, em todos os casos, tanto o riso como o pranto são moções repentinas, eliminadas paulatinamente pelo costume, pois nenhum homem ri de velhos gracejos nem pranteia calamidades passadas.

O pesar causado pela descoberta de falha de capacidade chama-se vergonha, que é revelada pelo rubor. Consiste na apreensão de alguma desonra. Nos jovens é um sinal do amor à boa reputação, sendo, portanto, apreciável. Nos velhos, o sinal é o mesmo, mas, como chega muito tarde, deixa de ser apreciável.

O desprezo pela boa reputação chama-se impudicícia.

O pesar causado pela calamidade sucedida a outrem denomina-se piedade, e se verifica pela ideia de que uma calamidade semelhante possa nos ocorrer. Essa é a razão pela qual é também conhecido por compaixão e, usando um termo mais atual, solidariedade. Quando se trata de calamidade originada por um grande desastre, os melhores homens sentem menos piedade; e, diante de uma mesma calamidade, aqueles que têm menor piedade são os que se sentem menos ameaçados por ela.

O desprezo ou indiferença pela desgraça alheia denomina-se crueldade e procede da segurança que uma pessoa tem da própria sorte. Não posso conceber a possibilidade de que um homem venha a encontrar prazer na desgraça alheia.

O pesar suscitado pelo êxito de um competidor por riquezas, honra e outros bens, quando unido ao propósito de fortalecer nossas próprias aptidões para igualá-lo e superá-lo, chama-se emulação. Se estiver associado ao propósito de suplantar ou criar obstáculos a um competidor, recebe o nome de inveja.

Quando na mente humana se registram alternadamente apetites e aversões, esperanças e temores, relativos a uma mesma coisa; e diversas consequências, boas e más, de nossos atos ou omissões em relação a essa coisa ocorrem, sucessivamente, em nossos pensamentos; de forma que, algumas vezes, é despertado nosso apetite e, outras vezes, a aversão; algumas vezes, a esperança de realização dos intentos e, outras, o desespero ou o temor de não alcançar o fim proposto; a soma desses desejos, aversões, esperanças e temores, que continuam até que a coisa seja feita ou considerada impossível, é aquilo a que chamamos deliberação.

Assim, não existe deliberação a respeito de coisas passadas, pois é impossível mudar o passado, nem também a respeito de coisas que sabemos inatingíveis, ou imaginamos que o sejam, pois os homens sabem ou pensam que tal deliberação será inútil. Mas podemos deliberar sobre coisas impossíveis que imaginamos possíveis, por não sabermos que será o esforço vão. É a isso que chamamos deliberação; significa pôr um fim à liberdade que temos de realizar ou omitir, de acordo com nosso apetite ou aversão.

Essas sucessões alternadas de apetites e aversões, esperanças e desesperos não são menores em outras criaturas vivas; portanto, os animais também deliberam.

Toda deliberação é considerada concluída quando a coisa deliberada realiza-se ou chegamos à conclusão de que é impossível; e isso porque, até então, sustentamos a liberdade de fazer ou não fazer algo, de acordo com nosso apetite ou aversão.

Na deliberação, o apetite ou aversão imediatamente mais próximo da ação ou omissão correspondente é o que chamamos vontade. O ato (não a faculdade) de querer. Os animais que deliberam têm, necessariamente, a capacidade de querer. A definição dada pela escolástica à deliberação, de que é um apetite racional, é falha, pois, se fosse correta, não poderia haver ação voluntária contra a razão. Porém, se em lugar de um apetite racional dissermos um apetite resultante da deliberação precedente, então a definição será igual à que demos anteriormente. A vontade, portanto, é o último apetite da deliberação. E embora digamos na linguagem comum que um homem teve, em certa ocasião, vontade de fazer uma coisa que, entretanto, deixou de fazer, trata-se nesse caso mais propriamente de uma inclinação, que não leva a uma ação voluntária, pois a ação não depende dela, mas da última inclinação ou apetite. Se os apetites intervenientes convertessem em voluntária uma ação, então, pela mesma razão, todas as aversões intervenientes fariam que essa ação fosse involuntária. Assim, uma mesma ação seria tanto voluntária como involuntária.

Podemos concluir daí que não só são voluntárias as ações que têm seu início na cobiça, na ambição, na luxúria e em outros apetites pela coisa proposta, mas também todas as que se iniciam na aversão ou no temor das consequências que se seguem à omissão.

As palavras usadas para expressar as paixões são parcialmente semelhantes e parcialmente diferentes daquelas por meio das quais expressamos nossos pensamentos. Primeiro, todas as paixões, geralmente, podem ser expressas no indicativo, como *eu amo*, *eu temo*, *eu me alegro*, *eu delibero*, *eu quero*, *eu ordeno*; porém, algumas delas têm características particulares, que não são afirmações, a menos que sirvam para chegar a conclusões diferentes daquelas da paixão que as originou. A deliberação é expressa no subjuntivo, implicando expressões próprias para indicar suposições e suas consequências, como: *se fizer isto, sucederá aquilo*; a deliberação não difere da linguagem do raciocínio, salvo se este é feito em termos gerais, uma vez que a deliberação, na maior parte dos casos, é particularizada. A linguagem do desejo e da aversão é o imperativo, como em: *faça isto*, *não faça aquilo*; quando o interessado é obrigado a fazer algo ou omitir-se, trata-se de um comando; em outros casos, de uma súplica, ou, mesmo, de um conselho. A linguagem da vanglória, da indignação, do pesar, do afã e da vingança é optativa. O desejo de saber é demonstrado pela expressão interrogativa, como em: *o que é isto? quando? como? como foi feito? por quê?* Não conheço outras linguagens para a paixão: maldições, injúrias, insultos e outras formas semelhantes não são uma linguagem, mas mera ação da língua acostumada a isso.

Essas formas da linguagem são expressões ou significados voluntários de nossas paixões, mas não sinais corretos, pois podem ser usados arbitrariamente, isto é, tendo ou não essas paixões quem os usa. Os melhores signos das paixões presentes se encontram nas feições, nos movimentos do corpo, nas ações e nos fins, ou propósitos, que, aliás, sabemos que o homem possui.

Como, na deliberação, os apetites e as aversões surgem da previsão das consequências boas e más, e das sequelas da ação sobre a qual deliberamos, o efeito bom ou mau depende da previsão de uma larga série de consequências, que raramente é feita pelo homem até o fim. Seja como for, tão longe quanto um homem possa ver, se o bem em tais consequências supera em magnitude o mal, a sucessão toda é aquilo a que os escritores chamam bem aparente ou semelhante; contrariamente, quando o mal supera o bem, o conjunto se chama mal aparente ou semelhante. Assim, quem, por experiência ou razão, tem uma perspectiva maior e mais segura das consequências, delibera melhor e é capaz, quando quiser, de melhor aconselhar aos demais.

O êxito contínuo na obtenção das coisas desejadas pelo homem, isto é, seu contínuo prosperar, é chamado felicidade. Refiro-me à felicidade nesta vida. Efetivamente, não há nada que possa dar perpétua tranquilidade à mente enquanto vivemos aqui na terra, porque a vida, por si própria, nada mais é que movimento, e não acontece sem desejo e sem temores, como não pode existir sem sensações. Que espécie de felicidade Deus reserva para os que, com devoção, o honram, ninguém pode saber antes de gozá-la. São coisas tão incompreensíveis e ininteligíveis como a expressão *visão beatífica* dos escolásticos.

A forma pela qual os homens externam sua opinião sobre a bondade de algo é o elogio. A capacidade e a grandeza de algo constitui a exaltação. A opinião sobre a felicidade é o que os gregos expressavam como *makarismós*, termo para o qual não temos uma palavra apropriada em nossa língua.

E já dissemos o suficiente sobre as paixões, para os objetivos a que nos propomos.

## Capítulo VII
### Dos fins ou resolução do discurso

Para todos os discursos governados pelo desejo de saber, existe um fim, que consiste em alcançar ou renunciar a algo. Onde quer que se rompa a cadeia do discurso, existe aí um fim circunstancial.

Se o discurso é puramente mental, consiste em pensamentos de que algo acontecerá ou não, aconteceu ou não. Assim, ao interromper a cadeia de um discurso humano, deixamo-lo na presunção de que será ou não será, foi ou não foi. Isso leva o nome de opinião. E, da mesma forma como existem apetites alternativos ao deliberar a respeito do bem ou do mal, há também uma opinião alternativa na indagação a respeito do passado e do futuro. Tal como o último apetite da deliberação se chama vontade, a última opinião em busca da verdade do passado e do futuro se chama julgamento ou sentença resolutiva final de quem discursa. Enfim, assim como a série completa dos apetites alternados na questão do bem e do mal é denominada deliberação, a série completa das opiniões alternadas na questão do verdadeiro e do falso se chama dúvida.

Nenhum discurso pode terminar no conhecimento absoluto de um fato passado ou futuro. Para conhecer um fato é necessário, antes de mais nada, a sensação e, em seguida, a memória. O conhecimento da consequência, que, como eu disse anteriormente, se denomina ciência, não é absoluto, mas, sim, condicional. Nenhum homem pode saber pelo discurso que isto ou aquilo é, foi ou será, pois isso implicaria um saber absoluto, ao passo que dizer que, *se isto é, aquilo é, se isto foi, aquilo foi* ou *se isto será, aquilo será* é um saber condicional. Não é a consequência de uma coisa em outra, mas de um nome de uma coisa em outro nome da mesma coisa.

Por conseguinte, quando o discurso é verbal, começando com a definição das palavras e prosseguindo com a conexão das mesmas sob a forma de afirmações gerais e, destas, por sua vez, em silogismos, o fim ou a última soma se chama conclusão. A ideia mental desse significado é o conhecimento condicional ou conhecimento das consequências das palavras, denominado ordinariamente ciência. Porém, se a primeira base desse discurso não é constituída por definições, ou se estas não se conjugam entre si originando silogismos, o fim ou conclusão continua sendo opinião acerca da verdade sobre algo afirmado, mesmo que, às vezes, com palavras absurdas ou insensatas, impossíveis de serem compreendidas. Quando duas ou mais pessoas conhecem um mesmo fato, dizemos que elas estão conscientes dele, o que equivale a dizer que o conhecem conjuntamente. E, como tais pessoas são as melhores testemunhas dos fatos mútuos, ou de um terceiro, foi e sempre será repudiado com um ato mau, para todos os homens, falar contrariando a própria consciência ou corromper e forçar um outro a assim proceder. É por isso que o testemunho da consciência sempre foi, em qualquer tempo, ouvido com diligência. Mais tarde, os homens fizeram uso da mesma palavra metaforicamente para designar um conhecimento de seus próprios atos secretos e de seus secretos pensamentos; assim, retoricamente, dizemos que a consciência equivale a mil testemunhos. Por fim, quem está ardorosamente apaixonado pelas próprias opiniões, por mais absurdas que sejam, tende a mantê-las e dá a elas o reverenciado nome de consciência, como se fosse inadequado modificá-las ou opor-se a elas, e dessa forma pretende que tais opiniões sejam verdadeiras, mesmo sabendo o que são efetivamente.

Quando o discurso de um homem não começa por definições, isto é, se inicia por uma outra qualquer contemplação de si mesmo, chama-se opinião; ou, quando se apoia em afirmações de outra pessoa, não tendo a menor dúvida de que ela é honesta e possui a capacidade mental de conhecer a verdade, quando o discurso concerne mais à pessoa do que ao fato, a resolução denomina-se crença e fé; fé no homem e crença nele e na verdade de suas palavras. Existem, então, duas opiniões sobre as crenças: uma nas palavras do homem e outra na sua verdade. Ter fé, confiar ou crer num homem têm o mesmo significado, isto é, uma opinião sobre sua veracidade. Porém, acreditar no que alguém diz significa apenas uma opinião sobre a verdade do que é dito. Observemos que a frase *creio em*, em latim *credo in* e em grego *pisteuo eis*, só é usada nas obras dos teólogos. Em lugar dela, em outros escritos, são usadas as frases *creio nele*, *confio nele*, *tenho fé nele*, *me apoio nele* e, em latim, *credo illi* ou *fido illi*, e, em grego, *pisteuo autôi*. Essa singularidade do uso eclesiástico das palavras provocou muitas disputas sobre o verdadeiro objetivo da fé cristã.

Porém, ao dizer *creio em*, como no Credo, isso não significa a confiança na pessoa, mas a confissão e reconhecimento da doutrina. Não apenas os cristãos, mas todas as categorias de homens, creem de tal forma em Deus a ponto de considerar como verdade tudo o que lhe é atribuído, compreendendo ou não. Esse é o máximo de fé e confiança que uma pessoa possa ter. Mas não são todos os que creem na doutrina do Credo.

Assim, podemos inferir que quando cremos na veracidade do que alguém afirma com base em argumentos que não foram tomados da própria coisa ou dos princípios da razão natural, mas da autoridade e do bom conceito de que essa pessoa goza junto aos que creem, então, aquele que diz, ou a pessoa em quem acreditamos e confiamos e cuja palavra admitimos, é o objeto de nossa fé. A honra prestada no ato de crer é prestada apenas a essa pessoa. Consequentemente, quando acreditamos que as Escrituras são a palavra de Deus, mesmo não tendo a imediata revelação de Deus, nossa crença, fé e confiança concentram-se na Igreja, cuja palavra admitimos e acatamos. Aqueles que creem naquilo que um profeta diz, em nome de Deus, admitem, honram e confiam em sua palavra, acatando como verdadeiro o que lhes é relatado, seja o profeta falso ou verdadeiro. Assim também ocorre com tudo o mais na história, pois, se não acreditássemos em tudo aquilo que foi escrito pelos historiadores sobre os atos gloriosos de Alexandre ou de César, não poderíamos pensar que o espírito de Alexandre ou César ficaria ofendido, mas, sim, o historiador. Se não acreditarmos nas palavras de Lívio de que os deuses fizeram uma vaca falar, não estaremos desconfiando de Deus, mas de Lívio. Torna-se, assim, evidente que qualquer coisa em que acreditemos, pela simples razão de que procede de uma autoridade dos homens e daquilo que escreveram, comunicada ou não por Deus, é apenas fé nos homens.

## Capítulo VIII
### Das virtudes comumente chamadas intelectuais e de suas falhas opostas

A virtude, em geral, de acordo com qualquer ponto de vista, é algo que apreciamos por sua eminência. Consiste na comparação, uma vez que, se todas as coisas fossem iguais para todos os homens, nada seria apreciado. E por virtudes intelectuais entendemos aquelas atitudes da mente que os homens apreciam, valorizam e desejariam possuir. Ordinariamente são conhecidas pela denominação bom talento, embora a palavra talento seja também usada para distinguir determinada habilidade das demais.

Essas virtudes podem ser naturais e adquiridas. A virtude que o homem tem desde seu nascimento não é natural, porque o que ele possui são as sensações. Por isso, os homens diferem pouco uns dos outros, e dos animais, que não podem incluir essa qualidade entre suas virtudes. A virtude natural é, isto sim, o talento adquirido por meio da experiência, sem método, cultura ou instrução. Esse talento natural consiste essencialmente em duas coisas: rapidez da imaginação (a sucessão de um pensamento a outro) e direcionamento certo ao fim proposto. Ao contrário, uma imaginação lenta constitui defeito ou falta de inteligência, sendo conhecida como embotamento, estupidez ou alguns outros nomes que significam lentidão de movimento ou dificuldade para se movimentar.

Essa diferença de rapidez é ocasionada pela diversidade das paixões humanas; uns homens amam ou desgostam de algumas coisas, outros não; em consequência, certos pensamentos humanos seguem um caminho e outros escolhem outros e observam diferentemente as coisas imaginadas. E, como nessa sucessão de pensamentos humanos não há nada a observar sobre as coisas que são pensadas, a não ser que uma se assemelha ou se diferencia de outra ou para que serve e como serve a um determinado propósito, quem observa a semelhança, nos casos em que essa qualidade raramente é observada por outros, é apontado como alguém que possui um bom talento, isto é, uma boa imaginação. Daqueles que são capazes de observar as diferenças entre as coisas, isto é, distinguir, observar e julgar, quando esse discernimento não é fácil, dizemos que têm um bom-senso, particularmente em matéria de conversação ou de negócios. Quando essa virtude possibilita distinguir tempos, lugares e pessoas, denomina-se discernimento. Assim, a imaginação, sem a ajuda do raciocínio, não é considerada uma virtude, mas o raciocínio e o discernimento, juntos, recomendam-se por si mesmos, sem a necessidade da imaginação. Juntamente com o discernimento de tempos, lugares e pessoas, indispensável a uma boa imaginação, é requerida, também, uma frequente aplicação dos pensamentos a sua finalidade, isto é, ao uso para o qual são feitos. Assim, quem possui essa virtude encontrará, com facilidade, semelhanças capazes de enriquecer sua conversa, ilustrando-a e abrilhantando-a com novas e adequadas metáforas, como também terá a capacidade de inovar. Porém, sem esse sentido certo ou direcionamento ao fim desejado, uma grande imaginação não passa de uma loucura; tal ocorre com aqueles que, iniciando uma conversa, se afastam de seus propósitos, por algum pensamento que lhes ocorre, caindo em muitas e longas digressões e parênteses, extraviando-se lamentavelmente. Não há um nome específico para esse gênero de loucura, mas ela é causada pela falta de experiência, que faz parecer, a um homem, nova e rara uma coisa que, para os outros, não o é; às vezes podemos dar a isso o nome de pusilanimidade, quando o que parece grande para um homem não passa de uma ninharia para outros; e, tal como tudo o que é novo, grande e digno de expressão, essa ninharia afasta gradualmente um homem da conversa a que se propunha.

Num bom poema, seja ele épico ou dramático, como também em sonetos, epigramas e outras peças, são requeridos tanto o raciocínio como a imaginação, mas esta deve predominar, pois tais obras devem agradar por sua extravagância e não desagradar pela insensatez.

Numa boa história, a qualidade predominante é o raciocínio, pois seu valor consiste no método, na verdade e na seleção das ações mais dignas de serem conhecidas. A imaginação poderá ser empregada apenas para enfeitar o estilo.

Nas orações laudatórias e nas injúrias, a imaginação predomina, porque o fim proposto não é a verdade, mas a honra ou a desonra, lograda mediante nobres ou vis comparações. O raciocínio sugerirá as circunstâncias capazes de tornar um ato louvável ou culpável.

Nas exortações e autos de um processo, como a verdade ou a simulação servem melhor a seu propósito, às vezes pode interessar mais o raciocínio, outras vezes, a imaginação.

Nas demonstrações, em conselhos e quando é exigida uma rigorosa busca da verdade, a sensatez representa tudo, salvo nas ocasiões em que, para facilitar a compreensão, são citados exemplos similares, recorrendo à imaginação. As metáforas devem ser excluídas desses casos, pois poderiam representar simulações, e seria uma insensatez admiti-las num conselho ou argumentação.

Se num discurso qualquer for evidente a falha de discernimento, por mais extraordinária que seja a imaginação, ela será considerada como um sinal de falta de talento; da mesma forma, o discernimento nunca será tão notório como quando a imaginação for a mais ordinária possível.

Os pensamentos secretos de um homem avançam sobre todas as coisas sagradas, profanas, limpas, obscenas, graves e leves, sem nenhuma vergonha ou culpa, o que o discurso verbal não pode fazer, por mais longe que chegue a aprovação da época, do lugar e das pessoas. Um anatomista ou um médico pode expressar ou exibir sua opinião sobre coisas sujas, pois não tem por objetivo agradar, mas ser útil. Porém, se outro homem escrever sobre suas extravagantes e prazerosas fantasias sobre essas mesmas coisas, será como se alguém se apresentasse numa reunião depois de ter mergulhado na lama. A diferença consiste na falta de discernimento. Nos casos de deliberada dissipação da mente e no ambiente familiar, um homem pode brincar com sons e significações equívocas das palavras, coisa que em algumas ocasiões traduz extraordinária imaginação. Entretanto, num sermão, em público, diante de pessoas desconhecidas ou diante daquelas que respeitamos, tais jogos de palavras não podem ser considerados senão como loucura manifesta. A diferença consiste, novamente, na falta de discernimento. Assim, onde a razão é exigida, não é a imaginação que estorva, mas a falta de discernimento. Por conseguinte, a sensatez sem imaginação é talento, mas não o é a imaginação sem sensatez.

Quando os pensamentos de um homem que visa determinado objetivo giram em torno de uma variedade de coisas e ele observa como elas podem levá-lo a atingi-lo, e essa observação não é comum ou fácil, esse senso é chamado de prudência, que depende em grande parte da experiência e da memória de coisas vividas anteriormente e de suas consequências. Assim, não existe tanta diferença entre os homens como as há entre as fantasias e discernimentos de um homem e as de outro. Efetivamente, a experiência entre os homens de uma mesma idade não difere muito em ordem ou quantidade, mas varia segundo as diferentes ocasiões, já que cada um tem seus motivos particulares. Governar bem uma família e um reinado não são graus diferentes de prudência, mas espécies diferentes de negócios; da mesma forma que pintar um quadro pequeno ou grande ou em tamanho natural implica graus diferentes de arte. Um simples esposo é mais prudente nos negócios que dizem respeito à sua casa do que um conselheiro particular nos assuntos referentes a outro homem.

Se a prudência é exercida por meios injustos ou desonestos, como os que usualmente incitam o homem que sente temor ou necessidade, nos encontramos diante de uma sabedoria tortuosa, denominada astúcia, e que é um sinal de pusilanimidade. A magnanimidade é o desprezo de auxílios injustos ou desonestos. Os latinos usam o termo *versutia* (que poderíamos traduzir por artifício) para a ação de aceitar o perigo presente para evitar outro maior. Assim, quando alguém rouba de alguém para saldar sua dívida com outro, está usando um artifício, a que os latinos chamam *versutia*, derivado de *versura*, que significa tomar dinheiro emprestado a um usurário para pagar juros de uma dívida.

Quanto ao talento adquirido (refiro-me ao adquirido por meio da instrução), nada mais é que a razão; está fundamentado no uso correto da linguagem e dá origem às ciências. Mas já falei de razão e ciência nos capítulos V e VI.

A causa das diferenças de talentos são as paixões, e a diferença entre as paixões tem origem, em parte, nas diferenças de constituição física e, em parte, nos distintos tipos de educação. Se a diferença procedesse da constituição mental e dos demais órgãos dos sentidos, tanto internos como externos, não haveria menos diferença entre os homens no que diz respeito à visão, à audição ou a outros sentidos que entre as fantasias e discernimentos de uns e de outros. A diferença de talento procede das paixões, que se distinguem não apenas pela complexidade humana, mas pela desigualdade de costumes e educação.

As paixões que causam com maior intensidade as diferenças de talentos são, principalmente, o maior ou menor desejo de poder, de riquezas, de conhecimentos e de honrarias. Tudo isso pode ser resumido no afã do poder, pois as riquezas, o conhecimento e as honrarias são diferentes formas de poder.

Um homem que não possui grande paixão por nenhuma dessas coisas pode ser chamado de indiferente; mesmo que não ofenda a ninguém, é um homem sem imaginação e sem senso adequado. Os pensamentos, em relação aos desejos, são como escutas ou espiões, que precisam se situar e encontrar o caminho para alcançar as coisas desejadas. Toda a firmeza e a rapidez da mente dependem disso. De fato, não ter desejos significa estar morto; ter paixões fracas é embotamento; ter paixões indiferentemente por tudo é irreflexão ou abstração;

ter uma paixão mais forte e veemente por algo do que é comum aos demais homens chama-se loucura.

Existem tantas classes de loucuras como de paixões. Às vezes, a paixão extraordinária e extravagante se origina da constituição defeituosa dos órgãos do corpo, ou de algum mal que o atingiu; muitas vezes, o mal ou indisposição dos órgãos causa a veemência, prolongamento e continuidade da paixão. Mas, em ambos os casos, a loucura é uma só, isto é, da mesma natureza.

A paixão cuja violência ou continuidade produz a loucura é uma grande vanglória, que comumente é chamada orgulho e autoestima ou depressão da mente.

O orgulho conduz o homem à ira, e seu excesso, à loucura, chamada de raiva ou fúria. Assim, quando há um excessivo desejo de vingança, os órgãos são perturbados e ele se converte em raiva. Também o amor excessivo, com o ciúme, transforma-se em raiva. A exagerada opinião que um homem tem de si mesmo, quando se sente dotado de inspiração divina, de sabedoria, de grande aprendizado, de bons modos, e coisas semelhantes, converte-se em irreflexão e perturbação mental. Se esse sentimento estiver associado à inveja, converte-se em ira. A veemente opinião sobre a verdade de todas as coisas, contrariada pelos outros, transforma-se em raiva.

A depressão provoca no homem temores imotivados. Ela é uma forma de loucura, comumente chamada de melancolia, e tem diversas manifestações, como a frequência a cemitérios e lugares solitários, a prática de atos de superstição, o temor a alguém ou a alguma coisa.

Em resumo, todas as paixões que produzem condutas estranhas e incomuns recebem, em geral, o nome de loucura. Entre suas diversas classes pode ser contada uma legião delas. E, se os excessos são loucuras, não há dúvida de que as próprias paixões, quando voltadas para o mal, são seus graus.

Por exemplo, mesmo que o efeito da loucura nem sempre seja visível num homem por uma extravagante atitude originada por tais paixões, quando várias pessoas são contagiadas por essa mesma inspiração, a raiva de uma multidão torna-se bastante visível. Haverá maior prova de loucura do que agredir, ferir e abater os melhores amigos? Isso é o menor mal que essa multidão enraivecida poderá fazer. Ela combaterá e aniquilará todos aqueles que no passado a protegeram e a livraram das injúrias. E, se isso é loucura na multidão, é o mesmo em cada homem em particular. Mesmo que um homem não perceba o rumor da água que o rodeia quando se encontra no meio do mar, ele está seguro de que essa porção contribui para o rumor das ondas de todo o mar; assim também, mesmo que não percebamos uma grande inquietude num ou dois homens, podemos estar certos de que suas paixões particulares contribuem para a agitação de uma nação turbulenta. E, se não existisse nada que manifestasse sua loucura, ainda assim o fato de arrogar tal inspiração a si mesmo constitui prova suficiente. Se um habitante de Bedlam entretivesse os demais com termos pretensiosos e, ao despedir-se, quisessem saber quem ele é para, mais tarde, corresponder a sua atenção, e ele respondesse ser o Pai Eterno, não seria necessária nenhuma atitude mais extravagante para admitir sua loucura.

Essa opinião de inspiração, chamada comumente de espírito particular, começa sempre com a percepção de um erro no qual geralmente incorrem os demais; não sabendo ou não lembrando por qual canal da razão as pessoas que se sentem inspiradas chegam a uma verdade tão singular (como pensam eles, embora o que descubram seja, em muitos casos, uma falta de razão), tais pessoas admiram a si próprias, supondo que se encontram nas graças especiais do Todo-Poderoso, que lhes revelou essa verdade, de modo sobrenatural, por intermédio do Espírito.

Mais uma vez, essa loucura nada mais é que a mostra de uma excessiva paixão, que se dá a perceber pelo efeito do vinho, muito semelhante ao mal-estar dos órgãos. A maneira como os homens agem depois de ter consumido muito vinho é a mesma dos loucos; alguns enraivecidos, outros amando, outros rindo, mas todos de modo extravagante, de acordo com suas paixões dominantes. Isso porque o vinho produz efeitos capazes de dissipar todas as dissimulações, permitindo que se manifeste toda a deformidade das paixões. Nem os homens mais sóbrios, quando caminham a sós, dando asas a sua imaginação, tolerariam que a extravagância de seus pensamentos fosse publicamente conhecida, o que é uma confissão de que as paixões desorientadas, na maior parte dos casos, são meras loucuras.

Tanto nos tempos mais remotos como nos atuais, são duas as opiniões do mundo sobre as causas da loucura. Alguns acreditam que ela se origina nas paixões, outros nos demônios ou espíritos, bons e maus, achando que estes podem entrar num homem, possuí-lo e agitar seus órgãos da maneira tão estranha e inacreditável como fazem os loucos. Os primeiros chamam a esses homens de loucos e os segundos, às vezes, de demoníacos (isto é, possuídos pelos espíritos), outras vezes, de energúmenos (ou seja, agitados e movidos pelos espíritos) e, enfim, na Itália, de *pazzi* ou loucos, como também *spiritati* ou possessos.

Certa vez houve uma grande afluência de pessoas a Abdera, cidade grega, para assistir à representação da tragédia *Andrômeda*, num dia de intenso calor; em consequência, grande parte dos espectadores contraiu febre. O acidente deveu-se ao calor somado à tragédia, e as pessoas dominadas pela febre não faziam outra coisa senão murmurar versos jâmbicos com os nomes de Perseu e Andrômeda. O mal e a febre passaram com a chegada do inverno. Diziam, então, que a loucura era gerada pela paixão imprimida pela tragédia. Da mesma forma, surgiu um acesso de loucura em outra feliz cidade grega, que atingiu apenas as jovens donzelas e levava muitas delas a enforcar-se. O povo supôs ser aquilo obra do demônio. Entretanto, muitos acharam que essa loucura tinha origem numa paixão da mente e, pressupondo que essas donzelas estimassem demais sua honra, aconselharam aos magistrados que as despissem e as deixassem penduradas nuas. A história diz que, desse modo, a loucura foi curada. Os gregos, porém, atribuíam, frequentemente, a loucura à atuação das Eumênides, ou Fúrias, ou, ainda, a Ceres, Febo e outros deuses. Os fantasmas eram responsabilizados pelos homens, que os supunham corpos etéreos com vida, chamando-os de espíritos. Os romanos tinham a mesma opinião que os gregos, o mesmo ocorrendo com os judeus, que chamavam os loucos, segundo estivessem inspirados pelo bem ou pelo mal, de profetas ou endemoninhados; alguns deles chamavam tanto os profetas quanto os endemoninhados de loucos, e outros chamavam ao mesmo homem endemoninhado e louco. Entre os pagãos, isso não causava estranheza, pois as enfermidades e a saúde, os vícios e as virtudes e muitos outros acidentes naturais eram denominados e conjurados por eles como demônios. Assim, entendia-se por demônio tanto uma febre quanto o diabo. Que os judeus tivessem a mesma opinião é bastante estranho, pois nem Moisés nem Abraão pretendiam profetizar sob a possessão de um espírito, mas pela palavra ouvida de Deus ou numa visão ou sonho. Não existe nada, em sua lei moral ou cerimonial, pela qual pudessem pensar ter havido semelhante entusiasmo ou possessão. Quando as Escrituras dizem que Deus tomou do Espírito que havia em Moisés e o distribuiu entre os 70 anciãos (Nm 11,25), o Espírito de Deus, considerando-o como substância de Deus, não foi dividido. As palavras das Escrituras sobre o Espírito de Deus no homem não significam que o espírito humano se transforme em divino. E onde está escrito que "aqueles que eu dotar com o Espírito da sabedoria, para que confeccionem as roupas de Aarão" (Ex 28,3), isso não significa que foi posto dentro desses homens um espírito que saiba fazer roupas, mas a sabedoria de seus próprios espíritos nesse tipo de trabalho. No mesmo sentido, quando o espírito do homem pratica ações impuras, comumente é chamado de espírito impuro; o mesmo é dito de outros espíritos, pelo menos quando a verdade e o vício são de tal natureza que se revelam extraordinários e eminentes. Tampouco os outros profetas do *Antigo Testamento* pretenderam estar inspirados ou que Deus falasse por intermédio deles, mas que se manifestava pela voz, visão ou sonho; e o "fardo do Senhor" não era possessão, mas apenas uma ordem. Como puderam, então, os judeus cair nessa ideia de possessão? Não imagino qualquer razão, a não ser a que é comum a todos os homens, ou seja, a curiosidade que os leva a procurar as causas naturais e seu empenho em identificar a felicidade com o alcance dos grandes prazeres dos sentidos e as coisas que mais imediatamente conduzem a eles. Efetivamente, quem encontra uma habilidade ou falha estranha e incomum numa mente humana, a menos que se dê conta da causa que provavelmente a originou, dificilmente pensará que se trata de uma coisa natural, e, se não é natural, haverá de ser sobrenatural; que pode então ser isso, senão Deus ou o demônio nessa mente? Quando nosso Salvador começou a falar rodeado pela multidão, seus familiares acreditaram que estivesse louco e saíram de casa para detê-lo (Mc 3,21). Mas os escribas diziam que possuía Belzebu e que, graças a ele, expulsava os demônios (Jo 10,20), como se o louco maior dominasse os menores. Da mesma forma, no *Antigo Testamento*, aquele que veio ungir Jeú era um profeta; mas alguns dos presentes perguntaram: "Jeú, o que veio fazer esse louco?" (2Rs 9,11) Está, pois, patente que todo aquele que se comportava de modo extraordinário era considerado pelos judeus como possuído por um deus ou por espíritos malignos; com exceção dos saduceus, que erravam tanto a ponto de não acreditar absolutamente na existência dos espíritos (o que não fica longe de conduzir ao ateísmo), e talvez para provocar os outros chamassem a tais homens endemoninhados, em vez de loucos.

Por que nosso Salvador curou esses homens como possessos e não loucos? A única resposta possível é a mesma que damos àqueles que tentaram utilizar as Escrituras para combater a opinião dos que acreditavam no movimento da terra. As Escrituras tinham por objetivo mostrar aos homens o Reino de Deus e preparar suas mentes para a ideia de que deveriam ser Seus súditos obedientes, abandonando o mundo e sua filosofia à disputa entre os homens pelo exercício de sua razão natural. Que seja o movimento da terra ou o do sol que dão origem ao dia e à noite, que as ações exorbitantes dos homens procedem da paixão ou do demônio (contanto que não o cultuemos), não importa, desde que haja obediência e submissão à onipotência divina, e esse foi o objetivo das Escrituras. E o fato de nosso Salvador falar com a doença como se falasse a uma pessoa era a linguagem usual de todos aqueles que curavam por meio da palavra, como fez Cristo (e como pretendem fazer todos os encantadores, invocando o diabo ou não). Afinal, não foi dito que Cristo repreendeu os ventos? (Mt 8,26) E, também, que Cristo censurou a febre? (Lc 4,39) Isso não nos dá o direito de argumentar que a febre é um demônio. E, quando as Escrituras dizem que muitos desses demônios confessaram a Cristo, isso não deve ser interpretado necessariamente de outra forma, mas no sentido de que os loucos o confessaram. E, quando nosso Salvador fala de um Espírito impuro que, tendo saído de um homem, fica errando pelo deserto, à procura de descanso, sem encontrá-lo, e que volta ao mesmo homem em companhia de outros sete espíritos piores do que ele (Mt 12,34), trata-se, evidentemente, de uma parábola que se refere a um homem que, depois de ter esforçado-se fracamente para se libertar de seus desejos, foi vencido pela força deles e tornou-se sete vezes pior do que era. Não vejo, pois, absolutamente nada nas Escrituras que me obriguem a crer que os endemoninhados fossem qualquer outra coisa, senão loucos.

Todavia, existe outra falha no discurso de algumas pessoas que pode ser citada como uma outra espécie de loucura. Estou referindo-me ao abuso das palavras a que denominei absurdas no capítulo V. Tal ocorre quando os homens usam palavras que em conjunto carecem de significado, mas que passaram a fazer parte, sem serem compreendidas, dos termos que algumas pessoas aprenderam e repetem de modo rotineiro, ou que são usadas, por outras pessoas, para enganar, em vista de sua obscuridade. Isso ocorre somente com aqueles que conversam sobre temas incompreensíveis, como os escolásticos, ou em questões de filosofias incoerentes. Os homens comuns raramente dizem palavras sem sentido, e por isso são considerados por essas egrégias pessoas como idiotas. Porém, para nos assegurarmos de que suas palavras carecem de conteúdo correspondente a sua mente, teríamos de citar alguns exemplos; se alguém quiser, veja as palavras de um escolástico e procure traduzir em alguma das línguas modernas qualquer capítulo referente a um ponto difícil, como a Santíssima Trindade, a divindade, a natureza de Cristo, a transubstanciação, o livre-arbítrio, etc., para torná-los compreensíveis, ou traduzi-los num latim tolerável, como o que nos foi dado a conhecer por aqueles que viveram na época em que o latim era uma língua comum. Que significam estas palavras: "A primeira causa não influi necessariamente sobre a segunda, em virtude da subordinação essencial das segundas causas, estimulando-a, assim, a atuar"? Essa é a tradução do título do capítulo VI do primeiro livro de Suarez, *Do concurso, do movimento e da ajuda de Deus*. Quando os homens escrevem volumes inteiros recheados dessas coisas, estão loucos ou procuram enlouquecer os outros? E isso particularmente no que se refere à transubstanciação; quando, depois de ter pronunciado palavras como brancura, redondez, magnitude, qualidade, corruptibilidade, tudo o que é incorpóreo, etc., esses autores passam da hóstia ao corpo de nosso bendito Salvador, não mostram com todos esses sufixos abstratos que outros tantos espíritos possuem seu corpo? Essa gente entende por espírito coisas que, mesmo sendo incorpóreas, se movem, indo de um lugar a outro. De forma que esse gênero de absurdos pode perfeitamente ser incluído entre as diversas espécies de loucura; e todo o tempo em que, guiados por pensamentos claros de suas paixões mundanas, esses homens se abstêm de discutir ou escrever, são apenas intervalos de lucidez. Isso ocorre com muitas virtudes e defeitos intelectuais.

## Capítulo IX
### Das diversas matérias do conhecimento

Existem duas espécies de conhecimento: o conhecimento do fato e o conhecimento da consequência de uma afirmação para outra. A primeira nada mais é que a sensação e a memória, e é conhecimento absoluto, como quando vemos realizar-se um fato ou recordamos o acontecimento. Esse é o conhecimento exigido de uma testemunha. A segunda espécie é denominada ciência, e é condicional, como quando sabemos que, se determinada figura é um círculo, toda linha reta que passar por seu centro o dividirá em duas partes iguais. Esse é o conhecimento exigido de um filósofo, isto é, daquele que deve raciocinar.

O registro do conhecimento dos fatos denomina-se história, da qual existem duas espécies: história natural, que é a história dos fatos e efeitos da natureza que não dependem da interferência humana, como a dos minerais, das plantas, dos animais e das regiões, e história civil, que se refere à história das ações voluntárias dos homens constituídos em Estados.

Os registros da ciência são livros que contêm a demonstração das consequências de uma afirmação para outra. São os chamados livros de filosofia. Existem várias espécies deles, segundo a diversidade da matéria, e podem ser divididos de acordo com a tabela seguinte:

- CIÊNCIA, isto é, o Conhecimento das consequências, que é também chamado de FILOSOFIA
  - Consequências de Acidentes de Corpos Naturais que é chamado de FILOSOFIA NATURAL
    - Consequências dos Acidentes comuns a todos os Corpos Naturais; que são a *Quantidade* e o *Movimento*
      - Consequências da Quantidade e Movimento *indeterminados*, que sendo os Princípios, ou primeiro fundamento da Filosofia, é chamada de *Filosofia Prima* — Filosofia Prima
      - Consequências do Movimento e Quantidade *determinados*
        - Consequências da Quantidade e Mivimentos determinados
          - Por Figura — *Matemática* — Geometria
          - Por Número — *Matemática* — Aritmética
        - Consequências do Movimento e Quantidade dos Corpos *em especial*
          - Consequências do Movimento e Quantidade de grandes partes do Mundo, como a *Terra* e as *Estrelas* — *Cosmografia* — Astronomia, Geografia
          - Consequências do Movimento de tipos de Figuras especiais de Corpo — *Mecânica*, Doutrina do *Peso* — *Ciência* de Engenharia, Arquitetura, Navegação, Meteorologia
    - FÍSICA, a consequência das *qualidades*
      - Consequências das Qualidades de Corpos *Transitórios*, que aparecem e desaparecem
      - Consequências das Qualidades dos *Corpos Permanentes*
        - Consequências das *Qualidades das Estrelas*
          - Consequências da *Luz* das Estrelas. Disso e do Movimento do Sol, é feita a Ciência de Consequências da *Influência* das Estrelas — Ciografia, Astrologia
        - Consequências das Qualidades dos *Corpos Líquidos* que enchem o espaço entre as Estrelas; tais como o *Ar* ou substância etéreas
        - Consequências das Qualidades dos *Corpos Terrestres*
          - Consequências de partes da Terra *sem* Sensação
            - Consequências das Qualidades dos *Minerais*, tais como Pedras, *Metais*, etc.
            - Consequências das Qualidades dos *Vegetais*
          - Consequências das Qualidades dos *Animais*
            - Consequências das Qualidades de *Animais em geral*
              - Consequências da *Visão* Consequências dos *Sons* Conseqüências dos Sentidos restantes — ótica, Música
            - Consequências das Qualidades dos *Homens em especial*
              - Consequências das *Paixões* dos Homens — Ética
              - Consequências da *Fala*
                - *Exaltando Vilipendiando, etc.* — Poesia
                - *Persuadindo* — Retórica
                - *Raciocinando* — Lógica
                - *Contratando* — A ciência do justo e do injusto
  - Consequências dos Acidentes dos Corpos *Politique*, que é chamado de FILOSOFIA CIVIL
    1. De consequências da *Instituição* dos ESTADOS para os *Direitos* e *Devedores* do *Corpo Político* ou *Soberano*
    2. De Consequências destes para o *Direito* e *Deveres* dos *Súditos*

## Capítulo X
## Do poder, do valor, da dignidade, da honra e da excelência

O poder de um homem, universalmente considerado, consiste nos meios de que dispõe para alcançar, no futuro, algum bem evidente, que pode ser tanto original (natural) como instrumental.

Poder natural é a eminência das faculdades do corpo ou da mente, tais como: força, aparência, prudência, habilidade, eloquência, liberalidade e nobreza extraordinárias. Instrumentais são os poderes adquiridos por meio dessas faculdades ou pela sorte, e servem como meios ou instrumentos para alcançar reputação, riquezas, amigos e os secretos desígnios de Deus, a que os homens chamam boa sorte. Por sua natureza, esse poder cresce à medida que avança, como ocorre com a fama ou com os corpos pesados, que aumentam a velocidade à medida que caem.

O maior de todos os poderes humanos é o poder integrado de vários homens unidos com o consentimento de uma pessoa natural ou civil: é o poder do Estado ou aquele de um representativo número de pessoas, cujas ações estão sujeitas à vontade de determinadas pessoas em particular, como é o poder de uma facção ou de várias facções coligadas. Assim, ter servos é poder, como também ter amigos, pois isso significa união de forças.

Igualmente, a riqueza, unida à liberalidade, é poder, pois une amigos e servos. Mas, sem a liberalidade, a riqueza não é protetora; pelo contrário, expõe o homem à inveja e à rapina.

Reputação de poder é poder, porque por meio dela obtemos a adesão e conquistamos o afeto dos que precisam ser protegidos.

Também o é, pela mesma razão, a reputação de amor de um homem em seu país, que se chama popularidade.

Consequentemente, qualquer qualidade que faz um homem ser amado ou temido por seus semelhantes, ou a reputação de tal qualidade, denomina-se poder, pois constitui um meio de receber serviços ou assistência.

Êxito também é poder, pois a reputação da sabedoria ou da boa fortuna faz que os outros homens temam ou confiem.

A afabilidade dos homens que estão no poder aumenta o poder, porque origina carinho.

Reputação de prudência na condução da paz ou da guerra é poder, pois nosso governo é confiado, com mais certeza, aos homens mais cautelosos.

Nobreza é poder, não em qualquer lugar, mas, sim, nos Estados em que ela é privilegiada: nesses privilégios reside o poder.

Eloquência é poder, pois se assemelha à prudência.

Aparência também é poder, porque, sendo um dom de Deus, recomenda os homens ao favor das mulheres e dos estranhos.

As ciências representam um pequeno poder, pois, não sendo eminentes, não são reconhecidas por todos, nem estão em todos, mas em alguns poucos e, nestes, só em poucas coisas. Realmente, a ciência possui uma natureza tal que ninguém pode entendê-la por aquilo que é, a não ser aqueles que a alcançaram.

As artes ou habilidade de utilidade pública, como as que constroem fortificações ou fabricam máquinas e outros artefatos de guerra, representam poder, uma vez que favorecem a defesa e a vitória. Mesmo sendo a ciência sua verdadeira criadora e, em particular, a matemática, como elas são produzidas pelas mãos dos artífices, são consideradas (neste caso a parteira passa por mãe) seus produtos.

O valor ou conceito de um homem é, como para todas as outras coisas, seu preço; isto é, depende de quanto seria dado pelo uso de seu poder. Assim, não é absoluto, mas apenas uma consequência da necessidade e do julgamento alheio. Um hábil comandante de soldados possui um alto preço em tempo de guerra, presente ou eminente, que se reduz em tempo de paz. Ao contrário, um juiz douto e incorruptível tem muito mais valor durante a paz do que na guerra. Assim, quem determina o preço não é o vendedor, mas, sim, o comprador. Mesmo que um homem se autovalorize, atribuindo-se o maior valor possível (ato bastante frequente), seu valor real é aquele que for estimado pelos demais.

A manifestação do valor que nos atribuímos mutuamente é o que em geral conhecemos por honra e desonra. Dar um grande valor a um homem significa honrá-lo, enquanto o baixo valor é sinônimo de desonra. O conceito de alto ou baixo deve ser compreendido de acordo com a escala que cada homem estabelece para si próprio.

A estima pública de um homem, que é o valor que lhe é conferido pelo Estado, é o que denominamos ordinariamente dignidade. Essa sua valorização pelo Estado é expressa pelo cargo público para o qual é designado, tanto na magistratura como em funções públicas e, às vezes, esse valor é expresso por títulos e honrarias que lhe são concedidos.

Elogiar alguém por uma ajuda de qualquer espécie significa honra, pois expressa a opinião de que essa pessoa possui um poder capaz de colaborar; quanto mais difícil for essa colaboração, mais alto será a honra.

Obedecer é honrar, pois nenhum homem obedece a quem não pode ajudá-lo ou prejudicá-lo. Consequentemente, desobedecer é desonrar.

Dar grandes presentes a um homem significa honrá-lo, pois isso representa o reconhecimento de seu poder e a compra de sua proteção. Dar presentes insignificantes é desonra, porque presentes assim constituem esmolas e dão a ideia da necessidade de apenas pequenas ajudas. Ser solícito em promover o bem de outrem, assim como adulá-lo, constitui um sinal de que desejamos sua proteção e ajuda. Não lhe dar atenção é desonrá-lo.

Ceder lugar ou passagem, ou qualquer outra comodidade, a alguém é honrar, podendo significar o reconhecimento de seu poder. Enfrentá-lo é desonrá-lo.

Também é honrar dar qualquer sinal de amor ou temor, pois isso significa apreço. Suprimir ou diminuir o amor esperado é desonra e sinal de pouca estima.

Apreciar, exaltar ou felicitar é honrar, pois bondade, poder e felicidade são valorizados. Depreciar, injuriar ou compadecer significa desonra.

Falar com alguém com consideração, apresentando-se com humildade e decência, é honrar, pois constitui um sinal de medo de ofender. Falar-lhe asperamente, agir de modo obsceno, reprovável ou impudico é desonra.

Crer, confiar, apoiar-se em outro é honrar, pois revela uma ideia de sua virtude e poder. Desconfiar ou não acreditar é desonra.

Solicitar conselho ou prestar atenção à palavra de um homem quer dizer honrá-lo, pois denota apreço por sua sabedoria, eloquência e sagacidade. Não prestar atenção, cochilar, bocejar ou afastar-se significa desonrá-lo.

Fazer essas coisas a outrem, a quem tomemos como símbolo de honra, ou que assim é considerado de acordo com os costumes e a lei, é honrá-lo, porque, aprovando as honrarias feitas por outros, reconhecemos o poder que lhe conferiram. Recusá-las é desonra.

Concordar com a opinião de alguém é honrá-lo, pois implica um modo de aprovar seu julgamento e sua sabedoria. Discordar é desonra, e também uma comprovação de erro e, se a discordância é em muitas coisas, de loucura.

Imitar é honrar, porque implica veemente aprovação. Imitar o inimigo constitui uma desonra.

Honrar a quem outros honram é honra, e um sinal de aprovação de sua sensatez. Honrar os inimigos de outrem significa desonra.

Pedir o conselho de alguém ou utilizá-lo em momentos difíceis é honrar, pois é sinal de reconhecimento de sabedoria ou de outro poder. Negar-se a seguir os conselhos de quem os dá é desonra.

Todos esses caminhos de honra são naturais, tanto com Estados como sem eles. Mas, nos Estados, onde aqueles que têm a suprema autoridade podem fazer o que lhes apraz, estabelecendo termos de honra, existem outras honras.

Um superior honra um súdito com um título, um ofício, um cargo ou um gesto que o súdito toma como sinal de vontade de honrá-lo.

O rei da Pérsia honrou Mardoqueu quando determinou que fosse conduzido pelas ruas com vestimentas régias, montado num dos cavalos do rei, com uma coroa em sua cabeça e um príncipe a sua frente, proclamando: "Assim será feito com quem o rei quiser honrar". E outro rei da Pérsia, ou o mesmo, em outra ocasião, a um súdito que lhe havia prestado um grande serviço e lhe solicitava vestir uma das roupas reais, deu-lhe o que pretendia, mas acrescentando que deveria ostentá-la como o rei dos bufões. Isso foi uma desonra.

Assim, a fonte da honra civil é o Estado, e depende da vontade do soberano. Por isso, é temporal e se denomina honra civil, como a magistratura, os cargos públicos, os títulos honoríficos e, em alguns lugares, os uniformes e as comendas. Os homens honram os que possuem essas honrarias, porque elas significam o favor do Estado; esse favor é poder.

Honorável é qualquer posse, ação ou qualidade que constitua argumento e sinal de poder.

Portanto, ser honrado, querido por muitos, é honorável, pois constitui expressão de poder. Ser honrado por poucos ou por ninguém é desonroso.

Domínio e vitória são honoráveis, porque são adquiridos pelo poder. A servidão, por necessidade ou temor, é desonra.

A boa sorte, quando perdura, é honra, por ser um sinal do favorecimento de Deus. A má sorte e o infortúnio são desonra. Ricos são honrados porque possuem poder. Pobreza é desonra. A magnanimidade, a esperança, a estima e a confiança são honoráveis, porque procedem da consciência do poder. Pusilanimidade, parcimônia, temor e desconfiança são desonrosos.

A resolução oportuna ou a determinação do que uma pessoa deve fazer é honorável, pois implica o desprezo de pequenas dificuldades. A irresolução é desonrosa, pois significa dar excessivo valor a pequenos impedimentos e a pequenas vantagens: quando um homem tem tempo suficiente para analisar as coisas e não toma resoluções, é mínima a diferença de ponderação e, consequentemente, se não decide, superestima as insignificâncias, e isso é pusilanimidade.

Todas as ações ou conversações que se originam ou parecem se originar de uma grande experiência, ciência, discrição ou talento são honrosas, porque todas traduzem poder. Ações e palavras que se originam do erro, da ignorância ou da loucura são desonrosas.

A gravidade, quando parece se originar de uma mente ocupada em muitas outras coisas, também é honrosa, porque a dedicação é sinal de poder. Porém, quando é o resultado do propósito de simular essa importância, então é desonra. A primeira é como um barco carregado de mercadorias, enquanto a segunda é semelhante a um barco transportando um lastro de areia ou qualquer outro carregamento inútil.

Ser distinguido, isto é, reconhecido por riquezas, cargos, grandes ações ou eminente bondade é honroso, pois constitui sinal de poder de quem é distinguido. Manter-se na obscuridade é desonra.

Descender de pais distinguidos é honroso, pois é assim que alguém obtém mais facilmente o apoio e as amizades de seus ancestrais. Ao contrário, descender de família obscura é desonra.

As ações originadas na equidade e acompanhadas de perdas são honrosas, uma vez que revelam magnanimidade e, portanto, poder. Ao contrário, a astúcia e a falta de equidade são desonras.

A cobiça de grandes riquezas e a ambição por grandes honrarias são honrosas, requerendo poder para sua obtenção. A cobiça de ninharias é desonra.

A honra não sofre alterações se uma ação (sendo grande e difícil e, portanto, revelando grande poder) é justa ou injusta; a honra consiste unicamente na opinião de poder. Por esse motivo, os antigos pagãos não achavam que desonravam, mas, sim, que honravam os deuses quando os introduziam em seus poemas cometendo raptos, furtos ou praticando outras ações grandiosas, mas injustas ou obscuras. Os adultérios praticados por Júpiter se tornaram célebres e, da mesma forma, destacaram-se as fraudes e os furtos cometidos por Mercúrio: um hino de Homero enaltece o fato de que, tendo nascido pela manhã, criou a música ao meio-dia e, antes de anoitecer, roubou aos pastores o rebanho de Apolo.

Assim, entre os homens, até que foram constituídos os grandes Estados, não era considerada desonra ser pirata ou salteador; esses negócios eram considerados lícitos, não apenas entre os gregos, mas também por todas as demais nações, como o comprova a história da Idade Antiga. No presente, os duelos particulares são e deverão ser sempre uma questão de honra, mesmo sendo ilegais, até que chegue um tempo em que a honra não seja mais limpada com esses atos, que deverão vir a ser considerados ignomínia. Os duelos se realizam, muitas vezes, em razão da coragem, cuja base está na força e na destreza, que são sinônimos de poder; na maioria das vezes, porém, os duelos se efetuam pelo temor da desonra de um ou de ambos os combatentes, que, movidos pela cólera, decidem lutar a fim de não perder sua reputação.

Os escudos e os brasões de família são honrosos quando carregam consigo eminentes privilégios. Em outros casos, não o são: para eles, o poder consiste nesses privilégios ou em riquezas ou em coisas que são valorizadas nos demais homens. Esse tipo de honraria, geralmente chamada de pequena nobreza, deriva, sem dúvida, dos antigos germanos. Tal fato não era reconhecido onde os costumes germanos eram ignorados; nem hoje é reconhecido em qualquer lugar que não tenha sido habitado pelos germanos em tempos anteriores. Quando os antigos combatentes gregos partiam para a guerra, pintavam seus escudos com os brasões que lhes agradavam; um escudo desprovido de brasão ou emblema era sinal de pobreza, e de que seu dono era, apenas, um soldado comum; os gregos não admitiam a tradição por herança desses signos. Os romanos punham em seus escudos os emblemas de suas famílias; eram, porém, as imagens, e não as divisas de seus antepassados. Entre os povos da Ásia, da África e da América não existiam e não existem semelhantes costumes. Os germanos tinham esse hábito, que foi herdado pela Inglaterra, pela França, pela Espanha e pela Itália, quando eles ajudaram os romanos ou efetuaram suas próprias conquistas nas partes ocidentais do mundo.

A antiga Germânia estava dividida num infinito número de pequenos senhores feudais, chefes de famílias que guerreavam continuamente. Esses chefes, para serem reconhecidos por aqueles de seu feudo ou grupo, e também por questões de vaidade, pintavam em seu armamento, armadura ou roupagem a figura de um animal ou de qualquer outro objeto. A cimeira de seus elmos também ostentava a marca, que era transmitida, por herança, aos filhos; ao primogênito, integralmente, sem qualquer alteração, e, aos demais filhos, com algum sinal diferente, de acordo com a interpretação do heráldico. Quando essas famílias se reuniram para formar uma grande monarquia, a função do heráldico, que consistia em distinguir os escudos, transformou-se numa função particular independente. Esses heráldicos se encarregavam de descobrir a origem das grandes e antigas nobrezas; na maior parte das vezes estabeleciam como emblema criaturas marcadas por sua coragem e seu valor de rapina, ou castelos, tendas, armas, paliçadas e outros sinais de guerra; a mais honrada era a virtude militar. Posteriormente, além dos reis, muitos outros Estados populares passaram a conceder placas honoríficas aos que iam para a guerra ou dela regressavam, para estimular ou recompensar os serviços prestados. Essas alusões à nação e aos costumes germanos podem ser encontradas por um leitor atento em livros de história antiga, gregos e romanos.

Os títulos honoríficos, como duque, conde, marquês e barão, outorgados pelo soberano poder do Estado, expressam sua estima. Em tempos passados, esses títulos significavam cargo e mando; alguns se originaram em costumes romanos, outros em germanos e franceses. Duques, em latim *duces*, significava generais em guerra; condes, *comites*, eram os companheiros ou amigos dos generais, e se encarregavam de defender e comandar os sítios conquistados e pacificados; marqueses e marquesas eram condes que governavam as zonas limítrofes ou fronteiras do império. Esses títulos de duque, conde e marquês foram introduzidos no império por Constantino, o Grande, imitando as milícias germanas. Barão, entretanto, parece ter sido título usado na Gália, e significa grande homem; os barões se encarregavam da guarda de reis e príncipes, ficando sempre a seu lado durante as guerras. Parece derivar de *vir*, passando a *ber* e *bar*, que para os gauleses tem o mesmo significado que o *vir* em latim. Desses termos se originaram *bero* e *baro*, transformado em *berones* e, finalmente, em *barones* e, em espanhol, *varones*. Os que desejarem ter maiores conhecimentos sobre títulos honoríficos podem encontrá-los, como eu, no excelente tratado de Mr. Seldens sobre a matéria.

Através dos tempos, passadas as crises e tendendo os governos a serem mais estáveis e pacíficos, esses cargos honoríficos se transformaram em meros títulos. Em sua maioria, serviam para indicar a importância e o cargo ocupado pelos súditos nos Estados; assim, foram nomeados duques, condes, marqueses e barões de locais em que essas pessoas não possuíam nenhuma propriedade; outros títulos tiveram o mesmo fim.

A excelência é algo diferente da estima ou do valor de um homem, como também de seu mérito ou da falta dele; consiste num poder especial ou capacidade pela qual alguém se sobressai. Essa habilidade é conhecida usualmente como aptidão.

Realmente, está apto a ser um líder, dirigente ou juiz, ou a ocupar qualquer outro importante cargo, quem possui as melhores qualidades exigidas para o bom desempenho de suas funções; o mais excelente dos ricos é aquele que possui maiores qualidades para administrar sua riqueza. Mesmo que lhe faltem algumas qualidades, uma pessoa pode ser um homem excelente e estimado por outros conceitos. Mais uma vez, um homem pode ser excelente por sua riqueza, seu cargo ou seu emprego e, sem dúvida, não ter o direito de ostentá-lo perante outro homem; assim, não podemos dizer que o mereça. Por mérito pressupomos um direito, e a coisa merecida é aguardada em resposta a uma promessa. Posteriormente, referir-me-ei ao assunto, quando falar sobre os contratos.

## Capítulo XI
## Da diferença de modos

Não me refiro aos modos como decência de conduta, isto é, como alguém deve cumprimentar, limpar sua boca, palitar os dentes ou pôr em prática outros pequenos costumes semelhantes, mas às qualidades que a humanidade precisa ter para poder conviver pacífica e harmoniosamente. Nesse sentido, lembramos que a felicidade desta vida consiste na serenidade de uma mente satisfeita. Não existe o *finis ultimus* (propósito maior) nem o *summum bonum* (bem supremo) de que tratam os livros dos velhos filósofos moralistas. Um homem já não pode viver quando seu desejo chega ao fim, ou quando as sensações e imaginações estão paralisadas. A felicidade é um contínuo progredir de desejos, de um objeto a outro, uma vez que a consequência do primeiro é o caminho para a realização dos ulteriores. Isso se dá porque o objeto dos desejos humanos não é gozar uma única vez e por alguns instantes, mas assegurar, para sempre, o caminho de seus desejos futuros. Assim, as ações espontâneas e as inclinações de todos os homens tendem não apenas a procurar, mas a assegurar uma vida feliz; diferem apenas no modo como, em parte, surgem das diversidades das paixões em homens diferentes e, em parte, da diferença de costumes ou da opinião de cada um sobre as causas que produzem o efeito desejado.

Assim, considero como principal inclinação de toda a humanidade um perpétuo e incessante afã de poder, que cessa apenas com a morte. Sua causa nem sempre é o fato de que o homem espera um prazer mais intenso que aquele já alcançado, ou que não chegue a satisfazer-se com um poder moderado, mas, sim, o fato de não poder ter assegurados seu poderio e os meios de seu bem-estar atual sem adquirir novos bens. Dessa forma, os reis, cujo poder é maior, tratam de assegurá-lo, em seu país, por meio de leis e, no exterior, mediante guerras; conseguido isso, sobrevém um novo desejo. Em algumas pessoas, o desejo da fama de novas conquistas; em outras, o de prazeres fáceis e sensuais; em outras, ainda, a admiração, o desejo de atingir a excelência em alguma arte ou habilidade mental.

A competição por riquezas, prazeres, honrarias e outras formas de poder conduz à luta, à inimizade e à guerra. Os meios que um competidor utiliza para a realização de seus desejos são matar ou subjugar, suplantar ou repelir a outrem. A competição por louvores, principalmente, induz a reverenciar a antiguidade, pois os homens competem com os vivos e não com os mortos, e atribuem a estes muito mais do que o devido, para obscurecer a glória daqueles.

Os desejos de vida fácil e de prazeres sensuais dispõem os homens a obedecerem a um poder comum, pois os fazem renunciar à proteção que poderiam esperar de seu próprio esforço e labor. O temor da morte e dos ferimentos os dispõe a isso, e pelas mesmas razões. Ao contrário, os necessitados ou indigentes não se contentam com sua situação; da mesma forma, os que ambicionam posições militares tendem a dar continuidade às guerras e a promover situações belicosas, pois a honra militar só é conquistada com guerras; não há nenhuma possibilidade de consertar um mau jogo, a não ser iniciando outro.

O desejo do conhecimento e das artes da paz inclina os homens a obedecerem a um poder comum, pois esse desejo carrega consigo um desejo de tempo livre e, consequentemente, de proteção contra algum outro poder estranho ao seu.

O desejo de glorificação faz o homem louvar aquelas pessoas cujos elogios são estimados, não importando as laudatórias daqueles que despreza. O desejo de fama depois da morte leva também a tais atitudes. Muito embora depois da morte não ouçamos os elogios que nos fazem na terra, porque essas glórias se desvanecem diante dos inefáveis gozos do céu ou se extinguem nos extremados tormentos do inferno, sem dúvida semelhante fama não é vã, uma vez que os homens se deleitam a prevê-la e ante os benefícios assegurados a sua posteridade; mesmo que não os vejam, os imaginam; tudo o que é prazer nas sensações é também na imaginação.

Receber de alguém que consideramos como nosso igual benefícios maiores do que esperávamos nos dispõe a fingir amor; porém, intimamente, causa um profundo aborrecimento: põe o homem na situação de um devedor desesperado, que, ao vencer a letra de seu credor, desejaria, tacitamente, esconder-se num lugar onde ninguém o encontrasse. Os benefícios obrigam, e a obrigação é servidão; a obrigação que não pode ser correspondida leva o homem a uma servidão perpétua, e essa situação acaba por gerar ódio. Ao contrário, quando recebemos benefícios de alguém cuja superioridade reconhecemos, nos vemos inclinados a amá-lo, pois, nesse caso, a obrigação não engendra uma degradação. A aceitação lisonjeira (que os homens chamam de gratidão) é, para quem outorga o benefício, uma honra, que geralmente é considerada uma retribuição. Então, receber benefícios, mesmo de alguém que consideramos inferior, na medida em que temos esperança de retribuí-los, dispõe ao amor, pois, na intenção de quem recebe, a obrigação é de ajuda e cooperação; disso se origina uma emulação de quem se excede em benefícios. Essa é uma contenda proveitosa e nobre, porque o vencedor se compraz de sua vitória e o outro se vinga confessando-a.

Causar a alguém um dano maior do que ele merece ou poderia aguentar inclina o agente a odiar quem sofreu o dano. No mínimo, a pessoa espera a vingança ou o perdão, ambas coisas odiosas.

O medo da opressão nos faz preveni-la ou buscar ajuda na sociedade; não existe outro meio de assegurar a liberdade e a vida.

Homens que desconfiam da própria perspicácia estão, nos tumultos e nas sedições, mais propensos à vitória do que aqueles que se supunham mais espertos e sagazes. Eles gostam de planejar, enquanto os outros (temerosos de serem cercados) atacam antes. Na sedição, como as pessoas estão predispostas a lutar, defender-se usando todas as vantagens da força é melhor estratégia do que qualquer outra que possa originar-se da perspicácia ou da capacidade.

Os presunçosos, como aqueles que não têm consciência de sua capacidade, comprazem-se em se supor galantes e tendem à ostentação e não ao empreendimento: quando aparece o perigo ou a dificuldade, temem que sua falta de capacidade seja descoberta.

Os vaidosos, que estimam sua capacidade pela adulação dos outros homens ou pela sorte de alguma ação precedente, sem um motivo seguro de esperança baseado no verdadeiro conhecimento de si próprios, estão propensos a lançar-se em empreitadas sem pensar e, com a aproximação do perigo ou da dificuldade, a fugir, quando isso é possível. Efetivamente, não enxergando o caminho da salvação, eles preferem arriscar sua honra, que pode ser salva com uma desculpa, a comprometer sua vida, para a qual nenhuma salvação é o bastante.

Os homens que têm uma firme opinião da própria sabedoria em matéria de governo estão propensos à ambição, pois a honra da sabedoria se perde se não tiverem um cargo no conselho da magistratura. Por isso, os oradores eloquentes estão propensos à ambição, porque a eloquencia parece sabedoria, para eles e para os outros.

A pusilanimidade predispõe os homens à irresolução e, por conseguinte, à perda de ocasiões e oportunidades mais adequadas de atuação. Quando o homem permanece irresoluto até o momento em que a ação está por se realizar, é sinal de que os motivos para escolher um dos caminhos não estão claros. Por dar importância a fatos banais e não se decidir, perde a ocasião, e isso significa pusilanimidade.

A frugalidade (mesmo sendo uma virtude humana) torna o homem incapaz de realizar as ações que requerem a força de vários homens ao mesmo tempo; ela debilita as forças que devem ser nutridas e revigoradas pela recompensa.

A eloquência, aliada à bajulação, faz que os homens confiem em quem a possui, pois, se a primeira simula sabedoria, a segunda simula bondade. Se a isso se acrescentar a reputação militar, os homens ficam propensos a submeter-se a quem a possui. Enquanto as duas primeiras previnem o próprio perigo, a última protege contra o perigo advindo de outros.

A falta de conhecimento, isto é, o desconhecimento das causas, constringe o homem a confiar na opinião e autoridade de outrem. Efetivamente, todos os homens que se interessam pela verdade, quando não confiam em si mesmos, se apoiam na opinião de algum outro que julgam mais sábio do que eles, e não desconfiam que poderiam vir a ser fraudados.

A ignorância da significação das palavras, isto é, a incompreensão, predispõe os homens a confiar e aceitar a verdade que desconhecem e até mesmo os erros, e, o que é pior, a confiar na insensatez daqueles em quem confiam: nem o erro nem a insensatez podem ser descobertos se não houver a perfeita compreensão das palavras.

Dessa mesma ignorância procede o fato de os homens darem nomes diversos a uma mesma coisa, de acordo com suas próprias paixões. Assim, quem aprova uma opinião particular chama-a de opinião; quem não se conforma com ela denomina-a heresia, embora a heresia não signifique outra coisa senão uma opinião particular, mascarada, porém, pela cólera.

É por isso, também, que sem estudo e sem inteligência não é possível distinguir entre uma ação de vários homens e as várias ações de uma multidão; por exemplo, entre a ação singular de todos os senadores de Roma, que condenaram à morte Catilina, e as diversas ações de um número de senadores matando César. A ação popular é, portanto, uma variedade de ações realizadas por uma multidão de homens, persuadidos por um só homem.

A ignorância das causas e da original constituição do direito, da equidade, da lei e da justiça predispõe os homens a converter costumes e exemplos em normas de ação, de tal forma a considerar injusto aquilo que, por costume, é castigado, e justo aquilo cuja impunidade e aprovação pode servir como exemplo, ou precedente (como dizem, de uma maneira bárbara, os juristas que usam somente essa falsa medida de justiça). São como as crianças, que não têm outra noção do que é bom ou mau, a não ser as medidas corretivas que lhes são impostas pelos pais e mestres, com a diferença de que as crianças são fiéis a suas normas, enquanto os homens não o são, pois, à medida que se tornam adultos, fortes e teimosos, apelam aos costumes para terem razão e à razão para estabelecerem costumes, de acordo com seus interesses; assim, desprezam os costumes quando assim o exige seu interesse e se posicionam contra a razão todas as vezes que esta contraria esses mesmos interesses. Por causa disso, a origem da doutrina do justo e do injusto é objeto de constante disputa, tanto pela pena como pela espada, ao contrário da indiscutível teoria das linhas e figuras. Nesse caso, os homens consideram que a verdade não interfere nas ambições, vantagens e luxúrias. Entretanto, se algo tivesse contrariado o direito de domínio ou o interesse dos homens que detêm esse domínio, o princípio segundo o qual três ângulos retos equivalem aos ângulos do quadrado teria sido suprimido por aqueles cujo interesse houvesse sido maculado, sendo queimados todos os livros de geometria.

O desconhecimento das causas remotas leva a atribuir todos os acontecimentos a causas imediatas e instrumentais, pois estas são as únicas perceptíveis. Ocorre que, em todas as partes em que os homens são onerados com o pagamento de pesados tributos fiscais, descarregam sua cólera sobre os publicanos, ou seja, os coletores de impostos e outros oficiais da receita, associando-se àqueles que criticam o governo e, quando já ultrapassaram qualquer esperança de justificação, atacam a autoridade suprema, por temerem ser punidos ou se envergonharem de receber o perdão.

O desconhecimento das causas predispõe o homem à credulidade, fazendo-o mesmo crer em coisas impossíveis. Não sabendo de nada que as conteste, consideram-nas verdadeiras, pois são incapazes de detectar sua impossibilidade. A credulidade, uma vez que os homens gostam de escutar em grupos, conduz à mentira; a ignorância, sem malícia, leva o homem a acreditar em mentiras e a repeti-las, algumas vezes inventando-as, até.

A ansiedade diante dos tempos futuros faz que os homens se interessem pelas causas dos acontecimentos, pois seu conhecimento os torna mais competentes para viver o presente com maiores vantagens.

A curiosidade ou amor ao conhecimento das causas leva um homem a investigar a causa a partir de seu efeito; em seguida, a investigar a causa da causa, até chegar, finalmente, a pensar que há uma causa primeira, sem outra que a tenha precedido, e que é eterna, conhecida pelos homens como Deus. Portanto, é impossível realizar uma investigação profunda das leis naturais sem que estejamos inclinados a crer que existe um Deus eterno, mesmo que na mente humana não haja nenhuma resposta sobre Sua natureza. Uma pessoa que nasceu cega e ouve as demais dizerem que se esquentam ao pé do fogo, quando conduzida até ele se assegura de que existe alguma coisa a que os homens chamam fogo, que é a causa do calor, mas não imagina sua aparência, nem ao menos tem uma ideia semelhante à daqueles que o veem. Da mesma forma, graças às coisas visíveis deste mundo e diante de sua admirável ordenação, os homens podem conceber que existe um Deus, sem criar uma imagem ou ter uma ideia de sua aparência.

Os que não se preocupam ou se preocupam pouco com as causas naturais das coisas, temendo, em vista de sua ignorância, aquilo que pode causar-lhes mal ou bem, tendem a supor e imaginar diversas espécies de poder invisível e, submissos a suas próprias ficções, invocam esses poderes em momentos de desgraça e agradecem a eles ao alcançar sucesso; transformam em deuses as criações de sua própria imaginação. Como resultado, diante da infinidade de fantasias, os homens criaram inumeráveis qualidades de deuses. O temor às coisas invisíveis é a semente natural do que conhecemos por religião. A adoração ou temor a poderes diversos é conhecida como superstição.

Observando a existência dessa semente de religião, alguns homens resolveram alimentá-la, revesti-la e transformá-la em leis, acrescentando a elas suas próprias invenções sobre as causas dos acontecimentos futuros, a fim de se tornarem mais capazes para governar aos demais, usando o máximo de seu poder.

## Capítulo XII
## Das religiões

Se considerarmos que sinais ou frutos de religião existem apenas no homem, não há motivo para duvidar de que só no homem existe a semente da religião, que consiste numa qualidade que lhe é peculiar, pelo menos num grau que não existe em qualquer outro ser vivente.

Em primeiro lugar, é próprio da natureza humana perguntar as causas dos acontecimentos; uns procuram mais, outros menos, mas todos os homens têm a curiosidade de conhecer as causas de sua sorte, seja ela boa ou má.

Em segundo lugar, considerando que todas as coisas tiveram um começo, é próprio dos homens pensar também nas causas que determinaram esse começo, num determinado momento, nem antes nem depois.

Em terceiro lugar, não existe, para os animais, qualquer outra felicidade a não ser desfrutar das delícias dos alimentos, do repouso e dos prazeres cotidianos, pois eles têm pouca ou nenhuma previsão do futuro, por falta de observação ou memória da ordem, consequência e dependência das coisas que estão por vir; ao contrário, o homem observa como se produziu um acontecimento e seus antecedentes e consequências; quando não pode, por si próprio, certificar-se das verdadeiras causas das coisas (porque, na maioria das vezes, as causas da boa ou má sorte são invisíveis), imagina determinadas causas impostas por sua imaginação, ou confia na autoridade de outros homens que supõe serem seus amigos e mais sábios que ele.

Os dois primeiros motivos causam ansiedade. Efetivamente, quando um homem está certo de que existem causas para todas as coisas que aconteceram ou vão acontecer, é impossível a ele, que se esforça continuamente por se defender do mal e procurar o bem desejado, não permanecer em perpétua angústia pelo tempo que virá. Portanto, cada homem, e especialmente os mais prudentes, enfrentam situação semelhante à de Prometeu. De fato, Prometeu (que significa homem prudente) estava preso no monte Cáucaso, num lugar de ampla visão, onde uma águia, alimentando-se de seu fígado, devorava de dia o que era reconstituído à noite. Assim, o homem que enxerga longe, preocupado com o futuro, tem, durante o dia inteiro, seu coração atemorizado com a ideia da morte, da pobreza e de outras calamidades, não gozando de repouso ou paz, a não ser dormindo.

Esse perpétuo temor, que sempre acompanhou a humanidade na ignorância das causas, como se ela estivesse em meio às trevas, precisa ter alguma coisa por objeto. Assim, quando as pessoas não sabem ou não veem nada, só podem culpar pela boa ou má sorte algum poder ou agente invisível. Nesse sentido, diziam os antigos poetas que os deuses haviam sido criados, originariamente, pelo temor humano, coisa verdadeira quando se referem aos deuses (isto é, aos numerosos deuses dos gentios). Entretanto, o reconhecimento de um Deus eterno, infinito e onipotente pode originar-se mais do desejo dos homens de conhecer as causas dos corpos naturais e de suas diversas virtudes e formas de operar do que do temor do que poderia suceder no futuro. Quem, por algum efeito que vê de um acontecimento passado, se pusesse a pensar na causa próxima e imediata, e daí na causa da causa, aprofundando-se na investigação de todas elas chegaria, ao final, à conclusão de que deve existir (como disseram os filósofos pagãos) um propulsor inicial, isto é, uma causa primeira e eterna para todas as coisas, que é o que os homens chamam de Deus. Tudo isso sem ter em conta sua sorte, uma vez que a solicitude por ela o levaria ao mesmo tempo a ter medo e a se afastar da busca das causas de outras coisas, propiciando, assim, a oportunidade de inventar tantos deuses quantos homens existem capazes de imaginar essa ficção.

Quanto à matéria ou substância dos agentes invisíveis, assim imaginados, chegamos, pelo discurso natural, ao conceito que coincide com a alma humana. E, como a alma do homem se assemelha à substância que surge nos sonhos de quem está adormecido, ou num espelho, para aqueles que estão acordados, os homens, ignorando que tais aparições não passam de criações da imaginação, acreditam serem elas substâncias reais e externas, denominando-as fantasmas, que os latinos conheciam por *imagines* e *umbrae*, e pensando que são espíritos, isto é, corpos fluidos. E consideram esses agentes invisíveis, que eles temem, como seres iguais aos homens, exceto pelo fato de aparecerem e desaparecerem quando lhes apetece. Pela própria natureza do homem, é impossível inculcar na mente humana a ideia de que tais espíritos são incorpóreos ou imateriais; por isso, os homens são capazes de juntar palavras de significado antagônico, como espírito e incorpóreo, sem nunca conseguir imaginar algo que corresponda a essa acepção. Logo, os homens que, por sua meditação, chegam ao reconhecimento da existência de um Deus infinito, onipotente e eterno preferem antes confessá-Lo incompreensível e situado além de seu entendimento a definir sua natureza como espírito incorpóreo, e, a partir disso, ter de admitir ininteligível a definição que fazem dele. Quando lhe dão esse título, não procedem dogmaticamente, com a intenção de tornar a Natureza Divina compreensível; ao contrário, comportam-se piedosamente, honrando-O com atributos cujo significado está o mais longe possível da rudeza dos corpos visíveis.

Então, seguindo o procedimento mediante o qual pensam que esses agentes invisíveis produziriam seus efeitos, quer dizer, que causas imediatas teriam usado para fazer as coisas ocorrerem, os homens que não conhecem o que chamamos causar (ou seja, quase todos) não têm outros meios de conjeturar a não ser observando e lembrando o que viram causar o mesmo efeito em outra ocasião, ou outras ocasiões, sem perceber nenhuma dependência ou conexão absoluta entre o evento antecedente e o consequente. Esperam das coisas que estão por vir o mesmo que das coisas sucedidas, e aguardam boa ou má sorte, supersticiosamente, de coisas que não têm parte alguma com as causas de tais sortes. Assim, os atenienses, durante a guerra de Lepanto, solicitaram outro Fórmio; a facção pompeiana, outro Cipião para a guerra na África; e outros fizeram pedidos análogos em ocasiões diferentes. Da mesma forma que os homens atribuem a sorte de determinada pessoa a um lugar feliz ou desgraçado, a certas expressões, especialmente se entre elas figura o nome de Deus, bem como a frases cabalísticas ou conjuros (a liturgia das bruxas), creem também ter o poder de transformar uma pedra em pão, o pão num homem ou qualquer coisa em qualquer coisa.

A veneração que os homens manifestam, por natureza, aos poderes invisíveis nada mais é que expressão de sua reverência perante outros homens: são os donativos, as petições, os agradecimentos, as oblações, as súplicas respeitosas, a conduta sóbria, as meditações, os juramentos (isto é, garantir a um outro que cumprirão suas promessas), que eles assumem ao invocar tais poderes. A razão nada inspira além disso, mas deixa que cada um persista nesse caminho, ou em outros ritos ainda, e confie nos que considera mais sábios.

No que diz respeito a como esses poderes invisíveis revelam aos homens o que vai ocorrer, especialmente sobre a boa ou má sorte, de modo geral, ou ao êxito feliz ou infeliz num empreendimento particular, todos os homens permanecem na mesma perplexidade, mas, acostumados a conjeturar sobre o futuro de acordo com o passado, consideram coisas casuais, depois que se repetem, como prognósticos, e acreditam em prognósticos análogos feitos por outros homens que acreditam ter bom juízo.

Assim, a crendice em fantasmas, a ignorância das causas, a devoção dos homens ao que temem e a tomada de coisas casuais como prognósticos consistem na semente natural da religião, que, em razão das diferentes imaginações, juízos e paixões dos diferentes homens, desenvolveu cerimônias tão diversas, que, realizadas por alguns homens, são ridículas a outros.

Essas sementes foram cultivadas por duas espécies diferentes de homens. Uma é constituída por aqueles que nutriram e ordenaram a matéria religiosa de acordo com sua própria invenção. A outra espécie de homens o fez sob o comando e direção de Deus. Ambas determinaram que os que confiassem nelas estariam mais aptos à obediência, às leis, à paz, à caridade e à sociedade civil. Assim, a religião do primeiro grupo é uma parte da política humana, ensinando alguns dos deveres que os reis terrenos impunham a seus súditos. A religião do segundo grupo é a política divina, que contém preceitos dirigidos àqueles que se elegeram súditos do Reino de Deus. Ao primeiro grupo pertencem todos os fundadores de governos e legisladores dos pagãos. Ao segundo, Abraão, Moisés e nosso senhor Jesus Cristo, dos quais emanaram as leis do Reino de Deus.

Com respeito a essa parte da religião, que consiste nas opiniões concernentes à natureza do poder invisível, quase nada existe com um nome que antes não tivesse sido estimado entre os gentios como um deus ou um diabo, em diferentes lugares, ou imaginado por seus poetas como um ser animado, habitado ou possuído por algum espírito.

A matéria do mundo era um deus denominado Caos.

O céu, o oceano, os planetas, o fogo, a terra e os ventos representavam os outros deuses.

Homens, mulheres, um pássaro, um crocodilo, uma vaca, um cachorro, uma cobra, uma cebola, um alho-poró foram deificados. Além disso, os gentios encheram todos os lugares com espíritos chamados demônios. As planícies com Pã ou sátiros. Os bosques com faunos e ninfas; o mar com tritãos e outras ninfas; cada rio e fonte com um fantasma com seu nome e também com ninfas; cada casa com lares, ou familiares; cada homem com seu gênio; o inferno com espíritos e seus acólitos, como Caronte, Cerbero e as fúrias; e, à noite, todos os lugares com larvas e lêmures, fantasmas de seres mortos e todo um reinado de fantasmas e duendes. Os gentios também atribuíam divindade e dedicavam templos a meros acidentes e qualidades, como o tempo, a noite, o dia, a paz, a concórdia, o amor, o ódio, a verdade, a honra, a saúde, a sagacidade, a febre e coisas semelhantes; e, quando rogavam a favor ou contra elas, o faziam como se os espíritos assim denominados pendessem sobre suas cabeças e deixassem cair o bem ou o mal pelo qual haviam orado. Invocavam, também, seus próprios gênios, chamando-os musas; sua própria ignorância, com o nome de sorte; seu próprio desejo, com o nome de Cupido; sua própria raiva, com o nome de fúria; seu próprio pênis, com o nome de Priapo; e atribuíam sua polução a íncubos e súcubos; portanto, não havia nada que um poeta pudesse introduzir em seus poemas que ele não tornasse um deus ou um demônio.

Os mesmos autores da religião dos pagãos, observando o segundo grupo de religião, que é a ignorância humana das causas e, por conseguinte, a tendência do homem a atribuir sua sorte a causas das quais não existe dependência evidente, aproveitaram a oportunidade para impor a essa ignorância, fazendo a vez de segundas causas, uma espécie de deuses secundários e ministeriais. Atribuíram a causa da fecundidade a Vênus, a causa das artes a Apolo, da sutileza e da sagacidade a Mercúrio, das tormentas e tempestades a Eolo e de outros efeitos a outros deuses, já que no céu existe uma grande variedade de deuses, tão grande como a dos negócios na terra.

Às formas de veneração que os homens acreditavam serem mais adequadas para seus deuses, como as oblações, as rezas, as ações de graça e demais manifestações anteriormente citadas, os mesmos legisladores dos pagãos acrescentaram imagens pintadas ou esculpidas, de tal forma que inclusive os mais ignorantes (a maior parte das pessoas), pensando nos deuses com base nessas representações, acabassem por vê-los encarnados nelas, aumentando assim o temor. Deram-lhes casas, terras e rendas, deixando-os fora do comércio humano, ou seja, santificando e consagrando seus ídolos, oferecendo-lhes cavernas, grutas, selvas, montanhas e ilhas; atribuíram-lhes figura e paixões humanas como sensação, linguagem, sexo, ansiedade e geração (entre eles, para propagar a linhagem dos deuses, e com homens e mulheres, para gerar deuses híbridos, mas que foram habitar o céu, como Baco, Hércules e outros); atribuíram-lhes ira, sede de vingança e outras paixões do ser humano, como também todos os atos que delas procedem, como a fraude, o adultério, o roubo, a sodomia e demais vícios que puderem ser tomados como efeito do poder ou como causa dos prazeres, bem como os vícios que se desenvolvem entre os homens, contra a lei e contra a honra.

Finalmente, aos prognósticos sobre o futuro, que não passam de conjeturas baseadas em experiências passadas e numa revelação sobrenatural e divina, os mesmos autores da religião dos pagãos, em parte tendo por base a pretensa experiência e em parte fundamentando-se na pretensa revelação, acrescentaram numerosas e supersticiosas formas de adivinhação e fizeram crer aos homens que encontrariam sua sorte, às vezes, nas respostas ambíguas dos sacerdotes de Delfos, Delos, Amon e outros famosos oráculos, respostas estas que eram propositadamente ambíguas, para se adequarem às possíveis eventualidades de um assunto, ou absurdas, em consequência das emanações tóxicas dessas cavernas sulfurosas onde se situavam os oráculos; às vezes, nas páginas das sibilas, cujas profecias, talvez como as de Nostradamus (pois os fragmentos conservados parecem invenção de épocas tardias), encontramos alguns livros que gozavam de grande reputação na época da República Romana; às vezes, nas palavras, desprovidas de significado, de loucos que as pessoas supunham estarem possuídos por um espírito divino, possessão conhecida como entusiasmo e forma de predizer acontecimentos chamada teomancia ou profecia; às vezes, no aspecto das estrelas no momento em que uma pessoa nascia, o que era conhecido como horoscopia, considerada parte da astrologia judiciária; às vezes, nas próprias esperanças e temores, pela chamada tumomancia, ou presságio; às vezes, nas predições dos magos que afirmavam conversar com os mortos, o que era conhecido como necromancia, conjuro e feitiçaria, e não passava de impostura ou fraude; às vezes, no voo casual das aves ou na maneira como se alimentavam, o que era conhecido como augúrio; às vezes, nas entranhas dos animais sacrificados, mediante a aruspicação; às vezes, nos sonhos; às vezes, no grasnar dos corvos ou no chilrear dos pássaros; às vezes nas linhas da face, pela chamada metoposcopia, ou, pela quiromancia, nas linhas da palma das mão ou, como muitos dizem, linhas do agouro; às vezes, em monstros ou em acidentes incomuns, como eclipses, cometas, meteoros raros, tremores de terra, inundações, nascimentos prematuros e fatos semelhantes, que recebiam o nome de *portenta* e *ostenta*, pois pareciam predizer ou pressagiar alguma futura calamidade; às vezes, em meros jogos de azar, como a loteria, a adivinhação do número de orifícios de uma peneira, o jogo de escolher versos de Homero e Virgílio e inumeráveis outros vãos conceitos análogos aos já citados. Assim, é muito fácil que os homens acreditem no que creram outros homens, e com muita agilidade e destreza é possível tirar partido de seu medo e ignorância.

Por essa razão, os primeiros fundadores e legisladores dos Estados entre os gentios, cuja finalidade era simplesmente manter a obediência do povo e a paz, se preocupavam com tudo. Em primeiro lugar, inculcar em suas mentes a convicção de que os preceitos que promulgavam concernentes à religião eram ditados por algum deus ou espírito, não devendo ser considerados como inspirados na conveniência; que, estando eles em condição superior à dos simples mortais, suas leis poderiam ser aceitas mais facilmente. Assim, Numa Pompílio tinha a pretensão de ter recebido da ninfa Egéria as cerimônias instituídas entre os romanos; o primeiro rei e fundador do reino do Peru afirmava serem ele e sua mulher filhos do

Sol; Maomé, ao estabelecer sua nova religião, presumia ter colóquios com o Espírito Divino, encarnado num pastor. Em segundo lugar, tiveram o cuidado de fazer crer que as coisas proibidas pelas leis desagradavam aos deuses. E, em terceiro lugar, trataram de prescrever cerimônias, cultos, sacrifícios e festividades por meio dos quais apaziguar a cólera dos deuses; os infortúnios das guerras, as enfermidades contagiosas, os terremotos e todas as demais misérias humanas dever-se-iam, segundo eles, à cólera dos deuses, que provinha da negligência na adoração e do esquecimento de algum detalhe nas referidas cerimônias. Assim, mesmo não sendo proibida, entre os antigos romanos, a incredulidade ante o que escreviam os poetas sobre as penas e os prazeres depois desta vida, crença que diversos indivíduos de grande autoridade satirizaram abertamente em suas arengas, essa crença foi muito mais estimada que a contrária.

Por meio dessas instituições, e de acordo com seus propósitos (a tranquilidade para o Estado), os legisladores conseguiram que a população considerasse que a causa de seus infortúnios eram a negligência e os erros praticados durante as cerimônias ou sua desobediência às leis, reduzindo, dessa forma, a possibilidade de movimentos de rebelião contra os governantes. Entretidos com a pompa e os passatempos dos festivais públicos, realizados em reverência aos deuses, o povo não precisava de mais nada, a não ser alimentos, para se abster de gestos de descontentamento e protesto contra o Estado. Assim, os romanos, tendo conquistado grande parte do mundo então conhecido, não tiveram escrúpulos em tolerar uma religião qualquer na cidade de Roma, salvo quando essa religião fosse incompatível com o governo civil; nunca lemos que alguma religião tenha sido proibida, exceto a dos judeus, os quais (pertencendo ao Reino de Deus) consideravam ilegal reconhecer-se como súditos de qualquer rei mortal ou Estado. Em resumo, a religião dos pagãos fazia parte da política de Roma.

Porém, onde o próprio Deus, por revelação sobrenatural, instituiu uma religião, ali também estabeleceu para si um reino peculiar, e criou leis, tanto para a conduta dos homens em relação a Ele, como para que se respeitassem entre si. Por isso, no Reino de Deus, a política e as leis civis fazem parte da religião, não havendo espaço para a distinção entre domínio temporal e espiritual. Seguramente, Deus é o rei de toda a terra, mas pode ser também o rei de uma nação em particular. Nisso não há nenhuma incongruência, como não a há, também, em que quem exerce o comando de todo um exército possa ser o comandante de um regimento ou de uma companhia particular. Deus é rei de toda a terra em razão de seu poder, mas, do povo escolhido, é rei em virtude de um pacto.

Considerando como se propagou a religião, não é difícil compreender as causas de seu caráter resoluto, presente nas primeiras sementes ou princípios, que são uma opinião a respeito de uma divindade invisível e sobrenatural, e de seus poderes. Nada pode arrancar essas sementes da natureza humana, mas, com isso, podem também surgir novas religiões, diante da cultura de certos homens, que gozam de reputação para tais propósitos.

Se notarmos que toda religião se baseia na fé que uma multidão deposita em certa pessoa, acreditando ser ela um homem sábio, que trabalha para proporcionar-lhe felicidade, mas que também é um homem santo, escolhido por Deus para declarar-lhe Sua vontade por via sobrenatural, deduziremos, necessariamente, que, quando as pessoas suspeitam da sabedoria, sinceridade e amor de quem governa uma religião, ou quando este não é capaz de apresentar qualquer sinal da revelação divina, a religião que deseja instituir resulta igualmente suspeita e, se não houver o temor da espada civil, contestada e repudiada.

O que destrói a reputação de sabedoria de quem institui uma religião ou de quem acrescenta algo a uma religião já formada é a imposição de crenças contraditórias. Efetivamente, não é possível que as duas partes de uma contradição sejam verdadeiras; portanto, ordenar a crença em coisas contraditórias é prova de ignorância, que revela seu autor e o desacredita em tudo o mais que propõe como revelação sobrenatural; de fato, a revelação pode estar acima da razão, mas nunca contra ela.

O que destrói a reputação de sinceridade é fazer ou dizer coisas que mostrem que a pessoa não crê naquilo que exige que os outros homens creiam. Assim, tudo quanto alguém que assim age faz ou diz é tido como escandaloso, pois representa uma pedra de tropeço para os homens no caminho da religião: injustiça, crueldade, hipocrisia, avareza e luxúria. Afinal, quem acreditaria que alguém que, ordinariamente, pratica ações que têm uma dessas origens crê na existência de um poder invisível que deva ser temido por homens que tenham cometido faltas bem menos graves?

O que destrói a reputação de amor é perceber que a pessoa persegue fins particulares: por exemplo, quando a fé exigida dos outros conduz ou parece conduzir à obtenção de domínios, riquezas, dignidades ou prazeres seguros apenas ou especialmente por quem a prega. Os que procuram benefícios para si mesmos não o fazem por amor ao próximo.

Finalmente, o testemunho que os homens podem apresentar de eleição divina não é outro senão a realização de milagres, a manifestação de profecias verdadeiras (que são também um milagre) ou uma extraordinária felicidade. Tendo como referência esses itens da religião, aqueles que não provam sua vocação divina com algum feito milagroso não inspiram maior fé do que aquela que os costumes e leis dos lugares onde foram educados estabeleceram. Os homens de bom senso requerem sinais sobrenaturais (milagres) antes de demonstrar nítida aquiescência.

Todas as causas de debilidade da fé humana aparecem nitidamente nos seguintes exemplos. Em primeiro lugar, o exemplo dos filhos de Israel, os quais, quando Moisés, que havia provado sua vocação divina por meio de milagres e pelo sucesso da condução de seu povo através do deserto, na fuga do Egito, se ausentou por 40 dias, se rebelaram contra o verdadeiro culto de Deus, que lhes fora recomendado por Moisés. Elegeram um bezerro de ouro como Deus (Ex 32,1-5) e caíram na idolatria dos mesmos egípcios dos quais haviam acabado de se libertar. E depois de mortos Moisés, Aarão, Josué e a geração que presenciara as grandes obras de Deus em Israel, surgiu outra geração que adorou Baal (Jz 2,11). Assim, falhando os milagres, falhou também a fé.

Novamente, quando os filhos de Samuel, constituídos por seu pai juízes em Bersabeia, receberam presentes a fim de fazerem julgamentos injustos, o povo de Israel recusou-se a aceitar Deus como rei, uma vez que ele era também rei de outros povos. Exigiram de Samuel que fosse eleito um rei, da mesma forma como o haviam feito outros povos (1Sm 8,1-5). Então, falhando a justiça, falhou também a fé, a ponto de terem os israelitas deposto a soberania de seu Deus.

Quando foi constituída a religião cristã, cessaram os oráculos em todo o Império Romano, crescendo espetacularmente, dia após dia, o número de cristãos, graças à pregação dos apóstolos e dos evangelistas. Isso se deveu, em parte, ao desprezo suscitado pelos sacerdotes dos pagãos, que haviam cometido atos de avareza e despudor e, ainda, tinham sido condescendentes com os príncipes. Assim também, a religião da Igreja de Roma foi, diante quase da mesma causa, abolida na Inglaterra e em algumas outras partes da cristandade. Então, falhando a virtude dos pastores, falha também a fé do povo. Isso se deu, em parte, pela introdução da filosofia de Aristóteles na religião, por obra dos escolásticos, disso derivando tantas contradições e absurdos, que o clero mereceu a reputação de ignorância e falsas intenções; o povo rebelou-se contra o clero, contrariando até a vontade de seus príncipes, como na França e na Holanda, ou com sua aquiescência, como na Inglaterra.

Por fim, entre os pontos declarados pela Igreja de Roma como necessários à Salvação, existem tantos referentes a vantagens para o papa e tantos em proveito de seus súditos espirituais que residem em territórios de outros príncipes cristãos, que, se não fosse a rixa entre esses príncipes, eles poderiam ter excluído de seus reinos toda e qualquer autoridade estrangeira, sem guerras ou perturbações da ordem, como ocorreu na Inglaterra. Afinal, haveria alguém que não perceba quem se beneficia com a crença de que um rei não tem sua autoridade aceita por Deus a não ser quando um bispo o coroa? De que um rei, se for sacerdote, não pode contrair matrimônio? De que um príncipe ter sido gerado fora de um matrimônio legal é assunto a ser julgado pela autoridade de Roma? De que os súditos podem se ver livres de sua submissão se a corte de Roma julgar o rei um herege? De que um rei, como Chilperico da França, possa ser deposto por um papa, como o papa Zacarias, sem nenhum motivo, e seu reino entregue a um de seus súditos? De que o clero secular e regular, em caso de criminalidade, não deve ser julgado pela jurisdição de seu rei? Ou quem não percebe que os emolumentos das missas particulares e das indulgências servem a interesses particulares, a ponto de poder matar a mais ardente fé, se, como eu já disse, ela não fosse sustentada mais pelo poder civil do que pela opinião que as pessoas têm da sabedoria, da santidade e da probidade de seus mestres? Assim, posso atribuir todas as mudanças de religião verificadas no mundo a uma única e mesma causa, a saber, os sacerdotes inconvenientes, não apenas católicos, mas também dessa Igreja que mais pretendeu ter sido reformada.

## Capítulo XIII

### Da condição natural do gênero humano no que concerne a sua felicidade e a sua desgraça

A Natureza criou os homens tão iguais nas faculdades do corpo e do espírito que, se um homem, às vezes, é visivelmente mais forte de corpo ou mais sagaz do que outro, quando considerados em conjunto a diferença entre um homem e outro não é tão relevante que possa fazer um deles reclamar para si um benefício qualquer a que o outro não possa aspirar tanto quanto ele. No que diz respeito à força corporal, o mais fraco tem força suficiente para matar o mais forte, seja por meio de maquinações secretas ou aliando-se a outro que se ache no mesmo perigo em que ele se encontra.

Quanto às faculdades mentais, ainda encontro maior igualdade entre os homens dos que na força, desde que deixe de lado as artes baseadas nas palavras e, em particular, aquela habilidade de atuar de acordo com regras gerais e infalíveis que se chama ciência, que muito poucos possuem e sobre poucas coisas, já que não se trata de uma faculdade inata nem alcançada, como a prudência, enquanto perseguimos algo distinto.

Pois a prudência nada mais é que a experiência, alcançada sem diferenciação por todos os homens, em igual tempo, nas coisas a que se consagram com igual intensidade. O que talvez torne tão incrível essa igualdade é um vão conceito da própria sabedoria, que a maior parte dos homens pensa possuir em grau mais alto do que o homem vulgar; isto é, mais do que todos os homens, com exceção deles mesmos e de alguns mais, cuja fama reconhecem ou por considerá-los seus iguais. Essa é, pois, a natureza dos homens, que, mesmo reconhecendo a maior sagacidade dos outros, por serem mais eloquentes ou mais cultos, dificilmente chegam a admitir que existem muitos outros homens tão sábios quanto eles: sua perspicácia está ao alcance da mão, enquanto a dos outros se encontra mais distanciada. Isso prova que são bem mais iguais do que desiguais. Assim, mesmo que normalmente haja uma distribuição equitativa, o homem não se contenta com a parte que lhe cabe.

Dessa igualdade de capacidade entre nós resulta a igualdade de esperança quanto ao nosso fim. Essa é a causa pela qual os homens, quando desejam a mesma coisa e não podem desfrutá-la por igual, tornam-se inimigos e, no caminho que conduz ao fim (que é, principalmente, sua sobrevivência e, algumas vezes, apenas seu prazer), tratam de eliminar ou subjugar uns aos outros. Um agressor teme somente o simples poder de outro homem; se alguém semeia, constrói ou possui uma área conveniente, pode estar certo de que chegarão outros que, unindo suas forças, procurarão despojá-lo e privá-lo do fruto de seu trabalho e até de sua vida ou liberdade. O invasor, por seu turno, assumirá o mesmo perigo enfrentado por aquele cuja propriedade invadiu e a quem subjugou.

Em vista dessa situação de desconfiança mútua, não há nenhuma forma de proteger a si mesmo tão razoável quanto a antecipação, isto é, dominar mediante a força ou a astúcia a tantos homens quanto for possível, por tempo suficiente para que nenhum outro poder o ameace. Tal atitude nada mais é que a própria sobrevivência e, geralmente, é permitida. E ainda, sendo que alguns se comprazem em contemplar seu poder nos atos de conquista, agindo além do requerido pela segurança, outros, que em circunstâncias diferentes seriam felizes mantendo-se dentro de limites modestos, não sobreviverão durante muito tempo se não aumentarem sua força por meio da invasão e permanecerem apenas no plano defensivo. Portanto, é permitido ao homem aumentar seu domínio sobre seus semelhantes, uma vez que isso é necessário a sua sobrevivência.

Além disso, os homens não sentem nenhum prazer (ao contrário, um grande desgosto) em se reunir quando não há um poder que se imponha sobre eles. Cada homem considera que seu semelhante deve valorizá-lo tanto quanto ele se valoriza e, em presença de sinais de desprezo ou subestimação, procura, na medida do possível (os que não reconhecem nenhum poder que os sujeite destroem-se mutuamente), arrancar maior estima: de seus contendores, infligindo-lhes algum dano; de outros, mediante o exemplo.

Assim, existem na natureza humana três causas principais de disputa: competição, desconfiança e glória.

A competição impulsiona os homens a se atacarem para lograr algum benefício, a desconfiança garante-lhes a segurança e a glória, a reputação. A primeira causa leva os homens a utilizarem a violência para se apossar do pessoal, da esposa, dos filhos e do gado de outros homens; a segunda os leva a usar a violência para defender esses bens; a terceira os faz recorrer à força por motivos insignificantes, como uma palavra, um sorriso de escárnio, uma opinião diferente da sua ou qualquer outro sinal de subestima direta de sua pessoa, ou que se reflita sobre seus amigos, sua nação, sua profissão ou o nome de sua família.

Por isso, quando não existe um poder comum capaz de manter os homens numa atitude de respeito, temos a condição do que denominamos guerra; uma guerra de todos contra todos. Assim, a guerra não é apenas a batalha ou o ato de lutar, mas o período de tempo em que existe a vontade de guerrear; logo, a noção de tempo deve ser considerada como parte da natureza da guerra, tal como é parte da noção de clima. Da mesma forma que a natureza do mau tempo não consiste em algum chuvisco, mas numa tendência à chuva intermitente com duração de dias, a natureza de guerra não consiste na luta real, mas na disposição para ela durante todo o tempo em que não há segurança do contrário. O tempo restante é de paz.

Portanto, tudo o que é válido para os homens em tempo de guerra, quando uns são inimigos dos outros, o é, também, durante o tempo em que os homens vivem sem outra segurança a não ser a da própria força e a da própria criatividade. Nesse tempo não pode haver lugar para a faculdade inventiva, pois seus resultados são incertos; consequentemente, não é possível cultivar a terra nem navegar, e não são utilizadas mercadorias importadas que cheguem por via marítima; não há construções cômodas, nem máquinas para remover grandes pesos; o conhecimento não se desenvolve sobre a face da terra; o tempo não é contado; não há artes; não há cartas nem sociedade; e, o que é pior: há um temor contínuo e a ameaça de morte violenta. A vida do homem é, então, solitária, pobre, embrutecida e curta.

Quem não pondera sobre essas coisas poderá estranhar que a Natureza dissocie os homens e os torne propensos a se atacarem e destruírem. Pode ocorrer que, não confiando nessa inferência, baseada nas paixões, o homem deseje ver a mesma confirmada pela experiência. Cuide ele, então, de considerar consigo mesmo: quando empreende uma viagem, ele se arma e procura ir acompanhado; ao recolher-se, fecha bem as portas de sua casa e, mesmo estando dentro dela, tranca arcas e armários; isso tudo mesmo diante do conhecimento de que existem leis e funcionários públicos armados para defendê-lo e revidar a qualquer injúria que lhe venha a ser feita. O que pensa ele de seus concidadãos, quando se arma para viajar, quando tranca as portas de seu quarto e dos quartos de seus filhos e empregados? Isso não é o mesmo que desconfiar de toda a humanidade e acusá-la, como eu faço com as minhas palavras? Não estamos, com isso, acusando a natureza humana. Desejos e paixões não são intrinsecamente pecados, como também não o são as ações resultantes dessas paixões, até o momento em que seja editada uma lei que as proíba; enquanto não existir uma lei, a proibição será inócua. Nenhuma lei poderá ser editada enquanto os homens não entrarem num acordo e designarem uma pessoa para promulgá-la.

Alguém talvez possa pensar que nunca existiu um tempo ou condição para uma guerra semelhante; eu creio mesmo que, de modo geral, nunca ocorreu em lugar algum do mundo; entretanto, há lugares em que o modo de vida é esse. Os povos selvagens de vários lugares da América, com exceção do governo de pequenos grupos, cuja concórdia depende da concupiscência natural, não possuem um governo geral e vivem, em nossos dias, da forma embrutecida acima referida. É fácil conceber como teria sido a vida quando não existia um poder comum a temer, pois o regime de vida dos homens que antes viviam sob um governo pacífico pode degenerar-se numa guerra civil.

Mesmo não tendo existido um tempo em que todos os homens tenham estado em guerra, lutando uns contra os outros, sempre existiram reis ou outras autoridades soberanas que, para defender sua independência, viveram em eterna rivalidade, como os gladiadores, mantendo suas armas apontadas sem se perderem de vista, ou seja, seus fortes e guarnições em estado de vigia, seus canhões preparados, guardando as fronteiras de seus reinos e, ainda, espionado territórios vizinhos. Tudo isso não é uma guerra, mas uma postura de guerra. Entretanto, é dessa forma que os soberanos protegem os empreendimentos de seus súditos, banindo a miséria que acompanha a liberdade de indivíduos isolados.

Há uma consequência dessa guerra entre os homens: nada pode ser injusto. As noções de bem e mal, de justiça e injustiça, não encontram lugar nesse procedimento; não há lei onde não há poder comum e, onde não há lei, não há injustiça. As duas principais virtudes na guerra são a força e a fraude. Justiça e injustiça não pertencem às faculdades do corpo e do espírito; se assim fosse, existiriam num homem sozinho no mundo, da mesma forma que suas sensações e paixões. Justiça e injustiça só existem entre os homens em sociedade, nunca no isolamento. É natural, também, que não exista propriedade ou domínio, nem distinção entre o que é seu e o que é meu. Apenas pertence a cada homem o que ele é capaz de obter e conservar. O homem, por obra da Natureza, encontra-se, pois, nessa miserável condição, embora tenha a possibilidade de superar esse estado contando com suas paixões e sua razão.

As paixões que inclinam o homem a querer a paz são o medo da morte, o desejo das coisas que lhe dão conforto e a esperança de obtê-las por meio de seu trabalho. A razão sugere normas de paz adequadas, que podem ser alcançadas pelos homens mediante o mútuo acordo. Essas normas são conhecidas como leis da Natureza, sobre as quais falarei mais especificamente nos dois próximos capítulos.

## Capítulo XIV
## Da primeira e da segunda leis naturais, e dos contratos

O direito natural, a que muitos autores comumente chamam *jus naturale*, é a liberdade que cada homem tem de utilizar seu poder como bem lhe aprouver, para preservar sua própria natureza, isto é, sua vida; consequentemente, é a liberdade de fazer tudo aquilo que, segundo seu julgamento e razão, é adequado para atingir esse fim.

Entendemos por liberdade, conforme o significado da própria palavra, a ausência de empecilhos externos, que podem, muitas vezes, tirar parte do poder de cada um de agir como quiser, mas não impedir que cada pessoa use o poder restante de acordo com seu julgamento e razão.

A lei natural (*lex naturalis*) é a norma ou regra geral estabelecida pela razão que proíbe o ser humano de agir de forma a destruir sua vida ou privar-se dos meios necessários a sua preservação. Em vista da confusão entre *jus* e *lex*, direito e lei, feita pelos que têm tratado desse assunto, é preciso fazer distinção entre esses enunciados. Assim, o direito é a liberdade de agir ou de omitir, enquanto a lei obriga a agir ou omitir. Portanto, entre a lei e o direito há a mesma diferença que existe entre a obrigação e a liberdade, que são incompatíveis quando dizem respeito à mesma matéria.

Uma vez que a condição humana (como vimos no capítulo anterior) é a da guerra de uns contra os outros, cada qual governado por sua própria razão, e não havendo algo de que o homem possa lançar mão para ajudá-lo a preservar a própria vida contra os inimigos, todos têm direito a tudo, inclusive ao corpo alheio. Assim, perdurando esse direito de cada um sobre todas as coisas, ninguém poderá estar seguro (por mais forte e sábio que seja) de que viverá durante todo o tempo que normalmente a Natureza nos permite viver. O esforço para obter a paz, durante o tempo em que o homem tem esperança de alcançá-la, fazendo, para isso, uso de toda as ajudas e vantagens da guerra, é uma norma ou regra geral da razão. A primeira parte dessa regra encerra a lei fundamental da Natureza, isto é, procurar a paz e segui-la. A segunda, a essência do direito natural, que é defendermo-nos por todos os meios possíveis.

Da lei fundamental da Natureza, que ordena aos homens que procurem a paz, deriva esta segunda lei: o homem deve concordar com a renúncia a seus direitos sobre todas as coisas, contentando-se com a mesma liberdade que permite aos demais, na medida em que considerar tal decisão necessária à manutenção da paz e de sua própria defesa. Se cada qual fizer tudo aquilo a que tem direito, reinará a guerra entre os homens. Entretanto, se todos os outros homens não renunciarem a seus direitos, não haverá razão para que alguém se prive daquilo a que tem direito, pois isso significaria oferecer-se como presa (ao que ninguém é obrigado), e não dispor-se à paz. Esta é a lei do Evangelho: "Tudo aquilo que queres que os outros te façam, faze-o tu a eles", e esta a lei de todos os homens: *Quod tibi fieri non vis, alteri ne feceris* ("Não faças aos outros o que não queres que te façam").

Renunciar ao direito a algo é o mesmo que se privar da liberdade de negar a outro homem o benefício de seu direito à mesma coisa. Aquele que abandona ou renuncia a seu direito não dá a outrem um direito que já não tivesse, pois, por natureza, não existe nada a que o homem não tenha direito; ele apenas se afasta do caminho alheio, não impondo obstáculos a que o outro goze de seu direito. Então, a consequência resultante da desistência de um direito é simplesmente a redução dos impedimentos ao uso do direito natural.

Um direito é abandonado mediante a simples renúncia ou por sua transferência a outrem. É abandonado pela simples renúncia quando não importa a quem o ato beneficiará; transferido, quando pretendemos beneficiar determinada pessoa ou pessoas. Mas, no momento em que alguém abandona ou renuncia a seu direito, fica obrigado ou forçado a não impedir aqueles a quem o direito tenha sido cedido de gozarem do respectivo benefício; é seu dever não anular esse seu ato voluntário; o impedimento é injustiça e injúria, uma vez que é *sine juri*, já que a pessoa transferiu ou renunciou ao direito. Assim, injustiça e injúria, nas controvérsias do mundo, são aquilo que, nas disputas escolásticas, é chamado de absurdo. Tal como para os escolásticos é absurdo contradizer o que inicialmente foi sustentado, no mundo é injustiça ou injúria desfazer, voluntariamente, o que havia sido feito anteriormente. A forma como um homem simplesmente renuncia ou transfere seu direito é uma declaração mediante sinais voluntários e suficientes de que renuncia ou transfere, renunciou ou transferiu seu direito àquele que o aceitou. Esses sinais podem ser palavras ou ações, ou ambas, como acontece com maior frequência. E essas palavras ou ações são os vínculos mediante as quais os homens ficam vinculados e obrigados, vínculos cuja força não vem de sua própria natureza (pois nada se rompe mais facilmente que a palavra de um homem), mas do medo de alguma consequência ruim da ruptura.

Um homem, ao transferir um direito ou renunciar a ele, o faz levando em consideração o direito que lhe foi reciprocamente transferido, ou com a esperança de ser beneficiado. É um ato voluntário, e todo homem pratica um ato voluntário esperando alcançar algum benefício. Portanto, sobre alguns direitos, é impossível admitir que algum homem, por quaisquer palavras ou outros sinais, possa abandoná-los ou transferi-los. Em primeiro lugar, ninguém renuncia ao direito de revidar ao ataque de quem, pela força, tenta tirar-lhe a vida, dado que é impossível admitir que, por meio disso, vise a algum benefício próprio. O mesmo pode ser dito de ferimentos, cárcere e qualquer tipo de aprisionamento, pois tais coisas não trazem qualquer benefício; ninguém sofrerá, com paciência, o castigo de ser aprisionado ou ferido por seu semelhante, até porque ninguém pode dizer, quando vê que outros avançam contra ele com meios violentos, se eles têm a intenção de matá-lo ou não. Por último, o motivo e o fim pelos quais se verifica a transferência e a renúncia do direito nada mais são senão a certeza da segurança pessoal de um homem, quanto a sua vida e aos meios de preservá-la, sem nunca se cansar. Portanto, se, por meio de sinais ou palavras, o homem parece se despojar do fim para o qual esses sinais foram criados, isso não significa que é isso mesmo que ele pretende dizer, ou que essa é sua vontade, mas que ele ignora como essas palavras e ações serão interpretadas.

Contrato é a palavra com que os homens designam a transferência mútua de direitos.

A transferência mútua de direitos sobre uma coisa é diferente da transferência ou tradição da coisa propriamente dita; a coisa pode ser entregue concomitantemente à translação do direito, como na compra e venda à vista, ou na troca de bens e terras, ou mesmo ser entregue após algum tempo.

Um dos contratantes pode, por sua vez, entregar o que foi contratado e esperar que o outro cumpra a sua parte num determinado momento posterior, confiando em sua palavra. Nesse caso, o contrato se chama pacto ou convenção. As duas partes podem contratar no presente aquilo que será cumprido no futuro; nesse caso, em vista da confiança naquele que deverá cumprir sua parte, sua atitude é chamada de observância da promessa ou fé; a falta de cumprimento (se voluntária) é a chamada violação da fé.

Se a transferência do direito não for mútua, mas uma das partes transferir seu direito esperando conquistar a amizade ou os serviços de outrem ou de seus amigos, esperando ser considerado caridoso ou magnânimo ou libertar-se do sofrimento da compaixão, ou, ainda, esperando ser recompensado no céu, nesses casos não há contratos, mas doação, dádiva ou graça, palavras que têm o mesmo significado.

Os sinais de contrato podem ser expressos ou reconhecidos por inferência. Sinais expressos são palavras ditas com o entendimento do que elas significam, e essas palavras podem referir-se ao presente ou ao passado, como *dou*, *concedo*, *dei*, *concedi*, *quero que isto seja teu*, ou ao futuro, como *darei*, *concederei*, sendo as palavras relativas ao futuro denominadas promessas.

Os sinais reconhecidos por inferência são, algumas vezes, consequência das palavras; outras vezes, consequência do silêncio; outras, ainda, consequência de ações ou de omissões de ações. Um sinal reconhecido por inferência, de qualquer contrato, geralmente revela a vontade do contratante.

As palavras, quando se referem ao futuro, encerrando simples promessa, por si só não são sinais suficientes de doação e, por conseguinte, não são obrigatórias. Quando as palavras se referem a algo que está por vir, como, *darei amanhã*, significam que eu ainda não dei e que, por conseguinte, meu direito ainda não foi transferido, continuando a ser meu até que, por outro ato, seja transferido. Entretanto, se as palavras se referirem ao presente ou ao passado, como *dei* ou *dou, para ser entregue amanhã*, meu direito de amanhã é abandonado hoje, em virtude dessas próprias expressões, mesmo não havendo qualquer outro argumento da vontade. Há uma grande diferença entre o significado de *volo hoc tuum esse cras* e *cras dabo*, isto é, entre *quero que isto seja teu amanhã* e *dar-te-ei isto amanhã*. A primeira expressão indica a vontade presente e a segunda, um ato da vontade futura. Assim, a primeira frase, apesar de estar no presente, transfere um direito futuro e a segunda, que é futura, nada transfere. Havendo, porém, outros sinais da vontade de transferência do direito, além das palavras, mesmo que a doação seja livre, consideramos que o direito foi transmitido por meio de palavras do futuro. Assim, por exemplo, se alguém oferece um prêmio ao vencedor da corrida, a doação é livre; então, embora as palavras sejam referentes ao futuro, o direito é transmitido, uma vez que expressam a vontade por meio das palavras de quem as proferiu.

O direito, nos contratos, não é transmitido apenas quando as palavras se referem ao presente ou ao passado, mas também quando as palavras estão no futuro, uma vez que todo contrato é uma translação ou troca mútua de direitos. Portanto, mesmo quando alguém apenas promete, devemos entender, pelo fato de essa pessoa já ter sido beneficiada em vista do que prometeu, que ela tem a intenção de que o direito seja transmitido; se não tivesse a intenção de que suas palavras fossem entendidas, o outro não teria cumprido sua parte. Assim, na compra e venda, e em outros atos realizados sob contrato, uma promessa equivale a um pacto, sendo, portanto, obrigatória.

Quem cumpre primeiro sua parte num contrato merece o cumprimento da outra parte considerada devida. Quando alguém promete um prêmio ao vencedor ou lança moedas no meio de um grupo, determinando que elas pertencerão a quem as apanhar, isso equivale a dizer que vencer ou apanhar é merecer e ter o prêmio como devido, pois o dinheiro é transferido mediante a oferta do prêmio ou o ato de atirar o dinheiro, apesar de não estar determinado para quem será transferido, decisão alcançada mediante o certame. São duas espécies diferentes de mérito. A diferença consiste em que, no contrato, o mérito resulta do próprio poder e da necessidade do contratante, enquanto, no caso da doação, o merecimento é fruto da benevolência do doador. Num contrato, há o merecimento do direito a que uma das partes renunciou; na doação, não há o merecimento desse direito, mas, quando esse direito é oferecido, há o merecimento de que esse direito possa vir a pertencer a uma pessoa em vez de outra. E esse, penso eu, é o significado da distinção estabelecida pelos escolásticos entre *meritum congrui* e *meritum condigni*. Deus Todo-Poderoso prometeu o Paraíso aos homens, dominados pelos desejos carnais, que conseguirem passar pela terra observando os preceitos e os limites estabelecidos por Ele; eles merecerão, então, o Paraíso *ex congruo*. Como nenhum homem pode reclamar seus direitos em vista de sua retidão e em razão de seus poderes, a não ser pela graça de Deus, não merece o Paraíso *ex condigno*. Não é possível afirmar a exatidão dessa distinção, pois há muita discussão a respeito dos termos; assim, limito-me a dizer apenas isto: quando uma doação é indefinida, como no caso de um prêmio a ser disputado, o vencedor o merece, podendo reclamar o prêmio devido.

Num pacto em que ninguém cumpre prontamente sua parte, mas em que há confiança mútua, na condição de simples natureza (condição de guerra de todos contra todos), se houver uma mínima suspeita, desde que seja razoável, o pacto torna-se nulo. Entretanto, se existir um poder acima daquele dos contratantes, com força e direito suficientes para impor o cumprimento do pacto, ele não será nulo. As palavras, sozinhas, são insuficientes para fazer que seja garantido o cumprimento por ambas as partes, pois são fracas diante da ambição, da avareza, da cólera e de outras paixões dos homens, quando estes não sentem o temor de um poder coercitivo; esse poder não existe na condição de mera natureza, em que todos os homens são iguais e juízes da retidão de seus próprios temores. O que cumpre primeiro confia, contrariando o direito (que não deve nunca abandonar) de defender sua vida e seus meios de sobrevivência.

Num Estado civil onde existe um poder apto a coagir os que, de alguma forma, violaram sua palavra, esse temor não é razoável e, então, por isso, quem, em virtude do pacto, está obrigado a ser o primeiro a cumprir com sua parte tem o dever de fazê-lo.

O temor que pode invalidar um pacto e que surge depois que ele está fechado tem sua causa em algo novo ou em algum sinal da vontade de não cumprimento. Em nenhum outro caso o pacto pode ser anulado. O que impede um homem de prometer não pode ser admitido como impedimento do cumprimento.

Quem transfere qualquer direito transfere, igualmente, os meios para usufruí-lo enquanto está sob seu domínio. Assim, quem transfere um terreno transfere juntamente as plantas nele existentes. Quem vende um moinho não pode subtrair a energia que o movimenta. Aqueles que entregam a um homem o poder de governar soberanamente lhe entregam, também, o direito de recolher impostos para pagar seus soldados e os magistrados que se encarregarão da justiça.

Não fazemos pactos com os animais, porque eles não entendem nossa linguagem e, portanto, não podem compreender e aceitar qualquer translação de direito, nem tampouco transferir direito algum a outrem; não existe pacto sem mútua aceitação.

Também não é possível fazer pactos com Deus, a não ser pela mediação daqueles com que Deus falou, seja por meio da revelação sobrenatural, seja por meio de Seus mensageiros, que falam em Seu nome. De outra forma, é impossível saber se nossos pactos foram ou não aceitos. Assim, os que fazem voto de algo contrário à lei natural fazem voto em vão, pois seu cumprimento seria injusto. Sendo alguma coisa ordenada pela lei natural, é a lei que estabelece o vínculo, não o voto.

O objeto ou matéria de um pacto está sempre sujeito à deliberação (fazer um pacto é um ato de vontade, isto é, o último ato da deliberação), sendo, portanto, algo possível de ser cumprido no futuro por aquele que faz o pacto.

Assim, prometer aquilo que de antemão sabemos que é impossível não é um pacto. Mas, se algo que anteriormente foi considerado possível se tornou impossível, o pacto é válido e obriga os contratantes a arcarem, se não com a coisa mesma, pelo menos com seu valor; se, de fato, for mesmo impossível cumprir o pacto em sua totalidade, deverá ser feita uma tentativa, sem fingimentos, de cumpri-lo pelo menos em parte; ninguém está obrigado a mais do que isso.

Os homens ficam livres dos pactos efetuados por dois caminhos: pelo cumprimento ou sendo perdoados. O fim natural da obrigação é o cumprimento, enquanto o perdão é a restituição da liberdade, constituindo a retransferência do direito em que consistia a obrigação.

Aceitos por temor, na condição de simples natureza, os pactos são obrigatórios. Assim, se alguém se compromete a pagar a um inimigo um resgate ou um serviço em troca da vida, fica vinculado por esse pacto, que é um contrato por meio do qual um recebe o benefício da vida e, o outro, dinheiro ou serviço em troca dela. Assim, quando não há outra lei (na condição de simples natureza) proibindo o cumprimento do pacto, ele é válido. Consequentemente, os prisioneiros de guerra que se comprometem a pagar seu resgate ficam obrigados a pagá-lo. Se, por temor, um príncipe assina um tratado de paz desvantajoso para seu reino com um príncipe mais forte, fica obrigado a respeitar o pacto, a não ser (como dissemos antes) que surjam fatos novos e outros motivos de temor que obriguem a reiniciar a guerra. Um habitante de um Estado que prometa dinheiro a um ladrão para se ver livre dele é obrigado a pagá-lo, a não ser que seja dispensado pela lei civil. Tudo o que é feito legitimamente, sem obrigação, pode também ser objeto de um pacto por temor; o que for compactuado legitimamente não pode ser rompido também legitimamente.

Um pacto anterior anula outro posterior. Um homem que transferiu hoje seu direito a outro não pode, amanhã, transferi-lo a um terceiro; por conseguinte, a promessa posterior não se efetua conforme o direito, sendo, portanto, nula.

Um pacto de não me defender, pela força, contra a força é nulo. Ninguém (como eu disse acima) pode transferir ou renunciar a seu direito de evitar a morte, os ferimentos e a prisão (que é o único fim da renúncia ao direito); assim, a promessa de não fazer resistência à força não transfere nenhum direito, mediante nenhum tipo de pacto, nem é obrigatória. Embora possamos fazer um pacto com os seguintes termos: “Se eu não fizer isto ou aquilo, podes me matar”, não podemos fazer um pacto com estes termos: “Se eu não fizer isto ou aquilo, não me defenderei quando vieres me matar”. Por natureza, o homem escolhe sempre o mal menor, isto é, o perigo de morte ao resistir, e nunca o mal maior, que é a morte certa e imediata se não resistir. Todos os homens reconhecem ser essa uma verdade, quando enviam os criminosos à execução ou ao cárcere, vigiados por guardas, mesmo quando esses criminosos aceitaram a sentença que os condenou.

É igualmente inválido o pacto em que uma pessoa acusa a si mesma, sem garantia de perdão, pois, na condição natural, em que todo homem é um juiz, ele não pode acusar a si mesmo, e, num Estado civil, a acusação é sempre seguida de uma punição, que, sendo uma força, não somos obrigados a tolerar. O mesmo vale para a acusação daquelas pessoas cuja condenação lança um homem na miséria, como a de um pai, de uma esposa ou de um benfeitor. Um testemunho de acusação como o desses casos, quando não é prestado voluntariamente, está, presumivelmente, corrompido por natureza, não sendo admissível; quando o testemunho de um homem não recebe crédito, o homem fica desobrigado de prestá-lo. Da mesma forma, não são válidas como testemunho as acusações feitas sob tortura, pois a tortura é empregada como meio de conjetura e esclarecimento num exame posterior ou na busca da verdade, quando a confissão contribui para aliviar o torturado, e não para informar os torturadores. Esse testemunho, portanto, não é válido, pois o torturado, para preservar sua vida, poderá prestar um falso testemunho.

Sendo a força das palavras muito fraca para obrigar os homens a cumprirem pactos (como eu disse antes), é possível, pela própria natureza dos homens, reforçá-la de duas maneiras: por medo das consequências advindas do não cumprimento da palavra ou por orgulho de não ser necessário faltar a ela. Esta última é uma generosidade rara, não sendo encontrada entre aqueles que ambicionam riquezas, autoridade e prazeres sensuais, ou seja, a maioria dos homens. A paixão que move esses sentimentos é o temor, que pode ter dois objetos gerais: o poder dos espíritos invisíveis e o poder dos homens que possam vir a ser ofendidos. Embora o primeiro poder seja maior, o segundo inspira maior temor. O temor do primeiro é, para todo homem, sua religião, que surge na natureza do homem antes mesmo da sociedade civil. O segundo não aparece antes disso ou em grau tão alto que leve os homens a cumprirem sua palavra; na condição de simples natureza, a desigualdade de poder é percebida durante a luta. Assim, antes da existência da sociedade civil, ou em caso de sua dissolução pela guerra, nada é capaz de reforçar um pacto de paz contra as tentações da avareza, da ambição, da concupiscência ou de outro forte desejo, senão o temor ao poder invisível que todos veneram como Deus e o temor da vingança pela perfídia dos homens.

O que pode existir entre dois homens não submissos ao poder civil é o juramento de um ao outro pelo Deus que ambos temem; esse juramento, ou jura, é uma forma de linguagem acrescentada a uma promessa por meio da qual quem promete expressa que, no caso do não cumprimento, renuncia à graça de Deus, ou deseja que nesse caso caia sobre si Sua vingança. Esta era a forma pagã: "Que Júpiter me mate, da mesma forma como mato este animal". Assim é a nossa forma: "Eu farei isto e aquilo; ajuda-me, ó Deus". E essas promessas, com os ritos e as cerimônias de cada religião, aumentavam o temor de faltar à palavra dada.

Fica claro, por tudo isso, que qualquer juramento feito segundo outra forma ou ritual é um juramento em vão ou, simplesmente, não é válido. Quem jura, jura por Deus, pois, se os homens jurarem por seu rei, por temor ou lisonja, lhe estarão atribuindo honra divina. Jurar por Deus em vão significa profanar Seu nome, e jurar por outras coisas, como normalmente é feito no discurso vulgar, não é jurar, mas um costume ímpio, resultante do excesso de veemência no discurso.

Fica claro também que o juramento nada acrescenta à obrigação. Se um pacto for legítimo, obriga aos olhos de Deus, com ou sem juramento; mesmo que seja confirmado por um juramento, se o pacto não for legal não haverá qualquer obrigação.

## Capítulo XV
## De outras leis naturais

Da lei natural que nos obriga a transferir a outros os direitos que, conservados, impediriam a paz da humanidade, deriva uma terceira lei: que os homens cumpram os pactos que celebrarem. Se essa lei não vigorasse, os pactos seriam vãos, não passando de palavras vazias; uma vez que o direito de todos os homens a todas as coisas continuaria a vigorar, prevaleceria a condição de guerra.

A origem e a fonte da justiça se encontram nessa lei natural. Assim, na inexistência de um pacto, não há transferência de nenhum direito e, uma vez que todos os homens têm direito a todas as coisas, nenhuma ação seria injusta. Entretanto, após sua celebração, é uma injustiça romper o pacto. A definição de injustiça é, pois, o não cumprimento de um pacto. Tudo quanto não é injusto é justo.

Sempre que de qualquer dos lados houver receio de não cumprimento, os pactos de confiança mútua ficam invalidados (conforme o que foi dito no capítulo anterior); embora a origem da justiça seja a celebração dos pactos, não pode haver injustiça antes de ser eliminada a causa do temor do não cumprimento, e isso é impossível enquanto os homens se encontram em condição natural de guerra. Assim, para que as palavras justo e injusto possam ter algum significado, é preciso haver alguma espécie de poder coercitivo que obrigue igualmente todos os homens a cumprirem seus pactos, e esse poder deve infundir o temor de alguma pena superior ao benefício esperado com o rompimento do pacto e capaz de dar força à propriedade adquirida pelos homens por meio do contrato mútuo, como recompensa do direito universal a que renunciaram. Esse poder não pode existir antes da constituição do Estado.

A definição comum da justiça na escolástica é: a justiça é a vontade constante de dar a cada um o que é seu. Então, quando não existe o seu, não há propriedade e, portanto, não há também injustiça. Onde não há Estado, não há propriedade e, por conseguinte, não existe o poder coercitivo, dado que, nesse caso, todos os homens têm direito a tudo. Assim, não havendo Estado, não há injustiça. A natureza da justiça consiste no cumprimento dos pactos válidos, e essa validade começa com o estabelecimento de um poder civil que obrigue os homens a cumpri-los; é também diante dessa instituição que tem início o direito de propriedade.

Os tolos consideram que a justiça não existe e muitas vezes apregoam que, estando a sobrevivência e a satisfação de cada um sob seus próprios cuidados, não existe nenhuma razão para que cada um deixe de fazer aquilo que supõe conduzir a esse fim. E, ainda, que fazer ou deixar de fazer, cumprir ou não os pactos não contraria a razão, quando contribui para o próprio benefício. Esses indivíduos não negam a existência dos pactos e reconhecem serem eles, algumas vezes, cumpridos e, outras, descumpridos, chamando-se de justiça e injustiça, respectivamente. Entretanto, eles se questionam se a injustiça, pondo de lado o temor a Deus (já que os tolos intimamente não acreditam em Deus), não poderá vir a concordar com a razão, que dita a cada qual seu próprio bem, particularmente quando conduz a um benefício tal que venha a dar ao homem condições de desprezar não apenas o ultraje e as censuras, mas também o poder de outros homens. O Reino de Deus pode ser conquistado pela violência; mas o que aconteceria se essa violência fosse injusta? Seria irracional conquistá-lo assim, mesmo sendo impossível que disso resulte algum dano para si próprio? E, se isso não contraria a razão, não se opõe à justiça, do contrário a justiça não poderia ser considerada como algo bom. Em razão desses raciocínios, a perversidade triunfante obteve o nome de virtude, e muitos que condenam a violação da fé, em relação a outras coisas, aprovam-na quando se trata de conquistar um reino. Os pagãos acreditavam ter sido Saturno deposto por seu filho Júpiter, que, apesar disso, foi considerado o vingador da injustiça. Algo semelhante pode ser constatado num texto jurídico, os *Comentários sobre Littleton*, de Coke, o qual afirma o seguinte: mesmo que o legítimo herdeiro da coroa for julgado culpado de traição, deve ser coroado, e, nesse instante, a culpa será anulada. Desses exemplos, podemos inferir que, se o herdeiro de um reino matar o ocupante do trono, mesmo que ele seja seu pai, poderemos até chamar a isso injustiça, mas o ato não poderá ser considerado contrário à razão, uma vez que todas as ações voluntárias dos homens tendem para seu próprio benefício, e são as ações mais razoáveis as que melhor conduzem a seus fins. Entretanto, esse raciocínio sedutor é falso.

Não podem existir promessas mútuas quando não há garantia de cumprimento por qualquer das partes, como ocorre no caso em que não existe um poder civil estabelecido que esteja acima dos autores das promessas; essas promessas não podem ser consideradas pactos. Mas, quando uma das partes já cumpriu sua promessa ou quando existe um poder que a obrigue ao cumprimento, a questão se resume em determinar se a promessa é ou não contra a razão, isto é, contra o benefício que a outra parte obtém em cumprir ou deixar de cumprir. Eu afirmo que não é contra a razão. Para prová-lo, temos de considerar o seguinte: em primeiro lugar, se um homem pratica uma ação que, na medida do possível, pode prever e calcular, mas que o leva à própria destruição, mesmo que algum acontecimento inesperado venha a torná-la benéfica, isso não faz dessa ação razoável ou judiciosa. Em segundo lugar, numa condição de guerra, na qual todos são inimigos de todos, por falta de um poder comum que os mantenha em respeito mútuo, ninguém poderá defender-se da destruição pela própria força ou inteligência sem o apoio de aliados e, nessas alianças, cada qual espera a mesma defesa. Então, quem considera razoável enganar os aliados terá como meio de salvação apenas seu próprio poder. Portanto, aquele que não cumpre seu pacto e diz agir assim em conformidade com sua razão não é aceito pela sociedade que une os homens para a paz e a defesa, a não ser por engano de quem o admite; mesmo quando um homem assim já foi admitido, não pode continuar a ser aceito quando a sociedade vê o perigo desse erro, e não seria razoável que esse homem contasse com esses erros como garantia de sua segurança. Assim, se o homem não for admitido numa sociedade ou for expulso dela, estará condenado a perecer e, se vive em sociedade, isso só se dá em razão dos erros de outros homens, erros esses que ele não pode prever nem calcular, e que, por conseguinte, vão contra a razão de sua preservação; assim, todas as pessoas que não contribuem para sua destruição fazem-no somente por ignorância daquilo que as poderia beneficiar.

No que diz respeito a alcançar uma felicidade segura e perpétua no Céu, trata-se de uma pretensão frívola, seja lá como for, pois só há um caminho imaginável para isso, e não é quebrar, mas cumprir os pactos.

Quanto à hipótese de conquistar a soberania pela revolta, é evidente que tal tentativa, mesmo quando coroada de êxito, contraria a razão. Por um lado, porque não é razoável esperar êxito dela; por outro, porque, ao agir assim, ensinamos os outros a conquistar a soberania da mesma maneira, o que também não é razoável. Então, a justiça, isto é, o cumprimento dos pactos, é uma regra da razão que nos proíbe fazer tudo quanto arruina nossa vida. Logo, é uma lei natural.

Alguns vão além, admitindo a lei natural como regras que permitem alcançar a felicidade eterna depois da morte, e não a preservação da vida do homem na terra. Acham que o rompimento dos pactos pode conduzir os homens à felicidade, sendo, portanto, justo e razoável (eles consideram obra meritória matar, depor ou revoltar-se contra o poder soberano e constituído acima deles por seu próprio consentimento). Mas, não havendo conhecimento natural da situação do homem depois da morte e, muito menos, da recompensa pela falta da palavra dada e, sim, uma crença que se baseia na afirmação de outros homens que afirmam sabê-la sobrenaturalmente, ou afirmam conhecer os que conheceram outros que a conheceram sobrenaturalmente, é impossível que o rompimento da palavra seja considerado como um preceito da razão ou da natureza.

Outros, mesmo reconhecendo o cumprimento da palavra dada como uma lei natural, abrem uma exceção para certas pessoas, como os hereges e todos aqueles que não cumprem habitualmente seus pactos; mas tudo isso contraria a razão. Uma falha qualquer de um homem não pode dispensá-lo do cumprimento de um pacto, uma vez que esse mesmo motivo, perante a razão, o impediria de celebrá-lo.

As designações justo e injusto, quando atribuídas ao homem, significam uma coisa; quando usadas com relação a ações, outra. Assim, quando se referem ao homem, indicam a conformidade ou a incompatibilidade entre os costumes e a razão. Quando atribuídas a ações, indicam a conformidade ou incompatibilidade, não entre a razão e os costumes, ou os costumes de vida, mas entre a razão e ações determinadas. Um homem justo é aquele que tem a preocupação de que todas as suas ações sejam justas, e um homem injusto é aquele que despreza essa preocupação. Em nossa linguagem, os homens justos são mais comumente chamados virtuosos, e os injustos, iníquos, embora o significado das palavras seja o mesmo. Assim, um homem virtuoso não perde essa qualificação por praticar uma ou outra ação injusta, originada de uma paixão repentina ou de erros. Um homem iníquo assim o será mesmo quando deixa de praticar certas ações por temor, uma vez que sua vontade não é determinada pela justiça, mas pelo benefício aparente do que faz. A nobreza e a coragem (raramente encontradas) emprestam às ações humanas o sabor da justiça, uma vez que a elas se deve o desprezo pela fraude ou pelo desrespeito das promessas feitas, mesmo à custa do bem-estar. É a essa justiça dos costumes que nos referimos quando denominamos virtude a justiça, e vício a injustiça.

Mas, em vista da justiça das ações, os homens não são chamados justos, mas, sim, inocentes; a injustiça das ações (também chamada injúria) lhes faz atribuir o nome de culpados.

A disposição ou aptidão a cometer a injúria é a injustiça dos costumes; e é considerada injustiça antes mesmo de passar aos atos, e sem supor que determinado indivíduo tenha sido injuriado. A injustiça de uma ação (isto é, uma injúria) pressupõe que determinado indivíduo tenha sido injuriado, nomeadamente aquele com quem foi celebrado um pacto. Muitas vezes, uma injustiça é feita a alguém e o dano recai sobre outra pessoa. Quando um senhor ordena a seu servo que dê dinheiro a um estranho, se isso não for feito, a injúria será feita ao senhor, ao qual o servo prometera servir e obedecer; entretanto, o dano real recai sobre aquele que deveria receber o dinheiro, perante o qual o servo não tinha nenhuma obrigação e a quem, portanto, não poderia ter injuriado. Com o Estado acontece o mesmo; os homens perdoam-se mutuamente as dívidas, mas não os roubos e outras violências que lhes causem danos. A falta de pagamento de uma dívida é uma injúria pessoal, enquanto roubos e violências são injúrias ao Estado.

Não se trata de injúria o que é feito a um homem em conformidade com sua vontade, manifestada ao autor da ação. Se aquele que pratica a ação não tiver, anteriormente, abandonado seu direito original de fazer o que lhe aprouver, por meio de um pacto antecedente, sua ação não pode ser considerada como quebra de pacto, não havendo, portanto, a injúria. Se tiver abandonado seu direito original, então a manifestação do outro, da vontade de que o faça, libera-o do pacto e, portanto, também não há injúria.

A justiça das ações é dividida pelos autores em comutativa e distributiva. A primeira consiste numa proporção aritmética e a segunda numa proporção geométrica. Eles atribuem à justiça comutativa a igualdade de valor das coisas, objeto do contrato, e à justiça distributiva a distribuição de benefícios iguais a pessoas de méritos iguais. Assim, seria injustiça vender um objeto por valor mais alto do que aquele pelo qual foi comprado, ou dar a um homem mais do que ele merece. O valor de todas as coisas contratadas é medido pelo apetite dos contratantes; portanto, o valor justo é aquele que eles acham conveniente. O mérito não é devido por justiça, mas pela graça (sem contar o que ocorre num pacto, no qual o cumprimento por uma das partes merece o cumprimento da outra parte e cai sob a alçada da justiça comutativa, e não da distributiva). A justiça comutativa é a justiça de um contratante, isto é, o cumprimento dos pactos, na compra e na venda, no aluguel ou na aceitação, ao emprestar ou tomar emprestado, na troca, na permuta ou em quaisquer outros atos do contrato.

Chamamos justiça distributiva a que é exercida por um árbitro, isto é, o ato daquele que define o que é justo. Se o árbitro, recebendo a confiança daqueles que o escolheram, corresponder à confiança nele depositada, dizemos que praticou justiça distributiva, dando a cada um o que lhe era devido. Essa é uma distribuição justa. Equidade seria o nome mais apropriado para essa justiça, que é, também, uma lei natural, como será mostrado oportunamente.

Da mesma forma como a justiça depende de um pacto anterior, também a gratidão depende de uma graça anterior. Essa é a quarta lei natural, que pode ser formulada da seguinte maneira: quem recebeu um benefício de outra pessoa, por simples graça, deve esforçar-se para não dar ao doador motivo razoável de arrependimento por sua boa vontade. Sendo toda dádiva voluntária, quem faz um benefício pensa, sempre, em beneficiar a si mesmo; o objeto dos atos voluntários é o próprio benefício. Se os homens perceberem que seus propósitos podem frustrar-se, não haverá benevolência nem confiança e, portanto, não se verificará a ajuda mútua ou mesmo a reconciliação. Então, os homens permanecerão em condição de guerra, o que contraria a lei primeira e fundamental da Natureza, que ordena aos homens que busquem a paz. A desobediência a essa lei é denominada ingratidão, e tem com a graça a mesma relação que a verificada entre a injustiça e a obrigação por contrato.

A complacência é a quinta lei natural, e significa: cada qual deve esforçar-se para conviver com os outros. Para entender essa lei, é necessário considerar que, na disposição inata dos homens a viver em sociedade, há uma certa diversidade de natureza, derivada da diversidade de seus afetos. Isso pode ser verificado na forma como são agrupadas as pedras numa edificação: os construtores descartam as pedras que se apresentam ásperas ou irregulares no formato, considerando-as inaproveitáveis e inoportunas, pois roubam maior espaço às demais e dariam muito mais trabalho para serem aplainadas, em razão de sua dureza. Assim também, um homem que, por sua rudez natural, pretender reter aquilo que para si são coisas supérfluas, mas que para os outros são necessárias, e que, na cegueira de suas paixões, não puder corrigir essa tendência, deverá ser abandonado ou expulso da sociedade, uma vez que é hostil a ela. Se considerarmos que cada homem, não apenas por direito, mas por necessidade, acha-se apto a propor e obter o que for necessário para sua preservação, quem se opuser a isso, em razão de coisas supérfluas, contribui para a condição de guerra, contrariando a lei fundamental da Natureza que determina que busquemos a paz. Os que respeitam essa lei são os sociáveis (conhecidos pelos latinos como *commodi*), os demais são os insociáveis, obstinados, refratários e intratáveis.

A sexta lei natural refere-se ao perdão: como garantia do tempo futuro, devem ser perdoados aqueles que nos ofenderam no passado mas, arrependidos, desejam nosso perdão. O perdão nada mais é que uma garantia de paz, a qual, quando é garantida àquele que persevera em sua hostilidade, não significa paz, mas, sim, medo; quando recusada aos que oferecem garantia de tempo futuro, é aversão pela paz, contrariando a lei natural.

A sétima lei natural diz: que nas vinganças (ou seja, ao pagar o mal com o mal), os homens não deem importância à grandeza do mal passado, mas à grandeza do bem futuro. De acordo com essa lei, é proibido aplicar castigos com qualquer intenção que não seja a correção do ofensor ou o exemplo para os outros homens. Essa lei é uma consequência da anterior, que ordena o perdão em vista da segurança do tempo futuro. Se a vingança não visar o exemplo ou o benefício vindouro, transformar-se-á no triunfo ou glorificação daquele que causa um dano a seu semelhante, não tendendo a vingança, assim, a nenhum fim (pois o fim é sempre algo que virá); uma glorificação que não se propõe a nenhum fim é vanglória e contraria a razão, e, então, causar dano sem razão significa provocar a guerra, o que é contrário à lei natural e se distingue com o nome de crueldade.

Com base no fato de que o ódio e o desprezo provocam a luta, e de que os homens, em sua maioria, preferem arriscar a vida, mas não desistir da vingança, foi formulada a oitava lei natural: que nenhum homem, por meio de palavras ou atos, demonstre ódio ou desprezo pelo outro. O desrespeito a essa lei é chamado de injúria ou insulto.

A questão relativa a qual seria o melhor homem não cabe na condição de mera natureza, uma vez que, nela, como já foi visto anteriormente, todos os homens são iguais. As leis civis instituíram a desigualdade entre os homens. Aristóteles, no livro primeiro de sua *Política*, afirma, como fundamento de sua doutrina, que, por natureza, alguns homens têm maior capacidade para comandar, os mais sábios (entre os quais ele se inclui, em razão de sua filosofia), enquanto outros têm maior capacidade para servir, os fortes e musculosos (mas que não são filósofos como ele), como se senhor e servo tivessem sido assim classificados pela diferença de inteligência, e não pelo consentimento dos próprios homens, ideia que é contrária à razão e à experiência. Poucos são tão insensatos a ponto de preferirem ser governados pelos outros a se autogovernar. Os que se julgam sábios, quando empregam a força, quando lutam contra os que não aceitam sua sabedoria, somente às vezes ou quase nunca alcançam a vitória. Portanto, se a Natureza fez os homens iguais, essa igualdade deve ser reconhecida, e, se os fez desiguais, ainda assim, posto que os homens que se consideram iguais não entram em condição de paz, a não ser quando tratados em termos de igualdade, essa igualdade deve ser admitida. Assim, proponho como nona lei natural: que cada homem reconheça os demais como seus iguais por natureza. O desrespeito a esse preceito é o orgulho.

Dessa lei depende outra: ao se iniciarem as condições de paz, ninguém deve pretender reservar apenas para si um direito que não aceitaria que fosse privilégio de qualquer outro. Da mesma forma como é preciso renunciar a certos direitos para garantir a paz, ou seja, renunciar à liberdade de fazer tudo o que a pessoa bem entende, é também necessário para a vida do homem que alguns direitos sejam mantidos, como o de governar o próprio corpo, desfrutar do ar e da água, poder ir de um lugar para outro e outros mais sem os quais é impossível viver bem. Assim, se, ao celebrar a paz, um homem exigir determinado privilégio que não admitiria que fosse dado a um outro, estará contrariando essa lei natural e agindo contra a lei precedente, que ordena o reconhecimento da igualdade entre todos os homens. Denominamos modesto aquele que respeita essa lei, e arrogante o que a desrespeita. A violação dessa lei era conhecida pelos gregos como *pleonexia*, o que significa querer mais do que aquilo que lhe foi destinado.

É também um preceito da lei natural que: se um homem foi eleito juiz para julgar dois homens, deve tratá-los com equidade. Não sendo assim, as desavenças entre os homens só são decididas por meio da guerra. Aquele que for parcial em seus julgamentos estará contribuindo para afastar os homens das decisões de juízes e árbitros e, portanto, contrariando a lei fundamental da natureza, será a mola propulsora da guerra.

A equidade, ou (como já foi dito) justiça distributiva, é gerada pela observância da lei que determina que seja distribuído equitativamente a cada homem o que lhe cabe, segundo a razão. A violação dessa lei denomina-se *prosopolepsia*, isto é, acepção de pessoas.

Dela deriva uma outra lei: que as coisas que não podem ser divididas sejam desfrutadas por todos, na medida do possível, e, se a quantidade da coisa o permitir, sem limites; se assim não for possível, que a coisa seja desfrutada proporcionalmente entre aqueles que a ela têm direito. Do contrário, a distribuição será desigual e não haverá equidade.

Entretanto, existem coisas que não podem ser divididas ou desfrutadas em comum. Assim, a lei natural que prescreve a equidade determina: que o direito absoluto, ou (se o uso for alternado) a primeira posse, seja determinado por sorteio. Tendo em vista que a distribuição equitativa pertence à lei natural, não existe outra forma de fazer uma distribuição equitativa.

O sorteio pode ser de duas espécies: arbitrário e natural. O natural é a primogenitura, ou a primeira apropriação, que os gregos chamavam de *kleronomia*, isto é, ganho por sorteio, enquanto o arbitrário é estipulado entre os competidores. Então, as coisas que não podem ser divididas ou desfrutadas em comum devem ser concedidas ao primeiro possuidor ou, em alguns casos, ao primogênito, como se fossem obtidas pela sorte.

Também é lei natural: que se outorgue salvo-conduto a todos os homens que servem de mediadores para a paz. A mesma lei que ordena a paz enquanto fim ordena a intercessão como meio, que é o salvo-conduto.

Mesmo que os homens estejam propensos a observar essas leis voluntariamente, sempre surgirão questões concernentes a uma ação humana; primeiro, se foi praticada ou não e, segundo (caso tenha sido praticada), se foi ou não contrária à lei. A primeira dessas duas questões é conhecida como questão de fato, e a segunda, como questão de direito. Enquanto as partes em disputa não fizerem um pacto no sentido de aceitar a sentença de um terceiro, não haverá paz entre elas. Essa outra pessoa, a cuja sentença se submetem, chama-se árbitro. Portanto, pertence à lei natural que os que se acham em controvérsia submetam seu direito ao julgamento de um árbitro.

Presumindo que cada homem fará todas as coisas para seu próprio benefício, ninguém pode julgar a própria causa; na falta de um árbitro adequado, sendo que a equidade atribui a cada parte igual benefício, se o arbítrio de um for aceito, o do outro também deverá ser, subsistindo, assim, a controvérsia, ou seja, a causa da guerra contra a lei natural.

Pela mesma razão, numa causa qualquer, ninguém pode ser admitido como árbitro se a vitória de uma parte ou de outra lhe resultar, manifestamente, em maior proveito, honra ou prazer. Nesse caso, tal juiz recebe um suborno, inevitável, mas um suborno; e ninguém pode ser obrigado a confiar nele. Mesmo contrariando a lei natural, a controvérsia e a condição de guerra permanecem.

Numa controvérsia de fato, como um juiz não pode acreditar mais num do que no outro (se não existirem outros argumentos), deverá conceder crédito a um terceiro, a um quarto e assim por diante. Se assim não for, a questão permanece sem solução e abandonada à força, o que é contrário à lei natural.

São essas as leis naturais, que ditam a paz, como meio de preservação das multidões; ao menos são as únicas que concernem à doutrina da sociedade civil. As leis naturais proíbem, ainda, outras coisas que contribuem para a destruição do homem, como a embriaguez e outros vícios, mas não seria pertinente fazer referência a elas.

A dedução das leis naturais que se segue pode parecer muito sutil para ser apreciada por todos os homens, a maioria dos quais preocupada apenas com sua sobrevivência, e o resto negligente demais para compreendê-la. Mas, para que ninguém tome isso como desculpa, todas as leis foram sintetizadas num resumo bastante acessível, a fim de que seja entendido até mesmo pelos menos capazes. O resumo é, pois: faz aos outros o que gostarias que te fizessem. Todas as leis parecerão razoáveis quando as ações, para serem comparadas, forem postas nos pratos de uma balança, isto é, as nossas num prato e as do outro no outro prato, de forma que o peso não venha a ser modificado diante das paixões e do amor-próprio.

As leis naturais obrigam *in foro interno*, ou seja, ligadas a um desejo de vê-las cumpridas; mas, *in foro externo*, ou seja, ligadas ao ato de pô-las em prática, nem sempre obrigam. Um homem modesto e tratável, que viesse a cumprir todas as suas promessas, num lugar ou numa época em que ninguém fizesse o mesmo, tornar-se-ia uma presa fácil para os outros, vindo a ocasionar, provavelmente, sua própria ruína, contrariando o fundamento de todas as leis naturais, que estão voltadas à preservação da natureza. Por seu turno, aquele que, mesmo seguro de que os outros observarão as mesmas leis, não as respeita, não está em busca da paz, mas, sim, da guerra e, portanto, está à procura da destruição de sua natureza pela violência.

Todas as leis que obrigam *in foro interno* podem ser desrespeitadas, não apenas em razão de um fato contrário a elas, mas também por um fato de acordo com elas, quando alguém imagina o contrário. Embora sua ação esteja em conformidade com a lei, sua intenção é contrária à lei, constituindo uma violação, quando a obrigação é *in foro interno*.

A injustiça, a ingratidão, a arrogância, o orgulho, a iniquidade e a acepção de pessoas não podem, jamais, se tornar legítimas, pois as leis naturais são imutáveis e eternas. Essas leis podem ser facilmente obedecidas, uma vez que obrigam apenas a um desejo e a um esforço sincero e constante. Exigindo apenas um esforço, aquele que se esforça em cumpri-las está obedecendo e, assim fazendo, é justo.

A verdadeira e única filosofia moral é a ciência dessas leis, uma vez que essa filosofia é a ciência do bem e do mal na preservação do homem em sociedade. O bem e o mal são nomes dados aos nossos apetites e aversões, e diferem conforme os temperamentos, os costumes e as doutrinas dos homens. Estes não discordam somente em seu julgamento quanto às sensações do que é agradável e desagradável ao paladar, ao olfato, ao ouvido, ao tato e à vista, mas também quanto ao que é agradável ou desagradável à razão do dia a dia. O mesmo homem pode, em momentos diferentes, divergir de si mesmo, achando bom aquilo que antes qualificou como mau. Disso tudo resultam disputas, controvérsias e, finalmente, a guerra. Enquanto os homens se encontrarem na condição de simples natureza (uma condição de guerra), a medida do bem e do mal estará no apetite pessoal. Assim, unanimemente, os homens concordam que a paz é algo bom, sendo bons os caminhos e os meios que conduzem a ela, ou seja (como foi dito anteriormente), a justiça, a gratidão, a modéstia, a equidade, a misericórdia e as demais leis naturais, ou virtudes morais. Ao contrário, todos os vícios são maus. A ciência da virtude e do vício constitui a filosofia moral; portanto, a verdadeira filosofia moral é a verdadeira doutrina das leis naturais. Embora os autores de filosofia moral reconheçam as mesmas virtudes e vícios, não enxergam em que consiste sua excelência, nem por que as virtudes são tidas como meios de uma vida pacífica, social e regrada, e as fazem consistir numa mediocridade de paixões: como se a fortaleza fosse constituída não pela causa, mas pelo grau de intrepidez; como se a liberalidade não estivesse na causa, mas na quantidade de uma dádiva.

Os homens costumam, impropriamente, dar o nome de leis a esses ditames da razão; eles são apenas conclusões ou teoremas relativos ao que conduz à conservação e defesa dos seres humanos, enquanto a lei, propriamente dita, é a palavra de quem, por direito, tem o poder de mando sobre os demais. Se, entretanto, considerarmos os mesmos teoremas como transmitidos pela palavra de Deus, que tem direito de mando sobre todas as coisas, então esses ditames serão chamados, com propriedade, de leis.

## Capítulo XVI
## Das pessoas, dos autores e das coisas personificadas

Denominamos pessoa aquele cujas palavras ou ações são consideradas suas ou representação das palavras ou ações de outro homem, ou de algum outro ser ao qual são atribuídas, seja como verdade, seja como ficção.

Quando as palavras e ações são próprias, a pessoa é chamada pessoa natural; quando as palavras e ações representam as palavras e ações de outro homem, a pessoa recebe o nome de pessoa imaginária ou artificial.

A palavra pessoa é de origem latina; para os gregos, pessoa era *prósopon*, que significa face, ao passo que *persona*, em latim, significa disfarce ou aparência exterior de um homem imitado no palco; às vezes, mais particularmente, significava a parte do traje que disfarçava o rosto, como a máscara ou anteface. Do palco, esse termo se transferiu para qualquer representação da palavra ou da ação, tanto nos tribunais como no teatro. Assim, uma pessoa é o mesmo que um ator, tanto no palco como na conversação normal. Personificar é, pois, atuar ou representar a si mesmo ou a outro. Quem atua por outro responde por sua pessoa, ou age em seu nome (assim se expressava Cícero, quando dizia: *Unus sustineo tres personas; mei, adversarii, et judicis*, "Carrego em mim três pessoas; a mim mesmo, meus adversários e os juízes"); em diversas ocasiões, a ideia é expressa de outras formas: representante, mandatário, tenente, vigário, advogado, deputado, procurador, ator e outros semelhantes.

Às vezes, os representantes de pessoas artificiais são donos de suas palavras e atos. Nesse caso, a pessoa é o ator, e o dono de suas palavras e ações, o autor. O ator, então, atua por autoridade. Aquele que, em relação a bens e pessoas, é chamado dono (*dominus*, em latim; *kyrios*, em grego), é chamado autor, quando nos referimos a ações. Tal como o direito de possessão é denominado domínio, o direito de realizar uma ação se chama autoridade; por conseguinte, compreendemos sempre por autoridade o direito de realizar um ato qualquer, e feito sob autorização como aquilo que for realizado por encomenda ou com a permissão daquele que detém o direito.

Assim, quando o ator faz um pacto por autorização obriga, por meio dele, o autor, tanto quanto se este mesmo o tivesse feito, e o sujeita às mesmas consequências. Portanto, tudo quanto foi dito anteriormente (capítulo XIV) sobre a natureza dos pactos, de homem para homem, em sua capacidade natural, aplica-se igualmente quando o pacto for feito por atores, representantes e procuradores, mediante autorização, enquanto agem dentro dos limites da autorização e nunca além.

Então, quem faz um pacto com o ator ou representante, não conhecendo a autoridade que lhe foi delegada, o faz por seu próprio risco, porque ninguém fica obrigado por um pacto do qual não é autor, nem por um pacto feito contra sua autorização ou além dela.

Quando o ator age contra a lei natural, por mando do autor, se foi obrigado a obedecê-lo por um pacto realizado anteriormente, não é ele, mas o autor quem infringe a lei natural, pois, mesmo que a ação a contrarie, essa ação não é sua. Ao contrário, recusar-se a realizar a ação contraria a lei natural, que proíbe romper o pacto.

Quem faz um pacto com o autor, por mediação do ator, ignorando a autorização possuída por este e acreditando apenas em sua palavra, quando essa autorização não lhe for manifestada ao requerê-la, não fica obrigado por mais tempo, porque o pacto feito com o autor não é válido sem essa garantia. Porém, se aquele que pactua sabe de antemão que não teria nenhuma outra garantia a não ser a palavra do ator, então o pacto é válido, uma vez que, nesse caso, o ator se atribui o direito de autor. Portanto, da mesma forma como, quando a autorização é evidente, o pacto obriga o autor e não o ator, quando a autorização é imaginária, obriga apenas o ator, já que não existe outro a não ser ele mesmo.

São poucas as coisas que não podem ser representadas por imaginação. Assim, objetos inanimados como uma igreja, um hospital ou uma ponte podem ser personificados por um pároco, um diretor ou um superintendente. Entretanto, coisas inanimadas não podem ser autores e, portanto, não podem dar autorização a seus atores. Sem dúvida, os atores podem ter autorização para cuidar da manutenção, e a autorização lhes é dada pelos proprietários ou governadores dessas coisas. Dessa forma, essas coisas não podem ser personificadas enquanto não existir um certo estado de governo civil.

Da mesma forma, as crianças, os imbecis e os loucos, que não fazem uso da razão, podem ser personificados por guardas ou tutores; entretanto, durante esse tempo, não podem ser autores de suas ações, até que possam fazer uso de sua razão para julgar seus atos. Durante o estado de incapacidade, aquele que tem direito sobre o interessado pode dar autorização a seu guardião, mas isso não acontece a não ser num Estado civil, pois antes de sua instituição não existe o domínio sobre as pessoas.

Um ídolo ou uma figura imaginária podem ser personificados, como o foram os deuses dos pagãos, por meio de funcionários instituídos pelo Estado, possuindo bens e direitos que lhes eram doados e atribuídos pelos homens que a eles se dedicavam ou consagravam de tempos em tempos. Entretanto, os ídolos não podem ser julgados autores, porque um ídolo nada representa. A autorização emana do Estado e, portanto, antes de ser introduzido o governo civil, os deuses dos pagãos não podiam ser personificados.

O verdadeiro Deus pode ser personificado, como o foi. Primeiro, por Moisés, que governou o povo israelita, que não era seu povo, mas o povo de Deus, não em seu próprio nome, com um *hoc dicit Moses*, mas em nome de Deus, com um *hoc dicit Dominus*. Em segundo lugar, pelo Filho do Homem, Seu próprio Filho, nosso Divino Salvador Jesus Cristo, que veio para abater os judeus e induzir todas as nações a se submeterem ao reinado de seu Pai; e não o fez por si mesmo, mas como enviado de seu Pai. Em terceiro lugar, pelo Espírito Santo, o Consolador, que falava ou atuava por intermédio dos apóstolos; e o Espírito Santo foi um Consolador que não veio por si mesmo, mas foi enviado pelo Pai e pelo Filho, e deles procede.

Uma multidão de homens se converte numa só pessoa quando é representada por um homem, ou uma pessoa, de tal forma que possa atuar com o consentimento de cada um dos indivíduos que compõe essa multidão. Isso representa a unidade do representante, não a unidade dos representados, o que faz a pessoa una. E é o representante quem sustenta a pessoa, mas apenas uma pessoa. A unidade não pode ser entendida de outro modo na multidão.

Como a multidão, naturalmente, não é um, mas muitos, não pode ser considerada como um, mas como vários autores de cada coisa que seu representante diz ou faz em seu nome. Todos os homens dão a seu representante comum a autorização de cada um, em particular, e o representante é dono de todas as ações, no caso de lhe ter sido dada autoridade ilimitada. Já quando o limitam a respeito do alcance e da medida de sua representação, nenhum deles é dono de nada mais além do que a autorização o determina.

Caso os representados sejam vários homens, a voz da maioria é considerada como a voz de todos. Assim, se uma minoria é favorável à afirmativa e a maioria à negativa, existirão negativas mais do que suficientes para esmagar as afirmativas; o excesso de negativas, não sendo contrariado, constitui-se na única voz dos representados.

O representante de número par, especialmente quando o número de representados não é grande e os votos contrários empatam, em muitos casos fica mudo e incapaz de ação. Mas há alguns casos em que os votos empatados podem decidir uma questão; assim, ao condenar ou absolver, a igualdade de votos não condena, absolve; mas não podemos dizer o contrário, que condena quando não absolve. Porque, uma vez efetuada a audiência de uma causa, não condenar significa absolver; ao contrário, dizer que não absolver é condenar é incorreto. O mesmo acontece numa deliberação sobre executar algo imediatamente ou postergar o ato, pois, quando os votos empatam, não sendo ordenada a execução, isso equivale a uma ordem de adiamento.

Se o número for ímpar, como três ou mais homens ou assembleias, em que cada um tem, por seu voto negativo, autoridade para neutralizar efetivamente todos os votos positivos, esse número não é representativo, pois a diversidade de opiniões dos homens ocorre muitas vezes e, nos casos de maior gravidade, torna esse número uma pessoa muda e incapacitada para muitas coisas, em especial para governar a multidão em tempo de guerra.

Existem duas classes de autores. A primeira é a do autor pura e simplesmente, anteriormente definido como o dono da ação de outra pessoa. A segunda é a de quem se torna, condicionalmente, dono de uma ação ou pacto de outrem, isto é, que realiza essa ação ou pacto se o outro não o faz até certo momento antes dele. Esses autores condicionais se denominam, geralmente, fiadores (em latim, *fideiussores* e *sponsores*); quando especialmente relacionados a dívidas, *proedes*; e, para o comparecimento ante um juiz, *vades*.

# Parte II

# Do Estado

## Capítulo XVII
## Das causas, da geração e da definição de um Estado

A causa final, fim ou desígnio dos homens (que apreciam, naturalmente, a liberdade e o domínio sobre os outros), ao introduzir a restrição a si mesmos que os leva a viver em Estados, é a preocupação com sua própria conservação e a garantia de uma vida mais feliz. Ou seja, a vontade de abandonar a mísera condição de guerra, consequência necessária (conforme dito anteriormente) das paixões naturais dos homens, se não houver um poder visível que os mantenha em atitude de respeito, forçando-os, por temor à punição, a cumprir seus pactos e a observar as leis naturais, já explicadas nos capítulos XIV e XV.

Afinal, as leis naturais (tais como a justiça, a equidade, a modéstia, a piedade, enfim, o que determina que façamos aos outros o que queremos que nos façam) são contrárias a nossas paixões naturais, que nos inclinam para a parcialidade, o orgulho, a vingança e coisas semelhantes, se não houver o temor de algum poder que nos obrigue a respeitá-las. Sem a espada, os pactos não passam de palavras sem força, que não dão a mínima segurança a ninguém. Assim, apesar das leis naturais (que cada um respeita quando tem vontade e quando pode fazê-lo com segurança), se não for instituído um poder considerável para garantir sua segurança, o homem, para proteger-se dos outros, confiará, e poderá legitimamente confiar, apenas em sua própria força e capacidade. Roubar e espoliar uns aos outros sempre foi uma ocupação legítima, não considerada contrária à lei natural, em locais em que os homens se agrupavam em pequenas famílias; e quanto maior era a espoliação conseguida maior era a honra adquirida. Nessa circunstância, apenas as leis da honra determinavam que os homens evitassem a crueldade, isto é, tirar a vida aos outros ou apoderar-se de seus instrumentos de trabalho. Tal como faziam os ajuntamentos de pequenas famílias, hoje as nações e os reinados, que não passam de famílias maiores (unidas a fim de garantir sua segurança), para ampliar seus domínios sob qualquer pretexto de perigo, medo de invasão ou possível apoio aos invasores, procuram legitimamente, na medida do possível, subjugar ou enfraquecer seus vizinhos, por meio da força ostensiva ou de artimanhas secretas, por falta de qualquer outra garantia. Posteriormente, esses feitos são relembrados com grande honra.

A segurança não é garantida pela união de um número reduzido de homens, pois, se esse número é insignificante, um pequeno aumento de um ou de outro lado permite que a vantagem da força seja suficientemente grande para garantir a vitória, o que constitui, portanto, um incitamento à invasão. Não há um número exato capaz de garantir a segurança; esse número depende do inimigo temido, e será suficiente quando a superioridade do inimigo não for de importância tão visível e manifesta a ponto de incitá-lo, determinando a ocorrência da guerra.

Se as ações de cada um dos homens que compõem uma multidão forem determinadas pelo juízo e pelos apetites individuais, não é de esperar que tal multidão seja capaz de defender e proteger a ninguém, seja contra o inimigo comum, seja contra as injúrias mútuas. Ao divergirem de opinião quanto ao melhor uso e aplicação de sua força, os homens de determinada multidão não se ajudam, pelo contrário, atrapalham-se uns aos outros e, em razão dessa oposição mútua, anulam sua força. Dessa forma, semelhante multidão seria subjugada facilmente por um grupo pequeno de homens em perfeito acordo; além disso, mesmo que não haja inimigo comum, os homens que compõem essa multidão guerrearão uns contra os outros, para defender interesses particulares. Se pudéssemos imaginar uma grande multidão de indivíduos concordes quanto à observância da justiça e das outras leis naturais, sem um poder comum que os mantivesse a todos em atitude de respeito, poderíamos supor que todo o gênero humano fizesse o mesmo e, então, não existiria nem seria preciso que existisse qualquer governo civil ou Estado, pois haveria paz sem sujeição alguma.

Ser governado e dirigido por um critério único, apenas durante um período limitado, como no caso de uma batalha ou de uma guerra, não é suficiente para garantir a segurança que os homens desejariam que durasse todo o tempo de suas vidas. Mesmo que o esforço conjunto redundasse em vitória contra um inimigo estrangeiro, depois disso, quando não houvesse mais um inimigo comum, ou quando aquele que para alguns é inimigo passasse a ser considerado amigo por outros, seria inevitável que a diferença entre seus interesses os levasse a desunir-se, voltando a cair em guerra uns contra os outros.

Sendo que algumas criaturas vivas, como as abelhas e as formigas, vivem sociavelmente (e por isso são consideradas por Aristóteles criaturas políticas), não tendo outra diretriz senão seus juízos e apetites particulares, uma vez que não podem fazer uso da palavra para indicar umas às outras o que consideram adequado para o benefício comum, talvez haja alguém interessado em saber por que a humanidade não pode fazer o mesmo. Respondo da seguinte forma:

Primeiro, que os homens, constantemente, se envolvem em competição pela honra e pela dignidade, o que não ocorre com essas criaturas. E é, portanto, em razão desse fator que entre os homens surgem a inveja e o ódio e, finalmente, a guerra, ao passo que entre essas criaturas isso não acontece.

Segundo, que entre essas criaturas não há diferença entre o bem comum e o bem individual e, já que tendem para o bem individual, por natureza, acabam por promover o bem comum. O homem, no entanto, só encontra felicidade na comparação com os outros homens, só tendo prazer no que é eminente.

Terceiro, que, como essas criaturas não fazem (ao contrário do homem) uso da razão, elas não percebem e nem julgam perceber nenhum erro na administração de sua vida em comum. Os homens, porém, em sua maioria, julgam-se mais sábios e mais capacitados do que os outros para o exercício do poder púbico, esforçando-se para realizar reformas e inovar, cada qual a seu modo, e acabando, assim, por levar o país à desordem e à guerra civil.

Quarto, que, embora essas criaturas possam usar de certa forma a voz para dar a conhecer umas às outras seus desejos e sentimentos, elas carecem da arte das palavras, por meio da qual alguns homens são capazes de apresentar aos outros o que é bem sob a aparência do mal, e o que é mal sob a aparência do bem, ou de aumentar ou diminuir a importância visível do bem ou do mal, semeando o descontentamento entre os homens e perturbando sua paz por simples capricho.

Quinto, que as criaturas irracionais não fazem distinção entre injúria e dano e, consequentemente, basta que estejam satisfeitas para nunca se sentirem ofendidas por seus semelhantes. O homem, por sua vez, quanto mais satisfeito, mais conturbado fica, pois tem a propensão a exibir sua sabedoria e a controlar as ações dos que governam o Estado.

Por último, enquanto o acordo vigente entre essas criaturas é natural, entre os homens surge apenas por meio de um pacto, isto é, artificialmente. Não causa espanto saber que é necessário algo mais, além de um pacto, para tornar constante e duradouro seu acordo, isto é, o poder comum capaz de fazê-los respeitar e dirigir suas ações para o bem comum.

Conferir toda a força e o poder a um homem, ou a uma assembleia de homens, que possa reduzir as diversas vontades, por pluralidade de votos, a uma só vontade, é o único caminho para instituir um poder comum, capaz de defender a todos das invasões estrangeiras e das injúrias que uns possam fazer aos outros, garantindo-lhes, assim, segurança suficiente para que, mediante seu próprio trabalho e graças aos frutos da terra, possam alimentar-se e viver satisfeitos; isso equivale a dizer: é preciso designar um homem ou uma assembleia de homens para representar a todos, considerando-se e reconhecendo-se cada membro da multidão como autor de todos os atos que aquele que representa sua pessoa praticar, em tudo o que se refere à paz e à segurança comuns, submetendo, assim, suas vontades à vontade do representante, e seus julgamentos a seu julgamento. Isso significa muito mais do que consentimento ou concórdia, pois é uma unidade real de todos, numa só e mesma pessoa, por meio de um pacto de cada homem com todos os homens, de modo que seria como se cada homem dissesse ao outro: desisto do direito de governar a mim mesmo e cedo-o a este homem, ou a esta assembleia de homens, dando-lhe autoridade para isso, com a condição de que desistas também de teu direito, autorizando, da mesma forma, todas as suas ações. Dessa forma, a multidão assim unida numa só pessoa passa a chamar-se Estado (em latim, *Civitas*). Essa é a geração do grande Leviatã, ou, antes (para usarmos termos mais reverentes), daquele deus mortal a quem devemos, abaixo do Deus imortal, nossa paz e defesa. Em virtude da autorização que cada indivíduo dá ao Estado a usar todo o poder e a força, esse Estado, pelo temor que inspira, é capaz de conformar todas as vontades, a fim de garantir a paz em seu país, e promover a ajuda mútua contra os inimigos estrangeiros. A essência do Estado consiste nisso e pode ser assim definida: uma pessoa instituída, pelos atos de uma grande multidão, mediante pactos recíprocos uns com os outros, como autora, de modo a poder usar a força e os meios de todos, da maneira que achar conveniente, para assegurar a paz e a defesa comum.

O titular dessa pessoa chama-se soberano, e dizemos que possui poder soberano. Todos os restantes são súditos.

O poder soberano pode ser adquirido de duas formas. Uma, pela força natural, como quando um homem obriga seus filhos a se submeterem e a submeterem seus próprios filhos a sua autoridade, sendo capaz de destruí-los em caso de recusa; ou, ainda, como quando um homem poupa, durante a guerra, a vida de seus inimigos, desde que se sujeitem a sua vontade. A outra forma é quando os homens concordam entre si em se submeterem voluntariamente a um homem, ou a uma assembleia de homens, esperando serem protegidos contra todos os outros. Esse último é o chamado Estado político, ou um Estado por instituição, enquanto o primeiro é o Estado por aquisição. Começarei por falar do Estado por instituição.

## Capítulo XVIII
## Dos direitos dos soberanos por instituição

Um Estado é considerado instituído quando uma multidão de homens concorda e pactua que a um homem qualquer ou a uma qualquer assembleia de homens seja atribuído, pela maioria, o direito de representar a pessoa de todos eles (ou seja, de ser seu representante), todos sem exceção, tanto os que votaram a favor desse homem ou dessa assembleia de homens como os que votaram contra, devendo autorizar todos os atos e decisões desse homem ou dessa assembleia de homens, como se fossem seus próprios atos e decisões, a fim de poderem conviver pacificamente e serem protegidos dos restantes homens.

Todos os direitos e faculdades daquele ou daqueles a quem o poder soberano é conferido, mediante o consentimento do povo reunido, derivam dessa instituição do Estado.

Em primeiro lugar, posto que pactuam, devemos entender que esses homens não estão obrigados por um pacto anterior a respeitar nada que contradiga o presente. Portanto, não podem legitimamente celebrar entre si um novo pacto, a fim de obedecer a qualquer outro representante, seja no que for, aqueles que já instituíram um Estado, e que são, dessa forma, obrigados pelo pacto a reconhecer como seus os atos e decisões de alguém. Os súditos de um monarca não podem, sem sua licença, renunciar à monarquia, regredindo ao estado de confusão de uma multidão desunida, nem transferir sua pessoa, daquele que a sustenta, para outro homem ou outra assembleia de homens. Cada homem, diante de cada outro homem, é obrigado a reconhecer e a ser considerado autor de tudo que seu soberano fizer e considerar bom fazer. A dissensão de um levaria os demais a romperem o pacto feito com esse alguém, o que constitui injustiça. Como cada homem conferiu a soberania àquele que é portador de sua pessoa, se o depuserem estarão tirando-lhe o que é seu, o que também constitui injustiça. Além disso, se aquele que tentar depor seu soberano for morto ou castigado por ele em razão dessa tentativa, podemos considerá-lo autor de seu próprio castigo, já que, por instituição, é autor de tudo o que seu soberano fizer. E como é injustiça para um homem fazer algo pelo qual possa vir a ser castigado por sua própria autoridade, isso é também injusto. Quando alguns homens, desobedecendo a seu soberano, pretendem um novo pacto, não com os homens, mas com Deus, isso também é injusto, pois não existe pacto com Deus, senão por intermédio de seus mediadores, que representam a pessoa divina; isso só pode ser feito pelo lugar-tenente de Deus, que, abaixo dele, é o soberano. Porém, essa pretensão de pacto com Deus é uma falsidade evidente, até na própria consciência de quem a sustenta, pois, além de ser um ato de disposição injusta, é também vil e desumana.

Em segundo lugar, nenhum súdito pode libertar-se da sujeição, sob qualquer pretexto de infração, pois, dado que o direito de representar a pessoa de todos é conferido àquele que se torna soberano, por meio de um pacto celebrado apenas entre cada um e cada um, e não entre o soberano e cada um dos outros, não pode haver quebra do pacto por parte do soberano. É evidente que quem se torna soberano não faz, antecipadamente, nenhum pacto com seus súditos, pois teria de celebrá-lo com toda a multidão, na qualidade de parte do pacto, ou de celebrar diversos pactos, um com cada um deles. Com o conjunto, como parte do pacto, é impossível, porque nesse momento ele ainda não constitui uma pessoa. Se forem feitos tantos pactos quantos forem os homens, depois que o soberano receber a soberania todos esses pactos serão nulos, pois qualquer ato que possa ser apresentado por um deles, como justificativa para o rompimento do pacto, será um ato praticado tanto por ele mesmo como por todos os outros, pois será um ato praticado na pessoa e pelo direito de cada um deles em particular. E, ainda, se um ou mais de um deles entender que houve infração do pacto feito pelo soberano, quando de sua instituição, e outros ou um só de seus súditos, ou mesmo apenas ele próprio, entender que tal infração não existiu, não haverá juiz capaz de decidir a polêmica. Mais uma vez a decisão caberá à força, e cada um recuperará o direito de se defender por seus próprios meios, contrariando a intenção que o levara àquela instituição. É, pois, inútil pretender conferir a soberania por meio de um pacto anterior. Quando alguém diz que um monarca recebe seu poder de um pacto, dá provas de não compreender a simples verdade de que os pactos, não passando de palavras ao vento, não têm força para obrigar, dominar, constranger ou proteger ninguém, a não ser pela força pública. Ou seja, pela força da liberdade de ação daquele homem ou assembleia de homens que exercem a soberania, e cujas ações são garantidas por todos e realizadas pela força de todos os que nele se encontram unidos. Quando a soberania é conferida a uma assembleia de homens, ninguém imagina que um pacto tenha sido passado à instituição. Ninguém é bastante tolo para achar, por exemplo, que o povo de Roma fez um pacto com os romanos para deter a soberania sob tais e tais condições, as quais, quando não cumpridas, dariam aos romanos o direito de depor o povo de Roma. A ambição de alguns homens, que veem com maior simpatia o governo de uma assembleia, da qual esperam um dia participar, do que o de uma monarquia, da qual é impossível vir a desfrutar, faz que não vejam a razão para que se passe o mesmo numa monarquia e num governo popular.

Em terceiro lugar, até mesmo os que tiverem discordado devem aceitar o soberano escolhido pelo voto da maioria, juntamente com a maioria, isto é, devem aceitar e reconhecer todos os atos que ele venha a praticar, ou então serem justamente destruídos pelos restantes. Aquele que voluntariamente ingressou na congregação dos que constituíam a assembleia declarou com esse ato sua vontade (e, portanto, tacitamente fez um pacto) de se conformar com o que fosse decidido pela maioria. Agirá contra o pacto, injustamente, se depois se recusar a aceitar a decisão da maioria ou vier a protestar contra qualquer de seus decretos. Quer faça parte da congregação, quer não, quer lhe peçam seu consentimento, quer não, terá de se submeter a seus decretos, ou será deixado na condição de guerra em que antes se encontrava, e na qual pode, sem injustiça, ser destruído por qualquer um.

Em quarto lugar, nada do que o soberano faz pode ser considerado injúria por qualquer súdito, e nenhum deles pode acusá-lo de injustiça. Pois quem faz alguma coisa em virtude da autoridade de um outro não pode nunca causar injúria àquele em virtude de cuja autoridade está agindo, e cada súdito é, por instituição de um Estado, autor de todos os atos e decisões do soberano. Por conseguinte, aquele que se queixar de uma injúria feita por seu soberano se estará queixando daquilo de que ele próprio é autor; logo, não deve acusar ninguém, a não ser a si mesmo; e não pode acusar-se de injúria, pois causar injúria a si próprio é impossível. É claro que os detentores do poder soberano podem cometer iniquidades, mas não podem cometer injustiça nem injúria, na real concepção dessas palavras.

Em quinto lugar, e em consequência do que foi dito, nenhum homem que detém o poder soberano pode ser condenado à morte, nem punido de qualquer outra forma por seus súditos. Sendo cada súdito autor dos atos de seu soberano, cada um estaria castigando a outrem pelos atos cometidos por si mesmo.

Constitui direito de qualquer homem ou assembleia que detenha a soberania julgar todos os meios para a paz e a defesa, bem como tudo o que possa causar perturbação ou dificuldade, pois essa é a finalidade da instituição, já que quem tem direito a um fim tem direito aos meios. Quem detém a soberania pode fazer tudo o que considere necessário fazer, antecipadamente, para a preservação da paz e da segurança, mediante a prevenção da discórdia, no interior, e da hostilidade, no exterior, bem como tudo o que for necessário para recuperar a paz e a segurança, se estas forem perdidas.

Em sexto lugar, é competência da soberania julgar quais opiniões e doutrinas são contrárias à paz, e quais lhe são propícias. E, ainda, em quais ocasiões, até que ponto e o que deve ser permitido àqueles que falam a multidões de pessoas, e também quem deve examinar as doutrinas de todos os livros antes da publicação. As ações dos homens derivam de suas opiniões, e é no bom governo das opiniões que consiste o bom governo das ações dos homens, tendo em vista a paz e a concórdia entre eles. Embora, em matéria de doutrina, não devamos olhar para nada mais, a não ser a verdade, nada se opõe a sua regulação em vista da paz. Não pode ser verdadeira uma doutrina contrária à paz, da mesma forma como a paz e a concórdia não podem discordar da lei natural. Certamente, num Estado onde são aceitas falsas doutrinas, em razão da negligência ou incapacidade dos governantes e dos mestres, as verdades contrárias podem ser, de modo geral, ofensivas. Nem mesmo a mais brusca e repentina introdução de uma nova verdade pode, porém, quebrar a paz, mas, sim, em algumas ocasiões, suscitar a guerra. Efetivamente, aqueles que são governados com desleixo ousam pegar em armas para defender ou impor uma opinião, mas são eles os que se encontram ainda em guerra. Sua condição não é a paz: trata-se da suspensão de hostilidades por temor mútuo; vivem continuamente num prelúdio de batalha. Portanto, compete ao detentor do poder soberano serem juízes, ou constituírem todos os juízes de opiniões e doutrinas, como algo necessário para a paz, evitando assim a discórdia e a guerra civil.

Em sétimo lugar, o poder de prescrever as regras mediante as quais todo homem pode saber de que bens pode desfrutar e que ações pode praticar, sem ser molestado por nenhum de seus concidadãos, pertence à soberania, e é conhecido pelos homens como propriedade. Pois, antes da constituição do poder soberano (conforme foi mostrado anteriormente), todos os homens tinham direito a todas as coisas, o que necessariamente provocava a guerra. Portanto, essa propriedade, dado que é necessária à paz e depende do poder soberano, é um ato desse poder, tendo em vista a paz pública. As regras da propriedade (ou *meum* e *tuum*), tal como o bom e o mau ou o legítimo e o ilegítimo nas ações dos súditos, constituem as leis civis, ou seja, as leis de cada Estado em particular, embora hoje o nome de direito civil se aplique apenas às antigas leis civis da cidade de Roma, que foram, em determinadas comarcas, a única lei civil, na época em que Roma era a capital de uma grande parte do mundo.

Em oitavo lugar, o poder soberano exerce o direito da judicatura, quer dizer, de ouvir e julgar todos os conflitos que possam surgir com respeito às leis, tanto civis quanto naturais, ou com respeito aos fatos. Sem a decisão das controvérsias, não existirá proteção de um súdito contra as injúrias de um outro. As leis relativas ao *meum* e ao *tuum* serão em vão. Em razão do natural e necessário apetite de sua própria conservação, cada homem tem o direito de proteger-se com sua força individual, o que é uma condição de guerra, contrária aos fins que levaram à instituição de todo Estado.

Em nono lugar, o direito de fazer a guerra e promover a paz com outras nações e Estados pertence à soberania. Em outras palavras, é o direito de julgar quando a guerra corresponde ao bem comum, e qual a quantidade de forças que devem ser reunidas, armadas e pagas para esse fim, e de obter dinheiro entre os súditos, a fim de pagar suas despesas. O poder por meio do qual o povo será defendido consiste nos exércitos, e a força de um exército reside na união de suas forças sob um comando único, pertencendo, consequentemente, ao soberano instituído, dado que o comando da milícia, na ausência de outra instituição, torna soberano aquele que o exerce. Assim, qualquer que seja o escolhido para general de um exército, o generalíssimo será sempre o detentor do poder soberano.

Em décimo lugar, compete, ainda, à soberania a indicação de todos os conselheiros, ministros, magistrados e funcionários, tanto na paz como na guerra. Se o soberano está encarregado dos fins, que são a paz e a defesa comuns, entendemos com isso que ele há de deter o poder para usar tais meios da forma que considerar mais adequada a seu propósito.

Em décimo primeiro lugar, é inerente à soberania o direito de recompensar com riquezas e honras, e de punir com castigos corporais ou pecuniários, ou com a ignomínia, qualquer súdito, de acordo com a lei previamente estabelecida. Se tal lei não existir, o fará de acordo com o que considerar mais condizente para estimular os homens a servirem ao Estado ou afastá-los de qualquer ato contrário ao mesmo.

Por último, considerando o valor que os homens, naturalmente, dão a si mesmos e, ainda, o respeito que esperam receber dos outros, e o pouco valor que atribuem aos outros homens (o que entre eles é constante motivo de emulação, querelas, facções e, enfim, da guerra, com a destruição de uns pelos outros e a diminuição de sua força perante um inimigo comum), torna-se necessária a existência de leis de honra, e a atribuição de um valor aos homens que bem serviram, ou que são capazes de bem servir ao Estado; e, também, que seja depositada nas mãos de alguns força suficiente para a execução dessas leis. Mas já foi visto que pertence à soberania, além da milícia ou forças do Estado, também o julgamento de todas as controvérsias. Compete ao soberano conceder, também, títulos de honra e decidir que ordem de lugar e dignidade cabe a cada um dos homens ocupar, e que sinais de respeito, nas reuniões públicas ou privadas, devem os homens outorgar uns aos outros.

Esses direitos, incomunicáveis e inseparáveis, constituem-se na essência da soberania, sendo os sinais mediante os quais é possível saber em que homem, ou assembleia de homens, localiza-se e reside o poder soberano. O poder de cunhar moeda, de dispor das propriedades e pessoas dos infantes herdeiros, de ter opção de compra nos mercados e todas as outras prerrogativas estatutárias podem ser transferidos pelo soberano, sem que isso prejudique seu poder de proteger os súditos. Entretanto, se transferir o comando da milícia, conservará em vão o poder judicial, pois as leis não poderão ser executadas. Por seu turno, se for alienado o poder de recolher impostos, o comando da milícia será inútil, e, se renunciar à regulamentação das doutrinas, os súditos serão levados à rebelião pelo temor aos espíritos. Se considerarmos os direitos citados, imediatamente veremos que conservar todos os outros não produzirá nenhum efeito para a preservação da paz e da justiça, bens para os quais se instituem os

Estados. É a essa divisão que nos referimos quando dizemos que um reino intrinsecamente dividido não se pode manter, pois, sem que primeiro se verifique essa divisão, a divisão em exércitos opostos não pode chegar a ocorrer. O povo não se teria dividido nem caído na guerra civil se não tivesse sido aceita, na maior parte da Inglaterra, a opinião segundo a qual esses poderes eram divididos entre o rei, os lordes e a Câmara dos Comuns; primeiro, entre aqueles que discordavam em matéria de política e, depois, entre os dissidentes acerca da liberdade de religião. Tais lutas acabaram por instruir os homens sobre esse aspecto do direito soberano, a ponto de serem poucos hoje na Inglaterra os que não veem que esses direitos são inseparáveis; assim, tais direitos serão universalmente reconhecidos no próximo período de paz, e continuarão a sê-lo, até que essas misérias sejam esquecidas, e não por muito tempo, a não ser que o povo seja mais bem educado do que tem sido até agora.

Sendo esses direitos essenciais e inseparáveis, necessariamente sua outorga é nula, qualquer que seja a forma como alguns deles tenham sido cedidos, se o poder soberano não os tiver outorgado em termos diretos, ou se o nome do soberano não tiver sido manifestado pelos cedentes ou cessionários: porque, depois de o soberano ter outorgado tudo o que quis, se lhe outorgamos de volta a soberania, tudo também lhe será restabelecido, como inseparavelmente anexado.

Tendo em vista que a grande autoridade é indivisível e está inseparavelmente ligada ao soberano, a opinião dos que afirmam que os reis soberanos, embora sejam *singulis maiores*, com maior poder do que qualquer de seus súditos, são *universis minores*, com menos poder do que eles todos juntos, carece de fundamento. Pois, se por todos juntos não entendemos o corpo coletivo como uma pessoa, então todos juntos e cada um significam o mesmo, e essa fala é absurda. E, se por todos juntos entendermos uma só pessoa (pessoa que pertence ao soberano), então o poder de todos juntos é o mesmo que o poder do soberano, e mais uma vez a fala é absurda. Tal absurdo é claramente reconhecido sempre que a soberania reside numa assembleia do povo, mas, num monarca, não é aceito; todavia, o poder da soberania é o mesmo, pertença a quem pertencer.

Tal como o poder, também a honra do soberano deve ser maior do que a de qualquer um, ou a de todos os seus súditos, pois na soberania está a fonte da honra. Os títulos de lorde, conde, duque e príncipe são suas criações. Da mesma maneira que os servos, na presença do senhor, são iguais, sem honra de nenhuma espécie, assim também o são os súditos na presença do soberano. E, embora alguns tenham mais brilho e outros menos, quando não estão em sua presença, diante dele brilham apenas como estrelas na presença do sol.

Alguém pode objetar que a condição de súdito é muito miserável, estando sujeita aos apetites e paixões irregulares daquele ou daqueles que detêm em suas mãos poder tão ilimitado. O povo, governado por um monarca, acredita que isso é culpa da monarquia; da mesma forma, os que vivem sob um governo democrático ou de outra assembleia soberana atribuem todos os inconvenientes a essa forma de governo. Entretanto, o poder é igual, sob todas as formas, se estas forem suficientemente perfeitas para proteger os súditos. E isso sem considerar que a condição do homem nunca pode deixar de ter um ou outro incômodo, e que o maior que pode recair sobre o povo em geral, em qualquer forma de governo, é irrelevante, se comparado com as misérias e terríveis calamidades que acompanham a guerra civil ou a condição dissoluta de homens sem senhor, sem sujeição às leis e a um poder coercitivo capaz de atar suas mãos, impedindo a rapina e a vingança. E também sem levar em conta que o que mais impulsiona os soberanos governantes é a obstinação daqueles que, contribuindo mesmo que involuntariamente para sua própria defesa, tornam necessário que seus governantes deles arranquem tudo o que podem em tempo de paz, a fim de obterem os meios para resistir ou vencer a seus inimigos, e não os prazeres ou vantagens que esperam receber do prejuízo ou debilitamento causado a seus súditos, em cujo vigor consiste sua própria força e glória. Pois todos os homens, por natureza, estão dotados de grandes lentes de aumento (ou seja, as paixões e o amor-próprio), por meio das quais a mínima contribuição surge como um imenso fardo; por outro lado, são destituídos das lentes prospectivas (moral e ciência civil) que permitem ver de longe as misérias que os ameaçam, e que não podem ser evitadas sem essas contribuições.

## Capítulo XIX
### Das diversas espécies de governo por instituição e da sucessão do poder soberano

A diferença entre os governos consiste na diferença do soberano ou pessoa que representa os indivíduos de uma multidão. Uma vez que a soberania ou reside num homem ou numa assembleia de mais de um, da qual todos têm o direito de participar, ou pelo menos certos homens que se distinguem dos demais, torna-se evidente a existência de apenas três espécies de governo. Porque o representante é necessariamente um homem ou mais de um; se mais de um, então temos a assembleia de todos, ou apenas de uma parte. Assim, existe a monarquia quando o governo tem como representante um só homem; a democracia, ou o governo popular, se a representação é feita por uma assembleia de todos os que se uniram; e a aristocracia, nos casos em que a assembleia é constituída por apenas uma parte dos homens. Não pode haver outras espécies de governo, porque o poder soberano total (que já mostrei ser indivisível) precisa pertencer a um ou mais homens ou a todos.

O governo recebe outros nomes, como tirania e oligarquia, que constam nos livros de história e de política, mas esses não são nomes de outras formas de governo, mas das mesmas formas, quando desagradam. Assim, os que estão descontentes com uma monarquia a chamam de tirania, e os que não estão satisfeitos com uma aristocracia a denominam oligarquia. Os que se sentem prejudicados por uma democracia chamam-na anarquia (isto é, inexistência de governo), embora, creio eu, ninguém pense que a ausência de governo seja uma nova espécie de governo. Portanto, não devemos considerar que o governo seja de uma determinada espécie, quando agrada, e de outra, quando desagrada ou quando os súditos não concordam com os governantes.

É evidente que quando os homens se encontram numa situação de absoluta liberdade podem, se lhes apraz, conferir a autoridade a apenas um homem, que representará a todos eles, ou então conferir essa autoridade a uma assembleia. Se consideram conveniente, podem submeter-se a um monarca de maneira tão absoluta como a qualquer outro representante. Se estiver instituído um poder soberano, só será possível haver outro representante das mesmas pessoas para determinados fins particulares, delimitados pelo próprio soberano. Caso contrário, haveria dois soberanos, e cada homem teria sua pessoa representada por dois atores, que, se opondo um ao outro, dividiriam necessariamente esse poder, que (se o povo quer viver em paz) é indivisível. Assim, a multidão seria levada a uma situação de guerra, contrariando o fim para o qual foi instituída a soberania. Portanto, do mesmo modo que seria absurdo supor que uma assembleia soberana, convidando o povo de seus domínios a enviar seus deputados, com poder para dar a conhecer suas opiniões e desejos, estaria, assim, considerando esses deputados, e não os seus membros, como absolutos representantes do povo, seria também absurdo fazer a mesma suposição quanto a um monarca. Não posso compreender como uma verdade tão evidente pôde, ultimamente, ter sido tão pouco aceita. Como é possível que, numa monarquia, aquele que detivesse a soberania recebida de uma ascendência de 600 anos, fosse chamado soberano, possuísse o título de majestade outorgado por cada um de seus súditos e fosse inquestionavelmente considerado por todos seu rei, como é possível que, apesar de tudo isso, jamais fosse este considerado representante desse povo? E isso quando essa denominação de representante, sem qualquer contradição, era utilizada como título peculiar daqueles homens que, por ordem do rei, eram designados pelo povo para representar suas petições e (caso fosse permitido pelo rei) para exprimir suas opiniões. Isso pode servir de advertência para aqueles que são os verdadeiros e absolutos representantes do povo, a fim de que expliquem aos homens a natureza de seu cargo e se acautelem quanto à forma como admitem qualquer outra representação geral, seja qual for a ocasião, se pretendem corresponder à confiança que neles foi depositada.

A diferença entre essas três espécies de governo está na conveniência ou aptidão para garantir a paz e a segurança do povo, atendendo ao fim para o qual foram criadas, e não na diferença de poder. Ao comparar a monarquia com as outras duas, é preciso fazer algumas observações. Em primeiro lugar, seja quem for o portador da pessoa do povo, ou membro da assembleia que dela é portadora, esse é também portador de sua própria pessoa natural. Apesar de ser cauteloso em sua pessoa política, ao promover o interesse comum, deverá cuidar de promover seu interesse particular, assim como o de sua família, parentes e amigos. No caso de haver conflito entre o interesse público e o interesse pessoal, na maioria dos casos preferirá o interesse pessoal, pois em geral as paixões humanas são mais fortes do que a razão. Disso se conclui que, quanto mais próximos estiverem o interesse público e o interesse pessoal, mais se beneficiará o interesse público. Numa monarquia, o interesse pessoal é igual ao interesse público. A riqueza, o poder e a honra de um monarca provêm unicamente da riqueza, da força e da reputação de seus súditos. Então, nenhum rei pode ser rico ou glorioso ou ter segurança se seus súditos são pobres, desprezíveis ou demasiado fracos, por carência ou dissensão, para manter uma guerra civil contra seus inimigos. Já numa democracia ou numa aristocracia a prosperidade pública contribui menos para a fortuna pessoal de quem for corrupto ou ambicioso que, muitas vezes, uma decisão pérfida, um ato traiçoeiro ou uma guerra civil.

Em segundo lugar, um monarca delibera sobre quando, onde e de quem deseja receber conselhos. Ele tem, assim, a possibilidade de ouvir, com a antecedência que quiser em relação ao momento da ação, as pessoas versadas na matéria sobre a qual está deliberando, seja qual for a categoria ou a qualidade dessas pessoas, bem como pode fazê-lo com o sigilo que determinar. Aos conselhos de uma assembleia soberana, ao contrário, só são admitidas as pessoas que, desde o início, têm tal direito, e que, em sua maioria, por serem mais versadas na obtenção de riquezas do que em conhecimentos, darão seus conselhos em longos discursos que podem levar os homens à ação, mas nunca orientá-los sobre como agir. O entendimento, submetido à chama das paixões, nunca é iluminado, mas, pelo contrário, ofuscado. Por outro lado, nunca há lugar nem tempo em que uma assembleia possa reunir-se para um conselho em sigilo, por ser constituída por uma multidão.

Em terceiro lugar, as deliberações e resoluções de um monarca não estão sujeitas a outra inconstância senão a da natureza humana, enquanto, nas assembleias, além da natureza, registra-se a inconstância do número. Nelas, a ausência de uns poucos, que poderiam sustentar a resolução já tomada (ausência que pode ocorrer por questão de segurança, por negligência ou por impedimentos pessoais), ou a diligente presença de uns poucos, de opinião contrária, podem desfazer, hoje, tudo o que ontem ficou decidido.

Em quarto lugar, um monarca não pode discordar de si mesmo, movido pela inveja ou pelo interesse. Entretanto, isso é possível numa assembleia, e em grau capaz de provocar uma guerra civil.

Em quinto lugar, qualquer súdito, numa monarquia, pode ser, pelo poder de um único homem, privado de tudo quanto possui, para enriquecer um favorito ou um adulador. Esse, confesso, é um grande e inevitável inconveniente. Mas o mesmo pode acontecer onde o poder soberano reside numa assembleia, pois seu poder é o mesmo, e seus membros estão tão sujeitos aos maus conselhos ou a serem seduzidos pelos discursos dos oradores quanto um monarca perante os aduladores; tornando-se aduladores uns dos outros, os oradores servem mutuamente a sua cobiça e ambição. Enquanto numa monarquia os favorecidos são poucos, pois os monarcas têm a favorecer apenas seus parentes, numa assembleia eles são muitos, pois seus parentes são em número muito maior do que os de um monarca. Além disso, não há favorito de um monarca que não possa, da mesma forma, socorrer seus amigos ou prejudicar seus inimigos, ao passo que os oradores, isto é, os favoritos das assembleias soberanas, embora pensando que têm grande poder para prejudicar, pouco têm para ajudar. Acusar exige menos eloquência (assim é a natureza do homem) do que desculpar, e a condenação se assemelha mais à justiça do que a absolvição.

Em sexto lugar, existe na monarquia o inconveniente de a soberania vir a ser herdada por uma criança ou por alguém incapaz de fazer distinção entre o bem e o mal. Dizemos que é uma inconveniência porque, nesse caso, o poder deveria ficar nas mãos de um homem ou de uma assembleia, aos quais caberia governar por direito e em nome do monarca, como curadores e protetores de sua pessoa e autoridade. Mas dizer que é inconveniente depositar o poder soberano nas mãos de um homem ou de uma assembleia seria como dizer que todo governo é mais inconveniente do que a confusão e a guerra civil. O perigo que poderá existir é o de disputas entre aqueles que, pretendendo ocupar ou influir na escolha da pessoa que ocupará o cargo de tamanha honra e proveito, se tornarão competidores. Para ver claramente como esse inconveniente não se deve à forma de governo chamada monarquia, basta lembrar que o monarca anterior pode indicar o tutor do infante seu sucessor, seja mediante testamento, seja tacitamente, não se opondo ao costume utilizado em casos como esse. Assim, os inconvenientes que poderão ser registrados não devem ser atribuídos à monarquia, nessa circunstância, mas à ambição e à injustiça dos súditos, que são as mesmas em todas as espécies de governo nas quais o povo não é suficientemente instruído quanto a seus deveres e aos direitos da soberania. No caso de o monarca antecedente não haver tomado nenhuma medida quanto a essa tutoria, a lei natural é suficiente para fornecer uma regra adequada: que o tutor seja aquele que, por natureza, tenha maior interesse na preservação da autoridade do infante, e a quem menos beneficie sua morte ou a diminuição dessa autoridade. Considerando que, por natureza, todo homem procura seu próprio interesse e benefício, pôr o infante nas mãos de quem possa beneficiar-se com sua destruição ou prejuízo não é tutoria, mas traição. Portanto, se surgir qualquer disputa que possa perturbar a tranquilidade pública, mesmo tendo sido tomadas suficientes precauções contra qualquer justa querela a respeito do governo de um infante, tal disputa não deve ser atribuída à forma da monarquia, mas à ambição dos súditos e à ignorância de seu dever. Por outro lado, na mesma situação de um governo pertencente a uma criança se encontrará qualquer Estado cuja soberania resida numa grande assembleia que não se reúna para deliberar sobre a paz e elaborar e aprovar leis. Da mesma forma que falta à criança discernimento para discordar dos conselhos que lhe dão, o que a leva, portanto, à necessidade de pedir a opinião do tutor, assim também falta a uma assembleia liberdade para discordar do conselho da maioria, seja ele bom ou mau. Tal como uma criança precisa de um tutor ou protetor, para preservar sua pessoa e autoridade, assim também (nos grandes Estados) a assembleia soberana, nos momentos de grande perigo e perturbações, precisa de *custodes libertatis*, ou seja, de ditadores ou protetores de sua autoridade. Eles equivalem a monarcas temporários, aos quais é entregue, por determinado período, o completo exercício do poder. E a frequência com que tem sido registrado o fato de esses monarcas temporários privarem a assembleia do poder, ao final do período de sua regência, é maior do que no caso dos infantes submetidos a protetores, regentes ou quaisquer outros tutores.

Apesar de as espécies de soberania serem apenas três, como já foi demonstrado, isto é, a monarquia, pertencente a um só homem, a democracia, pertencente à assembleia geral dos súditos, e a aristocracia, cujo poder é exercido por uma assembleia de pessoas designadas, ou de qualquer outra maneira distinta das restantes, aquele que examinar os Estados que efetivamente existiram e existem no mundo talvez não encontre facilidade em reduzi-los a três, passando, assim, a acreditar que há outras formas, derivadas da mistura dessas três. Encontrará, por exemplo, as monarquias eletivas, nas quais os reis detêm o poder soberano por um tempo determinado, ou monarquias em que o poder do rei é limitado; não obstante isso, essas formas de governo são chamadas monarquias pela maioria dos autores. Da mesma forma, se um Estado popular ou aristocrático subjugar um país inimigo e governá-lo por intermédio de um presidente, um procurador ou outro magistrado, poderá vir a parecer, à primeira vista, que se trata de um governo popular ou aristocrático, o que não é o caso. Isso porque os monarcas eletivos não são soberanos, mas ministros do soberano, e os monarcas limitados também não são soberanos, mas ministros dos que detêm o poder soberano. Igualmente, as províncias submetidas a uma democracia ou aristocracia de um outro Estado não são democrática ou aristocraticamente governadas, mas, sim, monarquicamente.

Se o monarca eletivo, cujo poder está limitado à duração de sua vida, como se dá atualmente em muitas regiões da cristandade, ou a alguns anos ou meses, como no caso do poder dos ditadores entre os romanos, tiver o direito de designar seu sucessor, não será mais eletivo, mas hereditário. Caso ele não tenha o direito de escolher seu sucessor, então haverá algum outro homem ou assembleia que, após sua morte, indicará um novo monarca; do contrário, o Estado morreria e se dissolveria com ele, voltando à condição de guerra. Quando sabemos quem terá o poder de outorgar a soberania após sua morte, fica evidente que, mesmo antes, a soberania lhe pertencia, pois ninguém tem o direito de dar aquilo que não tem o direito de possuir ou de conservar para si mesmo, se assim lhe aprouver. Se ninguém tiver o poder de conceder a soberania, após a morte daquele que foi eleito em primeiro lugar, nesse caso este detém o poder, ou melhor, é obrigado pela lei natural a garantir, mediante a escolha de seu sucessor, que aqueles que lhe confiaram o governo não voltem a cair na miserável condição de guerra civil. Consequentemente, ele foi, quando eleito, designado como soberano absoluto.

O rei cujo poder é limitado não é superior àquele ou àqueles que têm o poder de limitá-lo. Aquele que não é superior não é supremo, isto é, não é soberano. Então, a soberania é da assembleia que tem o direito de limitá-lo, e consequentemente o governo é uma democracia ou aristocracia e não uma monarquia. Isso acontecia, em tempos passados, em Esparta, onde os reis tinham o privilégio de comandar seus exércitos, mas não detinham a soberania, que residia nos foros.

Os romanos governavam a região da Judeia, por exemplo, por intermédio de um presidente, mas isso não significava que sua forma de governo fosse uma democracia, pois seus habitantes não eram governados por uma assembleia da qual algum deles tomasse parte; nem uma aristocracia, pois não eram governados por uma assembleia da qual pudessem fazer parte por eleição. A Judeia era governada por uma só pessoa e, embora em relação ao povo de Roma fosse uma assembleia popular ou uma democracia, em relação ao povo da Judeia, que não tinha direito de participar do governo, era uma monarquia. Quando o povo é governado por uma assembleia por ele eleita, o governo se denomina democracia ou aristocracia, mas quando o povo é governado por uma assembleia que não é de sua escolha, o governo é uma monarquia; não de um homem sobre outro homem, mas de um povo sobre outro povo.

Como a matéria de todas essas formas de governo é mortal, ou seja, tanto os monarcas quanto as assembleias inteiras morrem, é necessário, para a conservação da paz entre os homens, que, do mesmo modo que foram tomadas medidas para a criação de um homem artificial, também sejam tomadas medidas para uma eternidade artificial da vida. Não fosse assim, os homens governados por uma assembleia voltariam à condição de guerra a cada geração, e o mesmo aconteceria àqueles que fossem governados por um só homem, quando morresse seu governante. Essa eternidade artificial é o chamado direito de sucessão.

Quando a decisão da sucessão não estiver nas mãos do próprio soberano, a forma de governo não será perfeita, pois, se pertencer a qualquer outro homem, ou a qualquer assembleia particular, recairá num súdito e poderá ser retomada pelo soberano a seu bel-prazer e, por conseguinte, o direito pertencerá a ele próprio. Se o direito não pertencer a nenhuma pessoa em especial, e estiver na dependência de uma nova escolha, então o Estado encontrar-se-á dissolvido e o direito pertencerá a quem dele puder apoderar-se, contrariando a intenção dos que instituíram o Estado, pretendendo segurança perpétua e não apenas temporária.

É impossível, numa democracia, que a assembleia inteira falte, a não ser que falte também a multidão a ser governada.

Portanto, não podem existir nessa forma de governo questões relativas ao direito de sucessão.

Ao morrer qualquer dos membros da assembleia, numa aristocracia, a eleição de outro que o substitua compete à própria assembleia, na qualidade de soberano a quem pertence o direito de escolher todos os conselheiros e funcionários. Porque o que faz o representante como ator, o faz cada um dos súditos como autor. E apesar de a soberana assembleia poder dar a outrem o direito de eleger novos membros de sua corte, a eleição se faz sempre pela sua autoridade e ela mesma pode revogá-la (quando o interesse público assim o exigir).

É na monarquia que ocorre a maior dificuldade no que se refere ao direito de sucessão, pois, à primeira vista, não fica evidente quem deve designar o sucessor, nem muitas vezes quem foi que ele designou. Em ambos os casos, é necessário um raciocínio mais preciso do que o geral. No que se refere ao problema de decisão quanto ao sucessor de um monarca, detentor da soberana autoridade, ou seja, ao problema de quem deve determinar o direito de herança (dado que os monarcas eletivos não têm a propriedade, mas apenas o uso do poder soberano), devemos admitir que ou aquele que está no poder tem o direito de decidir a sucessão, ou esse direito volta para a multidão desintegrada. Pois a morte daquele que tem a propriedade do poder soberano deixa a multidão destituída de qualquer soberano, isto é, sem nenhum representante no qual possa unir-se e tornar-se capaz de praticar qualquer ato. Ela se torna, portanto, incapaz de proceder à eleição de um novo monarca, pois cada um tem igual direito de submeter-se a quem considerar mais capaz de protegê-lo, ou então, se puder, de proteger-se a si mesmo com sua própria espada, o que equivale a um regresso à confusão e à condição de guerra, na qual os homens se voltam uns contra os outros, contrariando o fim para o qual a monarquia fora instituída. Pela instituição de uma monarquia, a escolha do sucessor é deixada, sempre, ao juízo e à vontade de quem está no poder.

A fim de que não surjam problemas referentes a quem o monarca designou como herdeiro e sucessor de seu poder, a designação deve ser por palavras expressas e testamento ou por outros sinais tácitos considerados suficientes.

A designação se dá por palavras expressas ou testamento quando estes são declarados em vida do soberano, *viva voce* ou por escrito, da mesma forma como os primeiros imperadores de Roma declaravam quem deviam ser seus herdeiros. A palavra "herdeiro" não significa, por si mesma, os filhos ou parentes próximos de um homem, mas aquele que ele declarar que deverá sucedê-lo. Se um monarca declarar expressamente que uma determinada pessoa deverá ser sua herdeira, quer por palavras, quer por escrito, essa pessoa será, imediatamente após o falecimento de seu predecessor, investida do direito de ser monarca.

Mas, na ausência de testamento e palavras expressas, é preciso levar em conta outros sinais naturais da vontade; um deles é o costume. Se o costume determina que o sucessor absoluto deva ser o parente mais próximo, ele tem direito à sucessão, pois, se a vontade de quem detinha o poder não fosse essa, teria sido declarado em vida. Da mesma forma, se o costume é de que o sucessor seja o parente masculino mais próximo, o direito de sucessão pertence ao parente masculino mais próximo, pela mesma razão. E o mesmo seria se o costume fosse dar preferência ao parente feminino. Seja qual for o costume, se um homem tem a possibilidade de deliberar por meio da palavra, e não o faz, é sinal natural de que ele quer que esse costume seja aplicado.

Quando não há costume ou testamento, devemos entender, primeiro, que o monarca quer que o governo continue sendo monárquico, dado que aprovou essa forma de governo. Em segundo lugar, que a preferência deve recair sobre seu filho, homem ou mulher, uma vez que supostamente os homens tendem, por natureza, a favorecer mais seus próprios filhos do que os filhos de outros homens; e, entre seus filhos, mais os do sexo masculino do que os do feminino, pois os homens são naturalmente mais capazes do que as mulheres de ações que implicam esforço e perigo. Em terceiro lugar, na falta de descendência direta, devemos entender que seu irmão será preferido a um estranho e, na falta deste, um parente, devendo ser escolhido o de sangue mais próximo, dado que o parente mais chegado é também o mais próximo em afeto, e dado também que, se refletirmos, veremos que um homem recebe maior honra da grandeza de um parente mais próximo.

Não obstante seja legítimo que um monarca decida sua sucessão, por contrato ou testamento, alguém poderia objetar que esse monarca teria a possibilidade de vender ou dar a um estrangeiro seu direito de governar. E, como os estrangeiros (isto é, os homens que não estão submetidos ao mesmo governo e que falam um idioma diferente) geralmente dão pouco valor aos outros, pode haver opressão dos súditos, o que é, sem dúvida, um grande inconveniente, que não deriva, necessariamente, da sujeição ao governo de um estrangeiro, mas, sim, da falta de habilidade dos governantes, que ignoram as verdadeiras regras da política. Os romanos, por exemplo, conheciam-nas, já que, depois de subjugarem diversas nações, procuravam, para tornar mais aceitável seu governo, eliminar as causas de ressentimento, tanto quanto possível, concedendo, às vezes, a nações inteiras, e muitas vezes aos homens mais importantes das nações conquistadas, não apenas privilégios, mas também o nome de romanos. A muitos, deram um lugar no senado, assim como cargos públicos, inclusive na cidade de Roma. Era isso que o sábio monarca rei Jaime visava ao esforçar-se por realizar a união dos domínios da Inglaterra e da Escócia. Se tivesse conseguido, provavelmente teria evitado as guerras civis, que levaram à miséria ambos os reinos. Em conclusão, se um monarca decidir por testamento sua sucessão, não estará injuriando o povo, não obstante o fato de, por culpa de muitos príncipes, isso ter sido às vezes considerado inconveniente. Um ótimo argumento favorável à legitimidade dessa decisão, sejam quais forem os inconvenientes derivados da entrega de um reino a um estrangeiro, é que o fato pode também suceder em razão do casamento com um estrangeiro, uma vez que o direito de sucessão poderá vir a recair sobre ele, e isso, sem dúvida, é considerado legítimo por todos.

## Capítulo XX
## Do domínio paterno e despótico

Damos o nome de Estado por aquisição àquele em que o poder soberano foi adquirido pela força. E tal poder é assim adquirido quando os homens, individualmente ou em grande número e por pluralidade de votos, por medo da morte ou do cativeiro, autorizam todas as ações daquele homem ou assembleia que tem em seu poder suas vidas e sua liberdade.

Apenas num aspecto esse domínio ou soberania difere da soberania por instituição: os homens que escolhem seu soberano fazem-no por temor mútuo, e não daquele a quem instituem, mas, no caso do domínio por aquisição, submetem-se àquele a quem temem. O que fica evidente é que em ambos os casos o fazem por medo, e isso deve ser observado por aqueles que consideram nulos os pactos obtidos pelo temor à morte ou à violência. Se isso fosse verdade, ninguém poderia, em nenhuma forma de Estado, ser obrigado à obediência. É certo que uma vez adquirida ou instituída uma soberania, as promessas derivadas do temor à morte ou à violência não são pactos nem geram obrigação, quando o que for prometido é contrário às leis; mas a razão disso não é que tenha havido medo, e, sim, que aquele que prometeu não tinha nenhum direito à coisa prometida. Assim, quando alguém pode cumprir uma promessa legitimamente e não o faz, não é pela invalidade do pacto que é absolvido, mas pela sentença do soberano. Em outras palavras, o que um homem promete legalmente, é ilegalmente que o deixa de cumprir. Mas, quando o soberano, que é o ator, absolve-o, torna-se absolvido por quem lhe extorquiu a promessa, que é, definitivamente, o autor dessa absolvição.

Então, os direitos e as consequências da soberania são os mesmos em ambos os casos. O poder do soberano não pode, sem seu consentimento, ser transferido para outrem; ele não pode aliená-lo; não pode ser acusado de injúria por nenhum de seus súditos; não pode ser punido por eles; é juiz do que se considera necessário para a paz, e juiz das doutrinas; é o único legislador, e juiz supremo das controvérsias, assim como dos tempos e ocasiões de guerra e de paz; a ele compete eleger magistrados, conselheiros, chefes e todos os demais funcionários e ministros e determinar recompensas e castigos, honrarias e ordens. As razões disso são as mesmas que foram apresentadas no capítulo anterior, para os mesmos direitos e consequências da soberania por instituição.

O domínio é adquirido de duas maneiras: por geração e por conquista. O direito de domínio por geração denomina-se paterno; é aquele que o pai tem sobre seus filhos. Ele não deriva da geração, como se o pai tivesse domínio sobre seu filho por tê-lo procriado, e sim do consentimento do filho, seja expressamente ou por outros argumentos suficientemente declarados. No que se refere à geração, Deus quis que o homem tivesse uma colaboradora, e ambos são considerados pais; e, assim, o domínio sobre o filho deveria pertencer a ambos igualmente e o filho deveria estar igualmente submetido a ambos, mais isso é impossível, pois ninguém pode obedecer a dois senhores. Enganam-se totalmente aqueles que atribuem o domínio apenas ao homem, por ser do sexo mais excelente, porque a diferença de força e prudência entre o homem e a mulher, de maneira a que o direito possa ser determinado sem conflito, nem sempre se verifica. Nos Estados essa controvérsia é decidida pela lei civil, e na maioria dos casos, apesar de nem sempre, a sentença é favorável ao pai, porque o Estado foi criado pelos pais e não pelas mães de família. A questão diz respeito ao puro Estado natural, em que não existem leis matrimoniais, nem leis referentes à educação das crianças, mas apenas a lei natural, e a atração natural entre os sexos, entre o pai e a mãe e por seus filhos. Assim, é nessa condição de simples natureza que os pais podem decidir entre si, por contrato, o domínio sobre os filhos. Se houver essa decisão, o direito se aplica conforme foi contratado. Conta a história que era feito um contrato entre as amazonas e os homens dos países vizinhos; por meio dele as crianças do sexo masculino eram enviadas aos pais, enquanto as mães permaneciam com as do sexo feminino, exercendo sobre elas seu domínio.

O domínio pertence à mãe se não existir nenhum contrato, pois, na condição de simples natureza, em que não existem leis matrimoniais, é impossível saber quem é o pai, quando isso não é declarado pela mãe. Portanto, o direito de domínio sobre os filhos depende da vontade dela e, consequentemente, pertence-lhe. Uma vez que a criança, inicialmente, encontra-se em poder da mãe, de modo que esta tanto pode amamentá-la como abandoná-la, e que, se alimentada, a criança fica devendo a vida à mãe, obrigando-se a obedecê-la, e não a qualquer outra pessoa, por consequência à mãe pertence o domínio sobre a criança. Caso a abandone e alguém a encontre e alimente, o domínio passará a ser de quem a alimentou, pois a criança deve obedecer a quem a preservou. Como a preservação da vida é o fim pelo qual um homem se sujeita a outro, é presumível que todo homem proponha-se a obedecer àquele que tem o poder de salvá-lo ou de destruí-lo.

Se a mãe estiver submetida ao pai, a criança ficará sob o domínio do pai; ao contrário, quando é o pai que está submetido à mãe (como quando uma rainha soberana desposa um de seus súditos), a criança fica submetida, tal como o pai, à mãe.

Quando um homem e uma mulher, monarcas de dois reinos diferentes, tiverem um filho e celebrarem um contrato estabelecendo quem deverá ter domínio sobre ele, o direito de domínio estará de acordo com o contrato. Em caso de inexistência de contrato, o domínio será conforme o domínio da localidade onde a criança reside, pois o soberano de cada país tem direito de domínio sobre todos quantos lá residem.

Quem tem domínio sobre um filho tem também domínio sobre os filhos desse filho, e sobre os filhos de seus netos; quem tem domínio sobre a pessoa de alguém tem domínio sobre tudo o que lhe pertence, pois, se assim não fosse, o domínio seria somente um título, sem qualquer efeito.

O direito de sucessão ao domínio paterno é igual ao direito de sucessão à monarquia, sobre o qual já falamos no capítulo anterior.

Já o domínio adquirido por conquista, ou vitória militar, é aquele que alguns autores denominam despótico, de *despotes*, que significa senhor ou amo, e é o domínio do senhor sobre seu servo. O vencedor adquire domínio sobre o vencido, quando este, para evitar o iminente golpe de morte, promete por palavras expressas ou por outros sinais de sua vontade que, enquanto sua vida e a liberdade de seu corpo lhe permitirem, o vencedor terá direito a usá-lo da forma como bem entender. Mas só depois da realização do pacto o vencido torna-se servo, pois pela palavra servo (quer derive de *servire*, servir, quer de *servare*, salvar, disputa que deixo para os gramáticos) não deve ser entendido um cativo aprisionado, ou posto a ferros, até que o proprietário daquele que o tomou, ou o comprou de alguém, decida o que fará com ele; porque esses homens (geralmente chamados escravos) não têm qualquer obrigação, podendo quebrar os grilhões e destruir a prisão, e até mesmo matar ou aprisionar seu senhor; portanto, entendemos por servo alguém a quem é permitida a liberdade corpórea e que, diante da promessa de não fugir nem praticar violência contra seu senhor, recebe sua confiança.

Isso quer dizer que é o pacto que confere o direito de domínio sobre o vencido, e não a vitória. E o vencido não fica obrigado por ter sido conquistado, isto é, derrotado, tomado ou posto em fuga, mas por ter-se apresentado e ter-se submetido ao vencedor. Este, por seu turno, não é obrigado, pela rendição do inimigo (se não lhe tiver prometido a vida), a poupá-lo; o vencedor não fica obrigado a isso por mais tempo do que aquele que considerar suficiente.

Portanto, não é a vitória que confere o direito de domínio sobre o vencido, mas o pacto celebrado por este. Ele não adquire a obrigação por ter sido conquistado, isto é, batido, tomado ou posto em fuga, mas por ter vindo e ter-se submetido ao vencedor. O vencedor não é obrigado, diante de um inimigo que se rendeu (se não lhe tiver prometido a vida), a poupá-lo, pelo fato de se ter entregue a sua discrição; isso só obriga o vencedor na medida em que este, por seu próprio discernimento, considerá-lo bom.

Quando pedem quartel, como dizemos hoje em dia (e a que os gregos chamavam *zogria*, deixar com vida) os homens tentam escapar, pela submissão, à fúria do vencedor, e fazem um acordo para salvar a vida, mediante resgate ou prestação de serviços. Mas quem recebe quartel não tem garantia de vida; há apenas um adiamento, no aguardo de uma deliberação posterior, pois quem se rendeu não o fez com a condição de que sua vida fosse poupada, mas de que se entregava à discrição do vencedor. Sua vida só estará segura e sua servidão só se tornará uma obrigação depois que o vencedor lhe outorgar sua liberdade corpórea. Efetivamente, os escravos que trabalham nas prisões, ou amarrados por cadeias, não o fazem por obrigação, mas para evitar a crueldade de seus guardas.

O senhor do servo também é senhor de tudo quanto pertence ao servo, podendo fazer uso de seus bens, de seu trabalho, de seus servos e de seus filhos, tantas vezes quantas lhe aprouver. O servo concedeu-lhe a vida, mediante um pacto de obediência, isto é, o reconhecimento e autorização de tudo o que o senhor viesse a fazer. Se o senhor recusar, matando-o ou pondo-o a ferros, ou o castigar de outra forma, por sua desobediência, o servo será o autor de tudo isso, não podendo acusar de injúria a seu senhor.

Então, os direitos e as consequências tanto do domínio paterno quanto do despótico são exatamente os mesmos direitos e consequências da soberania por instituição, e pelas mesmas razões apresentadas no capítulo anterior. Se alguém é monarca de diversas nações diferentes, e numa delas tiver recebido a soberania por instituição do povo reunido, e noutra por conquista, isto é, por submissão dos indivíduos, que com isso evitaram a morte e a prisão, não pode exigir de uma nação mais do que da outra, pelo fato de a nação ter sido conquistada, pois esse seria um ato de ignorância dos direitos da soberania. Ele é soberano absoluto de ambas as nações; se assim não fosse, não haveria qualquer soberania, e cada homem poderia, legitimamente, defender-se da melhor maneira possível, com sua própria espada, gerando uma condição de guerra.

Fica, pois, patente que uma grande família, se não fizer parte de nenhum Estado, é em si mesma, quanto aos direitos de soberania, uma pequena monarquia, quer seja essa família formada por um homem e seus filhos, quer por um homem e seus servos, quer, enfim, por um homem, seus filhos e seus servos, sendo soberano o pai ou o senhor. Entretanto, uma família não constitui propriamente um Estado, a não ser pelo poder que possa advir de seu número ou de quaisquer outras circunstâncias que lhe permitam não ser subjugada sem o risco da guerra. Quando um grupo de pessoas é, manifestamente, demasiado fraco para se defender conjuntamente, cada uma pode usar sua própria razão nos momentos de perigo, para salvar sua vida, pela fuga ou pela sujeição ao inimigo, conforme deliberar; o mesmo vale para uma pequena companhia de soldados, surpreendida por um exército, que pode baixar as armas e pedir quartel ou fugir, em vez de ficar e ver todos os seus componentes mortos pela espada. Considero o que disse até aqui suficiente a respeito do que descobri, por especulação e dedução, sobre os direitos soberanos, com base na natureza, nas necessidades e nos desígnios dos homens ao criarem Estados e se submeterem a monarcas ou assembleias, dotadas de poder o bastante para sua proteção.

Passemos, agora, ao exame do que as Escrituras dizem sobre essas questões. Assim disseram a Moisés os filhos de Israel: "Fala-nos, e te ouviremos; mas que Deus não nos fale, senão morreremos" (Ex 20,19). Isso significa obediência absoluta a Moisés. A respeito do direito dos reis, disse o próprio Deus pela boca de Samuel: "Este será o direito do rei que sobre vós reinará. Ele tomará vossos filhos e os fará guiar suas carroças e ser seus cavaleiros, e correr na frente de suas carroças; e fazer sua colheita, suas máquinas de guerra e os instrumentos de suas carroças; e levará vossas filhas para fazerem perfumes, para serem suas cozinheiras e padeiras. Ele tomará vossos campos, vossos vinhedos e vossos olivais, e dá-los-á a seus servos. Tomará as primícias de vossos grãos e de vosso vinho, e dá-las-á a seus camareiros e a seus outros servos. Tomará vossos servos e vossas criadas, e a flor de vossa juventude, para empregá-los em seus negócios. Tomará as primícias de vossos rebanhos, e vós sereis seus servos" (1Sm 8,11-17). Trata-se, portanto, de um poder absoluto, que pode ser resumido nas últimas palavras: vós sereis seus servos. Quando o povo ouviu qual seria o poder de seu rei, consentiu e disse: "Nós seremos como todas as outras nações e nossas causas serão julgadas por nosso rei, que irá à nossa frente para comandar-nos em nossas guerras" (1Sm 8,19s). Aqui se encontra confirmado o direito dos soberanos, tanto sobre a milícia quanto sobre a judicatura. Nele está contido o poder mais absoluto que um homem possa transferir a outro. Por outro lado, a oração do rei Salomão a Deus foi a seguinte: "Dá a teu servo entendimento para julgar teu povo, e para distinguir entre o bem e o mal" (1Rs 3,9). Ao soberano competia, portanto, ser juiz, e prescrever as regras para distinguir entre o bem e o mal, regras estas que são as leis; em consequência, é nele que reside o poder legislativo. A vida de Davi foi posta a prêmio por Saul; entretanto, quando estava em poder de Davi ordenar a morte a Saul, e seus servos se aprestavam a fazê-lo, impediu-os dizendo: "Deus não permita que eu cometa tal ato contra meu senhor, o ungido de Deus" (1Sm 24,7). Sobre a obediência dos servos, disse São Paulo: "Servos, obedecei a vosso senhor em todas as coisas" (Cl 3,22). E também: "Filhos, obedecei a vossos pais em todas as coisas" (Cl 3,20). Essa é a obediência simples daqueles que estão sujeitos ao domínio paterno ou despótico. Por outro lado: "Os escribas e fariseus estão sentados na cadeira de Moisés, portanto, tudo o que vos mandarem observar, observai-o e fazei-o" (Mt 23,2s). E São Paulo: "Adverti-os que se submetam aos príncipes e a outras pessoas de autoridade, e que lhes obedeçam" (Tt 3,1). Essa obediência também é simples. Por último, mesmo nosso Salvador reconhece que os homens devem pagar os impostos exigidos pelos reis, quando diz: "Dai a César o que é de César"; e ele próprio pagava esses impostos. E reconhece, igualmente, que a palavra do rei é suficiente para tirar qualquer coisa de qualquer súdito, quando necessário, e que o rei é o juiz dessa necessidade; porque ele próprio, como rei dos judeus, ordenou aos discípulos que tomassem a burra e seu burrico para levá-lo a Jerusalém, dizendo: "Ide à aldeia que fica diante de vós, e encontrareis uma burra amarrada, e com ela seu burrico; desamarrem-nos e tragam-nos a mim. E, se alguém vos perguntar o que pretendeis, dizei que o Senhor tem necessidade deles; e deixar-vos-ão partir" (Mt 21,2s). Ninguém perguntará se essa necessidade constitui um direito suficiente, nem se ele é juiz dessa necessidade, mas simplesmente acatarão a vontade do Senhor.

Pode ser acrescentada a essas citações outra do Gênesis: "Vós sereis como deuses, distinguindo entre o bem e o mal" (Gn 3,5). E o versículo 11: "Quem vos disse que estáveis nus? Haveis comido da árvore da qual vos ordenei que não comêsseis?" Estando proibido o conhecimento ou juízo do bem e do mal, sob o símbolo do fruto da árvore do conhecimento, como uma prova da obediência de Adão, o diabo, a fim de despertar a ambição da mulher, a quem o fruto já parecia belo, disse-lhe que se o provassem seriam como os deuses, passando a conhecer o bem e o mal. Após ambos terem comido o fruto proibido, desfrutaram da aptidão de Deus para o julgamento do bem e do mal, mas não adquiriram nenhuma nova aptidão para distinguir corretamente entre eles. Apesar de as Escrituras dizerem que, depois de comerem, perceberam estar nus, jamais essa passagem foi interpretada como querendo significar que anteriormente eram cegos e não enxergavam a própria pele, mas, sim, que viram e julgaram pela primeira vez sua nudez (na qual Deus os havia criado) como inconveniente, e, sentindo-se envergonhados, tacitamente censuraram o próprio Deus. Ao que Deus disse "haveis comido, etc.", como se quisesse dizer: vós, que me deveis obediência, pretendeis atribuir-vos a capacidade de julgar meus mandamentos? Com isso fica claro (embora de modo alegórico) que os mandamentos daqueles que têm o direito de mandar não devem ser censurados nem discutidos por seus súditos.

Fica bem claro, a meu ver, tanto pela razão quanto pelas Escrituras, que o poder soberano, quer resida num homem, como numa monarquia, quer numa assembleia, como nos Estados populares e aristocráticos, é tão grande quanto os homens são capazes de fazê-lo. E mesmo que, a respeito desse poder ilimitado, os homens possam imaginar muitas consequências desfavoráveis, se tal poder não existisse, as consequências seriam bem piores, como a guerra perpétua dos homens contra seus vizinhos. A condição do homem, nesta vida, sempre terá inconvenientes, mas num Estado jamais se verifica um grande inconveniente, a não ser os que derivam da desobediência dos súditos, e do rompimento daqueles pactos aos quais o Estado deve sua existência. E quando alguém considera demasiado grande o poder soberano e procura diminuí-lo, deve submeter-se ao poder capaz de limitá-lo; quer dizer, a um poder ainda maior.

A maior objeção reside na prática, quando os homens perguntam onde e quando semelhante poder foi reconhecido pelos súditos. Mas podemos perguntar, de outro lado, quando e onde existiu um reino que tenha permanecido muito tempo livre de sedições e guerras civis. Nas nações cujos Estados foram duradouros e só foram destruídos pela guerra exterior, os súditos jamais discutiram o poder soberano. Seja como for, um argumento extraído da prática de homens que não discriminam profundamente nem ponderam com exata razão as causas e a natureza dos Estados, e que sofrem diariamente as misérias originadas da ignorância dessas causas e dessa natureza, é um argumento sem validade. Porque, mesmo que em todos os lugares do mundo os homens construíssem sobre a areia as fundações de suas casas, não deveríamos deduzir disso que é assim que as casas devem ser feitas. A habilidade de constituir e conservar Estados repousa em certas regras, semelhantes às da aritmética e da geometria, e não, como no jogo de tênis, somente na prática: os homens pobres não têm tempo, nem os homens suficientemente ociosos tiveram a curiosidade ou o método para encontrar essas regras.

## Capítulo XXI
## Da liberdade dos súditos

O significado da palavra liberdade, em seu sentido próprio, é a ausência de oposição (entendendo por oposição os impedimentos externos ao movimento), e esse termo se aplica tanto às criaturas racionais como às irracionais e inanimadas. Dizemos que tudo o que está atado ou enrolado, não podendo mover-se, a não ser dentro de certo espaço, determinado pela oposição de algum corpo externo, não tem liberdade de ir mais além. O fato se passa com todas as criaturas vivas, quando se encontram presas ou limitadas por muros ou prisões, e também com as águas, contidas por diques ou canais, e que, se assim não fosse, se espalhariam por um espaço maior; costumamos dizer que essas criaturas e as águas não têm a liberdade para se mover, e que o fariam, não fossem esses impedimentos externos. Dizemos, porém, que não há falta de liberdade, mas, sim, do poder de movimentar-se, quando o impedimento pertence à constituição da própria coisa, por exemplo, quando uma pedra está parada ou um homem fica preso ao leito em razão de uma doença.

De acordo com esse genuíno e comum significado, um homem livre é aquele que não é impedido de fazer as coisas de que tem vontade e que as faz graças a sua força e engenho; mas, quando as palavras livre e liberdade são aplicadas a qualquer coisa diferente de um corpo, trata-se de um abuso da linguagem, pois o que não está sujeito ao movimento também não está sujeito a impedimentos. Portanto, quando dizemos, por exemplo, que o caminho está livre, não significa liberdade do caminho, mas daqueles que o percorrem sem impedimentos. E, quando dizemos que uma doação é livre, não queremos indicar nenhuma liberdade da coisa doada, mas, sim, do doador, que fez a doação livremente, isto é, sem estar obrigado por nenhuma lei ou pacto. Da mesma forma, quando dizemos que alguém fala livremente, não estamos aludindo à liberdade da voz, ou da pronúncia, mas do homem ao qual nenhuma lei obrigou a falar de maneira diversa da que o fez. Por último, a expressão livre-arbítrio não significa liberdade da vontade, do desejo ou da inclinação, mas apenas a liberdade do homem, que consiste no fato de ele não se deparar com entraves para fazer aquilo de que tem vontade, pelo qual tem desejo ou inclinação.

Temor e liberdade são compatíveis: é como a ação de alguém que atira seus bens ao mar com medo de que o barco afunde, e o faz, sem dúvida, voluntariamente, podendo abster-se, se quiser. Às vezes, também, a pessoa só paga suas dívidas pelo temor da prisão, e sendo que, sem dúvida, ninguém a impede de abster-se de fazê-lo, seu ato é feito com liberdade. Geralmente, todos os atos praticados pelos homens no Estado, por temor à lei, são ações que seus autores têm a liberdade de omitir.

Liberdade e necessidade também são compatíveis: assim como as águas têm, além da liberdade, também a necessidade de descer pelo canal, igualmente as ações praticadas voluntariamente pelos homens, tendo em vista que derivam de sua vontade, derivam da liberdade; da mesma forma, a vontade dos homens, bem como seus desejos e inclinações, derivam de alguma causa, e esta, por sua vez, de outra causa, formando uma cadeia contínua (cujo primeiro elo — a primeira de todas as causas — está na mão de Deus) de causas que derivam da necessidade. A necessidade de todas as ações voluntárias dos homens seria manifesta para quem pudesse notar a conexão dessas causas. Consequentemente, Deus, que vê e dispõe todas as coisas, vê também que a liberdade do homem em fazer o que deseja deriva da necessidade de fazer aquilo que Deus quer, nem mais nem menos. Embora os homens possam fazer diversas coisas que não foram ordenadas por Deus, das quais, portanto, Deus não é autor, não podem ter paixão ou apetite por aquilo cuja causa não seja o apetite e a vontade de Deus. Se acaso a vontade de Deus não assegurasse a necessidade da vontade do homem, e, portanto, de tudo o que dela depende, a liberdade do homem seria uma contradição e um empecilho à onipotência e liberdade de Deus. É suficiente, para nossos fins, o que disse até aqui a respeito da liberdade natural, a única que, propriamente, pode ser chamada liberdade.

Da mesma forma como os homens, almejando conseguir a paz, e por meio dela sua própria conservação, criaram um homem artificial chamado Estado, criaram, também, cárceres artificiais, chamados leis civis, que, mediante pactos mútuos, os mantêm presos, por uma das extremidades, ao homem ou à assembleia a quem confiaram o poder soberano e, por outra, a seus próprios ouvidos. Esses laços, embora fracos por natureza, são mantidos, seja pelo perigo, seja pela dificuldade de rompê-los.

Agora me referirei à liberdade dos súditos em relação a esses laços. Se notarmos que não existe no mundo inteiro qualquer Estado que tenha estabelecido regras suficientes para regular todas as ações e palavras dos homens (o que seria impossível), concluiremos, necessariamente, que em todos os tipos de ações não previstas pelas leis os homens têm a liberdade de fazer o que for sugerido por sua razão e que estiver de acordo com seu interesse. Considerando a liberdade, em seu verdadeiro sentido, como liberdade corporal, isto é, como liberdade das cadeias e prisões, seria absurdo que os homens clamassem, como o fazem, por uma liberdade de que tão manifestamente desfrutam. Mas, se considerarmos a liberdade como isenção das leis, não é menos absurdo que os homens exijam, como o fazem, aquela liberdade mediante a qual todos os outros homens podem tornar-se senhores de suas vidas. Por absurdo que pareça, é isso o que pedem, ignorando que as leis não têm qualquer poder para protegê-los, se não houver uma espada nas mãos de um homem ou homens encarregados de fazê-las cumprir. Portanto, a liberdade dos súditos está, somente, naquelas coisas permitidas pelo soberano ao regular suas ações, como a liberdade de comprar e vender ou realizar contratos mútuos, de cada um escolher sua residência, sua alimentação, sua profissão, e instruir seus filhos conforme achar melhor, etc.

Essa liberdade, porém, não abole nem limita o poder soberano de vida e morte, pois já demonstramos que nada pode fazer um representante soberano a um súdito, sob nenhum pretexto, que possa vir a ser propriamente chamado injustiça ou injúria. Isso porque cada súdito é autor de todos os atos praticados pelo soberano, de modo que o soberano nunca carece do direito seja lá ao que for, a não ser na medida em que ele próprio é súdito de Deus e está, por isso, obrigado a respeitar as leis naturais. Pode ocorrer, e frequentemente ocorre nos Estados, a condenação à morte de um súdito por ordem do poder soberano, apesar de o súdito nada ter feito de mal a outro. Por exemplo, quando Jefté levou para o sacrifício sua própria filha. Nesse caso, como em outros análogos, quem assim morreu tinha liberdade para praticar a ação pela qual foi, sem injúria, condenado à morte. O mesmo vale para um príncipe soberano que leve à morte um súdito inocente.

Embora o ato seja contrário à lei natural, por ser contrário à equidade, como foi o caso de Davi, ao matar Urias, não é uma injúria a quem é sacrificado, mas a Deus. Não a Urias, porque o direito de fazer o que lhe aprouvesse lhe foi dado pelo próprio Urias. E a Deus, porque Davi, sendo súdito de Deus, estava proibido de toda iniquidade pela lei natural. O próprio Davi confirmou, de maneira evidente, essa distinção, arrependendo-se e dizendo: "Somente contra vós pequei". O povo de Atenas, da mesma maneira, quando baniu por dez anos o homem mais poderoso do Estado, não achou que tivesse cometido qualquer injustiça, e nunca procurou saber que crime esse homem havia cometido, mas apenas o mal que poderia vir a fazer. Mesmo assim, ordenou o banimento daqueles que não conhecia. Então, cada cidadão, levando para a praça do mercado sua concha de ostra, na qual havia escrito o nome daquele a quem desejava banir, sem realmente chegar a acusá-lo, umas vezes bania um Aristides, por sua reputação de justiça, e outras vezes um ridículo bufão, como Hipérbolo, apenas por gracejo. Contudo é impossível dizer que o povo soberano de Atenas carecia de direito para bani-los, ou que um ateniense não tivesse a liberdade para ridicularizar ou ser justo.

A liberdade, a respeito da qual existem honrosas referências nas obras de história e filosofia da antiga Grécia e do Império Romano e, também, nos escritos e discursos daqueles que receberam dessas fontes todo o seu saber em matéria de política, não é a liberdade particular de um homem, mas a liberdade do Estado. Esta seria a que todo homem deveria ter, se não houvesse leis civis nem nenhuma espécie de Estado. Os efeitos dessa liberdade são também os mesmos, pois, assim como entre homens que não reconhecem um senhor há guerra perpétua de cada um contra seu próprio vizinho, mesmo não havendo herança a transmitir ao filho, nem a esperar do pai, nem propriedade de terras ou outros bens, nem tampouco segurança, mas plena e absoluta liberdade de cada indivíduo, também entre Estados que não dependem uns dos outros, cada Estado (não cada indivíduo) tem absoluta liberdade de fazer tudo o que considerar (isto é, aquilo que o homem ou assembleia que os representa considerar) favorável a seus interesses. Sem isso, viveriam numa condição de guerra perpétua, e sempre na iminência da batalha, com as fronteiras vigiadas e canhões apontados contra os vizinhos mais próximos. Os atenienses e romanos eram livres, isto é, viviam em Estados livres. Isso não significa que cada cidadão possuísse a liberdade de opor-se a seu representante, mas, sim, que seu representante tinha a liberdade de resistir a outro povo ou de invadir seu território. Nas torres da cidade de Luca está escrita, e conservada até hoje, a palavra *libertas*; entretanto, não podemos daí inferir que o cidadão de Luca tivesse maior liberdade, ou imunidade, do que o de Constantinopla, em relação ao serviço do Estado. A liberdade é sempre a mesma, seja o Estado monárquico, seja popular.

É comum os homens se iludirem com o especioso nome de liberdade e, não tendo capacidade de distinguir, considerar muitas vezes como herança particular e seu direito inato o que é apenas direito do Estado. Quando esse mesmo erro é confirmado pela autoridade de autores reputados, em seus escritos sobre o assunto, não é de admirar que tal erro provoque sedições e mudanças de governo. Nos países do mundo ocidental, são acolhidas opiniões referentes à instituição e aos direitos do Estado provenientes de Aristóteles, de Cícero e de outros autores, gregos e romanos, que, vivendo em Estados populares, em vez de fazerem derivar esses direitos dos princípios da natureza, transcreviam-nos para seus livros com base na prática de seus próprios Estados, que eram populares, da mesma maneira como os gramáticos descreviam as regras da linguagem baseando-se na prática de seu tempo, ou as regras da poesia tendo como referência os poemas de Homero e Virgílio. Como aos atenienses se ensinava (para impedir o desejo de mudar o governo) que eram homens livres e que todos os que viviam em monarquia eram escravos, Aristóteles escreveu em sua *Política*: "Na democracia, devemos supor a liberdade, pois, geralmente, reconhecemos que ninguém é livre em nenhuma outra forma de governo" (livro 6, capítulo 2). Assim como Aristóteles, Cícero e outros autores baseavam sua doutrina civil nas opiniões dos romanos, que eram instruídos a odiar a monarquia, recebendo tal ensinamento primeiro daqueles que depuseram o soberano e passaram a partilhar entre si a soberania de Roma e, depois, por seus sucessores. A leitura desses autores, gregos e latinos, fez que os homens, desde a infância, adquirissem o hábito (sob a falsa aparência de liberdade) de fomentar tumultos e exercer um licencioso controle sobre os atos de seus soberanos, além de controlar esses controladores, com muito ardor. Podemos, com razão, afirmar que jamais coisa alguma foi tão valorizada nesses países ocidentais como o aprendizado das línguas grega e latina.

Passando a falar agora das peculiaridades da verdadeira liberdade dos súditos, ou seja, de que coisas, embora ordenadas pelo soberano, eles podem sem injustiça recusar-se a fazer, é preciso examinar quais são os direitos transferidos na ocasião da criação de um Estado. Ou então, o que é a mesma coisa, qual a liberdade que negamos a nós mesmos, ao reconhecer todas as ações (sem exceção) do homem ou assembleia que elegemos como nosso soberano. Fazem parte de nosso ato de submissão tanto nossa obrigação quanto nossa liberdade, o que se pode inferir mediante argumentos de qualquer tempo ou lugar, pois não existe obrigação imposta a um homem que não derive de algum ato de sua vontade, visto que todos os homens são, por natureza, igualmente livres. E, como tais argumentos podem derivar tanto das palavras expressas "eu autorizo todas as suas ações" como da intenção daquele que se submete ao poder de outrem (intenção que deve ser entendida como a finalidade em virtude da qual a pessoa se submeteu), a obrigação e a liberdade do súdito deve ser derivada ou daquelas palavras (ou outras equivalentes), ou da finalidade da instituição da soberania, a saber: a paz entre os súditos e sua defesa contra um inimigo comum.

Considerando que a soberania por instituição se estabelece por pacto entre todos, e a soberania por aquisição, por pacto entre vencido e vencedor, ou entre filho e pai, torna-se evidente que todo súdito goza de liberdade em tudo aquilo cujo direito não pode ser transferido por um pacto. No capítulo XIV, dissemos que são nulos os pactos em que cada um se abstém de defender o que lhe é próprio.

Assim, quando um soberano ordena a alguém (mesmo que justamente condenado) que se mate, se fira ou se mutile, ou que não se defenda de ataques ou deixe de alimentar-se, respirar, medicar-se ou qualquer outra coisa sem a qual não poderá viver, esse alguém tem a liberdade de desobedecer.

Caso um homem venha a ser interrogado pelo soberano ou por sua autoridade sobre um crime que cometeu, não é obrigado (a não ser que receba garantia de perdão) a confessá-lo, pois ninguém (conforme o que foi dito anteriormente) pode ser obrigado por um pacto a incriminar-se.

Por outro lado, o consentimento de um súdito ao poder soberano está contido nas palavras "autorizo, ou assumo como minhas, todas as suas ações", que traduzem o consentimento de um súdito ao poder soberano, sem que isso implique alguma espécie de restrição a sua liberdade natural. Apesar de ter a permissão para matar o súdito, o soberano não será obrigado a fazê-lo. "Mata-me, ou a meu companheiro, se te aprouver" não significa "matar-me-ei ou a meu companheiro". Segue-se daí, portanto, que ninguém está obrigado, pelas próprias palavras, a matar-se ou a outrem. Assim, a obrigação que às vezes alguém pode ter, por ordem do soberano, de executar qualquer missão perigosa ou desonrosa não depende das palavras com as quais a submissão foi estabelecida, mas da intenção, que deve ser entendida como sua finalidade. Então, quando prejudicamos, com nossa recusa em obedecer, a finalidade para a qual foi criada a soberania, não há liberdade para a recusa; no caso contrário, há essa liberdade.

Portanto, quando um soldado recebe a ordem de combater o inimigo, seu soberano, embora tenha suficiente direito de puni-lo com a morte em caso de recusa, pode, dependendo da ocasião, recusar-se a matá-lo, sem que isso signifique injustiça; por exemplo, quando um soldado é designado para substituir a outro, o que foi substituído não poderá ser considerado desertor do Estado. É preciso, também, fazer alguma concessão ao temor natural, não só o das mulheres (das quais não esperamos o cumprimento de tão perigoso dever), mas o dos homens que apresentem coragem feminina. No combate entre dois exércitos, há sempre aqueles que fogem, seja de um lado, seja do outro, ou mesmo de ambos; quando não o fazem por traição, e sim por medo, não consideramos tal atitude injustiça, mas desonra. Por isso, não é injustiça evitar o combate, mas covardia. Mas aquele que se alista como soldado, ou toma dinheiro público emprestado, se não cumprir sua obrigação, não poderá apresentar o temor como desculpa para não se oferecer ao combate ou para ausentar-se sem licença de seu comandante. Quando a defesa do Estado exige o concurso simultâneo de todos aqueles que são capazes de pegar em armas, todos têm essa obrigação; de outro forma, a instituição do Estado, sem o propósito ou a coragem de ser defendida, teria sido em vão.

Nenhum homem é livre para resistir à força do Estado, em defesa de outrem, seja culpado ou inocente, porque essa liberdade priva o soberano dos meios para proteger seus súditos. Ela é, portanto, a destruição da própria essência do Estado. Se um agrupamento significativo de homens resistir injustamente ao poder soberano ou cometer algum crime capital, pelo qual tais homens possam ser condenados à morte, terão eles a liberdade de se unirem, se ajudarem e se defenderem mutuamente? Certamente que sim, pois se limitam a defender suas vidas, o que tanto o culpado como o inocente podem fazer. Evidentemente, houve injustiça na primeira falta a seu dever; mas o ato de pegar em armas, logo após essa primeira falta, embora para manter sua atitude inicial, não constitui um novo ato injusto. E, se for apenas para se defenderem, de modo algum será um ato injusto. A oferta de perdão, porém, tira daqueles a quem é feita o pretexto da defesa própria, e torna ilegítima sua perseverança em ajudar ou defender os demais.

Quanto às demais liberdades, elas dependem de inexistência de leis a respeito. Quando o soberano não estabeleceu regras, o súdito tem a liberdade de fazer ou de omitir, de acordo com seu discernimento. Essa liberdade é maior em alguns lugares e menor em outros, dependendo sua amplitude, ainda, de épocas ou do julgamento sobre sua conveniência por parte de quem detém o poder soberano. Assim, na Inglaterra, houve um tempo em que um homem podia entrar e expulsar pela força quem se tivesse apossado ilegitimamente de suas terras. Posteriormente, essa liberdade de entrada à força foi abolida por um estatuto que o rei promulgou com o Parlamento. Em algumas partes do mundo, os homens têm a liberdade de possuir muitas esposas, mas essa liberdade não vigora na maioria dos países.

Se um súdito discorda de seu soberano quanto a uma dívida ou a um direito de posse de terras ou bens, ou quanto a qualquer serviço feito por suas mãos ou, ainda, quanto a qualquer penalidade, corporal ou pecuniária, baseando-se em lei promulgada, ele tem a liberdade de defender seu direito como se seu antagonista fosse outro súdito, e pode efetuar essa defesa perante os juízes designados pelo soberano. Efetivamente, o soberano baseia suas exigências numa lei anterior e não em seu poder, declarando, assim, não estar exigindo mais do que o que lhe é devido segundo essa lei. Essa defesa não é contrária à vontade do soberano e, em consequência, o súdito tem a liberdade de solicitar que sua causa seja julgada e a sentença expedida de acordo com a lei. Mas, se demanda ou toma qualquer coisa sem o pretexto de seu próprio poder, não existe, nesse caso, qualquer ação da lei, pois tudo o que o soberano faz em virtude de seu poder é feito pela autoridade de cada súdito e, por conseguinte, quem move uma ação contra o soberano a está movendo contra si mesmo.

Se um monarca ou uma assembleia soberana outorgarem uma liberdade a todos ou a qualquer dos súditos, de forma que a persistência dessa garantia incapacite o soberano de proteger seus súditos, a outorga será nula, a menos que o soberano renuncie ou transfira a soberania para outrem. Isso porque, dado que poderia ter, abertamente (se tal fosse sua vontade) e em termos claros, renunciado ou transferido a soberania, e não o fez, entendemos daí que não era essa sua vontade, e que a outorga procedia da ignorância da incompatibilidade entre tal liberdade e o poder soberano. Portanto, a soberania continua em suas mãos, assim como todos os poderes necessários a seu exercício, como o poder de fazer a guerra ou de manter a paz, o poder judicial, o de designar funcionários e conselheiros, o de aumentar impostos e todos os demais citados no capítulo XVIII.

A obrigação dos súditos perante o soberano permanece apenas enquanto dura o poder por meio do qual este os protege. Porque o direito que, por natureza, os homens têm de se defender não pode ser abandonado mediante qualquer pacto. A soberania é a alma do Estado e, uma vez separada do corpo, tira os movimentos dos membros. A finalidade da obediência é a proteção, e, quando um homem a vê, seja em sua própria espada, seja na de um outro, a natureza determina que a obedeça e se esforce por conservá-la. Embora a soberania seja imortal, na intenção daqueles que a criaram, ela está, por sua própria natureza, sujeita a morte violenta pela guerra exterior; em razão da ignorância e das paixões dos homens, a soberania conserva, desde o momento de sua instituição, sementes de mortalidade natural, decorrente da discórdia intestina.

Um homem tem a liberdade de concordar em se tornar súdito de um vencedor, em troca de sua vida ou liberdade corporal, se tiver sido aprisionado durante a guerra ou se seus meios de vida se encontrarem entregues à guarda do inimigo. Depois de ter aceito essa condição, passa a ser súdito de quem o aprisionou, pois era essa a única maneira de se preservar. O mesmo se dá se vier a ser retido, nessas condições, num país estrangeiro. Porém, se um homem for mantido na prisão ou posto a ferros, ou não lhe for confiada a liberdade de seu corpo, não estará obrigado à sujeição por um pacto, podendo, portanto, se isso for possível, fugir por qualquer meio.

Se um monarca renunciar à soberania, para si ou para seus herdeiros, seus súditos retornarão à absoluta liberdade da natureza. Mesmo que a natureza declare quem são seus filhos ou seus parentes próximos, continua a depender da própria vontade do monarca (conforme foi dito no capítulo XX) a instituição de um herdeiro. Assim, se o monarca não tiver herdeiro, não há mais soberania nem sujeição. Dá-se o mesmo se ele morrer sem parentes conhecidos e sem declarar quem deverá ser o herdeiro. Não sendo conhecido nenhum herdeiro, não pode existir qualquer sujeição.

Se o soberano desterrar um súdito, durante o desterro este não será súdito. Entretanto, um mensageiro a serviço fora de país, ou uma pessoa que viajou com a licença do soberano, continua a ser súdito, não em virtude de pacto de sujeição, mas por contrato entre soberanos. Seja quem for que entre nos domínios de outrem passa a estar sujeito a todas as leis aí em vigor, a não ser que, por acordo entre os soberanos ou por licença especial, goze de algum privilégio.

Se um monarca subjugado durante a guerra for feito súdito do vencedor, seus súditos ficarão livres da obrigação anterior e passarão a ter obrigação perante o vencedor. Mas, se o monarca for feito prisioneiro ou não dispuser da liberdade de seu próprio corpo, não devemos subentender daí que ele tenha renunciado ao direito de soberania, e seus súditos são obrigados a obedecer aos magistrados anteriormente instituídos, que governam em nome de seu soberano e não em nome próprio. Com efeito, se subsiste o direito do soberano, a questão é apenas administrativa, isto é, dos magistrados e funcionários, já que, estando o soberano privado dos meios para nomeá-los, devemos supor que aprovaria aqueles que ele mesmo designou anteriormente.

## Capítulo XXII
## Dos sistemas subordinados, políticos e privados

Depois de ter falado da geração, da forma e do poder de um Estado, é hora de falar das partes que o constituem. Em primeiro lugar, devemos falar dos sistemas, que se assemelham às partes similares ou aos músculos de um corpo natural. Entendemos por sistema qualquer número de homens ligados pelo interesse comum ou por um mesmo negócio. Alguns sistemas são regulares; outros, irregulares. Regulares são aqueles nos quais é instituído um homem ou uma assembleia como representante de todo o conjunto. Os demais são irregulares.

Entre os regulares, alguns são absolutos e independentes, sujeitos apenas a seu próprio representante, sendo desse tipo apenas os Estados, sobre o qual falamos nos quatro capítulos anteriores. Outros são dependentes, quer dizer, subordinados a um poder soberano, do qual todos são súditos, inclusive seu representante.

Dos sistemas subordinados, alguns são políticos e outros, privados. Os políticos (também chamados corpos políticos ou pessoas jurídicas) são os criados pelo poder soberano do Estado; os privados são os sistemas constituídos pelos próprios súditos ou pela autoridade de um estrangeiro. Porque nenhuma autoridade derivada de um poder estrangeiro, dentro do domínio de um outro, é pública, mas, sim, privada.

Dos sistemas privados, alguns são legítimos e outros, ilegítimos. Entendemos como legítimos aqueles que são permitidos pelo Estado. Todos os demais são ilegítimos.

Sistemas irregulares são aqueles que consistem apenas numa reunião de pessoas, por não terem representante; não sendo proibidos pelo Estado nem constituídos com má intenção (como a reunião de pessoas nos mercados, nas feiras ou para quaisquer outros fins inofensivos), são legítimos. Mas, se a intenção for malévola ou (se o número for considerável) desconhecida, nesse caso são ilegítimos.

O poder do representante é sempre limitado nos corpos políticos, e o limite é estabelecido pelo poder soberano. O poder ilimitado significa soberania absoluta. E, como em todos os Estados o soberano é o absoluto representante de todos os seus súditos, nenhum outro pode ser representante de qualquer parte deles, a não ser na medida em que ele o permita. Permitir que um corpo político de súditos tenha um representante absoluto, para todos os propósitos e questões, seria para o soberano abandonar o governo de uma parte importante do Estado, e dividir o domínio. Isso contrariaria os interesses da paz e da defesa, de tal forma que seria incompreensível que o soberano o fizesse, por qualquer outorga, retirando, de modo direto, o representante de sua subordinação. As consequências das palavras, quando outras consequências sinalizam o contrário, não são sinais da vontade do soberano, mas sinais de erro e de falta de cálculo, coisa a que estão sujeitos todos os homens.

Os limites do poder concedido ao representante de um corpo político dependem de duas coisas: as mensagens ou cartas recebidas de seu soberano e as leis do Estado.

Na instituição ou na aquisição de um Estado independente, porém, não há necessidade desses escritos, já que, nesse caso, os limites do poder do representante são estabelecidos pela lei natural, que não é escrita. Em compensação, nos corpos subordinados há tamanha diversidade de limitações relativas a suas funções, seus tempos e seus lugares, que tais limitações não poderiam ser lembradas se não fossem escritas, nem ser levadas em consideração, se esses escritos, autenticados com selos ou outro qualquer sinal da autoridade soberana, não fossem exibidos e lidos para que todos tomassem conhecimento deles.

Como a limitação nem sempre é fácil ou passível de ser descrita numa carta, é preciso que as leis do Estado, comuns a todos os súditos, determinem aos representantes o que é legítimo fazer em todos os casos em que tais cartas se omitirem.

Portanto, se num corpo político o representante for um homem, qualquer coisa que faça na pessoa do corpo que não seja permitida por suas cartas ou pelas leis é seu próprio ato, e não da corporação ou de qualquer de seus membros. Além dos limites estabelecidos por suas cartas e pelas leis, ele não representa a pessoa de ninguém, mas a si próprio. Mas aquilo que o representante fizer, se o fizer em conformidade com essas cartas e leis, será o ato de todos, pois do ato do soberano todos são autores, já que ele é seu representante ilimitado. O ato do representante que não se distanciar das cartas do soberano será um ato do soberano, sendo seu autor cada um dos membros do corpo político.

No caso de o representante ser uma assembleia, tudo o que essa assembleia decretar, que não for permitido pelas cartas ou pelas leis, será ato da assembleia ou do corpo político, e o ato de cada um daqueles que votaram a favor do decreto. Não será, pois, o ato daqueles que, presentes, votaram contra, nem de nenhum dos ausentes, a não ser que tenham votado por procuração. O ato é, então, da assembleia, porque foi votado pela maioria; se for um crime, a assembleia pode vir a ser punida, na medida do possível, com sua dissolução ou cassação de suas cartas (o que é capital para esses corpos artificiais e fictícios), ou, então, por multa pecuniária, se a assembleia possuir um capital comum do qual não é proprietário nenhum dos membros inocentes. Porque a natureza isentou todos os corpos políticos dos castigos corporais. Todo aquele que não votou é inocente, porque a assembleia não pode representar ninguém em coisas que não sejam permitidas pelas cartas e, consequentemente, tais membros não estão envolvidos nesses votos.

Se a pessoa do corpo político for um homem e ele pedir dinheiro emprestado a um estranho, isto é, a alguém que não pertença ao mesmo corpo (é desnecessário limitar empréstimos por cartas, pois essa limitação já é feita pelas inclinações naturais dos homens), a dívida é do representante. Porque, se, por suas cartas, ele tivesse autoridade para fazer que os membros pagassem sua dívida, teria também, em consequência, soberania sobre eles. Nesse caso, a outorga seria nula, enquanto derivada de um erro frequentemente verificado na natureza humana, e sinal insuficiente da vontade do outorgante. Se tal fosse permitido por ele, o representante seria soberano e, no caso, o assunto extrapolaria os limites da presente questão, que diz respeito apenas aos corpos subordinados. Portanto, apenas o próprio representante tem obrigação de pagar a dívida contraída, pois aquele que emprestou, enquanto estranho às cartas e à qualificação do corpo, entendeu como seus devedores apenas os que nessa qualidade se comprometeram. Tendo em vista que apenas o representante pode assumir tal compromisso, ele é o único devedor e, portanto, é ele quem deve pagar, usando o dinheiro do capital comum, se houver, e, se não houver, o de sua propriedade.

O caso é o mesmo se o representante contrair uma dívida por meio de contrato ou de multa.

Entretanto, quando o representante é uma assembleia e o credor é um estranho, são responsáveis pela dívida apenas os que deram voto favorável à contração do empréstimo ou ao contrato que originou a dívida ou ao fato pelo qual a multa foi imposta. Isso porque cada um dos votantes se comprometeu pessoalmente a pagar, visto que quem é autor de um pedido de empréstimo fica obrigado ao pagamento, inclusive do total da dívida, embora fique dela dispensado no caso de tal dívida vir a ser paga por outrem.

Quando o credor é um membro da assembleia, esta é obrigada a pagar-lhe com o capital comum, se o tiver. Se o voto é livre, quando o credor votou favoravelmente ao empréstimo votou, também, para que ele fosse pago. Mesmo tendo votado contra o empréstimo, ou se estava ausente, pelo próprio fato de emprestar votou pelo empréstimo, contrariando seu voto anterior e ficando obrigado pelo último voto, o que o torna devedor e credor a um só tempo. Não pode, portanto, exigir o pagamento a ninguém em particular, mas apenas ao tesouro comum, e, se este não existir, não há outra solução nem queixa que possa ser feita, a não ser contra ele próprio, pois, conhecendo os atos da assembleia e suas possibilidades de pagamento, concedeu o empréstimo, sem qualquer imposição, num ato de manifesta insanidade.

Com isso, fica evidente que nos corpos políticos subordinados e sujeitos ao poder soberano torna-se, muitas vezes, além de legítimo, útil que um indivíduo proteste abertamente contra os decretos da assembleia representativa, fazendo que sua discordância seja registrada ou testemunhada. Do contrário, esse indivíduo poderia ser obrigado a pagar dívidas que não contraiu ou tornar-se responsável por crimes cometidos por outrem. Entretanto, essa liberdade desaparece numa assembleia soberana, pelo fato de que quem nela protesta nega, ao mesmo tempo, sua soberania e, ainda, pelo fato de que tudo o que o poder soberano ordena perante o súdito (embora nem sempre aos olhos de Deus) é justificado pela própria ordem, da qual cada súdito é autor.

Como os corpos políticos não se distinguem apenas pelos vários tipos de atividade para as quais são constituídos (desse ponto de vista, há uma indizível diversidade), mas também por tempos, lugares e números, sujeitos a grande quantidade de limitações, sua variedade é quase infinita. O governo é uma de suas missões. Em primeiro lugar, o governo de uma província pode ser delegado a uma assembleia, cujas resoluções dependem todas do voto da maioria; essa assembleia será um corpo político com poder limitado pela delegação. A palavra província significa um cargo ou função delegada por aquele a quem essa função compete a alguém que a administre sob seu mandato e em seu nome. Quando, sob um mesmo governo, existem diversos países, nos quais vigoram diferentes leis, ou que são separados por grandes distâncias, se a administração do governo é delegada a diversas pessoas, esses países, em que o soberano não reside e aos quais governa por delegação, são chamados províncias. Entretanto, há poucos exemplos de governo de uma província por uma assembleia residente na própria província. Os romanos, que tinham soberania sobre muitas províncias, governavam-nas, sempre, por intermédio de presidentes e pretores, nunca por assembleias, como era governada a cidade de Roma e os territórios adjacentes.

Da mesma forma, quando a Inglaterra enviou colonos para os assentamentos da Virgínia e das ilhas Summer, embora o governo dessas colônias fosse delegado a assembleias residentes em Londres, essas assembleias jamais delegaram sua função governativa a uma assembleia subordinada, mas enviaram um governador para cada colônia. Todos os homens, quando presentes, desejam, por natureza, participar do governo, e, quando não podem estar presentes, inclinam-se, também por natureza, a delegar o governo de seus interesses comuns mais a uma forma monárquica do que a uma forma de governo popular. Isso é claramente perceptível nos homens possuidores de grandes propriedades territoriais, que, quando não querem administrar seus negócios, preferem confiar num único servo a confiar numa assembleia, seja de amigos, seja de seus servos. De qualquer modo, podemos supor que o governo de uma província ou de uma colônia seja delegado a uma assembleia, sendo interessante estabelecer que, seja qual for a dívida que essa assembleia contraia ou seja qual for o ato ilegal decretado, será este apenas o ato dos que votarem favoravelmente e não dos que discordarem ou estiverem ausentes, pelas razões anteriormente apresentadas. Além disso, uma assembleia residente fora dos limites da colônia que governa é incapaz de exercer qualquer poder sobre as pessoas ou sobre os bens de qualquer membro da colônia, nem pode obrigá-los, por motivos de dívida ou de outra vinculação, em nenhum lugar fora da colônia, pois não possui aí jurisdição ou autoridade, devendo contentar-se com a solução que as leis locais lhe oferecerem. Apesar de a assembleia ter direito de aplicar multas a qualquer de seus membros que desrespeite as leis de sua autoria, não tem nenhum direito de executar a cobrança dessa multa fora do território da colônia. Podemos estender igualmente a uma assembleia no governo de uma cidade, de uma universidade, de um colégio, de uma igreja ou em qualquer situação de governo sobre seres humanos o que dissemos sobre os direitos de uma assembleia no governo de uma província ou colônia.

Em todos os corpos políticos, se qualquer dos membros se considerar injustiçado pelo corpo político, compete o julgamento de sua causa ao soberano ou aos que ele nomeou como juízes de tais causas, ou a um juiz que venha a nomear para julgar essa causa em particular. Essa função não compete ao próprio corpo político. Todo o corpo político é, nesse caso, um outro súdito, coisa que não sucede com uma assembleia soberana, pois nela, se o soberano não é o juiz, mesmo em causa própria, não poderá haver nenhum outro juiz.

Uma assembleia constituída por todos os membros, quer dizer, uma assembleia na qual todos os que arriscaram seu dinheiro podem, se o desejarem, estar presentes a todas as deliberações e resoluções do corpo político, é a forma de representação conveniente a uma boa administração do tráfico exterior. Como prova disso, podemos considerar a finalidade para a qual os homens que são mercadores, podendo comprar e vender ou exportar e importar suas mercadorias conforme suas próprias decisões, vinculam-se a uma corporação. São, certamente, poucos os mercadores capazes de exportar, fretando um navio, as mercadorias compradas em seu país. Geralmente, eles se reúnem numa sociedade, de cujos lucros possam participar, em proporção à soma arriscada, ou na qual possam tirar seu lucro da venda do que a associação transporta ou importa, ao preço que considerarem adequado. Não se trata, nesse caso, de um corpo político, pois não existe uma representação comum que obrigue esses homens a qualquer lei diversa da comum a todos os outros súditos. A finalidade dessa associação é aumentar o lucro de seus membros, o que pode ser feito por meio da simples compra ou da simples venda, tanto no país como no estrangeiro. Assim, autorizar uma companhia de mercadores a tornar-se uma corporação ou corpo político é o mesmo que conferir-lhe um duplo monopólio: de compradores exclusivos e únicos simples vendedores. Quando uma companhia está incorporada a determinado país, exporta apenas as mercadorias que possam ser vendidas nesse país; assim, compra no interior e vende no exterior. No interior, há apenas um comprador e, no exterior, apenas um vendedor, sendo isso lucrativo, pois o mercador compra no interior a preço baixo e vende no exterior a preço alto. Quando no exterior há apenas um comprador de mercadoria estrangeira e, no interior, apenas um vendedor, ambas as coisas, mais uma vez, são lucrativas para quem especula.

Trata-se, portanto, de um duplo monopólio, no qual uma parte é desvantajosa para o povo do país e a outra, para os estrangeiros. No país, em decorrência dessa espécie exclusiva de exportação, são fixados os preços que convêm ao mercador para os produtos agrícolas e industriais, e, quando se trata de importação exclusiva, os preços que convêm ao mercador para todos os artigos estrangeiros necessários à população; essas práticas são, portanto, prejudiciais ao povo. Em razão da exclusividade da venda das mercadorias nacionais no exterior, e da exclusividade da compra local das mercadorias estrangeiras, são elevados os preços das primeiras e rebaixados os das últimas, em prejuízo dos estrangeiros. Assim, as mercadorias vendidas por uma única pessoa ou entidade são mais caras e, quando há apenas um comprador, seu preço baixa. Essas corporações não passam de monopólios, embora altamente oportunos ao Estado, que, estando obrigado a uma corporação nos mercados estrangeiros, mantém sua liberdade interna, a fim de que cada qual compre e venda ao preço que considerar conveniente.

Como a finalidade dessas corporações de mercadores não é o benefício comum da totalidade do corpo (que nesse caso tem como único capital comum aquele que é deduzido das empresas privadas para construir, comprar, carregar e equipar os navios), mas o lucro particular de cada um dos empresários, é necessário que todos sejam informados sobre o emprego de seu dinheiro, isto é, que, como membros, participem da assembleia, tendo o poder de decisão sobre esse emprego, e, ainda, recebam os demonstrativos das contas correspondentes. Consequentemente, o representante dessa organização deve ser uma assembleia, em que todos os seus membros participem de todas as deliberações, se assim o desejarem.

Se, por decisão de uma assembleia, uma corporação política de mercadores contrair uma dívida no exterior, todos os seus membros serão, individualmente, responsáveis. Assim, um estrangeiro não pode estar ciente de leis particulares, mas considera os membros da corporação como outros tantos indivíduos obrigados ao pagamento integral, até que o pagamento feito por um libere os demais. Se a dívida for contraída por um membro da companhia, o credor será devedor do todo perante si próprio, podendo, portanto, exigir apenas o pagamento tirado do capital comum, se este existir.

Caso o Estado imponha um tributo sobre a corporação, ele será devido por cada um de seus membros, proporcionalmente a sua participação individual na companhia. Nesse caso, o único patrimônio comum é constituído por investimentos individuais.

Quando qualquer multa é aplicada ao corpo político, em razão de algum ato ilegal, a ela estão sujeitos apenas aqueles cujos votos determinaram esse ato ou os que apoiaram a prática desse ato. Para os demais membros, o único crime é o de pertencer à corporação, e, se isso for crime, não foi cometido por eles (o corpo foi criado pela autoridade do Estado).

Caso um dos membros seja devedor da corporação, poderá vir a ser processado por ela; entretanto, seus bens não poderão ser confiscados, nem sua pessoa presa pela autoridade do corpo político. Apenas a autoridade do Estado tem o direito de fazê-lo. Se a corporação vier a fazê-lo por sua própria autoridade, poderá também, em razão dela, julgar a dívida procedente, o que significa ser juiz em causa própria.

Esses corpos, instituídos para o governo dos homens ou do tráfico, podem ser perpétuos ou limitados a uma duração estabelecida por escrito. Há, também, corpos cuja duração é limitada apenas pela natureza de seus negócios. Se, por exemplo, um monarca soberano ou uma assembleia soberana resolver ordenar às cidades ou a qualquer parte de seu território que lhe enviem seus deputados (um representante para cada região), a fim de informá-lo sobre as necessidades dos súditos ou para aconselhá-lo na elaboração de boas leis, ou por qualquer outra razão, fixando o lugar e o horário da reunião, tais deputados constituirão, nesse lugar e durante esse tempo, um corpo político que representará todos os súditos desse domínio. A medida destina-se apenas à apreciação dos assuntos propostos por aquele homem ou assembleia que, com soberana autoridade, os mandou chamar e, a partir do momento em que for declarado que nada mais será por eles proposto ou debatido, o corpo político será dissolvido. Se eles fossem os representantes absolutos do povo, tornar-se-iam assembleia soberana, havendo assim duplicidade de assembleias soberanas ou de soberanos para um só e mesmo povo, o que é incompatível com a paz desse povo. Portanto, onde já há soberania a única representação absoluta do povo será por meio da própria soberania. Os limites de um corpo político na representação de todo o povo são estabelecidos por escrito por quem o convocou. O povo não pode escolher seus deputados para outro fim diverso daquele expressado por escrito em documento enviado ao povo por seu soberano.

São corpos privados regulares e legítimos aqueles constituídos sem cartas, ou outra autorização escrita, a não ser as leis comuns a todos os súditos. São considerados regulares, pois concentram-se numa única pessoa representativa, como sucede em todas as famílias, nas quais o pai ou senhor comanda toda a família. Isso porque ele tem autoridade sobre seus filhos e servos até onde é permitido por lei e não mais além disso, pois nenhum deles é obrigado a obedecê-lo se determinar ações proibidas por lei. Em todas as demais ações, durante o tempo em que estiverem submetidos ao governo doméstico, estarão sujeitos a seus pais e senhores, bem como a seus soberanos imediatos. Uma vez que o pai ou o senhor, antes da instituição do Estado, tinha soberania absoluta sobre sua família, não perde posteriormente sua autoridade a não ser sobre aquilo que a lei do Estado determinou.

São corpos privados regulares, mas ilegítimos, os concentrados numa só pessoa representativa que não tenha nenhuma espécie de autoridade pública. É o caso das corporações de mendigos, ladrões e ciganos, que tratam da melhoria da organização de suas ocupações de mendicância e de roubo. São, também, ilegítimas as corporações de homens que, pela autorização de um estrangeiro, se unem num domínio alheio, para propagar mais facilmente qualquer doutrina ou constituir um partido contrário ao poder do Estado.

Sistemas irregulares por sua natureza, como as ligas ou a mera concorrência de pessoas sem qualquer identificação para realizar um determinado desígnio e que não estão unidas por qualquer laço de obrigação recíproca, derivando sua união apenas de uma semelhança de vontades e inclinações, tornam-se legítimos ou ilegítimos conforme a legitimidade ou ilegitimidade dos desígnios de cada um dos indivíduos que os constituem; e esses desígnios devem ser interpretados conforme as circunstâncias.

Como as ligas se constituem para a defesa comum, as ligas de súditos são, num Estado (que nada mais é que uma liga de todos os súditos reunidos), em sua maioria, desnecessárias, e refletem intenções ilegais; são por esse motivo ilegítimas, recebendo geralmente o nome de facções ou conspirações. Sendo uma liga a união de homens por meio de pactos, se não for conferido poder a um homem ou a uma assembleia (tal ocorre na condição de simples natureza) para obrigar esses homens a cumprir tais pactos, a liga só será válida enquanto não surgir justa causa de desconfiança. Assim, as ligas entre Estados, sobre os quais não existe poder humano constituído capaz de mantê-los em respeito mútuo, não apenas são legítimas como proveitosas durante sua duração. Ao contrário, as ligas de súditos de um mesmo Estado, onde cada um pode defender seu direito por meio do poder soberano, são desnecessárias para a preservação da paz e da justiça e (caso seus desígnios sejam malévolos, ou desconhecidos do Estado) também ilegítimas. Efetivamente, toda conjugação de forças realizada por indivíduos particulares é injusta, se a intenção for malévola; e, se a intenção for desconhecida, essas ligas são perigosas para o Estado e injustamente toleradas.

Se o poder soberano residir numa grande assembleia e um determinado número de indivíduos, membros dessa assembleia, sem autorização para tal, instigarem uma parte a fim de influenciar a conduta dos demais, tratar-se-á de uma facção ou conspiração ilegítima, pois constituirá uma sedução fraudulenta da assembleia, em defesa de interesses particulares. Mas, se aquele cujo interesse particular será objeto de debate e julgamento por parte da assembleia conquistar o maior número de amigos possível, isso não constitui nenhuma injustiça, pois nesse caso ele não faz parte da assembleia. Mesmo que suborne esses amigos com dinheiro (salvo se houver uma lei expressa contra isso), não há aí injustiça. Porque às vezes, tendo em vista o comportamento humano, é impossível obter justiça sem dinheiro, e cada um pode considerar sua causa justa até que seja aprovada e julgada.

Em qualquer Estado, sempre que um indivíduo tiver mais servos do que os necessários à administração de suas propriedades, trata-se de uma facção, e ilegítima. Já que o Estado o protege, ele não precisa se defender com uma força pessoal. Nas nações não inteiramente civilizadas, várias famílias numerosas sempre viveram em permanente hostilidade, lutando umas contra as outras, com o emprego de forças particulares; isso evidencia que agiram injustamente, ou que não haviam constituído um Estado.

Tal como essas facções familiares, as facções que se propõem a governar a religião, como os papistas, os protestantes, etc., ou os Estados, como os patrícios e os plebeus da antiga Roma e os aristocráticos e democráticos da antiga Grécia, são injustas, pois são contrárias à paz e à segurança do povo e tratam de arrancar a espada das mãos do soberano.

É considerado sistema irregular o ajuntamento de pessoas cuja legitimidade ou ilegitimidade depende das circunstâncias e do número dos que se reúnem. O ajuntamento é legítimo se as circunstâncias forem legítimas e manifestas, por exemplo, a habitual reunião de pessoas numa igreja ou num espetáculo público e em número costumeiro. Se o número de pessoas for elevado, as circunstâncias deixam de ser evidentes e, em consequência disso, aquele que não for capaz de apresentar uma explicação satisfatória de sua presença no local deve ser considerado consciente de um desígnio ilegítimo e tumultuoso. Se mil pessoas assinarem uma petição apresentada a um juiz ou magistrado, o ato é considerado legítimo, mas, se essa multidão levar pessoalmente essa petição, torna-se uma assembleia tumultuosa, pois para isso seriam suficientes uma ou duas pessoas. Nesses casos, não é um número fixo que torna ilegítima uma assembleia, mas a quantidade de pessoas, que os oficiais de justiça presentes não podem subjugar e entregar à justiça.

Quando um número inusitado de pessoas se reúne contra alguém a quem essas pessoas acusam, a assembleia é considerada um tumulto ilegítimo, pois bastariam alguns poucos homens ou um só para entregar a acusação aos magistrados. Foi esse o caso de São Paulo em Éfeso, quando Demétrio, acompanhado por um grande número de outros homens, levou dois dos companheiros de São Paulo perante o magistrado, clamando a uma só voz: "Grande é Diana de Éfeso". Esse foi seu modo de exigir justiça contra eles, por ensinarem ao povo uma doutrina contrária a sua religião e a seus negócios. Tendo em vista as leis desse povo, as circunstâncias eram justas. Entretanto, a assembleia foi considerada ilegal e o magistrado a repreendeu, com estas palavras: "Se Demétrio e os outros trabalhadores podem acusar qualquer homem de alguma coisa, existem audiências e deputados, e perante eles devem ser feitas as acusações. Se tendes mais alguma coisa a pedir, vosso caso poderá ser julgado por uma assembleia legalmente convocada. Corremos o risco de virmos a ser acusados pela sedição deste dia, já que não existe qualquer justificativa para este ajuntamento de pessoas" (At 19,40). É considerada sedição e sem qualquer justificativa a assembleia incapaz de apresentar uma justa explicação. Isso é tudo que eu tinha a dizer com relação aos sistemas e assembleias de pessoas, que podem ser comparados, como já disse, às partes do corpo humano: o que for legítimo, aos músculos, e o que for ilegítimo, aos tumores, aos cálculos e aos abcessos, formados pelo afluxo antinatural de humores malignos.

## Capítulo XXIII
### Dos ministros públicos do poder soberano

Abordei, no capítulo anterior, as partes similares do Estado. Neste, falarei das partes orgânicas, representadas pelos integrantes do ministério público.

Ministro público é aquele a quem o soberano (monarca ou assembleia) encarrega de alguma missão, com autoridade para representar, no desempenho dessa missão, a pessoa do Estado. E, tal como qualquer homem ou assembleia a quem pertença a soberania representa duas pessoas, ou, como é mais comum dizer, tem duas capacidades, uma natural e outra política (num monarca não há apenas a pessoa do Estado, mas também a de um homem, e uma assembleia soberana não tem apenas a pessoa do Estado, mas também a da assembleia), aqueles que são seus servos em sua capacidade natural não são ministros públicos, sendo-o somente os que o servem na administração dos negócios públicos. Portanto, nem os oficiais de justiça, nem os aguazis ou outros funcionários que servem à assembleia com o propósito de oferecer conforto a seus membros, numa aristocracia ou numa democracia, nem os despenseiros, camareiros e caixeiros, nem outros servidores de um monarca, numa monarquia, são ministros públicos.

Entre os ministros públicos, alguns têm a seu cargo a administração geral, seja de todo o domínio, seja de parte dele. Em se tratando de todo o domínio, a administração do reino pode ser confiada pelo antecessor de um infante-rei, durante a menoridade deste, a alguém que a exercerá como protetor ou regente. Nesse caso, todos os súditos têm obrigação de obedecer a suas ordens, assim como a todas as ordens dadas em nome do rei, desde que não sejam incompatíveis com o poder soberano. No caso de parte do domínio, por exemplo de uma província, tanto um monarca como uma assembleia soberana podem entregar sua administração geral a um governador, lugar-tenente, prefeito ou vice-rei. Nesse caso, também, todos os habitantes dessa província estão obrigados a fazer tudo quanto esse ministro ordenar em nome do soberano que não seja incompatível com o direito do soberano. Afinal, esses protetores, vice-reis e governadores possuem apenas como direitos aqueles que dependem da vontade do soberano. Nenhuma delegação de poder que lhes for feita pode ser interpretada como uma declaração da vontade de transferir a soberania, a não ser que haja palavras expressas e evidentes para tal fim. Essa espécie de ministro público é similar aos nervos e tendões que movem os diversos membros de um corpo natural.

Outros ministros públicos têm uma administração especial, ou seja, estão encarregados de alguma função especial, seja no país, seja no exterior. No país, em primeiro lugar, para a economia do Estado, são ministros públicos os que possuem autoridade correlata ao tesouro, como a de instituir tributos, impostos, rendas, multas ou quaisquer receitas públicas, bem como para receber, recolher, publicar ou tomar as respectivas contas. São ministros porque estão a serviço da pessoa representativa e nada podem fazer contra suas ordens ou sem sua autorização, e públicos porque servem ao Estado, em sua capacidade política.

Em segundo lugar, são também ministros públicos os que têm autoridade concernente à milícia: custódia das armas, fortes e portos, recrutamento, pagamento e comando dos soldados e, ainda, a provisão de tudo quanto for necessário ao comando da guerra, tanto em terra como nos mares. Mas um soldado sem comando, embora esteja lutando pelo Estado, não representa a pessoa do Estado, pois, nesse caso, não há nada a representar, já que cada um que tem um comando representa o Estado perante aqueles que comanda.

Os possuidores de autoridade para ensinar ou para permitir a outros que ensinem ao povo seus deveres perante o poder soberano, instruindo-o no conhecimento do que é justo ou injusto, a fim de torná-lo mais capaz de viver em paz e harmonia e de resistir ao inimigo comum, são, também, ministros públicos. Ministros, na medida em que não fazem tudo isso por sua própria autoridade e, sim, pela de outrem, e públicos, porque o fazem (ou deveriam fazê-lo) apenas em virtude da autoridade do soberano. Abaixo de Deus, apenas o monarca ou a assembleia soberana possui autoridade para ensinar e instruir o povo, e nenhum homem, além do soberano, recebe seu poder *Dei gratia* simplesmente, isto é, de um favor que vem apenas de Deus. Os demais recebem seus poderes do favor e providência de Deus e de seus soberanos. Assim, numa monarquia dizemos *Dei gratia et regis*, ou *Dei providentia et voluntate regis*.

São, ainda, ministros públicos os que receberam a concessão do poder judicial, pois nas sedes de justiça eles representam a pessoa do soberano, e sua sentença é a sentença dele. Conforme já foi declarado, todo poder judicial está essencialmente ligado à soberania; portanto, todos os outros juízes são apenas ministros daquele ou daqueles que detêm o poder soberano. Como todas as controvérsias são de duas espécies, de fato e de direito, e também os julgamentos podem ser de fato e de direito, para julgar a mesma controvérsia pode haver dois juízes: um de fato e outro de direito.

Mas, além dessas duas controvérsias, pode surgir uma nova: entre a parte julgada e o juiz; sendo ambos súditos do soberano, devem, em termos de equidade, ser julgados por pessoas eleitas com o consentimento mútuo, pois ninguém pode ser juiz em causa própria. Entretanto, o soberano já está aceito por ambos como juiz, devendo, portanto, ouvir a causa e julgá-la ele mesmo, ou nomear um juiz com a concordância dos dois interessados. Consideramos, então, que esse acordo foi realizado entre eles de diversos modos. Em primeiro lugar, se ao acusado for permitido recusar os juízes cujos interesses o façam suspeitar deles (tendo o queixoso já escolhido seu próprio juiz), aqueles que ele não recusar serão juízes com os quais ele próprio concordou. Em segundo lugar, se apelar para qualquer outro juiz não poderá, depois, voltar a apelar, porque esse apelo foi de sua escolha. Em terceiro lugar, se apelar para o próprio soberano e for este a proferir a sentença, em pessoa ou por intermédio de delegados com os quais ambas as partes tenham concordado, essa sentença é definitiva, porque o acusado foi julgado por seus próprios juízes, isto é, por ele próprio.

Levando em conta essas peculiaridades de uma justa e racional judicatura, não posso deixar de observar a excelente constituição dos tribunais de justiça estabelecidos na Inglaterra, tanto para os litígios comuns quanto para os políticos. Entendemos por litígios comuns aqueles em que tanto o queixoso quanto o acusado são súditos, e, por litígios políticos (também chamados pleitos da coroa), aqueles em que o queixoso é o soberano. Quando havia duas classes de homens na sociedade, lordes e comuns, os primeiros tinham o privilégio de ter apenas outros lordes como juízes de todos os crimes capitais, e tantos lordes quantos estivessem presentes. Isso era reconhecido como um privilégio de favor, e seus juízes eram apenas aqueles que eles próprios desejavam. Em todas as controvérsias, todo súdito (como também os lordes, nas controvérsias civis) tinha como juízes habitantes da região correspondente à questão controvertida e, em relação a estes, podia exercer o direito de recusa, até que finalmente se escolhessem 12 homens contra os quais não houvesse objeção, sendo então o súdito julgado por esses 12. Tendo cada uma das partes seus próprios juízes, nada podiam alegar para que a sentença não fosse considerada definitiva. Essas pessoas públicas, com autoridade concedida pelo soberano poder, tanto para instruir como para julgar o povo, são os membros do Estado que podem adequadamente ser comparados aos órgãos da fala num corpo natural.

Ministros públicos são, também, aqueles que receberam autoridade do soberano para executar todas as sentenças, para publicar as ordens do soberano, para reprimir tumultos, prender e encarcerar malfeitores e praticar outros atos tendentes à preservação da paz. Cada ato praticado em nome dessa autoridade é um ato do Estado, sendo sua função comparável à das mãos, num corpo natural.

Ministros públicos, no exterior, são aqueles que representam a pessoa de seu soberano perante os Estados estrangeiros, como os embaixadores, mensageiros, agentes e arautos, enviados com autorização pública e em missão política.

Os que são enviados apenas com autorização de um dos partidos existentes, numa nação que atravessa um período conturbado, mesmo que sejam aceitos pelo país estrangeiro, não são ministros públicos nem privados do Estado e nenhuma de suas ações terá como autor o próprio Estado. De maneira semelhante, um embaixador enviado por um príncipe, para apresentar felicitações ou condolências ou para estar presente a uma solenidade, mesmo que a autorização seja pública, dado que se trata de um assunto privado e que lhe compete em sua capacidade natural, é uma pessoa privada. Da mesma forma, quando uma pessoa é enviada a outro país em missão secreta, para investigar opiniões lá vigentes e sua força, embora tanto a autorização como a missão sejam públicas, essa pessoa é um ministro privado, uma vez que ninguém vê nela outra pessoa a não ser a sua própria. Apesar disso, tal pessoa é um ministro do Estado, que pode ser comparado aos olhos do corpo natural. As pessoas escolhidas para receber as petições ou outras informações do povo, sendo consideradas como ouvidos públicos, são ministros públicos e, nessa qualidade, representam seu soberano.

Não é uma pessoa pública um conselheiro, nem um conselho de Estado, se o considerarmos destituído de qualquer poder judicial ou de comando, tendo apenas a missão de dar sua opinião ao soberano, quando ela for pedida, ou de propô-la, quando não for pedida. Isso porque a opinião é apresentada apenas ao soberano, cuja pessoa não pode estar representada perante ele, em sua presença, por outra. Mas um corpo de conselheiros nunca deixa de ter alguma autoridade, tanto judicial quanto de administração imediata. Eles representam o monarca, numa monarquia, cujas ordens transmitem aos ministros públicos. Numa democracia, o conselho ou senado propõe ao povo os resultados de suas deliberações, enquanto conselho; mas, quando designa juízes ou julga causas, ou concede audiência a embaixadores, o faz na qualidade de ministro do povo. Numa aristocracia, o conselho de Estado é a assembleia soberana, que não aconselha a ninguém, a não ser a si própria.

## Capítulo XXIV
## Da nutrição e procriação de um Estado

A nutrição de um Estado consiste na abundância e na distribuição dos materiais imprescindíveis à vida, em seu armazenamento e preparação e, depois de embalados, em sua entrega, por meio de canais adequados, para o uso público.

A abundância de matéria é limitada, por natureza, aos bens que, por intermédio da terra e do mar (os dois peitos de nossa mãe comum), Deus dá gratuitamente ou em troca do trabalho dos homens.

Deus pôs, generosamente, ao nosso alcance, à superfície da terra ou perto dela, a matéria dessa nutrição, que consiste em animais, vegetais e minerais, de forma que não é preciso mais do que trabalho e esforço para colhê-los. Sua abundância depende simplesmente (depois do favor de Deus) do trabalho e do esforço dos homens.

Essa matéria, conhecida geralmente por bens, é, em parte, nativa e, em parte, estrangeira. É nativa, quando obtida dentro do território do Estado, e estrangeira, quando importada do exterior. Não existindo território algum sob o domínio de um Estado capaz de produzir tudo o que for necessário para a manutenção e movimentação do corpo inteiro (a não ser que sua extensão seja imensa), e sendo poucos os que não produzem nada além do necessário, os bens supérfluos deixam de ser supérfluos e passam a suprir as necessidades internas, mediante a importação do que pode ser obtido no exterior, seja por meio de troca, de uma guerra justa ou do trabalho. O trabalho de um homem também é um bem que pode ser trocado por benefícios, como qualquer outra coisa. E já houve Estados que, não tendo mais área suficiente para seus habitantes, conseguiram, apesar disso, não apenas manter, mas até aumentar seu poder, em parte graças ao comércio com diferentes locais e, em parte, por meio da venda de manufaturados em que era utilizada matéria-prima importada.

A distribuição dos materiais dessa nutrição é o que constitui o *meu*, o *teu* e o *dele*, que se resumem na palavra propriedade, que, em qualquer tipo de Estado, é da competência do poder soberano. Assim, onde não há Estado, como já mostramos, há uma guerra interminável de cada homem contra seu vizinho, e cada coisa é de quem a apanha e a conserva pela força; não se trata de propriedade nem comunidade, mas de incerteza. Isso é tão evidente que até Cícero (um apaixonado defensor da liberdade), numa arenga pública, atribuiu toda propriedade às leis civis. Disse ele: "Se a lei civil for abandonada ou conservada com negligência, para não dizer oprimida, não haverá segurança do recebimento de bens dos ancestrais ou de herança aos descendentes". E ainda: "Suprimam as leis civis, e ninguém mais saberá o que é seu e o que é dos outros". Visto, portanto, que a introdução da propriedade é um efeito do Estado, que nada pode fazer a não ser por intermédio da pessoa que o representa, essa introdução só pode ser um ato do soberano, e consiste em leis que só podem ser elaboradas por aquele que detém o poder soberano. Sobre isso estavam informados os antigos, que chamavam *nomos* (quer dizer, distribuição) aquilo que denominamos lei, e definiam a justiça como a distribuição a cada um do que é seu.

Na distribuição, a primeira lei se refere à divisão de terras. Com ela, o soberano atribui a todos os homens uma porção, de acordo com o que ele, e não um súdito qualquer ou um certo número deles, considerar compatível com a equidade e com o bem comum. Os filhos de Israel viviam num Estado no deserto e careciam dos bens da terra, até o momento em que se tornaram senhores da terra prometida, que foi, posteriormente, dividida entre eles, não conforme seu próprio arbítrio, mas de acordo com o critério do sacerdote Eleazar e do general Josué. Havia, então, 12 tribos e mais uma 13ª, feita da subdivisão da tribo de José. Entretanto, a terra foi dividida em apenas 12 porções, não sendo atribuída nenhuma terra à tribo de Levi, que recebeu, em troca, a décima parte da totalidade dos frutos da terra. Portanto, uma divisão arbitrária. Mesmo quando um povo, ao se apossar de um território, por meio da guerra, não extermina os antigos habitantes (como fizeram os judeus), deixando suas terras a muitos deles, a grande parte deles ou a todos, fica evidente que, posteriormente, essas terras passarão a ser patrimônio do vencedor, como aconteceu com o povo da Inglaterra, que recebeu todas as suas terras de Guilherme, o Conquistador.

Assim, podemos concluir que o poder que um súdito tem sobre suas terras consiste no direito de excluir todos os outros súditos do uso dessas terras, mas não de excluir o soberano, quer este seja uma assembleia, quer um monarca. Como o soberano, ou seja, o Estado (cuja pessoa ele representa), não faz outra coisa a não ser ordenar a paz e a segurança de todos, mediante a distribuição das terras, essa divisão deve ser entendida como feita para esse fim. Por conseguinte, qualquer distribuição feita em prejuízo dessa paz e dessa segurança é contrária à vontade de todos os súditos, que confiaram a paz e a segurança de suas vidas à discrição e à consciência do soberano; portanto, pela vontade de cada um deles, deve ser considerada nula. Certamente, um monarca soberano, ou a maioria de uma assembleia soberana, pode ordenar a realização de muitas coisas que, seguindo os ditames de suas paixões, contrariam sua consciência, destruindo a confiança e interpondo-se à lei natural. Mas isso não é suficiente para autorizar um súdito a pegar em armas contra seu soberano ou a acusá-lo de injustiça ou mesmo a falar mal dele, tendo em vista que os súditos autorizaram todas as suas ações e, ao lhe atribuir o poder soberano, fizeram-nas suas. Serão examinados mais adiante os casos em que as ordens do soberano são contrárias à equidade e à lei natural.

Pode ocorrer que, na distribuição das terras, venha a ser outorgada ao Estado uma porção, a ser possuída e melhorada por intermédio de seu representante. Seu tamanho deverá corresponder àquele suficiente para sustentar todas as despesas necessárias à paz e à defesa comuns. Isso seria verdadeiro se fosse possível conceber um representante livre das paixões e misérias humanas. Mas, tendo em vista a natureza humana, a designação de terras públicas ou de uma renda determinada para o Estado seria inútil e tenderia para a dissolução do governo e a condição de simples natureza e guerra, sempre que o poder soberano ficasse nas mãos de um monarca, ou de uma assembleia, excessivamente negligente em questões de dinheiro ou suficientemente ousado para arriscar o patrimônio público numa guerra longa e dispendiosa. Os Estados não podem suportar uma dieta, pois suas despesas não são limitadas por seu próprio apetite, mas por acidentes externos e pelos apetites de seus vizinhos, de forma que a riqueza pública não reconhece outros limites que não sejam aqueles exigidos para cada ocasião. Embora na Inglaterra o Conquistador tenha reservado algumas terras para uso próprio (além de florestas e reservas de caça, tanto para sua recreação como para a preservação dos bosques), e atribuído a si mesmo, também, o direito a certas servidões sobre as terras que destinou a seus súditos, parece que essa reserva não foi feita para sua manutenção em sua capacidade pública, mas na capacidade natural, pois tanto ele quanto seus sucessores lançaram impostos arbitrários sobre as terras de seus súditos, tantas vezes quantas julgaram necessário. Mesmo que essas terras e serviços públicos tivessem sido estabelecidos para prover a uma suficiente manutenção do Estado, tal teria sido contrário à finalidade da instituição, posto que (como resulta dessas taxas subsequentes), tais recursos seriam insuficientes e além disso estariam sujeitos a alienação e redução (como inferimos pelas parcas rendas da coroa). Portanto, é inútil atribuir uma porção ao Estado, que pode vendê-la ou cedê-la e a vende e a cede quando o faz seu representante.

A distribuição das terras do país, assim como a decisão sobre em que lugares e com que mercadorias os súditos estão autorizados a ter comércio com o estrangeiro, compete ao soberano. Pois, se coubesse aos particulares ordenar o comércio de acordo com seu discernimento, alguns seriam levados, pela ânsia do lucro, tanto a fornecer ao inimigo os meios para prejudicar o Estado, quanto a prejudicá-lo eles mesmos, importando mercadorias que, apesar de agradarem aos apetites humanos, são nocivas ou, pelo menos, inúteis. Compete, portanto, ao Estado (isto é, apenas ao soberano) aprovar ou desaprovar tanto os lugares como os objetos do comércio exterior.

Uma vez que para o sustento do Estado não basta que cada indivíduo possua uma porção de terra ou alguns poucos bens ou a habilidade natural em alguma arte útil (e não existe arte no mundo que não seja necessária ou para a existência ou para o bem-estar de quase todos os indivíduos), é necessário que os homens distribuam o que são capazes de poupar, transferindo essa propriedade uns aos outros, por meio da troca e de contratos mútuos. Compete, portanto, ao Estado (isto é, ao soberano) determinar de que maneira devem ser feitos os contratos entre os súditos, seja qual for o tipo (de compra, venda, troca, empréstimo, arrendamento), e mediante que palavras e sinais esses contratos devem ser considerados válidos. No que se refere à matéria e à distribuição de nutrição entre todos os membros do Estado, o que até aqui foi dito, levando em conta o cunho da presente obra, é suficiente.

Por acondicionamento, entendo a redução de todos os bens não consumidos de imediato, mas reservados para a nutrição num momento posterior, a alguma coisa de igual valor, que seja fácil de transportar, a fim de não impedir a movimentação das pessoas de um lugar a outro. Isso possibilita ter, em qualquer lugar, toda a nutrição necessária. Essa outra coisa a que me refiro é o ouro, a prata e o dinheiro. Tendo o ouro e a prata elevado valor em quase todos os países do mundo, eles constituem uma medida objetiva do valor das diversas coisas entre nações diferentes. E o dinheiro (mandado cunhar em qualquer material pelo soberano de um Estado) é uma medida suficiente do valor de todas as coisas, entre os súditos desse Estado. Por meio dessa medida, todos os bens móveis e imóveis podem acompanhar um indivíduo a qualquer lugar para onde ele se desloque, dentro e fora da localidade de sua residência habitual. O dinheiro torna possível a passagem dos bens de homem para homem, dentro do Estado, e sua circulação permite a nutrição dos que vivem nas localidades do Estado por onde passa. E isso a tal ponto que esse acondicionamento é como se fosse a corrente sanguínea de um Estado, pois de certa forma o sangue natural é feito dos frutos da terra e, circulando, alimenta todos os membros do corpo do homem.

Uma vez que o ouro e a prata têm seu valor derivado da própria matéria, possuem, em primeiro lugar, o privilégio de que seu valor não possa ser alterado pelo poder de um ou mais Estados, pois se trata de uma medida dos bens comum a todos os países. Mas o dinheiro pode, facilmente, ter seu valor aumentado ou diminuído. Em segundo lugar, o ouro e a prata têm o privilégio de fazer que os Estados estendam seus braços, quando o julgam necessário, aos países estrangeiros, aprovisionando não apenas os súditos que viajam, mas também exércitos inteiros. Entretanto, a moeda, cujo valor não é considerado em vista do material de que é feita, mas, sim, da quantia expressa na cunhagem, é incapaz de suportar a mudança de ares, só tendo efeito em seu próprio país e, mesmo nele, encontrando-se sujeita à mudança das leis, podendo, assim, ter seu valor diminuído, muitas vezes em prejuízo dos que a possuem.

Os condutos e canais por meio dos quais o dinheiro circula para uso público são de duas espécies: uma das vias o conduz aos cofres públicos, e a outra o faz sair dos cofres para o pagamento de dívidas públicas. À primeira espécie pertencem os coletores, recebedores e tesoureiros e, à segunda, também os tesoureiros, assim como os funcionários responsáveis pelo pagamento dos vários ministros públicos ou privados. Também nisso, o homem artificial conserva sua semelhança com o homem natural, cujas veias recebem o sangue das diversas partes do corpo, conduzindo-o ao coração; depois de vitalizado, o sangue é expelido pelo coração por meio das artérias, com o objetivo de vivificar e possibilitar o movimento de todos os membros do corpo.

A procriação, ou os filhos de um Estado, são os assentamentos ou colônias, que são grupos de pessoas enviadas pelo Estado, sob o comando de um chefe ou governador, para povoar um país estrangeiro que esteja despovoado ou cuja população foi exterminada pela guerra. Após seu estabelecimento, a colônia pode constituir por si própria um Estado, dispensado da sujeição ao soberano que a enviou (como foi feito por muitos Estados nos tempos antigos), e, nesse caso, o Estado de onde partiu seu povo é chamado metrópole, ou mãe, que não exige da colônia mais do que os pais costumam exigir dos filhos a quem emancipam e libertam de seu governo doméstico, como símbolo de honra e amizade; mas a colônia pode também permanecer ligada à metrópole, como as do Império Romano, e, nesse caso, não constituir um Estado independente, mas uma província que integra o Estado que enviou a população. Assim, o direito das colônias (com exceção da honra e da ligação com sua metrópole) depende totalmente da licença por meio da qual foi autorizada sua implantação pelo soberano.

## Capítulo XXV
## Do conselho

Fica evidente o quanto é falacioso avaliar a natureza das coisas pelo uso vulgar e inconstante das palavras na confusão feita normalmente entre os conselhos e as ordens, que deriva da maneira imperativa de falar empregada em ambos os casos e em muitas outras ocasiões. Assim, *faze isto* não é uma expressão usada apenas no sentido de comando, mas também por aquele que dá um conselho ou exorta. Poucos percebem as diferenças, sendo mesmo incapazes de distinguir entre essas formas, não sabendo quem está falando, a quem a pessoa se está dirigindo e em que ocasião. No entanto, quando essas frases se encontram nos escritos dos homens, não havendo em quem lê a capacidade ou a vontade de considerar as circunstâncias, confundem-se às vezes os preceitos dos conselheiros com os preceitos daqueles que ordenam, e outras vezes ocorre o contrário, dependendo do que for mais adequado às conclusões que alguém deseja tirar ou aos atos para os quais quer aprovação. Para evitar tais erros e dar aos termos comando, conselho e exortação suas próprias características e significações, defino-os da seguinte maneira:

Comando é quando alguém diz *faze isto* ou *não faças isto* sem que seja preciso esperar outro motivo diverso da vontade de quem formula o comando. Daí se segue claramente que quem ordena visa, com isso, seu próprio benefício, uma vez que o motivo de sua ordem é apenas sua própria vontade, e o objeto da vontade de todo homem é, sempre, algum benefício para si próprio.

Conselho é quando alguém diz *faze isto* ou *não faças isto* e as razões dessa maneira de dizer estão no benefício que fazer o que é aconselhado acarretará àquele que ouve o conselho. É evidente, portanto, que aquele que dá conselho pretende apenas (seja qual for sua intenção oculta) o benefício daquele a quem o dá.

Portanto, entre um conselho e uma ordem existe uma grande diferença: a ordem tem o intuito de beneficiar a quem a dá e o conselho, de beneficiar a outrem. Deriva daí outra diferença: um homem pode estar obrigado a fazer aquilo que lhe ordenam, quando obrigou-se anteriormente a obedecer, mas ninguém pode ser obrigado a fazer o que lhe aconselham, porque o prejuízo resultante de não seguir o conselho é apenas para si mesmo. Se, porém, a pessoa tiver feito a promessa de seguir o conselho, este adquire a natureza de uma ordem. Uma terceira diferença entre ambos é que ninguém pode pretender ter o direito de dar conselhos a outrem, pois é impossível presumir que o conselheiro tire disso algum benefício próprio; exigir o direito de dar conselho a outrem revela uma vontade de conhecer seus desígnios ou de obter algum outro benefício para si mesmo, o que, conforme já disse, é o peculiar objeto da vontade de cada um.

Faz, ainda, parte da natureza do conselho que, seja quem for que o peça, não seja possível, de acordo com a equidade, acusar ou punir quem o der. Porque pedir conselho a alguém significa permitir-lhe que dê esse conselho da maneira como entender e, por conseguinte, quem dá conselhos a seu soberano (quer seja um monarca, quer uma assembleia) quando solicitado não pode, de acordo com a equidade, ser punido por causa do conselho, esteja este em conformidade ou não com a opinião da maioria sobre a questão em debate. Se a decisão da assembleia puder ser conhecida antes de terminado o debate, o soberano não deve pedir nem aceitar nenhum conselho, pois a decisão da assembleia é a resolução do debate e o fim de toda deliberação. Geralmente, quem pede conselho é autor dele; portanto, não pode puni-lo, e aquilo que o soberano não pode fazer nenhum outro pode. Mas, se um súdito der a outro algum conselho para que faça coisas contrárias às leis, quer o conselho provenha de más intenções, quer apenas da ignorância, pode ser punido pelo Estado, porque a ignorância da lei não é desculpa aceitável, uma vez que todos precisam tomar conhecimento das leis a que estão sujeitos.

Exortação e dissuasão são conselhos acompanhados de um veemente e manifesto desejo de quem os faz de que sejam aceitos ou, simplesmente, um conselho em que alguém insiste com veemência. Aquele que exorta não deduz as consequências daquilo que aconselha a fazer, vinculando-se, assim, ao rigor do raciocínio verdadeiro, mas incita aquele a quem aconselha à ação; aquele que dissuade, por sua vez, induz ao afastamento da ação. Com esse propósito, ao formular seus raciocínios, as pessoas que exortam ou dissuadem levam em conta, em suas frases, as paixões e opiniões comuns dos homens; usam comparações, metáforas, exemplos e outros recursos da oratória, a fim de persuadir seus ouvintes da utilidade, honra e justiça de aceitar sua opinião.

Podemos, então, concluir, primeiramente, que a exortação e a dissuasão têm em vista o benefício de quem dá o conselho, não o de quem o pede, contrariando, assim, o dever de um conselheiro, que (segundo a definição de conselho) não deveria visar seu próprio benefício, mas, sim, o daquele a quem aconselha. Que o conselho visa ao benefício próprio fica bem patente na longa e veemente insistência ou no artifício com que é dado; não tendo sido solicitado e, por conseguinte, derivando de motivos próprios da pessoa que o dá, visa principalmente ao próprio benefício, e poderá vir a redundar em benefício de quem é aconselhado apenas acidentalmente.

Em segundo lugar, o emprego da exortação e da dissuasão só tem cabimento quando dirigido a uma multidão, pois, se o discurso está voltado para apenas uma pessoa, esta poderá interromper o orador, examinando suas razões com maior rigor do que poderia vir a ser feito por uma multidão, constituída por um grande número de pessoas, o que impediria o estabelecimento de uma disputa e de um diálogo com o orador que se dirige a um grupo, sem distinção.

Em terceiro lugar, os que exortam ou dissuadem, em vez de aconselhar, são conselheiros corruptos, subornados pelos próprios interesses. Por melhor que seja o conselho, quem o der não será bom conselheiro, da mesma forma como quem der uma sentença justa a troco de uma recompensa não será um juiz justo. Mas, quando alguém tem o direito de comandar, como o pai a sua família ou como o chefe de um exército, suas exortações e dissuasões não apenas são legítimas, mas necessárias e louváveis. Nesse caso, porém, não se trata mais de conselhos, mas, sim, de ordens; sendo elas para a execução de um trabalho árduo, manda a necessidade algumas vezes, e sempre a humanidade, que sejam dadas de maneira suave, para que sirvam de estímulo, adquirindo, então, o tom e o estilo de um conselho, de preferência à linguagem rude de uma ordem.

Exemplos da diferença entre ordem e conselho podem ser encontrados nas formas de linguagem usadas nas Sagradas Escrituras. "Não tenhais outros deuses senão eu"; "não façais para vós mesmos nenhuma imagem gravada"; "não pronuncieis o nome de Deus em vão"; "santificai o sábado"; "honrai pai e mãe"; "não mateis"; "não roubeis", etc., são ordens. A razão pela qual devemos obedecer-lhes é extraída da vontade de Deus, nosso Rei, a quem temos a obrigação de obedecer. Mas as palavras "vendei tudo o que tiverdes", "dai-o aos pobres e segui-me" são um conselho, porque a razão desse ato é baseada no próprio benefício, ou seja, que assim ganharemos um tesouro no céu. As palavras "ide à aldeia que fica diante de vós e ali encontrareis uma burra amarrada e, com ela, seu burrico; soltai-a e trazei-ma" são uma ordem, porque sua razão reside na vontade de seu senhor. Mas as palavras "arrependei-vos e batizai-vos em nome de Jesus" são um conselho, porque a razão desse ato não visa a nenhum benefício de Deus Todo-Poderoso, que continuará sendo Rei mesmo que nos rebelemos, mas nosso próprio benefício, pois não temos outra forma de evitar o castigo que pesa sobre nós em razão dos nossos pecados.

A diferença entre o conselho e a ordem foi deduzida, nesse caso, da natureza do conselho, que consiste em inferir o benefício ou o prejuízo que pode resultar para quem é aconselhado, em razão das consequências necessárias ou prováveis da ação proposta; daí também derivam as diferenças entre os conselheiros capazes e os incapazes. Sendo a experiência a memória de ações semelhantes anteriormente observadas, e o conselho, o discurso por meio do qual essa experiência é transmitida a outrem, as virtudes e defeitos de um conselho podem ser comparadas às virtudes e defeitos intelectuais. À pessoa do Estado, servem seus conselheiros no âmbito da memória e do discurso mental. A essa semelhança entre o Estado e o homem natural podemos acrescentar uma dessemelhança, da maior importância: um homem natural recebe sua experiência dos objetos naturais dos sentidos, que influenciam sua paixão ou interesse, ao passo que quem dá conselho à pessoa representativa de um Estado pode ter, e muitas vezes tem, finalidades e paixões particulares, o que torna seus conselhos sempre suspeitos e, muitas vezes, nada fidedignos. É preciso, portanto, estabelecer como primeira condição de um bom conselheiro que seus fins e interesses não sejam incompatíveis com os fins e interesses daquele a quem aconselha.

Em segundo lugar, dado que a missão de um conselheiro, quando delibera sobre qualquer ação, consiste em tornar manifestas as consequências desta, a fim de que quem é aconselhado possa ser informado clara e corretamente, ele deve apresentar seu conselho numa linguagem que permita entender a verdade de modo evidente, quer dizer, com um raciocínio firme e uma linguagem significativa e própria, e com a maior brevidade que a evidência permita. Portanto, as inferências apressadas e destituídas de evidência (como as que são tiradas apenas de exemplos ou da autoridade dos livros, e não são argumentos sobre o que é bom ou mau, mas testemunhos de fato ou de opinião), as expressões obscuras, confusas e ambíguas, e também todos os discursos metafóricos, que tendem a excitar as paixões (porque tal raciocínio e tais expressões servem apenas para iludir ou para conduzir quem aconselhamos a fins que não são os seus), são incompatíveis com o cargo de conselheiro.

Em terceiro lugar, visto que a habilidade de aconselhar deriva da experiência e do estudo apurado e ninguém pode ser considerado possuidor de experiência em todas as coisas que é necessário conhecer para a administração de um grande Estado, ninguém pode ser considerado bom conselheiro a não ser nas questões em que, além de ser muito versado, refletiu e meditou longamente. Como as questões de Estado consistem em manter o povo em paz e defendê-lo de invasões estrangeiras, é evidente que exigem profundo conhecimento da condição do gênero humano, dos direitos do governo e da natureza da equidade, da justiça e da honra, conhecimento que não pode ser alcançado sem muito estudo; e exige também o conhecimento da força, dos bens e dos lugares do próprio país e de seus vizinhos, assim como das inclinações e desígnios de todas as nações que, de alguma maneira, possam prejudicar o país. Nada disso é obtido sem muita experiência. Não apenas a soma de todas estas coisas, mas mesmo cada um dos aspectos exige a idade e a observação de um homem avançado em anos e com conhecimentos acima dos medianos. Conforme disse anteriormente (no capítulo VIII), o talento exigido para o conselho é o julgamento. As diferenças entre os homens quanto a esse ponto dependem das diferenças de educação, de uns para um tipo de estudo e de ocupação e de outros, para um outro. Mesmo que para realizar certas tarefas existam regras infalíveis (como as regras da geometria, para as máquinas e os edifícios), toda a experiência do mundo é incapaz de igualar o conselho daquele que aprendeu ou descobriu a regra. Quando não existe tal regra, aquele que tem mais experiência no tipo de questão abordada será senhor do melhor julgamento e o melhor conselheiro.

Em quarto lugar, para que uma pessoa seja capaz de dar conselhos a um Estado numa questão que diga respeito a outro Estado, é preciso que esteja informada dos entendimentos e das regulamentações que vêm do outro Estado, assim como de todos os registros de tratados e transações dos Estados entre si. Isso só pode ser feito por pessoas que o representante julgar capazes para tanto. Concluímos, portanto, que aqueles que não são convidados a dar conselho não podem, nesses casos, prestá-lo de maneira satisfatória.

Em quinto lugar, supondo um número regular de conselheiros, um homem recebe melhor conselho ouvindo-os separadamente, em vez de numa assembleia, por muitas razões. Em primeiro lugar, ouvindo-os separadamente, pode colher a opinião de cada um. Numa assembleia, a opinião deles é expressa pelo *sim* ou pelo *não* ou com a anuência das mãos, que não se movem espontaneamente, mas diante da eloquência de outrem, ou por medo de desagradar a alguns dos que já falaram ou a toda a assembleia, no caso de os contradizerem, ou por medo de que o julguem menos inteligente do que os que aplaudiram a opinião contrária. Em segundo lugar, numa assembleia, constituída por muitos, inevitavelmente alguns terão interesses contrários ao interesse público, e poderão ser vencidos pela paixão de seus próprios interesses. Essa paixão pode torná-los eloquentes, e a eloquência pode conquistar a outros para a mesma opinião. As paixões dos homens, que isoladamente são moderadas como o calor de uma tocha, numa assembleia são como muitas tochas, que se inflamam umas às outras (especialmente quando sopram umas nas outras com discursos), até atearem fogo ao Estado, sob pretexto de aconselhá-lo. Em terceiro lugar, ao ouvir cada um em separado, torna-se possível examinar (quando necessário) a verdade ou a probabilidade das razões de cada um e os fundamentos da opinião defendida, mediante constantes interrupções e objeções. O que é impossível numa assembleia, em que (em todas as questões difíceis) ficamos mais estupefatos e aturdidos pela variedade dos discursos do que informados sobre a decisão que deve ser tomada. Além do mais, quando uma assembleia numerosa é convocado para dar conselho, sempre aparecem alguns que têm a ambição de ser considerados eloquentes e conhecedores de política, e estes não comunicarão sua opinião preocupados com a questão em pauta, mas, sim, com o sucesso de seus variegados discursos, tecidos de fios policromos ou fragmentos de autores. Essa atitude impertinente, que rouba o tempo de uma consulta séria, pode ser evitada se o conselho for dado separadamente e de maneira sigilosa. Em quarto lugar, em deliberações que devem ser conservadas em segredo (o que é extremamente frequente nos negócios públicos), os conselhos da maioria e, sobretudo, os das assembleias, são perigosos. Assim, as grandes assembleias precisam confiar esses assuntos a um número reduzido, constituído por pessoas com maiores conhecimentos e em cuja fidelidade a assembleia confia.

Concluindo, quem se arriscaria a pedir conselho a uma grande assembleia sobre como casar seus filhos, dispor de suas terras, governar sua casa ou administrar seu patrimônio privado, especialmente se houver entre os membros da assembleia alguns que não desejam sua prosperidade? Um homem que realiza seus negócios com a ajuda de muitos e prudentes conselheiros, consultando a cada um separadamente sobre as coisas que cada um conhece, é igual àquele que escolhe parceiros competentes no jogo do tênis e os posiciona nos lugares certos. Será mais perfeito quem usar o próprio julgamento, não se apoiando em ninguém. Mas quem, em seus negócios, é levado de um lado a outro por um conselho complexo, só sendo capaz de agir com a pluralidade de opiniões concordantes, cuja execução é geralmente retardada pela parte discordante (em razão da inveja ou do interesse), esse é o que age de forma pior, sendo comparável a quem é levado até a bola, embora por bons jogadores, num carrinho de mão ou em outro veículo, por si só pesado, e é retardado também pelas opiniões e esforços divergentes dos que o vão empurrando; e tanto mais é retardado quanto mais numerosos são os que nele põem as mãos, sobretudo quando entre estes existe um ou mais que desejam que ele perca o jogo. Embora seja verdade que muitos olhos veem mais do que um, isso não deve ser considerado aplicável a um grande número de conselheiros, a menos que a resolução final pertença apenas a um homem. Aliás, tendo em vista que muitos olhos veem a mesma coisa de diversos pontos de vista, e estão inclinados a olhar para seus interesses pessoais pelo canto do olho, aquele que não quer falhar o alvo fecha um dos olhos, apesar de olhar em torno dele com ambos. Por conseguinte, um grande Estado popular se conserva graças a um inimigo exterior que uniu seu povo ou graças à reputação de algum homem eminente em seu seio, ao conselho secreto de alguns ou ao medo recíproco de duas facções equivalentes; jamais graças à consulta aberta da assembleia. No caso de pequenos Estados, populares ou monárquicos, não há sabedoria humana capaz de conservá-los para além do que durar a rivalidade entre seus poderosos vizinhos.

## CAPÍTULO XXVI
## DAS LEIS CIVIS

Leis civis são aquelas que os homens são obrigados a respeitar, não por serem membros deste ou daquele Estado em particular, mas por serem membros de um Estado. Aqueles que estudam as leis de seus países devem conhecer as leis particulares, mas o conhecimento da lei civil é de caráter geral e compete a todos os homens. A antiga lei de Roma denominava-se lei civil, originando-se da palavra latina *civitas*, que significa Estado. Todos os países submetidos ao Império Romano e governados por essas leis conservaram a parte delas que consideraram necessária e chamaram a essa parte *a* lei civil, a fim de diferenciá-la das demais leis civis existentes em seu país. Não é meu propósito mostrar o que são as leis nas diferentes nações, mas, sim, o que é a lei, tal como fizeram Platão, Aristóteles, Cícero e muitos outros, sem que tenham adotado como profissão o estudo das leis.

É preciso destacar que, evidentemente, a lei, de modo geral, não é um conselho, mas uma ordem. E também que não é uma ordem dada por qualquer um a qualquer um, pois é dada por aquele que se dirige a alguém já anteriormente obrigado a obedecer-lhe. A lei civil acrescenta apenas o nome da pessoa que ordena, ou seja, a *persona civitatis*, a pessoa do Estado.

Portanto, após essas considerações, passo a definir a lei civil da seguinte maneira: a lei civil é constituída, para todo súdito, pelas regras que o Estado lhe impõe, oralmente ou por escrito, ou por qualquer outro sinal suficiente de sua vontade, empregando tais regras para diferenciar o que é certo do que é errado, isto é, para identificar o que é contrário ou não é contrário à regra.

Nessa definição não há nada que não seja evidente à primeira vista. Todos podem perceber que algumas leis são dirigidas a todos os súditos, em geral, outras só a determinadas províncias, outras a determinadas vocações e outras a determinadas pessoas, sendo, portanto, leis apenas para aqueles a quem a ordem é dirigida. As leis são as regras do justo e do injusto, não havendo nada que seja reputado injusto sem ser contrário a alguma lei. Ninguém pode fazer leis, a não ser o Estado, pois estamos sujeitos unicamente ao Estado; e as ordens devem ser expressas por sinais suficientes, pois, de outro modo, ninguém saberia como obedecer a elas. Portanto, tudo o que possa ser deduzido dessa definição como consequência necessária deve ser reconhecido como verdadeiro. Assim, deduzo dela o que se segue:

1. O legislador, em todos os Estados, é unicamente o soberano, seja ele um homem, como numa monarquia, seja uma assembleia de homens, numa democracia ou numa aristocracia. O legislador é aquele que faz a lei. Somente o Estado prescreve e ordena a observância das regras a que chamamos leis; logo, o Estado é o único legislador. Mas o Estado não é uma pessoa, só tendo capacidade para fazer seja lá o que for, portanto, por intermédio do representante (isto é, o soberano); assim, o único legislador passa a ser o soberano. Ninguém pode revogar uma lei já feita, a não ser o soberano, porque uma lei só pode ser revogada por outra lei que proíba sua execução.

2. O soberano de um Estado, seja ele uma assembleia, seja um homem, não está sujeito às leis civis. Como é ele quem tem o poder de fazer e revogar as leis, pode, quando lhe aprouver, libertar-se dessa sujeição, revogando as leis que o estorvam e fazendo outras novas; consequentemente, já era livre antes. Porque é livre quem pode libertar-se quando quiser. Ninguém pode estar obrigado perante si mesmo, pois quem pode obrigar pode libertar; portanto, quem está obrigado apenas perante si mesmo não está obrigado.

3. Quando um costume prolongado adquire a autoridade de uma lei, não é sua longa duração que determina a autoridade, mas a vontade do soberano expressa por seu silêncio (pois, às vezes, o silêncio é um argumento de aquiescência); e tal costume só continua a ser lei enquanto o soberano mantém

esse silêncio. Portanto, se o soberano tiver uma questão de direito que não esteja fundamentada em sua vontade presente, mas nas leis promulgadas anteriormente, o tempo transcorrido não trará prejuízo a seu direito e a questão será julgada pela equidade. Pois muitas ações e sentenças injustas permanecem incontroladas por muito mais tempo do que qualquer homem possa lembrar. Nossos juristas só aceitam as leis consuetudinárias que são razoáveis, e consideram que os maus costumes devem ser abolidos, mas o julgamento sobre o que é razoável e o que deve ser abolido pertence a quem faz a lei, que é a assembleia soberana ou o monarca.

4. A lei natural e a lei civil contêm-se uma na outra, e sua extensão é idêntica. Assim, as leis naturais, que consistem na equidade, na justiça, na gratidão e em outras virtudes morais destas dependentes, na condição de mera natureza (tal como disse no final do capítulo XV), não são propriamente leis, mas qualidades que predispõem os homens para a paz e a obediência. As leis existem desde o momento em que o Estado é constituído, não antes. Por conseguinte, tratam-se de ordens do Estado e, portanto, de leis civis, pois é o poder soberano que obriga os homens a obedecê-las. Nas dissensões entre particulares, para estabelecer o que é equidade, o que é justiça e o que é virtude moral, e torná-las obrigatórias, são necessárias as ordenações do poder soberano e punições a quem as infringir. Essas ordenações fazem parte da lei civil; portanto, a lei natural é uma parte da lei civil, em todos os Estados do mundo. Reciprocamente, a lei civil faz parte dos ditames da natureza, porque a justiça, isto é, o cumprimento dos pactos, é dar a cada um o que é seu, o que é um ditame da lei natural. Cada súdito de um Estado estipulou sua obediência à lei civil (seja uma pessoa com outra, como quando se reúnem para constituir uma representação comum ou com seu representante, seja uma por uma, quando, subjugadas pela espada, prometem obediência em troca da garantia da vida); por conseguinte, a obediência à lei civil também faz parte da lei natural. A lei civil e a lei natural não são de diferentes espécies, mas diferentes partes da lei, sendo a lei escrita a lei civil e a não escrita, a natural. O direito natural, isto é, a

liberdade natural do homem, pode ser limitado e restringido pela lei civil; portanto, a finalidade das leis não é outra senão essa restrição, sem a qual não será possível haver paz. A lei foi criada, então, para limitar a liberdade natural dos indivíduos, de maneira a impedi-los de causar dano uns aos outros e levá-los, ao contrário, a se ajudar mutuamente e se unir no combate ao inimigo comum.

5. Caso o soberano de um Estado venha a subjugar um povo que tenha vivido sob outras leis escritas e, posteriormente, governe a esse povo por meio das mesmas leis com as quais antes era governado, essas leis serão leis civis do vitorioso e não do Estado subjugado. O legislador não é aquele por cuja autoridade as leis foram feitas pela primeira vez, mas aquele por cuja autoridade elas continuam a ser leis. Portanto, quando diversas províncias abrangidas pelo domínio de um Estado possuem uma diversidade de leis, que, geralmente, são os costumes de cada uma, não devemos entender que esses costumes recebam sua força apenas do tempo, pelo fato de terem sido, anteriormente, leis escritas ou dadas a conhecer pelas constituições e estatutos de seus soberanos. Esses costumes se transformaram em leis graças às constituições do atual soberano, e não ao tempo. Mas, se em todas as províncias de um domínio se verificar a observância geral a uma lei não escrita, e se seu uso não implicar nenhuma iniquidade, essa lei não poderá ser outra coisa senão uma lei natural, com obrigatoriedade igual para todos os homens.

6. Tendo em vista o fato de que todas as leis, escritas ou não, recebem toda a sua força e autoridade da vontade do Estado, isto é, da vontade do representante, que numa monarquia é o monarca e, em outros tipos de governo, a assembleia soberana, podemos levantar a questão da procedência de todas as opiniões que se encontram nos livros de eminentes juristas de vários Estados, segundo as quais o poder legislativo depende, diretamente ou por consequência, de indivíduos particulares ou juízes subordinados. Tal ocorre, por exemplo, na crença de que a lei comum não tem outro controle a não ser o do parlamento; isso é verdade somente quando o parlamento detém o poder soberano e só pode ser reunido ou dissolvido

pelo próprio arbítrio. Se outrem tiver o direito de dissolvê-lo, terá também o direito de controlá-lo e, consequentemente, o de controlar seus controles. Se não houver esse direito, o controlador das leis não será o *parlamentum* e, sim, o *rex in parlamento*. Quando um parlamento é soberano, por mais numerosos e mais sábios que sejam os homens que o integram, provenientes das diversas regiões submetidas a ele, e seja qual for o motivo da reunião, ninguém acreditará que por isso a assembleia adquiriu o poder legislativo para si. Ademais, dizemos que os dois braços de um Estado são a força e a justiça, residindo a primeira no rei, enquanto a segunda está depositada nas mãos do parlamento. Mas um Estado não poderia subsistir se a força estivesse numa mão em que a justiça não tivesse a autoridade para comandar e governar.

7. Nossos juristas concordam com a ideia de que a lei nunca é contrária à razão, e de que essa mesma lei não é a letra (isto é, cada uma de suas frases), mas a intenção do legislador. Embora isso seja verdade, subsiste a dúvida sobre qual razão deve ser aceita como lei. Não poderá ser uma razão particular qualquer, o que ocasionaria tantas contradições nas leis como as há na escolástica. Nem tampouco, como pretende Sir Edward Coke, "uma perfeição artificial da razão, obtida por meio de muito estudo, observação e experiência", como era a sua razão. Muito estudo também pode fortalecer e confirmar sentenças errôneas, e, quando se constrói sobre falsos fundamentos, quanto maior o estudo maior é a ruína. Além disso, as razões e resoluções dos que estudam e observam com igual diligência e durante o mesmo tempo são e sempre serão discordantes. Portanto, o que faz a lei não é a *juris prudentia*, ou sabedoria dos juízes subordinados, mas a razão desse homem artificial, o Estado, e suas ordens. Tendo em vista que o Estado é, em seu representante, uma só pessoa, não é fácil surgir uma contradição nas leis, e, quando tal acontece, a própria razão é capaz, por interpretação ou alteração, de eliminar a contradição. Em todos os tribunais de justiça, quem julga é o soberano (que é a pessoa do Estado). O juiz subordinado deve considerar a razão que levou o soberano a fazer determinada lei, para que sua sentença esteja em con-

formidade com ela e, nesse caso, seja a sentença do soberano; do contrário, será a sua sentença e, portanto, injusta.

8. Partindo do fato de que a lei é uma ordem, e de que uma ordem consiste na declaração ou manifestação da vontade de quem ordena, oralmente, por escrito ou mediante outros argumentos da própria vontade, podemos compreender que a ordem do Estado só é lei para aqueles que podem tomar conhecimento dela. Não há lei que possa ser aplicada aos que nasceram com debilidades mentais, às crianças e aos loucos, da mesma forma como não existem leis para os animais, nem podem todos esses ser classificados como justos ou injustos, pois nunca tiveram a capacidade para fazer nenhum pacto ou para compreender suas consequências. Logo, eles nunca autorizaram as ações do soberano, fato imprescindível para a criação de um Estado. Da mesma forma, não há leis para aqueles a quem a natureza ou um acidente tirou a possibilidade de informar-se sobre elas. Igualmente, todo aquele a quem qualquer acidente, que lhe não seja imputável, tirou os meios para informar-se de qualquer lei será desculpado quando não a observar; falando com maior clareza: para ele, essa lei não é lei. Logo, é necessário examinar quais são os argumentos e sinais suficientes para o conhecimento do que é a lei, quer dizer, do que é a vontade do soberano, tanto nas monarquias como nas outras formas de governo.

Primeiramente, se uma lei for obrigatória para todos os súditos, sem exceção, mas não tiver sido escrita ou, de algum outro modo, tornada pública e afixada em lugares em que todos possam tomar conhecimento dela, trata-se de uma lei natural. Tudo aquilo que os homens conhecem como lei, não por intermédio das palavras de outros homens, mas por meio de sua própria razão, deve ser válido para a razão de todos os homens, o que não pode acontecer com nenhuma lei, a não ser a lei natural. As leis naturais, portanto, não precisam ser publicadas nem proclamadas, pois estão contidas nesta única sentença, aprovada por todo o mundo: "Não faças aos outros o que não consideras razoável que outros te façam".

Em segundo lugar, se uma lei for obrigatória apenas para determinada pessoa ou determinada categoria de pessoas, e não tiver sido escrita, nem tornada pública oralmente, trata-se igualmente de uma lei natural, sendo reconhecida pelos mesmos argumentos e sinais que distinguem essa categoria de pessoas dos demais súditos. Qualquer lei que não seja escrita ou de alguma forma publicada por aquele que a faz só pode ser conhecida por meio da razão daquele que a obedece; portanto, é uma lei também natural, e não apenas civil. Assim, se um ministro público for nomeado pelo soberano sem receber instruções escritas sobre o que deve fazer, será obrigado a tomar como instruções os ditames da razão. O mesmo se dará no caso da nomeação de um juiz, que deverá ter o cuidado de que sua sentença esteja de acordo com a razão de seu soberano e, imaginando ser tal razão equitativa, estará vinculado a ela pela lei natural. Se o nomeado for um embaixador, este deverá, em tudo quanto não constar nas instruções escritas, tomar como instruções o que a razão lhe ditar como mais vantajoso para os interesses do soberano. O mesmo sucede com todos os outros ministros da soberania, pública e privada. Fidelidade é o nome dado a todas essas instruções da razão natural, e esse é um dos ramos da justiça natural.

Com exceção da lei natural, as demais leis devem ser transmitidas oralmente, por escrito ou mediante qualquer outro ato emanado da autoridade soberana a todos os que são obrigados a lhe obedecer. Isso porque a vontade de alguém só pode ser entendida por intermédio de suas palavras ou atos ou, ainda, por uma conjetura feita com base em seus objetivos e propósitos, os quais devem sempre ser considerados, na pessoa do Estado, em harmonia com a equidade e a razão. Nas antigas eras, quando as cartas ainda não eram de uso comum, as leis eram divulgadas em verso, para que o povo inculto, cantando-as ou recitando-as, pudesse retê-las na memória com mais facilidade. Pela mesma razão, Salomão aconselhou a um homem que estabelecesse uma relação entre os dez mandamentos e seus dez dedos (Pr 7,3). Também Moisés, ao entregar as leis ao povo de Israel, na renovação da Aliança, recomendou que essas leis fossem transmitidas a seus filhos, falando sobre elas tanto em casa como nas caminhadas, seja ao deitar, seja ao se levantar, e escrevendo-as nos batentes e nas portas de suas casas (Dt 11,19); e também que o povo — homens, mulheres e crianças — se reunisse e ouvisse a leitura dessas leis (Dt 31,12).

E não basta que a lei seja escrita e publicada, é preciso também que haja provas de que ela traduz a vontade do soberano. Pois os indivíduos que têm ou julgam ter força suficiente para garantir seus injustos desígnios, levando-os com segurança até seus ambiciosos fins, podem publicar as leis que lhes forem oportunas, mesmo que sejam contrárias à vontade da autoridade legislativa. Portanto, não basta apenas uma declaração da lei. São necessários também sinais suficientes do autor e da autoridade. Em todos os Estados, o autor ou legislador está em evidência por ser o soberano e, tendo sido constituído pelo consentimento de todos, supõe-se que todos o conheçam. A ignorância e a ousadia da maior parte dos homens é tão grande que, ao se desvanecer a lembrança da primeira constituição de seu Estado, deixam de considerar qual o poder que, costumeiramente, os defende de seus inimigos, dá proteção a sua atividade e garante a justiça quando são ofendidos. Entretanto, dado que nenhum dos homens que levam tudo isso em conta pode pôr essas coisas em dúvida, não é possível alegar como desculpa a ignorância a respeito do ponto em que reside a soberania. E é um ditame da razão natural, e, consequentemente, uma evidente lei natural, que ninguém deve enfraquecer esse poder, cuja proteção todos pediram ou conscientemente aceitaram contra outros. Ninguém deve duvidar de quem seja o soberano, a não ser por sua própria culpa (malgrado o que homens maldosos possam sugerir). A dificuldade está na evidência da autoridade que dele deriva; assim, a possibilidade de removê-la depende do conhecimento dos registros públicos, dos conselhos públicos, dos ministros e dos tribunais públicos, os quais verificam, suficientemente, todas as leis. Esses órgãos não autorizam, apenas verificam; essa verificação é o testemunho e o registro, não a autoridade da lei, a qual consiste unicamente na ordem do soberano.

Caso alguém tenha uma questão relativa a injúria, que depende da lei natural, isto é, da equidade comum, a sentença do juiz, dotada de delegação de autoridade para examinar tais causas, constitui, nesse caso individual, suficiente observância da lei natural. Embora seja útil a opinião de quem professa o estudo das leis, a fim de evitar litígios, ela não passa de opinião, competindo ao juiz, depois de ouvir a controvérsia, dizer o que é a lei.

Entretanto, quando a questão se refere a uma injúria ou crime dependente de uma lei escrita, qualquer um, antes de praticar tal injúria ou crime, pode informar-se, recorrendo aos registros, por si mesmo ou por intermédio de outros, para saber se o ato é injurioso ou não. Isso deve ser feito, pois, quando alguém tem dúvidas se o ato que vai praticar é justo ou injusto, e tem condições, querendo, de se informar, praticar o ato injusto é ilegal. Da mesma forma, aquele que se considerar injuriado, num caso determinado pela lei escrita, que ele pode examinar por si mesmo ou por intermédio de outros, se fizer sua queixa antes de consultar essa lei estará agindo injustamente e, assim, pretendendo mais vexar os outros do que exigir seus direitos.

Quando se tratar da obediência a um funcionário público, constitui suficiente verificação de sua autoridade ter visto sua comissão para o cargo e ouvir sua leitura ou ter meios para dela se informar. Todos os homens têm a obrigação de envidar esforços para se informar de todas as leis escritas que possam estar relacionadas a suas ações futuras.

Conhecido o legislador e publicadas as leis, seja por escrito ou à luz da natureza, ainda ficará faltando uma circunstância absolutamente essencial para tornar tais leis obrigatórias. A natureza da lei não consiste na letra, mas na intenção ou significado, isto é, em sua autêntica interpretação (o sentido com que o legislador a elaborou). Portanto, a interpretação de todas as leis depende da autoridade soberana, e os intérpretes serão aqueles a quem o soberano (única pessoa a quem o súdito deve obediência) vier a designar. Se assim não for, a sagacidade do intérprete pode fazer que a lei adquira um sentido contrário ao determinado pelo soberano, resultando em que o intérprete tome o lugar do legislador.

Todas as leis, sejam elas escritas ou não, precisam ser interpretadas. A lei natural, que não é escrita, embora seja simples para quem, imparcial ou desapaixonadamente, usa sua razão natural — privando de qualquer desculpa seus violadores, embora sejam poucos, ou quase ninguém, aqueles que nessas ocasiões não se deixam cegar pelo egoísmo ou por outra paixão —, torna-se a mais obscura de todas as leis, resultando daí a necessidade de intérpretes capazes. Se as leis escritas forem breves, podem vir a ser mal interpretadas, diante das diversas significações de algumas palavras. Se forem longas, serão ainda mais obscuras, em razão da diversidade de significações de muitas palavras. Assim, nenhuma lei escrita, seja expressa em poucas, seja em muitas palavras, pode ser bem compreendida sem que haja uma perfeita compreensão das causas finais para as quais foi feita; e o conhecimento dessas causas finais pertence ao legislador. Portanto, para ele não poderá haver na lei nenhum nó insolúvel, seja porque pode desatá-lo pelas pontas, seja porque pode escolher outras pontas (como Alexandre fez, com sua espada, no caso do nó górdio), por intermédio do poder legislativo, coisa que nenhum outro intérprete pode fazer.

A interpretação das leis naturais num Estado não depende dos livros de filosofia moral, pois a autoridade dos filósofos, sem a autoridade do Estado, não é suficiente para transformar em leis suas opiniões, por mais verdadeiras que sejam. Tudo o que foi escrito neste tratado sobre as virtudes morais e sua necessidade para a obtenção e preservação da paz não é lei, embora seja uma verdade evidente neste momento. Se o é, é porque em todos os Estados do mundo faz parte das leis civis. Embora seja naturalmente razoável, é lei graças ao poder soberano. Do contrário, seria um grave erro chamar de lei natural a lei não escrita. Sobre isso foram publicados muitos volumes repletos de contradições entre eles e até de contradições num mesmo livro.

A interpretação da lei natural é a sentença do juiz constituído pela autoridade soberana para ouvir e determinar as controvérsias que dela dependem, e consiste na aplicação da lei ao caso em questão. Porque, no ato de judicatura, o juiz nada mais faz que verificar se o pedido de cada uma das partes é compatível com a equidade e a razão natural, sendo sua sentença, portanto, uma interpretação da lei natural. Essa interpretação é autêntica não por ser sua sentença pessoal, mas por ser dada pela autoridade do soberano. Com isso, vem a ser a sentença do soberano, que então se torna lei para as partes em litígio.

Como não há juiz subordinado ou soberano que não possa vir a errar em seu julgamento da equidade, se, posteriormente, em caso análogo, considerar mais compatível com a equidade proferir uma sentença contrária, tem obrigação de fazê-lo. Nenhum erro de um homem torna-se sua própria lei, nem o obriga a nele persistir. Pela mesma razão, não se torna lei para outros juízes, mesmo que tenham prometido segui-la. Pois, embora uma sentença falha dada pela autoridade do soberano, se ele a conhece e autoriza, venha a constituir uma nova lei, quando se trata de leis mutáveis e de idênticas pequenas circunstâncias, no caso de leis imutáveis, como as leis naturais, tal sentença não se torna lei para o mesmo juiz ou para outros, mesmo em casos semelhantes que possam ocorrer posteriormente. Os príncipes se sucedem e um juiz sucede a outro. O céu e a terra passarão, mas nem um artigo da lei natural passará, pois ela é a eterna lei de Deus. Assim, a soma de todas as sentenças de todos os juízes que já existiram é incapaz de originar uma lei contrária à equidade natural. E, ainda, todos os exemplos dos juízes anteriores não são suficientes para justificar uma sentença irracional, nem para dispensar um juiz do esforço de estudar o que é a equidade (referente ao caso que vai julgar), com base nos princípios de sua própria razão natural. Por exemplo, contraria a lei natural castigar os inocentes, e é considerado inocente quem for absolvido judicialmente, uma vez que foi considerado inocente pelo juiz. Consideramos manifesta condenação de um inocente quando um homem, acusado de um crime capital, diante do poder e malícia de algum inimigo e da corriqueira corrupção e parcialidade dos juízes, foge com medo de ser condenado e, posteriormente, apanhado e levado a julgamento legal, prova não ser culpado do crime, é absolvido, mas perde parte de seus bens. Assim, em nenhum lugar do mundo isso pode ser considerado uma interpretação da lei natural ou pode ser convertido em lei em decorrência de sentenças anteriores de juízes em casos semelhantes. O primeiro juiz a julgar fê-lo injustamente, e nenhuma injustiça pode servir de padrão para julgamentos posteriores de outros juízes. É possível haver uma lei escrita proibindo a fuga dos inocentes, e que os castigue por fugirem, mas considerar a fuga por medo de uma injúria presunção de culpa de alguém que já foi judicialmente absolvido do crime é contrário à natureza da presunção, que já não pode ocorrer após o julgamento. No entanto, isso é estabelecido para a lei comum da Inglaterra por um grande jurista. Se um homem inocente (que se diz inocente) for acusado de felonia, e fugir com medo da acusação, embora venha a ser judicialmente absolvido desse crime deverá, apesar de sua inocência, perder todos os seus bens, casas, dívidas e deveres. Isso porque a lei não admite provas contra a presunção legal baseada em sua fuga, no que diz respeito à perda do patrimônio. Temos, assim, um inocente judicialmente absolvido que, apesar de sua inocência (quando nenhuma lei escrita o proibia de fugir), e depois da absolvição, é condenado à perda de todos os seus bens com base numa presunção legal. Se a lei toma sua fuga como uma presunção do fato, que foi capital, a sentença também deve ser capital; se a presunção não é de fato, por que deveria ele perder seus bens? Portanto, essa não é uma lei da Inglaterra; e a condenação não se baseia numa presunção legal, mas, sim, numa presunção dos juízes. Contraria também a lei não admitir provas contra uma presunção legal, pois, se qualquer juiz, seja ele soberano ou subordinado, recusar-se a ouvir as provas, estar-se-á recusando a fazer justiça. Mesmo que a sentença seja justa, os juízes que condenam sem ouvir as provas apresentadas são juízes injustos, e sua presunção é apenas preconceito — tal conduta não deve ser seguida por ninguém na sede da justiça, sejam quais forem os julgamentos ou precedentes que a pessoa pretenda seguir. Há registro de muitos casos em que houve julgamentos pervertidos por seguirem precedentes, mas isso serve apenas para mostrar que, embora a sentença do juiz seja lei para as partes litigantes, não é lei para qualquer outro juiz que o suceda no exercício do cargo.

Da mesma forma, quando se trata do significado das leis escritas, não podemos considerar seu intérprete aquele que se limita a escrever um comentário sobre tais leis. Geralmente, os comentários estão mais sujeitos a objeções do que o texto, suscitando novos comentários, e assim semelhante interpretação nunca teria fim. Portanto, a não ser que haja um intérprete autorizado pelo soberano, do qual os juízes subordinados não podem divergir, os intérpretes não podem ser outros senão os juízes comuns, do mesmo modo como o são no caso da lei não escrita. Os litigantes devem considerar lei, para o caso em particular, as sentenças dos juízes, mas isso não obriga outros juízes a proferirem sentenças análogas em casos idênticos. Um juiz pode errar mesmo na interpretação de leis escritas, mas nenhum erro de um juiz subordinado pode mudar a lei, que constitui a sentença geral do soberano.

No caso das leis escritas, os homens estabelecem uma diferença entre a letra e a sentença da lei. A distinção é correta se, por letra, entendermos tudo o que possa ser inferido das meras palavras, pois a significação da maioria delas, quer intrinsecamente, quer em seu uso metafórico, é ambígua, podendo as palavras adquirirem sentidos variados na argumentação, ao passo que, para a lei, só pode haver um único sentido. Mas, se, por letra, entendermos o sentido literal, a letra, a sentença ou a intenção da lei são a mesma coisa, pois o sentido literal é aquele que o legislador pretendia estabelecer pela letra da lei. Supomos que a intenção do legislador é sempre a equidade, pois seria grande contumélia que um juiz pensasse de maneira diferente do soberano. Portanto, caso a palavra da lei não autorize plenamente uma sentença razoável, o juiz deve supri-la com a lei natural ou, se o caso for difícil, suspender o julgamento até receber maior autoridade. Uma lei escrita, por exemplo, pode ordenar que aquele que foi expulso de sua casa pela força possa, também pela força, ter sua casa restituída; suponhamos, porém, que, por negligência, um homem deixe sua casa vazia e, ao regressar, seja impedido de entrar pela força: para esse caso não foi estabelecida nenhuma lei concreta. É evidente que essa hipótese é abrangida pela mesma lei, do contrário não haveria qualquer espécie de solução para esse caso, o que deve ser considerado contrário à intenção do legislador. Mais uma vez, o texto da lei ordena que o juiz julgue de acordo com a evidência. Por exemplo, quando um homem é acusado falsamente de uma ação que o próprio juiz viu ser cometida por outro, e não pelo acusado, nem a letra da lei deve ser seguida de maneira a condenar um inocente, nem o juiz deve proferir sua sentença contra a evidência do testemunho, pois a letra da lei diz o contrário. O correto é solicitar do soberano que nomeie outro juiz, e que o juiz anterior seja testemunha. Os inconvenientes resultantes das meras palavras de uma lei escrita podem levar o juiz a procurar a intenção da lei, fazendo que ela seja interpretada da melhor maneira possível. Sem dúvida, nenhum inconveniente pode justificar uma sentença contrária à lei, pois todo juiz, sendo juiz do certo e do errado, não o é do que é conveniente ou inconveniente para o Estado.

As aptidões exigidas de um bom intérprete da lei, ou seja, de um bom juiz, não são as mesmas que exigimos de um advogado, especialmente no que se refere ao estudo das leis. Um juiz, do mesmo modo como toma conhecimento dos fatos exclusivamente por intermédio das testemunhas, toma conhecimento da lei apenas por meio dos estatutos e constituições do soberano, alegados no litígio ou a ele declarados por alguém a quem o soberano poder autorizou fazê-lo. Ele não se deve preocupar antecipadamente com aquilo que vai julgar, pois o que deverá dizer relativamente aos fatos ser-lhe-á dado pelas testemunhas, e o que deverá dizer em matéria de lei ser-lhe-á dado por aqueles que em suas alegações o manifestarem e tiverem autoridade para interpretá-lo no próprio local. Os lordes do parlamento da Inglaterra eram juízes, e causas muito difíceis foram ouvidas e decididas por eles, mas poucos eram bastante versados no estudo das leis e menos ainda os que disso faziam profissão. Embora consultassem juristas nomeados para estarem presentes para esse fim, só eles tinham autoridade para dar sentenças. De maneira semelhante, nos julgamentos de direito comum, os juízes são 12 homens do povo, que dão sentença não apenas de fato, mas também de direito. Eles pronunciam-se simplesmente pelo queixoso ou pelo acusado, sendo, portanto, juízes do fato e também de direito; num caso criminal, não se limitam a determinar se o crime foi ou não praticado, mas também estabelecem se foi homicídio, felonia, assalto ou coisa semelhante, conforme a classificação da lei. Já que eles próprios não conhecem a lei, há alguém com autoridade para informá-los sobre ela, com referência ao caso particular do qual deverão ser juízes. Se não julgarem de acordo com o que lhes foi dito, não estarão sujeitos a qualquer penalidade, a não ser que fique evidente que o fizeram contra suas consciências ou que foram corrompidos por algum suborno.

O que faz um bom juiz ou um bom intérprete da lei é, primeiramente, uma correta compreensão da principal lei natural, chamada equidade, que não depende da leitura dos escritos de outros homens, mas apenas da sanidade da própria razão e da meditação natural de cada um; e presumimos que tais virtudes estejam presentes em maior grau naqueles que têm maior oportunidade e maior inclinação para meditarem sobre as leis. Em segundo lugar, o desprezo pelas riquezas desnecessárias e pelas preferências. Em terceiro lugar, que a pessoa seja capaz, no julgamento, de despir-se de todo medo, raiva, ódio, amor e compaixão. Em quarto e último lugar, que tenha paciência para ouvir, atenção diligente enquanto ouve e memória para reter, digerir e aplicar o que ouviu.

A diferença e a divisão das leis foram feitas de diversas maneiras, de acordo com os diferentes métodos daqueles que escreveram sobre elas. Trata-se de algo que não depende da natureza, mas da perspectiva do autor e do método peculiar a cada um. Nas *Instituições* de Justiniano são encontradas sete espécies de leis civis:

1. Os editos, constituições e epístolas do príncipe, isto é, do imperador, pois todo o poder do povo residia nele. São semelhantes às proclamações dos reis da Inglaterra.

2. Os decretos de todo o povo de Roma, incluindo o Senado, quando postos em discussão pelo Senado. Eram leis, inicialmente, em virtude do poder soberano que residia no povo, e, se não fossem revogadas pelos imperadores, continuavam a ser leis graças à autoridade imperial. Efetivamente, todas

as leis que são obrigatórias são consideradas leis emanadas da autoridade de quem tem poder para revogá-las. Os atos do parlamento da Inglaterra são, de certo modo, semelhantes a essas leis.

3. Os decretos do povo comum, excluindo o Senado, quando eram postos em discussão pelos tribunos do povo. Os que não eram revogados pelo imperador continuavam a vigorar como leis graças à autoridade imperial. São semelhantes a estes as ordens da Câmara dos Comuns na Inglaterra.

4. *Senatus consulta*, as ordens do Senado. Quando o povo de Roma se tornou demasiado numeroso para poder reunir-se sem inconveniente, o imperador considerou preferível consultar o Senado em vez do povo. Essas leis têm alguma semelhança com os Atos de Conselho.

5. Os editos dos pretores, e, em alguns casos, dos edis, semelhantes aos dos juízes supremos das cortes da Inglaterra.

6. *Responsa prudentum*, que eram as sentenças e opiniões dos juristas a quem o imperador dava autorização para interpretar a lei e responder a todos aqueles que, em matéria de lei, pediam seu conselho. Ao proferirem suas sentenças, os juízes eram obrigados pelas constituições do imperador a respeitar essas respostas. São semelhantes aos relatórios de casos julgados, se as leis inglesas obrigassem os outros juízes a respeitá-las. De fato, os juízes da lei comum na Inglaterra não são propriamente juízes, mas *juris consulti*, aos quais tanto os lordes quanto os 12 homens do povo, pela lei, são obrigados a pedir conselho.

7. Finalmente, os costumes não escritos, que por sua natureza são uma imitação da lei, quando contam com o consentimento tácito do imperador são leis autênticas, desde que não contrariem a lei natural.

As leis podem, também, ser divididas em naturais e positivas. Naturais são as que têm sido eternamente leis; não são apenas chamadas naturais, mas, também, leis morais. Consistem nas virtudes morais, como a justiça, a equidade e todas as práticas espirituais que conduzem à paz e à caridade, abordadas nos capítulos XIV e XV.

As leis positivas são as que não existem desde a eternidade, mas se tornaram leis pela vontade daqueles que exerceram o poder soberano sobre outros. Podem ser escritas ou dadas a conhecer aos homens por qualquer outro meio que responde à vontade de seu legislador.

Entre as leis positivas, umas são humanas e outras divinas e, entre as leis positivas humanas, umas são distributivas e outras penais. As distributivas determinam os direitos dos súditos, declarando a cada homem, em virtude do que adquire e conserva, a propriedade de terras ou bens, e seu direito e liberdade de ação; a essas leis devem obediência todos os súditos. As leis penais determinam a penalidade a ser infligida àqueles que violam a lei, e são executadas por ministros e funcionários determinados. Todos devem estar informados das penas previstas nos casos de transgressão; sendo assim, a ordem não se dirige ao delinquente (do qual não podemos esperar que castigue fielmente a si próprio), mas aos ministros públicos encarregados de mandar executar a penalidade. As leis penais, em sua maioria, são escritas juntamente com as leis distributivas, sendo, algumas vezes, chamadas julgamentos. De fato, todas as leis são julgamentos gerais ou sentenças do legislador, assim como cada julgamento particular é, por seu turno, uma lei para aquele cujo caso é julgado.

As leis positivas divinas (as leis naturais, sendo eternas e universais, são divinas) são assim declaradas por aqueles a quem Deus autorizou. São elas os mandamentos de Deus, não desde toda a eternidade, nem universalmente dirigidos a todos os homens, mas apenas a um determinado povo ou a determinadas pessoas. Mas como pode ser conhecida essa autoridade do homem para declarar quais são as leis positivas de Deus? Por meios sobrenaturais, Deus pode ordenar a um homem que comunique leis aos outros homens. Sendo que faz parte da essência da lei que os obrigados por ela tenham conhecimento da autoridade de quem a declara, e sendo também que não podemos naturalmente tomar conhecimento diretamente de Deus, como pode um homem, sem a revelação sobrenatural, assegurar-se da revelação recebida pelo declarante, e como pode ver-se obrigado a obedecê-la? Quanto à primeira pergunta, é impossível alguém ter a garantia da revelação feita a outrem sem receber uma revelação feita particularmente a si próprio. Um homem pode ser levado a acreditar em tal revelação em razão dos milagres que vê o outro fazer ou em razão da extraordinária santidade de sua vida ou, ainda, diante da extraordinária sabedoria e sucesso de suas ações, mas tudo isso não constitui prova garantida de uma revelação especial. Realmente, os milagres são feitos maravilhosos, mas aquilo que é maravilhoso para um pode não sê-lo para outro. A santidade pode ser falsa e os sucessos visíveis deste mundo, na maioria das vezes, são obra de Deus por intermédio de causas naturais e vulgares. Portanto, ninguém pode infalivelmente saber pela razão natural que alguém recebeu uma revelação sobrenatural da vontade de Deus; pode, somente, crer e, conforme a grandeza dos sinais, com maior ou menor firmeza.

A segunda questão, isto é, como podemos ser obrigados a obedecer a essa lei, não é tão difícil. Se a lei exige que não procedamos contra a lei natural (a qual é, sem dúvida, a lei de Deus) e alguém se propõe a obedecê-la, fica obrigado pelo próprio ato; obrigado a obedecê-la e não a acreditar nela, pois as crenças e cogitações interiores dos homens não estão sujeitas aos mandamentos, mas apenas à operação ordinária e extraordinária de Deus. A fé na lei sobrenatural não é um cumprimento, mas apenas um assentimento a essa lei; portanto, não se trata de um dever que oferecemos a Deus, mas de um dom que Deus outorga, livremente, a quem lhe apraz. A incredulidade, por seu turno, também não é uma infração de qualquer das leis de Deus, mas um repúdio a todas elas, exceto as leis naturais. Tudo isso ficará mais claro com os exemplos e testemunhos das Sagradas Escrituras relativos a este ponto. A aliança feita por Deus com Abraão, de maneira sobrenatural, dizia o seguinte: "Esta será a aliança a ser observada entre mim e ti e tua semente depois de ti" (Gn 17,10). A semente (descendência) de Abraão não teve essa revelação, nem sequer ainda existia, mas participou da aliança, ficando obrigada a obedecer o que Abraão apresentasse como lei de Deus; isso foi possibilitado pela obediência devida aos pais, os quais (se não estiverem sujeitos a nenhum outro poder terreno, como era o caso de Abraão) têm poder soberano sobre seus filhos e servos. Quando Deus disse a Abraão: "Em ti serão abençoadas todas as nações da terra, pois sei que ordenarás a teus filhos e a tua casa que continuem depois de ti a seguir o caminho do Senhor e a observar a retidão e o julgamento", é evidente que a obediência de sua família, que não teve nenhuma revelação, dependia da obrigação anterior de obedecer a seu soberano. Apenas Moisés subiu até Deus no monte Sinai. Proibido de aproximar-se, sob pena de morte, o povo foi obrigado a obedecer a tudo quanto Moisés lhe apresentasse como lei de Deus. Teria sido apenas a própria submissão que serviu de fundamento às palavras "fala-nos, e nós te ouviremos, mas que Deus não nos fale, senão morreremos"? Essas citações evidenciam que, mesmo que os súditos não tenham recebido uma revelação segura referente à vontade de Deus, feita particular e pessoalmente a cada um deles, devem obedecer às ordens do Estado. Se os homens tivessem a liberdade de considerar como mandamentos de Deus seus próprios sonhos e fantasias, ou os sonhos e fantasias de determinados indivíduos, dificilmente dois homens concordariam sobre o que seria mandamento de Deus; ainda a esse respeito, cada homem desobedeceria aos mandamentos do Estado. Em conclusão, todos os súditos são obrigados a obedecer como lei divina a que for declarada como tal pelas leis do Estado e que não contrariar a lei moral (ou seja, a lei natural). Isso é evidente para a razão de qualquer homem, pois tudo o que não for contrário à lei natural pode tornar-se lei em nome dos detentores do poder soberano, não havendo razão para que seja menos obrigatório obedecer a essa lei quando é proposta em nome de Deus. Além do mais, não há nenhum lugar no mundo onde seja permitido que os homens reconheçam como mandamento de Deus o que não for declarado pelo Estado. Os Estados cristãos castigam os que se rebelam contra a religião cristã, assim como todos os outros Estados castigam os que aderem a qualquer religião por eles proibida. Em tudo quanto não for regulado pelo Estado, determina a equidade (lei natural e, portanto, lei de Deus) que cada homem possa gozar igualmente sua liberdade.

Existe, ainda, outra distinção entre as leis, ditas fundamentais e não fundamentais, mas nunca consegui ver, em qualquer autor, o que significa lei fundamental. Seja como for, é possível estabelecer uma diferença razoável entre as leis desse ponto de vista.

A lei fundamental é aquela que, se eliminada, destrói o Estado, que resulta daí totalmente dissolvido, tal como um edifício cujos alicerces se corroem. Portanto, lei fundamental é aquela que obriga os súditos a sustentar qualquer poder que seja conferido ao soberano, seja ele um monarca ou uma assembleia soberana, sem o qual o Estado não poderia subsistir, como é o caso do poder da guerra e da paz, o da judicatura, o da designação dos funcionários e o de fazer o que for necessário para o bem público. Já a lei não fundamental é aquela cuja revogação não acarreta a dissolução do Estado, como é o caso das leis relativas às controvérsias entre súditos. Isso é tudo, quanto à divisão das leis.

Acho que as expressões *lex civilis* e *jus civile*, isto é, lei e direito civil, são usadas promiscuamente para designar a mesma coisa, inclusive pelos autores mais cultos, quando não deveria ser assim. Isso porque direito é liberdade, concretamente a liberdade que a lei civil nos permite, e a lei civil é uma obrigação, que nos priva da liberdade que nos é dada pela lei natural. O direito de se proteger mediante a própria força e de invadir um vizinho suspeito para se prevenir foi dado a cada homem pela natureza, mas a lei civil suprime essa liberdade, em todos os casos em que a proteção da lei pode ser imposta de modo seguro. Nesse sentido, *lex* e *jus* são tão diferentes como obrigação e liberdade.

Analogamente, os termos leis e cartas são usados promiscuamente para designar a mesma coisa. Sem dúvida, as cartas são doações do soberano, e não leis, mas isenções da lei. Os termos usados na lei são *jubeo*, *injungo*, "mando" e "ordeno", e os termos usados numa carta são *dedi*, *concessi*, "dei" e "concedi"; assim, o que é dado e concedido a um homem não lhe é imposto por uma lei. É possível fazer uma lei que seja obrigatória para todos os súditos de um Estado, mas uma liberdade ou carta destina-se apenas a uma pessoa ou somente a uma parte do povo. Afirmar que todos os habitantes de um Estado têm liberdade em determinado caso é o mesmo que dizer que, para esse caso, não foi feita nenhuma lei ou, se foi feita, já foi revogada.

## Capítulo XXVII
## Dos crimes, isenções e atenuantes

Um pecado não consiste apenas na transgressão da lei. Ele é, também, uma manifestação de desprezo pelo legislador, e esse desprezo é a violação de todas as leis a um só tempo. Portanto, ele pode consistir, além do cometimento de um ato, do pronunciamento de palavras proibidas pela lei e da omissão do que a lei ordena, na intenção ou propósito de transgredir. De fato, o propósito de infringir a lei significa um certo grau de desprezo por aquele a quem compete mandar executá-la. Deliciar-se apenas imaginariamente com a posse de bens, de servos ou da mulher de um outro não constitui infração da lei que diz "não cobiçarás", desde que não haja a intenção de consegui-los pela força ou pela fraude. Não é, também, pecado o prazer de imaginar ou sonhar com a morte de alguém que nos cause prejuízo e desgostos; só o é a decisão de executar qualquer ato que leve a isso. Comprazer-se fantasiosamente com aquilo que agradaria se fosse real é uma paixão inerente à natureza, humana e de todas as criaturas vivas, de forma que fazer disso um pecado seria o mesmo que transformar em pecado o fato de ser homem. Essas considerações levam-me a pensar que são excessivamente severos, tanto consigo mesmos como com os outros, aqueles que sustentam que os primeiros movimentos do espírito (apesar de restringidos pelo temor a Deus) são pecados. Não obstante, reconheço ser mais racional equivocar-se por esse lado do que pelo contrário.

Um crime ou delito é um pecado que consiste em cometer (por um ato ou por palavras) tudo quanto é proibido por lei, ou em omitir o que é ordenado por ela. Assim, todo crime é um pecado, mas nem todo pecado é um crime. Portanto, a intenção de roubar ou matar é um pecado, mesmo quando não for manifestada por palavras ou atos, porque Deus, que conhece os pensamentos dos homens, pode culpá-los por eles. Porém, até que se manifeste por alguma coisa feita ou dita, em razão da qual a intenção possa ser arguida por um juiz humano, tal intenção não pode ser considerada crime. Os gregos faziam essa distinção utilizando as palavras *hamártema* e *énklema*, ou *aitia*. A primeira (traduzida por pecado) significava qualquer forma de violação da lei, e as duas últimas (traduzidas por crime) significavam apenas o pecado do qual um homem pode acusar a outro. Não há lugar para a acusação humana de intenções que nunca se tornam visíveis em ações exteriores. De maneira semelhante, os latinos, com a palavra *peccatum*, que é pecado, designavam toda espécie de desvio em relação à lei e, com a palavra *crimen* (derivada de *cerno*, que significava perceber), designavam apenas os pecados que podem ser apresentados perante um juiz e que, portanto, não são meras intenções.

Diante dessas relações, entre o pecado e a lei e entre o crime e a lei civil, podemos inferir, primeiramente, que onde a lei cessa, termina, também, o pecado. Por ser eterna a lei natural, a violação dos pactos, a ingratidão, a arrogância e todos os feitos contrários à virtude moral são sempre pecados. Em segundo lugar, podemos inferir que cessando a lei civil cessa também o crime, pois, não subsistindo nenhuma outra lei a não ser a lei natural, não há lugar para a acusação, posto que cada homem é seu próprio juiz, acusado somente pela própria consciência e desculpado pela retidão de suas intenções. Havendo boas intenções, o ato não é pecado; não havendo boas intenções, o ato é pecado, mas não é crime. Em terceiro lugar, inferimos que onde não há mais poder soberano também não há mais crime, pois, sendo impossível conseguir a proteção da lei, cada um se protege com o próprio poder. Pois não é dado a ninguém supor que, no momento da instituição do poder soberano, o homem possa renunciar ao direito de preservar seu próprio corpo, para cuja segurança foi estabelecida a soberania. Isso se deve aplicar apenas aos que não contribuíram pessoalmente para o afastamento do poder instituído para os proteger, já que isso, desde o início, foi considerado um crime.

Falha de entendimento, erro de raciocínio ou violência repentina das paixões dão origem ao crime. Falha de entendimento é ignorância, e erro de raciocínio consiste em opinião errônea. A ignorância pode ser de três espécies: da lei, do soberano e da pena. O desconhecimento da lei natural não deve servir de desculpa a ninguém, pois devemos supor que todo homem que raciocina sabe que não deve fazer aos outros o que jamais faria a si mesmo. Portanto, esteja onde estiver, tudo quanto fizer contra essa lei será um crime. Estará cometendo um crime aquele que, vindo da Índia para a Inglaterra, tentar persuadir os ingleses a aceitarem uma nova religião ou lhes ensinar algo considerado desobediência às leis do país, mesmo estando perfeitamente persuadido da verdade do que ensina. Tal pessoa poderá ser justamente punida, não apenas por sua falsa doutrina, como também por estar agindo de uma forma que não aprovaria em outrem, ou seja, que alguém, partindo da Inglaterra, tentasse modificar a religião indiana. A ignorância da lei civil pode servir de desculpa a quem se encontre num país estranho até o momento em que ela lhe venha a ser declarada, pois, até esse momento, nenhuma lei civil é obrigatória.

A ignorância da penalidade só é uma desculpa aceitável se a lei civil do próprio país não tiver sido amplamente divulgada para que todos tomem conhecimento e se o ato cometido não for contrário à lei natural. Em qualquer outro caso, a ignorância da lei civil não é desculpa razoável. Ninguém pode desconhecer o poder soberano do país em que habitualmente reside, pois é obrigatório saber qual é o poder que o protege.

Se a lei é declarada, a ignorância da punição não serve de desculpa a ninguém, pois, ao infringir uma lei, que assim não poderia chamar-se se não houvesse o temor a uma pena, a pessoa incorre na penalidade, apesar de desconhecê-la. Quem pratica, voluntariamente, um ato, aceita todas as suas consequências. A punição é, pois, uma consequência da violação da lei, em qualquer Estado. Todos se submeterão a tal punição se esta já tiver sido determinada pela lei; se assim não for, a punição será arbitrária. De acordo com a razão, aquele que comete injúria, sem outra limitação a não ser a de sua própria vontade, deve sofrer punição de acordo com a vontade daquele cuja lei foi violada.

Quando, na própria lei, a pena está associada ao delito ou já foi infligida em casos semelhantes, o delinquente fica eximido de uma pena maior. Se o castigo, apesar de previamente conhecido, não tiver sido suficiente para reprimir uma ação, constituirá um convite a essa ação, pois, quando alguém compara o benefício obtido com uma injustiça com o prejuízo decorrente do castigo, escolhe, por necessidade da natureza, o que lhe parece melhor para si mesmo. Caso venha a sofrer uma punição maior do que a prevista pela lei ou mais severa do que a aplicada a outros que tenham praticado o mesmo crime, foi seduzido e enganado pela própria lei.

Nenhuma lei promulgada após a realização de um ato pode transformá-lo em crime, pois, se tal ato contrariar a lei natural, a lei já existia antes do ato; como não é possível ter conhecimento de uma lei positiva antes de sua promulgação, ela não pode ser obrigatória. Quando a lei que proíbe o ato é anterior a sua prática, seu autor está sujeito à pena estabelecida posteriormente, se não for conhecida uma pena anterior mais suave, por escrito ou pelo exemplo.

Falhas de raciocínio (ou seja, erros) podem levar os homens a violar as leis de três maneiras. Em primeiro lugar, por presunção de falsos princípios, como a errônea apreciação de que em todos os lugares e em todas as épocas as ações injustas foram autorizadas pela força ou pelas vitórias dos que as cometeram; e de que, quando os homens poderosos desrespeitam as leis de seu país, consideram os mais fracos ou os que falharam em seus empreendimentos como sendo os únicos criminosos. Quem pensa assim toma como base de seu raciocínio os seguintes princípios: que a justiça não passa de uma palavra vã; que tudo o que um homem puder adquirir por sua indústria ou pela sorte lhe pertence; que a prática de todas as nações não pode ser injusta; que os exemplos de épocas anteriores são bons argumentos para que voltemos a fazer o mesmo; e muitos outros princípios do mesmo gênero. Se aceitos esses princípios, nenhum ato poderá ser por si só um crime, mas terá de ser tornado tal, não pela lei, mas pelo sucesso de quem o comete. Um mesmo ato poderá ser virtuoso ou vicioso segundo a sorte, de modo que aquilo que Marius considerou um crime, Silas o estima meritório, e César (subsistindo as mesmas leis) o converte outra vez em crime, provocando uma constante perturbação da paz do Estado.

Em segundo lugar, por falsos mestres, que ou interpretam a lei natural erroneamente, tornando-a incompatível com a lei civil, ou tomam por leis doutrinas de sua autoria ou tradições de tempos passados, incompatíveis com o dever de um súdito.

Em terceiro lugar, por inferências erradas de princípios verdadeiros, por parte de pessoas apressadas e precipitadas em tomar uma decisão, como ocorre com os que têm em alta conta seu próprio entendimento e estão convencidos de que as coisas dessa espécie não exigem tempo de estudo, bastando a simples experiência e um bom talento natural, qualidades que acreditam possuir; já o conhecimento do justo e do injusto, que não é menos complicado, ninguém pretende tê-lo sem amplos e prolongados estudos. Nenhuma dessas falhas de raciocínio pode servir de desculpa a um crime (embora algumas possam servir de atenuante) a quem pretenda administrar seus negócios pessoais e, menos ainda, a quem exerce um cargo público. Porque, nesses casos, presumimos que a pessoa seja dotada de razão, e só a falta desta poderia servir de fundamento para uma desculpa.

Entre as paixões que mais frequentemente são causas de crimes, destaca-se a vanglória, isto é, a insensata superestimação do próprio valor, como se a diferença de valor resultasse do talento, da riqueza ou da ascendência ou, ainda, de qualquer outra qualidade natural, independentemente da vontade dos que detêm a autoridade soberana. Daí deriva a presunção de certos homens de que as punições estabelecidas pelas leis e, em geral, aplicáveis a todos os súditos, não deveriam ser infligidas a eles com o mesmo rigor com que são infligidas aos homens pobres, obscuros e simples, conhecidos por vulgo.

Ocorre, com frequência, que aqueles que se avaliam pela importância de sua fortuna se arriscam a praticar crimes com a esperança de escapar ao castigo, mediante a corrupção da justiça pública ou a obtenção do perdão em troca de dinheiro ou outras recompensas.

Os que têm uma multidão de parentes poderosos, bem como aqueles que gozam de popularidade e adquiriram boa reputação junto à turba, também têm a coragem de violar as leis, na esperança de pressionar o poder ao qual compete mandá-las executar.

Aqueles que têm uma grande e falsa opinião de sua própria sabedoria atrevem-se também a repreender as ações e a questionar a autoridade dos que os governam, conturbando as leis com seus discursos públicos, pelos quais defendem que nada deve ser crime, a não ser aquilo que seus próprios desígnios exigem que o seja. Esses homens têm tendência a todos os crimes que dependem da astúcia e da capacidade de enganar o próximo, pois imaginam que seus desígnios são demasiado sutis para serem percebidos. São esses os que considero possuírem uma falsa presunção da própria sabedoria. Poucos entre os homens responsáveis por instigar a perturbação dos Estados (o que nunca pode ocorrer sem guerra civil) viverão o bastante para assistir ao triunfo de seus novos desígnios. Seus crimes redundam em benefício da posteridade, e de forma diferente do que pretendiam, o que prova que eles não eram tão sábios quanto pensavam. Os que enganam com a esperança de não serem descobertos geralmente se enganam a si próprios (as trevas em que pensam estar escondidos nada mais são que sua própria cegueira), e não têm mais sabedoria do que as crianças que tapam seus próprios olhos para se esconder.

De maneira geral, todo presunçoso (a não ser que seja timorato) está sujeito à ira, sendo mais propenso do que os demais a considerar desprezível a ordinária liberdade de conversação. Poucos são os crimes que não resultam da ira.

Por seu turno, são óbvios os crimes ocasionados por paixões como o ódio, a concupiscência, a ambição e a cobiça. Nada é preciso dizer sobre eles, a não ser que são enfermidades tão inerentes à natureza, tanto do homem como de todas as outras criaturas vivas, que seus efeitos só podem ser evitados por um extraordinário uso da razão ou por constante severidade em seu castigo. Os homens encontram um constante e inevitável incômodo diante das coisas que odeiam, de forma que é preciso uma paciência inesgotável ou, então, procurar alívio na eliminação do poder que causa o incômodo. Se a primeira solução é difícil, a segunda é, muitas vezes, impossível sem alguma violação da lei. Além disso, a ambição e a cobiça são paixões que exercem pressão e influência contínuas, enquanto a razão não está sempre presente para oferecer resistência; portanto, sempre que surge a esperança de impunidade surgem seus efeitos. No que diz respeito à concupiscência, não existe continuidade, mas, sim, excesso de veemência, o que é o suficiente para dissipar o receio de castigos leves e incertos.

O medo é a única paixão que impede o homem de violar as leis. Excetuando algumas naturezas generosas, o temor é a única coisa que leva os homens a respeitar as leis (quando sua violação não aparenta poder dar lucro ou prazer). Apesar disso, em muitos casos, o medo pode levar a cometer um crime.

Um medo qualquer não justifica a ação que produz, mas apenas o medo do sofrimento corporal (chamado medo físico), do qual a pessoa não sabe como escapar, a não ser mediante essa ação. Se um homem for atacado e, temendo ser morto, não puder escapar de outra maneira, a não ser ferindo quem o ataca, se ferir a este de morte não haverá aí crime, pois, com a instituição do Estado, ninguém renunciou à defesa de sua vida e de seus membros, quando a lei não pode chegar a tempo de assisti-lo. Mas matar um homem pelo fato de que, por seus atos ou suas ameaças, é possível deduzir que seu desejo seja o de matar é crime (quando quem o comete dispõe de meios e de tempo para pedir proteção ao poder soberano). Por outro lado, se alguém for agredido com palavras desagradáveis ou pequenas injúrias (para as quais os elaboradores das leis não previram pena, não achando que valesse a pena um homem, no uso da razão, levar em conta tais coisas), e receia que, por não se vingar, pode vir a tornar-se objeto de desprezo, ficando consequentemente exposto a receber de outros idênticas injúrias, e, para evitar o fato, viola a lei, protegendo-se, para o futuro, pelo medo que lhe inspira uma vingança particular, está cometendo um crime. Isso porque o prejuízo não é corpóreo, mas, sim, imaginário, e tão insignificante que um homem que confia na própria coragem não pode levá-lo em consideração (embora, nesta parte do mundo, tal injúria seja considerada intolerável, à luz de um costume vigente há pouco tempo, entre homens jovens e vaidosos). É possível que aconteça que um homem venha a ter medo dos espíritos, seja em razão de sua própria superstição, seja por ter dado excessivo crédito a outros homens, que lhe falam de estranhos sonhos e visões. Isso pode levá-lo a acreditar que esses espíritos lhe causarão dano, se deixar de fazer ou de omitir diversas coisas, cuja prática ou omissão é contrária às leis. O que é feito ou obtido nessas condições não pode ser desculpado por esse temor, sendo, portanto, crime. Como já foi dito no capítulo II, os sonhos são naturalmente apenas as fantasias que perduram durante o sono, derivadas de impressões recebidas pelos sentidos em estado de vigília. Quando, por algum motivo, a pessoa não tem certeza de que está dormindo, essas fantasias parecem verdadeiras visões. Assim, aquele que violar a lei com base em seus sonhos e pretensas visões, ou nos de outrem ou, ainda, numa fantasia sobre o poder dos espíritos invisíveis, diversa da permitida pelo Estado, estar-se-á afastando da lei natural, o que é um delito certo. Estará seguindo os produtos de sua própria imaginação ou da de um outro, sem saber se significam alguma coisa ou nada, nem se quem lhe conta seus sonhos está mentindo ou dizendo a verdade. E se isso fosse permitido a todo e qualquer indivíduo (como o seria pela lei natural, se alguma houvesse nesse sentido), nenhuma lei poderia existir e qualquer Estado seria dissolvido.

Com essas diferentes fontes do crime, fica claro que nem todos os crimes são da mesma linhagem (como pretendiam os antigos estoicos). Não só há espaço para a isenção de culpa, em razão da qual é possível provar não ser crime aquilo que parecia sê-lo, mas também para atenuantes, mediante as quais um crime que parecia grande se torna menor. Embora todos os crimes mereçam ser denominados, igualmente, de injustiça, tal como todo desvio de uma reta implica em certa sinuosidade, como observaram os estoicos, não podemos depreender daí que todos os crimes sejam igualmente injustos, tal como nem todas as linhas tortas são igualmente tortas. Não observando isso, os estoicos consideravam crimes da mesma gravidade matar uma galinha, contra a lei, e matar o próprio pai.

O que isenta inteiramente um ato, retirando-lhe todo o caráter criminoso, só pode ser aquilo que, ao mesmo tempo, tira da lei seu caráter obrigatório. Pois, se um ato contrário à lei for cometido, e quem o cometeu tiver obrigação perante a lei, esse ato constitui um crime.

Quando não existem meios para dar a conhecer a lei, a isenção é total, por não ser obrigatório obedecer a uma lei desconhecida. Entretanto, não devemos considerar falta de meios a ausência de diligência de alguém para se informar, e ninguém capaz de usar sua razão para governar seus próprios assuntos pode ser considerado carente de meios para conhecer as leis naturais, pois elas são conhecidas mediante a razão que o indivíduo possui. Só as crianças e os loucos estão isentos de culpa ao contrariar a lei natural.

Um homem em cativeiro ou aprisionado pelo inimigo (alguém está em poder do inimigo quando sua pessoa ou seus meios de vida o estão), quando o fato não se deu por sua culpa, não está obrigado a obedecer a lei, pois é preciso que obedeça ao inimigo para não morrer e, por conseguinte, essa obediência não constitui crime; ninguém é obrigado (quando falta a proteção da lei) a deixar de proteger-se com todos os meios de que dispuser.

Se, diante do medo de morte iminente, alguém for obrigado a praticar um ato contrário à lei, fica inteiramente isento, pois nenhuma lei pode obrigar um homem a renunciar à própria preservação. Mesmo que essa lei fosse obrigatória, o raciocínio seria o seguinte: se não o fizer, morrerei imediatamente e, se o fizer, morrerei mais tarde; fazendo-o, ganho algum tempo de vida. Consequentemente, a prática do ato é obrigatória por natureza.

Se alguém se encontra privado de alimento e de outras coisas necessárias à sobrevivência, e só for capaz de preservar-se por meio de um ato contrário à lei, por exemplo, durante uma grande fome, obter pela força ou pelo roubo o alimento que não consegue com dinheiro ou pela caridade, ou quando, em defesa da própria vida, arranca a espada das mãos de outrem, fica eximido totalmente de culpa.

Os atos praticados contra a lei por autoridade de outrem são por essa autoridade isentados perante o autor, pois ninguém deve acusar de seu próprio ato a quem não passa de seu instrumento. Mas o ato não fica isento de culpa perante uma terceira pessoa prejudicada, pois na violação da lei tanto o autor como o ator são delinquentes. Disso depreendemos que, quando aquele homem ou assembleia que detém o poder soberano ordena que seja feito algo contrário a uma lei anterior, tal ação não será julgada criminosa. O próprio soberano não deve condenar aquele que praticar o ato, pois ele mesmo é o autor, e aquilo que não pode ser justamente condenado pelo soberano não pode ser justamente punido por qualquer outra pessoa. Além disso, se o soberano ordena que alguém faça alguma coisa contrária a sua própria lei anterior, essa ordem, quanto a esse ato particular, é uma revogação da lei.

Se o homem ou assembleia que detém o poder soberano renuncia a algum direito essencial à soberania, do que resulta para o súdito uma liberdade incompatível com o poder soberano, isto é, com a verdadeira essência do Estado, se o súdito se recusar a obedecer suas ordens em algo contrário à liberdade concedida, tratar-se-á, apesar de tudo, de um pecado, contrário ao dever do súdito. Ele deve saber o que é incompatível com a soberania, uma vez que ela foi criada com seu consentimento e para sua própria defesa, e deve saber também que essa liberdade, sendo incompatível com a soberania, foi concedida por ignorância das consequências funestas do ato. Mas, se o súdito, além de não obedecer, resistir a um ministro público durante a execução de seu ato, estará cometendo um crime, pois, sem violação da paz, poderia ter-se queixado e ver reconhecido seu direito.

A gravidade do crime é estabelecida de acordo com várias escalas. Em primeiro lugar, é medida pela malignidade da fonte ou causa; em segundo lugar, pelo contágio do exemplo; em terceiro, pelo prejuízo do efeito; e, em quarto, pela concorrência de tempos, lugares e pessoas.

Um mesmo ato praticado contra a lei, se proceder da presunção de força, riqueza e amigos capazes de resistir aos que devem executar a lei, é um crime maior do que se derivar da esperança de quem o pratica de não ser descoberto ou de poder escapar pela fuga. Isso porque a presunção da impunidade pela força é uma raiz que tem feito brotar, em qualquer época e diante de todas as tentações, o desprezo por todas as leis, ao passo que, no segundo caso, quando o homem foge por medo do perigo, isso o torna mais obediente no futuro. Um crime conhecido como tal é maior do que o mesmo crime baseado numa falsa persuasão de que o ato é legítimo. Quem comete um crime contra sua consciência, confiando em sua força ou em outro poder, fica estimulado a cometê-lo novamente; ao contrário, quando alguém o faz em razão de um erro, depois de advertido volta a conformar-se com a lei.

Aquele cujo erro deriva da autoridade de um mestre, ou de um intérprete da lei publicamente autorizado, é menos culpado do que aquele cujo erro deriva de uma permanente perseguição de seus próprios princípios e raciocínios. Aquilo que é ensinado por alguém que o faz por autoridade pública é ensinado pelo Estado, e tem aparência de lei, na medida em que a própria autoridade o controla e, em todos os crimes que não encerram em si uma recusa do poder soberano, nem são contrários a uma lei evidente, exime de forma total. Já quem baseia suas ações em seu juízo pessoal deve manter-se de pé ou cair por terra, conforme a retidão ou o erro desse juízo.

O mesmo ato, se tiverem sido constantemente punidos por ele outros homens, é um crime maior do que se tivesse havido muitos exemplos anteriores de impunidade, já que esses exemplos são outras tantas esperanças de impunidade, dadas pelo próprio soberano. Quem dá a um homem tal esperança e presunção de perdão, animando-o a cometer a ofensa, tem sua parte nela; portanto, não é razoável que atribua toda a culpa ao ofensor.

Um crime que tem como origem uma súbita paixão não é tão grande como aquele que se origina de uma longa meditação. No primeiro caso, há espaço para atenuantes, baseadas na fraqueza geral da natureza humana; mas quem praticou o crime com premeditação usou de circunspecção e pensou na lei, no castigo e nas consequências de seu crime para a sociedade; ao cometer o crime, desprezou tudo isso, visando, apenas, seu próprio apetite. Entretanto, não há paixão que seja tão súbita a ponto de servir como desculpa total, uma vez que o tempo entre o conhecimento da lei e a prática do ato deve ser considerado como um tempo de deliberação, pois cada um deve, meditando sobre a lei, corrigir a irregularidade de suas paixões.

No caso em que a lei é lida e interpretada pública e assiduamente, perante o povo inteiro, qualquer ato praticado contra ela é um crime mais grave do que aquele em que os homens não recebem essa instrução, precisando informar-se sobre ela com dificuldades, incertezas e interrupção de seus afazeres, ou com indivíduos particulares. Nesse caso, parte da culpa é atribuída à fragilidade geral, mas, no primeiro, há manifesta negligência, que não deixa de implicar um certo desprezo pelo poder soberano.

Os atos condenados expressamente pela lei, mas que o legislador aprova tacitamente, por meio de outros sinais manifestos de sua vontade, são crimes de menor gravidade que os mesmos atos condenados tanto pela lei como pelo legislador. Já que a vontade do legislador é a lei, aparecem nesse caso duas leis contraditórias, que serviriam de isenção total, se os homens se vissem obrigados a tomar conhecimento da aprovação do soberano por outros argumentos que não os expressos por suas ordens. Como existem castigos consequentes não apenas da transgressão da lei, mas também de sua observância, o soberano, em parte, é causa da transgressão e, portanto, não é razoável que atribua todo o crime ao delinquente. Assim, por exemplo, a lei condena os duelos, sendo sua punição capital. No entanto, quem recusa um duelo fica, irremediavelmente, sujeito ao desprezo e ao escárnio, sendo algumas vezes considerado indigno pelo próprio soberano, quando se trata de um oficial no comando de uma guerra. Assim, se alguém aceitar um duelo, levando em conta que todos os homens, legitimamente, esforçam-se por conquistar uma opinião favorável dos detentores do poder soberano, a razão aconselha a não lhe aplicar um castigo rigoroso, já que parte da culpa pode ser atribuída a quem castiga. Não afirmo isso para liberar vinganças particulares ou qualquer outra forma de desobediência, mas por entender que os governantes devem ter o cuidado de não sancionar obliquamente o que proíbem diretamente. Os exemplos dos príncipes, para quem os veem, foram e serão sempre motivos mais fortes para governar as ações do que as próprias leis. Apesar de ser nosso dever fazer o que eles dizem e não o que fazem, esse dever jamais será cumprido, enquanto não aprouver a Deus dar aos homens uma graça extraordinária e sobrenatural para obedecer a esse preceito.

Os crimes, por outro lado, podem ser comparados pelo malefício de seus efeitos. Primeiramente, quando o mesmo ato redunda no prejuízo de muitos, é muito mais grave do que aquele que causa dano apenas para algumas pessoas. Então, quando um ato é prejudicial não apenas no presente, mas certamente causará danos futuros, é considerado um crime fértil, pois, ao se multiplicar, prejudica a muitos; sendo prejudicial apenas no presente, é considerado um crime estéril. Incentivar doutrinas contrárias à religião estabelecidas pelo Estado é falta mais grave quando cometida por um sacerdote autorizado do que quando cometida por um particular. Também o crime de viver de modo profano e incontinente ou de praticar qualquer espécie de ação de ateísmo é mais grave num mestre em leis, quando este sustenta algum argumento ou pratica algum ato que contribua para o enfraquecimento do poder soberano, do que em qualquer outro homem. Igualmente, no caso de um homem estimado por sua sabedoria, a ponto de fazer que seus conselhos sejam seguidos e seus atos imitados por muitos, se esse homem atenta contra a lei, seu ato será um crime muito mais grave do que o mesmo ato praticado por outrem. Esses homens não apenas cometem crimes, mas os transmitem, como se fossem leis, aos demais. De maneira geral, todos os crimes se tornam ainda mais graves por provocarem escândalo, pois constituem um obstáculo para os mais fracos, que observam menos o caminho que percorrem do que a luz que outros homens carregam à sua frente.

Os atos de hostilidade contra a presente organização do Estado também são considerados crimes mais graves do que atos iguais praticados contra pessoas privadas, pois, no primeiro caso, o prejuízo é geral. Isso ocorre quando são reveladas as forças ou os segredos do Estado a um inimigo, quando são praticados atentados contra o representante do Estado, seja ele um monarca ou uma assembleia, e quando, por qualquer tentativa, palavra ou ato, alguém visa minimizar a autoridade do representante, seja no presente, seja em tempos futuros. Esses crimes eram conhecidos pelos latinos como *crimina laesae majestatis*, e são propósitos ou atos contrários a uma lei fundamental.

Os crimes que invalidam os julgamentos, do mesmo modo, são mais graves do que as injúrias feitas a uma ou mais pessoas. Assim, por exemplo, receber suborno para dar falso testemunho é crime mais grave do que defraudar alguém de qualquer outra forma, numa quantia igual ou maior. Isso porque não erra apenas quem fracassa nesse julgamento, mas todos os julgamentos se tornam inválidos, favorecendo o uso da força e a prática da vingança pessoal.

O roubo e a dilapidação do tesouro público é crime mais grave do que roubar ou defraudar um particular, uma vez que roubar o patrimônio público significa roubar um número elevado de pessoas de uma só vez.

A usurpação fraudulenta de um ministério público e a falsificação de selos públicos ou da moeda nacional são crimes mais graves do que se fazer passar por outra pessoa particular ou falsificar seu selo, pois prejudicam a muitos.

Entre os atos praticados contra pessoas privadas que contrariam a lei, o mais grave é o crime que causa grande dano, de acordo com a opinião comum entre os homens. Portanto:

Matar, transgredindo a lei, constitui crime mais grave do que qualquer outra injúria que preserve vidas.

Matar com tortura é mais grave do que simplesmente matar.

A mutilação de um membro é crime mais grave do que despojar alguém de seus bens.

Despojar alguém de seus bens pelo temor à morte ou a ferimentos é mais grave do que mediante furto clandestino.

O furto clandestino é mais grave que a subtração de uma posse por consentimento fraudulento.

Violar a castidade pela força é mais grave do que por sedução.

Quando alguém viola a castidade de uma mulher casada, trata-se de crime mais grave do que a violação de uma mulher solteira.

De maneira geral, essas coisas são avaliadas dessa forma, embora, diante de igual ofensa, algumas pessoas sejam mais sensíveis e outras menos. A lei, porém, não visa o indivíduo, em particular, mas as inclinações gerais da espécie humana.

A ofensa causada por contumélia, seja por palavras, seja por gestos, cujo único prejuízo é o agravo de quem a recebe, não foi levada em conta nem pelos gregos nem pelos romanos, e nem mesmo por qualquer outro Estado antigo ou moderno, uma vez que a verdadeira causa do agravo não está na contumélia (que não tem efeito sobre pessoas que sabem de sua própria virtude), mas na pusilanimidade daquele que se considera ofendido.

Um crime contra um indivíduo particular se torna mais grave de acordo com a pessoa, tempo e lugar. Matar os próprios pais é um crime mais grave do que matar qualquer outra pessoa, já que o pai merece ser honrado como um soberano, embora tenha cedido seu poder à lei civil, uma vez que esse poder, por natureza, lhe foi delegado originalmente. Roubar um pobre é, também, um crime mais grave do que roubar um rico, levando em conta que o prejuízo afeta mais ao pobre.

O crime cometido em momento e lugar destinado à devoção é maior do que aquele cometido em qualquer outro momento ou lugar, revelando grande desprezo à lei.

Diversos outros casos de agravantes e atenuantes poderiam ser citados, mas, com base nos acima citados, outros crimes não mencionados aqui podem ser classificados.

Finalmente, tendo em vista que em quase todos os crimes existe a injúria, não apenas a cometida contra um particular, mas também contra o Estado, o mesmo crime é chamado crime público, quando a acusação é feita em nome do Estado, e crime privado, quando feita em nome de um particular. Os litígios relativos a esses crimes são chamados públicos, *judicia publica*, ou litígios da coroa, e litígios privados. Se o acusador, num crime de assassinato, é um particular, o litígio é privado; se é o soberano, o litígio é público.

## Capítulo XXVIII
## Das penas e das recompensas

Pena é um dano infligido pela autoridade pública àquele que fez ou omitiu aquilo que, pela mesma autoridade, é julgado transgressão da lei, com a finalidade de que a vontade dos homens fique, desse modo, mais inclinada à obediência.

Antecipando a dedução, seja ela qual for, dessa definição, é necessário responder a uma pergunta de grande importância: por qual porta entra o direito ou a autoridade de punir? Pelo que foi dito anteriormente, ninguém está obrigado, pelo pacto, a abster-se de resistir à violência. Assim, não podemos pretender que alguém dê a outrem qualquer direito de agredir sua pessoa. Quando se estabelece um Estado, cada cidadão renuncia ao direito da defesa alheia, mas não da defesa de si próprio. Além do mais, cada pessoa se obriga a ajudar o soberano quando a questão é punir alguém, desde que não seja ela mesma. Pactuar, porém, essa assistência ao soberano para que este castigue alguém, a menos que quem faz o pacto tenha o direito de aplicar esse castigo, não significa dar ao soberano o direito de punir. Fica assim manifesto que o direito de punir que pertence ao Estado (isto é, àquele ou àqueles que o representam) não tem seu fundamento em qualquer concessão ou dádiva dos súditos. Já demonstramos, anteriormente, que, antes da instituição do Estado, cada um possuía o direito a todas as coisas, fazendo o que considerasse necessário a sua preservação, podendo, com essa finalidade, subjugar, ferir ou matar qualquer um. Esse é o fundamento do direito de punir exercido em todos os Estados. Efetivamente, os súditos não dão ao soberano esse direito, mas, ao despojar--

-se dos seus, robustecem-no para que empregue seu próprio direito naquilo que lhe parece adequado para a preservação de todos. De modo que não foi esse um direito dado, mas tão somente deixado apenas ao soberano, exceto nas situações limite estabelecidas pela lei natural, como na condição de simples natureza ou de guerra de cada um contra seu próximo.

Da definição de pena deduzimos, primeiramente, que nem as vinganças pessoais nem as injúrias de particulares podem propriamente ser classificadas como punição, posto que não procedem da autoridade pública.

Em segundo lugar, não constitui pena o fato de alguém ter sido esquecido ou desfavorecido pela preferência pública, pois isso não causa dano a ninguém; a pessoa apenas fica na mesma situação.

Em terceiro lugar, os danos provocados pela autoridade pública sem a condenação pública anterior não podem ser classificados como penas, mas como atos hostis, já que o fato pelo qual um homem é punido deve ser previamente julgado pela autoridade pública como transgressão da lei.

Em quarto lugar, os danos infligidos pelo poder usurpado ou por juízes não autorizados pelo soberano não são penas, mas atos de hostilidade, pois os atos do poder usurpado não têm como autor a pessoa condenada e, portanto, não são atos de autoridade pública.

Em quinto lugar, qualquer dano infligido sem intenção ou possibilidade de predispor o delinquente, ou outros homens (pelo exemplo), à obediência às leis não é pena, mas ato de hostilidade, pois, sem tal finalidade, nenhum dano pode merecer essa denominação.

Em sexto lugar, mesmo que certas ações impliquem, por natureza, diversas consequências danosas, por exemplo, quando um homem, ao atacar outro, acaba morto ou ferido, ou quando é acometido de doença em consequência da prática de um ato ilegal, esses danos, embora no que diz respeito a Deus, que é o autor da natureza, possam ser considerados infligidos por Ele, constituindo, portanto, penas divinas, não podem ser considerados penas no que diz respeito aos homens, pois não são infligidos pela autoridade deles.

Em sétimo lugar, se o dano infligido for menor do que o benefício da satisfação que, naturalmente, se segue ao crime cometido, esse dano não é abrangido pela definição, sendo mais o preço ou a redenção do que a pena aplicada por um crime. Efetivamente, é consubstancial à pena ter por finalidade a predisposição dos homens a obedecer às leis, fim esse que, sendo menor a pena do que o benefício da transgressão, não é alcançado; antes redundará no efeito contrário.

Em oitavo lugar, se uma pena for determinada e prescrita pela própria lei, e, depois de cometido o crime, for imposta uma penalidade mais dura, o excedente não é pena, mas ato de hostilidade. Tendo em vista que a finalidade das penas não é a vingança, mas infundir o medo, e dado que é tirado o terror de uma pena mais pesada com a declaração de uma mais leve, a adição inesperada não pertence à pena. Quando a lei não determina a pena, qualquer uma que seja infligida tem essa natureza. Aquele que se arrisca a violar uma lei para a qual não foi estabelecida uma pena determinada se expõe a uma penalidade indeterminada, ou seja, arbitrária.

Em nono lugar, os danos infligidos por um ato praticado antes da existência de uma lei que o proibisse não constituem penas, mas atos de hostilidade. Afinal, não é possível transgredir uma lei antes que ela exista, e a pena supõe um ato julgado como transgressão da lei.

Em décimo lugar, os danos infligidos ao representante do Estado são atos de hostilidade, e não penalidades, uma vez que é próprio da natureza das penas serem infligidas pela autoridade pública, que é tão somente a autoridade do próprio representante.

Por último, não podem ser chamados penas os danos infligidos a quem é considerado inimigo, uma vez que este nunca esteve sujeito à lei e, portanto, não poderia tê-la transgredido, ou, tendo permanecido sujeito a ela e declarado não querer mais estar, nega a si mesmo, por conseguinte, a possibilidade de transgredi-la, e todos os danos que vier a sofrer devem ser vistos como atos de hostilidade. Numa situação de hostilidade declarada, é legítimo infligir qualquer espécie de dano. Deduzimos daí que, se um súdito, por atos ou palavras, negar, deliberadamente, a autoridade do representante do Estado (seja qual for a penalidade prevista para a traição), este pode, legalmente, fazê-lo sofrer o dano que bem entender. Negando a sujeição, o súdito negou as penas previstas pela lei, devendo, portanto, ser penalizado como inimigo do Estado, isto é, de acordo com a vontade do representante. As penas não são estabelecidas pela lei para os inimigos, mas para os súditos; se alguém passa a se considerar inimigo, da mesma forma como se tornou súdito por seus próprios atos, ao rebelar-se nega o poder soberano.

As penas estão divididas, primariamente, em divinas e humanas. Sobre as penas divinas falaremos mais adiante, em tempo oportuno.

As penas humanas são aquelas infligidas por determinação dos homens, podendo ser corporais, pecuniárias, consistentes em ignomínia, prisão, exílio ou, ainda, uma mistura de todas estas.

As penas corporais são as infligidas diretamente ao corpo, atendendo aos propósitos de quem as inflige, podendo tomar a forma da flagelação, do ferimento ou da privação dos prazeres corporais que, anteriormente, eram desfrutados legitimamente.

Dessas penas, algumas são capitais, outras menos que capitais. Pena capital é a morte simples ou por tortura. Menos do que capitais são a flagelação, o ferimento, o encarceramento ou quaisquer outras dores corporais que, por sua natureza, não são mortais. Se, quando da aplicação de uma pena, resultar a morte, sem ter sido essa a intenção do responsável por sua execução, tal pena não deve ser considerada capital, mesmo que o dano tenha sido a morte acidental do condenado. Nesse caso, a morte não é infligida, mas precipitada.

As penas pecuniárias consistem na privação de determinada quantia, a ser paga em dinheiro pelo penalizado, além do confisco de terras ou de quaisquer outros bens que geralmente possam ser comprados e vendidos mediante soma em dinheiro. Se a lei que estabelece uma dessas penas for feita com o propósito de tirar dinheiro daqueles que a transgredirem, o dano causado aos transgressores não será propriamente uma pena, mas o preço de um privilégio e de uma isenção da lei, que não proíbe o ato de modo absoluto, mas o proíbe apenas aos que não têm a possibilidade de pagar a soma estipulada. Mas isso não se dá quando se trata do desrespeito de uma lei natural ou de um artigo da religião, pois, nesses casos, a multa não significa uma isenção da lei, mas o pagamento por sua transgressão. Se, por exemplo, for imposta por uma lei multa pecuniária aos que usarem o nome de Deus em vão, o pagamento da multa não equivale ao preço da licença para praguejar, mas trata-se de uma pena aplicada à transgressão de uma lei indispensável. Da mesma forma, se uma lei impuser o pagamento de uma quantia em dinheiro a quem for injuriado, trata-se apenas de uma compensação do dano causado, que não extingue o crime do ofensor, mas tão somente a acusação da parte injuriada.

A ignomínia é a punição com um dano considerado desonroso, ou a privação de um bem considerado honroso, dentro de um Estado. Existem coisas honrosas por natureza, como os efeitos da coragem, da magnanimidade, da força, da sabedoria e outras qualidades do corpo e do espírito. Outras são tornadas honrosas pelo Estado, como as insígnias, os títulos, os cargos e, ainda, quaisquer outros sinais singulares do favor do soberano. As primeiras (das quais podemos ser privados por natureza ou acidente) não nos podem ser subtraídas pela lei; logo, sua perda não constitui uma pena. Já as últimas podem ser tiradas pela autoridade que as tornou honrosas e, nesse caso, são penas propriamente ditas. Essas penas são impostas aos homens degredados, tirando-lhes insígnias, títulos e cargos ou declarando-os indignos de seu uso no futuro.

A prisão se dá quando a autoridade pública priva alguém da liberdade, e pode ser imposta tendo em vista dois fins diferentes: um é a custódia segura do acusado; o outro, a aplicação de uma penalidade ao condenado. No primeiro caso, a prisão não é uma pena, pois ninguém pode ser aprisionado antes de ser judicialmente ouvido e declarado culpado. Assim, qualquer dano infligido a um homem, por prisão ou confinamento, antes de sua causa ser ouvida, quando não se tratar de custódia, contraria a lei natural. No segundo caso, é uma pena, pois é um dano infligido pela autoridade pública, em vista daquilo que foi julgado, por essa autoridade, como transgressão da lei. A palavra prisão significa a restrição de movimentos causada por um obstáculo exterior. A prisão pode ser feita numa casa, a que se dá o nome comum de prisão, numa ilha, onde os prisioneiros ficam confinados, sem poder manter contato com as pessoas do continente, ou, ainda, num local em que as pessoas são submetidas a trabalhos forçados, como quando, no passado, as pessoas eram condenadas a trabalhar em pedreiras ou nas galés, acorrentadas ou com qualquer outro impedimento da movimentação normal.

O exílio (banimento) é a punição pela qual alguém, que cometeu um crime, é condenado a sair dos domínios do Estado, durante um tempo determinado ou mesmo para sempre. Por sua natureza, não parece ser uma pena, mas uma fuga, ou uma ordem pública para, por meio da fuga, evitar a aplicação da pena. Cícero achava que o banimento significava um refúgio para quem estivesse em perigo, e dizia que essa pena nunca foi aplicada na cidade de Roma. Quando alguém é banido, mas, apesar disso, é autorizado a desfrutar de seus bens e do rendimento de suas terras, a simples mudança de ares não constitui uma penalidade, nem contribui para o benefício do Estado, motivo pelo qual todas as penas são ditadas (para que a vontade dos homens esteja em conformidade com o que determina a lei). Muitas vezes o exílio chega mesmo a constituir um prejuízo para o Estado, pois o homem banido é um inimigo legítimo do Estado que o baniu, não sendo mais seu membro. Se o condenado ao exílio for privado de suas terras ou bens, a pena não consiste apenas no banimento, passando a ser contada entre as penas pecuniárias.

As penas aplicadas a súditos inocentes, sejam elas grandes ou pequenas, contrariam a lei natural, uma vez que uma pena só deve ser aplicada quando há transgressão da lei. Assim, os inocentes não podem ser penalizados, em primeiro lugar, por ser tal penalização uma violação da lei natural que proíbe a todos os homens, em suas vinganças, visar algo que não seja o bem futuro; ademais, nenhum bem pode também resultar disso para o Estado. É também, em segundo lugar, uma violação da lei natural que proíbe a ingratidão: todo poder soberano é, originalmente, consentido por cada um dos súditos, a fim de serem por ele protegidos; enquanto os súditos se mantiverem obedientes, a punição de um inocente equivale a pagar um bem com um mal. Em terceiro lugar, a punição de inocentes contraria a lei natural que ordena a equidade, que significa a distribuição equitativa da justiça: quando um inocente é castigado, essa lei deixa de ser respeitada.

Entretanto, não constitui nenhum desrespeito à lei natural infligir qualquer dano a um inocente que não seja súdito, se for para benefício do Estado, e isso se dá sem violação de nenhum pacto anterior, pois os homens que não são súditos são inimigos ou deixaram de ser súditos em consequência de algum pacto anterior. Assim, é legítimo fazer guerra contra os inimigos que possam vir a causar dano ao Estado, em razão do direito natural original; nessa situação, a espada não discrimina, nem o vencedor faz distinção entre o elemento culpado e o inocente, como acontecia nos tempos antigos, nem tem outra consideração de graça, a não ser a que conduz ao bem do próprio povo. Com base nesse fundamento, no caso dos súditos que deliberadamente negam a autoridade do Estado, a vingança se estende, legitimamente, não apenas aos pais, mas também à terceira e quarta gerações ainda não existentes, que consequentemente são inocentes do ato pelo qual serão punidas. A natureza dessa ofensa consiste na renúncia à subordinação, que é um regresso à condição de guerra conhecida vulgarmente por rebelião. Os que praticam essa ofensa não sofrem penalidades como súditos, mas como inimigos, pois a rebelião nada mais é que uma guerra renovada.

A recompensa se verifica mediante a dádiva ou o contrato. Quando é por contrato, denomina-se salário ou ordenado, benefício devido por serviços prestados ou prometidos. Quando é por dádiva, é um benefício resultante da graça de quem o confere, visando estimular ou capacitar alguém para prestar melhores serviços. Aquele que recebe um salário, estipulado pelo soberano de um Estado para qualquer cargo público, é obrigado em justiça a desempenhar seu cargo; caso contrário, fica obrigado, só pela honra, a reconhecer e a esforçar-se por retribuir. Embora os homens não tenham saída legal quando recebem ordens de abandonar seus negócios pessoais para desempenhar funções públicas, sem recompensa ou salário, não são obrigados a isso nem pela lei natural nem pela instituição do Estado, a menos que o serviço em questão não possa ser realizado de outra forma. Desde que a esses homens seja reconhecido o mesmo direito que ao mais ínfimo soldado, podendo reclamar como uma dívida o pagamento dos serviços prestados, o soberano pode fazer uso de toda a sua capacidade.

Não são propriamente recompensas os benefícios que um soberano outorga a um súdito diante do receio de certo poder ou aptidão que o súdito tenha para lesar o Estado. Não se trata de salário, uma vez que não devemos supor nesse caso a existência de contrato, pois cada um já se encontra obrigado a não causar prejuízos ao Estado. Também não são graças, porque são extorquidas pelo medo, que nunca deveria afetar o poder soberano. São, portanto, sacrifícios feitos pelo soberano (considerado em sua pessoa natural, e não na pessoa do Estado) com o fim de aplacar o descontentamento de quem ele considera mais poderoso que ele próprio. Esse benefícios não estimulam a obediência; pelo contrário, incitam a continuidade e intensificação de extorsões futuras.

Alguns salários são seguros, como os determinados e provenientes do tesouro público, enquanto outros, provenientes da execução do cargo para o qual o salário foi estipulado, são incertos ou ocasionais. Em alguns casos, estes últimos são nocivos para o Estado, como é o caso da judicatura. Com efeito, quando o benefício dos juízes e ministros dos tribunais de justiça é resultante do número de causas sob sua responsabilidade, surgem, necessariamente, dois inconvenientes. Um é a multiplicação dos processos, pois, quanto maior o número, maior o benefício. O outro deriva do primeiro, e trata-se da competição acerca da jurisdição, pois cada tribunal procura atribuir-se o julgamento do maior número possível de processos. Esses inconvenientes não se registram nos cargos executivos, pois o lucro não pode ser aumentado em razão de um maior esforço. Isso é suficiente no que concerne à natureza das penas e das recompensas, que podem ser comparadas aos nervos e tendões que movem os membros e as juntas de um Estado.

Desse modo, determinei a natureza do homem (compelido a se submeter ao governo pelo orgulho e por outras paixões) e, ao mesmo tempo, o grande poder de seu governante, comparado ao Leviatã. Extraí essa comparação dos dois últimos versículos do capítulo 41 de Jó, nos quais Deus, após ter estabelecido o grande poder do Leviatã, chamou-o rei dos soberbos. "Nada há na terra", disse Deus, "que se possa comparar a ele. Foi criado para nunca sentir medo. Ele vê, abaixo dele, todas as coisas altas, e é o rei de todos os filhos da soberba". Entretanto, sendo mortal e sujeito a perecer, da mesma maneira que todas as outras criaturas terrenas, e dado que estão no céu, e não na terra, o motivo de seu temor e as leis a que deve obediência, discorrerei no capítulo seguinte sobre suas doenças e as causas de sua mortalidade, e direi a que leis naturais o Leviatã está obrigado a obedecer.

## Capítulo XXIX
### Das coisas que enfraquecem um Estado ou levam a sua dissolução

Embora nada do que é feito pelos mortais possa ser imortal, os homens, se usassem a razão como pretendem, poderiam, pelo menos, fazer que seus Estados fossem assegurados, definitivamente, contra o perigo de perecer por males internos. Pela natureza de sua instituição, os Estados estão destinados a viver tanto tempo quanto o gênero humano ou a lei natural, ou, ainda, tanto quanto a própria justiça, que lhes dá vida. Assim, quando são dissolvidos, não pela violência externa, mas por desordem intestina, a falta não está nos homens, como matéria, mas nos homens enquanto modeladores e organizadores do Estado. Quando os homens se aborrecem com as mútuas irregularidades, desejam, de todo o coração, aproximar-se e permanecer dentro de um edifício sólido e duradouro, tanto pela necessidade da arte de fazer leis adequadas que venham a nortear suas ações, quanto por sua humildade e paciência para suportar a supressão dos rudes e ásperos aspectos de sua presente grandeza; mas não conseguem, sem a ajuda de um arquiteto muito hábil, reunir-se, a não ser num edifício defeituoso, que, pesando consideravelmente em sua própria época, cairá, sem que nada possa ser feito, sobre as cabeças de sua posteridade.

Entre as enfermidades de um Estado se incluem, primeiramente, as originadas de uma instituição imperfeita, que se assemelham às doenças de um corpo natural de procriação defeituosa.

Uma delas é: para obter um reino, um homem contenta-se, muitas vezes, com menos poder do que é necessário à paz e à defesa do Estado. Sucede que, quando o exercício do poder outorgado tem de ser recuperado para a salvação pública, isso aparenta ser um ato injusto, que (quando a ocasião se apresenta) predispõe muitos homens à rebeldia. Tal como os corpos das crianças concebidas por pais enfermos estão sujeitos, quer a uma morte precoce, quer a purgar a má qualidade resultante de sua concepção viciosa por meio de cálculos e pústulas, da mesma forma, quando os reis negam a si mesmos parte do poder tão necessário de que dispõem, nem sempre é (embora algumas vezes seja) por ignorância daquilo que é substancial ao cargo que ocupam, mas pela esperança de recuperarem essa parte do poder quando lhes aprouver. Sem dúvida, não raciocinam corretamente, pois os que antes mantinham tais reis no poder podem vir a ser protegidos contra eles pelos Estados estrangeiros, que, considerando o bem de seus súditos, não perderão a ocasião de enfraquecer o domínio de seus vizinhos. Thomas Becket, arcebispo de Canterbury, foi dessa forma apoiado pelo papa contra Henrique II, pois a subordinação dos eclesiásticos ao Estado foi dispensada por Guilherme, o Conquistador, no momento de sua proclamação, ao prometer não infringir a liberdade da Igreja. Assim também os barões cujo poder foi elevado a um grau incompatível com o poder soberano por Guilherme Rufo (a fim de obter a ajuda deles na sucessão de seu irmão primogênito) foram ajudados pelos franceses em sua rebelião contra o rei João.

Isso não se dá apenas nas monarquias. Enquanto a fórmula do antigo Estado romano era "O Senado e o povo de Roma", nem o Senado nem o povo aspiravam à totalidade do poder; isso causou, primeiro, as sedições de Tibério Graco, Caio Graco, Lúcio Saturnino e outros e, mais tarde, as guerras entre o Senado e o povo, no tempo de Mário e Sila, e novamente no tempo de Pompeu e César, até a extinção de sua democracia e a instalação da monarquia.

O povo de Atenas estava unido por uma só ação, que consistia em que ninguém, sob pena de morte, poderia propor o reinício da guerra pela ilha de Salamina; contudo, por essa razão, se Sólon não tivesse dado motivos para que o considerassem louco e, mais tarde, com os gestos e as vestimentas de um louco e, em verso, não tivesse proposto a guerra ao povo ao seu redor, teriam tido de suportar um inimigo, perpetuamente em pé de guerra, às portas de sua cidade. Todos os Estados que têm seu poder limitado, mesmo que seja um pouco, estão sujeitos a tais danos ou expedientes.

Em segundo lugar, examinarei as doenças de um Estado derivadas do veneno das doutrinas sediciosas, uma das quais é a seguinte: todo homem, em particular, é juiz de suas boas e más ações. Isso é verdade na condição de mera natureza, quando não há leis civis, e, também sob o governo civil, nos casos em que tais ações não estão determinadas pela lei. Não sendo assim, é evidente que a medida das boas e más ações é a lei civil, e o juiz, o legislador, que sempre representa o Estado. Por essa falsa doutrina, os homens adquirem a tendência para debater entre si e discordar das ordens do Estado, para, depois, obedecê-las ou desobedecê-las conforme acharem conveniente em seus juízos particulares. Assim, o Estado é perturbado e enfraquecido.

Outra doutrina incompatível com a sociedade civil é: qualquer coisa que um homem faça contra sua consciência é um pecado e deriva da presunção de cada um de se eleger juiz do bem e do mal. A consciência e o juízo de um homem são a mesma coisa, de forma que, como o juízo, a consciência também pode ser errônea. Portanto, embora aquele que não está sujeito à lei civil peque em tudo o que fizer contra sua consciência, porque não possui nenhuma outra regra a não ser a própria razão, o mesmo não ocorre com aquele que vive num Estado, pois a lei é a consciência pública, mediante a qual propôs-se ser guiado. Essa diversidade de consciências particulares, que não passam de opiniões particulares, provocará uma confusão no Estado, e ninguém se preocupará em obedecer o poder soberano além do que parece estar ao alcance de sua visão.

Tem sido frequentemente ensinado que a fé e a santidade não são alcançadas mediante estudos e pela razão, mas, sim, por infusão ou inspiração sobrenatural. Aceitando isso, não é possível entender por que alguém deveria justificar sua fé ou por que cada cristão não deveria ser, também, profeta ou, ainda, por que um homem deveria seguir, como regra de ação, a lei de seu país, em vez de sua própria inspiração. E assim caímos outra vez no erro de atribuir a nós mesmos o julgamento do bem e do mal, ou de instituir como juízes indivíduos particulares que se dizem inspirados pelo sobrenatural, para provocar a dissolução de todo o governo civil. A fé vem pelo ouvido, ouvindo os acidentes que nos guiam à presença daqueles que nos falam, acidentes que são criados pela onipotência divina; contudo, não são sobrenaturais, mas apenas inobserváveis para a maioria daqueles que concorrem a cada efeito. Apesar de não serem muito frequentes, a fé e a santidade não são milagres, mas antes provocadas pela educação, pela disciplina, pela correção e por outros meios naturais, mediante os quais Deus age sobre Seu eleito, no momento que julgar adequado. Essas três opiniões, perniciosas à paz e ao governo, têm, nesta parte do mundo, se originado, principalmente, das palavras e dos escritos de teólogos ignorantes, que, juntando as palavras das Sagradas Escrituras de uma maneira diversa da comandada pela razão, fazem de tudo para convencer os homens de que a santidade e a razão natural não podem coexistir.

Uma quarta opinião, incompatível com a natureza do Estado, é: o detentor do poder soberano está sujeito às leis civis. É certo que todos os soberanos estão sujeitos às leis naturais, pois todas são divinas e não podem ser revogadas por nenhum homem ou Estado. Mas o soberano não está sujeito às leis formuladas por ele próprio, ou seja, pelo Estado. Pois estar sujeito a leis significa estar sujeito ao Estado, isto é, ao representante soberano, quer dizer, a si próprio, o que não é sujeição, mas liberdade em relação às leis. Esse erro, que põe as leis acima do soberano, estabelece também um juiz acima dele, com poder para puni-lo, o que equivale a instituir um novo soberano e, pela mesma razão, um terceiro para punir o segundo, e assim sucessiva e infinitamente, até que se forme uma grande confusão, que provoca a dissolução do Estado.

A quinta doutrina que pode dissolver o Estado é: todo indivíduo particular tem propriedade absoluta de seus bens, a ponto de excluir o direito do soberano. Todo homem, na verdade, tem uma propriedade que exclui o direito de qualquer outro súdito, e a tem em razão do poder soberano, sem cuja proteção qualquer outro homem teria igual direito a ela. Mas, se o direito do soberano for também excluído, ele não poderá cumprir a missão que lhe foi destinada, e que consiste em defender os súditos tanto dos inimigos externos como dos ataques mútuos; consequentemente, o Estado deixará de existir.

Se a propriedade dos súditos não exclui o direito do soberano representante a seus bens, muito menos o exclui em relação aos cargos de judicatura ou de execução, nos quais os súditos representam o próprio soberano.

Uma sexta doutrina, aberta e diretamente contrária à essência do Estado, é a seguinte; o poder soberano pode ser dividido. Em que consiste dividir o poder de um Estado, senão em dissolvê-lo, uma vez que os poderes divididos destroem-se uns aos outros? Por essas doutrinas, os homens apoiam-se, principalmente, naqueles que, fazendo das leis sua profissão, tentam torná-las dependentes de seu próprio saber e não do poder legislativo.

Da mesma forma que as falsas doutrinas, muitas vezes também o exemplo de governos diferentes, em nações vizinhas, predispõe os homens à alteração da forma já estabelecida. Assim, o povo judeu foi levado a rejeitar Deus e a pedir ao profeta Samuel um rei à maneira das outras nações; igualmente, as cidades menores da Grécia foram perturbadas, continuamente, por sedições das facções aristocrática e democrática, desejando uma parte dos Estados imitar os lacedemônios e a outra, os atenienses. Não resta dúvida de que muitos homens ficaram felizes diante das recentes perturbações na Inglaterra, à imitação dos Países Baixos. Supunham que nada mais precisavam para se tornar ricos, senão mudar, como os vizinhos tinham feito, a forma de seu governo, pois, por sua constituição, a natureza humana está sujeita ao desejo de novidade. Assim, quando os homens são estimulados pela proximidade daqueles que enriquecem por esses meios, é quase impossível não ficarem de acordo com aqueles que os solicitam para a mudança, e não gostarem dos primeiros princípios, embora lhes desagrade a continuidade das desordens; sua atitude é semelhante a dos sarnentos, que começam por se coçar e acabam por se arranhar com as próprias unhas, por não suportarem mais o ardor.

Uma das causas mais frequentes da rebelião contra a monarquia é a leitura de livros sobre política e história de autoria dos antigos escritores gregos e romanos. Os jovens, e todos aqueles que não possuem o antídoto de uma sólida razão, recebem, por meio de sua leitura, uma forte e agradável impressão das grandes façanhas de guerra praticadas pelos condutores dos exércitos. Forma-se, assim, uma ideia agradável de tudo o que fizeram, e as pessoas imaginam que a grande prosperidade desses povos não procedeu da emulação de indivíduos particulares, mas da virtude da sua forma de governo popular; entretanto, não consideram as frequentes sedições e guerras civis provocadas pela imperfeição de sua política. Com base no exemplo extraído de tais leituras, os homens decidiram matar seus reis, pois os autores gregos e latinos, em seus livros e discursos de política, consideravam legítimo e louvável fazê-lo, desde que antes de matá-lo o considerassem tirano. Não diziam ser um regicídio, isto é, o assassinato de um rei, mas, sim, um tiranicídio, assegurando ser tal ato legítimo. Lendo os mesmos livros, aqueles que vivem numa monarquia desenvolvem a opinião de que os súditos de um Estado popular gozam de liberdade, enquanto, numa monarquia, os súditos não passam de escravos. Ou seja, os que vivem sob um regime monárquico têm essa opinião, mas não os que vivem sob um regime popular, que não se reconhecem nisso. É impossível imaginar coisa mais prejudicial a uma monarquia que a permissão de que tais livros sejam lidos em público, na ausência de mestres sensatos capazes de fazer correções, tirando-lhes o veneno; veneno esse que não hesito em comparar à mordida de um cão raivoso, que provoca uma doença denominada pelos médicos hidrofobia, ou medo da água. Quem é mordido por um cão raivoso passa a viver constantemente atormentado pela sede e, contudo, não pode ver água; e fica nesse estado como se o veneno tivesse conseguido transformá-lo num cão. Da mesma maneira, quando uma monarquia é mordida profundamente pelos autores democráticos que rosnam, sem parar, em suas terras, ela necessita apenas de um monarca forte; entretanto, quando este surge, é detestado em razão de uma certa tiranofobia, ou medo de ser governado pela força.

Assim, da mesma forma como houve doutores que sustentaram que há três espíritos no homem, também há aqueles que pensam poder existir mais de um espírito (isto é, mais de um soberano) num Estado, e que levantam a supremacia contra a soberania, os cânones contra as leis, e a autoridade espiritual contra a autoridade civil, atuando sobre o espírito dos homens com palavras e distinções que em si nada significam, mas que mostram (por sua obscuridade) que surge das sombras (invisivelmente, como alguns pensam) um novo reinado, como se fosse um reino fantástico. Ora, dado ser manifesto que o poder civil e o poder do Estado são a mesma coisa, e que a supremacia e o poder de fazer cânones e conceder faculdades implica um Estado, segue-se daí que, onde um é soberano, o outro é supremo, onde um pode fazer leis, o outro pode fazer cânones, sendo necessário que existam dois Estados para os mesmos súditos; assim, o reino fica dividido e não pode subsistir. Apesar da distinção insignificante entre temporal e espiritual, continuam a existir dois reinos, e cada súdito fica sujeito a dois senhores. Uma vez que o poder eclesiástico assume o direito de declarar o que é pecado, aspira, por consequência, ao direito de declarar o que é lei (o pecado não é outra coisa senão a transgressão da lei); por sua vez, o poder civil, assumindo o direito de declarar o que é lei, obriga os súditos a obedecerem a dois senhores, ambos querendo ver suas ordens cumpridas como leis, o que é impossível. Ora, se há apenas um reino, é preciso que se dê uma destas duas coisas: ou o poder civil, que é o poder do Estado, subordina-se ao espiritual, e então não existe outra soberania a não ser a espiritual, ou o poder espiritual se subordina ao temporal, e então não existe outra supremacia, senão a temporal. Quando, portanto, esses dois poderes se opõem um ao outro, o Estado só pode estar em grande perigo de guerra civil e de dissolução. Sendo o poder civil mais visível e submetido à mais clara luz da razão natural, não pode escolher outra saída senão atrair uma considerável parte do povo; embora o poder espiritual esteja envolto pela obscuridade das distinções escolásticas e de palavras enérgicas, quando o receio das trevas e dos espíritos é maior do que outros temores, não pode deixar de congraçar a outra parte à desordem e, muitas vezes, à destruição de um Estado. Essa é uma doença que, muito propriamente, pode ser comparada, no corpo natural, à epilepsia, ou a doença do desmaio (que os judeus consideravam uma espécie de possessão pelos espíritos). Assim, tal como nessa doença há um espírito que não é natural, um turbilhão na cabeça, que obstrui as raízes dos nervos e, agitando-os violentamente, elimina o impulso que normalmente teriam pelo poder do espírito sobre o cérebro e, em consequência, causa movimentos violentos e irregulares (que os homens chamam convulsões) em vários membros, a ponto de quem é acometido por essa afecção cair algumas vezes na água, outras, no fogo, como se estivesse destituído de seus sentidos, da mesma forma, no corpo político, quando o poder espiritual agita os membros de um Estado mediante o terror dos castigos e a esperança de recompensas (que são seus nervos), e não mediante o poder civil (que é o espírito do Estado), que é a maneira pela qual deveriam ser movidos, e, por meio de palavras estranhas e difíceis, sufoca seu entendimento, necessariamente transtorna o povo e sufoca o Estado com a opressão ou, ainda, lança-o no fogo de uma guerra civil.

No governo meramente civil, pode haver mais do que um espírito, por exemplo, quando o poder de arrecadar impostos (que é a faculdade nutritiva) depende de uma assembleia geral, o poder de conduzir e comandar (que é a faculdade motora) depende de um só homem e o poder de fazer leis (que é a faculdade racional) depende do consentimento acidental, não apenas desses dois elementos, mas, também, de um terceiro. Isso põe o Estado em risco, algumas vezes por falta de respeito às boas leis, mas, na maioria das vezes, por falta do alimento necessário à vida e ao movimento. Com efeito, embora poucos percebam que tal governo não é governo, mas divisão do Estado em três facções, e o chamem monarquia mista, a verdade é que não se trata de um Estado independente, mas de três facções independentes, nem de uma pessoa representativa, mas de três. No Reino de Deus pode haver três pessoas independentes, sem quebra da unidade do Deus que reina, mas, quando são os homens que reinam e estão sujeitos à diversidade de opiniões, isso não acontece. Portanto, se o rei representa a pessoa do povo e a assembleia geral também representa a pessoa do povo, e uma outra assembleia representa a pessoa de uma parte do povo, não existe, na realidade, uma pessoa ou um soberano, mas três pessoas e três soberanos.

Ignoro com qual enfermidade do corpo natural poderia comparar, com exatidão, essa irregularidade de um Estado. Certa vez, vi um homem ligado a outro por um de seus lados, mas ambos possuíam cabeça, braço, tronco e estômago próprios: se houvesse outro homem ligado ao lado oposto, a comparação poderia ser perfeita.

Tenho-me referido, até agora, às doenças do Estado que representam um perigo maior e mais premente. Existem outras, não tão graves, mas que também merecem ser observadas, como, em especial, a dificuldade de conseguir verba para os gastos necessários do Estado às vésperas de uma guerra. Essa dificuldade deriva da opinião de cada súdito a respeito de suas propriedades em terras e outros bens, sobre as quais é excluído o direito de uso do soberano. Disso concluímos que o poder soberano, que prevê as necessidades e perigos do Estado, vendo obstruída, pela teimosia do povo, a transferência de dinheiro para o tesouro público, quando deveria fortificar-se para enfrentar e evitar tais perigos já em seu início, limita-se o quanto possível, mas, quando já não pode fazê-lo, luta contra o povo por meio dos estratagemas da lei, a fim de obter pequenas somas, que, não sendo suficientes, levam-no, finalmente, a abrir caminho com violência para seu abastecimento necessário, sem o qual o Estado perecerá. Sendo levado muitas vezes a esses extremos, consegue por fim conduzir o povo à atitude que lhe é adequada; do contrário, o Estado estaria condenado a perecer. Assim, poderíamos comparar essa alteração a uma febre intermitente, mediante a qual as partes carnosas ficam congeladas, por matéria peçonhenta, e obstruídas as veias, que, por seu curso natural, desembocando no coração, não são (como deveriam ser) supridas pelas artérias: primeiro, verifica-se uma contração fria e um tremor dos membros e, depois, um esforço violento e forte do coração, a fim de forçar a passagem do sangue, contentando-se, antes de conseguir fazê-lo, com os pequenos alívios proporcionados pela refrigeração ocasional, durante certo tempo, até que (se a natureza for suficientemente forte) vença, finalmente, a resistência das partes obstruídas, dissipando o veneno em suor; do contrário (se a natureza for demasiado fraca), o doente morre.

Pode existir, algumas vezes, no Estado, uma doença semelhante à pleurisia, quando o tesouro do Estado, saindo de seu curso normal, concentra-se demasiadamente num ou em vários indivíduos particulares, por meio de monopólios ou de contratos de rendas públicas, da mesma maneira como se dá com o sangue nessa doença, que, alcançando a membrana do tórax, causa-lhe uma inflamação, acompanhada de febre e dolorosas pontadas.

A popularidade de um súdito poderoso (a menos que o Estado tenha uma firme garantia de sua fidelidade) também representa uma doença perigosa, pois o povo (que deveria receber o estímulo motor da autoridade do soberano), pela adulação e pelo respeito à reputação de um homem ambicioso, é desviado de sua obediência às leis, seguindo a alguém cujas virtudes e desígnios desconhece. Normalmente, esse perigo é maior num governo popular do que numa monarquia, porque o exército é tão forte e numeroso que se torna fácil acreditar que ele é o povo. Foi por esse meio que Júlio César, que foi apoiado pelo povo para erguer sua voz contra o Senado, tendo conquistado a lealdade do seu exército, tornou-se senhor tanto do Senado como do povo. Tal procedimento de homens populares e ambiciosos é considerado pura rebelião, e pode ser comparado aos efeitos da feitiçaria.

A incomensurável grandeza de uma cidade é outra das enfermidades do Estado, se essa cidade for capaz de fornecer, sozinha, os contingentes e os recursos para um grande exército. Constitui também enfermidade o elevado número de corporações, pois estas são como Estados menores no seio de outro maior, como vermes nas entranhas do homem natural. Outra doença é a liberdade concedida a aspirantes ao julgamento político de disputar contra o poder absoluto; tais aspirantes, embora em sua maioria alimentados com as fezes do povo, animados por falsas doutrinas, debatem-se constantemente contra as leis fundamentais, e perturbam o Estado, como os pequenos vermes que os médicos denominam ascarídeos.

Podemos acrescentar, ainda, o apetite insaciável pela extensão dos domínios, ou bulimia, com os ferimentos incuráveis muitas vezes recebidos do inimigo; e os tumores das conquistas caóticas, que constituem, muitas vezes, uma carga mais perigosa do que a própria derrota; e, ainda, a letargia do ócio e a consumpção com revoltas e despesas inúteis.

Por último, se o inimigo obtém a vitória final numa guerra externa ou intestina, resultando daí a desproteção dos súditos leais (pelo fato de as forças do Estado não conseguirem manter sua posição por mais tempo), o Estado é dissolvido e todo homem passa a ter a liberdade de se proteger pelos meios que sua prudência lhe sugerir. Sendo o soberano o espírito público, que dá vida e movimento ao Estado, expirando este os membros deixam de ser governados por ele, tal como acontece com o esqueleto de um homem, quando sua alma (embora imortal) o abandonou. Mesmo que o direito de um monarca soberano não possa ser extinto por um ato alheio, a obrigação dos membros o pode, pois quem necessita de proteção deve procurá-la em qualquer lugar e, quando a obtém, fica obrigado (sem a pretensão fraudulenta de ter-se submetido por medo) a assegurar sua proteção enquanto for capaz. Uma vez suprimido o poder de uma assembleia, o direito desaparece, pois a própria assembleia é extinta e, consequentemente, deixa de existir a possibilidade de retorno à soberania.

## Capítulo XXX
### Da missão do representante soberano

A missão do soberano (seja ele um monarca ou uma assembleia) consiste no fim para o qual foi investido com o soberano poder, que não é outro senão o de obter a segurança do povo; a isso está ele obrigado pela lei natural, como também a prestar contas a Deus, o autor dessa lei, e a mais ninguém além dele. Por segurança não devemos entender apenas a simples preservação, mas também todos os outros prazeres da vida que o homem pode adquirir para si mesmo por meio de uma atividade legítima, sem perigo nem dano para o Estado.

A segurança do povo não deve ser obtida mediante um cuidado com os súditos individualmente, no sentido de defendê-los contra as ofensas sempre que eles se queixam, mas por meio de uma providência geral, contida em instrução pública, quer de doutrina quer de exemplo, e da elaboração e execução de boas leis, que os indivíduos possam aplicar em seus casos peculiares.

Sendo que, quando são suprimidos os direitos essenciais da soberania (anteriormente especificados, no capítulo XVIII), o Estado fica por isso dissolvido, e cada homem volta à calamitosa situação de guerra contra todos os outros homens (que é o maior mal que pode acontecer nesta vida), compete ao soberano manter esses direitos em sua integridade. Consequentemente, é contrário a seu dever, em primeiro lugar, transferir a outro ou tirar de si mesmo qualquer desses direitos. Pois quem renuncia aos meios renuncia aos fins; e renuncia aos meios alguém que, sendo soberano, reconhece sua sujeição às leis civis, renunciando ao poder da suprema judicatura ou ao poder de promover a paz e a guerra por sua autoridade, de julgar as necessidades do Estado, de recolher dinheiro e aumentar o número de soldados quando considerar necessário, de nomear funcionários e ministros, quer na guerra, quer na paz, de nomear professores e de examinar que doutrinas estão em conformidade ou são contrárias à defesa, à paz e ao bem do povo. Em segundo lugar, contraria o dever do soberano deixar o povo em total ignorância ou mal informado dos fundamentos e razões de seus direitos essenciais, pois, dessa forma, os homens são facilmente seduzidos e levados a resistir ao Estado, quando este precisar de sua cooperação e ajuda.

Quanto aos fundamentos desses direitos, é necessário que sejam ensinados de forma diligente e verdadeira, pois não podem ser mantidos por nenhuma lei civil ou pelo terror de uma punição legal. Uma lei civil que proíba a rebelião (e é nisso que consiste toda e qualquer resistência aos direitos essenciais da soberania) não é (enquanto lei civil) nenhuma obrigação, a não ser em virtude da lei natural que proíbe a violação do juramento; não sendo conhecida pelos homens tal obrigação natural, estes não podem reconhecer o direito de nenhuma lei elaborada pelo soberano. Quanto à punição, encaram-na apenas como um ato de hostilidade, que tentarão evitar, quando julgarem ter força suficiente para tanto, mediante outros atos de hostilidade.

Tal como alguns julgam que a justiça não passa de uma palavra sem substância, e que tudo quanto um homem possa por sua força ou capacidade adquirir para si (não apenas em situação de guerra, mas também num Estado) lhe pertence, o que já mostrei ser falso, igualmente existem aqueles que defendem a inexistência de fundamentos ou princípios racionais que apoiem os direitos essenciais que tornam absoluta a soberania. Dizem eles que, se tais fundamentos existissem, teriam sido descobertos em algum lugar; entretanto, até agora, em nenhum Estado foram reconhecidos ou discutidos esses direitos. Com isso empregam um argumento tão equivocado como se os selvagens da América negassem a existência de fundamentos ou princípios de razão para construir uma casa que durasse tanto quanto os materiais empregados, uma vez que tal casa nunca foi antes tão bem construída. O tempo e a inventividade produzem a cada dia novos conhecimentos; assim, tal como a arte de bem construir deriva de princípios racionais observados por homens industriosos que estudaram com afinco a natureza dos materiais e os diversos efeitos de figura e proporção, muito tempo depois que a humanidade começou a construir pobremente, do mesmo modo, muito tempo depois que os homens começaram a constituir Estados, imperfeitos e suscetíveis de submergirem em desordem, podem ser descobertos, mediante uma industriosa meditação, princípios racionais que levem a tornar duradoura sua constituição (excetuada a hipótese de violência externa). Esses são os princípios cuja análise me interessou neste trabalho. Hoje, preocupo-me muito pouco em saber se tais princípios foram ou não vislumbrados por aqueles que têm o poder para utilizá-los, ou se foram ou não desprezados por eles. Supondo que esses meus princípios não sejam racionais, tenho, contudo, a certeza de que são princípios tirados da autoridade das Escrituras, como mostrarei quando falar do reinado de Deus, administrado por Moisés, sobre os judeus, Seu povo dileto, mediante uma aliança.

Embora os princípios possam estar corretos, o povo vulgar não tem capacidade suficiente para entendê-los. O ideal seria que os súditos ricos e poderosos de um reino, ou aqueles considerados mais instruídos, fossem menos incapazes que o povo. Entretanto, todos sabem que as oposições a esse tipo de doutrina resultam não tanto da dificuldade do assunto, mas, sim, dos interesses daqueles que devem aprendê-la. Os homens poderosos dificilmente digerem algo que estabeleça um poder capaz de limitar seus desejos, e os homens instruídos, algo que descubra seus erros, diminuindo, por conseguinte, sua autoridade; a compreensão das pessoas vulgares, a menos que não esteja obscurecida pela submissão aos poderosos ou confundida pela opinião de seus doutores, é como um papel em branco, apto a receber qualquer coisa que a autoridade desejar nele imprimir. Serão nações inteiras levadas a aquiescer aos grandes mistérios da religião cristã, que estão acima da razão? Serão milhões de homens levados a acreditar que o mesmo corpo pode estar em vários lugares ao mesmo tempo, o que é contrário à razão? E não serão capazes os homens de, mediante seu ensino e pregação, e sob a proteção da lei, levar os outros a aceitarem o que está de acordo com a razão, de modo que qualquer homem sem preconceitos nada mais precise para aprendê-lo senão ouvi-lo? Portanto, para a instrução do povo acerca dos direitos essenciais da soberania (que são as leis naturais e fundamentais), não existe nenhuma dificuldade, enquanto o soberano dispuser de seu poder completo, exceto a que resulta dos próprios erros do soberano ou dos erros daqueles a quem confia a administração do Estado; por conseguinte, é dever do soberano contribuir para que o povo seja assim instruído, e não apenas dever, mas também garantia de segurança e proveito, evitando o perigo que uma rebelião significa para sua pessoa natural.

Descendo até os pormenores, é preciso ensinar ao povo, em primeiro lugar, que ele não se deve apaixonar por nenhuma das formas de governo das nações vizinhas, nem desejar nenhuma mudança (seja qual for a prosperidade que observe em nações governadas de forma diferente da sua). A prosperidade de um povo governado por uma assembleia aristocrática ou democrática não procede nem da aristocracia nem da democracia, mas da obediência e concórdia dos súditos; nem o povo prospera numa monarquia porque um homem tem o direito de governá-lo, mas, sim, porque lhe obedece. Em qualquer forma de Estado, se a obediência é suprimida (e, consequentemente, a concórdia do povo), tal Estado deixará de florescer e, em pouco tempo, estará dissolvido. Os que desejam reformar o Estado pela desobediência o destruirão, como as loucas filhas de Peleus, na fábula, que, desejando trazer de volta a juventude do pai decrépito, seguiram o conselho de Medeia, cortaram-no em pedaços e o cozinharam com ervas estranhas, não logrando, porém, fazer dele um novo homem. A vontade de mudar significa a desobediência ao primeiro dos Mandamentos de Deus, que diz: *Non habebis Deos alienos* ("Não terás deuses de outras nações"); em outro texto, referente aos reis, diz a Escritura que eles são deuses.

Em segundo lugar, é preciso ensinar ao povo que é importante não se deixar conduzir pela admiração da virtude de nenhum dos súditos, por mais alto que se eleve ou mais brilhante que pareça no Estado, nem de nenhuma assembleia (exceto a assembleia soberana), a ponto de prestar-lhe honra ou obediência, devida apenas ao soberano que ela representa, em suas respectivas sedes; nem deve o povo receber nenhuma influência emanada da assembleia, a não ser a autorizada pelo poder soberano. Não é concebível que um soberano ame devidamente seu povo, se não zela por ele e, influenciado pela lisonja de homens populares, é seduzido e se afasta de sua lealdade, como tem acontecido constantemente e de maneira muito clara, a ponto de proclamar o soberano sua união com tais homens *in facie Ecclesiae*, por intermédio de pregadores que discursam nas praças. Isso se compara à violação do segundo dos Dez Mandamentos.

Em terceiro lugar, e como consequência, o povo deveria ser informado sobre a gravidade da falta representada pelas críticas feitas ao soberano representante (seja ele um homem ou uma assembleia), ou pelo fato de arguir e discutir seu poder, ou, de qualquer forma, pelo fato de usar seu nome de modo irreverente, capaz de fazer o soberano cair no desprezo geral, enfraquecendo-se com isso sua autoridade (em cuja obediência reside a segurança do Estado). Essa doutrina é semelhante ao terceiro Mandamento.

Em quarto lugar, uma vez que não é possível ensinar ao povo tudo isso e, mesmo que tudo lhe fosse ensinado, o povo não conseguiria lembrar e, depois de passada uma geração, não saberia, com clareza, em quem reside o poder soberano, é preciso que o povo seja levado a destinar parte de seu tempo para escutar as palavras daqueles que foram designados para instruí-lo, e é preciso estabelecer ocasiões para que o povo se reúna (depois das orações e das ações de graças a Deus, o Soberano dos soberanos) e seja lembrado de seus deveres e das leis positivas que, de maneira geral, dizem respeito a todos. Isso é feito mediante a leitura e a exposição, recordando a autoridade daquele que promulgou tais leis. Com esse objetivo, os judeus, no sétimo dia da semana, o *Sabbath*, reuniam-se para ouvir a leitura e a explicação da lei, e, durante essa solenidade, eram lembrados de que Deus era seu rei, que, tendo criado o mundo em seis dias, descansou no sétimo dia, e assim eles, no descanso de seu trabalho, ouviam que era seu rei aquele Deus que os redimiu das tarefas servis e penosas que faziam no Egito e lhes concedeu um período no qual, depois de se terem regozijado em Deus, pudessem divertir-se mediante legítima distração. Dessa forma, a primeira tábua dos Mandamentos é gasta em enumerar a totalidade do poder absoluto de Deus, não só como Deus, mas, mediante a Aliança, como rei particular dos judeus; esses Mandamentos podem, portanto, iluminar aqueles que receberam o soberano poder por consentimento dos homens, para que estabeleçam qual doutrina deve ser ensinada a seus súditos.

Uma vez que os primeiros ensinamentos recebidos pelas crianças derivam do cuidado dos pais, é preciso que elas lhes obedeçam enquanto estão sob sua tutela e, ainda, que mesmo mais tarde (como a gratidão exige) reconheçam os benefícios de sua educação, externando sinais de honra. Para que tal objetivo seja alcançado, as crianças devem aprender que, originariamente, o pai de cada homem era também seu senhor soberano, com poder de vida e morte sobre seus filhos; e que os pais de família, quando, ao instituírem o Estado, abdicaram desse poder absoluto, não pretenderam perder, nunca, a honra que lhes era devida pela educação que davam. Assim, a renúncia a esse direito não era necessária à instituição do soberano poder; nem existiria nenhuma razão pela qual um homem pudesse desejar ter filhos, ou ter o encargo de alimentá-los e instruí-los, se, posteriormente, não obtivesse deles benefícios maiores do que os de outros homens. Isso está de acordo com o quinto Mandamento.

Por outro lado, todo soberano deve esforçar-se para que a justiça seja ensinada, o que (consistindo esta em não subtrair a nenhum homem aquilo que lhe pertence) significa que os homens precisam aprender que não devem despojar seus vizinhos, por violência ou fraude, de qualquer coisa que lhes pertença pela autoridade do soberano. Entre as coisas consideradas propriedades do homem, as mais caras são sua própria vida e a integridade de seu corpo e, em segundo grau (para a maioria dos homens), as referentes à afeição conjugal e, em seguida, as riquezas e os meios de vida. Portanto, é preciso ensinar o povo a abster-se de violentar as demais pessoas mediante vinganças pessoais, de violar a honra conjugal, de praticar rapina violenta e de cometer fraudes para subtrair bens alheios. Para que o soberano atinja esse fim, precisa também mostrar as más consequências de falsos julgamentos, por corrupção dos juízes ou das testemunhas, mediante os quais desaparece a distinção de propriedade e a justiça se torna sem efeito. Tudo isso está preconizado no sexto, no sétimo, no oitavo e no nono Mandamentos.

Finalmente, é preciso ensinar que não apenas as ações podem ser injustas, mas também os desígnios e as intenções de praticá-las (ainda que acidentalmente impedidas), consistindo a injustiça tanto na depravação da vontade quanto na irregularidade do ato. Essa é a intenção do décimo Mandamento, e a súmula da segunda tábua, que pode ser resumida no mandamento de caridade mútua: "Amarás a teu próximo como a ti mesmo", tal como a súmula da primeira tábua se reduz ao "amor a Deus", a quem os judeus tinham recebido, recentemente, como seu rei.

Quanto aos meios e canais pelos quais o povo pode receber essa instrução, devemos investigar por que meios tantas opiniões contrárias à paz da humanidade, apoiadas em princípios fracos e falsos, enraizaram-se tão profundamente no povo. Tais opiniões foram abordadas no capítulo precedente, a saber: que os homens devem julgar aquilo que é legal ou ilegal, não de acordo com a própria lei, mas segundo suas próprias consciências, isto é, segundo seus juízos particulares; que os súditos pecam ao obedecer às ordens do Estado, a menos que tenham verificado anteriormente se elas são legais; que a propriedade exclui o domínio do Estado, a não ser que não tenha sido considerada legítima; que é legítimo que os súditos matem aqueles que denominam tiranos; que o soberano poder pode ser dividido; e outras ideias análogas, absorvidas pelo povo dessa forma. Aqueles a quem a necessidade ou a capacidade mantém atentos a seus negócios e atividades e, ainda, aqueles cuja frivolidade ou preguiça leva a procurar os prazeres sensuais (esses grupos abrangem a maior parte da raça humana), afastados da meditação profunda que o aprendizado da verdade, não apenas em questões de justiça natural, mas também em todas as outras ciências, necessariamente exige, recebem as noções de seus deveres principalmente dos teólogos no púlpito e, em parte, de vizinhos ou familiares que, possuindo a faculdade de discorrer prontamente e de maneira plausível, parecem mais sábios e mais instruídos em casos de lei e de consciência do que eles próprios. Os teólogos, e outros que ostentam erudição, adquirem seu conhecimento em universidades e escolas de leis ou em livros que foram publicados por homens que se sobressaíram nessas escolas e universidades.

É, portanto, manifesto que a instrução do povo depende totalmente de ensino adequado da juventude nas universidades. Mas (perguntariam alguns) não são as universidades da Inglaterra suficientemente eruditas para fazer isso? A proposta, acaso, é de ensinar as universidades? São perguntas difíceis de responder, mas não hesito em responder à primeira. Até por volta dos últimos anos do reinado de Henrique VIII, o poder do papa erguia-se sempre contra o poder do Estado, principalmente por meio das universidades, e as doutrinas defendidas contra o soberano poder do rei por tantos pregadores e por tantos legisladores e outros que ali tinham recebido sua educação constituem argumento suficiente para provar que, embora as universidades não fossem as autoras daquelas falsas doutrinas, não souberam semear a verdade. Portanto, em meio a tantas opiniões contraditórias, o mais certo é que não tenham sido suficientemente instruídas; e não causa espanto terem conservado resquícios do fino licor com que foram temperadas contra a autoridade civil. No que concerne à segunda pergunta, não me compete nem é necessário dizer sim ou não, uma vez que, tomando conhecimento do que me proponho esclarecer, qualquer homem pode, facilmente, inteirar-se de meu pensamento.

A segurança do povo requer, além disso, daquele ou daqueles que detêm o soberano poder, que a justiça seja administrada com igualdade a todas as camadas da população, isto é, que seja feita justiça tanto aos ricos e poderosos quanto às pessoas pobres e humildes, pelas injúrias contra elas praticadas. Assim, os grandes não podem ter maior esperança de impunidade quando praticam violências, desonras ou quaisquer ofensas aos de condição inferior, que as que tem um destes quando faz o mesmo a um daqueles, pois nisso consiste a equidade, uma vez que é um preceito da lei natural que sujeita tanto um soberano quanto o mais insignificante homem do povo. São ofensas contra o Estado todas as violações da lei, mas algumas o são também contra as pessoas privadas. As que dizem respeito ao Estado podem, sem violação da equidade, ser perdoadas, já que todo homem é capaz de perdoar aquilo que é feito contra ele próprio, de acordo com sua própria opinião. Mas uma ofensa contra um indivíduo particular não pode ser perdoada com equidade sem o consentimento daquele que foi ofendido ou sem uma satisfação justa.

A desigualdade dos súditos procede dos atos do soberano poder, sendo julgada perante o soberano, ou seja, num tribunal de justiça, da mesma forma que a desigualdade entre os reis e seus súditos é julgada na presença do Rei dos reis. A honra das grandes pessoas deve ser estimada por suas ações de benemerência e pela ajuda que dão aos homens de condição inferior, ou não deve ser apreciada. As violências, opressões e ofensas que cometem não são atenuadas, mas antes agravadas pela grandeza de suas pessoas, já que inexiste a necessidade de cometê-las. As consequências dessa parcialidade perante os grandes se sucedem do seguinte modo: a impunidade faz a insolência, a insolência, o ódio, e o ódio, a tentativa de derrubar toda e qualquer grandeza opressora e contumaz, ainda que às custas da ruína do Estado.

A igualdade da justiça corresponde à igualdade no estabelecimento de impostos. Portanto, essas igualdade não depende da igualdade dos bens, mas da igualdade da dívida que todo homem tem perante o Estado, destinada a sua defesa. Um homem não deve apenas trabalhar para se manter; é necessário também que lute (se preciso) para assegurar seu trabalho. Os homens devem fazer o que fizeram os judeus ao regressarem do cativeiro: reedificaram o templo com uma das mãos, enquanto a outra segurava a espada; ou, então, precisam contratar outros para lutar por eles. Os impostos cobrados ao povo pelo soberano redundam em soldos devidos àqueles que seguram a espada pública para defender os particulares no exercício de várias atividades e profissões. Tendo em vista que o benefício que todos retiram disso é o usufruto da vida, que é igualmente cara ao pobre e ao rico, a dívida que o homem pobre tem com os que defendem sua vida é a mesma que o homem rico tem pela defesa da sua. Porém, os ricos, que têm os pobres a seu serviço, podem ser devedores não apenas de suas pessoas, mas de muitas mais. Em consequência, a equidade dos impostos consiste mais na equidade daquilo que é consumido do que nos bens das pessoas que o consomem. Não há motivos para que aquele que trabalha muito e, poupando os frutos de seu trabalho, consome pouco seja mais sobrecarregado do que aquele que, vivendo ociosamente, ganha pouco e gasta tudo o que ganha, dado que ambos recebem a mesma proteção do Estado. Quando os impostos incidem sobre aquilo que os homens consomem, todos pagam igualmente por aquilo que usam, e o Estado também não é defraudado pelo desperdício luxurioso dos particulares.

Se, por um acidente inevitável, alguns homens tornam-se incapazes de sustentar-se com seu trabalho, não devem ser deixados à mercê da caridade de particulares, mas devem ser socorridos (naquilo que as necessidades naturais exigirem) pelas leis do Estado. Tal como é considerada falta de caridade a atitude de um homem que abandona a outro que não tem forças, também é falta de caridade do soberano de um Estado expor o povo ao acaso de uma caridade incerta.

Quanto aos que possuem corpos vigorosos, a questão é distinta: devem ser obrigados a trabalhar e, para evitar a desculpa de que não encontram emprego, é preciso haver leis que encorajem todo tipo de artes, como a navegação, a agricultura, a pesca e toda espécie de produção de manufatura. Se crescer o número de pessoas pobres, mas com saúde, elas devem ser removidas para regiões ainda não suficientemente habitadas, sem que sejam exterminados aqueles que já lá vivem, mas obrigados a habitar mais perto uns dos outros, sem utilizar grande extensão de solo, tratando cada pequeno pedaço de terra com arte e cuidado, a fim de que lhes possa dar o sustento na devida época. Quando toda a terra já estiver superpovoada, o último remédio será a guerra, que produzirá uma solução definitiva — vitória ou morte.

O soberano está incumbido de fazer boas leis. Mas o que vem a ser uma boa lei? Entendo por boa lei apenas a que é justa, pois nenhuma lei pode ser injusta. A lei é feita pelo soberano poder, e tudo o que é feito por tal poder é garantido e diz respeito a todo o povo; e ninguém pode dizer que seja injusto aquilo que qualquer homem ganhar com isso. Sucede com as leis do Estado o mesmo que com as leis do jogo: seja o que for que os jogadores estabeleçam, não é injustiça para nenhum deles. Uma boa lei é aquela que é necessária e, consequentemente, resulta no bem do povo.

O uso que deve ser dado às boas leis (que nada mais são que regras autorizadas) não é coibir o povo, limitando suas ações voluntárias, mas, sim, dirigi-lo e levá-lo a movimentos que não o façam chocar-se contra os outros em razão de seus desejos impetuosos, sua precipitação ou indiscrição, da mesma forma como as sebes não são dispostas para deter os viajantes, mas, sim, para conservá-los no caminho. Uma lei desnecessária, que carece dos verdadeiros objetivos de uma lei, não é boa. Uma lei pode ser considerada boa quando beneficia o soberano, embora não seja necessária ao povo. Isso, porém, não pode ocorrer, porque o bem do soberano e do povo não podem nunca estar separados. É fraco um soberano que tem súditos fracos, e é considerado fraco o povo cujo soberano não tem poder para governá-lo à sua vontade. Leis desnecessárias não são boas leis, mas, sim, armadilhas para captar dinheiro, e esses recursos são supérfluos quando há o reconhecimento do direito do soberano; quando tal reconhecimento não existe, são insuficientes para defender o povo.

A evidência consiste na declaração das causas e motivos em virtude dos quais uma lei foi promulgada, mais do que nas palavras da própria lei. Essa é a intenção do legislador, pois a lei é mais facilmente compreendida com poucas palavras do que com muitas, uma vez que todas as palavras estão sujeitas à ambiguidade e, portanto, a multiplicação de palavras no texto da lei é uma multiplicação da ambiguidade. Além disso, a multiplicação de palavras parece implicar, por demasiada diligência, que quem puder subtrair-se às palavras estará fora do alcance da lei. Isso ocasiona muitos processos desnecessários. Quando vejo quão curtas eram as leis dos tempos antigos e como aos poucos foram tornando-se mais extensas, penso ver uma luta entre aqueles que escreveram a lei e aqueles que pleiteiam contra ela, procurando os primeiros circunscrever os segundos e, os segundos, evitar a circunscrição, alcançando estes a vitória. Compete ao legislador (que em todos os Estados é o supremo representante, seja ele um homem ou uma assembleia) tornar evidente a razão pela qual a lei foi feita e fazer que o próprio corpo da lei seja o mais curto possível e redigido nos termos mais adequados e significativos.

Compete ao soberano estabelecer uma correta aplicação de castigos e recompensas. Como o objetivo da punição não é a vingança, nem expandir a cólera, mas, sim, a correção do ofensor ou de outros pelo exemplo, as mais severas penas devem ser aplicadas aos crimes que oferecem maior perigo para a coisa pública, como os que causam danos ao governo estabelecido, os que derivam do desprezo à justiça, os que provocam indignação na multidão e os que, quando não punidos, parecem autorizados, como quando são cometidos por filhos, criados ou favoritos de pessoas investidas de autoridade. A indignação leva os homens não só a ficar contra os atores e autores da injustiça, mas também contra todo o poder que parece protegê-los, como no caso de Tarquínio, que em razão do ato insolente de um de seus filhos foi expulso de Roma, dissolvendo-se a própria monarquia. Já os crimes provocados pela fraqueza, como os que tiveram sua origem num grande temor, numa grande necessidade ou na ignorância de que o fato era um grande crime, dão ocasião muitas vezes à benevolência, sem prejuízo do Estado; e a benevolência, quando há lugar para ela, é exigida pela lei natural. O castigo dos líderes e incitadores de um tumulto, e não o do pobre povo seduzido, por exemplo, pode ser útil ao Estado. Ser severo com o povo é punir a ignorância que pode ser imputada ao soberano, cuja falta foi não ter instruído melhor o povo.

Da mesma maneira, é missão e dever do soberano distribuir recompensas sempre que disso puder resultar um benefício para o Estado: nisso consiste seu fim e objetivo, o que ocorre quando aqueles que bem serviram ao Estado são, com a menor despesa possível, bem recompensados, a ponto de outros ficarem encorajados, seja para servi-lo com a maior lealdade possível, seja para estudar as artes que lhes permitam fazê-lo melhor. Comprar, com dinheiro ou com mercês, um súdito ambicioso e popular, para que se cale e desista de agitar o espírito do povo, nada tem a ver com recompensa (a qual não é dada por maus, mas, sim, por bons serviços prestados), nem é sinal de gratidão, mas de medo, e, em vez de contribuir para o benefício, contribui para o prejuízo da coisa pública. Essa é uma luta contra a ambição, como a que Hércules travou com o monstro Hidra, o qual, tendo muitas cabeças, a cada uma que desaparecia, cresciam outras três. Assim, da mesma maneira, quando a torpeza de um homem popular é recebida com uma recompensa, surgem muitos mais (em razão do exemplo) que praticam a mesma maldade, na esperança de receberem igual benefício; à semelhança de todas as espécies manufaturadas, a maldade também aumenta por ser vendável. Embora, algumas vezes, uma guerra civil possa ser adiada por esses meios, o perigo se torna ainda maior e a ruína pública mais certa. Contraria, portanto, o dever do soberano, que tem em suas mãos a segurança pública, recompensar os que aspiram à grandeza perturbando a paz de seu país, quando deveria opor-se às primeiras tentativas desses homens correndo um pequeno risco, pois este, passado certo tempo, torna-se um grande risco.

Outra missão do soberano consiste em escolher bons conselheiros, isto é, aqueles cujo conselho deve ouvir no governo do Estado. A palavra conselho (*consilium*, corruptela de *considium*) tem ampla significação e inclui todas as assembleias que se reúnem para deliberar o que deve ser feito no futuro, como também para julgar os fatos passados e a lei para o presente. A palavra é aqui empregada apenas no primeiro sentido e, por isso, não há escolha de conselho, tanto numa democracia como numa aristocracia, porque as pessoas que aconselham são membros da pessoa aconselhada. A escolha de conselheiros, portanto, é própria da monarquia e, se o soberano não procura escolher aqueles que são os mais aptos em todos os sentidos, não desempenha sua missão como deveria fazê-lo. Os conselheiros mais capazes são aqueles que possuem maior conhecimento daquilo que conduz à paz e à defesa do Estado, e que têm menos esperanças de alcançar benefícios dando um mau conselho. É muito difícil saber quem espera benefícios das perturbações públicas, mas a pista que conduz a uma suspeita justa é o modo como o povo, em suas queixas desarrazoadas ou inúteis, é adulado por homens cujas terras não são suficientes para cobrir suas despesas habituais, podendo tal atitude ser facilmente observada por qualquer pessoa interessada em descobri-la. É ainda mais difícil saber quem conhece melhor os negócios públicos, e aqueles que conhecem tais pessoas no mínimo precisam muito delas. Conhecer aqueles que sabem as regras de quase todas as artes é, em grande medida, conhecer também a própria arte, pois nenhum homem pode certificar-se da verdade das regras dos outros, exceto aquele que primeiro aprendeu a compreendê-las. Assim, os melhores indícios do conhecimento de qualquer arte são a grande prática dela e os constantes bons resultados obtidos. O bom conselho não vem por acaso nem por herança; portanto, não existe razão para esperar bom conselho do rico ou do nobre em questões de Estado, mais que em traçar as dimensões de uma fortaleza; a menos que alguém pense não ser necessário ter tanto método no estudo da política quanto no estudo da geometria, bastando ser bom observador. Isso não é correto, pois a política é a mais difícil dessas duas ciências. Nestas regiões da Europa, tem sido considerado um direito de certas pessoas fazer parte, por herança, do mais alto conselho de Estado; isso teve origem nas conquistas dos antigos germanos, quando os senhores absolutos, reunindo-se para conquistar outras nações, não entrariam na confederação sem os privilégios que pudessem constituir marcas de diferença em tempos vindouros, entre sua posteridade e a posteridade de seus súditos. Sendo esses privilégios incompatíveis com o poder soberano, é pela graça do soberano que parecem ser conservados. Mas, mesmo que os nobres lutem por eles como se fossem seus direitos, têm necessariamente de perdê-los paulatinamente, até que finalmente não recebam honras maiores do que as naturalmente derivadas de suas capacidades.

Por mais capazes que os conselheiros sejam em qualquer negócio, o benefício de seu conselho, ao dar sua opinião a uma pessoa, é maior quando explicam suas razões do que quando o fazem numa assembleia por meio de um discurso; nesse segundo caso, é maior quando, em vez de improvisar, meditaram antes sobre o assunto. Nas duas circunstâncias, isso se dá porque examinaram as consequências da ação com mais vagar, estando menos sujeitos a cair em contradição diante da inveja, da emulação ou de outras paixões surgidas da diferença de opiniões.

O melhor conselho sobre fatos que não digam respeito a outras nações, mas apenas ao bem-estar e aos benefícios a serem usufruídos pelos súditos em decorrência de leis que visam apenas o âmbito interno, deve originar-se de informações gerais e das queixas do povo de cada província, que conhecem melhor suas necessidades; essas queixas, se não prejudicarem os direitos essenciais da soberania, devem ser diligentemente consideradas; sem esses direitos essenciais (como já disse antes), o Estado não pode, de modo algum, subsistir.

Se o comandante de um exército não for popular, não será amado nem temido como deveria ser por seu exército, não podendo, portanto, desempenhar seu cargo com sucesso. Ele tem, pois, que ser industrioso, valente, afável, liberal e afortunado, a fim de obter uma reputação tanto de suficiência quanto de amor a seus soldados. A isso denominamos popularidade, que alimenta, nos soldados, o brio e a coragem para se entregarem a sua proteção, e preserva a severidade do general ao punir (quando necessário) os soldados rebeldes ou negligentes. Entretanto, esse amor dos soldados, sem uma caução da fidelidade do comandante, é perigoso para o poder soberano, especialmente quando está nas mãos de uma assembleia que não é popular. Faz parte, portanto, da segurança do povo que aqueles a quem o soberano entrega seus exércitos sejam ao mesmo tempo bons chefes e súditos fiéis.

Mas, quando o próprio soberano é popular, isto é, respeitado e amado pelo povo, não existe nenhum perigo na popularidade de um súdito. Isso porque os soldados, geralmente, nunca são tão injustos a ponto de se posicionar contra seu soberano, alinhando-se ao lado de seu capitão; muito embora o amem, não amam a uma pessoa, mas a sua causa. Assim, aqueles que destroem o poder do seu legítimo soberano pela violência ficam sempre, antes de se instalar em seu posto, na situação penosa de precisar forjar seus títulos para poupar ao povo a vergonha de recebê-los. Possuir um direito reconhecido ao poder soberano é uma qualidade tão popular, que aquele que a possui não necessita atrair para si os corações dos súditos, mas apenas que o vejam absolutamente capaz de governar sua própria família; nem requer, do lado de seus inimigos, senão a dispensa de seus exércitos. Isso porque a maior e mais atuante parte da humanidade nunca se contentou com o presente.

Sobre as atribuições de um soberano para com outro, que estão incluídas naquele direito comumente chamado direito das gentes, não é preciso dizer nada, porque o direito das gentes e a lei natural são a mesma coisa. Todo soberano, ao procurar a segurança de seu povo, tem o mesmo direito que qualquer homem privado precisa ter para conseguir preservar seu próprio corpo. A lei que dita aos homens destituídos de governo civil o que devem fazer e o que devem evitar perante os outros determina o mesmo aos Estados, isto é, às consciências dos soberanos príncipes e das assembleias soberanas, não havendo, portanto, nenhum tribunal de justiça natural, exceto a própria consciência, na qual não é o homem que reina, mas Deus, cujas leis (iguais para toda a humanidade), no que se refere a Deus como Autor da natureza, são naturais, e a Deus, como Rei dos reis, são leis. Mas falarei mais adiante do reinado de Deus, como Rei dos reis e também como Rei de um povo específico.

## Capítulo XXXI
## Do Reino de Deus por natureza

Com tudo o que disse anteriormente, provei que a condição de mera natureza, ou seja, de absoluta liberdade, como é a daqueles que não são nem soberanos nem súditos, é anarquia e condição de guerra; que os preceitos pelos quais os homens se guiam para evitar tal condição são as leis naturais; que um Estado, sem o poder soberano, não passa de uma palavra sem sentido, não podendo, portanto, subsistir; que os súditos devem simplesmente obedecer ao soberano em todas as coisas; e que essa obediência não é incompatível com as leis de Deus. Para o perfeito conhecimento do dever civil, falta somente conhecer as leis de Deus, pois, se assim não for, uma pessoa ignora, quando algo lhe é ordenado pelo poder civil, se isso contraria ou não a lei de Deus, se obedecendo ofende a Divina Majestade ou, com receio de ofender a Deus, transgride uma ordem do Estado. Para evitar esses inconvenientes, é necessário conhecer as leis divinas. Considerando que o conhecimento de toda lei depende do conhecimento do poder soberano, nos capítulos seguintes vou me referir ao Reino de Deus.

"Deus é rei, alegre-se a terra", diz o salmista (Sl 97,1). E afirma em seguida: "Deus é rei mesmo que as nações estejam transtornadas; ele está sentado entre os querubins, mesmo que a terra se mova" (Sl 99,1). Queiram ou não os homens, devem-se sujeitar, sempre, ao poder divino. Quando negam a existência ou a providência de Deus, os homens perdem seu alívio, mas não se libertam de seu jugo. No entanto, é apenas um uso metafórico da palavra chamar Reino de Deus a esse poder divino que se estende não apenas ao homem, mas às plantas, aos animais e aos corpos inanimados. Pode, com propriedade, dizer que reina aquele que governa seus súditos com sua palavra, com a promessa de recompensa aos que lhe obedecem e de imposição de punição aos que deixam de obedecer suas ordens. Assim, não são súditos do Reino de Deus os corpos inanimados e as criaturas irracionais, que não entendem seus preceitos, nem os ateus, nem os que não acreditam que Deus se preocupa com os atos da humanidade, porque não reconhecem nenhuma palavra como sendo sua, nem têm esperança de suas recompensas, nem medo de suas punições. Aqueles que acreditam haver um Deus que governa o mundo, que estabeleceu preceitos e propôs recompensas e punições para a humanidade, são os súditos de Deus; todos os demais são considerados seus inimigos.

Para governar por palavras, é preciso que essas palavras sejam manifestamente tornadas conhecidas, pois, do contrário, não são leis. Pertence à natureza das leis uma promulgação suficientemente clara, capaz de afastar qualquer desculpa de ignorância; nas leis dos homens, isso só ocorre de uma maneira: mediante proclamação ou promulgação pela voz humana. Já Deus declara suas leis por três canais: pelos ditames da razão natural, pela revelação e pela voz de algum homem que, por fazer milagres, obtém crédito entre os demais. Há, portanto, uma tríplice palavra de Deus: racional, sensível e profética, correspondendo a uma tríplice forma de escutar, a saber, a justa razão, o sentido sobrenatural e a fé. Com referência ao sentido sobrenatural, que consiste na revelação ou inspiração, nunca existiram leis universais, pois Deus fala dessa forma apenas a pessoas especiais, e diz coisas diversas aos diversos homens.

Em virtude da diferença existente entre as outras duas espécies de palavras de Deus, racional e profética, podemos atribuir a Deus um reino duplo: natural e profético. É natural o que governa a humanidade que reconhece sua providência pelos ditames naturais da justa razão; é profético o que, tendo eleito como seus súditos os habitantes de determinada nação (a dos judeus), governou-os não apenas pela razão natural, mas também pelas leis positivas que a eles foram comunicadas pela boca de seus profetas. Do reino natural de Deus, discorrerei no próximo capítulo.

O direito natural, em virtude do qual Deus reina sobre os homens, punindo aqueles que desobedecem suas leis, não deriva do fato de havê-los criado e exigido deles obediência, motivada pela gratidão de seus benefícios, mas, sim, de seu poder irresistível. Manifestei-me, anteriormente, sobre como o direito soberano deriva do pacto; para demonstrar, agora, como o mesmo direito pode derivar da natureza, não é preciso mais nada a não ser mostrar em que casos esse direito não pode ser, nunca, subtraído. Considerando que, por natureza, os homens têm direito a tudo, cada um tem, também, direito a reinar sobre os outros. Porém, como esse direito não pode ser obtido pela força, convém à segurança de cada um dos homens que renunciem ao direito em questão e elejam (com autoridade soberana), por consentimento comum, outros homens que os governem e defendam; disso resulta que, se tivesse existido algum homem com poder irresistível, não haveria qualquer razão para que, empregando esse poder, não governasse e defendesse a si e a seus súditos, como melhor lhe parecesse. Assim, aqueles cujo poder é irresistível assumem naturalmente o domínio sobre os demais, em razão da excelência de seu poder. Por consequência, é por esse poder que o reinado sobre os homens e o direito de fazê-los padecer a seu bel-prazer pertence a Deus Todo-Poderoso, não como criador e distribuidor de graças, mas por ser onipotente. Embora a punição seja devida ao pecado (uma vez que essa palavra significa padecimento pelo pecado), o direito de fazer padecer nem sempre resulta dos pecados do homem, mas do poder de Deus.

A questão relativa a por que os homens maus prosperam e os homens bons sofrem adversidades foi muito discutida pelos antigos, o mesmo se dando com esta nossa questão: com que direito Deus dispensa a prosperidade e as adversidades desta vida? É nessa dificuldade que se encontra o motivo que transtorna a fé na Divina Providência, não só do homem vulgar, mas dos filósofos e, o que é pior, dos santos. "Como é bom", diz Davi, "o Deus de Israel para os de coração puro; mas meus pés quase escorregaram, meus passos aos poucos resvalaram, porque tive inveja dos insensatos quando vi os ímpios prosperarem" (Sl 73,1-3). E Jó, com que força apostrofou Deus pelos numerosos sofrimentos por que passara, não obstante sua retidão? Essa questão, no caso de Jó, foi respondida pelo próprio Deus, não com argumentos derivados dos pecados de Jó, mas de seu próprio poder. Pois, enquanto os amigos de Jó buscaram a resposta nos pecados que ele cometeu, e Jó se defendeu pela consciência de sua inocência, Deus tomou para si a questão e justificou a punição com argumentos baseados em seu poder, tais como este: "Onde estavas quando lancei as fundações da terra?" (Jó 38,4) Assim, não só aprovou a inocência de Jó como reprovou a doutrina errada de seus amigos. A sentença de nosso Salvador relativa ao homem que nasceu cego, contida nas palavras seguintes, está de acordo com essa doutrina: "Nem este homem pecou, nem seus pais, para que as obras de Deus nele se manifestassem". E mesmo que as Escrituras digam que "a morte entrou neste mundo pelo pecado" (o que significa que, se Adão não tivesse pecado, nunca teria morrido, isto é, sofrido a separação de sua alma de seu corpo), não podemos deduzir que Deus não poderia tê-lo punido justamente, se ele não tivesse pecado, da mesma forma como pune outros seres vivos que não podem pecar.

Tendo-me referido ao direito de soberania de Deus como baseado exclusivamente na natureza, temos de considerar, em seguida, quais são as leis divinas e os ditames da razão natural; essas leis se referem tanto aos deveres naturais de um homem perante os outros quanto à honra natural devida a nosso Divino Soberano. As primeiras são as próprias leis naturais, já abordadas nos capítulos XIV e XV: equidade, justiça, compaixão, humildade e outras virtudes morais. Falta considerar, portanto, que preceitos a razão natural dita ao homem, sem outras palavras de Deus, no que concerne à honra e à veneração da Divina Majestade.

A honra consiste no pensamento interior e na opinião sobre o poder e bondade de outrem; assim, honrar a Deus significa pensar na grandeza de seu poder e bondade. Os sinais externos que aparecem nas palavras e ações dos homens são a veneração, uma das partes do que os latinos denominavam *cultus*, e que significa o trabalho exercido pelo homem sobre algo para obter algum benefício. Ou as coisas das quais obtemos benefícios estão sujeitas a nós, e então a vantagem que delas tiramos aparece como um efeito espontâneo do trabalho sobre elas aplicado, ou não nos estão sujeitas, mas respondem a nossa solicitação, de acordo com sua vontade. No primeiro sentido, o trabalho aplicado à terra chama-se cultura, e a educação das crianças, cultura de suas mentes. No segundo sentido, a palavra culto tem o significado de cortejar, quando aliciamos a vontade humana para atender a nossos objetivos, não pela força, mas pela complacência, conquistando as boas graças por meio de bons ofícios, como o reconhecimento do poder, os elogios e tudo o mais que possa agradar àqueles de quem desejamos obter benefícios. Essa é, propriamente, a veneração; *publicola*, assim, é o adorador do povo, e *cultus Dei* significa adoração de Deus.

Dessa honra interior, que consiste numa opinião de poder e bondade, resultam três paixões: o amor, que está relacionado com a bondade, e a esperança e o medo, relacionados com o poder. Dessa honra se originam, ainda, três formas de adoração externa: louvor, glorificação e consagração. O sujeito do louvor é a bondade; o da glorificação e da consagração é o poder, sendo a felicidade o resultado. Tanto por palavras como por atos é possível externar o louvor e a glorificação. Por palavras, dizemos que um homem é bom e grandioso. Por atos, o fazemos quando mostramos nosso agradecimento por sua bondade e obedecemos a seu poder. A felicidade é expressa apenas por palavras.

Existem sinais naturais de honra (tanto nos atributos como nos atos). Entre os atributos: bom, justo, liberal e outros semelhantes; entre os atos: orações, ações de graça e obediência. Outros fazem parte dos costumes ou foram instituídos pelos homens, sendo honrosos em alguma época ou lugar e desonrosos em outras épocas ou lugares, como os gestos empregados nas saudações, orações e ações de graças, que são usados diferentemente em diferentes tempos e lugares. O primeiro tipo de sinais é considerado culto natural e o segundo, culto arbitrário.

No que diz respeito ao tipo arbitrário de sinais, podemos notar duas diferenças: algumas vezes, os sinais são obrigatórios; outras, espontâneos. Quando obrigatórios, o culto consiste na obediência às ordens de quem é venerado; quando voluntários, o culto terá a forma que o venerador entender como correta. Quando o culto é obrigatório, é representado pela obediência, nada tendo a ver com atos e palavras. Quando é voluntário, é externado pela opinião de quem o realiza; efetivamente, se as palavras e ações com que pensamos honrar parecem ridículas e suscitam a contumélia a quem as dirigimos, não pode haver veneração, uma vez que não há sinais de honra; e não há sinais de honra porque um sinal não o é para quem o dá, mas para quem é dedicado, ou seja, o espectador.

O culto pode ser público ou privado. O público é realizado pelo Estado, como pessoa. O privado é executado por um particular. O culto público é livre quando se refere a todo o Estado, mas não quando diz respeito a um homem em particular. Por seu turno, o culto privado é livre, se realizado em segredo, mas, se destinado a uma multidão, sofre restrições, seja das leis, seja da opinião coletiva, contrariando a natureza da liberdade.

O objetivo do culto entre os homens é demonstrar o poder. Se alguém observa uma pessoa sendo venerada, considera-a dotada de poderes e tende a obedecê-la. Isso a torna poderosa. Deus, porém, não tem finalidades; o culto que lhe é prestado é em razão de nosso dever, sendo regulado, de acordo com nossa capacidade, por regras de honra ditadas pela razão e que são respeitadas pelos oprimidos, que almejam benefícios dos poderosos, ou pelos fracos, que têm receio de serem por estes perseguidos, ou, ainda, em agradecimento a graças deles recebidas.

A fim de conhecermos que culto a Deus nos foi ensinado pela luz da natureza, começarei por Seus atributos. O primeiro deles é a existência, pois ninguém gostaria de venerar a quem pensa não existir.

Em segundo lugar, os filósofos que afirmaram que o mundo, ou o espírito do mundo, era Deus referem-se a Ele indignamente e negam Sua existência, pois, por Deus, devemos entender a causa do mundo, e dizer que o mundo é Deus significa dizer que não é causa dele, isto é, que Deus não existe.

Em terceiro lugar, afirmar que o mundo não foi criado, mas é eterno (considerando que o eterno não tem causa), é negar a existência de Deus.

Em quarto lugar, quem atribui indiferença a Deus lhe subtrai todo o cuidado com a humanidade: tira-lhe a honra; subtrai o amor dos homens e a fé depositada em Deus, que é a raiz da honra.

Em quinto lugar, dizer que Deus é finito naquilo que significa grandeza e poder não é honrá-lo. Não é um sinal de vontade de honrar a Deus atribuir-lhe menos do que podemos; e finito é menos do que podemos, pois ao finito é fácil acrescentar mais.

Atribuir uma figura a Deus não significa honrá-lo, pois toda figura é finita.

Tampouco é honrá-lo imaginar ou conceber uma ideia dele em nosso espírito, pois tudo o que concebermos será finito.

Nem atribuir-lhe partes ou totalidade, atributos de coisas finitas.

Nem afirmar que Deus se encontra neste ou naquele lugar, uma vez que aquilo que está num lugar é limitado e finito.

Nem que Ele se movimenta ou repousa, uma vez que esses são atributos de lugar.

Nem que existe mais que um Deus, pois isso implicaria que todos fossem finitos, já que não pode haver mais que um infinito.

Nem atribuir a Deus paixões que fazem parte da dor, como o arrependimento, a ira, a compaixão, ou que fazem parte da necessidade, como o apetite, a esperança, o desejo, ou que fazem parte de qualquer faculdade passiva (a menos que metaforicamente, não significando paixões, mas seus efeitos), pois a paixão é poder limitado por algo.

Ao atribuirmos uma vontade a Deus, não desejamos que seja entendida como sendo igual à do homem, ou seja, um apetite racional. A vontade de Deus é poder mediante o qual Deus efetua todas as coisas.

O mesmo se dá quando lhe atribuímos visão e qualquer outro ato dos sentidos, e, ainda, conhecimento, compreensão, que nos homens é um tumulto da mente, suscitado por coisas exteriores que pressionam as partes orgânicas do corpo. Tais atributos não existem em Deus, pois são coisas que dependem de causas naturais.

Quem quiser atribuir a Deus apenas o que está garantido pela razão natural precisa utilizar atributos negativos, como infinito, eterno, incompreensível; superlativos, como mais elevado, maior; indefinidos, como bom, justo, sagrado, criador, como se o homem não se propusesse a dizer o que Deus é (circunscrevendo-o dentro dos limites da imaginação), mas como o admira e como está disposto a obedecer a Ele, sendo esse um sinal de humildade e de vontade de honrá-lo. Existe apenas uma expressão capaz de traduzir nossa concepção de Sua natureza, que é "Eu sou", sendo apenas um termo para expressar Sua relação com o ser humano; e esse é Deus, no qual estão contidos o pai, o rei e o senhor.

No que concerne às ações do culto divino, diz um preceito da razão que devem ser sinais da intenção de honrar a Deus. Em primeiro lugar estão as orações, pois não são os escultores que, ao fazerem imagens, consideram que estão fazendo deuses, mas o povo que reza diante delas.

Em segundo lugar, estão as ações de graças, que diferem das orações no culto divino apenas pelo fato de que estas precedem o benefício e aquelas o sucedem. Ambas reconhecem ser Deus o autor de todos os benefícios passados, presentes e futuros.

Em terceiro lugar, estão as oferendas, ou seja, os sacrifícios e as oblações (se forem boas), pois são sinais de honra e ação de graça.

Em quarto lugar, está jurar apenas por Deus, uma vez que isso é honra pelo fato de ser uma confissão de reconhecimento de que só Deus conhece o coração, e de que nem a força nem a sabedoria de qualquer homem podem proteger alguém contra a ação de Deus sobre o perjuro.

Em quinto lugar, num culto racional, devemos falar de Deus com consideração. Isso representa temor, e esse sentimento é um reconhecimento de Seu poder. Disso deduzimos que o nome de Deus não deve ser usado levianamente e sem qualquer objetivo, o que poderia significar que estaria sendo usado em vão. E usar Seu nome não tem nenhuma finalidade, a não ser que seja mediante juramento e por ordem do Estado, para garantir um julgamento ou, entre Estados, para evitar uma guerra. Discutir sobre a natureza de Deus é contrário a Sua honra, uma vez que supomos que no reino natural de Deus não há outra forma de conhecer qualquer coisa a não ser pela razão natural, ou seja, pelos princípios da ciência natural, que está longe de conseguir explicar a natureza de Deus, nossa própria natureza e a de todos os seres vivos. Assim, quando os homens, abandonando os princípios da razão natural, discutem os atributos de Deus, apenas o desonram, uma vez que não deve ser considerada Sua significação como verdade filosófica, mas apenas a intenção piedosa de honrá-lo da melhor maneira possível. Faltando essas considerações, foram escritos numerosos volumes sobre a natureza de Deus, os quais não conduzem a Sua honra, mas à honra da própria sabedoria e erudição de seus autores. Esses escritos não passam de vãos e desconsiderados abusos de Seu santo nome.

Em sexto lugar, as orações, as ações de graças, as oferendas e os sacrifícios, de acordo com a razão natural, devem ser as melhores e as mais importantes honrarias. Assim, nas orações e ações de graças é necessário empregar palavras e frases que não sejam levianas ou populares, mas belas e bem compostas, para assim melhor honrar a Deus. Os gentios, absurdamente, veneravam imagens de seus deuses, mas o faziam em verso e em música, tocando seus instrumentos. Os animais e presentes que ofereciam e os cultos eram cheios de submissão, agradecendo os benefícios alcançados.

Em sétimo lugar, o culto a Deus não deve ser apenas particular, em segredo, mas, principalmente, público, à vista de todos, a fim de levar muitos a honrá-lo.

E, finalmente, em oitavo lugar, o maior de todos os cultos é a obediência às leis de Deus (nesse caso, às leis naturais). Uma vez que a obediência é mais agradável a Deus do que o sacrifício, deixar de obedecer Seus mandamentos é a maior das injúrias.

Essas são as leis do culto divino que a razão natural dita a todos os homens.

Considerando ser o Estado uma pessoa, deve também render a Deus um culto, que se realiza quando o Estado ordena que tal culto seja manifestado publicamente pelos particulares. Esse é o culto público, cuja peculiaridade consiste em ser uniforme, já que as ações feitas de modo diverso, por homens distintos, não podem ser considerados atos de culto público. Quando são permitidas diversas formas de culto, peculiares a diferentes religiões, não podemos dizer que existe um culto público, nem que o Estado possua uma religião.

Uma vez que as palavras, e, por conseguinte, os atributos de Deus, recebem significado de acordo com os homens, devem ser honra os atributos que os homens assim decidam; tudo aquilo que puder ser feito pela vontade dos particulares, na inexistência de uma lei que não a da razão, também pode ser feito pelo Estado, por intermédio de leis civis. Como o Estado não tem vontade e não faz leis, a não ser de acordo com a vontade de quem exerce o poder soberano, deduzimos que os atributos ordenados pelo soberano como sinais de honra, no culto a Deus, precisam ser aceitos e utilizados pelos particulares durante o culto público.

Porém, como nem todas as ações são sinais por constituição, mas algumas são naturalmente sinais de honra e outras, de injúria, estas últimas (que são as que os homens se envergonham de fazer na presença daqueles que reverenciam) não podem ser instituídas pelo poder humano como parte do culto divino; nem as primeiras (como as que implicam uma conduta decorosa, modesta e humilde) podem ser separadas desse culto. No entanto, como existe um número infinito de atos e gestos, de diferentes naturezas, aqueles que o Estado ordena que sejam pública e universalmente autorizados, como símbolos de honra e parte do culto de Deus, precisam ser admitidos e usados como tais pelos súditos. E o que diz a Escritura: "É melhor obedecer a Deus do que aos homens", tem lugar no Reino de Deus por pacto, e não por natureza.

Tendo-me referido brevemente ao reino natural de Deus e a Suas leis naturais, acrescentarei apenas a este capítulo uma curta declaração a respeito de Suas punições naturais. Não existe qualquer ação do homem que não seja o começo de uma cadeia de consequências, tão longa que nenhuma providência humana é suficiente para dar ao homem um prospecto do que virá até o final. Nessa cadeia estão contidas coisas agradáveis e desagradáveis, de tal modo que aquele que desejar fazer algo para seu prazer precisa aceitar todas as dores correlatas. Essas dores são as punições naturais das ações, das quais resulta um mal maior do que o bem. Por adição, ocorre que a intemperança é naturalmente castigada com enfermidades; a precipitação, com o fracasso; a injustiça, com a violência dos inimigos; o orgulho, com a ruína; a covardia, com a opressão; o governo negligente dos príncipes, com a rebelião; e a rebelião, com a matança. Se considerarmos que as punições são consequências da desobediência às leis, as punições naturais têm de ser, naturalmente, as consequências da quebra das leis naturais e, portanto, seguem-se a elas com seus efeitos naturais e não arbitrários.

Tudo o que dissemos até aqui sobre a constituição, a natureza e o direito dos soberanos e o dever dos súditos deriva dos princípios da razão natural. Considerando como esta doutrina é diferente da prática na maior parte do mundo, principalmente da prática dos que receberam de Roma e de Atenas sua sabedoria moral, e fazendo-se necessária uma profunda filosofia moral para os que exercem o cargo de administradores do soberano poder, estou prestes a crer que este meu trabalho seja inútil, tanto quanto o Estado concebido por Platão, uma vez que ele também acreditou ser impossível debelar as desordens do Estado e mudar governos por meio de guerras civis enquanto os soberanos não forem filósofos. Mas, considerando que a ciência da justiça natural é a única ciência necessária aos soberanos e aos principais ministros, que não necessitam ser onerados com ciências matemáticas (como nos textos de Platão), mas dotados do conhecimento de boas leis, para que estimulem os homens a estudá-las, e considerando que nem Platão, nem qualquer outro filósofo, estabeleceu ou provou de modo suficiente os teoremas da doutrina moral, de modo a possibilitar aos homens aprender a governar e a obedecer, alimento certa esperança de que, mais cedo ou mais tarde, estes escritos cairão nas mãos de um soberano que os examinará (uma vez que são curtos e claros), sem se valer da ajuda de nenhum intérprete invejoso, e que, exercitando a soberania plena, esse soberano poderá preservar a educação pública e converter esta especulação da verdade em utilidade prática.

# Parte III

# Do Estado cristão

## Capítulo XXXII
## Dos princípios da política cristã

Deduzi apenas dos princípios naturais os direitos do poder soberano e os deveres dos súditos, limitando-me ao que a experiência mostrou ser verdadeiro ou ao que o consentimento relativo ao uso das palavras o tornou. Em outras palavras, deduzi-os da natureza do homem, conhecida por meio da experiência e de definições universalmente aceitas das palavras que são essenciais a todo raciocínio político. No que diz respeito ao que será tratado a seguir, isto é, à natureza e aos direitos de um Estado cristão, em que muita coisa depende das revelações sobrenaturais da vontade de Deus, o fundamento de meu discurso deverá ser, além da palavra natural de Deus, a palavra profética.

Entretanto, não devemos renunciar aos sentidos e à experiência, nem àquilo que é a indubitável palavra de Deus, nossa razão natural. Esses são os talentos que Deus pôs em nossas mãos para que pudéssemos sobreviver até o retorno de nosso abençoado Salvador; portanto, devem ser utilizados na busca da justiça, da paz e da verdadeira religião, e não apenas permanecer envoltos no manto de uma fé implícita. Apesar de a palavra de Deus encerrar muitas coisas que estão acima da razão, isto é, que não podem ser demonstradas nem refutadas pela razão natural, ela não é contrária à razão e, quando aparenta sê-lo, isso se dá em consequência de nossa torpeza na interpretação ou de nosso raciocínio incorreto.

Logo, quando algo escrito apresenta-se demasiado difícil ao nosso exame, nosso entendimento deve ser cativado pelas palavras, e não pelo trabalho de filtrar uma verdade filosófica por meio da lógica desses mistérios que não conseguimos compreender e aos quais não se aplica nenhuma regra da ciência natural. É o que se dá com os mistérios de nossa religião, que, à semelhança dos comprimidos ministrados aos enfermos, se engolidos inteiros têm a virtude de curar, mas, quando mastigados, voltam, na maioria das vezes, regurgitados à boca, não produzindo nenhum efeito.

Entretanto, quando falamos de cativar nosso entendimento, não queremos nos referir com isso a uma submissão da faculdade intelectual à opinião de outrem, mas à vontade de obedecer, quando devemos fazê-lo. Não depende de nosso poder mudar os sentidos, a memória, o entendimento, a razão e a opinião, pois eles são sempre necessariamente tais como nos são sugeridas as coisas que vemos, ouvimos e consideramos. Não são, portanto, efeitos de nossa vontade. Pelo contrário, é nossa vontade que é efeito deles. Nosso entendimento e nossa razão são cativados quando nos abstemos de contradizer, quando falamos da maneira como a legítima autoridade nos ordena, e quando vivemos de acordo com ela. Isso é o resultado da confiança e da fé que depositamos naquele que nos fala, embora nossa mente seja incapaz de ter qualquer noção das palavras proferidas.

Deus fala aos homens diretamente ou pela mediação de outro homem, com quem Ele tenha falado direta e anteriormente. De que forma Deus fala ao homem imediatamente pode ser perfeitamente compreendido por aqueles a quem assim falou; mas como os outros devem entender isso é difícil, se não impossível. É difícil determinar que argumento deve ser usado por aquele a quem Deus falou direta e sobrenaturalmente para que os outros acreditem em sua palavra. Quando a pessoa que diz ter ouvido Deus é um soberano, pode obrigar seus súditos a acreditar e obedecer, impedindo-os de, por atos ou palavras, dizerem que não acreditam; entretanto, o soberano não pode obrigar seus súditos a pensarem de forma diversa da que é sugerida por sua razão. Se quem quiser impor sua crença não estiver investido de autoridade, não poderá esperar obediência.

Dizer que Deus falou ao homem pelas Sagradas Escrituras não é o mesmo que dizer que Deus falou diretamente a ele, mas pela mediação dos profetas, dos Apóstolos ou da Igreja, da mesma maneira como fala a todos os outros cristãos. Quando alguém diz que Deus lhe falou em sonhos, significa que sonhou que Deus lhe falou, e isso não tem a força de conquistar a crença de ninguém. Os sonhos, em sua maioria, são naturais, podendo ser originados por coisas pensadas anteriormente, e esses sonhos nada mais são que a manifestação de uma alta estima e, até mesmo, de uma arrogância insensata, bem como de uma falsa ideia da própria bondade ou de qualquer outra virtude que possa ter feito a pessoa que sonhou merecer o favor de uma revelação extraordinária. Afirmar ter tido uma visão ou ter ouvido uma voz é o mesmo que dizer que, entre o sono e a vigília, a pessoa sonhou; e pode suceder, muitas vezes, que o homem julgue ter tido uma visão por não saber discernir se estava dormindo ou cochilando quando se deu o fato. Afirmar estar falando por inspiração sobrenatural é o mesmo que dizer sentir um ardente desejo de falar ou emitir uma opinião favorável de si mesmo, quando a pessoa não consegue encontrar uma razão natural e suficiente. Assim, apesar de Deus poder falar ao homem por meio de sonhos, visões, voz e inspiração, ninguém é obrigado a acreditar que Ele o fez a alguém que tenha essa pretensão. Por ser um ser humano, essa pessoa pode enganar-se e, o que é pior, mentir.

Como é possível alguém a quem Deus nunca revelou imediatamente Sua vontade (a não ser por intermédio da razão natural) saber se deve ou não obedecer à palavra dos que se dizem profetas? Entre os 400 profetas chamados pelo rei de Israel para aconselhá-lo sobre a guerra que faria contra Ramot de Galaad, só Miqueias se revelou verdadeiro (1Rs 22). O profeta enviado para profetizar contra Jeroboão, apesar de ser verdadeiro, demonstrando mediante dois milagres ser um profeta enviado por Deus, foi enganado por outro velho profeta, que o persuadiu a comer e beber em sua companhia, como se fosse uma ordem dada por Deus (1Rs 13). Quando um profeta é capaz de enganar a outro, como podemos ter a certeza de que a vontade de Deus pode ser dada a conhecer por outro caminho, diverso da razão? A resposta é: pelas Sagradas Escrituras, onde dois sinais conjuntos, não separadamente, permitem identificar o verdadeiro profeta. Um deles é a realização de milagres e o outro, não ensinar nenhuma religião diversa da já estabelecida. Isoladamente, como dissemos, nenhum dos dois sinais é suficiente. "Se um profeta se ergue entre vós, ou um sonhador de sonhos, pretendendo realizar um milagre, e o conseguir, se ele disser para seguirdes deuses estranhos, aos quais não conheceis, não lhe deis ouvidos. [...] E esse profeta ou sonhador de sonhos deve ser condenado à morte, pois vos disse para vos revoltardes contra Deus, vosso Senhor" (Dt 13,1-5). Por essas palavras podemos observar duas coisas: primeiro, que Deus não aceita que os milagres sejam argumentos suficientes para aprovar a vocação de um profeta, mas (como no caso no terceiro versículo) que os milagres servem para experimentar a constância de nossa dedicação a Deus. Os feitos dos feiticeiros egípcios, embora não fossem tão grandes como os de Moisés, eram, também, grandes milagres. Segundo, que, mesmo que o milagre seja grande, se tender a provocar a revolta contra o rei, ou contra aquele que governa em virtude da autoridade do rei, é preciso que acreditemos apenas que quem realizou tal milagre foi enviado para pôr à prova a fidelidade do povo. Então, as palavras "vos revoltardes contra Deus, vosso Senhor" são, nesse ponto, equivalentes a "vos revoltardes contra vosso rei". De fato, Deus se tornara rei do povo judeu por uma aliança celebrada no sopé do monte Sinai, e governava-os unicamente por intermédio de Moisés, pois só ele falava com Deus, comunicando ao povo, pouco a pouco, os mandamentos de Deus. De maneira semelhante, Cristo, nosso Salvador, depois de convencer os discípulos de que era o Messias (isto é, o ungido de Deus, que a nação dos judeus esperou ansiosamente como seu rei, mas se recusou a aceitar quando chegou), não deixou de avisá-los contra o perigo dos milagres. "Surgirão", disse ele, "falsos Cristos e falsos profetas, e farão grandes maravilhas e milagres, capazes até de seduzir, se possível, os próprios eleitos" (Mt 24,24). Isso demonstra que os falsos profetas podem ter o poder de fazer milagres, mas não nos deve levar a aceitar sua doutrina como a palavra de Deus. Além disso, São Paulo disse aos Gálatas que, "se ele mesmo, ou um anjo do céu, pregasse um outro Evangelho, diferente do que ele pregara, que fosse amaldiçoado" (Gl 1,8). Segundo esse Evangelho, Cristo era rei; assim, em consequência dessas palavras, toda pregação contra o poder do rei reconhecido foi amaldiçoada por São Paulo. Com efeito, suas palavras eram dirigidas àqueles que, em razão de sua pregação, já tinham reconhecido Jesus como o Cristo, quer dizer, como rei dos judeus.

Tal como os milagres, sem a pregação da doutrina estabelecida por Deus, são argumento insuficiente para atestar uma revelação direta, também o é a pregação da verdadeira doutrina sem a realização de milagres. Assim, se um homem que não ensina falsas doutrinas quisesse vir a ser um profeta, sem realizar nenhum milagre, sua pretensão não deveria ser aceita, de nenhuma maneira, como fica evidente em Dt 18,21s: "Talvez perginteis em vosso coração como saber que a palavra [do profeta] não é aquela que Deus proferiu. Se o profeta tiver falado em nome do Senhor, mas o que diz não se realiza, essa é a palavra que o Senhor não proferiu e que o profeta proferiu com o orgulho de seu coração: não o temais". Mas fica aqui uma dúvida: como podemos saber se o que o profeta predisse vai ocorrer? Se ele faz uma predição de algo que só acontecerá depois de muito tempo, mais do que o tempo de vida de um homem, ou que ocorrerá em qualquer tempo, tal predição é indefinida e, então, o sinal do profeta é inútil. Os milagres que nos levam a acreditar nas palavras de um profeta devem ser confirmados por um acontecimento imediato, e não adiado por muito tempo. Portanto, o ensino da religião estabelecida por Deus, concomitante à realização imediata de um milagre, foram os únicos sinais aceitos pelas Escrituras como próprios de um verdadeiro profeta, isto é, os únicos sinais por meio dos quais reconhecemos uma revelação imediata; nenhum desses sinais, considerado isoladamente, pode obrigar alguém a aceitar o que o profeta diz.

Uma vez que hoje não se produzem mais milagres, já não há nenhum sinal que permita reconhecer as pretensas revelações ou inspirações de qualquer pessoa. Não há também a obrigação de dar ouvidos a qualquer doutrina, além daquela que está de acordo com as Sagradas Escrituras, que desde o tempo de nosso Salvador substituem e compensam a necessidade de qualquer outra profecia, e com base nas quais, mediante sábia e douta interpretação e cuidadoso raciocínio, podem ser deduzidos, com facilidade, todos os preceitos e regras de que precisamos para conhecer nosso dever perante Deus e perante os homens, sem fanatismo ou inspiração sobrenatural. Será dessas Escrituras que extrairei os princípios de meu discurso referente aos direitos daqueles que, na terra, são os supremos governantes dos Estados cristãos, e aos deveres dos súditos cristãos perante seus soberanos. Com esse fito, discorrerei no capítulo seguinte sobre livros, autores, propósitos e autoridade da Bíblia.

## Capítulo XXXIII
### Do número, antiguidade, alcance, autoridade e intérpretes dos livros das Sagradas Escrituras

Os livros das Sagradas Escrituras são aqueles que devem ser o cânon, isto é, as regras da vida cristã. Como as regras da vida que os homens, conscientemente, estão obrigados a respeitar são leis, a questão das Escrituras consiste em definir o que significa lei para toda a cristandade, seja a lei natural, seja a civil. As Escrituras não especificam quais são as leis que cada rei cristão deve ditar em seus domínios, mas determinam quais são as leis que eles não devem ditar. Lembrando que já demonstramos anteriormente que os soberanos, em seus domínios, são os únicos legisladores, tais livros só são canônicos, isto é, só são leis nas nações em que foram estabelecidos como tais pela autoridade soberana. Certamente, Deus é o soberano de todos os soberanos e, portanto, quando fala a qualquer súdito, deve ser obedecido, seja o que for que qualquer potentado terreno ordene em sentido contrário. O problema não está na obediência a Deus, mas em quando e no que Deus disse, e isso, pelos súditos que não receberam revelação sobrenatural, só pode ser conhecido por meio da razão natural, que os levou a obedecer a autoridade de seus Estados, isto é, seus legítimos soberanos, a fim de conseguir a paz e a justiça. De acordo com essa obrigação, só posso reconhecer como Sagradas Escrituras, entre os livros do Antigo Testamento, aqueles que a autoridade da Igreja da Inglaterra ordenou que assim fossem reconhecidos. Esses livros são sobejamente conhecidos, não sendo necessário catalogá-los. Ou seja, são os mesmos que foram reconhecidos por São Jerônimo, que considerou apócrifos os restantes, particularmente a Sabedoria de Salomão, o Eclesiastes, Judite, Tobias, o primeiro e o segundo livro dos Macabeus (apesar de ter visto o primeiro em hebraico) e o terceiro e o quarto de Esdras. Flávio Josefo, um sábio judeu que escreveu na época do imperador Domiciano, reconhece 22 livros canônicos, fazendo o número coincidir com o alfabeto hebraico. São Jerônimo faz o mesmo, embora Josefo e Jerônimo tenham reconhecido os livros canônicos de maneiras diferentes. Flávio Josefo inclui cinco livros de Moisés, 13 dos profetas que escreveram a história de sua própria época (veremos depois como concordam com os escritos dos profetas contidos na Bíblia) e quatro de hinos e preceitos morais. São Jerônimo reconhece cinco livros de Moisés, oito dos profetas e nove outros escritos sagrados, aos quais chama hagiógrafos. Os Septuaginta — os 70 sábios judeus enviados por Ptolomeu, rei do Egito, para traduzir a lei judaica do hebraico para o grego — não nos deixaram nada, como Sagradas Escrituras, na língua grega, a não ser o mesmo que é reconhecido pela Igreja da Inglaterra.

Com referência aos livros do Novo Testamento, são reconhecidos como cânon, de forma idêntica, por todas as Igrejas cristãs e por todas as seitas cristãs, que admitem todos esses livros como canônicos.

Não fica evidente, pelo testemunho de outras histórias (única prova material para esses casos), quem foram os autores originais dos diversos livros das Sagradas Escrituras, nem qualquer argumento da razão natural pode dar-nos essa resposta, uma vez que a razão natural não é suficiente para nos convencer da verdade dos fatos, mas, simplesmente, da verdade das consequências. Portanto, a luz que nos serve de guia nessa questão é a que provém dos próprios livros; embora não nos mostre o autor de cada livro, essa luz nos dá a conhecer a época em que foram escritos.

Primeiramente, quanto ao Pentateuco, não existe argumento suficiente para afirmar que esses livros foram escritos por Moisés, embora sejam chamados os cinco livros de Moisés. O mesmo ocorre com o livro de Josué, o livro dos Juízes, o livro de Rute e os livros dos Reis, cujo título não é, portanto, argumento suficiente para provar que tais livros foram escritos por Josué, pelos juízes, por Rute ou pelos reis. Com efeito, nos títulos dos livros são assinalados os temas com a mesma frequência que os escritores. A *História* de Lívio denota o autor, mas a *História* de Scanderbeg tem essa denominação em razão do tema. Lemos a respeito do sepulcro de Moisés, no último capítulo do Deuteronômio, versículo 6, que "ninguém conhece seu sepulcro até este dia" (Dt 34,6), isto é, até o dia em que essas palavras foram escritas. Portanto, fica evidente que essas palavras foram escritas depois do funeral de Moisés, pois seria estranho interpretar que Moisés falou de seu próprio sepulcro (mesmo por profecia), afirmando que não foi encontrado naquele tempo, quando ainda estava vivo. Talvez, porém, alguém possa alegar que apenas o último capítulo, e não todo o Pentateuco, foi escrito por outra pessoa. Examinemos, portanto, o que se encontra no livro do Gênesis: "E passou Abraão por terra até o lugar chamado Siquém, na planície de Moré, e os cananeus habitavam então essa terra" (Gn 12,6). Necessariamente, essas devem ser palavras de alguém que escreveu quando os cananeus não viviam mais nessa terra; portanto, não podem ser de Moisés, que morreu antes de chegar a ela. Do mesmo modo, no livro dos Números (Nm 21,14), o autor cita outro livro mais antigo, intitulado *O Livro das Guerras do Senhor*, no qual foram registrados os feitos de Moisés no mar Vermelho e na torrente de Arnon. Assim, fica evidente que os cinco livros de Moisés foram escritos depois de seu tempo, embora não seja manifesto quanto tempo depois.

Apesar de não ter sido Moisés quem escreveu inteiramente os livros, na forma como os conhecemos, ele escreveu tudo o que os livros dizem que escreveu. Como o volume da lei, que, segundo parece, está contido no capítulo 11 do Deuteronômio, e os capítulos seguintes, até o 27, sobre os quais houve uma ordem de que fossem escritos em pedras, na entrada para a terra de Canaã. Esses capítulos foram escritos pelo próprio Moisés, que os entregou aos sacerdotes e anciãos de Israel, para serem lidos todo sétimo ano em Israel inteiro, na assembleia da festa do Tabernáculo (Dt 21,9s). Deus ordenou que todos os seus reis tirassem uma cópia dessa lei para os sacerdotes e levitas (quando estabeleceram essa forma de governo), e foi essa cópia que Moisés ordenou aos sacerdotes e levitas que colocassem ao lado da Arca (Dt 31,26). Foi a mesma cópia que, depois de estar perdida, voltou muito tempo mais tarde a ser encontrada por Helcias (2Rs 22,8), que a enviou ao rei Josias, que, ordenando que fosse lida ao povo, renovou a aliança estabelecida entre eles e Deus (2Rs 23,1-3).

Que também o livro de Josué foi escrito muito depois de seu tempo é algo que podemos inferir por vários trechos do próprio livro. Josué pusera 12 pedras no meio do Jordão, como monumento de sua passagem, e sobre isso diz o autor que "elas lá ficaram até este dia" (Js 4,9). "Até este dia" é uma frase que significa um tempo passado, muito além da memória do homem. Da mesma forma, depois da fala do Senhor, que havia libertado o povo do opróbrio do Egito, diz o autor que "o lugar se chama Guilgal até este dia" (Js 5,9). O que teria sido impróprio, se dito no tempo de Josué. E também, sobre o nome do vale de Acor, oriundo da perturbação causada por Acã no acampamento, diz o autor que "ficou até este dia" (Js 7,26), tempo que deve necessariamente ser muito posterior ao de Josué. E há muitos outros argumentos desse tipo, como em Js 8,29; 13,13; 14,14 e 15,63.

O mesmo fica claro por argumentos semelhantes do livro dos Juízes, (Jz 1,21-26; 6,24; 10,4; 15,19; 17,6) e do livro de Rute (Rt 1,1), mas, especialmente, em Jz 18,30, que diz que Jônatas "e seus filhos foram sacerdotes da tribo de Dã, até o dia do exílio".

Que os livros de Samuel também foram escritos depois de seu tempo é provado por argumentos idênticos, baseados em 1Sm 5,5; 7,13-15; 27,6 e 30,25, em que lemos que, depois de Davi ter distribuído partes iguais dos despojos entre os que guardaram as munições e os que combateram, "ele", diz o autor, "fez disso um estatuto e uma ordenação para Israel, até este dia". E ainda, quando Davi, desgostoso por Deus ter dado a morte a Oza, pelo fato de este ter estendido a mão para segurar a Arca, chamou ao lugar Farés-Oza, diz o autor que esse lugar é assim chamado "até este dia" (2Sm 6,8). Portanto, a época em que o livro foi escrito deve ser muito posterior ao fato, quer dizer, muito tempo depois da época de Davi.

Quanto aos dois livros dos Reis e aos dois livros das Crônicas, se, de um lado, existem trechos que fazem referência a monumentos que, segundo o autor, permaneceram até seu próprio tempo, como 1Rs 9,13.21; 10,12; 12,19, 2Rs 2,22; 8,22; 10,27; 14,7; 16,6; 17,23.34.41, e 1Cr 4,41; 5,26, de outro lado, há argumentos suficientes para demonstrar que foram escritos depois do cativeiro de Babilônia, já que a história continua até esse tempo. Os fatos registrados são sempre mais antigos do que o registro, e muito mais antigos do que os livros que referem ou citam esse registro, como fazem esses livros em diversas passagens, remetendo o leitor para as crônicas dos reis de Judá, para as crônicas dos reis de Israel, para os livros do profeta Samuel, do profeta Natã e do profeta Ageu, assim como para a visão de Ido e os livros do profeta Servias e do profeta Ado.

Não há qualquer dúvida de que os livros de Esdras e Neemias foram escritos depois de seu regresso do exílio, pois fazem referência a esse regresso, à reconstrução das muralhas e casas de Jerusalém, à renovação da aliança e às ordenações de sua política.

A história da rainha Ester é do tempo do exílio; portanto, o autor deve ser da mesma época ou de época posterior a ela.

O livro de Jó não tem qualquer sinal do tempo em que foi escrito, embora pareça suficientemente evidenciado (Ez 14,14; Tg 5,11) que não era uma pessoa inventada; contudo, o livro não parece ser uma história, mas um tratado sobre uma questão muito discutida nos tempos antigos: por que frequentemente os maus prosperam neste mundo, e os bons são afligidos? Essa hipótese parece ser a mais provável, pois, desde o início até o terceiro versículo do terceiro capítulo, quando se inicia o lamento de Jó, o texto hebraico (como testemunha São Jerônimo) é em prosa; daí até o sexto versículo do último capítulo, é em versos hexâmetros; e o resto do capítulo volta a ser em prosa. A discussão é inteira em verso, e a prosa só é acrescentada como prefácio e como epílogo. Não é comum o uso do verso pelos que se encontram em grande aflição, como Jó, nem pelos que vão confortá-lo como amigos, mas seu emprego era frequente em filosofia, sobretudo em filosofia moral.

Davi escreveu a maioria dos salmos para uso dos cantores. A eles foram acrescentados alguns cantos de Moisés e de outros homens santos, sendo alguns deles posteriores ao regresso do exílio, como o 137 e o 126, pelo que fica manifesto que o saltério foi compilado e disposto na forma atual depois do regresso dos judeus da Babilônia.

Os Provérbios, uma coleção de sentenças sábias e piedosas, em parte de autoria de Salomão, em parte de Agur, filho de Jaces, e, em parte, da mãe do rei Lemuel, não é provável que tenham sido coligidos por Salomão, por Agur ou pela mãe de Lemuel; embora as sentenças sejam deles, a coleção ou compilação de todas num único livro foi, provavelmente, obra de algum outro homem devoto, que viveu depois de todos eles.

Nos livros do Eclesiastes e dos Cânticos, tudo é de Salomão, com exceção dos títulos, ou inscrições. Porque os versículos iniciais "palavras do orador, filho de Davi, rei de Jerusalém", e "o mais belo cântico de Salomão" parecem ter sido introduzidos com o propósito de distinção, quando os livros das Escrituras foram reunidos num único corpo de lei, para que pudessem subsistir tanto os autores quanto a doutrina.

Entre os profetas mais antigos, são citados Sofonias, Jonas, Amós, Oseias, Isaías e Miqueias, que viveram no tempo de Amazias e Azarias, ou de Ozias, reis de Judá. Mas o livro de Jonas não é propriamente um registro de sua profecia (que está contida em poucas palavras: "Quarenta dias e Nínive será destruída"), e, sim, a história ou narração de sua rebeldia e desrespeito aos mandamentos de Deus; assim, é muito pequena a probabilidade de que ele tenha sido o autor, já que é o próprio tema. Mas o livro de Amós é sua própria profecia.

Jeremias, Abdias, Naum e Habacuc profetizaram no tempo de Josias.

Ezequiel, Daniel, Ageu e Zacarias profetizaram no exílio.

Não fica evidente, pelo que escreveram, em que época profetizaram Joel e Malaquias. Mas, examinando as inscrições ou títulos de seus livros, fica bastante claro que todas as escrituras do Antigo Testamento foram postas na forma que conhecemos após o retorno dos judeus de seu exílio na Babilônia e antes do tempo de Ptolomeu Filadelfo, que as mandou traduzir para o grego por 70 homens, enviados por ele da Judeia com esse propósito. E, se os livros apócrifos (que nos são recomendados pela Igreja, não como canônicos, mas como livros proveitosos para nossa instrução) merecem crédito nesse ponto, as Escrituras foram postas na forma em que as conhecemos por Esdras, como podemos ver pelo que ele mesmo diz em seu segundo livro, capítulo 14, versículos 21ss, ao se dirigir a Deus: "Tua lei foi queimada, e por isso ninguém conhece as coisas que fizeste, nem as obras que estão para começar. Mas, se encontro graça perante ti, envia o Espírito Santo até mim, e escreverei tudo o que foi feito no mundo, desde o início, todas as coisas que foram escritas na lei, para que os homens possam encontrar teu caminho, e para que possam viver aqueles que vão viver nos dias mais longínquos". E, no versículo 45: "E veio a acontecer que, depois de cumpridos os 40 dias, o Altíssimo falou, e disse: 'O primeiro que escreveste, publica-o abertamente, para que os dignos e os indignos possam lê-lo; mas guarda os últimos 70, para que possas entregá-los apenas àqueles de entre o povo que sejam sábios'". E isto é quanto basta acerca do tempo em que foram escritos os livros do Antigo Testamento.

Todos os autores do Novo Testamento viveram menos de uma geração depois da Ascensão de Cristo, e todos eles tinham visto nosso Salvador ou foram seus discípulos, exceto São Paulo e São Lucas. Por conseguinte, tudo o que por eles foi escrito é tão antigo como a época dos Apóstolos. Mas a época em que os livros do Novo Testamento foram recebidos e reconhecidos pela Igreja como seus escritos não é tão remota. Tal como os livros do Antigo Testamento não nos vêm de uma época mais antiga do que a de Esdras, que, sob a direção do Espírito de Deus, recuperou-os quando estavam perdidos, assim também os livros do Novo Testamento, cujas cópias não eram muitas, nem poderiam estar nas mãos de uma só pessoa, não podem datar de uma época mais antiga do que aquela em que os dirigentes da Igreja os reuniram, aprovaram e nos recomendaram como sendo os escritos desses Apóstolos e discípulos por cujos nomes são conhecidos. A primeira enumeração de todos os livros, tanto do Antigo como do Novo Testamento, aparece nos Cânones dos Apóstolos, supostamente coletados por Clemente I, bispo de Roma (depois de São Pedro). Mas, como essa é apenas uma suposição, e muitos a contestam, o Concílio de Laodiceia foi o primeiro a recomendar a Bíblia às Igrejas cristãs como sendo os escritos dos profetas e dos Apóstolos. Esse Concílio reuniu-se no ano 364 depois de Cristo. Nessa época, a ambição predominava entre os grandes doutores da Igreja, diminuindo sua consideração pelos imperadores, embora cristãos, e levando-os a tê-los por ovelhas, e não pastores de seu povo, e os imperadores não cristãos por lobos; a ambição os levava também a se esforçar por apresentar sua doutrina, não como conselho e informação, na qualidade de pregadores, mas como leis, na qualidade de governantes absolutos. Embora tais fraudes pretendessem tornar o povo mais piedoso e mais obediente à doutrina cristã, estou convencido de que isso não os levou a falsificar as Escrituras, não obstante as cópias dos livros do Novo Testamento estarem apenas nas mãos dos eclesiásticos. Se tivessem a intenção de fazê-lo, sem dúvida as teriam tornado mais favoráveis do que são a seu poder sobre os príncipes cristãos. Portanto, não vejo razão para duvidar de que o Antigo e o Novo Testamento, tais como atualmente os conhecemos, são os verdadeiros registros das coisas que foram feitas e ditas pelos profetas e apóstolos. Dessa forma, é possível que alguns dos livros que são chamados apócrifos não tenham sido deixados fora do cânon por inconformidade de doutrina com o restante, mas porque não foram encontrados em hebraico. Após a conquista da Ásia por Alexandre, o Grande, eram poucos os judeus cultos que não conheciam perfeitamente a língua grega, haja vista que os 70 intérpretes que verteram a Bíblia para o grego eram todos hebreus; e temos ainda as obras de Fílon e de Flávio Josefo, ambos judeus, por eles eloquentemente escritas em grego. Entretanto, o que torna canônico um livro é a autoridade da Igreja, não o autor. Embora esses livros tivessem sido escritos por diversos homens, é evidente que todos eles estavam imbuídos do mesmo espírito, já que todos tinham o mesmo objetivo, que era o estabelecimento dos direitos do Reino de Deus, do Pai, do Filho e do Espírito Santo. Assim, no livro do Gênesis é apresentada a genealogia do povo de Deus, desde a criação do mundo até sua ida para o Egito. Nos outros quatro livros de Moisés se encontra a eleição de Deus como rei desse povo, e as leis que Ele prescreveu para seu governo. Os livros de Josué, dos Juízes, de Rute e de Samuel, até o tempo de Saul, descrevem as ações do povo de Deus até o momento em que se libertaram do jugo de Deus e escolheram um rei, à maneira das nações vizinhas. O resto da história do *Antigo Testamento* nos apresenta a sucessão da linha de Davi, até o exílio. Dessa linha viria a nascer o restaurador do Reino de Deus, nosso abençoado Salvador Deus Filho, cuja vinda foi prevista nos livros dos profetas, depois dos quais os evangelistas escreveram sua vida, suas ações e sua pretensão ao trono, enquanto viveu sobre a terra. Por último, os Atos e as Epístolas dos Apóstolos declaram a vinda de Deus, o Espírito Santo, e a autoridade que Ele lhes deixou, e a seus sucessores, para a direção dos judeus e para a conversão dos gentios. Em resumo, tanto as histórias e profecias do Antigo Testamento como os Evangelhos e Epístolas do Novo Testamento tiveram como único objetivo a conversão dos homens à obediência a Deus: 1) em Moisés e nos sacerdotes; 2) no homem Cristo; e 3) nos Apóstolos e nos sucessores do poder apostólico. Esses homens representaram, em tempos e momentos diversos, a pessoa de Deus: Moisés e seus sucessores, os sumos sacerdotes e reis de Judá, no Antigo Testamento; o próprio Cristo, durante o tempo que viveu na terra; e os Apóstolos e seus sucessores, desde o dia do Pentecostes (quando o Espírito Santo baixou sobre eles) até hoje.

Entre as diversas seitas da religião cristã, há uma grande disputa em torno da questão de onde as Escrituras tiram sua autoridade. Essa questão, às vezes, é formulada em outros termos: como podemos saber que as Escrituras são a Palavra de Deus? Ou: por que acreditamos nisso? A dificuldade em responder a essas questões está, sobretudo, na impropriedade das palavras com as quais são formuladas. Efetivamente, acreditamos que o primeiro e original autor das Escrituras é Deus, mas não é isso que está em discussão. Por outro lado, ninguém pode ter a certeza de que são a palavra de Deus (embora todos os verdadeiros cristãos creiam nisso), a não ser aqueles a quem o próprio Deus a revelou sobrenaturalmente; portanto, a questão não se orienta corretamente, em termos do nosso conhecimento desse fato. Por último, quando levantamos a questão da nossa crença, dado que uns são levados a acreditar por uma razão e outros por outras, não é possível dar uma resposta geral válida para todos. A formulação correta da questão é: em virtude de que autoridade as Escrituras são convertidas em lei?

Uma vez que não diferem das leis naturais, não há dúvida de que representam a lei de Deus, sendo portadoras de uma autoridade que pode ser identificada por todos os homens que têm o uso da razão natural. Mas essa autoridade não difere de qualquer outra doutrina moral consoante com a razão, cujos ditames são leis que não foram feitas, mas são eternas.

Se foram instituídas como leis por Deus, são da natureza da lei escrita, que são leis apenas para aqueles perante os quais Deus suficientemente as publicou, de modo que ninguém possa alegar que elas não são Suas leis.

Aquele a quem Deus não revelou sobrenaturalmente serem elas Suas leis, nem que aqueles que as publicaram foram enviados por Ele, não é obrigado a obedecer-lhes por nenhuma autoridade, a não ser a daquele cujas ordens já têm força de lei, ou seja, por nenhuma outra autoridade que não a do Estado, único a possuir o poder legislativo. Quando não é a autoridade legislativa do Estado que lhes confere força de lei, quem o faz deve ser alguma outra autoridade derivada de Deus, seja pública ou privada. Se for privada, obriga apenas àquele a quem Deus a revelou. Porque, se todos os homens fossem obrigados a aceitar como lei de Deus o que qualquer particular, a pretexto de inspiração ou revelação pessoal, lhes pretendesse impor (é grande o número de homens que, por orgulho ou ignorância, tomam seus próprios sonhos e extravagantes fantasias e loucuras por testemunhos do Espírito de Deus ou, por ambição, pretendem ter recebido esses testemunhos divinos, falsamente e contra suas próprias consciências), seria impossível reconhecer qualquer lei divina. Se a autoridade for pública, é a do Estado ou a da Igreja. A Igreja, se for uma pessoa, coincide com um Estado de cristãos; tal é chamado Estado porque é constituído pelos homens unidos numa pessoa, seu soberano, e é chamado Igreja porque é formado de cristãos, unidos sob um soberano cristão. Se a Igreja, porém, não for uma pessoa, não possui nenhuma espécie de autoridade; não pode mandar nem praticar nenhuma espécie de ação; nem pode ter qualquer poder ou qualquer direito a qualquer coisa; e não tem vontade, razão ou voz, porque todas essas qualidades são pessoais. Se todos os cristãos não se encontram abrangidos por um só Estado, não constituem uma pessoa, nem existe uma Igreja universal que tenha sobre eles autoridade; portanto, as Escrituras não se convertem em leis graças à Igreja universal. Porém, se a Igreja é um Estado, então todos os monarcas cristãos e Estados são pessoas privadas, sujeitas a serem julgadas, depostas e punidas por um soberano universal de toda a cristandade. Portanto, a questão da autoridade das Escrituras se resume no seguinte: os reis cristãos e as assembleias soberanas dos Estados cristãos são absolutos em seu próprio território, imediatamente abaixo de Deus, ou estão sujeitos a um vigário de Cristo, constituído sobre a Igreja universal, podendo ser julgados, condenados, depostos ou mortos, consoante ele achar conveniente ou necessário para o bem comum?

Essa questão só poderá ser resolvida mediante um exame mais atento do Reino de Deus, que nos permita julgar também a autoridade de interpretar as Escrituras. Aquele que tiver o poder legítimo sobre qualquer escrito para transformá-lo em lei terá, também, o poder de aprovar ou desaprovar a interpretação desse escrito.

## Capítulo XXXIV
## Do significado de espírito, anjo e inspiração nos livros das Sagradas Escrituras

Se consideramos que o fundamento de todo verdadeiro raciocínio é o significado constante das palavras, que, na doutrina que se segue, não depende (como na ciência natural) da vontade do escritor nem (como na conversação corrente) do uso vulgar, mas, sim, do sentido que essas palavras têm nas Escrituras, preciso, antes de prosseguir, determinar, baseado na Bíblia, o significado daquelas palavras que, por ambiguidade, podem tornar obscuro ou discutível o que, com base nelas, vou inferir. Começarei com as palavras corpo e espírito, que, na linguagem escolástica, são denominados substâncias corpóreas e incorpóreas.

Em sua acepção geral, a palavra corpo significa aquilo que preenche e ocupa um espaço determinado ou lugar imaginado, mas que não depende da imaginação, porque se trata de uma parte real do chamado universo. Assim, sendo o universo um conjunto de todos os corpos, não há qualquer parte real do mesmo que não seja corpo, nem há qualquer coisa, que seja propriamente um corpo, que não faça parte desse agregado de todos os corpos que é o universo. Como os corpos estão sujeitos a trocas, isto é, a uma variação de aparência, em relação aos sentidos das criaturas vivas, o corpo se denomina, também, substância, estando sujeito a diversos acidentes. O corpo, portanto, pode estar tanto em repouso como em movimento; em alguns casos, aparenta a nossos sentidos estar quente, em outros, frio; algumas vezes possui cor, odor, gosto ou som, outras não. Essa diversidade de aparências (produzida pela variada atuação dos corpos sobre os órgãos de nossos sentidos) é atribuída às alterações dos corpos atuantes, e é conhecida como acidentes desses corpos. Substância e corpo, segundo essa acepção da palavra, são a mesma coisa. Por conseguinte, substância incorpórea são palavras que, reunidas, se anulam mutuamente, como se alguém falasse de um corpo incorpóreo.

Na linguagem comum das pessoas vulgares, nem todo o universo é denominado corpo, mas apenas aquelas partes do corpo que, pelo sentido do tato, resistem à pressão, ou, pelo sentido da vista, impedem uma visão mais distante. No linguajar comum, o ar e as substâncias aéreas não são consideradas corpos, mas se denominam (quando os homens sentem seus efeitos) vento, hálito ou (sendo que tudo isso era chamado *spiritus* pelos latinos) espírito. Assim, a substância aérea, que no corpo de uma criatura viva lhe dá vida e movimento, é denominada espírito vital e animal. Quanto às imagens produzidas pelo cérebro, que nos apresentam corpos quando eles não existem, como num espelho ou num sonho, ou, ainda, num cérebro desperto, mas destemperado, tais imagens não representam nada em absoluto (como diz o Apóstolo, de maneira geral, de todos os ídolos). Isto é, nada são no lugar em que parecem estar e, no cérebro, nada são além de tumulto, oriundo dos objetos ou da agitação desordenada dos órgãos de nossos sentidos. Os homens que se empenham em coisas diferentes da averiguação nada conhecem desses espíritos, podendo, portanto, ser facilmente persuadidos, por aqueles cujo conhecimento reverenciam, a chamar-lhes corpos, pensando que são feitos de ar e tornados compactos por um poder sobrenatural, dado que a vista os julga corpóreos; ou podem ser levados a chamar-lhes espíritos, pois no lugar onde se encontram nosso sentido do tato nada discerne capaz de resistir à pressão dos dedos. Então, a significação própria de espírito, na linguagem comum, tanto pode ser a de um corpo sutil, fluido e invisível, como a de um fantasma ou outra imagem ou fantasia da imaginação. Há muitas significações metafóricas para essa palavra, pois, às vezes, ela é tomada como uma disposição ou inclinação da mente, como quando designamos a disposição para controlar o que os outros dizem como espírito de contradição; ou uma tendência para a impureza, como ao dizer espírito impuro; ou a tendência para a maldade, como em espírito perverso; ou a estupidez, como em espírito tosco; e a tendência à piedade ou ao serviço de Deus, como quando dizemos Espírito de Deus. Muitas vezes designamos com essa palavra uma capacidade eminente, uma paixão extraordinária ou uma doença mental, como quando uma grande sabedoria é chamada espírito de sabedoria ou quando dizemos dos loucos que estão possuídos por um espírito.

Não encontro outras significações para espírito. E como nenhuma dessas pode satisfazer o sentido dessa palavra nas Escrituras, a passagem em questão não é acessível ao entendimento humano, e nossa fé, nesse caso, não consiste em nossa opinião, mas em nossa submissão. Isso se dá em todas as passagens que dizem que Deus é um Espírito, ou quando, por Espírito de Deus, as Escrituras pretendem designar o próprio Deus. Portanto, a natureza de Deus é incompreensível, ou seja, nada entendemos do que Ele é, mas apenas que Ele é. Logo, os atributos que lhe damos não são para dizermos uns aos outros o que Ele é, nem para revelar nossa opinião sobre sua natureza, mas nosso desejo de honrá-lo com os nomes que consideramos mais honrosos entre nós mesmos.

"O Espírito de Deus pairava sobre as águas" (Gn 1,2). Se entendermos por Espírito de Deus o próprio Deus, nós lhe estaremos atribuindo movimento e, consequentemente, lugar, mas essas são qualidades que podem ser atribuídas aos corpos, e não às substâncias incorpóreas. Portanto, essa passagem está acima de nosso entendimento, incapaz de conceber que algo que se mova não mude de lugar ou não tenha dimensões, pois aquilo que tem dimensões é corpo. Essas palavras podem ser mais bem entendidas na passagem em que, quando no princípio a terra estava coberta pelas águas e Deus pretendia fazê-las baixar, para descobrir de novo a terra firme, usou estas palavras: "Vou levar meu Espírito sobre a terra, e as águas diminuirão" (Gn 8,1). Nessa passagem, devemos entender por Espírito um vento (que é um ar ou espírito movido), que poderia ser chamado, como na passagem anterior, o Espírito de Deus, porque era obra de Deus.

Faraó chamou Espírito de Deus a sabedoria de José. Tendo-o José aconselhado a procurar um homem sábio e discreto, para que fosse mandado à terra do Egito, disse: "Poderemos encontrar um homem como este, no qual exista o Espírito de Deus?" (Gn 41,38). E também em Ex 28,3: "Falarás", disse Deus, "a todos os de coração sábio, aos quais enchi com o espírito da sabedoria, para que façam roupas para Aarão, a fim de consagrá-lo". Nessa passagem, o entendimento extraordinário, mesmo aplicado na confecção de roupas, é um dom de Deus e, portanto, chamado Espírito de Deus. O mesmo se encontra em Ex 31,3-6 e 35,31, e em Is 11,2s, em que o profeta diz, ao falar do Messias: "O Espírito do Senhor vai habitar nele, o espírito da sabedoria e do entendimento, o espírito do conselho e da firmeza; e o espírito do temor ao Senhor". Nessas passagens a palavra espírito claramente não significa uma aparição, mas as graças eminentes que Deus daria ao Messias.

No livro dos Juízes, um zelo e uma coragem extraordinários em defesa do povo de Deus são chamados Espírito de Deus. Como quando esse Espírito estimulou a Otoniel, Gedeão, Jefté e Sansão para que libertassem o povo da servidão (Jz 3,10; 6,34; 11,29; 13,25; 14,6.19). A respeito de Saul, quando este recebe notícias da insolência dos amonitas com os homens de Jabes de Galaad, a Escritura diz que "o Espírito de Deus baixou sobre Saul, e sua ira [ou, na versão latina, sua fúria] foi grandemente inflamada" (1Sm 11,6). Não é provável que com isso o texto bíblico quisesse referir-se a uma aparição, mas, sim, a um extraordinário zelo que instigava Saul a castigar a crueldade dos amonitas. Da mesma forma, pelo Espírito de Deus que baixou sobre Saul, quando ele se encontrava entre os profetas que louvavam a Deus com canções e músicas (1Sm 19,20), não devemos entender um fantasma, mas um zelo inesperado e súbito que o levou a unir-se a eles em sua devoção.

O falso profeta Sedecias disse a Miqueias: "Por onde se foi de mim o Espírito do Senhor, para falar-te?" (1Rs 22,24), o que não pode ser tomado como a referência a um fantasma, pois Miqueias declarou perante os reis de Israel e Judá o acontecimento da batalha como proveniente de uma visão, e não de um espírito falando nele.

Assim, também, depreendemos dos livros dos profetas que estes últimos, apesar de falarem pelo Espírito de Deus, isto é, por uma graça especial de predição, não recebiam seu conhecimento do futuro de um fantasma dentro deles, e, sim, de um sonho ou visão sobrenatural.

Está escrito: "Deus fez o homem do pó da terra e insuflou em suas narinas [*spiraculum vitae*] o sopro da vida, e o homem transformou-se numa alma vivente" (Gn 2,7). O sopro da vida insuflado por Deus significa simplesmente que Deus lhe deu a vida. E dizer "enquanto o Espírito de Deus estiver em minhas narinas" (Jó 27,3) é o mesmo que dizer "enquanto eu viver". Assim, em Ez 1,20, "o espírito da vida estava nas rodas" significa que "as rodas estavam vivas". E, em Ez 2,30, a expressão "o espírito entrou em mim e me pôs de pé" significa "recuperei minha força vital", e não que algum fantasma ou substância incorpórea entrou em meu corpo e o possuiu.

No capítulo 11 dos Números, versículo 17, lemos: "Tomarei", disse Deus, "do Espírito que está em ti, e dá-lo-ei a eles, e eles suportarão contigo o fardo do povo". Trata-se dos sete anciãos, pois as Escrituras dizem que dois deles profetizaram no acampamento e alguns se queixaram, e Josué quis que Moisés os proibisse, ao que Moisés se recusou. De onde depreendemos que Josué não sabia que eles estavam autorizados a fazê-lo, e profetizavam de acordo com a vontade de Moisés, quer dizer, por um espírito ou autoridade subordinada a ele.

No mesmo sentido, lemos que "Josué estava cheio do espírito de sabedoria, porque Moisés tinha posto suas mãos sobre ele" (Dt 34,9). Moisés lhe ordenara que continuasse a obra por ele iniciada (levar o povo de Deus até a terra prometida), que a morte o impediu de terminar.

Também, em sentido semelhante, está escrito: "Se algum homem não tiver o Espírito de Cristo, ele não é dos seus" (Rm 8,9). Espírito, aí, não significa o fantasma de Cristo, mas, sim, a submissão a sua doutrina. E lemos ainda: "Por isto conhecereis o Espírito de Deus: todo espírito que confessar que Jesus Cristo veio carnalmente é de Deus" (1Jo 4,2), em que o termo se refere ao espírito da genuína cristandade, ou à submissão ao principal item da fé cristã, que Jesus é o Cristo, o que não nos permite interpretar a palavra Espírito como um fantasma.

Da mesma maneira, nas palavras: "E Jesus, cheio do Santo Fantasma [isto é, "do Espírito Santo", como é expresso em Mt 4,1 e em Mc 1,12]" (Lc 4,1) devemos ler o zelo por realizar a obra para que fora enviado por Deus Pai. Mas entender que era um fantasma é o mesmo que dizer que o próprio Deus (pois nosso Salvador o era) estava cheio de Deus, o que é extremamente impróprio e insignificante. Não vou examinar como chegamos a traduzir "espíritos" com a palavra "fantasmas", que nada significa, nem no céu nem na terra, a não ser os habitantes imaginários do cérebro humano. Digo apenas que, no texto, a palavra espírito não significa tal coisa, mas propriamente uma substância real ou, metaforicamente, alguma aptidão ou afecção extraordinária da mente ou do corpo.

Ao verem Cristo caminhar sobre as ondas (Mt 14,26; Mc 6,49), seus discípulos julgaram que ele era um espírito, ou seja, um corpo aéreo, mas não um fantasma. Já que todos eles o viram, é impossível dizer que teriam sido ilusões de seu cérebro, mas de seu corpo (não é comum que muitas pessoas, ao mesmo tempo, as tenham, uma vez que são corpos visíveis; isso se dá às pessoas individualmente, em razão das diferenças de imaginação). Igualmente, quando Cristo foi tomado por um espírito pelos mesmos Apóstolos (Lc 24,37), e também quando ninguém acreditou que São Pedro fora libertado da prisão, mas, quando a criada disse que ele estava à porta, disseram que era seu anjo (At 12,15), com isso o texto certamente se refere a uma substância corpórea.

Os próprios discípulos aceitavam a opinião, tanto dos judeus quanto dos gentios, de que algumas dessas aparições não eram imaginárias, mas reais, e não dependiam da fantasia do homem para existirem. A estas os judeus chamavam espíritos e anjos, bons ou maus, e os gregos davam às mesmas o nome de demônios. E algumas dessas aparições podem ser reais e substanciais, quer dizer, corpos sutis que Deus pode formar pelo mesmo poder com que fez todas as coisas, e que pode usar como ministros e mensageiros (quer dizer, anjos) para declarar sua vontade e executá-la quando lhe aprouver, de maneira extraordinária e sobrenatural. Após terem sido formadas, elas são substâncias, dotadas de dimensões, ocupando espaço e podendo mover-se de uma parte a outra, como fazem os corpos. Portanto, não são fantasmas incorpóreos, quer dizer, fantasmas que não estão em lugar algum, que, parecendo ser algo, não são nada. Se entendermos corpóreo da maneira mais vulgar, como substâncias perceptíveis por nossos sentidos externos, então a substância incorpórea não é imaginária, mas real, ou seja, uma substância tênue e invisível que possui dimensões idênticas às dos corpos sólidos.

Anjo, de modo geral, significa mensageiro, e, quase sempre, um mensageiro de Deus. Por mensageiro de Deus entendemos algo que dá a conhecer Sua presença extraordinária, isto é, a manifestação extraordinária de Seu poder, geralmente por meio de um sonho ou de uma visão.

Não há nada nas Escrituras sobre a criação dos anjos. Ouvimos dizer frequentemente que eles são espíritos, mas isso significa, tanto nas Escrituras quanto na linguagem vulgar, seja entre os judeus, seja entre os gentios, às vezes, corpos leves, como o ar, o vento e os espíritos vitais e animais das criaturas vivas; outras vezes, imagens fantasiosas que surgem nos sonhos e visões, as quais não são substâncias reais e não duram mais do que o sonho ou a visão dos quais tomaram parte; tais aparições, embora não sejam substâncias reais, mas acidentes do cérebro, quando são criadas sobrenaturalmente por Deus para manifestar Sua vontade, não são impropriamente chamadas mensageiros de Deus, quer dizer, seus anjos.

Os pagãos concebiam as imaginações do cérebro como coisas realmente existentes, independentemente de suas fantasias, e, com base nisso, opinavam sobre os demônios, bons e maus, que, como pareciam existir realmente, eram denominados substâncias e, como não era possível senti-los com as mãos, eram considerados incorpóreos. Baseados também nisso, os judeus, sem haver nada no Antigo Testamento que a tal os obrigasse, eram geralmente da opinião (com exceção da seita dos saduceus) de que essas aparições (que por vezes Deus fazia surgir na imaginação dos homens, para Seu serviço, e que, portanto, chamava Seus anjos) eram substâncias independentes da imaginação, e criaturas permanentes de Deus. Consideravam anjos os anjos bons, e espíritos malignos, ou anjos maus, os ruins, como os espíritos de Píton, dos loucos, dos lunáticos e dos epilépticos, pois consideravam endemoninhados todos os que eram afligidos por essas doenças.

Ao examinarmos as passagens do *Antigo Testamento* em que há referência aos anjos, notamos que, na maioria delas, a única coisa que podemos entender pela palavra anjo é uma imagem despertada (sobrenaturalmente) na fantasia para indicar a presença de Deus na execução de alguma obra sobrenatural. Portanto, nas demais passagens, em que sua natureza não é explicitada, a palavra pode ser interpretada do mesmo modo.

Lemos que essa aparição não é chamada apenas anjo, mas também Deus; quando as Escrituras dizem que o anjo do Senhor disse a Agar: "Multiplicarei tua linhagem superabundantemente" (Gn 16,7.10), falam da pessoa de Deus. Essa aparição não era uma fantasia figurada, mas apenas uma voz. Assim, fica evidente que anjo significa o próprio Deus, o qual fez, sobrenaturalmente, que Agar ouvisse uma voz vinda do céu; trata-se, simplesmente, de uma voz sobrenatural, testemunhando a presença especial de Deus. Sendo assim, por que os anjos que apareceram a Ló, e que são chamados homens (Gn 19,10), aos quais, embora fossem dois, Ló falou como se fosse um só (Gn 19,18), e a esse como se fosse Deus (porque o texto bíblico diz: "Ló lhe disse: 'Não, meu Senhor, eu vos rogo'"), por que, sendo assim, não deveriam ser entendidos como imagens de homens, formadas sobrenaturalmente na imaginação, tal como antes um anjo foi entendido como uma voz imaginária? Quando o anjo chamou a Abraão do céu, para que detivesse sua mão, que ia matar Isaac (Gn 22,11), não houve aparição, mas apenas uma voz. Entretanto, essa voz foi, com muita propriedade, chamada mensageiro ou anjo de Deus, uma vez que transmitiu, sobrenaturalmente, a vontade de Deus, preservando-nos do esforço de supor aparições permanentes. Os anjos vistos por Jacó na escada do céu (Gn 28,12) eram uma visão de seu sonho, portanto apenas uma fantasia e um sonho; mas, como essas aparições são sobrenaturais, e sinais da presença especial de Deus, não é impróprio chamar-lhes anjos. Devemos entender o mesmo quando Jacó diz: "O anjo do Senhor apareceu-me em sonho" (Gn 31,11). Efetivamente, uma aparição a um homem durante o sono é chamada sonho, quer seja natural, quer sobrenatural. E o que Jacó chamou anjo era o próprio Deus, pois o mesmo disse: "Eu sou o Deus de Betel" (Gn 31,13).

Também o anjo que guiou o exército de Israel até o mar Vermelho, e depois se pôs atrás dele, é o próprio Deus (Ex 14,9). O anjo não apareceu sob a forma de um belo homem, mas de uma "coluna de nuvens", durante o dia, e de uma "coluna de fogo", à noite (Ex 13,21). Contudo, essa coluna representou a aparição do anjo prometido a Moisés como guia do exército; a Bíblia diz que essa mesma coluna nebulosa desceu do céu, ficou à porta do tabernáculo e falou com Moisés (Ex 33,9).

Esse caso expressa o movimento e a palavra que geralmente são atribuídos aos anjos: uma nuvem, porque ela é o sinal da presença de Deus e, portanto, de um anjo, muito mais do que se tivesse a forma de um homem ou de uma criança de beleza inexcedível ou com asas, como geralmente são os anjos pintados, para falsa instrução da gente comum. Não é a forma que faz os anjos, mas seu uso. Portanto, sua finalidade é expressar a presença de Deus nas ações sobrenaturais, como quando Moisés quis que Deus acompanhasse o exército (como havia feito antes que adorassem o bezerro de ouro), ao que Ele não respondeu: "Eu irei", nem: "Mandarei um anjo em meu lugar", mas, sim: "Minha presença irá convosco" (Ex 33,14).

Teríamos de empregar muito tempo se fôssemos enumerar todas as passagens do *Antigo Testamento* em que se encontra a palavra anjo. Assim, para abranger a todas, ao mesmo tempo, direi que não há nenhum texto na parte do *Antigo Testamento* que a Igreja da Inglaterra considera canônico pelo qual possamos concluir que existe ou que foi criada qualquer coisa permanente (designada pelo nome de espírito ou anjo) que não possua quantidade e não possa ser dividida pelo entendimento, isto é, analisada por partes, de tal modo que uma delas esteja num lugar e, a outra, em lugar próximo. Ou seja, que não seja corpórea (considerando corpo aquilo que representa alguma coisa ou que está em algum lugar). Ao contrário, em todas as passagens o sentido permite a interpretação de anjo como mensageiro, da mesma forma como João Batista é chamado anjo, e Cristo, o Anjo da Aliança, e, ainda (segundo a mesma analogia), a pomba e as línguas de fogo podem também ser denominadas anjos, pois eram sinais da presença especial de Deus. Embora em Daniel encontremos dois nomes de anjos — Gabriel e Miguel —, o próprio texto deixa claro que por Miguel devemos entender Cristo, não enquanto anjo, mas enquanto príncipe (Dn 12,1), e que Gabriel (tal como apareceu a outros santos homens durante o sono) não era senão uma aparição sobrenatural, pela qual pareceu a Daniel que dois santos conversavam e um deles disse ao outro: "Gabriel, façamos este homem entender sua visão". Pois Deus não necessita distinguir seus servos celestiais com nomes, que apenas são úteis para a curta memória dos mortais. No *Novo Testamento* não há nenhuma passagem que permita provar que os anjos (a não ser quando se trata daqueles homens que Deus escolheu para mensageiros e ministros de Sua palavra ou de Suas obras) sejam permanentes e, além disso, incorpóreos. Podemos deduzir que eles são permanentes pelas palavras de nosso Salvador, quando diz que os pecadores ouvirão no dia do Juízo: "Ide, malditos, para o fogo eterno preparado para o diabo e seus anjos" (Mt 25,41). Essa passagem mostra bem a permanência dos anjos maus (a não ser que entendamos a expressão "o diabo e seus anjos" como indicando os adversários da Igreja e seus ministros), mas é incompatível com sua imaterialidade, pois o fogo eterno não seria um castigo para substâncias impalpáveis, como são todas as coisas incorpóreas. Portanto, não fica por aí provado que os anjos sejam incorpóreos. Igualmente, quando São Paulo diz: "Não sabeis que julgaremos os anjos?" (1Cor 6,3); e também: "Porque, se Deus não perdoou aos anjos que pecaram, e os precipitou no inferno" (2Pd 2,4); e ainda: "Aos anjos que não conservaram seu estado primitivo, e abandonaram sua primitiva habitação, ele reservou a obscuridade em eternas cadeias, até o juízo do último dia" (Jd 1,6); em todas estas passagens, embora esteja provada a permanência da natureza angelical, confirma-se, também, sua materialidade. E também: "Na ressurreição nem os homens nem as mulheres se casarão, pois serão como os anjos de Deus no céu" (Mt 22,30); entretanto, na ressurreição os homens serão permanentes e não incorpóreos; portanto, os anjos também o serão.

Diversas outras passagens poderiam nos fazer chegar às mesmas conclusões. Os homens que entendem o significado das palavras substância e incorpóreo, dado que incorpóreo não é tomado como corpo sutil, mas como inexistência de corpo, as julgam, quando juntas, uma contradição. Então, dizer que um anjo ou espírito é (nesse sentido) uma substância incorpórea é o mesmo que dizer que não existe nenhuma espécie de anjo ou de espírito. Considerando o significado da palavra anjo no Antigo Testamento e a natureza dos sonhos e visões que acontecem aos homens por meio dos processos habituais da natureza, deduzo que os anjos nada mais são que aparições sobrenaturais da imaginação, suscitadas pela intervenção especial e extraordinária de Deus, a fim de dar a conhecer à humanidade e, principalmente, a seu próprio povo, Sua presença e Seus mandamentos. Entretanto, observando as numerosas passagens do *Novo Testamento* e as próprias palavras de nosso Salvador, em textos em que não há suspeita de corrupção das Escrituras, minha débil razão é levada a reconhecer e acreditar na existência de anjos substanciais e permanentes. Já a crença de que eles não estão em nenhum lugar, significando que eles nada são, como diz (embora indiretamente) quem os considera incorpóreos, não pode ser evidenciada pelas Escrituras.

O significado da palavra inspiração deriva da palavra espírito, que, em sentido próprio, significa insuflar num homem um ar ou vento fino e sutil, da mesma forma como enchemos uma bexiga com o sopro. Se os espíritos não são corpóreos e existem apenas na imaginação, seria como insuflar um fantasma; isso seria impossível, pois os fantasmas nada são, apenas parecem ser alguma coisa. Portanto, essa palavra é usada nas Escrituras apenas metaforicamente. Assim, quando a Bíblia diz que Deus inspirou ao homem o sopro da vida (Gn 2,7), apenas quer dizer que Deus lhe deu o movimento vital. Não devemos imaginar que Deus fez primeiro um sopro vivo e, em seguida, o insuflou em Adão, depois que este já estava feito, nem que esse sopro foi real ou aparente, mas apenas que "lhe deu vida e alento" (At 17,25), ou seja, fez dele uma criatura viva. Então, quando o texto bíblico diz que "todas as Escrituras são dadas por inspiração de Deus" (2Tm 3,16), falando, aqui, das Escrituras do *Antigo Testamento*, trata-se de uma simples metáfora, que significa que Deus induziu o espírito ou a mente desses autores a escrever o que seria útil para ensinar, reprovar, corrigir e instruir os homens no modo de viver corretamente. Mas, quando São Pedro diz que "nos tempos antigos a profecia não resultou da vontade dos homens, mas os santos homens de Deus falaram movidos pelo Espírito Santo" (2Pd 1,21), devemos entender por Espírito Santo a voz de Deus num sonho ou visão sobrenatural, que não é uma inspiração. O alento de nosso Salvador sobre os discípulos, quando disse: "Recebei o Espírito Santo", não significava o Espírito, mas um sinal das graças espirituais que lhes estava concedendo. Embora seja afirmado que muitos, inclusive nosso próprio Salvador, estavam cheios do Espírito Santo, essa plenitude não deve ser entendida como infusão da substância de Deus, mas como acumulação de Seus dons, como o dom da santidade de vida ou o das línguas, e outros semelhantes, obtidos sobrenaturalmente ou por meio do estudo e do trabalho, tratando-se, em todos os casos, de dons de Deus. Da mesma forma, quando Deus diz: "Derramarei meu Espírito sobre toda carne e profetizarão vossos filhos e filhas; vossos velhos sonharão sonhos e vossos jovens terão visões" (Jl 2,28), não devemos compreender isso em sentido próprio, como se o Espírito fosse igual à água, sujeito à efusão e à infusão, mas no sentido de que Deus lhes prometeu dar sonhos e visões proféticas. O emprego da palavra infundido, ao falar das graças de Deus, constitui um abuso de linguagem, dado que as graças são virtudes e não corpos que podem ser transportados ou despejados dentro dos homens como se estes fossem barris.

Da mesma forma, ter inspiração, em sentido próprio, ou dizer que espíritos bons entraram nos homens para fazê-los profetizar, ou que espíritos maléficos neles penetraram para torná-los frenéticos, lunáticos ou epilépticos, não é tomar a palavra no sentido das Escrituras, pois, nestas, o espírito é considerado como poder de Deus, atuando mediante causas que nos são desconhecidas. Também o vento, que, diz uma passagem, teria entrado na casa em que os Apóstolos estavam reunidos no dia de Pentecostes (At 2,2), não deve ser entendido como o Espírito Santo, que é a própria divindade, mas como um sinal externo da intervenção especial de Deus em seus corações, a fim de tornar efetivas as graças internas e as santas virtudes que Ele considerava necessárias para a realização de seu apostolado.

## Capítulo XXXV

### Do significado de Reino de Deus, santo, sagrado e sacramento, nas Escrituras

O Reino de Deus, nas obras dos autores religiosos, especialmente nos sermões e tratados de devoção, é, geralmente, considerado a felicidade eterna depois desta vida, no altíssimo céu, também chamado o reino de glória. Às vezes, enquanto santificação (o máximo dessa felicidade), é denominado reino da graça. Entretanto, jamais é considerado monarquia, quer dizer, o poder soberano de Deus sobre quaisquer súditos, obtido com o consentimento deles, que é a autêntica significação de reino.

Na maioria das passagens das Escrituras, podemos constatar que Reino de Deus significa um reino propriamente dito, constituído pelos votos do povo de Israel de maneira particular, mediante os quais escolheram Deus como seu rei, por meio de uma aliança celebrada com Ele, após Deus ter-lhes prometido a posse da terra de Canaã. Assim, poucas vezes tem significado metafórico. Mesmo nesses casos, é entendido como domínio sobre o pecado (e apenas no Novo Testamento), pois um domínio como esse é o que todo súdito terá no Reino de Deus, sem prejuízo para o soberano.

Desde a criação do mundo, Deus não se limitou a reinar naturalmente sobre todos os homens, por meio de seu poder, mas teve também súditos peculiares, aos quais comandava por intermédio de uma voz, da mesma maneira que um homem fala com outro. Foi assim que reinou sobre Adão, dando-lhe a ordem de se abster da árvore do conhecimento do bem e do mal. Desobedecendo o Criador, e provando o fruto da árvore, Adão julgou-se Deus, pretendendo distinguir entre o bem e o mal, usando, em lugar dos mandamentos do Criador, seu próprio critério; seu castigo foi a privação do estado de vida eterna no qual inicialmente Deus o havia criado. Depois Deus castigou, por seus vícios, sua posteridade, com um dilúvio universal, salvando apenas oito pessoas. Nessas pessoas passou, naquele momento, a consistir o Reino de Deus.

Mais tarde, Deus falou a Abraão e fez com ele uma aliança, nestes termos: "Estabelecerei minha aliança entre mim e ti, e tua semente depois de ti, geração após geração, um pacto perpétuo, para ser Deus para ti e para tua semente depois de ti. E dar-te-ei a ti, e a tua semente depois de ti, a terra onde és um estranho, toda a terra de Canaã, para uma posse perpétua" (Gn 17,7s). Nessa aliança, Abraão prometeu por si mesmo e por sua posteridade obedecer ao que Deus, nosso Senhor, lhe dissesse, e de sua parte Deus prometeu a Abraão a posse perpétua da terra de Canaã. Como testemunho e garantia da aliança ordenou o sacramento da circuncisão (Gn 17,11). Essa foi a chamada Antiga Aliança ou Testamento, a qual encerra um contrato entre Deus e Abraão, ficando este último obrigado, bem como toda a sua posteridade, a se sujeitar de maneira peculiar à lei positiva de Deus, uma vez que à lei moral já estava obrigado antes, mediante um juramento de obediência. Apesar de não ser dado a Deus o nome de rei, nem a Abraão e sua descendência o nome de reino, a coisa é a mesma, a saber: a instituição, mediante um pacto, da soberania peculiar de Deus sobre a descendência de Abraão. A renovação da mesma aliança por Moisés, no monte Sinai, foi chamada expressamente um Reino de Deus peculiar sobre os judeus. São Paulo diz de Abraão (não de Moisés) que ele é o pai dos que têm fé (Rm 4,11), isto é, dos que são leais e não violam a obediência jurada a Deus, primeiro mediante a circuncisão e, depois, na Nova Aliança, pelo batismo.

Moisés renovou essa aliança no sopé do monte Sinai, quando o Senhor lhe ordenou que falasse ao povo desta maneira: "Se, efetivamente, obedecerdes à minha voz e respeitardes minha aliança, sereis um povo peculiar para mim, pois toda a terra me pertence. E sereis sob mim um reino sacerdotal e uma nação santa" (Ex 19,5). No latim vulgar, povo peculiar era *peculium de cunctis populis*; a tradução para a língua inglesa, no reinado de Jaime, foi "um tesouro peculiar sob mim, acima de todas as nações", e a tradução francesa, de Genebra, "a joia mais preciosa de todas as nações". Entretanto, a tradução correta é a primeira, pois é confirmada pelo próprio São Paulo, que afirma, aludindo a essa passagem, que nosso abençoado Salvador "se deu a si mesmo por nós, com o fim de purificar-nos para si mesmo, como um povo peculiar [ou seja, extraordinário]" (Tt 2,14). Em grego, a palavra é *periorísios*, que geralmente se opõe à palavra *epiorísios*; assim, enquanto esta significa vulgar, cotidiano ou (como na oração do Senhor) de uso diário, a outra significa excedente, armazenado e gozado de maneira especial, e é a isso que os latinos chamavam *peculium*. Esse significado da passagem é confirmado pela razão dada por Deus, imediatamente, quando acrescenta: "Todas as nações do mundo são minhas, mas não é dessa maneira que sois meus, e sim de uma maneira especial. Elas são minhas em razão do meu poder, mas vós sereis meus por vosso próprio consentimento e aliança", o que é uma adição a seu título comum, com respeito a todas as nações.

Isso é confirmado, novamente, nas palavras expressas no mesmo texto: "Sereis para mim um reino sacerdotal e uma nação santa". O latim vulgar era *regnum sacerdotale*, com o que concorda a tradução de *sacerdotium regale*, um sacerdócio real (1Pd 2,9). Como concorda também a própria instituição pela qual ninguém pode entrar no *sanctum sanctorum*, isto é, ninguém pode dirigir-se diretamente a Deus, senão por intermédio do sumo sacerdote. A tradução inglesa acima referida, seguindo a de Genebra, fala de "um reino de sacerdotes"; assim, ou se refere à sucessão de um sumo sacerdote após outro, ou não concorda com São Pedro, nem com o exercício do sumo sacerdócio. Não é da competência de ninguém, a não ser apenas do sumo sacerdote, informar ao povo da vontade de Deus, e nunca foi permitido a uma convocação de sacerdotes entrar no *sanctum sanctorum*.

Por outro lado, o título de nação santa confirma o mesmo, dado que santo é aquilo que é de Deus por direito especial, não por direito geral. O texto afirma que a terra inteira é de Deus, mas nem toda terra é santa, sendo-o apenas a eleita para um serviço especial, como era o caso da nação dos judeus. Essa passagem mostra claramente que o Reino de Deus é um Estado, instituído (pelo consentimento dos que serão seus súditos) para seu governo civil e para o controle de seu comportamento, não apenas perante Deus, seu soberano, mas, também, uns perante os outros no que diz respeito à justiça, e perante as outras nações, tanto na paz como na guerra. Esse seria propriamente um Reino, no qual Deus seria o rei, e o sumo sacerdote viria a ser (após a morte de Moisés) seu único vice-rei ou lugar-tenente.

Existem, ainda, outras passagens que demonstram claramente o mesmo. Em primeiro lugar, aquela em que os anciãos de Israel (revoltados com a corrupção dos filhos de Samuel) pediram um rei. Samuel mostrou seu desagrado e orou ao

Senhor, e ouviu a seguinte resposta: "Escuta a voz do povo, pois não foi a ti que eles rejeitaram, foi a mim, para que eu não reine sobre eles" (1Sm 8,7). Fica evidente que o próprio Deus era então seu rei, e que Samuel não comandava o povo, mas apenas lhe comunicava o que, de vez em quando, Deus lhe ditava.

Por outro lado, quando Samuel diz ao povo: "Quando vistes que Naás, rei dos amonitas, marchava contra vós, haveis-me dito: 'Não, é preciso que um rei reine sobre nós', embora Deus, vosso Senhor, fosse vosso rei" (1Sm 12,12), fica evidente que Deus era seu rei, e que governava o regime civil de seu Estado.

Após os israelitas terem rejeitado a Deus, os profetas predisseram sua restituição: "A lua ficará confundida e o sol envergonhado, quando o Senhor das hostes reinar no monte Sião e em Jerusalém" (Is 24,23). Aí está dito expressamente que Seu reino é em Sião e em Jerusalém, quer dizer, na terra. E também: "E o Senhor reinará sobre eles no monte Sião" (Mq 4,7); esse monte Sião é em Jerusalém, na terra. E ainda: "Assim como eu vivo, disse Deus, nosso Senhor, seguramente com mão poderosa e braço estendido, e com fúria derramada, governarei sobre vós" (Ez 20,33) e: "Eu os farei passar sob a vara e os levarei a se submeterem à aliança" (Ez 20,37). Ou seja, reinarei sobre vós e exigirei que a aliança feita comigo, por intermédio de Moisés, não seja desobedecida mediante uma rebelião contra mim nos dias de Samuel e na eleição que fizestes de outro rei.

Disse de nosso Salvador o anjo Gabriel, no Novo Testamento: "Ele será grande e será chamado o Filho do Altíssimo, e o Senhor lhe dará o trono de seu pai Davi; e ele reinará para sempre sobre a casa de Jacó, e seu reino não mais terá fim" (Lc 1,32s). Por conseguinte, trata-se também de um reino na terra; por tê-lo reclamado, foi morto como inimigo de César. Em sua cruz estava gravado: Jesus de Nazaré, Rei dos Judeus; por escárnio, foi coroado com uma coroa de espinhos; e, por sua proclamação, dizem dos discípulos: "E fizeram tudo isso contra os decretos de César, dizendo que havia um outro Rei, chamado Jesus" (At 17,7). Portanto, o Reino de Deus é um reino real, não um reino metafórico, e isso está escrito tanto no Antigo como no Novo Testamento. Quando dizemos: "Porque teu é o Reino, o poder e a glória", devemos entender o reino de Deus pela força da aliança e não pelo direito oriundo do poder de Deus; esse Reino sempre foi de Deus, por isso seria supérfluo dizer em nossas preces "venha a nós o vosso Reino", se isso não significasse a restauração, por Cristo, daquele Reino de Deus que a revolta dos israelitas interrompeu com a eleição de Saul. Não seria apropriado dizer "o reino dos céus está em tuas mãos" ou orar "venha a nós o vosso Reino", se tal reino tivesse continuado.

Existem tantas passagens que confirmam essa interpretação, que seria estranho não notá-la, não fosse a luz abundante com que elas esclarecem os reis cristãos, fazendo-os ver seu direito ao governo eclesiástico. Isso foi observado por aqueles que, em lugar de reino sacerdotal, traduziram como reino de sacerdotes, pois poderiam ter traduzido também sacerdócio real (como em São Pedro) por sacerdócio de reis. Do mesmo modo que, como equivalência de povo peculiar, põem joia, ou tesouro precioso, poderiam também chamar ao regimento, ou à companhia especial de um general, a joia preciosa ou o tesouro desse general.

Em resumo, o Reino de Deus é um reino civil, que consiste: primeiro, na obrigação do povo de Israel de observar as leis que Moisés lhe trouxe do monte Sinai e, que, em tempo oportuno, o sumo sacerdote deveria entregar-lhe perante os querubins no *sanctum sanctorum*. E, tendo esse Reino sido interrompido com a eleição de Saul, os profetas predisseram que seria restaurado por Cristo. É por essa restauração que oramos, diariamente, quando dizemos na prece do Senhor "venha a nós o vosso Reino", cujo direito reconhecemos quando acrescentamos "porque teu é o reino, o poder e a glória, por todos os séculos dos séculos, amém"; e sua proclamação foi a pregação dos Apóstolos, para a qual os homens são preparados pelos mestres do Evangelho. Abraçar esse Evangelho (ou seja, prometer obediência ao governo de Deus) é ficar no reino da graça, pois Deus concedeu gratuitamente o direito de ser súditos (isto é, filhos) de Deus, posteriormente, quando Cristo viesse em majestade para julgar o mundo e para governar efetivamente sobre seu povo, o que é chamado o reino da glória. Se o Reino de Deus (também chamado reino dos céus, em razão da gloriosa e admirável altura desse trono) não fosse um reino exercido por Deus na terra, por intermédio de Seus lugar-tenentes e vigários, que transmitem Seus mandamentos ao povo, não teria havido tantas discussões e guerras para determinar por intermédio de quem Deus nos fala, nem tantos sacerdotes se teriam preocupado com a jurisdição espiritual, nem rei algum a teria negado.

A verdadeira interpretação da palavra santo surge com base nessa interpretação literal do Reino de Deus, pois corresponde, no Reino de Deus, àquilo que os homens, em seus reinos, costumam chamar público, ou seja, do rei.

Seja qual for o país, o rei é a pessoa pública, ou representante de todos os seus súditos. E Deus, rei de Israel, era a Pessoa Santa de Israel. Uma nação que está sujeita a um soberano terreno é a nação desse soberano, isto é, da pessoa pública. Portanto, os judeus, que eram a nação de Deus, pertenciam a uma nação santa (Ex 19,6). Isso porque, por santo, sempre foi entendido o próprio Deus ou o que é propriedade de Deus. Por sua vez, público sempre significou a própria pessoa do Estado ou alguma coisa que pertence ao Estado, de forma tal que nenhuma pessoa particular pode pretender ser seu dono.

O *Sabbath* (dia de Deus) é um dia santo; o Templo (casa de Deus) é uma casa santa; os sacrifícios, os dízimos e as oferendas (tributo de Deus) são deveres santos; os sacerdotes, os profetas e os reis ungidos por Cristo (ministros de Deus) são homens santos; os espíritos ministeriais celestes (mensageiros de Deus) são santos anjos; e assim por diante. E sempre que a palavra santo é usada adequadamente, significa algo cuja propriedade foi obtida por consentimento. Quando dizemos "santificado seja o vosso nome", rogamos a Deus pela graça de respeitar o primeiro Mandamento, isto é, de não termos outros deuses senão ele. A humanidade é a nação de Deus por propriedade, mas só os judeus são uma nação santa. Isso porque se tornaram sua propriedade em virtude da aliança.

A palavra profano, nas Escrituras, geralmente é usada com o sentido de comum; consequentemente, seus antônimos, santo e próprio, no Reino de Deus, devem manter também seu significado. Em sentido figurado, são também chamados santos os homens cujas vidas foram tão corretas como se tivessem renunciado a qualquer propósito mundano para dedicar-se e doar-se inteiramente a Deus. Em sentido próprio, aquele que se torna santo porque Deus se apropriou dele ou o separou para Seu uso é chamado santificado por Deus, como o sétimo dia, no quarto Mandamento; da mesma forma, o Novo Testamento diz que os eleitos são santificados no momento em que são ungidos pelo espírito de piedade. Quem é tornado santo pela dedicação aos homens e se entrega a Deus, a fim de ser usado unicamente em Seu serviço público, é também chamado sagrado, e dizemos que está consagrado como os templos e outras casas de oração pública, tal como seus utensílios, sacerdotes e ministros, sacrifícios, oferendas e a matéria externa dos sacramentos.

Há diferentes graus de santidade, pois, das coisas que são separadas para o serviço de Deus, algumas podem ser reservadas para um serviço especial. A nação inteira dos israelitas era um povo santificado por Deus, mas a tribo de Levi era, entre os israelitas, uma tribo santa, e, entre os levitas, os sacerdotes eram ainda mais santos; entre estes, o sumo sacerdote era o mais santo de todos. A Judeia era a terra santa, mas a cidade santa onde Deus devia ser adorado era a mais santa e, por sua vez, o Templo era mais santo que a cidade, e o *sanctum sanctorum* mais santo do que o resto do Templo.

Sacramento é a separação de algo visível de seu uso comum e sua consagração para o serviço de Deus, como sinal de nossa submissão ao Reino de Deus, como pertencentes a seu povo peculiar, ou como comemoração desse Reino. No Antigo Testamento, o sinal de admissão era a circuncisão; no Novo, é o batismo. Sua comemoração, no Antigo Testamento, era comer o Cordeiro Pascal (numa certa época, repetida anualmente), lembrando, com isso, a noite em que os judeus foram libertados da escravidão no Egito. Por seu turno, no Novo Testamento, a celebração da Ceia do Senhor nos lembra a libertação da escravidão do pecado, pela morte de nosso abençoado Salvador na cruz.

Os sacramentos de admissão só podem ser usados uma vez, porque ninguém precisa ser admitido mais do que uma vez; porém, como devemos ser lembrados com frequência sobre nossa libertação e nossa obediência, os sacramentos de comemoração necessitam ser reiterados. São esses os principais sacramentos, que se assemelham a juramentos solenes de obediência. Existem, ainda, outras consagrações que podem ser chamadas de sacramentos, tendo em vista que a palavra implica consagração ao serviço de Deus; mas, como essa palavra implica, também, um juramento ou promessa de obediência a Deus, não encontramos no Antigo Testamento nenhum outro sacramento além da circuncisão e da extrema-unção, nem há outros no Novo Testamento, além do batismo e da Ceia do Senhor.

## Capítulo XXXVI
## Da palavra de Deus e dos profetas

Quando nos referimos à palavra de Deus ou do homem, não quisemos dar a entender uma parte da linguagem, como fazem os gramáticos com os verbos, os substantivos ou um simples vocábulo, sem qualquer relação com outras palavras que o tornem significativo; quisemos, sim, nos referir a uma oração ou discurso em que o orador afirma, nega, ordena, promete, ameaça, deseja ou questiona. Nesse sentido, uma palavra não significa *vocabulum*, mas *sermo* (em grego, *logos*), isto é, uma oração, discurso ou fala.

Então, quando nos referimos à palavra de Deus ou do homem, tal expressão, muitas vezes, pode ser entendida como as palavras proferidas por Deus ou por um homem. Quando falamos do Evangelho de São Mateus, entendemos que São Mateus foi seu autor. Às vezes, Evangelho significa o tema. Assim, quando lemos na Bíblia: “As palavras do dia de reis de Israel, ou Judá”, isso significa que os atos que foram realizados naqueles dias serviram de tema a essas palavras.

Na língua grega, que nas Escrituras conserva muitos hebraísmos, devemos entender, muitas vezes, por palavra de Deus, aquela que é dita a respeito de Deus e de seu governo, e não por Deus; ou seja, é a doutrina da religião. Dessa forma, é a mesma coisa dizer *logos*, *theoú* ou *theologia*, como a doutrina que denominamos teologia, o que fica evidente nas seguintes passagens: "Então Paulo e Barnabé, usando sua liberdade, disseram: 'Era necessário que a palavra de Deus vos fosse enunciada; porém, como a recusais e vos julgais indignos para a vida eterna, voltamos para os gentios'" (At 13,46). O que aqui é denominado palavra de Deus é a doutrina da religião cristã, como podemos deduzir do que foi dito anteriormente. E quando um anjo diz aos Apóstolos: "Erguei-vos e dizei no Templo todas as palavras desta vida" (At 5,20), as palavras desta vida significam a doutrina do Evangelho, como fica evidente pelo que fizeram no Templo e se encontra expresso no último versículo do mesmo capítulo: "No templo e em cada casa, todos os dias, eles não cessavam de ensinar e pregar a Cristo Jesus" (At 5,42). Por essa passagem deduzimos que Jesus Cristo era o tema dessa "palavra da vida" ou, o que vem a ser o mesmo, o tema das "palavras dessa vida eterna" que nosso Salvador ofereceu. Assim, a palavra de Deus é chamada a palavra do Evangelho (At 15,7), pois encerra a doutrina do reino de Cristo; e a mesma palavra é chamada a palavra da fé (Rm 10,8s), que significa, como expresso no Novo Testamento, a doutrina de Cristo que se ergueu e ressuscitou de entre os mortos. Igualmente, em: "Todo aquele que ouve a palavra do reino" (Mt 13,19), essa é a doutrina do reino ensinada por Cristo. Da mesma palavra, ainda, diz o Novo Testamento que "crescia e se multiplicava" (At 12,24), o que é fácil de entender, se se refere à doutrina evangélica, mas difícil e estranho, se a entendemos como a voz ou palavra de Deus. No mesmo sentido, doutrinas demoníacas (1Tm 4,1) não significam as palavras do diabo, mas a doutrina dos pagãos a respeito dos demônios e de todos os fantasmas que eles adoravam como se fossem deuses.

Considerando essas duas significações da palavra de Deus, tal como aparecem nas Escrituras, fica evidente que nesse último sentido (como doutrina da religião cristã), as Escrituras, em sua totalidade, são a palavra de Deus; entretanto, não é assim no primeiro sentido. Por exemplo, embora as palavras "Eu sou o Senhor teu Deus", etc., no final dos Dez Mandamentos, tenham sido ditas a Moisés por Deus, o prefácio "Deus proferiu estas palavras e disse" deve ser entendido como as palavras daquele que escreveu a história sagrada. A palavra de Deus pode ser entendida, às vezes, propriamente; outras vezes, metaforicamente. Propriamente, como as palavras ditas a seus profetas e, metaforicamente, como Sua sabedoria, poder e eterno decreto, ao fazer o mundo. Nesse sentido, todos estes *fiat*: "Faça-se a luz", "Faça-se o firmamento", "Faça-se o homem", etc. (Gn 1) são a palavra de Deus. No mesmo sentido, dizem as Escrituras: "Todas as coisas foram feitas por Ele e, sem Ele, nada teria sido feito" (Jo 1,3), e também: "Ele sustenta todas as coisas pela palavra de Seu poder" (Hb 1,3), quer dizer, com o poder de Sua palavra; e ainda: "Os mundos foram criados pela palavra de Deus" (Hb 11,3), e muitas outras passagens com esse mesmo sentido. Entre os latinos, a palavra fate, que significava propriamente a palavra falada, era tomada no mesmo sentido.

Em segundo lugar, podemos tomar palavra por efeito de Sua palavra, isto é, pela própria coisa que, por Sua palavra, é afirmada, ordenada, ameaçada ou prometida. É nesse sentido que as Escrituras dizem que José foi mantido na prisão "até a chegada de sua palavra" (Sl 105,19), isto é, até acontecer o que ele predissera ao copeiro do Faraó, a respeito de sua reposição nesse cargo (Gn 40,13); sua palavra chegou significa, no caso, que a coisa deveria ocorrer. E Elias disse a Deus: "Eu fiz todas estas tuas palavras" (1Rs 18,36), em vez de dizer: "Eu fiz todas estas coisas por tua palavra", ou comando. E "onde está a palavra do Senhor" (Jr 17,15) substitui "onde está o mal com que Ele ameaçou". E, por "em nenhuma de minhas palavras se prolongará mais" (Ez 12,28), entendemos por palavras as coisas que Deus havia prometido a seu povo. No Novo Testamento, "o céu e a terra passarão, mas minhas palavras não passarão" (Mt 24,35) significa que não há nada do que Ele prometeu ou predisse que não venha a suceder. Foi com esse sentido que São João Evangelista, e, creio eu, apenas ele, chamou nosso Salvador de a encarnação da Palavra de Deus: "A Palavra se fez carne" (Jo 1,14), que significa a palavra, ou promessa, de que Cristo viria ao mundo; "Aquele que no princípio estava com Deus", isto é: Deus Pai tinha a intenção de enviar ao mundo Deus Filho, a fim de iluminar os homens no caminho da vida eterna; mas só então pôs a palavra em execução, efetivamente, encarnando-o. Nosso Salvador foi chamado de Palavra, não como pessoa, mas como algo prometido. Os que se apoiam nessa passagem para chamá-lo o Verbo de Deus conseguem apenas tornar o texto mais obscuro. Poderiam tê-lo chamado o Nome de Deus, pois, por nome, tal como por verbo, entendemos apenas uma parte da linguagem, uma voz, um som, que não afirma nem nega, não ordena nem promete e, também, não se trata de nenhuma substância, corpórea ou espiritual, que pode não ser Deus ou o homem, ao passo que nosso Salvador era Deus e homem ao mesmo tempo. E essa Palavra, que São João, em seu Evangelho, diz que estava com Deus, é, em sua primeira Epístola, chamada a "Palavra da vida" (1Jo 1,1) e "a Vida Eterna, que estava com o Pai" (1Jo 1,2), de modo que Deus só pode ser chamado a Palavra na medida em que é chamado Vida Eterna, quer dizer, aquele que nos trouxe a vida eterna, pelo fato de ter-se feito carne. Assim também, o Apóstolo, falando de Cristo vestido com uma túnica empapada de sangue, diz que seu nome é "a Palavra de Deus" (Ap 19,13), o que deve ser entendido como se ele tivesse dito que seu nome é "Aquele que veio de acordo com o desígnio de Deus desde o princípio, e em conformidade com Sua palavra e Suas promessas, transmitidas pelos profetas". Assim, nada há aqui que possa ser compreendido como a encarnação de uma palavra, mas, sim, como a encarnação de Deus Filho, que é chamado a Palavra, porque sua encarnação foi o cumprimento da promessa feita, da mesma forma como o Espírito Santo é denominado o Prometido (At 1,4; Lc 24,49).

Em algumas passagens das Escrituras, a Palavra de Deus significa aquelas palavras que estão de acordo com a razão e a equidade, apesar de não serem proferidas por um profeta ou por um homem santo. O faraó Necao era um idólatra e, com palavras dirigidas ao bom rei Josias, aconselhou-o, por intermédio de mensageiros, a que não se opusesse à marcha contra Carquemis; tais palavras provinham da boca de Deus e, como Josias não lhes deu ouvidos, foi morto na batalha, como podemos ler em 2Cr 35,21-23. É verdade que na mesma história, tal como é narrada no primeiro livro de Esdras, não é o Faraó, e sim Jeremias, que diz essas palavras a Josias, a partir da boca do Senhor. Mas devemos acreditar nas Escrituras canônicas, seja o que for que esteja escrito nos apócrifos.

A Palavra de Deus também deve ser considerada como os ditames da razão e da equidade quando as Escrituras dizem que ela está escrita no coração do homem, como em Sl 36,31, Jr 31,33, Dt 30,11-14 e em muitas outras passagens análogas.

Nas Escrituras, o nome profeta significa algumas vezes *prolocutor*, ou seja, aquele que fala de Deus ao homem ou do homem a Deus, e, outras vezes, *praedictor*, aquele que prediz o que vai acontecer ou, ainda, aquele que fala incoerentemente, da mesma forma como falam os distraídos. Com maior frequência, o termo profeta é usado com o significado de que alguém fala de Deus ao povo. Assim, Moisés, Samuel, Elias, Isaías, Jeremias e outros eram profetas. Nesse sentido, também o sumo sacerdote era um profeta, pois só ele entrava no *sanctum sanctorum* para fazer perguntas a Deus e transmitir sua resposta ao povo. Assim, quando Caifás falou da conveniência de um homem morrer pelo povo, diz São João que "ele não falou isso por si mesmo, mas, sendo o sumo sacerdote desse ano, profetizou que um homem morreria pela nação" (Jo 11,51). Nas congregações cristãs, os que ensinavam o povo profetizavam (1Cor 14,3). No mesmo sentido, Deus disse a Moisés sobre Aarão: "Ele será teu porta-voz perante o povo e uma boca para ti; e tu, para ele, farás as vezes de Deus" (Ex 4,16). Em Ex 7,1 é interpretado como profeta o que aqui é chamado porta-voz: "Vê", disse Deus, "fiz de ti um deus para Faraó, e teu irmão Aarão será teu profeta". Abraão é chamado profeta, no sentido de falar do homem a Deus, quando, num sonho, Deus assim fala a

Abimelec: "Restitui, portanto, agora ao homem sua mulher, porque ele é um profeta e rezará por ti" (Gn 20,7). Podemos concluir que o nome profeta pode ser dado, e não sem propriedade, àqueles que nas Igrejas cristãs têm a vocação de dizer orações públicas para a congregação. Dos profetas que desceram do alto lugar (ou colina de Deus) com um saltério, um adufe, uma flauta e uma harpa, entre os quais Saul, diz o texto bíblico que profetizaram, uma vez que, dessa forma, louvaram a Deus publicamente (1Sm 10,5s.10). No mesmo sentido, Maria é chamada profetiza (Ex 15,20). O mesmo deve ser entendido quando São Paulo diz: "Todo homem que reza ou profetiza com a cabeça coberta [...] e toda mulher que reza ou profetiza com a cabeça descoberta" (1Cor 11,4s), uma vez que, nessa passagem, profetizar significa apenas louvar a Deus em salmos e cantos sacros, e as mulheres podiam agir assim na igreja, embora não pudessem falar à congregação. Também é nesse sentido que eram chamados vates (profetas) os poetas dos pagãos que compunham hinos e outros tipos de poema para honrar seus deuses, como bem sabem os que são versados nos livros dos gentios, e como se evidencia quando São Paulo comunica aos cretenses que um de seus profetas dissera que eles eram mentirosos (Tt 1,12); não é que São Paulo considerasse profetas os poetas deles, mas reconhecia que a palavra profeta era usada, geralmente, para designar os que celebravam a honra de Deus em verso.

Se, por profecia, entendermos predição ou previsão de acontecimentos futuros, não eram profetas apenas os que eram porta-vozes de Deus e prediziam para os outros as coisas que Deus havia predito a eles, mas, também, todos os impostores, que pretendiam, com a ajuda de espíritos familiares ou por supersticiosas adivinhações, chegar, com base em acontecimentos passados, baseando-se em falsas causas, a prever a ocorrência de acontecimentos análogos no futuro. Como esses existem muitos (como já dissemos no capítulo XII), que conseguem boa reputação de profecia, graças a um acontecimento casual que pode ser distorcido em seu proveito; mas essa fama pode ser frustrada diante de uma série de fracassos. A profecia não é uma arte, nem tampouco (se tomada como predição) uma vocação constante, mas um emprego extraordinário e temporário que Deus faz, na maioria dos casos, de homens bons, mas, às vezes, também de homens maus. A mulher de Endor, que, segundo dizem as Escrituras, tinha um espírito familiar, por intermédio do qual chamou o fantasma de Samuel e previu a morte de Saul, não era uma profetiza, pois não possuía qualquer ciência mediante a qual pudesse chamar esse fantasma, nem parece que Deus tenha ordenado esse chamamento, tendo-se ela limitado ao uso dessa impostura para aterrorizar e desencorajar Saul, levando-o à derrota de que sucumbiu. A linguagem incoerente, entre os gentios, era tomada por uma espécie de profecia, pois os profetas de seus oráculos, intoxicados por um espírito ou vapor da caverna do oráculo pítico de Delfos, ficavam transtornados por algum tempo e falavam como loucos. De suas palavras incoerentes era possível construir algo que se adequasse a responder a qualquer acontecimento, do mesmo modo como podemos dizer que todos os corpos são feitos de matéria-prima. Encontramos esse mesmo sentido nas Escrituras, nestas palavras: "O espírito maligno baixou sobre Saul e profetizou no meio da casa" (1Sm 18,10).

Apesar de nas Escrituras haver um grande número de significados para a palavra profeta, o mais comum é aquele que o considera uma pessoa a quem Deus expressa diretamente o que deve ser dito a outro homem, ou ao povo. Podemos, então, perguntar como Deus fala a um tal profeta. Podemos dizer, como muitos dizem, que Deus tem voz e linguagem, mas não é possível dizer propriamente que Ele tenha língua ou outros órgãos, idênticos aos do homem. O profeta Davi usa o seguinte argumento: "Pode aquele que fez o olho não ver? Ou pode aquele que fez o ouvido não ouvir?" (Sm 94,9) Mas isso pode ser afirmado em relação a nossa intenção de honrar a Deus, e não para descrever Sua natureza. Ver e ouvir são propriedades honrosas atribuídas a Deus com a finalidade de declarar sua onipotência (na medida em que nossa capacidade pode concebê-la). Porém, se tomadas em sentido estrito e próprio, alguém poderia argumentar que Deus tem todas as partes do corpo humano, utilizando-as como nós, o que seria inconveniente, constituindo-se na maior contumélia deste mundo.

Portanto, devemos interpretar o ato de Deus falar aos homens diretamente como a maneira (seja ela qual for) por intermédio da qual Deus manifesta sua vontade. E são muitas as maneiras como Ele faz isso, e só devem ser procuradas nas Sagradas Escrituras, nas quais, embora muitas vezes seja dito que Deus falou a esta ou àquela pessoa, sem declarar de que maneira, há, por outro lado, muitas passagens que mostram também quais são os sinais mediante os quais essas pessoas deveriam reconhecer Sua presença e Seus mandamentos, passagens essas que podem tornar possível entender de que maneira Deus falou às outras pessoas.

Não há nas Escrituras qualquer referência à maneira como Deus falou a Adão, Eva, Caim e Noé, nem como falou a Abraão, até o momento em que este saiu de sua terra e foi a Siquém, na terra de Canaã, onde diz o texto bíblico que Deus lhe apareceu (Gn 12,7). Assim, há uma maneira pela qual Deus manifestou sua presença: por meio de uma aparição ou visão. Dizer que a palavra de Deus chegou a Abraão numa visão (Gn 15,1) significa que algo, como mensageiro de Deus, falou-lhe, sinalizando Sua presença. O Senhor apareceu também a Abraão mediante a aparição de três anjos (Gn 18,1); a Abimelec, num sonho (Gn 20,3); a Ló, mediante a aparição de dois anjos (Gn 19,1); a Agar, pela aparição de um anjo (Gn 21,17); novamente a Abraão, por intermédio de uma voz do céu (Gn 22,11); a Isaac, durante a noite (Gn 26,24), quer dizer, durante o sono, ou por meio de um sonho; a Jacó, num sonho (Gn 18,12), ou seja (conforme as palavras do texto), "Jacó sonhou que viu uma escada", e também numa visão de anjos (Gn 32,1); a Moisés, pela aparição de uma chama ou fogo no meio da sarça (Ex 3,2). E, depois da época de Moisés (na qual está expressa a maneira como Deus se comunicou diretamente com o homem no Antigo Testamento), Deus sempre falou por uma visão ou por um sonho, como nos casos de Gedeão, Samuel, Elias, Isaías, Ezequiel e os demais profetas, e também, no *Novo Testamento*, de São José, São Pedro, São Paulo e São João Evangelista, no Apocalipse.

Apenas a Moisés Deus falou de maneira mais extraordinária, no monte Sinai e no Tabernáculo; e ao sumo sacerdote, no Tabernáculo e no *sanctum sanctorum* do Templo. Entretanto, Moisés e, depois dele, os sumos sacerdotes eram profetas que ocupavam lugar e posição mais eminente no favor de Deus; o próprio Deus declarou, expressamente, que falava aos outros profetas por meio de sonhos e visões, mas que a seu servo Moisés falava de maneira como um homem fala a um amigo. As palavras são estas: "Se há um profeta entre vós, eu, vosso Senhor, me darei a conhecer a ele numa visão, e a ele falarei num sonho. Com meu servo Moisés será diferente, pois ele é fiel em toda a minha casa; com ele falarei de boca a boca, de maneira clara e não com palavras obscuras, e ele contemplará o semblante de Deus" (Nm 12,6-8). E: "O Senhor falou a Moisés frente a frente, como um homem fala a um amigo" (Ex 33,11).

Porém, essa fala de Deus a Moisés foi pela mediação de um anjo, ou anjos, como é dito expressamente nas Escrituras (At 7,35.53; Gl 3,19), mediante uma visão, portanto, embora uma visão mais clara do que a recebida por outros profetas. Assim, quando Deus diz: "Se surgir entre vós um profeta, ou sonhador de sonhos" (Dt 13,1), a última expressão é apenas uma interpretação da anterior. E em: "Vossos filhos e filhas profetizarão, e vossos velhos sonharão sonhos, e vossos jovens terão visões" (Jl 2,28), mais uma vez a palavra profecia é exposta como sonho e visão. Foi dessa mesma maneira que Deus falou a Salomão, prometendo-lhe sabedoria, riqueza e honra, pois o texto diz: "E quando Salomão acordou, viu que era um sonho" (1Rs 3,15). De modo geral, os profetas extraordinários do *Antigo Testamento* só tomaram conhecimento da palavra de Deus por meio de seus sonhos ou visões, isto é, por meio das imaginações que tiveram durante o sono ou um êxtase. Essas imaginações eram sobrenaturais para todos os verdadeiros profetas, mas naturais ou fingidas nos falsos profetas.

Entretanto, diz o texto bíblico que os mesmos profetas falavam pelo espírito, como quando o profeta, falando dos judeus, disse: "Eles tornaram seus corações duros como diamante, para não ouvirem a lei e as palavras que o Senhor das hostes enviara em Seu Espírito pelos profetas antigos" (Zc 7,12). Fica explícito que falar pelo espírito ou por inspiração não era uma maneira especial de Deus falar, isto é, diferente de uma visão, quando aqueles de quem as Escrituras dizem que falavam pelo espírito eram profetas extraordinários; de tal forma que, para cada nova mensagem, era necessário uma missão particular ou, o que é a mesma coisa, um novo sonho ou visão.

Entre os profetas com vocação perpétua, no *Antigo Testamento*, uns eram supremos e outros, subordinados. Entre os supremos, o primeiro foi Moisés e, depois dele, os sumos sacerdotes, cada um em seu tempo, enquanto o sacerdócio foi real. Depois que o povo judeu rejeitou a Deus, para que não mais reinasse sobre ele, os reis que se submeteram ao governo de Deus eram também os principais profetas e o cargo do sumo sacerdote passou a ser ministerial. Ao consultarem Deus, envergavam a indumentária sagrada e perguntavam ao Senhor aquilo que o rei lhes ordenava, sendo privados dessa função sempre que isso aprazia ao rei. Assim, o rei Saul ordenou que lhe trouxessem o sacrifício pelo fogo (1Sm 13,9) e que o sacerdote trouxesse a Arca para perto dele e a deixasse (1Sm 14,18), por ver nisso uma vantagem sobre o inimigo (1Sm 14,19). No mesmo capítulo, Saul pede conselho a Deus, tal como o rei Davi, após sua unção, mas, antes de tomar posse do reino, perguntara ao Senhor se deveria combater contra os filisteus em Ceila (1Sm 23,2), e ordenara ao sacerdote que lhe trouxesse a túnica sacerdotal, para que pudesse perguntar a Deus se deveria ou não ficar em Ceila (1Sm 23,9). O rei Salomão, por sua vez, tirou a função sacerdotal a Abiatar (1Rs 2,27), dando-a a Sadoc (1Rs 2,35). Portanto, Moisés, os sumos sacerdotes e os reis piedosos que perguntavam a Deus, em todas as ocasiões extraordinárias, que atitude tomar ou o que iria acontecer, eram todos profetas soberanos. Entretanto, não está escrito como Deus se comunicava com eles. Afirmar que a subida de Moisés ao monte Sinai foi um sonho ou uma visão, como as recebidas pelos profetas, contraria a distinção estabelecida por Deus entre

Moisés e os demais profetas (Nm 12,6ss). Afirmar que Deus falou ou apareceu em sua própria natureza é negar sua infinitude, sua invisibilidade e sua incompreensibilidade. Dizer que falou por inspiração ou infusão do Espírito Santo, dado que Espírito Santo significa divindade, é considerar Moisés igual a Cristo, pois somente neste a divindade (de acordo com o que diz São Paulo Cl 2,9) é corporal. Por último, dizer que Deus falou por intermédio do Espírito Santo, dado que isso significa graças ou dádivas do Espírito Santo, não significa atribuir-lhe nada de sobrenatural. Afinal, Deus predispõe os homens para a piedade, a justiça, a misericórdia, a verdade, a fé e toda espécie de virtude, tanto moral como intelectual, por meio da doutrina, do exemplo e de diversas maneiras naturais e comuns.

Como nada disso pode ser aplicado a Deus ao falar a Moisés no monte Sinai, ou mesmo aos sumos sacerdotes na sede da misericórdia, é ininteligível a maneira como Deus falou a esses profetas soberanos do Antigo Testamento, cuja missão consistia em fazer-Lhe perguntas. No tempo do Novo Testamento, o único profeta soberano foi nosso Salvador, que era ao mesmo tempo o Deus que falava e o profeta a quem Deus falava.

Não há qualquer passagem que prove que Deus tenha falado de maneira sobrenatural aos profetas subordinados de vocação perpétua, mas apenas da maneira que inclina os homens para a piedade, a crença, a retidão e as outras virtudes de todos os cristãos. E essa maneira, embora consistisse na constituição, na instrução, na educação e nas ocasiões e propensões dos homens para as virtudes cristãs, é corretamente atribuída à intervenção do Espírito de Deus, ou Espírito Santo (que em nossa linguagem chamamos também Santo Fantasma). Não existe qualquer inclinação que não seja produto da intervenção de Deus. Mas essa intervenção nem sempre é sobrenatural. Assim, quando dizemos que um profeta fala no espírito ou pelo Espírito de Deus, devemos entender apenas que fala de acordo com a vontade de Deus, declarada pelo supremo profeta. Pois a acepção mais comum da palavra espírito é a intenção, a mente e a disposição de um homem.

No tempo de Moisés, além dele, havia 70 homens que com ele profetizavam no acampamento dos israelitas. A maneira como Deus lhes falava está declarada no capítulo 11 dos Números, versículo 25: "O Senhor desceu numa nuvem e falou a Moisés, e tomou o espírito que estava nele e o deu aos 70 anciãos. E aconteceu que, quando o espírito pousou sobre eles, passaram a profetizar e não pararam mais". Disso resulta que, em primeiro lugar, as profecias que diziam ao povo estavam em conformidade e subordinadas às profecias de Moisés, pois Deus tirou do espírito de Moisés para dar a eles; assim, eles profetizavam como queria Moisés, pois, se assim não fosse, Moisés não teria permitido que profetizassem. Queixaram-se deles a Moisés (Nm 11,27), e Josué queria que ele os proibisse de profetizar, mas Moisés não o fez e disse a Josué: "Não sejas zeloso por mim". Em segundo lugar, vemos que, nessa passagem, Espírito de Deus significa apenas a tendência e a disposição a obedecer e ajudar Moisés na administração do governo. Pois, se isso significasse que neles tinha sido inspirado o Espírito substancial de Deus, isto é, a natureza divina, então eles não o teriam menos que o próprio Cristo, que é o único em quem o Espírito de Deus reside corporalmente. Por conseguinte, o significado de espírito, nessa passagem, é dom e graça de Deus, que os levou a cooperar com Moisés, o qual os havia instituído como anciãos e funcionários do povo (Nm 11,16). Com efeito, nas palavras "reúne-me 70 homens, a quem conheças como anciãos e funcionários do povo", *conheças* é o mesmo que designes ou tenhas designado como tais. Antes lemos que Moisés, seguindo os conselhos do seu sogro, Jetro, designou juízes e funcionários para o povo que temia a Deus (Ex 18), e que, dentre eles, foram escolhidos 70, que, tendo recebido o espírito de Moisés, receberam também a disposição para auxiliá-lo na administração do reino. Nesse sentido é que dizemos que o Espírito de Deus, depois da unção de Davi, desceu sobre ele e abandonou Saul (1Sm 16,13s), concedendo Sua graça àquele que escolheu para governar Seu povo, e retirando-a de quem rejeitou. Assim, entendemos por espírito uma inclinação para o serviço de Deus, e não uma revelação sobrenatural.

Deus falou ainda, muitas vezes, por meio de sorteios, que eram ordenados por aqueles a quem Ele havia dado autoridade sobre Seu povo. Assim, lemos que Deus manifestou, pelo sorteio que Saul mandou realizar, a falta cometida por Jônatas, ao comer um favo de mel, contrariando o juramento feito pelo povo (1Sm 14,43). E Deus dividiu a terra de Canaã entre os israelitas mediante "o sorteio feito por Josué perante o Senhor, em Silo" (Js 18,10). Da mesma forma parece ter Deus revelado o crime de Acã (Js 7,16-21). E esses eram os meios pelos quais Deus manifestava sua vontade no Antigo Testamento.

Esse modo de se manifestar também foi usado por Deus no *Novo Testamento*: à Virgem Maria, mediante a visão de um anjo; a José, num sonho; a Paulo, no caminho para Damasco, por meio de uma visão de nosso Salvador; a Pedro, por meio de uma visão de um lençol descendo do céu, com diversas espécies de carne, de animais puros e impuros, e, na prisão, com a visão de um anjo; a todos os Apóstolos e autores do *Novo Testamento*, por meio das graças de seu espírito; e, novamente aos Apóstolos, por sorteio (como na escolha de Matias para o lugar de Judas Iscariotes).

Considerando que toda profecia pressupõe uma visão ou um sonho (sendo essas duas coisas o mesmo, quando são naturais), ou algum dom especial de Deus, coisa tão raramente verificada entre os homens que causa espanto quando se verifica; e, ainda, que esses dons, como os mais extraordinários sonhos e visões, podem provir de Deus como uma intervenção natural e pela mediação de segundas causas, e não, apenas, como uma intervenção sobrenatural e imediata, é necessário usar a razão e o julgamento para distinguir entre dons naturais e sobrenaturais, entre visões ou sonhos naturais e sobrenaturais. Por conseguinte, é preciso muita circunspecção e cuidado ao obedecer à voz de homens que pretendem ser profetas e exigem que obedeçamos a Deus da mesma forma como a eles, e que, em nome de Deus, nos dizem ser o caminho da felicidade. Quem pretende ensinar aos homens o rumo para alcançar tão grande felicidade pretende governá-los, ou seja, dirigi-los e reinar sobre eles, pois tal felicidade é desejada, naturalmente, por todos os homens. Portanto, é preciso suspeitar de ambição e impostura. Consequentemente, essa pretensão deve ser examinada e experimentada por todos, antes de obedecerem, a não ser que já lhes tenha sido oferecida na instituição de um Estado, quando o profeta é o soberano civil ou é autorizado por este. Se não estivesse ao alcance de todas as pessoas do povo esse exame dos profetas e dos espíritos, não teria qualquer finalidade definir os sinais pelos quais cada um pode ser capaz de distinguir entre aqueles a quem deve e a quem não deve obedecer. Uma vez que já definimos os sinais que permitem distinguir um profeta (Dt 13,1, etc.) e os que permitem distinguir um espírito (1Jo 4,1, etc.), e dado que há tanta profecia no *Antigo Testamento* e tanta pregação no *Novo Testamento* contra os profetas, e que, geralmente, há um número muito maior de falsos profetas do que o de verdadeiros, cada um deve ter cuidado ao obedecer a suas determinações. No fato de Acab ter consultado 400 profetas e todos eles serem falsos e impostores, com exceção de Miqueias (1Rs 22), verificamos que há muito mais profetas falsos do que verdadeiros. Pouco antes da época do exílio, os profetas geralmente eram mentirosos. "Os profetas", diz o Senhor em Jeremias, "profetizam mentiras em meu nome. Eu não os mandei, nada lhes ordenei, nem lhes disse que vos profetizassem uma falsa visão, uma nulidade e engano de seu coração" (Jr 14,14). Assim, Deus ordenou ao povo que não lhes obedecesse, pela boca do profeta Jeremias. "Assim falou o Senhor das hostes: não deis ouvidos às palavras dos profetas que vos profetizam. Eles vos iludem, falam de uma visão de seu próprio coração, e não da boca do Senhor" (Jr 23,16).

Nos tempos do *Antigo Testamento*, havia querelas entre os profetas visionários, um contestando o outro, e perguntando: "Quando foi que o espírito partiu de mim para ir a ti?", como entre Miqueias e o resto dos 400; e, ainda, chamando-se mentirosos uns aos outros (como em Jr 14,14). Existem controvérsias semelhantes até em nossos dias, a respeito do *Novo Testamento*, entre os profetas espirituais. Assim, tanto então como agora, os homens eram e são obrigados a fazer uso de sua razão natural, aplicando a toda e qualquer profecia as regras que Deus nos deu para distinguir entre o verdadeiro e o falso. Entre elas, no Antigo Testamento, uma era a conformidade doutrinária com o que Moisés, o profeta soberano, havia ensinado, e outra, o poder miraculoso de predizer o que Deus ia fazer acontecer, conforme já mostrei a partir de Dt 13,1, etc. No *Novo Testamento*, há apenas um sinal: que a doutrina deve pregar que Jesus é o Cristo, isto é, o rei dos judeus, como foi prometido no *Antigo Testamento*. Quem negasse esse artigo era um falso profeta, a despeito dos milagres que parecesse capaz de realizar, e quem o ensinasse era um verdadeiro profeta. Falando sobre a forma de examinar os espíritos, a fim de verificar se se tratava do Espírito de Deus ou não, São João, depois de dizer que surgiriam falsos profetas, disse: "Desta maneira conhecereis o Espírito de Deus: todo espírito que confessar que Jesus Cristo veio encarnado é de Deus" (1Jo 4,2); ou seja, é aprovado e reconhecido como profeta de Deus. Não é que seja um homem piedoso ou um dos eleitos, porque confessa, professa ou prega que Jesus é o Cristo, mas apenas que é um profeta reconhecido. Deus, às vezes, fala por intermédio de profetas cuja pessoa não aceitou, como foi o caso de Balaão, e, quando predisse a Saul sua morte, foi por intermédio da feiticeira de Endor. E no versículo seguinte: "Todo espírito que não confessar que Jesus Cristo se fez carne não é de Cristo. Trata-se do espírito do Anticristo" (1Jo 4,3). A regra é perfeita de ambos os lados: é um verdadeiro profeta quem prega que o Messias já veio, na pessoa de Jesus, e um falso profeta quem nega que Ele veio e o espera em algum futuro impostor, que falsamente pretenderá tal honra, e a quem o Apóstolo propriamente chamou o Anticristo. Consequentemente, todos devem verificar quem é o profeta soberano, isto é, o vice-rei de Deus na terra, que possui, abaixo de Deus, a autoridade de governar os cristãos; devem respeitar como regra a doutrina que ele, em nome de Deus, ordenou que fosse ensinada; e examinar e pôr à prova a verdade das doutrinas que pretensos profetas venham a propor, com ou sem milagre, em qualquer tempo. Se um profeta contraria essa regra, os cristãos devem fazer como aqueles que foram a Moisés queixar-se de que havia alguns, no acampamento, que profetizavam com autoridade duvidosa, deixando ao soberano, como fizeram com Moisés, o cuidado de defender ou repudiar os pretensos profetas; se o profeta soberano os desautorizar, os cristãos não devem obedecer sua voz, e, se os aprovar, passar a obedecer-lhes, como homens a quem deu uma parte de seu espírito soberano. Quando os cristãos não aceitam seu soberano cristão como profeta de Deus, consideram seus próprios sonhos como profecia, pela qual pensam ser governados, e a tumescência de seus corações como o Espírito de Deus; ou, então, toleram ser dirigidos por um príncipe estrangeiro ou por algum de seus concidadãos capaz de enfeitiçá-los e incitá-los contra o governo e de induzi-los à rebelião, às vezes sem outro milagre para confirmar sua vocação, senão um extraordinário sucesso e impunidade. Assim são destruídas todas as leis, divinas e humanas, e a ordem, o governo e a sociedade retornam ao primitivo caos da violência e da guerra civil.

## Capítulo XXXVII
## Dos milagres e de seu uso

Milagres são as obras admiráveis de Deus, também denominadas maravilhas. Esses milagres são feitos para confirmar Seus mandamentos, em oportunidades em que os homens, sem eles (guiados por seu raciocínio natural particular), teriam dúvidas sobre qual seria o mandamento de Deus. Nas Sagradas Escrituras, os milagres geralmente são chamados sinais, no mesmo sentido em que os latinos diziam *ostenta* e *portenta*, uma vez que mostram e anunciam o que o Altíssimo fará acontecer.

Para compreender um milagre, é necessário, em primeiro lugar, saber quais são as obras diante das quais os homens se espantam, a que chamam admiráveis. Em qualquer circunstância, os homens se espantam apenas com duas coisas: as estranhas, ou seja, de natureza tal que nada semelhante tenha acontecido antes, ou só muito raramente, e as que, depois de acontecidas, não podem ser interpretadas como algo que ocorreu por meios naturais, senão apenas diretamente proveniente das mãos de Deus. Quando as coisas acontecem várias vezes, não são consideradas milagres, ainda que não sejam conhecidas suas causas naturais.

Assim, se um cavalo ou uma vaca falassem, isso seria um milagre, pois ao mesmo tempo a coisa seria estranha e seria difícil imaginar sua causa natural. O mesmo se daria se víssemos um desvio estranho da natureza na criação de alguma nova forma de criatura viva. Porém, quando um homem ou outro animal gera seu semelhante, embora não saibamos como isso foi feito, não se trata de um milagre, porque é algo habitual. De maneira semelhante, se um homem se metamorfoseasse em pedra, ou numa coluna, isso seria um milagre, pois seria algo estranho. Mas, se um pedaço de madeira passasse por essa transformação, como acontece muitas vezes, o fato não seria um milagre. E isso muito embora, tanto num caso quanto no outro, desconheçamos qual seja a intervenção de Deus necessária para que tal aconteça.

O primeiro arco-íris visto no mundo foi um milagre, porque foi o primeiro e, consequentemente, era estranho. E serviu como um sinal de Deus, posto no céu para garantir a seu povo que não haveria mais destruição universal do mundo pelas águas. Atualmente, porém, por ser algo frequente, não é um milagre, nem para os que conhecem suas causas naturais nem para os que não as conhecem. Há, ainda, muitas obras raras produzidas pela arte do homem, mas, quando sabemos que foram feitas, e visto sabermos também por que meios foram feitas, não as consideramos milagres, pois não provêm imediatamente das mãos de Deus, tendo, sim, a mediação do engenho humano.

Tendo em vista que tanto o espanto como a admiração são consequências do conhecimento e da experiência de que os homens são dotados, uns mais, outros menos, uma mesma coisa pode, por conseguinte, ser milagre para um e não o ser para outro. Assim, homens ignorantes e supersticiosos consideram grandes maravilhas obras que não espantam a outros homens que sabem que tais obras derivam da natureza (que não é obra extraordinária, mas obra normal de Deus).

Por exemplo, os eclipses do sol e da lua foram considerados obras sobrenaturais pelo povo mais simples, embora outros homens fossem capazes, com base em suas causas naturais, de prever a hora exata em que esses fenômenos iam ocorrer. Em outro caso, quando um homem sagaz, conhecendo as ações particulares de um homem ignorante e inculto, diz-lhe o que ele fez no passado, isso lhe parecerá uma coisa miraculosa; mas, diante de homens sábios e cautelosos, não é fácil fazer milagres como esse.

Faz parte da natureza do milagre a propriedade que ele tem de granjear crédito aos mensageiros, ministros e profetas de Deus, a fim de que os homens tomem conhecimento de que eles foram chamados, enviados e empregados por Deus, ficando, assim, inclinados a obedecer-lhes. Assim, embora tenham sido obras admiráveis a criação do mundo e, em seguida, a destruição de todas as criaturas vivas no dilúvio universal, não é costume chamar a esses acontecimentos milagres, pois não foram feitos para granjear crédito a qualquer profeta ou outro ministro de Deus. Não basta que uma obra seja admirável. É preciso que a admiração não se deva ao fato de que tal obra possa ter sido feita, pois os homens acreditam, naturalmente, que o Todo-Poderoso pode fazer todas as coisas, mesmo que Deus as realize diante da súplica e do fervoroso pedido de um homem. Entretanto, as obras de Deus, no Egito, pelas mãos de Moisés, foram propriamente milagres, porque foram feitas com a intenção de levar o povo de Israel a acreditar que Moisés não fora até eles por qualquer motivo ligado a seu próprio interesse, mas como enviado de Deus. Portanto, após Deus ter ordenado a libertação dos israelitas da servidão do Egito, quando Moisés disse: "Eles não acreditarão em mim e dirão que o Senhor não me apareceu" (Ex 4,1), Deus lhe deu o poder de transformar numa serpente a vara que tinha na mão, e de, em seguida, transformá-la em vara novamente, e o poder de, ao pôr a mão em seu próprio peito, torná-lo leproso, e, de novo, ao retirar a mão, deixá-lo são, para que os filhos de Israel acreditassem que o Deus de seus pais havia aparecido a ele (Ex 4,5). E, como se isso não bastasse, deu-lhe o poder de transformar as águas em sangue. Depois que Moisés realizou esses milagres perante o povo, dizem as Escrituras que "eles acreditaram nele" (Ex 4,31). Contudo, temendo o Faraó, não ousavam ainda obedecer-lhe. Assim, todas as demais obras realizadas para derramar pragas sobre o Faraó e os egípcios tinham por objetivo levar os israelitas a acreditar em Moisés, e eram milagres propriamente ditos. Igualmente, se examinarmos todos os milagres feitos pelas mãos de Moisés e dos demais profetas, até o exílio, assim como os de nosso Salvador e, depois, os dos Apóstolos, veremos que a finalidade sempre foi obter ou confirmar a crença de que esses homens não eram movidos por intenções pessoais; pelo contrário, eram enviados de Deus. Podemos, ainda, constatar que o objetivo dos milagres não era fazer surgir a fé universalmente em todos os homens, tanto nos eleitos quanto nos réprobos, mas apenas nos eleitos, isto é, naqueles que Deus escolhera para serem seus súditos. Porque essas miraculosas pragas do Egito não tinham por objetivo converter o Faraó, uma vez que Deus dissera a Moisés, anteriormente, que ia endurecer o coração do Faraó, para que não deixasse o povo partir; este, finalmente, os deixou ir, em razão das pragas que a isso o forçaram, e não porque os milagres o tivessem persuadido. Assim, também a respeito de nosso Salvador está escrito que ele não realizou muitos milagres em seu próprio país por causa da descrença de seus habitantes (Mt 13,58); em Mc 6,5, ainda, em vez de "não realizou muitos", está escrito "não podia realizar nenhum". Não lhe faltou poder para tal, já que dizer isso significaria blasfemar contra Deus, nem é verdade que os milagres não objetivassem converter a Cristo homens incrédulos, pois a finalidade de todos os milagres de Moisés, dos profetas, de nosso Salvador e de seus Apóstolos era acrescentar homens à Igreja. Mas a questão é que a finalidade de seus milagres era acrescentar à Igreja, não todos os homens, mas apenas os que deviam ser salvos, quer dizer, os eleitos por Deus. Uma vez que nosso Salvador foi enviado por seu Pai, não lhe era possível usar seu poder na conversão daqueles que seu Pai havia rejeitado. Aqueles que, ao expor essa passagem de São Marcos, dizem que a frase "ele não podia" é equivalente a "ele não queria" fazem-no sem se basear em qualquer exemplo da língua grega (na qual "não queria" às vezes é usado em lugar de "não podia", no caso de coisas inanimadas, destituídas de vontade; mas nunca "não podia" em lugar de "não queria"); assim, esses comentaristas impõem um obstáculo diante dos cristãos mais débeis, como se Cristo só pudesse fazer milagres entre os crédulos.

Com base em tudo o que expusemos sobre a natureza e o uso do milagre, podemos defini-lo assim: um milagre é uma obra de Deus (além de sua intervenção por intermédio da natureza, determinada na Criação) realizada para tornar manifesta a Seus eleitos a missão de um ministro extraordinário enviado para sua salvação.

Dessa definição podemos inferir, primeiramente, que em todos os milagres a obra não é um efeito de uma virtude qualquer do profeta, uma vez que se trata do efeito da intervenção imediata de Deus; ou seja, Deus a realiza sem utilizar o profeta como causa subordinada.

Em segundo lugar, que nenhum milagre pode ser feito por um demônio, anjo ou outro espírito criado, uma vez que as ações desses seres são realizadas em virtude de alguma ciência natural ou de um encantamento, isto é, em virtude das palavras. Tendo em vista que os encantadores agem por seu próprio poder, há aí algum poder que não deriva de Deus, e isso todos os homens rejeitam; e, se o fazem por um poder que lhes foi dado, e não se trata de obra feita pela intervenção imediata de Deus, mas por sua intervenção natural, consequentemente não se trata de um milagre.

Alguns textos das Escrituras parecem atribuir o poder de realizar maravilhas (iguais a alguns milagres imediatos realizados pelo próprio Deus) a determinadas artes de magia e encantamento. Assim é quando lemos que, depois que a vara de Moisés, espetada no chão, transformou-se numa serpente, "os magos do Egito fizeram o mesmo por meio de seus poderes de encantamento" (Ex 7,11); e que, depois de Moisés ter transformado em sangue as águas dos rios, regatos, tanques e lagos do Egito, "os magos do Egito também fizeram o mesmo com seus encantamentos" (Ex 7,22);

e que, depois de Moisés, com o poder de Deus, ter enchido de rãs a terra, "os magos também fizeram o mesmo com seus encantamentos, e encheram de rãs a terra do Egito" (Ex 8,7); acaso não é natural, depois disso, considerar milagres os encantamentos, quer dizer, reconhecer eficácia ao som de certas palavras, e pensar que isso está perfeitamente provado por essas e outras passagens? Entretanto, não existe nas Escrituras nenhuma passagem que defina um encantamento. Se um encantamento não é, como muitos pensam, a realização de estranhos efeitos com feitiços e palavras, mas impostura e ilusão, conseguida por meios vulgares, e tão afastados do sobrenatural que os impostores, para fazê-lo, precisam mais da ignorância vulgar, da estupidez e da superstição do gênero humano do que do estudo das causas naturais, forçosamente os textos que parecem confirmar o poder da magia, da bruxaria e do encantamento terão sentido diferente daquele que apresentam à primeira vista.

Evidentemente, as palavras só têm efeito sobre aqueles que as compreendem, e tal efeito não é outro senão o de revelar as intenções ou paixões de quem fala, produzindo, em quem as escuta, a esperança, o medo ou outras paixões e concepções. Consequentemente, quando a vara pareceu tornar-se uma serpente ou as águas se transformaram em sangue ou, ainda, quando qualquer outro milagre pareceu realizar-se por encantamento, se isso não foi para edificação do povo de Deus, nem a vara, nem a água, nem nenhuma outra coisa foi encantada, quer dizer, afetada pelas palavras, tendo-o sido, apenas, o espectador. O milagre consistiu apenas nisto: o encantador enganou alguém, e isso não se constitui em milagre, mas em coisa muito fácil de fazer.

É tão grande a ignorância e a tendência ao erro em todos os homens, mas, especialmente, naqueles que não conhecem profundamente as causas naturais e a natureza e os interesses humanos, que é fácil enganá-los, usando fáceis e inumeráveis recursos. Antes que tivéssemos conhecimento de uma ciência que estuda o curso das estrelas, que fama de poder milagroso não teria podido alcançar um homem, se tivesse dito às pessoas: em determinada hora do dia o sol escurecerá?

Pensaríamos que o malabarista, manejando garrafas e outros objetos, realiza maravilhas, inspiradas no poder diabólico, se tal arte não fosse hoje em dia vulgarmente praticada. Aqueles que, mediante muito treino, adquirem a prática de falar contendo a respiração (homens que nos tempos antigos eram chamados *ventriloqui*), fazendo que a debilidade de sua voz pareça provir, não da fraca impulsão dos órgãos da fala, mas de lugar distante, são capazes de fazer muita gente acreditar que se trata de uma voz do céu, sejam quais forem as coisas que diga. Para um homem habilidoso, é fácil, depois de se informar dos segredos e das confidências familiares que uma pessoa faz normalmente a outra, a respeito de suas ações e aventuras passadas, repeti-las; apesar disso, muitos, mediante esse artifício, adquiriram a reputação de adivinhos. Nós nos estenderíamos demais, a enumerar as diversas espécies desses homens a quem os gregos chamavam *thaumaturgi*, quer dizer, capazes de coisas maravilhosas; mas tudo é feito graças às suas habilidades. Se examinarmos as imposturas obtidas mediante a cumplicidade, não há nada tão impossível de fazer que seja impossível de acreditar. Efetivamente, dois homens que combinassem fingir-se, um de coxo e o outro de curandeiro, possibilitando que este curasse aquele apenas com um gesto, seriam capazes de enganar a muitos; mas, se confabulassem, um para se fingir de coxo, outro para fingir que o cura e outros, ainda, para servirem de testemunhas, seriam capazes de enganar a muitos mais.

Para combater essa tendência do ser humano a acreditar demais em pretensos milagres, a melhor precaução (e talvez não exista mesmo outra) é a que Deus prescreveu, primeiro por Moisés (como já dissemos no capítulo anterior), no início do capítulo 13 e no final do capítulo 18 do Deuteronômio: que não aceitemos como profetas os que ensinam uma religião diferente da estabelecida pelo lugar-tenente de Deus (que, naquele tempo, era Moisés), nem aqueles que, embora ensinem essa religião, não vejam confirmadas suas predições. Assim, Moisés, no seu tempo, e Aarão e seus sucessores, no seu, e o soberano governante do povo de Deus, abaixo do próprio Deus, isto é, o chefe da Igreja, em cada época, devem ser consultados sobre a doutrina que estabeleceram, antes que alguém dê crédito a um pretenso milagre ou profeta. Quando alguma obra tiver a pretensão de ser um milagre, é preciso que a vejamos ser feita, e que usemos de todos os meios possíveis para verificar se realmente foi feita. Mas isso não é suficiente. É preciso, ainda, que se trate de uma coisa que ninguém é capaz de fazer com seu poder natural, sendo indispensável a intervenção direta e imediata de Deus. Nesse caso, também, devemos consultar o representante de Deus na terra, submetendo a ele nossos julgamentos particulares nos casos duvidosos. Por exemplo, se alguém pretender, pronunciando algumas palavras sobre um pedaço de pão, obter a intervenção de Deus para que esse pão deixe de ser pão, passando a ser um Deus, ou um homem, ou ambos, e, apesar disso, esse pão continuar a ter a aparência de pão, não existe motivo para que alguém acredite que isso tenha sido feito, nem, consequentemente, temerá a esse alguém, até que consulte a Deus, por intermédio de seu vigário ou lugar-tenente, para saber se isso foi feito ou não. Se este disser que não, segue-se o que disse Moisés: "Ele falou com presunção, e não deves obedecê-lo" (Dt 18,22). Se disser que sim, não devemos negá-lo. Quando não tivermos visto um milagre, mas apenas ouvido sobre ele, devemos consultar a Igreja legítima, isto é, seu chefe legítimo, a fim de sabermos se devemos ou não dar crédito a quem o contou. Assim vivem hoje os que estão submetidos à autoridade de soberanos cristãos, pois, nos tempos atuais, não sei de nenhum homem que tenha visto qualquer dessas obras maravilhosas, feita pelo encantamento, palavra ou prece de alguém considerado sobrenatural pelos que são dotados de uma razão um pouco mais que medíocre. A questão não é saber se o que vemos fazer é um milagre, ou se o milagre sobre o qual ouvimos falar ou sobre o qual lemos é real, e não uma criatividade da língua ou da pena, mas, em termos simples, se o relato é verdadeiro ou falso. Nenhum de nós deve aceitar sua própria razão ou consciência como juiz, mas a razão pública, isto é, a do supremo lugar-tenente de Deus. Ele já foi por nós escolhido como juiz, pois já lhe demos um poder soberano para fazer aquilo que é necessário para nos defender. Um homem particular tem sempre a liberdade (visto que o pensamento é livre) de acreditar ou não, intimamente, nos fatos que lhe forem apresentados como milagres, considerando que benefícios poderão derivar da crença dos homens para aqueles que o defendem ou combatem e conjeturar, com esse fundamento, se são milagres ou mentiras. Porém, quando chegamos à confissão dessa fé, a razão privada deve submeter-se à pública, isto é, ao representante de Deus e ao chefe da Igreja, e sobre isso teceremos comentários mais adiante.

## Capítulo XXXVIII
### Do significado de vida eterna, inferno, salvação, mundo vindouro e redenção nas Escrituras

A preservação da sociedade civil depende da justiça, e esta, do poder de vida e de morte e de outras recompensas e castigos menores que competem aos detentores da soberania do Estado. Um Estado não pode subsistir quando alguém, que não for o soberano, tiver o poder de dar recompensas maiores do que a vida ou de impor castigos maiores que a morte. A vida eterna é uma recompensa maior do que a vida presente, e os tormentos eternos, um castigo maior do que a morte natural. Todos os homens que desejam, obedecendo à autoridade, evitar as calamidades do caos e da guerra civil, precisam saber o que nas Sagradas Escrituras significam vida eterna e tormentos eternos; em decorrência de quais ofensas cometidas, e contra quem forem cometidas, os homens sofrerão tormentos eternos; e por meio de quais ações obterão a vida eterna.

Vemos, primeiramente, que Adão foi criado em condições de vida tais que, não tivesse ele desobedecido aos mandamentos de Deus, teria gozado perpetuamente do Paraíso do Éden. Pois havia uma árvore da vida cujos frutos estava tão autorizado a comer quanto deveria abster-se de comer os frutos da árvore do conhecimento do bem e do mal, o que lhe havia sido proibido. Mas, como desobedeceu e comeu os frutos desta, Deus expulsou-o do Paraíso "para que ele não estendesse sua mão e colhesse também os da árvore da vida e vivesse para sempre" (Gn 3,22). Por isso, parece-me (submetendo-me, sem dúvida, tanto nesta como nas demais questões, cuja determinação depende das Escrituras, à interpretação da Bíblia autorizada pelo Estado de que sou súdito) que Adão, se não tivesse pecado, teria gozado de uma vida eterna na terra, e que a mortalidade caiu sobre ele e toda a sua posteridade em razão desse primeiro pecado. Porém, tal pecado não acarretou a morte imediata, pois, se assim fosse, Adão não teria tido filhos, e é certo que viveu muito tempo depois, e viu uma numerosa descendência antes de morrer. Mas, onde está escrito: "No dia em que dela comeres, morrerás" (Gn 2,17), seguramente o significado só pode ser sua mortalidade e certeza da morte. Tendo em vista que a vida eterna se perdeu em razão da transgressão de Adão ao cometer o pecado, quem conseguisse cancelar esse pecado deveria, novamente, recuperar essa vida. Jesus Cristo remiu os pecados de todos os que nele acreditam, recuperando, portanto, para todos os que nele acreditarem, a vida eterna que fora perdida pelo pecado de Adão. Nesse sentido, é válida a comparação de São Paulo: "Tal como, pela ofensa de um só, todos os homens foram julgados e condenados, assim também, pela retidão de um só, recaiu sobre todos os homens a graça da justificação da vida" (Rm 5,18s). Isso está expresso de maneira mais clara nestas palavras: "Tal como a morte veio por um homem, assim também pelo homem veio a ressurreição dos mortos. Como em Adão todos morreram, assim também em Cristo todos viverão" (1Cor 15,21s).

Os textos acima parecem indicar que o local onde os homens deverão gozar essa vida eterna conquistada por meio do sacrifício de Cristo é a terra. Da mesma forma que em Adão todos morreram, isto é, perderam o Paraíso e a vida eterna na terra, assim também em Cristo todos reviverão; portanto, todos os homens deverão viver na terra, pois, do contrário, a comparação não seria apropriada. Concorda com isso o Salmista: "Deus envia sua bênção sobre Sião, inclusive a vida perpétua" (Sl 133,3); e Sião é em Jerusalém, portanto, na terra. E também São João: "Àquele que resistir, darei de comer da árvore da vida, que fica no centro do Paraíso de Deus" (Ap 2,7). Essa era a árvore da vida eterna de Adão, e essa vida deveria ser na terra. Isso parece estar confirmado também por São João: "Eu, João, vi a cidade santa, nova Jerusalém, descendo do céu, de junto de Deus, preparada como uma noiva adornada para seu marido" (Ap 21,2); o que é repetido no versículo 10. Pelo que ele diz, a nova Jerusalém, o Paraíso de Deus, viria do céu com a chegada de Cristo, e não o povo subiria até ela, saindo da terra. Isso não difere do que foi dito por dois homens de túnicas brancas (isto é, dois anjos) aos Apóstolos que estavam contemplando a ascensão de Cristo: "Este mesmo Jesus que agora vos é arrebatado para o céu voltará, tal como o vistes subir ao céu" (At 1,11). Em outras palavras, Cristo voltaria para governá-los sob seu Pai, eternamente aqui, na terra, e não levando-os para o céu; isso está de acordo com a restauração do reino de Deus, instituído sob Moisés, que era um governo político dos judeus na terra. Por seu turno, a afirmação de nosso Salvador de que "na ressurreição eles não casam nem são dados em casamento, mas são como os anjos de Deus no céu" (Mt 22,30) descreve uma vida eterna semelhante a que perdemos com Adão, no que diz respeito ao casamento. Se Adão e Eva não tivessem pecado, teriam vivido na terra, eternamente, conservando sua personalidade, e não teriam procriado sua espécie. Porque, se as almas imortais fossem capazes de gerar, da mesma forma como a espécie humana, a terra se tornaria pequena para abrigar a todos. Quando os judeus perguntaram a nosso Salvador quem seria na ressurreição o marido da mulher que havia desposado muitos irmãos, desconheciam quais eram as consequências da vida eterna e, portanto, nosso Salvador lhes lembrou essa consequência da imortalidade: não haverá geração e, consequentemente, não haverá casamento, da mesma maneira como não há casamento nem geração entre os anjos. A comparação entre a vida eterna que Adão perdeu e a que nosso Salvador recobrou ao alcançar a vitória sobre a morte mantém-se, também, no fato de que, assim como Adão perdeu a vida eterna por seu pecado e, não obstante, continuou a viver durante algum tempo depois disso, da mesma forma o fiel cristão recuperou a vida eterna por meio da paixão de Cristo, embora morra de morte natural e continue morto durante algum tempo, até a ressurreição. Tal como a morte é contada a partir da condenação de Adão, e não da execução, assim também a vida é contada a partir da absolvição, e não da ressurreição dos que são eleitos em Cristo.

Nenhum texto que eu tenha encontrado me permite concluir onde os homens viverão eternamente depois da ressurreição, se no céu, entendendo por céu as partes do mundo que estão mais distantes da terra, onde ficam as estrelas, ou além das estrelas, num outro céu mais alto chamado *coelum empyreum* (que não é mencionado nas Escrituras, nem tem fundamento na razão). Entendemos, por Reino do Céu, o reino do Rei que habita no céu, cujo reino era o povo de Israel, governado por intermédio dos profetas, seus lugar-tenentes, primeiro Moisés e depois Eleazar e os soberanos sacerdotes, até que no tempo de Samuel esse povo se revoltou e escolheu como rei um mortal, imitando outras nações. Quando Cristo, nosso Salvador, por meio da pregação de seus ministros, tiver convencido os judeus a voltarem, e tiver chamado os gentios a sua obediência, existirá um novo rei do céu, pois nosso rei será Deus, sentado em seu trono no céu, não havendo nas Escrituras nenhuma necessidade evidente de que o homem ascenda, em sua felicidade, a um lugar mais alto do que o escabelo em que Deus apoia os pés, isto é, a terra. Pelo contrário, está escrito que "ninguém ascendeu ao céu, a não ser aquele que desceu do céu, o Filho do Homem, que está no céu" (Jo 3,13). Ressaltemos que essas palavras não são, como as que imediatamente as antecedem, palavras de nosso Salvador, mas do próprio São João, pois nesse tempo Cristo estava na terra e não no céu. O mesmo pode ser dito de Davi, quando São Pedro, para provar a Ascensão de Cristo (At 2,34), usou as palavras do Salmista: "Porque não deixarás minha alma no inferno, nem permitirás que tua Santa Alma contemple a corrupção" (Sl 16,10), dizendo que tais palavras não foram enunciadas por Davi, mas por Cristo, e, acrescentando, para prová-lo, esta razão: que "Davi não ascendeu ao céu". Seria fácil responder a isso, pois, embora os corpos não devam ascender antes do dia do juízo final, suas almas estariam no céu imediatamente após se separarem do corpo, o que parece estar, também, confirmado pelas palavras de nosso Salvador, que, ao provar a ressurreição com base no que foi dito por Moisés, disse: "Que os mortos ressuscitem como mostrou Moisés, quando chamou, ao Senhor, Deus de Abraão, de Isaac e de Jacó. Ora, o Senhor não é Deus dos mortos, e, sim, dos vivos, pois todos vivem nele" (Lc 20,37s). Se essas palavras se referissem apenas à imortalidade da alma, não provariam, de modo algum, o que nosso Salvador pretendia provar, ou seja, a ressurreição do corpo, a imortalidade do homem. Nosso Salvador pretendeu, com isso, dizer que esses patriarcas eram imortais, não por uma propriedade gerada pela essência e natureza do gênero humano, mas pela vontade de Deus, ao qual aprazia, simplesmente por sua graça, conceder a vida eterna aos fiéis. Embora, naquele momento, os patriarcas e muitos outros fiéis estivessem mortos, na verdade, como está no texto, "eles viviam para Deus", isto é, estavam inscritos no Livro da Vida, com os que foram absolvidos de seus pecados e escolhidos para a vida eterna depois da ressurreição. Não consta das Escrituras nenhuma doutrina pela qual a alma do homem seja considerada eterna por sua própria natureza, e uma criatura possa viver independentemente do corpo, ou, ainda, pela qual qualquer homem seja imortal, senão pela ressurreição no último dia (com exceção de Enoque e Elias). Todo o capítulo 14 de Jó não é uma fala de seus amigos, mas dele mesmo, lamentando-se contra a mortalidade da natureza, mas não contradizendo a imortalidade na ressurreição. Pois, "se a árvore for cortada, ainda restarão esperanças; mesmo que sua raiz envelheça e seu tronco morra na terra, ao receber água brotará e se tornará uma planta frondosa. Mas o homem morre e será cortado, e para onde irá seu espírito?" (Jo 14,7) E, ainda: "O homem cai e não se levanta mais, até que não haja céu" (Jo 14,12). E quando não haverá mais céu? São Pedro afirma que é no dia da ressurreição geral: "O céu e a terra hoje existentes queimar-se-ão com o fogo do dia do julgamento, para perdição dos que não creem" (2Pd 3,7), "esperando e apressando a vinda de Deus, quando os céus se dissolverão no fogo ardente e os elementos se derreterão com calor insuportável. Entretanto, conforme foi prometido, esperaremos por um novo céu e uma nova terra, onde impere a justiça" (2Pd 3,12). Portanto, quando Jó disse que "o homem não se levantaria até que não houvesse mais céu", isso significa que a vida imortal (nas Escrituras, alma e vida significam, quase sempre, a mesma coisa) só começa para o homem na ressurreição e no dia do juízo, tendo como causa a promessa e não sua natureza e geração específica. São Pedro não diz que "esperamos um novo céu e uma nova terra" da natureza e, sim, "da promessa".

Sendo que já demonstramos com diversas e evidentes passagens das Escrituras, no capítulo XXXV deste livro, que o Reino de Deus é um Estado civil, no qual o próprio Deus é o soberano, primeiramente em virtude da Antiga Aliança e, em seguida, em virtude da Nova Aliança, em que reina por intermédio de seu vigário e lugar-tenente, fica evidente que, depois do retorno de nosso Salvador em sua majestade e glória, para reinar efetiva e eternamente, o Reino de Deus será na terra. Como essa doutrina, embora provada por muitas e claras passagens das Escrituras, será considerada pela maioria uma novidade, limito-me a propô-la, não com o propósito de sustentar, assim, outro paradoxo da religião, mas esperando o fim da disputa de espada (ainda não decidida entre meus concidadãos) no que concerne à autoridade, pela qual deve ser aprovada ou rechaçada toda espécie de doutrina, e cujas ordens, expedidas tanto oralmente como por escrito, devem ser obedecidas por todos os homens que pretendam ser protegidos pelas leis (sejam quais forem as opiniões dos homens, individualmente). Tendo em vista a grande influência sobre o Reino dos homens, as questões de doutrina relativas ao reino de Deus só podem ser decididas por quem, abaixo de Deus, detém o poder soberano.

Segundo as Escrituras, tal como o Reino de Deus e a vida eterna, também os inimigos de Deus e seus tormentos, após o julgamento, se darão na Terra. O lugar em que ficam todos os homens até a ressurreição, estejam eles enterrados ou engolidos pela terra, é, geralmente, designado nas Escrituras por palavras que significam debaixo de terra. Os latinos usavam sobretudo *infernus* e *inferi*, e os gregos, *hades*. Isto é, um lugar em que os homens não podem ver, que pode ser tanto o sepulcro como qualquer outro lugar mais profundo. Mas o lugar dos condenados depois da ressurreição não está determinado, seja no Antigo, seja no Novo Testamento, a não ser pela indicação de que ficarão em companhia dos homens perversos que Deus, em ocasiões anteriores, e de maneira extraordinária e miraculosa, fez desaparecer da face da Terra. É o caso, por exemplo, daqueles que estão *in Inferno*, *in Tartarus*, ou no poço sem fundo, pois Coré, Datã e Abiram foram engolidos vivos pela terra. Os autores das Escrituras não pretenderam fazer-nos crer que poderia haver um poço sem fundo no globo terrestre, que não é infinito e, além disso, não é (se comparado com a altura das estrelas) de grandeza considerável; seria um buraco de profundidade infinita, como o que os gregos, em sua demonologia (sua doutrina a respeito dos demônios), e, depois deles, os romanos, chamavam Tártaro. Dele diz Virgílio:

*Bis patet in praeceps, tantum tenditque sub umbras,*
*Quantus ad aetherium coeli suspectus Olympum.*[1]

Seria, portanto, um local cuja distância não admite proporção entre a distância entre a terra e o céu; mas deve ser lá, acreditamos, que estão indefinidamente os homens aos quais Deus castigou, para que servissem de exemplo aos demais.

Uma vez que aqueles homens poderosos da terra que viveram no tempo de Noé, antes do dilúvio (chamados de heróis pelos gregos e de gigantes pelas Escrituras, e que foram, segundo ambos, gerados pela copulação dos filhos de Deus com os filhos dos homens), foram, em consequência de sua vida perversa, destruídos pelo dilúvio universal, o

[1] "[O Tártaro] se precipita nas profundezas, sob as sombras, duas vezes mais distante que o etéreo Olimpo parece estar da terra". (N. do E.)

lugar dos condenados é também, às vezes, apontado como o mesmo em que estão esses gigantes mortos, como em Pr 21,16: "O homem que se desvia do caminho do entendimento permanecerá na companhia dos gigantes", e em Jó 26,5: "Contemplai os gigantes e os que vivem em sua companhia, gemendo sob as águas". Nesse caso, o lugar dos condenados é debaixo d'água. E em Is 14,9: "O inferno perturba-se por receber-te [ao rei da Babilônia], e deslocará os gigantes por ti"; mais uma vez, o lugar dos condenados, se o entendermos no sentido literal, é debaixo d'água.

Em terceiro lugar, tendo as cidades de Sodoma e Gomorra, ante as perversidades que cometeram, sido consumidas por fogo e enxofre, pela imensa ira de Deus, formou-se, em torno delas, um pestilento lago betuminoso, e assim o lugar dos condenados às vezes é descrito como fogo ou um lago em chamas. Em Ap 21,8: "Mas os medrosos, incrédulos e abomináveis, assim como os assassinos, os fornicadores, os feiticeiros e os idólatras, e todos os mentirosos, terão seu lugar no lago que arde com fogo e enxofre, que representa uma segunda morte". Assim, o fogo do inferno, aqui expresso por metáfora, com base no fogo verdadeiro de Sodoma, não significa uma espécie ou lugar determinado de tormento, mas deve ser tomado de modo indefinido, como destruição, como é o caso de Ap 20,14, em que é dito que "a morte e o inferno foram lançados ao lago de fogo", quer dizer, foram abolidos e destruídos. Isso é como se, depois do dia do juízo final, não existissem mais mortes, nem ninguém mais iria para o inferno, isto é, ninguém mais iria para o Hades (termo do qual, talvez, derive nossa palavra inferno), o que é o mesmo que dizer que não existirá mais a morte.

Em quarto lugar, a partir da praga das trevas infligida aos egípcios, sobre a qual está escrito: "Eles não enxergavam uns aos outros, e ninguém se mexeu durante três dias, mas todos os filhos de Israel tinham luz em suas moradas" (Ex 10,23), o lugar onde devem ficar os perversos, depois do julgamento, é chamado de trevas absolutas ou (conforme o original) trevas exteriores. É o que é expresso quando o rei ordena a seus servos "que amarrem mãos e pés do homem que não

tinha endossado sua roupa de casamento e o expulsem [*eis to skotos to exoteron*] para as trevas externas" (Mt 22,13) ou "trevas exteriores"; quando esse trecho é traduzido por "trevas absolutas", isso não significa o quanto são grandes, mas onde estão, ou seja, fora da morada dos eleitos de Deus.

Por fim, havia um lugar, nas vizinhanças de Jerusalém, chamado Vale dos Filhos de Enom (*Ben-Enom*), numa parte do qual, chamada Tofet, os judeus haviam cometido imensa idolatria, ao sacrificar seus filhos ao ídolo Moloc, e onde, também, Deus havia infligido a seus inimigos os mais tremendos castigos. Lá, Josias havia incinerado os sacerdotes de Moloc sobre seus altares, como vemos em 2Rs 23. Mais tarde, o lugar foi destinado ao lixo e ao esterco recolhidos da cidade; tornou-se hábito fazer nesse lugar fogueiras para purificar o ar e eliminar o cheiro pestilento. Os judeus passaram a denominar o local dos condenados de *Geena* ou Vale de Enom. *Geena* é a palavra que hoje normalmente é traduzida por inferno. Como lá sempre ardiam grandes fogueiras, passamos a ter a ideia de que o inferno deveria ter fogo perpétuo e inextinguível.

Não havendo ninguém que interprete as Escrituras no sentido de que, depois do dia do julgamento, os perversos serão punidos eternamente no Vale de Enom, ou que ressuscitarão para depois ficar eternamente sob o solo ou debaixo d'água, ou, ainda, que depois da ressurreição nunca mais se verão uns aos outros e não poderão movimentar-se, é necessário, creio eu, interpretar o fogo do inferno metaforicamente e, portanto, devemos procurar um sentido próprio (pois em todas as metáforas há um fundamento real, que pode ser expresso em termos adequados) para o local do inferno e a natureza dos tormentos e atormentadores infernais.

No que diz respeito aos atormentadores, sua natureza e propriedades são exata e propriamente expressas pelos nomes de o Inimigo ou Satanás, o Acusador, ou *Diabolus*, o Destruidor, ou *Abadon*. Esses nomes significativos, Satanás, Diabo e *Abadon*, não expressam uma pessoa individual, como é costume ocorrer com os nomes próprios, mas apenas uma função ou qualidade, sendo, portanto, apelativos; eles não deveriam ter sido deixados sem tradução, como ocorreu nas Bíblias latinas e modernas, para que não viessem a parecer nomes próprios de demônios, levando os homens a acreditar na doutrina dos diabos, que naquele tempo era a religião dos gentios, e contrariava a de Moisés e Cristo.

Tendo em vista que Inimigo, Acusador e Destruidor são termos que significam o inimigo daqueles que irão para o Reino de Deus, deduzimos que, se depois da ressurreição o Reino de Deus estiver na terra (como, no capítulo anterior, mostramos que parece ser, pelo que dizem as Escrituras), o inimigo e seu reino devem também se situar na terra. Assim era no tempo anterior à deposição de Deus pelos judeus. De fato, o Reino de Deus estava na Palestina, e as nações vizinhas eram os reinos do Inimigo; consequentemente, Satanás significa qualquer inimigo terreno da Igreja.

Os tormentos do inferno, às vezes, são identificados com "o choro e o ranger de dentes", como em Mt 8,12; outras vezes, aparecem como "o verme da consciência", como Is 66,24 e Mc 9,44.46.48; outras vezes, ainda, são fogo, como na passagem em que "o verme não morre e o fogo não se extingue", e outras semelhantes; e ainda os vemos como vergonha e desprezo em Dn 12,2: "E muitos dos que dormem no pó da terra despertarão, uns para a vida eterna, outros para a vergonha e desprezo perpétuos". Todas essas passagens designam metaforicamente uma tristeza e descontentamento do espírito daqueles que perderam, por sua incredulidade e desobediência, a eterna felicidade conquistada por outros. Como a felicidade alheia só é percebida quando comparada com a miséria, deduzimos que os condenados deverão sofrer as dores e calamidades corporais a que estão sujeitos os que vivem submetidos a governantes maus e cruéis, e, além disso, que terão como inimigo o eterno rei dos santos, Deus Todo-Poderoso. Entre essas dores corporais haverá, também, para cada um dos perversos, uma segunda morte. Apesar de as Escrituras serem claras no que se refere à ressurreição universal, não está escrito que a qualquer dos réprobos esteja prometida uma vida eterna. Afinal, São Paulo deu a seguinte resposta à questão sobre com que corpos os homens voltarão a se erguer: "O corpo é semeado na corrupção e erguido na incorrupção; é semeado na desonra, e erguido na glória; é semeado na fraqueza, e erguido no poder" (1Cor 15,42s); e a glória e o poder não podem ser aplicados aos corpos dos perversos. A expressão segunda morte também não pode ser aplicada aos que morrem uma só vez; muito embora uma vida perpetuamente calamitosa possa ser chamada morte perpétua em linguagem metafórica, não pode ser corretamente entendida como segunda morte. O fogo perpétuo é o que espera os perversos, significando que esse será o estado no qual ninguém pode permanecer sem tortura, tanto de corpo como de espírito, depois da ressurreição, e que esse estado durará para sempre. O fogo será inextinguível e os tormentos, perpétuos; mas não podemos entender que quem for lançado nesse fogo ou atirado nesses tormentos deverá suportá-los e resistir a eles de modo tal que seja eternamente queimado e torturado, não sendo nunca destruído nem morto. Embora haja muitas passagens que falam do fogo e dos tormentos perpétuos (nos quais serão, sucessivamente, lançadas as pessoas, para sempre), não encontro nenhuma que afirme que lá haverá uma vida eterna para qualquer pessoa individualmente; pelo contrário, haverá, sim, uma morte perpétua, que é a segunda morte: "Porque quando a morte e a sepultura tiverem entregue os mortos que lá estavam e cada homem tiver sido julgado conforme suas ações, a morte e a sepultura serão também lançadas ao lago de fogo. Essa é a segunda morte" (Ap 20,13s). É evidente que deverá haver uma segunda morte para todos os que forem condenados no dia do juízo, e que, a partir daí, não mais morrerão.

As palavras salvação ou salvar-se são compreendidas nas Escrituras como as alegrias da vida eterna. Salvar-se significa livrar-se do mal, seja ele específico ou, genericamente, um mal qualquer, incluindo aí a necessidade, a doença e a própria morte. Considerando que o homem foi criado para ser imortal e, portanto, isento de corrupção e, consequentemente, sem qualquer tendência a tudo quanto possa servir de dissolução a sua natureza, e que perdeu essa felicidade em consequência do pecado de Adão, salvar-se do pecado significa salvar-se de todos os males e calamidades que o pecado lhe acarretou. Assim, nas Sagradas Escrituras a remissão dos pecados e a salvação da morte e da miséria têm o mesmo significado, como podemos constatar pelas palavras de nosso Salvador, ao curar um homem que sofria de paralisia: "Alegra-te, meu filho, que teus pecados te são perdoados" (Mt 9,2); tendo os escribas considerado isso uma blasfêmia, perguntou-lhes: "É mais fácil dizer: teus pecados te são perdoados ou levanta-te e caminha?" (Mt 9,5); com isso, queria dizer que é a mesma coisa, quanto à salvação dos doentes, dizer "teus pecados te são perdoados" ou "levanta-te e caminha", e que ele usava essa forma de linguagem apenas para mostrar que possuía o poder de perdoar os pecados. Se, como fica evidente para a razão, morte e miséria são os castigos do pecado, a isenção do pecado deve ser também a isenção da morte e da miséria, ou seja, uma salvação absoluta, como a que os fiéis deverão gozar depois do dia do juízo, pelo poder e favor de Jesus Cristo, que por esse motivo é chamado nosso Salvador.

No que concerne às salvações individuais, como são entendidas em: "Tal como vive o Senhor, que salvou Israel" (1Sm 14,39), isto é, que salvou Israel de seus inimigos temporários; "Tu és meu Salvador, tu me salvaste da violência" (2Sm 22,3); "Deus deu aos israelitas um Salvador e, assim, eles foram libertados das mãos dos assírios" (2Rs 13,5), e outras passagens semelhantes, não farei qualquer comentário, pois não há nenhuma dificuldade em entendê-las, nem interesse em deturpar a interpretação de textos desse gênero.

Como a salvação universal deverá acontecer no reino dos céus, há uma grande dificuldade para reconhecer qual será esse lugar. Em se tratando de um reino (que é uma situação organizada pelos homens, para sua perpétua segurança, para enfrentar os inimigos e as necessidades), ao que tudo indica, essa salvação deve ser na terra. O que nos aguarda, com a salvação, é um glorioso reino de nosso rei, por conquista, e não a segurança mediante a fuga; portanto, quando procuramos a salvação, devemos ir, também, em busca do triunfo; e, antecedendo o triunfo, a vitória; e, antes da vitória, a batalha, e é impossível supor que tal batalha seja travada no céu. Mas, por melhor que seja esse argumento, não acreditarei nele sem que haja alguma confirmação por passagens evidentes das Escrituras. De maneira geral, o estado de salvação é descrito em Is 33,20-24: "Olha para Sião, a cidade de nossas solenidades; teus olhos verão Jerusalém, uma morada tranquila, um tabernáculo que não deverá ser derrubado; nem uma só de suas estacas será retirada, nem uma só de suas cordas deve ser rompida. Mas ali o glorioso Senhor porá, à nossa frente, uma vasta extensão de rios e correntes, onde não há galera com remos, e onde não passará nenhum grande navio. Porque o Senhor é nosso juiz, o Senhor é nosso legislador, o Senhor é nosso rei e Ele nos salvará. Tuas cordas afrouxaram; elas não podem segurar bem o mastro; elas não podem esticar a vela; então se dividirá a presa de um grande despojo, e os fracos tomarão a presa. E o habitante não dirá que está enfermo; ao povo que ali morará será perdoada sua iniquidade".

Nessa passagem está indicado o lugar de onde procede a salvação, "Jerusalém, uma morada tranquila"; sua eternidade, "um tabernáculo que não deverá ser derrubado", etc.; o Salvador, "o Senhor, seu juiz, seu legislador, seu rei, que nos salvará"; a salvação, "o Senhor porá ante eles uma vasta extensão de águas correntes", etc.; a condição de seus inimigos, "suas cordas afrouxaram, seus mastros estão fracos, e os fracos tomarão seus despojos", etc.; a condição dos que se salvam, "o habitante não dirá que está enfermo"; e, por fim, tudo isso é abrangido pelo perdão dos pecados, "ao povo que lá morará será perdoada sua iniquidade". Está claro, portanto, que a salvação será na terra, quando Deus reinar em Jerusalém, por ocasião do retorno de Cristo; e que de Jerusalém virá a salvação dos gentios, que serão recebidos no Reino de Deus, como é declarado pelo mesmo profeta, de maneira mais evidente, em: "E eles [isto é, os gentios que conservavam judeus em escravidão] trarão os vossos irmãos, de todas as nações, para uma oferenda do Senhor, a cavalo, em carros e em liteiras, sobre mulas e animais velozes, para minha montanha sagrada, Jerusalém, disse o Senhor, como os filhos de Israel levam uma oferenda numa vasilha limpa à casa do Senhor. E eu os tomarei também como sacerdotes e levitas, disse o Senhor" (Is 66,20s). Fica claro que a sede principal do Reino de Deus (que é o lugar de onde virá a salvação daqueles de nós que são gentios) será Jerusalém. Isso é também confirmado por nosso Salvador, em seu diálogo com a mulher de Samaria sobre o lugar da adoração de Deus, dizendo-lhe que os samaritanos não sabiam o que adoravam e os judeus adoravam o que conheciam, "pois a salvação é dos judeus" (Jo 4,22; *ex judaeis*, quer dizer, começa com os judeus). Seria o mesmo que dizer: vós adorais a Deus, mas não sabeis por intermédio de quem ele vos salvará, ao contrário de nós, que sabemos que nossa salvação virá por intermédio de um homem da tribo de Judá, portanto, de um judeu. A réplica da mulher não pode ser julgada impertinente: "Nós sabemos que o Messias virá". De modo que o que nosso Salvador disse, que "a salvação é dos judeus", é o mesmo que diz São Paulo: "O Evangelho é o poder de Deus para salvação de todos os que creem; primeiro para os judeus e depois para os gregos. Então, a justiça de Deus se revela de fé em fé" (Rm 1,16s); da fé do judeu para a fé do gentio. O profeta Joel, descrevendo o dia do juízo, diz que Deus mostrará "maravilhas no céu e na terra, sangue, fogo e colunas de fumo. O sol se transformará em trevas e a lua, em sangue, antes da vinda do grande e terrível dia do Senhor" (Jl 2,30s); e acrescenta: "Sucederá que aquele que invocar o nome do Senhor será salvo. Porque no monte Sião e em Jerusalém estará a salvação" (Jl 2,32). E Abdias, no versículo 17, diz o mesmo: "No monte Sião estará a libertação, e haverá santidade e a casa de Jacó possuirá suas posses", isto é, as posses dos pagãos; essas posses são citadas mais particularmente nos versículos seguintes, como o monte de Esaú, a terra dos filisteus, os campos de Efraim, da Samaria, Galaad, e as cidades do sul, concluindo com as palavras "o Reino será do Senhor". Essas passagens se referem à salvação e ao Reino de Deus (depois do dia do juízo) na terra. Não há nenhum texto referente à probabilidade de qualquer ascensão dos santos aos céus, ou seja, a qualquer *coelum empyreum*, ou outra região etérea. A não ser que esse lugar seja denominado reino dos céus, o que seria plausível, pois Deus, que era o rei dos judeus, os governava por meio de ordens enviadas a Moisés pelos anjos do céu; e, quando os judeus se revoltaram, enviou do céu seu Filho, para submetê-los à obediência e, de lá, o enviará de novo, para governar tanto a eles como a outros fiéis, a partir do dia do juízo até a eternidade. O trono desse nosso Grande Rei está no céu, enquanto a terra é apenas seu escabelo. Entretanto, não é compatível com a dignidade de um rei que os súditos de Deus tenham um lugar tão alto como Seu trono ou mais alto do que Seu escabelo, e nem consigo encontrar, a esse respeito, qualquer texto evidente nas Sagradas Escrituras.

Não é difícil interpretar o que significa mundo vindouro, com base em tudo o que foi dito a respeito do Reino de Deus e da salvação. Encontramos nas Escrituras referências a três mundos: o mundo antigo, o mundo atual e o mundo vindouro. Diz São Pedro a respeito do primeiro: "Se Deus não perdoou ao mundo antigo, mas salvou apenas oito pessoas, entre as quais Noé, um pregador da retidão, fazendo abater-se sobre o mundo o dilúvio", etc. (2Pd 2,5). Assim, o primeiro mundo vai desde Adão até o dilúvio universal. Sobre o mundo presente, diz nosso Salvador: "Meu reino não é deste mundo" (Jo 18,36). Pois Ele veio apenas para ensinar aos homens o caminho da salvação e para renovar o reino de seu Pai por meio de Sua doutrina. Sobre o mundo vindouro, diz São Pedro: "Não obstante, esperamos o cumprimento de sua promessa de novos céus e uma nova terra" (2Pd 3,13). É a esse mundo que Cristo, depois de descer dos céus, por entre as nuvens, com grande poder e glória, enviará seus anjos, e é nele que reunirá seus eleitos, vindos dos quatro ventos e dos lugares mais longínquos da terra para, então, reinar sobre eles, abaixo de seu Pai, eternamente.

Aquele que uma vez se tornou culpado de um pecado fica sujeito a sofrer uma pena por sua causa, sendo obrigado a pagar, ele mesmo ou alguém em seu lugar, o resgate exigido por quem foi ofendido e o tem em seu poder; a salvação de um pecador supõe, portanto, uma redenção anterior. Sendo a pessoa ofendida Deus Todo-Poderoso, em cujo poder encontram-se todas as coisas, esse resgate precisa ser pago antes, a fim de possibilitar a conquista da salvação, e tal resgate será aquele que a Deus aprouver exigir. Por esse resgate não devemos entender uma compensação do pecado equivalente à ofensa, algo de que nenhum pecador é capaz por ele mesmo, e nenhum homem com retidão de caráter jamais será capaz de fazer por outrem. É possível compensar o prejuízo que um homem causa a outro mediante restituição ou recompensa, mas o pecado não pode ser eliminado mediante uma recompensa, pois isso seria transformar em algo vendável a liberdade de pecar. Os pecados, entretanto, podem ser perdoados, se quem os praticou arrepende-se, seja de modo gratuito, seja mediante uma penalidade indicada por Deus. No Antigo Testamento, Deus geralmente aceitava um sacrifício ou uma oferenda. Perdoar um pecado não é um ato de injustiça, mesmo que tenha havido ameaça de punição, pois, até mesmo entre os homens, embora uma promessa de algo bom seja obrigatória para quem promete, as ameaças, quer dizer, as promessas de algo mau, não são obrigatórias, e muito menos obrigatórias devem ser para Deus, que é infinitamente mais misericordioso do que os homens. Assim, para nos redimir do pecado, Cristo, nosso Salvador, não compensou os pecados dos homens, de tal maneira que, em virtude de sua morte, poderia tornar injusto que Deus castigasse os pecadores com a morte eterna. Em vez disso, o sacrifício e a oferenda de Si mesmo foram feitos em Sua primeira vinda, que Deus decidiu para que, em Sua segunda vinda, se salvassem aqueles que entretanto se arrependessem e acreditassem n'Ele. Embora esse ato de redenção nem sempre apareça nas escrituras sob a denominação de sacrifício e oferenda, mas até como preço, não devemos entender por esse nome uma coisa por cujo valor Cristo pode considerar-se com direito a receber de seu Pai, ofendido, o perdão para nós; trata-se, antes, do preço que Deus Pai quis exigir, em Sua misericórdia.

## Capítulo XXXIX
## Do significado da palavra igreja nas Escrituras

A palavra igreja (*ecclesia*) tem diversos significados nos livros das Sagradas Escrituras. Algumas vezes, embora isso não seja frequente, tem o significado de casa de Deus, isto é, um templo onde os cristãos se reúnem para, publicamente, cumprir seus deveres religiosos, como em: "Que vossas mulheres mantenham-se caladas na igreja" (1Cor 14,34); metaforicamente, isso é entendido como a congregação reunida, e, a partir daí, tal palavra passou a ser usada para denominar o edifício, a fim de distinguir o templo dos cristãos do dos idólatras. O templo de Jerusalém era a casa de Deus e a casa de oração; o edifício dedicado pelos cristãos ao culto de Cristo se denomina, por sua vez, a casa de Cristo, que os sacerdotes gregos chamavam *Kyriaké*, a casa do Senhor, e, na língua inglesa, veio mais tarde a se chamar *kirk* e *church*.

Igreja (quando a palavra não é tomada com o sentido de casa) significa o mesmo que ecclesia representava para os Estados gregos; isto é, uma congregação ou uma assembleia de cidadãos, convocada para ouvir a voz do magistrado; em Roma, essa assembleia era denominada concio, e aquele que falava, *ecclesiastes* e *concionator*. Quando a convocação era feita por uma autoridade legítima, era *Ecclesia legitima*, isto é, uma Igreja legítima, *énnomos Ekklesia* (At 19,39). Ao contrário, quando era perturbada por clamores sediciosos e tumulto, chamava-se Igreja confusa, *Ekklesia synklexyméne*.

Algumas vezes, igreja significava os homens que têm o direito de pertencer à congregação, mesmo que não estejam, realmente, reunidos. Isto é, a multidão toda dos cristãos dispersos. Isso ocorre em Atos 8,3, quando o texto diz que "Saul assolava a Igreja". É nesse sentido, também, que dizemos que Cristo é a Cabeça da Igreja. Às vezes, Igreja quer dizer uma certa parte dos cristãos, como em: "Saudai a Igreja que está em sua casa" (Cl 4,15). Às vezes, tem o sentido dos eleitos, como em: "Uma Igreja gloriosa, sem manchas nem rugas, sagrada e sem mácula" (Ef 5,27), que é uma alusão à Igreja triunfante, ou Igreja vindoura. Outras vezes, designa uma congregação reunida cujos membros professam o cristianismo, quer essa profissão seja verdadeira, quer falsa, como verificamos em: "Dize-o à Igreja e, se ele se recusar a ouvir a Igreja, que seja para ti como um gentio, ou um publicano" (Mt 18,17).

Nesse último sentido, a Igreja pode ser entendida como uma pessoa, isto é, que ela tenha o poder de querer, de pronunciar, de ordenar, de ser obedecida, de fazer leis ou de praticar qualquer espécie de ação. Se não existir a autoridade de uma congregação legítima, qualquer ato praticado por um conjunto de pessoas é um ato individual de cada um dos presentes que contribuíram para a prática desse ato, e não um ato conjunto, como se fosse de um só corpo; não é também um ato dos ausentes ou daqueles que, estando presentes, eram contra a sua prática. Assim, uma Igreja pode ser definida como um conjunto de pessoas que professam a religião cristã, ligadas à pessoa de um soberano, que ordena a reunião e que determina quando não deverá haver reunião. Tendo em vista que em todos os Estados semelhantes assembleias são ilegítimas, se não são autorizadas pelo soberano civil, constitui também uma assembleia ilegítima a reunião da Igreja em qualquer Estado em que tiver sido proibida.

Não há na Terra, portanto, qualquer Igreja universal à qual todos os cristãos devam obedecer, uma vez que não há nenhum poder ao qual todos os outros Estados estejam sujeitos. Nos domínios dos diversos príncipes e Estados, existem cristãos, mas cada um deles se sujeita ao Estado do qual é membro, não podendo, por conseguinte, sujeitar-se às ordens de qualquer outra pessoa. Assim, uma Igreja capaz de mandar, julgar, absolver, condenar ou praticar qualquer outro ato é o mesmo que um Estado civil formado por homens cristãos; o Estado civil tem esse nome por serem seus súditos os homens, enquanto a Igreja é assim denominada pelo fato de seus súditos serem os cristãos. Governo espiritual e temporal são apenas palavras trazidas ao mundo para confundir os homens, enganando-os quanto a seu soberano legítimo. Certamente, os corpos dos fiéis, depois da ressurreição, não só serão espirituais, mas também eternos; mas, nesta vida, eles são rudes e corruptíveis. Por isso, nesta vida, o único governo existente, seja ele o do Estado, seja o da religião, é o governo temporal. Logo, nenhum súdito pode, legitimamente, ensinar doutrinas proibidas pelo governante do Estado e da religião. É preciso haver um único governante, do contrário se origina a facção e a guerra civil, entre a Igreja e o Estado, entre os espiritualistas e os temporalistas, entre a espada da justiça e o escudo da fé, e, o que é pior ainda, no próprio coração de cada cristão, entre o cristão e o homem. Chamam-se pastores os doutores da Igreja, bem como os soberanos civis. Entretanto, se entre os pastores não houver alguma subordinação, de forma que haja apenas um chefe dos pastores, serão ministradas aos homens doutrinas contrárias, que poderão ser falsas, e uma delas necessariamente o será. O soberano civil é o chefe dos pastores, segundo a lei natural. Nos capítulos seguintes veremos a quem esse cargo foi atribuído pelas Escrituras.

## Capítulo XL
## Dos direitos do Reino de Deus em Abraão, em Moisés, nos sumos sacerdotes e nos reis de Judá

Abraão foi o pai dos fiéis e o primeiro no Reino de Deus por aliança, o que o obrigou, e a sua descendência, a reconhecer e obedecer os mandamentos de Deus, não só os que conhecia pela luz da natureza (como as leis morais), mas também aqueles que Deus, de forma especial, transmitira a ele por meio de sonhos e visões. Pois, no que diz respeito à lei moral, Abraão e sua descendência já estavam obrigados, não sendo necessárias alianças baseadas na promessa da terra de Canaã.

Uma vez que não existia nenhum contrato capaz de aumentar e fortalecer a obrigação que todos os homens têm de obedecer naturalmente a Deus Todo-Poderoso, a aliança que Abraão fez com Deus tinha por objetivo o recebimento dos mandamentos de Deus que, em nome de Deus, lhe fossem ordenados em sonho ou visão, e que Abraão deveria comunicar a sua família, para que todos obedecessem às mesmas coisas.

Podemos observar, nesse contrato entre Deus e Abraão, três pontos de importantes consequências para o governo do povo de Deus. Em primeiro lugar, que, ao estabelecer essa aliança, Deus falou apenas a Abraão e, portanto, não celebrou contrato com ninguém de sua família ou descendência, a não ser na medida em que suas vontades (que constituem a essência de todos os pactos) estavam, antes do contrato, implicadas na vontade de Abraão, que, como podemos supor, possuía um legítimo poder para fazê-los realizar tudo o que havia pactuado em seu nome. Nesse sentido, Deus disse: "Todas as nações da terra serão nele abençoadas, pois ele governará seus filhos e sua casa, e eles conservarão o caminho do Senhor" (Gn 18,18s). Podemos concluir desse primeiro ponto que aqueles a quem Deus não falou imediatamente devem receber as ordens positivas de Deus por intermédio de seu soberano, da mesma forma como os descendentes e a família de Abraão as receberam de Abraão, seu pai e senhor e soberano civil. Assim, em todos os Estados, aqueles que não receberam nenhuma revelação sobrenatural devem obedecer às leis de seu próprio soberano, nos atos externos e na profissão da religião. O pensamento interior e a crença dos homens não são voluntários nem são efeito das leis, mas, sim, de uma vontade revelada e do poder de Deus, pois os governantes não podem conhecê-los (só Deus conhece os corações); por isso, esse pensamento e essa crença não se incluem na obrigação.

Assim, não era ilegítimo que Abraão punisse algum de seus súditos que pretendesse ter, da parte de Deus, uma visão particular, um espírito ou outra revelação que apoiasse qualquer doutrina proibida por Abraão, ou que aderisse ou seguisse a qualquer outro com análogas pretensões; por conseguinte, é legítima, hoje, a punição imposta por um soberano a alguém que, contra as leis, se oponha a seus desígnios privados, já que o soberano ocupa, no Estado, o mesmo lugar que Abraão ocupava em sua família.

Em terceiro lugar, assim como ninguém, exceto Abraão, em sua família, também ninguém, exceto o soberano, num Estado cristão, pode saber qual é e qual não é a palavra de

Deus. Uma vez que Deus falou apenas a Abraão, apenas Abraão podia saber o que Deus disse e interpretá-lo para sua família. Da mesma forma, os que ocupam o lugar de Abraão num Estado são os únicos intérpretes das palavras de Deus.

Essa mesma aliança foi renovada com Isaac e, em seguida, com Jacó, mas depois não o foi mais, até que os israelitas se libertassem dos egípcios, chegando até o sopé do monte Sinai. Aí a aliança foi renovada por Moisés (como dissemos anteriormente, no capítulo XXXV), e os israelitas se tornaram, desse momento em diante, o reino eleito de Deus, cujo representante era Moisés, durante seu tempo. Sucedeu-o no cargo Aarão e, depois dele, seus herdeiros, para que o reino continuasse a ser, com relação a Deus, eternamente sacerdotal.

Um reino foi obtido para Deus por essa instituição. Porém, considerando que Moisés não tinha autoridade para governar os israelitas como sucessor do direito de Abraão, uma vez que não podia reclamá-lo por herança, não fica evidenciado que o povo fosse obrigado a considerá-lo representante de Deus além do tempo em que acreditasse que Deus lhe falava. Portanto, sua autoridade (apesar da aliança com Deus) dependia ainda apenas da opinião que eles tinham de sua santidade e da realidade de suas conversas com Deus, como, ainda, da verdade de seus milagres; mudando essa opinião, deixavam de estar obrigados a aceitar como lei de Deus tudo quanto Moisés lhes propunha em nome de Deus. É preciso pesquisar a existência de algum outro fundamento para justificar a obrigação de obediência. Não era o comando de Deus que os obrigava, pois Deus não lhes falou diretamente, mas por intermédio do próprio Moisés. Nosso Salvador disse de si mesmo: "Se eu trouxer testemunho sobre mim mesmo, esse testemunho não será verdadeiro" (Jo 5,31); muito menos o seria se Moisés trouxesse testemunho de si próprio (especialmente por reivindicar poder monárquico sobre o povo de Deus). Sua autoridade, portanto, como a autoridade de todos os outros príncipes, necessita de fundamento e consentimento do povo, e de sua promessa de obediência. Assim foi: "O povo, quando viu os trovões e os relâmpagos, o rumor da trombeta e a montanha lançando fumaça e se afastando para bem longe, disse a Moisés: 'Fala-nos e ouvir-te-emos, mas que Deus não nos fale, senão morreremos'" (Ex 20,18s). Essa foi uma promessa de obediência, e dessa maneira eles se obrigaram a obedecer a tudo o que Moisés lhes transmitisse por mando de Deus.

Não obstante, a aliança constituiu um reino sacerdotal, isto é, um reino hereditário para Aarão, que somente deveria ser estendido a seus sucessores depois da morte de Moisés. Aquele que ordena e estabelece um regime, como primeiro fundador de um Estado (seja ele uma monarquia, uma aristocracia ou uma democracia), precisa ter poder soberano sobre o povo, durante todo o tempo em que permanecer no cargo. Está evidenciado pelas Escrituras que Moisés deteve o poder durante todo o tempo em que viveu. Primeiramente, nós o vemos no texto anteriormente citado, em que o povo prometeu obediência a ele e não a Aarão. Em segundo lugar, lemos: "E disse Deus a Moisés: 'Vem até o Senhor, tu e Aarão, Nadab e Abiú e 70 anciãos de Israel. E só Moisés chegará perto do Senhor; eles não chegarão perto, nem o povo subirá com ele'" (Ex 24,1s). Está claro que só Moisés foi chamado a comparecer perante Deus (e não Aarão, nem os outros sacerdotes, nem os 70 anciãos, nem o povo, todos proibidos de subir), e que, portanto, ele era o único que representava para os israelitas a pessoa de Deus, isto é, era seu único soberano sob Deus. Embora depois seja dito: "Então subiram Moisés e Aarão, Nadab e Abiú, e 70 anciãos de Israel, e viram o Deus de Israel, e havia sob seus pés algo que se assemelhava a um pavimento de pedra safira", etc. (Ex 24,9), isso só se deu depois de Moisés ter estado com Deus e de ter trazido para o povo as palavras que Deus lhe dissera. Só ele foi tratar dos negócios do povo; essa graça especial foi concedida a outros, como aos nobres de seu séquito, mas não foi concedida ao povo, e foi (como vemos pelo versículo seguinte) ver Deus e viver. "Deus não pôs Sua mão sobre eles; viram Deus e comeram e beberam" (isto é, viveram), mas não transmitiram nenhuma ordem dele para o povo. Também é dito em toda parte: "O Senhor falou a Moisés", como em todas as outras ocasiões de governo, o que se deu também na ordenação das cerimônias de religião contidas nos capítulos 25, 26, 27, 28, 29, 30 e 31 do Êxodo e em todo o Levítico; a Aarão, Deus falou raras vezes. O bezerro feito por Aarão foi lançado no fogo por Moisés. A autoridade de Aarão, por ocasião de seu motim e de Maria contra Moisés (Nm 12), não foi julgada por Moisés, mas, sim, pelo próprio Deus. Também na questão entre Moisés e o povo, sobre quem tinha o direito de governar, quando Coré, Datã, Abiram e 250 príncipes da assembleia se reuniram contra Moisés e Aarão, e lhes disseram: "Tomais demasiado sobre vós mesmos; dado que toda a congregação é sagrada, cada um de seus membros, e o Senhor está entre eles, por que vos elevais acima da congregação do Senhor?" (Nm 16,3), Deus fez que a terra engolisse vivos Coré, Datã e Abiram, com suas mulheres e crianças, e consumiu aqueles 250 príncipes pelo fogo. Portanto, nem Aarão, nem o povo, nem nenhuma aristocracia dos maiores príncipes do povo, mas só Moisés, teve, depois de Deus, a soberania sobre os israelitas. Não apenas em questões de política civil, mas também de religião. Apenas Moisés falou com Deus e, portanto, cabia a ele dizer ao povo o que Deus exigia de suas mãos. Ninguém, sob pena de morte, podia ser tão presunçoso e se aproximar da montanha onde Deus falou a Moisés. "Porás limites", disse o Senhor, "ao povo à tua volta e dirás: 'Tende cautela entre vós para que não subais a montanha ou tocais sua fronteira; aquele que tocar a montanha será certamente condenado à morte'" (Ex 19,12). E também: "Desce, exorta o povo a que não irrompa para contemplar o Senhor" (Ex 19,21). Disso concluímos que todo aquele que num Estado cristão ocupar o lugar de Moisés será o único mensageiro de Deus, a quem cabe interpretar suas ordens. Consequentemente, ninguém pode, segundo a interpretação das Escrituras, ir além dos limites que são postos por seus soberanos. As Escrituras, mediante as quais Deus então falava com eles, são o monte Sinai, cujos limites são as leis daqueles que representam a pessoa de Deus sobre a terra. É permitido contemplá-las e às maravilhosas obras de Deus, aprendendo a temê-lo, mas não é permitido interpretá-las, isto é, questionar o que Deus disse àquele que ele designou para governar em Seu nome, e julgar se ele governa ou não como Deus lhe ordenou; isso seria transgredir os limites estabelecidos por Deus e olhar para Ele de modo irreverente.

No tempo de Moisés, não houve nenhum profeta nem nenhum pretendente ao espírito de Deus, senão aqueles que o próprio Moisés aprovou e autorizou. Só havia, em seu tempo, 70 homens capazes de serem considerados profetas pelo espírito de Deus, e todos escolhidos por Moisés. Sobre eles disse Deus a Moisés: "Reúne-me 70 dos anciãos de Israel, que souberes serem os anciãos do povo" (Nm 11,16). Deus concedeu-lhes Seu espírito, que não era diferente do concedido a Moisés, pois está escrito: "Deus desceu numa nuvem, tirou do espírito que estava sobre Moisés e deu-o aos 70 anciãos" (Nm 11,25). Mas, como mostrei antes (capítulo XXXVI), espírito significa entendimento, de tal modo que o sentido do texto é: Deus os dotou de um entendimento condizente e subordinado ao de Moisés, para que pudessem profetizar, isto é, falar ao povo em nome de Deus, apresentando (como ministros de Moisés e por sua autoridade) a doutrina que era agradável a Moisés. Os anciãos eram apenas ministros e, quando dois deles profetizaram no acampamento, foi uma novidade considerada ilegítima, o que os levou, de acordo com os versículos 27 e 28 do mesmo capítulo, a serem acusados, e Josué a aconselhar Moisés a proibi-los, por não saberem que era pelo espírito de Moisés que eles profetizavam. Fica claro que nenhum súdito deve pretender profetizar, opondo-se à doutrina estabelecida por aquele a quem Deus pôs no lugar de Moisés.

Depois da morte de Aarão, e também da de Moisés, o reino, por ser sacerdotal, passou, em virtude da aliança, ao filho de Aarão, Eleazar, o sumo sacerdote. Deus declarou-o soberano (imediatamente abaixo d'Ele), designando Josué para general de seu exército. E assim falou Deus, referindo-se a Josué: "Ele ficará diante de Eleazar, o sacerdote que pedirá conselho para ele, diante do Senhor, e por sua indicação sairão e entrarão ele e todos os filhos de Israel" (Nm 27,21).

Por conseguinte, o supremo poder de fazer a guerra e a paz pertencia ao sacerdote. Pertencia, também, ao sumo sacerdote o supremo poder da judicatura, pois o Livro da Lei estava sob sua guarda, e só os sacerdotes e levitas eram os juízes subordinados nas causas civis, como lemos em Dt 17,8ss. A respeito da forma de prestar culto a Deus, nunca houve dúvidas de que o sumo sacerdote, até o tempo de Saul, tinha a autoridade suprema. Assim, uma única pessoa detinha o poder civil e eclesiástico: o sumo sacerdote, como deve ser quando alguém governa por direito divino, isto é, por autoridade imediata de Deus.

O espaço de tempo entre a morte de Josué e a época de Saul é indicado no livro dos Juízes do seguinte modo: "Nesses dias não havia rei em Israel"; acrescentando, algumas vezes, que "cada homem fazia aquilo que a seus olhos parecia correto". A expressão "não havia rei" significa que não havia poder soberano em Israel. E assim era, se considerarmos a atuação e o exercício desse poder. Após a morte de Josué e Eleazar, "surgiu uma outra geração, que não conhecia o Senhor, nem as obras que havia feito por Israel, e que procedeu mal perante o Senhor e serviu aos *baals*" (Jz 2,10s). Os judeus, como São Paulo observou, "buscavam um sinal", tanto antes de se submeterem ao governo de Moisés quanto depois de se terem obrigado mediante sua submissão. Sinais e milagres visavam alcançar a fé, e não pretendiam impedir que os homens a violassem, uma vez que a haviam prometido, pois, pela lei natural, os homens estão obrigados a isso. Mas, se considerarmos não apenas o exercício, mas o direito de governar, o soberano poder ainda pertence ao sumo sacerdote. Qualquer que seja a obediência prestada aos juízes (homens eleitos extraordinariamente por Deus para salvar os súditos rebeldes das mãos do inimigo), esta não constitui argumento contra o direito que o sumo sacerdote tinha ao poder soberano em todas as questões, fossem políticas ou religiosas. Nem os juízes nem o próprio Samuel tiveram uma vocação ordinária para o governo, mas um chamado extraordinário, que foi obedecido pelos israelitas por reverência ao favor com que Deus os distinguia, e não apenas por obrigação, manifestando, em sua sabedoria, valor e felicidade. Como resultado, o direito de regular a política e o de regular a religião mantiveram-se inseparáveis.

Os reis foram os sucessores dos juízes, e toda a autoridade, tanto política como religiosa, que anteriormente estava nas mãos do sumo sacerdote, passou à responsabilidade do rei. A soberania sobre o povo, que existia anteriormente, não apenas em virtude do poder divino, mas também de um pacto particular dos israelitas com Deus e, logo abaixo d'Ele, com o sumo sacerdote, como Seu vice-rei sobre a terra, foi abandonada pelo povo com o consentimento do próprio Deus. As palavras ditas a Samuel, "dê-nos um rei que nos julgue, como a todas as outras nações" (1Sm 8,5), significavam que não queriam mais ser governados, por mais tempo, pelas ordens que lhes fossem impostas pelo sacerdote, em nome de Deus, mas, sim, por alguém que os governasse da mesma maneira como todas as outras nações eram governadas; consequentemente, ao despojarem o sumo sacerdote da autoridade real, aboliram aquele governo especial de Deus. Deus consentiu nisso, dizendo a Samuel: "Escuta atentamente a voz do povo em tudo o que ele disser, pois ele não te rejeitou, mas rejeitou a mim, para que não reinasse sobre ele" (1Sm 8,7). Tendo o povo rejeitado a Deus, em cujo nome os sacerdotes governavam, não foi deixada nenhuma autoridade aos sacerdotes, exceto aquela decidida pelo rei, que podia ser maior ou menor, de acordo com a bondade ou maldade dos reis. Estava nas mãos dos reis o governo dos negócios civis. Nesse mesmo capítulo, os israelitas dizem que querem ser como todas as nações, que seu rei será seu juiz, marchando à sua frente nas batalhas (1Sm 8,20), isto é, que terá toda a autoridade, tanto na paz como na guerra. Nisso se inclui, também, a autoridade religiosa, pois não havia, naquele tempo, outra palavra de Deus que regulasse a religião, a não ser a Lei de Moisés, que era a lei civil daquele povo. Além disso, lemos que Salomão "destituiu Abiatar de ser sacerdote perante o Senhor" (1Rs 2,27). Salomão tinha, portanto, autoridade sobre o sumo sacerdote, como sobre qualquer súdito, o que é um grande sinal de supremacia em religião.

E lemos também que dedicou o Templo, que abençoou o povo, e que ele mesmo criou a magnífica oração usada na consagração de todas as Igrejas e casas de oração (1Rs 8), o que constitui, também, outro grande sinal de supremacia em religião. Também lemos que a questão a respeito do Livro da Lei encontrado no templo não foi decidida pelo sumo sacerdote, mas que Josias enviou-o e a outros para perguntarem à profetisa Hulda a esse respeito (2Rs 22), o que constituiu outro sinal de supremacia em religião. Finalmente, lemos que Davi tornou Hasabias e seus irmãos, hebronitas, governadores de Israel no Ocidente, "para todos os negócios do Senhor e a serviço do rei" (1Cr 26,30). Do mesmo modo, lemos que tornou outros hebronitas "governadores dos rubenitas, dos gaditas e de metade da tribo de Manassés [esses eram os demais israelitas que moravam além do Jordão], para todas as questões que dissessem respeito a Deus e aos negócios do rei" (1Cr 26,32). Não é esse um poder pleno, que compreende os poderes temporal e espiritual, como é chamado por aqueles que querem dividi-lo? Concluindo, desde a primeira instituição do Reino de Deus até o exílio, a supremacia da religião estava nas mesmas mãos em que se encontrava a soberania civil, e o ofício de sacerdote, depois da eleição de Saul, era ministerial e não magisterial.

Embora o governo, tanto na política quanto na religião, estivesse unido, primeiro nos sumos sacerdotes e depois nos reis, pelo menos no que se refere ao direito, vemos, pela própria história sagrada, que o povo não o compreendeu, e que boa parte dele, provavelmente a maior parte, só dava crédito suficiente tanto à fama de Moisés quanto às conversas entre Deus e os sacerdotes na medida em que via grandes milagres ou grandes façanhas (que equivalem a milagres), ou sorte nos empreendimentos de seus governantes. Esse mesmo povo, sempre que seu governante lhe desagradava, aproveitava a ocasião para censurá-lo, seja quanto à política, seja quanto à religião, para mudar o governo ou deixar de obedecer a suas ordens. Isso causou guerras civis, divisões e calamidades que se abateram sobre a nação. Assim, por exemplo, depois da morte de Eleazar e Josué, a geração seguinte, que não tinha visto os prodígios de Deus, mas foi deixada a sua própria e débil razão, não estando obrigada pelo pacto de um reino sacerdotal, deixou de acatar as ordens do sacerdote e qualquer lei de Moisés, e todos os homens passaram a fazer o que lhes parecia correto; nas questões civis, obedeciam aos homens que de tempos em tempos julgavam capazes de libertá-los da opressão das nações vizinhas, e não consultavam a Deus (como deviam fazer), mas àqueles homens ou mulheres que supunham ser profetas por saberem prever o futuro, homens ou mulheres que, embora mantivessem um ídolo em sua capela, se tinham um levita como capelão, fingiam adorar o Deus de Israel.

Posteriormente, quando pediram um rei como o das demais nações, não foi com a intenção de se afastarem do culto de Deus, seu rei, mas, desesperando da justiça dos filhos de Samuel, queriam ter um rei para julgá-los nas ações civis, que não mudasse, porém, a religião que julgavam ter sido recomendada por Moisés. Assim, tinham sempre um pretexto, seja de justiça, seja de religião, para se livrarem da obediência a que estavam comprometidos, quando achavam que poderiam vir a ser vitoriosos. Samuel ficou desgostoso com o povo, porque eles desejavam um rei (pois Deus já era seu rei, e apenas Samuel tinha autoridade abaixo d'Ele); entretanto, quando Saul não observou seus conselhos, destruindo Agag, como Deus tinha ordenado, ungiu outro rei, isto é, Davi, para que o sucedesse. Roboão não era idólatra, mas, quando o povo o considerou opressor, usou esse pretexto civil para afastar dele dez tribos, que passaram a ser de Jeroboão, um idólatra. No decorrer da história dos reis, tanto de Judá como de Israel, sempre existiram profetas que fiscalizavam os reis para que estes não transgredissem a religião, e às vezes também por erros de Estado, como vemos que Josafá foi censurado pelo profeta Jeú por ajudar o rei de Israel contra os sírios (2Cr 19,2), e Ezequias, por Isaías, por mostrar seus tesouros aos embaixadores da Babilônia. Concluímos daí que, embora o poder, tanto do Estado quanto da religião, estivesse nas mãos dos reis, nenhum deles deixou de ser fiscalizado em seu uso, a não ser quando eram benquistos por suas capacidades naturais ou por sua fortuna. Assim, da prática daqueles tempos não pode ser extraído nenhum argumento de que o direito de supremacia em religião não pertencesse aos reis, a não ser que o atribuíssemos aos profetas; nem podemos dessa prática tirar a conclusão de que o profeta Isaías fosse o chefe supremo da Igreja, pelo fato de que, rezando Ezequias ao Senhor diante dos querubins, não obteve d'Ele resposta, a não ser posteriormente, por intermédio do profeta; nem podemos inferir, pelo fato de Josias ter consultado Hulda, a profetiza, a respeito do Livro da Lei, que nem ele nem o sumo sacerdote, mas, sim, Hulda, a profetiza, possuísse a suprema autoridade em matéria de religião. Essas, no meu entender, não são as opiniões de nenhum doutor.

Os judeus, durante o exílio, não tinham nenhum Estado e, depois de seu regresso, embora renovassem sua aliança com Deus, não fizeram promessa de obediência nem a Esdras nem a nenhum outro; nem o fizeram mais tarde, quando passaram a ser súditos dos gregos (cujos costumes e demonologia, tal como a doutrina dos cabalistas, corrompeu sua religião), de modo tal que nada podemos deduzir, diante da confusão reinante, tanto no Estado quanto na religião, sobre a supremacia em qualquer dessas esferas. Sendo assim, levando em consideração o Antigo Testamento, podemos concluir que quem detinha a soberania do Estado, entre os judeus, detinha também a suprema autoridade em matéria de adoração a Deus, e representava a pessoa de Deus, isto é, a pessoa de Deus Pai, embora não fosse chamado pelo nome de Pai até o envio de seu Filho Jesus Cristo ao mundo, para redimir a humanidade de seus pecados e levá-la para seu reino eterno para ser salva para sempre. No capítulo seguinte, trataremos do assunto.

## Capítulo XLI
## Da missão de nosso abençoado Salvador

Nas Sagradas Escrituras, encontramos três partes da missão do Messias: a primeira, de redentor ou salvador; a segunda, de pastor, conselheiro ou mestre, isto é, de profeta enviado por Deus para converter os que tinham sido eleitos para a salvação; a terceira, de rei, e um rei eterno, mas sob seu Pai, como Moisés e os sumos sacerdotes, cada qual em sua época. A essas três partes correspondem três épocas. Nossa redenção foi alcançada em sua primeira vinda, pelo sacrifício por meio do qual ele morreu na cruz para nos salvar de nossos pecados; nossa redenção foi alcançada, em parte, por sua própria pessoa e, em parte, por seus ministros, que continuarão em sua tarefa até sua volta. Depois disso, começará seu glorioso reinado eterno sobre seus eleitos.

À missão de redentor, isto é, de quem pagou o resgate pelo pecado (esse resgate é a morte), pertence o fato de ter sido sacrificado, assumindo todo o peso sobre sua cabeça para nos afastar das iniquidades, da forma como Deus determinara. É bem verdade que a morte de um só homem, embora sem pecado, não poderia compensar as ofensas de todos os homens, no rigor da justiça, mas apenas na misericórdia de Deus, que ordenou os sacrifícios pelo pecado que, em Sua misericórdia, lhe aprouve aceitar. Na antiga lei (como está escrito em Lv 16), o Senhor exigia que lhe fizessem todos os anos uma reparação de todos os pecados, tanto dos sacerdotes como dos demais. Isso exigia que Aarão sacrificasse, por ele e pelos sacerdotes, um boi jovem. Para o restante da população, deviam ser ofertados a Deus dois bodes jovens. Um seria sacrificado, enquanto o outro seria o bode expiatório, devendo Aarão pousar as mãos sobre sua cabeça e depositar sobre ela todas as iniquidades confessadas pelo povo; depois, uma pessoa indicada levava o bode para o deserto, onde o soltaria; com isso, esse bode levaria consigo as iniquidades do povo. Da mesma forma como o sacrifício de um só bode era um preço suficiente (pois era aceitável) para o resgate de todo o povo de Israel, assim também a morte do Messias foi um preço suficiente para pagar os pecados de todo o gênero humano, nada mais sendo exigido. Os sofrimentos de Cristo, nosso Salvador, parecem ficar, assim, claramente expressos, como na oblação de Israel ou em qualquer outro tipo de sacrifício no Antigo Testamento. A um só tempo, Nosso Salvador foi o bode sacrificado e o bode expiatório. "Ele foi oprimido e afligido; ele não abriu a boca; foi levado como um cordeiro para a matança, e, assim como um cordeiro fica mudo diante do tosquiador, assim também ele não abriu a boca" (Is 53,7). Foi, portanto, o bode sacrificado. "Ele suportou nossos agravos e nossas aflições" (Is 53,4). E ainda: "O Senhor carregou sobre si as iniquidades de nós todos" (Is 53,6); aqui, ele é o bode expiatório. "Ele foi separado da terra dos vivos, pela transgressão de meu povo" (Is 53,8); aqui, é, mais uma vez, o bode sacrificado. E também: "Ele suportará seus pecados" (Is 53,11). Aqui, é o bode expiatório. Assim, o Cordeiro de Deus equivale a ambos os bodes: sacrificado, por ter morrido, e libertado, por sua ressurreição, sendo oportunamente exaltado por seu Pai e, em sua ascensão, retirado do meio dos homens.

Posto que quem redime não tem direito à coisa redimida antes da redenção e do pagamento do resgate, e sendo esse resgate a morte do redentor, é manifesto que nosso Salvador, enquanto homem, não era rei daqueles que redimiu antes de sofrer a morte, isto é, durante o tempo em que viveu corporalmente na terra. Não era rei, de maneira presente, em virtude do pacto que os fiéis fazem com ele no batismo. Entretanto, pela renovação de seu pacto com Deus no batismo, eles ficam obrigados a obedecer-lhe como rei (sob seu Pai), a qualquer momento em que ele quiser assumir o reino. A respeito disso, nosso Salvador falou expressamente: "Meu reino não é deste mundo" (Jo 18,36). Tendo em vista que encontramos, nas Escrituras, referências a apenas dois mundos, o que existe agora, e durará até o dia do juízo (chamado, também, o último dia), e aquele que existirá depois do dia do juízo, quando haverá um novo céu e uma nova terra. Assim, o reino de Cristo só terá início após a ressurreição universal. Foi o que disse nosso Salvador: "O Filho do Homem virá na glória de seu Pai, com seus anjos e, então, recompensará a cada homem conforme seus atos" (Mt 16,27). Recompensar a cada homem conforme seus atos é a função de um rei, e isso não acontecerá antes de ele vir na glória de seu Pai, com seus anjos. Quando nosso Salvador disse: "Os escribas e fariseus estão sentados na cadeira de Moisés; portanto, tudo o que vos pedirem para fazer, observai-o e fazei-o" (Mt 23,2), atribuiu claramente, para aquele tempo, o poder real a eles e não a si próprio. Assim faz também quando diz: "Quem fez de mim um juiz ou um divisor para vós?" (Lc 12,14), e: "Eu não vim para julgar o mundo, mas para salvá-lo" (Jo 12,47). Entretanto, nosso Salvador veio a este mundo para poder ser rei e juiz no mundo vindouro. Pois ele era o Messias, isto é, o Cristo, o sacerdote ungido e o soberano profeta de Deus. Em outras palavras, dele seria todo o poder que pertencera a Moisés, o profeta, aos sumos sacerdotes que sucederam a Moisés e aos reis que sucederam aos sacerdotes. São João diz claramente: "O Pai não julga ninguém, mas confiou todo julgamento ao Filho" (Jo 5,22). E isso não contraria esta outra passagem: "Eu não vim para julgar o mundo", pois esta se refere ao mundo presente e a outra, ao mundo vindouro, tal como a passagem em que Cristo diz, a respeito de sua segunda vinda: "Vós, que me acompanhastes na regeneração, quando o Filho do Homem se sentar no trono de sua glória, também vos sentareis em 12 tronos, julgando as 12 tribos de Israel" (Mt 19,28).

Qual foi a finalidade da primeira vinda de Cristo à terra, se a ele não pertenceu nenhum reino deste mundo? Ele veio para, sob a autoridade de Deus, mediante uma nova aliança, restaurar o reino que fora seu pela antiga aliança, cujo poder fora interrompido com a eleição de Saul pelos israelitas rebelados. Para fazer isso, ele veio para mostrar aos israelitas que era o Messias, isto é, o rei prometido pelos profetas, e oferecer-se em sacrifício pelos pecados daqueles que, pela fé, deviam submeter-se a ele. Se toda a nação o recusasse, deveria conclamar à obediência a ele todos os gentios que nele acreditassem. A missão de nosso Salvador, durante sua estada na terra, pode ser dividida em duas partes. A primeira, em que se proclama Cristo e, a segunda, em que, por meio da pregação e dos milagres, busca convencer e preparar os homens para viverem de tal forma que se tornem merecedores da imortalidade que os que crerem gozarão na época em que ele vier, em majestade, tomar posse do reino de seu Pai. É por esse motivo que sua pregação é chamada muitas vezes, por ele mesmo, regeneração, o que não é propriamente um reino, nem, portanto, uma permissão para negar obediência aos magistrados então existentes (pois Cristo ordenou a seus discípulos que obedecessem aos que se sentavam na cadeira de Moisés e que pagassem tributos a César), mas unicamente uma antecipação do Reino de Deus que estava para vir, destinado àqueles a quem Deus havia concedido a graça de serem seus discípulos e de nele acreditarem. Por esse motivo é que dizemos que os piedosos já se encontravam no reino da graça, como naturais daquele reino celeste.

Por conseguinte, nada foi feito ou ensinado por Cristo com o objetivo de diminuir o direito civil dos judeus ou de César. No que diz respeito ao Estado então existente entre os judeus, tanto os que governavam como os que eram governados esperavam a vinda do Messias e do Reino de Deus. Isso teria sido impossível, se suas leis proibissem Cristo de se manifestar e se dar a conhecer. Como o que ele fez foi tentar provar que era o Messias, por meio da pregação e dos milagres, não contrariou as leis dos judeus. O reino que reclamava devia estar em outro mundo: ele ensinou a todos os homens a obedecerem a todos aqueles que se sentavam na cátedra de Moisés. Disse que dessem a César seu tributo e recusou-se a exercer as funções de juiz. Como poderiam, pois, ser suas palavras sediciosas ou visar a destruição do governo civil de então? Entretanto, como Deus ordenara seu sacrifício, para que os eleitos voltassem a obedecer a aliança, utilizou a malícia e a ingratidão dos homens para conseguir isso. Não contrariou as leis de César. Embora o próprio Pilatos (para contentar os judeus) o tenha entregue para que fosse crucificado, antes de fazê-lo declarou abertamente que Cristo não havia cometido nenhuma falta. Não alegou, como os judeus exigiam, "que ele pretendia ser rei", para justificar sua condenação, mas, simplesmente, "que ele era Rei dos Judeus"; apesar do clamor, recusou-se a alterar esse título, dizendo: "O que está escrito está escrito".

Com referência à terceira parte da missão de Cristo, que era ser rei, já mostrei que seu reino não começaria antes da ressurreição. Mas, então, ele seria rei, não apenas enquanto Deus, pois nesse sentido já é, e sempre, rei de toda a terra, em virtude de sua onipotência, mas, também, particularmente, rei de seus eleitos, em virtude da aliança estabelecida com eles no batismo. Assim, disse nosso Salvador que seus Apóstolos haveriam de se sentar em 12 tronos, julgando as doze tribos de Israel, "no momento em que o Filho do homem se sentar no trono de sua glória" (Mt 19,28). Quis, com isso, dizer que reinaria em sua humana natureza. E: "O Filho do Homem virá na glória de seu Pai, com seus anjos, para recompensar a cada homem conforme seus atos" (Mt 16,27). O mesmo podemos ler em Mc 13,26 e 14,62, e, mais expressamente, para aquela época, em Lc 22,29s: "Eu vos concedo um reino, como meu Pai me concedeu, para que possais comer e beber à minha mesa em meu reino e sentar-vos em tronos, julgando as 12 tribos de Israel". Fica, com isso, evidente que o reino de Cristo, a ele concedido por seu Pai, não há de chegar antes que o Filho do Homem venha em sua glória e faça de seus Apóstolos os juízes das 12 tribos de Israel. Cabe, pois, aqui, uma pergunta: se não há casamento no reino do céu, por que haveria ali comida e bebida? A que espécie de comida se referia nessa passagem? Isso é explicado por nosso Salvador, quando diz: "Não trabalheis pela comida que perece, mas por aquela comida que se conserva até a vida eterna, que vos será dada pelo Filho do Homem" (Jo 6,27). Portanto, comer à mesa de Cristo significa comer da árvore da vida, quer dizer, gozar da imortalidade, no reino do Filho do Homem. Essas passagens, juntamente com muitas outras, tornam evidente que o reino de nosso Salvador será por ele exercido em sua humana natureza.

Assim, ele estará subordinado a Deus Pai, como Moisés o era no deserto e os sumos sacerdotes, no reinado de Saul, e, depois disso, os reis. Porque uma das profecias relativas a Cristo é que ele se assemelharia, quanto ao cargo, a Moisés. "Elegerei para eles um profeta", disse o Senhor, "de entre seus irmãos, como para vós, e porei em sua boca minhas palavras" (Dt 18,18); e essa semelhança com Moisés ficará evidenciada nos atos de nosso Salvador, enquanto estiver na terra. Da mesma forma como Moisés escolheu 12 príncipes para governar sob seu comando, nosso Salvador escolheu

12 Apóstolos, que se sentarão em 12 tronos para julgar as 12 tribos de Israel. E, como Moisés autorizou 70 anciãos a receber o Espírito de Deus e a profetizar perante o povo, isto é (como já dissemos antes), a falar-lhe em nome de Deus, assim também nosso Salvador elegeu 70 discípulos, para que pregassem seu reino e a salvação de todas as nações. Tal como quando foi apresentada a Moisés uma queixa contra os 70 homens que haviam profetizado no acampamento de Israel e ele os justificou, dizendo que estavam manifestando obediência a seu governo, assim também nosso Salvador, quando São João foi queixar-se de certo homem que exorcizava os demônios em seu nome, o justificou, dizendo: "Não lho proíbas, pois quem não está contra nós está do nosso lado" (Lc 9,50).

Nosso Salvador se assemelhou, ainda, a Moisés na instituição dos sacramentos, tanto de admissão ao Reino de Deus como de comemoração da libertação dos eleitos de sua miserável condição. Assim como os filhos de Israel possuíam como sacramento de sua recepção no Reino de Deus, antes do tempo de Moisés, o rito da circuncisão, que, depois de ter sido omitido no deserto, foi restaurado logo que eles chegaram à Terra Prometida, também os judeus, antes da vinda de nosso Salvador, tinham o rito do batismo, isto é, de lavar com água todos os que antes eram pagãos e agora acatavam o Deus de Israel. São João Batista usava esse rito na recepção de todos os que davam seus nomes ao Cristo, que ele anunciava que cedo viria ao mundo; e nosso Salvador instituiu o mesmo rito como sacramento a ser dado a todos os que nele acreditavam. A respeito de onde surgiu o rito do batismo e de qual foi a primeira vez que foi praticado, não encontramos expressão formal nas Escrituras, mas, provavelmente, trata-se de uma imitação da lei de Moisés referente à lepra, que ordenava que o leproso se afastasse, obrigatoriamente, durante algum tempo, do acampamento de Israel. Se, depois de algum tempo, fosse considerado curado por um sacerdote, era readmitido no acampamento após uma solene lavagem. Esse pode ter sido um antecedente da lavagem do batismo, mediante o qual os homens, curados, pela fé, da lepra do pecado, são aceitos na Igreja com a solenidade do batismo. Existem outras conjeturas extraídas das cerimônias dos gentios, em casos que raramente ocorrem, como quando um homem, depois de sido considerado morto, conseguia restabelecer-se, e os demais tinham receio de conversar com ele, como não conversariam com um fantasma, a não ser que fosse recebido de novo entre os vivos, por meio de uma lavagem; da mesma forma, as crianças recém-nascidas eram lavadas das impurezas da natividade, o que representava um novo nascimento. Essa cerimônia dos gregos pode ter-se difundido e influenciado a religião dos judeus, na época em que a Judeia estava sob o domínio de Alexandre e dos gregos seus sucessores. Como não é aceitável que nosso Salvador pudesse acatar um rito pagão, é mais provável que o batismo tenha sua origem na cerimônia legal da lavagem depois da lepra. Com referência ao sacramento que consistia em comer o Cordeiro Pascal, ele é claramente imitado no sacramento da Ceia do Senhor, no qual a repartição do pão e o derramamento do vinho trazem à memória nossa libertação da miséria do pecado, pela Paixão de Cristo; o ato de comer o Cordeiro Pascal ressuscita a memória da libertação dos judeus da escravidão do Egito. Considerando que a autoridade de Moisés era apenas subordinada, e que ele era apenas um representante de Deus, também a autoridade de Cristo, enquanto homem, era igual à de Moisés, estando subordinada à autoridade do Pai. Com maior evidência isso está comprovado pelo fato de nos ter ensinado a orar "Pai nosso, venha a nós o vosso reino" e "porque teu é o reino, o poder e a glória"; e ao dizer que "Ele virá na glória de seu Pai"; como também, em São Paulo: "Então virá o fim, depois de Ele ter entregue o reino a Deus, o Pai" (1Cor 15,24); e em muitas outras passagens ainda mais evidentes.

Nosso Salvador, tanto ensinando como reinando, representa (como o fez Moisés) a pessoa de Deus, que desse momento em diante, e não antes, foi denominado Pai; continuando a ser uma e a mesma substância, Deus é uma pessoa, enquanto representado por Moisés, e outra, enquanto representado por seu Filho, o Cristo. Entendendo por pessoa a pluralidade de representantes, é natural que, à pluralidade de representantes, corresponda uma pluralidade de pessoas, embora de uma e mesma substância.

## Capítulo XLII
## Do poder eclesiástico

Para entender qual é o poder eclesiástico e em quem está, é necessário dividir o tempo desde a ascensão de nosso Salvador em duas partes: uma antes da conversão dos reis e dos homens possuidores do soberano poder civil e, outra, depois de sua conversão. Muito tempo se passou, depois da ascensão, antes que qualquer rei ou soberano civil aceitasse e, publicamente, autorizasse o ensino da religião cristã.

Nesse tempo intermediário, o poder eclesiástico pertencia aos Apóstolos, passando, depois, àqueles que foram escolhidos por eles para pregar o Evangelho e converter os homens ao cristianismo, bem como guiar os convertidos no caminho da salvação. Em seguida, o poder foi entregue aos que eles ordenaram, pela imposição das mãos, o que significava a transmissão do Espírito Santo, ou Espírito de Deus, àqueles a quem ordenavam ministros de Deus, para ampliar Seu reino. A imposição das mãos significava o selo da missão que lhes era consignada de pregar a Cristo e ensinar sua doutrina. A transmissão do Espírito Santo, por meio dessa cerimônia da imposição das mãos, era uma imitação do que havia feito Moisés. Moisés praticou a mesma cerimônia com seu ministro, Josué, conforme lemos em Dt 34,9: "Josué, filho de Nun, estava cheio do espírito da sabedoria, porque Moisés havia posto suas mãos sobre ele". Assim, nosso Salvador, no período entre a ressurreição e a ascensão, deu seu espírito aos Apóstolos, não pela imposição das mãos, mas, primeiro, soprando sobre eles e dizendo: "Recebei o Espírito Santo" (Jo 20,22), e, depois da ascensão, enviando sobre eles um "poderoso vento, e afiadas línguas de fogo" (At 2,2s). Deus, também, não pôs suas mãos sobre Moisés; mas os Apóstolos, mais tarde, transmitiram o mesmo espírito pela imposição das mãos, como Moisés fizera com Josué. Fica claro, portanto, quem deteve, continuamente, o poder eclesiástico nessa época em que não havia nenhum Estado cristão: aqueles que receberam esse poder dos Apóstolos, pela sucessiva imposição das mãos.

Assim, temos a pessoa de Deus nascendo pela terceira vez. Da mesma forma como Moisés e os sumos sacerdotes eram os representantes de Deus, no Antigo Testamento, e nosso Salvador, na qualidade de homem, o era durante sua estada na terra, assim também o Espírito Santo, quer dizer, os Apóstolos e seus sucessores, encarregados de pregar e de ensinar aquilo que receberam do Espírito Santo, têm desde então sido seus representantes. O representado é uma pessoa (como já mostrei, no capítulo XIII) tantas vezes quantas for representado. Então, Deus, que foi representado (isto é, personificado) três vezes, pode propriamente ser considerado como sendo três pessoas, embora nem a palavra Pessoa nem a palavra Trindade lhe sejam atribuídas na Bíblia. Diz São João: "Existem três que dão testemunho no céu, o Pai, a Palavra e o Espírito Santo, e esses três são um só" (1Jo 5,7). Isso não contraria, mas, antes, concorda plenamente com a ideia de três pessoas, na verdadeira significação de pessoas, isto é, os que são representados por outros. Enquanto representado por Moisés, Deus Pai é uma pessoa; representado por seu Filho, é outra pessoa; e, representado pelos Apóstolos e pelos doutores que ensinavam sob sua autoridade, é uma terceira pessoa; mas cada uma dessas pessoas é a pessoa de um mesmo Deus. Entretanto, cabe perguntar: o que testemunham essas três pessoas? São João afirma que elas testemunham que "Deus nos deu a vida eterna em seu Filho" (1Jo 5,11). Se nos perguntarmos onde se manifesta esse testemunho, a resposta é fácil, pois isso é atestado pelos milagres que Deus realizou, primeiramente por intermédio de Moisés, depois, por intermédio de seu próprio Filho e, finalmente, por intermédio dos Apóstolos, que haviam recebido o Espírito Santo; todos eles, cada qual em seu tempo, representaram a pessoa de Deus ou profetizaram e pregaram a palavra de Jesus Cristo. Quanto aos Apóstolos, era do caráter do apostolado, no caso dos 12 primeiros e grandes Apóstolos, prestar testemunho de sua ressurreição. São Pedro, quando ia ser escolhido um novo Apóstolo para o lugar de Judas Iscariotes, disse estas palavras: "Entre todos os homens que nos acompanharam todo o tempo que Jesus, nosso Senhor, esteve entre nós, desde o batismo de João até o dia em que foi arrebatado de nosso convívio, deve ser ordenado um para conosco ser testemunha de sua ressurreição" (At 1,21s). Essas palavras devem ser interpretadas como a "o testemunho" de que fala São João. Na mesma passagem, há referência a uma outra Trindade de testemunhas na terra. Pois diz São João que "há três que prestam testemunho na terra, o espírito, a água e o sangue, e esses três coincidem num só" (1Jo 5,8). Com isso, refere-se às graças do Espírito de Deus e aos dois sacramentos, o batismo e a Ceia do Senhor, que coincidem no testemunho, para garantir a vida eterna às consciências dos que creem; desse testemunho, diz ainda: "Aquele que crê no Filho do homem tem o testemunho em si próprio" (1Jo 5,10). Nessa trindade na terra, a unidade não é a da coisa, porque o espírito, a água e o sangue não são a mesma substância, embora deem o mesmo testemunho. Mas, na Trindade do céu, as pessoas são as de um só e mesmo Deus, embora representado em três momentos e ocasiões diferentes. Na medida em que isso pode ser constatado nas Escrituras, a doutrina da Trindade é, substancialmente, a seguinte: Deus, que é sempre uno e o mesmo, foi a pessoa representada por Moisés, a pessoa representada por seu Filho encarnado e a pessoa representada pelos Apóstolos. O Espírito Santo, por meio do qual falavam os Apóstolos, é Deus; seu Filho, que era Deus e homem, é Deus; tal como representado por Moisés e os sumos sacerdotes, o Pai, isto é, o Pai de nosso Senhor Jesus Cristo, é Deus. Assim, podemos entender a razão por que os nomes Pai, Filho e Espírito Santo, significando a divindade, nunca são usados no Antigo Testamento: porque são pessoas, isto é, recebem seus nomes do fato de representarem, o que só era possível depois de diversos homens terem representado a pessoa de Deus no governo ou direção de outros homens, sob Sua autoridade.

O poder eclesiástico foi transmitido por nosso Salvador aos Apóstolos, que foram (a fim de melhor poderem exercer esse poder) imbuídos do Espírito Santo, que, no Novo Testamento, é chamado *paracletus*, que significa assistente, alguém chamado em ajuda, embora esse termo geralmente seja traduzido como Consolador. Passemos agora a examinar o próprio poder, o que era e sobre quem era exercido.

O cardeal Belarmino, em sua terceira controvérsia geral, tratou um grande número de questões relativas ao poder eclesiástico do papa de Roma; ele começa perguntando se esse poder deveria ser monárquico, aristocrático ou democrático. Todas essas espécies de poder são soberanas e coercitivas. Se verificássemos que não existe um poder coercitivo deixado aos Apóstolos por nosso Salvador, mas apenas o poder de proclamar o reino de Cristo e de persuadir os homens a se submeterem a ele, e o poder de, mediante preceitos e bons conselhos, ensinar aos que se submeteram o que devem fazer para serem recebidos no Reino de Deus quando de sua chegada, e se verificássemos, assim, que os Apóstolos e outros ministros do Evangelho são apenas nossos professores, e não nossos comandantes, e que seus preceitos não são leis, mas apenas conselhos salutares, então toda essa disputa seria em vão.

Já mostramos, no capítulo anterior, que o reino de Cristo não é deste mundo; seus ministros, consequentemente, não podem (a não ser que sejam reis) exigir obediência em seu nome. Se o Rei Supremo não tiver seu poder real neste mundo, por qual autoridade poderá exigir a obediência de seus servidores? "Da mesma maneira como meu Pai me enviou", disse nosso Salvador, "assim também eu vos envio" (Jo 20,21). Nosso Salvador foi enviado para convencer os judeus a voltarem para o Reino de seu Pai, e os gentios, a aceitarem-no, e não para reinar soberanamente, nem tampouco como representante de seu Pai, até o dia do juízo.

Não conhecemos por reinado o período transcorrido entre a ascensão e a ressurreição universal, mas por um período de regeneração, isto é, uma preparação dos homens para a segunda e gloriosa vinda de Cristo, no dia do juízo. É o que vemos, pelas palavras de nosso Salvador: “Vós, que me haveis seguido na regeneração, quando o Filho do Homem se sentar no trono de sua glória, também vos sentareis em 12 tronos” (Mt 19,28). E em São Paulo: “Tendo vossos pés sido calçados com a preparação do Evangelho da paz” (Ef 6,15).

Nosso Salvador compara também esse período com a pesca, isto é, com a conquista dos homens para a obediência, não pela coerção e punição, mas pela persuasão. Por isso, ele não disse aos Apóstolos que faria deles outros Nemrods, ou caçadores de homens, mas, sim, pescadores de homens. Há também comparações desse tempo com a levedura, a sementeira e a multiplicação de uma semente de mostarda, o que exclui a violência e, por conseguinte, mostra não poder haver nesse período um verdadeiro reinado. A tarefa dos ministros cristãos é a evangelização, isto é, a proclamação de Cristo e a preparação de sua segunda vinda, tal como a evangelização de São João Batista era uma preparação para a primeira vinda.

A missão dos ministros de Cristo neste mundo é induzir os homens a crerem e a terem fé em Cristo. Essa fé não tem nenhuma relação com a coerção e a autoridade, nem daí deriva, mas está ligada apenas à certeza ou à probabilidade de argumentos originados na razão ou em algo em que a pessoa já crê. Assim, os ministros de Cristo neste mundo não têm, em razão desse título, poder para punir alguém que não acredite ou contradiga suas palavras; isto é, o título não lhe dá esse poder. Se tiverem poder civil soberano, por instituição política, poderão então, legalmente, punir qualquer contravenção às leis. São Paulo disse, expressamente, sobre ele mesmo e os outros pregadores do Evangelho: “Nós não temos domínio sobre vossa fé; somos os colaboradores de vossa alegria” (2Cor 1,24).

Outra prova de que os ministros de Cristo não têm o direito de comandar neste mundo pode ser inferida da autoridade legítima que Cristo conferiu a todos os príncipes, tanto cristãos como infiéis. Diz São Paulo: “Os filhos obedecerão aos pais em todas as coisas, porque isso agrada ao Senhor” (Cl 3,20). E: “Os servos obedecerão a seus senhores de acordo com a carne, não trabalhando apenas quando vigiados, para lhes agradar, mas, sim, com simplicidade de coração, por temor a Deus" (Cl 3,22). Isso é dito de pessoas cujos senhores são infiéis; mesmo assim, os servos estão obrigados a obedecer--lhes em todas as coisas. Por outro lado, a respeito da obediência aos príncipes, São Paulo exorta "a sujeição aos altos poderes", dizendo que "todo poder é ordenado por Deus", e que "devemos sujeitar-nos a eles, não apenas por" medo de incorrer em sua "ira, mas também por imposição de nossa consciência" (Rm 13,1-6). Diz São Pedro: "Submetei-vos a todas as ordens dos homens, por amor a Deus, seja ao rei, como soberano, seja aos governadores, como quem é enviado pelo rei para castigar os malfeitores e compensar os que praticam o bem, pois essa é a vontade de Deus" (1Pd 2,13ss). E novamente São Paulo: "Lembra aos homens que se sujeitem aos príncipes e poderes e obedeçam aos magistrados" (Tt 3,1). Esses príncipes e poderes de que falam São Pedro e São Paulo eram todos infiéis; portanto, merecem ainda maior obediência os que são cristãos, e aos quais Deus conferiu poder soberano sobre nós. Nesse caso, como podemos ser coagidos a obedecer a qualquer ministro de Cristo, se ele nos ordenar que façamos alguma coisa contrária às ordens do rei ou de outro representante do Estado do qual somos membros e pelo qual devemos ser protegidos? Logo, fica claro que Cristo não deu a seus ministros neste mundo nenhuma autoridade para comandar aos outros homens, a não ser que esses ministros estejam também investidos de autoridade civil, ou de qualquer outra autoridade de comando.

Mas, e se um rei, um senado ou qualquer outra pessoa soberana nos proibisse de acreditar em Cristo? Essa proibição não teria qualquer efeito, porque crer ou descrer nada tem a ver com as ordens dos homens. A fé é uma dádiva de Deus e não pode ser subtraída ao homem mediante promessas, recompensas ou ameaças de tortura. Se nosso príncipe legítimo nos ordenar que digamos com nossa boca que não acreditamos, devemos obedecer a essa ordem? A boca é apenas um órgão externo, como qualquer outro gesto mediante o qual manifestamos nossa obediência; sendo assim, qualquer cristão, mantendo seu coração firmemente fiel à fé de Cristo, poderá fazer o mesmo que o profeta Eliseu concedeu a Naamã, o Sírio. Naamã tinha seu coração convertido ao Deus de Israel, pois declarou: "De agora em diante teu servo não fará oferendas ou sacrifícios a outros deuses senão ao Senhor. Mas que o Senhor perdoe a seu servo que, quando meu amo vai ao templo de Remon para o culto, e se apoia em minha mão, eu também me inclino no templo de Remon; quando me inclino no templo de Remon, que o Senhor perdoe a seu servo esse ato" (2Rs 5,17). O profeta aprovou e lhe disse: "Vai em paz". Em seu coração, Naamã era crente; mas, ao inclinar-se perante o ídolo Remon, negava efetivamente o verdadeiro Deus, tanto como se o houvesse feito com seus lábios. Nesse caso, porém, como interpretar o que disse nosso Salvador: "A quem me negar diante dos homens eu negarei diante de meu Pai que está no céu" (Mt 10,33)? Tudo o que um súdito, como era o caso de Naamã, é obrigado a fazer em obediência a seu soberano, desde que o não faça segundo seu próprio espírito, mas segundo as leis de seu país, não é uma ação propriamente sua, mas de seu soberano; nesse caso, não é ele que nega Cristo perante os homens, mas seu governante e as leis de seu país. Quando alguém disser que essa doutrina é incompatível com o verdadeiro e autêntico cristianismo, perguntarei: se houver, em qualquer Estado cristão, um súdito que, dentro de seu coração, professa a religião maometana, mas é obrigado por seu soberano a estar presente ao serviço divino da Igreja cristã, sob pena de morte, pensa meu interlocutor que esse maometano é, em sã consciência, obrigado a ser morto por isso, ou deve obedecer às ordens de seu príncipe legítimo? Se a resposta for que ele deve desobedecer e, por conseguinte, ser morto, estará consentindo em que todos os súditos desobedeçam a seus príncipes para defender sua religião, seja ela falsa ou verdadeira; se a resposta for que ele deve obedecer, estará permitindo a si mesmo aquilo que nega a outro, contrariando o que foi dito por nosso Salvador: "Deves fazer a eles tudo o que quiseres que os outros te façam" (Lc 6,31), e contrariando a lei natural (que é, sem dúvida, eterna lei de Deus): "Não faças aos outros o que não queres que te façam".

O que dizer daqueles mártires sobre os quais lemos na história da Igreja? Que eles desperdiçaram suas vidas inutilmente? É necessário distinguir entre as pessoas que perderam a vida por terem cumprido a vocação de pregar e professar abertamente o reino de Cristo e as demais, que não receberam essa vocação, nada lhes tendo sido exigido além de sua própria fé. As primeiras, se foram mortas por prestarem testemunho sobre o fato de Jesus ter-se erguido dos mortos, foram verdadeiras mártires. Um mártir, de acordo com a verdadeira acepção da palavra, é uma testemunha da ressurreição de Jesus, o Messias, e esse papel só pode ser desempenhado por aqueles que conviveram com ele na terra e o viram depois de ressuscitado. Para atestar, é necessário ter presenciado o fato; do contrário, esse testemunho não é válido. Só essas pessoas podem ser, propriamente, chamadas mártires de Cristo, conforme as palavras de São Pedro: "Qualquer desses homens que nos tiver acompanhado todo o tempo em que Jesus nosso Senhor andou entre nós, desde o batismo de João até o dia em que nos foi arrebatado, deve ser ordenado como mártir [isto é, como testemunha] de sua ressurreição juntamente conosco" (At 1,21s). Notemos que, para ser testemunha da verdade da ressurreição de Cristo, quer dizer, da verdade deste ponto fundamental da religião cristã, que Jesus era o Cristo, era preciso ser um discípulo que tivesse convivido com ele e o tivesse visto antes e depois de sua ressurreição. Portanto, era preciso ser um de seus discípulos originais; os demais podem testemunhar apenas aquilo que seus antecessores disseram, sendo, assim, testemunhas dos testemunhos de outrem e, portanto, apenas segundos mártires, ou mártires das testemunhas de Cristo.

O homem que se opuser às leis e à autoridade do Estado civil, sustentando qualquer doutrina que ele mesmo tenha extraído da história da vida de nosso Salvador e dos Atos ou Epístolas dos Apóstolos, ou que creia com base na autoridade de um particular, estará muito longe de ser um mártir de Cristo ou um mártir de seus mártires. Só existe um item morrendo pelo qual alguém merecerá a honra do título de mártir, e é que Jesus é o Cristo, isto é, redimiu-nos e voltará para nos legar a salvação e a vida eterna em seu reino glorioso. Ninguém deve morrer por um dogma que apenas satisfaça à ambição ou ao proveito do clero, pois não é a morte da testemunha que faz o mártir, mas o próprio testemunho. A palavra significa "o homem que testemunha", seja ele condenado à morte ou não.

Aquele que não foi enviado para pregar esse item fundamental, assumindo essa missão por sua própria autoridade pessoal, embora seja uma testemunha e, consequentemente, um mártir, de Cristo primeiramente, e de seus apóstolos, discípulos ou sucessores, em segundo lugar, não é obrigado a sofrer a morte por essa causa, uma vez que não foi convocado e, não tendo recebido essa vocação, isso não lhe é exigido; também não deverá lamentar-se por não receber a recompensa esperada de quem nunca lhe confiou tal missão. Portanto, não pode ser mártir, nem em primeiro nem em segundo grau, aquele que não tiver recebido autorização para pregar a Cristo encarnado, quer dizer, ninguém, a não ser os que são enviados a converter os infiéis. É inútil testemunhar para quem já acredita, não necessitando, portanto, de testemunho; o testemunho serve apenas para quem nega ou duvida, ou nunca ouviu falar. Cristo não enviou a todos os que acreditaram, mas apenas seus Apóstolos e seus 70 discípulos, com autorização para pregar. E enviou-os aos ímpios: "Envio-vos como ovelhas entre os lobos" (Mt 10,16), não como ovelhas entre ovelhas.

Finalmente, nenhum dos pontos de sua missão, tal como estabelecidos no Evangelho, confere a ninguém qualquer autoridade sobre a congregação.

Em primeiro lugar, lemos que os 12 Apóstolos foram enviados às ovelhas desgarradas da casa de Israel, e que lhes foi ordenado pregar "que o Reino de Deus estava próximo" (Mt 10,6s). O sentido original de pregar é o ato de um pregoeiro, um arauto ou outro funcionário empregado para dar publicidade às proclamações de um rei. Um pregoeiro não possui o poder de comando sobre ninguém. Além disso, os 70 discípulos foram enviados como "operários, não como senhores da colheita" (Lc 10,2); eram obrigados a dizer: "O Reino de Deus chegou até vós" (Lc 10,9). Por reino, devemos entender o reino da glória, e não o reino da graça, pois eles eram obrigados a anunciar, como ameaça às cidades que se recusassem a recebê-los, que nesse dia haveria mais tolerância com Sodoma do que com essa cidade (Lc 10,11). Nosso Salvador disse, ainda, a seus discípulos que reclamavam um lugar privilegiado, que sua missão era servir, tal como o Filho do Homem, que não tinha vindo para ser servido, mas para servir (Mt 20,28). Os pregadores não têm poder magisterial, apenas ministerial: "Que não sejais chamados mestres", disse nosso Salvador, "pois o único mestre é Cristo" (Mt 23,10).

"Ensinar a todas as nações" é outro ponto da missão, como vemos em Mt 28,19 ou em Mc 16,15: "Ide pelo mundo inteiro e pregai o Evangelho a todas as criaturas". Assim, ensinar e pregar têm o mesmo significado. Quem proclama a vinda de um rei precisa dar a conhecer por que direito ele vem, se pretende a submissão dos homens. Assim fez São Paulo com os judeus de Tessalônica, quando, "durante três sábados, argumentou com eles sobre as Escrituras, manifestando e alegando que Cristo teve de sofrer e ressurgir de entre os mortos, e que esse Jesus é o Cristo" (At 17,2s). Entretanto, ensinar, com base no Antigo Testamento, que Jesus era o Cristo (quer dizer, rei) e que ressuscitou dos mortos não é o mesmo que dizer que os homens são obrigados, depois de ter acreditado nisso, a obedecer a tudo o que lhes é dito, contrariando as leis e as ordens de seus soberanos; o que devem é fazê-lo ajuizadamente, esperando, com fé e paciência, a vinda de Cristo, e conservando sua obediência aos atuais magistrados.

Outro importante ponto de sua missão é "batizar, em nome do Pai e do Filho e do Espírito Santo". O que é o batismo? É mergulhar na água. Mas o que significa mergulhar alguém na água em nome de alguma coisa? O batismo é isto: quem é batizado é mergulhado ou lavado, e isso significa sua total transformação num novo homem, num súdito leal daquele Deus cuja pessoa era representada nos tempos antigos por Moisés e os sumos sacerdotes, quando reinava sobre os judeus, e por Jesus Cristo, seu Filho, Deus e homem, que nos redimiu e, em sua humana natureza, representará a pessoa de seu Pai em seu reino eterno após a ressurreição, como sinal de aceitação da doutrina dos Apóstolos, que, ajudados pelo

Espírito do Pai e do Filho, foram designados como guias para nos levar até esse reino, pelo único e seguro caminho que conduz a ele. Isso representa nossa promessa no batismo, e a autoridade dos soberanos terrenos não poderá ser derrubada antes do dia do juízo, como foi expressamente afirmado por São Paulo: "Como em Adão todos morrem, assim também em Cristo todos serão revivificados. Mas cada homem em sua própria ordem, tendo Cristo os primeiros frutos e, depois, os que são de Cristo em sua vinda; depois vem o fim, quando nos será entregue o Reino de Deus Pai, depois de ele ter derrubado todo mando, todo poder e toda autoridade" (1Cor 15,22ss). Fica claro que no Batismo não constituímos acima de nós nenhuma autoridade encarregada de dirigir nossas ações externas nesta vida; apenas prometemos tomar a doutrina dos Apóstolos como guia no caminho da vida eterna.

O poder de remissão e retenção dos pecados, conhecido também como o poder de libertar e de obrigar, e, às vezes, como as chaves do reino dos céus, é uma consequência da autoridade para batizar e para recusar batizar. O batismo é o sacramento de submissão dos que serão recebidos no Reino de Deus, ou seja, na vida eterna, na remissão dos pecados. Assim como a vida eterna é perdida quando o pecado é cometido, ela também é recuperada com a remissão dos pecados dos homens. Portanto, o objetivo do batismo é a remissão dos pecados; quando os convertidos pelo sermão de São Pedro, no dia de Pentecostes, lhe perguntaram o que deveriam fazer, ele recomendou o arrependimento e aconselhou que "se batizassem em nome de Jesus, para redimir seus pecados" (At 2,38). Por conseguinte, considerando que batizar é declarar o recebimento dos homens no reino de Deus, e que recusar a batizar é declarar sua exclusão, deduzimos que o poder de declará-los expulsos ou admitidos foi dado aos próprios Apóstolos e a seus substitutos e sucessores. Portanto, depois de ter nosso Salvador soprado sobre eles, dizendo: "Recebei o Espírito Santo" (Jo 20,22), acrescentou, no versículo seguinte: "Aquele aos quais o pecado for remido por vós estarão remidos dele; e aqueles cujos pecados por vós forem retidos ficarão retidos". Com essas palavras, não é outorgada, simples e absolutamente, a autoridade de perdoar ou de reter os pecados, como Deus os perdoa ou os retêm, por conhecer o coração do homem e a verdade de sua penitência e conversão, mas, apenas condicionalmente, ao penitente. Esse perdão ou absolvição, quando o absolvido tem apenas um falso arrependimento, sem outro ato ou sentença de quem absolve, resulta nulo, não tendo nenhum efeito para a salvação; pelo contrário, agrava seus pecados. Os Apóstolos e seus sucessores, portanto, devem guiar-se pelos sinais exteriores do arrependimento; quando estes surgem, não têm autoridade para negar a absolvição; do contrário, não têm autoridade para absolver. O mesmo é verificado no que diz respeito ao batismo, pois os Apóstolos não têm o poder de negá-lo a um judeu convertido ou a um gentio, nem de concedê-lo a um impenitente. Mas, considerando que ninguém pode discernir a verdade do arrependimento de outrem, a não ser pelos sinais exteriores, por suas palavras e ações, sujeitas à hipocrisia, surge uma nova questão: quem pode ser juiz desses sinais? Essa dúvida é dirimida por nosso próprio Salvador: "Se teu irmão pecar contra ti, vai e fala-lhe de sua falta a sós, entre ti e ele; se ele te ouvir, terás conquistado a teu irmão. Mas, se ele não quiser ouvir-te, leva contigo mais um ou dois. E, se ele se recusar a ouvi-los, dize-o à Igreja, e, se ele se recusar a ouvir a Igreja, deixa que ele seja para ti como um pagão e um publicano" (Mt 18,15ss). Fica evidente que não compete a nenhum homem a decisão acerca da verdade do arrependimento, mas à Igreja, isto é, à assembleia dos fiéis, ou àqueles que têm autoridade para ser seus representantes. Além do julgamento, é necessário que seja pronunciada uma sentença; esse mister compete sempre ao apóstolo ou a algum pastor da Igreja, como *prolocutor*. A isso se refere nosso Salvador no versículo 18: "Tudo o que atares na terra será atado no céu; e tudo o que desatares na terra será desatado no céu". É sobre essa prática que fala São Paulo, quando diz: "Porque eu, em verdade, ausente de corpo, mas presente em espírito, determinei, como se estivesse presente, em relação àquele que praticou tal ato em nome de nosso Senhor Jesus Cristo quando estamos reunidos, e de meu espírito, com o poder de nosso Senhor Jesus Cristo, entregar esse a Satanás" (1Cor 5,3ss), isto é, expulsá-lo da Igreja, como alguém cujos pecados não foram perdoados. Foi Paulo quem pronunciou a sentença, mas antes a assembleia ouviu a causa (dado que São Paulo estava ausente), e foi ela que ditou a condenação. No mesmo capítulo, o julgamento desse caso é expressamente atribuído à assembleia: "Eu vos escrevi agora que não aceitásseis a companhia de alguém que seja chamado irmão, mas seja um fornicador, [...] que com tal pessoa não comêsseis. Acaso cabe a mim julgar os que estão fora? Não julgais vós os que estão fora?" (1Cor 5,11s). Consequentemente, foi pronunciada pelo Apóstolo, ou pastor, a sentença mediante a qual alguém foi expulso da Igreja, mas o julgamento acerca do mérito da causa coube à Igreja, quer dizer (isso foi antes da conversão dos reis e dos homens que tinham o poder soberano do Estado), à assembleia dos cristãos residentes na mesma cidade; por exemplo, em Corinto, à assembleia dos cristãos de Corinto.

Denominamos excomunhão o poder das chaves, por meio do qual os homens são expulsos do Reino de Deus. Excomungar, no original, é *aposynágogon poicín*, expulsar da sinagoga; quer dizer, expulsar do lugar do serviço divino. Essa palavra se origina no costume dos judeus de expulsar de suas sinagogas os que eram considerados contagiosos quanto à conduta ou à doutrina, tal como os leprosos, pela lei de Moisés, eram separados da congregação de Israel, até o momento em que o sacerdote os declarassem curados.

Não sendo fortalecidos pelo poder civil, o uso e o efeito da excomunhão se limitavam a isto: os que não haviam sido excomungados deviam evitar a companhia dos que haviam sido. Os excomungados não podiam ser comparados aos pagãos, pois estes nunca tinham sido cristãos, e por isso com eles era admitido comer e beber; com os excomungados era proibido, como vemos nas palavras de São Paulo, que proíbe a "companhia dos fornicadores" (1Cor 5,9ss); entretanto, como isso não seria possível sem sair do mundo, restringiu a proibição aos fornicadores e outras pessoas viciosas que fossem como irmãos; "com um semelhante", disse ele, não era permitido estar em companhia, "nem comer". Isso não é outra coisa a não ser o que disse nosso Salvador: "Que ele seja para ti como um pagão e um publicano" (Mt 18,17). Os publicanos (que eram os coletores das rendas do Estado) eram tão odiados e detestados pelos judeus, obrigados a pagar-lhes, que publicano e pecador eram considerados a mesma coisa. Então, quando nosso Salvador aceitou o convite do publicano Zaqueu, embora visando convertê-lo, isso lhe foi censurado como um crime. Assim, quando nosso Salvador acrescentou publicano a pagão, proibiu comer com excomungado.

Entretanto, os excomungados não podiam ser impedidos de entrar em suas sinagogas ou de presenciar as reuniões das assembleias, pois ninguém tinha o poder de proibir-lhes a entrada, a não ser os donos do lugar, fossem pagãos ou cristãos. Como esse lugares estavam sob o domínio do Estado, tanto o excomungado como o que não fora batizado podiam entrar neles, desde que lhes fosse permitido pelo magistrado civil. Paulo, por exemplo, antes de sua conversão, entrou nas sinagogas de Damasco para prender cristãos, homens e mulheres, levando-os algemados, com a permissão do sumo sacerdote, para Jerusalém (At 9,2).

Disso se segue que não existiriam os efeitos da excomunhão sobre um cristão que se tornasse apóstata num lugar onde o poder civil perseguisse ou não apoiasse a Igreja; isto é, nesse mundo, tal pessoa não podia causar perigo ou terror em razão de sua descrença; nem traria nenhum prejuízo, pois, com seu ato, recuperava inclusive o favor do mundo; e, no mundo futuro, não ficaria em situação pior do que a dos que nunca tinham acreditado. O prejuízo era mais para a Igreja, pela provocação daqueles aos quais expulsava, que conquistavam uma maior liberdade para exercitar sua malícia.

Assim, a excomunhão só tinha efeito sobre os que acreditavam que Jesus Cristo retornaria, em glória, para reinar para sempre, e para julgar tanto os vivos como os mortos, e que acreditavam que ele se recusaria a aceitar em seu reino aqueles cujos pecados fossem retidos, isto é, os que fossem excomungados pela Igreja. Por isso, São Paulo denominou a excomunhão uma entrega da pessoa excomungada a Satanás.

Isso porque todos os demais reinos, além do reino de Cristo, após o juízo final, ficarão incluídos no reino de Satanás. Era isso que o fiel temia, quando ameaçado de excomunhão, ou seja, ser lançado numa condição em que seus pecados não seriam perdoados. Disso podemos concluir que a excomunhão, no tempo em que a religião cristã não era autorizada pelo poder civil, era usada apenas como correção dos costumes, e não dos erros de opinião. Era um castigo que só podia ser sentido pelos que acreditavam e esperavam pelo regresso de nosso Salvador para julgar o mundo; e os que acreditavam não precisavam de outra opinião, senão da retidão da vida, para serem salvos.

Existe excomunhão por injustiça, como em: "Se teu irmão te ofender, fala-lhe em particular e depois diante de testemunhas e, finalmente, dize-o à Igreja; e, se ele então não te obedecer, que seja para ti como um pagão e um publicano" (Mt 18,15ss). Existe excomunhão por vida escandalosa, como em: "Se qualquer um que seja chamado teu irmão for um fornicador, cobiçoso, idólatra, ébrio ou extorsionário, com esse não deverás comer" (1Cor 5,11). Mas não há autorização nas Escrituras, nem qualquer exemplo dos Apóstolos, para excomungar alguém que sustente o fundamento, que Jesus é o Cristo, e para fazê-lo apenas por divergência de opinião quanto a outros pontos que não impliquem a destruição desse fundamento. Efetivamente, existe em São Paulo um texto que parece dizer o contrário: "Se um homem é um herege, depois da primeira e da segunda admoestação, rejeita-o" (Tt 3,10). É herege aquele que, sendo membro da Igreja, propaga alguma crença que a Igreja proibiu. Esse homem tem de ser rechaçado depois da primeira e da segunda admoestação, segundo recomenda São Paulo a Tito. Mas, nessa passagem, rejeitar e excomungar não têm o mesmo significado, ou seja, querem dizer desistir de admoestá-lo, deixando-o só para que discuta consigo mesmo, como alguém que só se convence por si próprio. Diz o mesmo Apóstolo: "Evita as perguntas néscias e ignorantes" (2Tm 2,23), sendo a palavra "evitar", nessa passagem, e a palavra "rejeitar", na anterior, a mesmo no original, *paraitou*; e as perguntas néscias podem ser evitadas sem a necessidade de recorrer à excomunhão. Além do mais, "evitar as perguntas néscias" (Tt 3,9) era, no original, *periistaso* (deixá-las de lado), equivalendo a rejeitar. Não existe outra passagem suficientemente matizada que possa ser acrescentada para justificar a expulsão da Igreja de homens fiéis e crentes nos fundamentos, apenas em razão de uma própria e singular superestrutura, que talvez até se deva a uma consciência boa e piedosa. Portanto, todas essas passagens que ordenam evitar tais disputas são escritas como lição para os pastores (como era o caso de Timóteo e de Tito), a fim de não os animar a criar novos artigos de fé para dirimir qualquer controvérsia, o que obriga os homens a suportar uma desnecessária carga de consciência ou os leva a romper sua união com a Igreja. Os Apóstolos observaram muito bem essa lição. Apesar de ter sido grande a controvérsia entre São Pedro e São Paulo, como podemos ler em Gl 2,11, nem por isso um expulsou o outro da Igreja. Não obstante, durante o tempo dos Apóstolos, houve outros pastores que não aproveitaram essa lição, como Diótrefes, que expulsou da Igreja aqueles que o próprio São João considerava merecedores de nela entrarem (3Jo 9ss), pelo orgulho que tinha de sua preeminência; tão cedo foi, portanto, que a vanglória e a ambição conseguiram entrar na Igreja de Cristo.

Para que um homem seja excomungado, é preciso que sejam cumpridos determinados requisitos. Primeiro, ser membro de alguma comunidade, quer dizer, de alguma assembleia legítima ou de certa Igreja cristã com poder de julgar a causa pela qual ele deve ser excomungado. Não havendo comunidade, não pode haver excomunhão, e não há o poder de julgar se não houver o de dar a sentença.

Portanto, uma Igreja não pode ser excomungada por outra, pois, ou ambas têm igual poder de excomungar-se mutuamente e, nesse caso, a excomunhão não é disciplina nem ato de autoridade, mas um cisma e uma dissolução da caridade, ou uma é subordinada à outra, de forma que ambas têm uma só voz, ou seja, são apenas uma Igreja, e a parte excomungada não é mais uma Igreja, mas um número dissoluto de pessoas individuais.

Como a sentença de excomunhão aconselha a não andar em companhia e nem comer com quem foi excomungado, tal sentença é nula se um príncipe ou uma assembleia soberana forem objeto da excomunhão, pois todos os súditos são obrigados a estar na companhia e presença de seu soberano (quando ele assim exigir), segundo a lei natural, não podendo expulsá-lo de nenhum lugar de sua propriedade, legitimamente, quer seja sagrado, quer seja profano, nem podem abandonar essa propriedade sem sua licença, e muito menos (se ele os convidar) recusar-se a comer com ele. A respeito dos demais príncipes e Estados, uma vez que não pertencem a uma congregação única, não necessitam de uma sentença alheia para levá-los a evitar a companhia do Estado excomungado, já que a instituição que uniu um grande número de homens numa só comunidade separou, ao mesmo tempo, uma comunidade da outra, não sendo, portanto, necessária a excomunhão para conservar reis e Estados afastados, nem tal excomunhão teria nenhum efeito ulterior que não esteja na natureza da própria ordenação política, salvo se pretendesse instigar os príncipes a guerrear uns contra os outros.

Não tem, também, qualquer efeito a excomunhão de um súdito cristão que obedeça às leis de seu soberano, seja ele cristão ou pagão. Se ele acreditar que "Jesus é o Cristo, é porque tem o Espírito de Deus" (1Jo 5,1), "e Deus habita nele, e ele em Deus" (1Jo 4,15). Então, aquele que tem o Espírito de Deus, que habita em Deus ou em quem Deus habita não pode sofrer nenhum dano com a excomunhão dos homens. Portanto, aquele que crê que Jesus é o Cristo está livre de todos os perigos que ameaçam as pessoas excomungadas. Quem não acredita nisso não é cristão. Assim, não está sujeito à excomunhão um cristão verdadeiro, como não o está o cristão professo, até o instante em que sua hipocrisia se manifestar em sua conduta, ou seja, até que seu comportamento seja contrário à lei de seu soberano, que constitui a regra da conduta, e à qual nos devemos sujeitar por ordem de Cristo e de seus Apóstolos. Então, a Igreja só pode julgar a conduta por meio das ações externas, ações essas que, quando são contrárias à lei do Estado, se tornam ilegítimas.

Se o pai, a mãe ou o amo de alguém vier a ser excomungado, os filhos não serão proibidos de andar em sua companhia ou de comer com eles, pois isso significaria (na maioria dos casos) obrigá-los a não comer nada, pois faltar-lhes-ia meios para obter comida e, além disso, estariam sendo autorizados a desobedecer a seus pais e a seu amo, contrariando os preceitos dos Apóstolos.

Em suma, o poder de excomunhão não pode ultrapassar os limites do objetivo da missão designada para os apóstolos e pastores da Igreja por nosso Salvador, missão essa que não consiste em governar pelo mando e pela coação, mas em ensinar e orientar os homens no caminho da salvação no mundo vindouro. Assim como um professor de qualquer ciência pode abandonar seu estudante que obstinadamente se recuse a praticar suas regras, mas não pode acusá-lo de injustiça, uma vez que ele jamais teve obrigação de obedecer-lhe, assim também um mestre da doutrina cristã pode abandonar seus discípulos que, obstinadamente, continuem a levar uma vida pouco cristã, mas não pode afirmar que eles agem mal para com ele, dado que eles não são obrigados a lhe obedecer. Se algum mestre se queixar, podemos dar a ele a mesma resposta dada por Deus a Samuel em situação idêntica: "Não foi a ti que eles rejeitaram, mas a mim" (1Sm 8,7). Portanto, quando falta apoio do poder civil a uma excomunhão, ela não tem nenhum efeito, como é o caso quando um Estado ou príncipe cristão são excomungados por uma autoridade estrangeira; por conseguinte, tal excomunhão não deveria, de nenhuma forma, atemorizar. A expressão fulmen excommunicationis (isto é, o raio da excomunhão) teve origem na imaginação do bispo de Roma, o primeiro a usá-la; ele se imaginava rei dos reis, tal como os pagãos faziam de Júpiter o rei dos deuses, atribuindo-lhe, em seus poemas e pinturas, um raio, com o qual subjugou e castigou os gigantes que ousaram negar seu poder. Havia dois erros nessa fantasia: primeiro, ao acreditar que o reino de Cristo é deste mundo, contrariamente às próprias palavras de nosso Salvador, "meu reino não é deste mundo" (Jo 18,36); segundo, ao achar o bispo de Roma que ele era o vigário de Cristo não apenas em relação a seus próprios súditos, mas também em relação a todos os cristãos do mundo, não havendo qualquer base nas Escrituras para essas afirmação; o contrário será provado em seu devido lugar.

São Paulo foi a Tessalônica, onde havia uma sinagoga dos judeus. "Entrou como costumava e dirigiu-se a eles; durante três sábados discutiu com eles as Escrituras, afirmando e alegando que Cristo foi martirizado e voltou a erguer-se de entre os mortos, e que esse Jesus que ele pregava era o Cristo" (At 17,2s). As Escrituras aqui referidas eram as Escrituras dos judeus, ou seja, o Antigo Testamento. Os homens a quem ele ia provar que Jesus era o Cristo e que voltara a erguer-se de entre os mortos eram todos judeus e, portanto, acreditavam que as Escrituras que possuíam eram a palavra de Deus. Uns acreditavam nas afirmações de São Paulo (versículo 4), outros, não (versículo 5). Como todos acreditavam nas Escrituras, por que razão não acreditavam todos da mesma forma, uns aceitando e outros recusando a interpretação que São Paulo propunha de suas passagens, e cada qual interpretando-as a sua maneira? A razão disso é que São Paulo foi até eles sem ter sido encarregado de qualquer missão legal, e como quem não pretende ordenar, mas persuadir, o que necessariamente tem de ser feito, ou por milagres, como Moisés fez com os israelitas no Egito, para que eles pudessem ver sua autoridade nas obras de Deus, ou raciocinando com base nas Escrituras já previamente aceitas, para que eles pudessem ver a verdade de sua doutrina na palavra de Deus. Mas quem persuade por raciocínio, apoiado em princípios escritos, faz de quem ouve seu raciocínio juiz tanto do significado desses princípios quanto da força de suas inferências baseadas neles. Se não o eram esses judeus de Tessalônica, quem mais podia ser juiz do que São Paulo alegava sobre as Escrituras? Se era São Paulo, que necessidade havia de citar quaisquer passagens para provar sua doutrina? Teria sido bastante dizer: verifico que é assim nas Escrituras, quer dizer, em vossas leis, das quais sou o intérprete enviado por Cristo. Portanto, não havia ninguém capaz de interpretar as Escrituras e ao qual os judeus de Tessalônica fossem obrigados a aceitar: cada qual podia acreditar ou deixar de acreditar, consoante as alegações lhe parecessem admissíveis ou inadmissíveis para a significação das aludidas passagens. Geralmente, em todos os casos do mundo, aquele que pretende provar algo torna juiz de sua prova aquele a quem dirige sua palavra. Particularmente, no caso dos judeus, eles eram obrigados por palavras expressas a aceitar a decisão de todas as questões difíceis dos sacerdotes e juízes de Israel daquele tempo (Dt 17). Entretanto, tratava-se de judeus ainda não convertidos.

O recurso às Escrituras era inútil para a conversão dos gentios, pois estes não acreditavam nelas. Os Apóstolos trabalhavam com a razão a fim de refutar sua idolatria e, assim, persuadi-los a aceitarem a fé em Cristo, mediante seu testemunho de sua vida e ressurreição. Portanto, não podia ainda haver controvérsia a respeito da autoridade para interpretar as Escrituras, dado que, na medida em que era infiel, nenhum homem era obrigado a aceitar qualquer interpretação das Escrituras, mas tão somente a interpretação das leis de seu país dada por seu soberano.

Consideremos, agora, a própria conversão, e vejamos qual poderia ser a causa de uma tal obrigação. Os homens acreditavam no que os Apóstolos pregavam, mas não estavam convertidos a coisa alguma, e os Apóstolos pregavam apenas que Jesus era o Cristo, quer dizer, o Rei que os salvaria e reinaria sobre eles eternamente no mundo que deve vir. Consequentemente, ele não estava morto; ressuscitara de entre os mortos e subira aos céus, devendo voltar um dia para julgar o mundo (o qual também ressuscitaria para ser julgado) e recompensar cada um conforme seus atos. Os Apóstolos não pregavam serem eles os intérpretes das Escrituras, e que todos os que se tornavam cristãos deviam aceitar sua interpretação como se fosse lei; a interpretação das leis cabe à administração de um reino atual, o que não era o caso dos Apóstolos, que pregavam como todos os demais pastores: "Deixai que venha o Reino", e exortavam seus convertidos a obedecerem seus príncipes nacionais. O conteúdo do Novo Testamento ainda não estava agrupado num único livro. Cada um dos evangelistas interpretava o próprio Evangelho, e cada Apóstolo, sua epístola. Com referência ao Antigo Testamento, disse nosso Salvador aos judeus: "Perscrutais as Escrituras, pois vos parece que nelas encontrareis a vida eterna; e são elas que dão testemunho de mim" (Jo 5,39). Se Ele não tivesse pensado que haviam de interpretar-lhes, não lhes teria rogado que adquirissem nas Escrituras a convicção de sua essência como Cristo: tê-las-ia interpretado ele mesmo, ou as teria deixado interpretar pelos sacerdotes.

Se surgia qualquer dificuldade de interpretação, os Apóstolos e os anciãos da Igreja se reuniam para decidir o que deveria ser pregado e ensinado ao povo de acordo com a interpretação das Escrituras, mas não tolhiam a liberdade do povo de fazer sua própria interpretação. Os Apóstolos enviavam epístolas às Igrejas, bem como outros escritos para sua instrução; isso teria sido inútil, se não tivessem permitido que as interpretassem a sua maneira, ou seja, que cada Igreja tirasse conclusões por si mesma. Se isso ocorreu na época dos Apóstolos, assim deve ter sucedido enquanto houve pastores que pudessem designar um intérprete, a fim de que a interpretação fosse bastante clara; mas isso não poderia ocorrer até que os reis fossem pastores, ou que os pastores fossem reis.

Existem dois sentidos nos quais podemos dizer que um escrito é canônico. Efetivamente, cânon significa regra, e uma regra é um preceito por meio do qual o homem é guiado e dirigido numa ação qualquer. Mesmo que esses preceitos sejam dados por um mestre a seu discípulo, ou por um conselheiro a seu amigo, são sempre cânones, uma vez que são regras. Quando são dados por alguém a quem é preciso obedecer, esses cânones deixam de ser apenas regras e se transformam em leis. Por conseguinte, a questão, neste caso, é relativa ao poder para converter as Escrituras (regras da fé cristã) em leis.

Os Dez Mandamentos, escritos em duas placas de pedra, entregues por Deus a Moisés e dadas por ele a conhecer ao povo, foram a primeira parte das Escrituras a se transformar em lei. Antes dessa época, não havia lei escrita de Deus, que, não tendo escolhido nenhum lugar como seu reino, havia dado aos homens apenas a lei natural, isto é, os preceitos da razão natural, escritos no coração de cada homem. A primeira tábua contém as leis de soberania: 1. Que não obedecessem aos deuses de outras nações, nos seguintes termos: *non habebis Deos alienos coram me*, isto é, "não tereis como Deus os deuses que as outras nações adoram, mas apenas a mim"; isso proibia o povo de Israel de obedecer e honrar, como rei e governante, qualquer outro Deus diverso daquele que lhes falava por intermédio de Moisés e, depois, do sumo sacerdote. 2. Que "não deviam elaborar qualquer imagem para representar a Deus", isto é, que não deviam escolher qualquer representante do céu ou da terra, extraído de sua própria imaginação, mas deviam obedecer a Moisés e a Aarão, designados para a missão. 3. Que "não invocassem o nome de Deus em vão", ou seja, não falassem sobre seu rei com irresponsabilidade e não contestassem seu direito e a missão de Moisés e Aarão, Seus representantes. 4. Que "se abstivessem de qualquer trabalho no sétimo dia", e empregassem esse tempo honrando seu rei publicamente. A segunda tábua continha o dever de cada um perante os outros, como "honrar pai e mãe"; "não matar"; "não cometer adultério"; "não roubar"; "não corromper o julgamento com falso testemunho"; e, finalmente, "não projetar, mesmo que em pensamento, injuriar ao próximo". Quem teria dado a força de lei a essas tábuas? Não há qualquer dúvida sobre o fato de elas terem sido convertidas em lei pelo próprio Deus. Entretanto, uma lei só obriga àqueles que a reconhecem como ato de seu soberano; poderia o povo de Israel, então, obedecer a todas as leis propostas por Moisés, se foi por ele proibido de aproximar-se da montanha, a fim de ouvir as palavras de Deus? A bem da verdade, algumas dessas leis eram leis naturais, como as que estavam contidas na segunda tábua, e que, assim, deveriam ser consideradas como oportunas por todos os povos e não apenas pelos israelitas. A primeira tábua, entretanto, continha leis específicas para os israelitas e, assim, a questão subsiste; a não ser pelo fato de que eles se haviam obrigado, concretamente, depois que as leis lhes foram propostas, a obedecer a Moisés, com estas palavras: "Fala-nos e te ouviremos, mas que Deus não nos fale, senão morreremos" (Ex 20,19). Assim, somente Moisés e, depois, o sumo sacerdote, por intermédio de Moisés, foram designados por Deus para administrar esse seu reino peculiar, que teria na terra poder suficiente para converter essa breve Escritura do Decálogo em lei do Estado de Israel. Pois bem, Moisés e Aarão, como os sumos sacerdotes seguintes, foram soberanos civis; portanto, a canonização ou instituição das Escrituras em lei caberia ao soberano civil.

A lei judicial, isto é, as leis prescritas por Deus aos magistrados de Israel, para dirigir sua administração da justiça e das sentenças ou julgamentos que proferissem, nos litígios entre os homens, bem como a lei levítica, que continha a regra prescrita por Deus com referência aos ritos e cerimônias dos sacerdotes e levitas, foram transmitidas a eles apenas por Moisés; portanto, só se tornaram leis em virtude da mesma promessa de obediência a Moisés. Se essas leis foram ou não escritas, se foram ou não ditadas oralmente ao povo por Moisés (depois de permanecer 40 dias com Deus na montanha), não está expresso nas Escrituras, mas todas elas eram leis positivas equivalentes às Sagradas Escrituras e tornadas canônicas por Moisés, na qualidade de soberano civil.

Depois que os israelitas chegaram às planícies de Moab, em frente de Jericó, e estando prestes a entrar na Terra Prometida, Moisés acrescentou às primeiras leis diversas outras, que foram denominadas Deuteronômio, isto é, Segundas Leis. Elas representam, como está escrito, "as palavras da aliança que Deus ordenou a Moisés que fosse feita com os filhos de Israel, além da aliança que fizera com eles no Horeb" (Dt 28,69). Tendo explicado as primeiras leis, no início do livro do Deuteronômio, ele acrescentou outras, que começam no capítulo 12 e vão até o final do capítulo 26 do mesmo livro. Foi-lhes ordenado que escrevessem essa lei em grandes pedras brunidas, ao atravessarem o rio Jordão (Dt 27,1). Essa lei foi escrita pelo próprio Moisés num livro e entregue aos sacerdotes e anciãos de Israel (Dt 31,9), e lhes foi ordenado que "fosse posta ao lado da Arca" (Dt 31,26), já que na Arca havia apenas os Dez Mandamentos. Moisés ordenou aos reis de Israel que tomassem uma cópia dessa lei (Dt 17,18). Essa é a lei que ficou perdida por longo tempo e que, novamente, no Templo, na época de Josias, foi achada, tendo sido recebida, com sua autorização, como lei de Deus. Tanto Moisés, quando a escreveu, quanto Josias, quando a recuperou, eram detentores da soberania civil. A partir de então, o poder de tornar canônicas as Escrituras era da competência do soberano civil.

Além desse Livro da Lei, desde o tempo de Moisés até depois do exílio, não existiu qualquer outro livro aceito entre os judeus como lei de Deus. Os profetas (com exceção de alguns poucos) viveram durante o tempo do exílio, e os demais viveram apenas um pouco antes dele, sendo perseguidos por falsos profetas ou pelos reis seduzidos por estes, não recebendo crédito mesmo quando suas profecias vinham a ser aceitas como leis. Esse livro, que fora confirmado por Josias como lei de Deus, bem como toda a história das obras de Deus, perdeu-se no exílio e no saque da cidade de Jerusalém, como lemos no segundo livro de Esdras, 14, 21: "Tua lei foi queimada, portanto ninguém conhece as coisas que foram feitas por ti, nem as obras que irão começar". Antes do exílio, no intervalo de tempo entre o momento em que a lei se perdeu (que não é referido nas Escrituras, mas pode provavelmente ser considerado o tempo de Roboão, quando Sesac, rei do Egito, se apoderou dos despojos do templo — 1Rs 14,26) e o tempo de Josias, quando voltou a ser encontrada, os israelitas não tinham uma lei de Deus escrita, sendo governados de acordo com sua própria discrição ou sob a orientação daqueles que cada qual considerava profeta.

Assim, podemos inferir que antes da renovação da aliança com Deus, no regresso do exílio e da restauração do Estado, com Esdras, as Escrituras do Antigo Testamento que temos atualmente não eram canônicas, nem lei para os judeus. A partir desse tempo, passaram a ser consideradas lei dos judeus e, então, foram traduzidas para o grego pelos 70 anciãos da Judeia, postas na biblioteca de Ptolomeu, em Alexandria, e aprovadas como sendo a palavra de Deus. Dado que Esdras era o sumo sacerdote, e que era o soberano civil, fica claro que as Escrituras só foram tornadas leis pelo poder civil soberano.

Com base nos escritos dos sacerdotes que viveram em época anterior à aceitação da religião cristã e a sua autorização pelo imperador Constantino, podemos inferir que os livros que atualmente possuímos do Novo Testamento eram considerados pelos cristãos desse tempo (com exceção de alguns, tão poucos, que os restantes eram chamados Igreja Católica, e estes, hereges) como ditados pelo Espírito Santo e, consequentemente, como cânon e regra da fé, tamanho era o respeito e a consideração que tinham por seus mestres; geralmente, é grande a reverência que os discípulos têm por seus primeiros mestres, seja qual for a doutrina que deles recebam. Não há dúvida, portanto, de que, quando São Paulo escreveu às Igrejas que havia convertido, ou quando outros Apóstolos ou discípulos de Cristo escreveram àqueles que haviam aceitado Cristo, os interessados recebiam esses seus escritos como a verdadeira doutrina cristã. Nesse tempo, em que não era o poder e a autoridade do mestre, mas a fé do ouvinte, que o levava a aceitar esses escritos, não eram os Apóstolos que os tornavam escritos canônicos, mas cada convertido, que assim os tomava para si próprio.

O problema não se refere ao que cada cristão torna lei ou cânon para si mesmo (podendo tornar a rejeitá-lo, pelo mesmo direito com que o aceitou), mas o que se tornou cânon para eles de um modo a ser impossível, sem injustiça, praticar qualquer coisa contrária a ele. Contraria a lei natural o fato de que o Novo Testamento seja canônico nesse sentido, isto é, que seja lei em qualquer lugar onde a lei do Estado não o tiver assim instituído. Uma lei (como já foi mostrado) é a ordem de um homem ou assembleia ao qual demos autoridade soberana para estabelecer as regras que direcionarão nossos atos e para castigar-nos quando não as observamos. Portanto, quando algum outro homem tenta impor-nos regras não prescritas pelo soberano governante, tais regras têm o caráter de conselho e, estes, sendo bons ou maus, podem, sem injustiça, ser recusados por quem é aconselhado; quando esses conselhos contrariam as leis já estabelecidas, por melhores que sejam, não são passíveis de serem seguidos sem injustiça. Não é possível segui-los, nem nos atos nem nos discursos com outros homens, não obstante, sem merecer censura, seja possível acreditar nos mestres e desejar ter liberdade para seguir seus conselhos, ou desejar que venham a ser publicamente aceitos como lei. Sendo a fé interior, por sua própria natureza, invisível, consequentemente está isenta de qualquer jurisdição humana, ao passo que as palavras e ações que dela derivam, na medida em que não estão de acordo com nossa obediência civil, tornam-se injustas perante Deus e os homens. Como nosso Salvador negou que seu reino fosse deste mundo e afirmou não ter vindo para julgar, mas para salvar o mundo, ele não nos sujeitou a nenhuma lei que não fosse a do Estado. Quer dizer, os judeus à lei de Moisés, que Cristo declarou não ter vindo destruir, mas realizar (Mt 5); outras nações às leis de seus diferentes soberanos; e todos os homens às leis naturais. Cristo e seus Apóstolos nos recomendaram observar tudo isso em seus ensinamentos, como condição necessária para sermos aceitos por ele, no último dia, em seu reino eterno, onde haverá proteção e vida eterna. Considerando que nosso Salvador e seus Apóstolos não deixaram novas leis, para nos obrigar neste mundo, mas uma nova doutrina, para nos preparar para o mundo vindouro, os livros do Novo Testamento, que contêm essa doutrina, enquanto não nos foi ordenado que lhes obedecêssemos por aqueles a quem Deus tinha dado poder na terra para serem legisladores, não constituíam cânones obrigatórios, ou seja, leis, mas somente bons e seguros conselhos, para conduzir os pecadores no caminho da salvação, coisa que cada homem pode, por sua própria conta e risco, aceitar ou recusar sem injustiça.

Cristo, nosso Salvador, encarregou seus Apóstolos e discípulos de proclamar seu reino, não presente, mas vindouro; de ensinar a todas as nações; de batizar aos que acreditassem; de entrar nas casas dos que os recebessem; de, quando não fossem recebidos, sacudir contra essas casas a poeira de seus pés; mas não de invocar o fogo dos céus para destruí-las, nem obrigar os que não os recebessem à obediência pela força. Assim, tudo deveria ser feito por meio da persuasão, nunca em nome do poder. Eles foram enviados como ovelhas entre lobos, e não como reis entre seus súditos. Não estavam incumbidos de elaborar leis, mas de obedecer e ensinar a obediência às leis estabelecidas; assim, não podiam fazer de seus escritos cânones obrigatórios, sem a ajuda do poder civil soberano. Logo, as Escrituras do Novo Testamento só se tornam lei quando aceitas pelo poder civil legítimo. O rei ou soberano faz delas, igualmente, uma lei para ele mesmo, sujeitando-se ao próprio Deus e a seu Filho, Jesus Cristo, e não ao doutor ou Apóstolo que o converteu, de maneira tão imediata como o fizeram os próprios Apóstolos.

O que pode parecer dar força de lei ao Novo Testamento, em relação aos que abraçaram a doutrina cristã, nos tempos e lugares em que houve perseguições, são os decretos que os fiéis fazem entre si, em seus sínodos. Lemos que a fórmula usada no concílio dos Apóstolos, dos anciãos e da Igreja inteira era a seguinte: "Pareceu conveniente ao Espírito Santo e a nós não vos impor um fardo maior que o necessário" (At 15,28), etc. Essa fórmula significa um poder para impor uma carga aos que tinham aceitado sua doutrina. Ora, impor uma carga a outrem parece o mesmo que obrigar e, assim, os atos desse concílio eram leis que abrangiam todos os cristãos. Entretanto, não leis mais fortes que outros preceitos, como "arrependei-vos", "batizai-vos", "guardai os Mandamentos", "acreditai no Evangelho", "vinde a mim", "vende tudo o que tens", "dá aos pobres" e "segue-me", que não eram ordens, mas convites e exortações aos membros da cristandade, como os de Isaías: "Ó tu, que tens sede, vem até as águas, vem, e compra vinho e leite sem dinheiro" (Is 55,1). Isso porque, em primeiro lugar, o poder dos Apóstolos não era diverso daquele de nosso Salvador, ou seja, o de convidar os homens a aceitar o Reino de Deus, que eles próprios reconheciam ser um reino vindouro, e não presente; e aquele que não possui reino não pode fazer leis. Em segundo lugar, se os atos do concílio fossem leis, não seria possível desobedecer a eles sem pecar. Em lugar algum está escrito que os que não aceitavam a doutrina de Cristo se tornariam pecadores, mas, sim, que morreriam em pecado, quer dizer, que não lhes seriam perdoados os pecados cometidos contra as leis às quais deviam obediência. Essas leis eram as leis naturais e as leis civis do Estado às quais todo cristão havia se submetido mediante um pacto. Portanto, não devemos entender como leis o fardo que os Apóstolos podiam impor aos que tinham convertido, mas, sim, como condições, propostas aos que buscavam a salvação; estes podiam, assim, aceitá-lo ou recusá-lo por sua conta e risco, sem com isso estarem cometendo um novo pecado, embora se arriscassem, com tal atitude, a serem condenados e excluídos do Reino de Deus, por causa de seus pecados anteriores. São João não disse, a respeito dos infiéis, que a ira de Deus cairia sobre eles, mas, sim, que a ira de Deus permanecia sobre eles (Jo 3,36); e não disse que eles serão condenados, mas que já estavam condenados. Não podemos conceber que o benefício da fé seja a remissão dos pecados, a menos que concebamos concomitantemente que o dano da infidelidade representa a retenção dos mesmos pecados.

Por que deveriam os Apóstolos, em seu tempo, e, depois deles, os pastores da Igreja, poderá alguém perguntar, reunir-se para entrar em acordo sobre a doutrina que devia ser ensinada, em matéria de fé e de costumes, se ninguém fosse obrigado a obedecer a seus decretos? A resposta é que os Apóstolos e os anciãos desse concílio eram obrigados, por dele participarem, a ensinar a doutrina lá aprovada, decretando que ela fosse ensinada na medida em que nenhuma lei anterior à qual estivessem obrigados a obedecer se pronunciasse em sentido contrário; mas não que todos os outros cristãos fossem obrigados a respeitar o que eles ensinavam. Embora pudessem deliberar sobre aquilo que cada um deveria ensinar, não podiam fazê-lo a respeito do que os outros deviam fazer, a não ser que sua assembleia possuísse poder legislativo, que só os soberanos civis poderiam ter. Embora Deus seja o soberano do mundo inteiro, não somos obrigados a aceitar como Sua lei tudo o que qualquer homem nos proponha em Seu nome, nem aquilo que contrarie a lei civil, que, segundo ordens de Deus, devemos obedecer expressamente.

Como os atos do concílio dos Apóstolos eram apenas conselhos e não leis, menos ainda eram leis os atos de outros doutores ou concílios, a partir de então, se reunidos sem a autoridade do soberano civil. Consequentemente, os livros do Novo Testamento, embora fossem as normas mais perfeitas da doutrina cristã, não poderiam transformar-se em leis por determinação de outra autoridade que não fosse a dos reis ou assembleias soberanas.

Não consta qual foi o primeiro concílio que transformou em cânon as Escrituras que hoje temos, pois a coleção dos cânones dos Apóstolos atribuída a Clemente, o primeiro bispo de Roma depois de São Pedro, foi objeto de controvérsia. Embora aí tenham sido compilados os livros canônicos, as palavras *Sint vobis omnibus Clericis & Laicis Libri venerandi*, etc., encerram uma distinção entre o clero e os leigos que não era habitual no tempo de São Pedro. O primeiro concílio que estabeleceu as Escrituras canônicas, proibindo a leitura de outros livros nas Igrejas, é o de Laodiceia, cânon 59, que contém um mandato dirigido aos eclesiásticos, ou seja, os que têm autorização para ler publicamente nas Igrejas, e não a todos os cristãos.

No tempo dos Apóstolos, os funcionários eclesiásticos estavam divididos em duas classes, magisteriais e ministeriais. Os magisteriais pregavam o Evangelho do Reino de Deus aos infiéis, além de administrar os sacramentos, e se encarregavam dos serviços divinos. Eram eles que ensinavam as regras de conduta e de fé aos conversos. Os ministeriais exerciam a função de diáconos. Cuidavam da administração das necessidades seculares da Igreja, que era mantida com um fundo constituído por contribuições voluntárias dos fiéis.

Os Apóstolos eram os primeiros e mais importantes funcionários entre os fiéis. Inicialmente, havia apenas 12, escolhidos e nomeados por nosso Salvador em pessoa. Sua função era a de pregar, ensinar e batizar, mas deviam, também, ser mártires (testemunhas da ressurreição de nosso Salvador). O testemunho era o sinal peculiar e essencial que distinguia o apostolado das demais magistraturas eclesiásticas, uma vez que para ser apóstolo era preciso ter visto nosso Salvador depois de sua ressurreição, ou ter convivido com ele antes, presenciando suas obras e outras indicações de sua divindade, a fim de que pudessem testemunhar com propriedade. Na eleição de um novo apóstolo para o lugar de Judas Iscariotes, disse São Pedro: "Destes homens que nos acompanharam, durante todo o tempo em que Jesus nosso

Senhor esteve entre nós, desde o batismo de João até o dia em que nos foi arrebatado, deve ser ordenado um para ser testemunha de sua ressurreição juntamente conosco" (At 1, 21s). A palavra *deve* implica uma propriedade essencial a um Apóstolo, ou seja, ter acompanhado os primeiros Apóstolos quando nosso Salvador se manifestou pela carne.

Matias foi o primeiro Apóstolo entre os que não foram nomeados por Cristo durante o tempo que esteve na terra. Foi escolhido numa reunião de aproximadamente 120 cristãos, em Jerusalém (At 1,15). Estes apontaram dois, José, o Justo, e Matias (At 1,23), sorteando um dos dois. A sorte recaiu sobre Matias, "que passou a ser contado entre os Apóstolos" (At 1,26). Portanto, a ordenação desse Apóstolo não foi um ato de São Pedro, nem dos outros 11 Apóstolos, mas da congregação. Eles votaram por serem membros da assembleia.

Nenhum outro Apóstolo foi ordenado, com exceção de Paulo e Barnabé, que, segundo lemos, assim passaram à condição de Apóstolos: "Na Igreja que ficava em Antioquia havia certos profetas e mestres, como Barnabé, Simeão, cognominado Níger, Lúcio de Cirene, Manaém, que havia sido criado com Herodes, o Tetrarca, e Saulo. Quando estes estavam ministrando ao Senhor e jejuando, disse o Espírito Santo: 'Separai-me Barnabé e Saulo, para a obra para a qual os chamei'. Então, depois de jejuarem e orarem, impuseram suas mãos sobre eles e os despediram" (At 13,1ss).

Fica claro, portanto, que, apesar de terem sido chamados pelo Espírito Santo, esse chamamento lhes foi declarado e sua missão autorizada, em especial, pela Igreja de Antioquia. É evidente que esse chamamento foi para o apostolado, considerando o fato de serem ambos chamados Apóstolos (At 14,14). E o fato de eles se terem tornado Apóstolos em virtude desse ato da Igreja de Antioquia foi expressamente declarado por São Paulo ao usar a palavra que o Espírito Santo empregara em seu chamamento: "Um apóstolo separado para o Evangelho de Deus" (Rm 1,1), aludindo às palavras do Espírito Santo: "Separai-me Barnabé e Saulo", etc. Tendo em vista que a missão de um apóstolo era ser testemunha da ressurreição de Cristo, poderíamos perguntar como São Paulo, que não havia convivido com nosso Salvador antes de sua Paixão, podia saber que ele ressuscitara. A resposta é simples: nosso Salvador apareceu-lhe no caminho para Damasco, descendo do céu, após a ascensão, "e escolheu-o como expoente para levar seu nome aos gentios, aos reis e aos filhos de Israel". Assim (pelo fato de o Senhor lhe-ter aparecido, depois de sua Paixão), ele era uma testemunha competente de sua ressurreição. Barnabé, por sua vez, era discípulo antes da Paixão. É evidente, portanto, que Paulo e Barnabé eram Apóstolos, tendo sido eleitos e autorizados, não só pelos primeiros Apóstolos, mas pela Igreja de Antioquia, da mesma forma que a Igreja de Jerusalém escolhera e autorizara Matias.

A palavra bispo, em nossa língua, se originou da palavra grega *epískopos*, que significava inspetor ou superintendente de qualquer empreendimento e, particularmente, um pastor. Por metáfora, foi adotada em seguida não apenas entre os judeus, que eram, originalmente, pastores, mas também entre os pagãos, para designar a função de um rei ou de qualquer outro dirigente ou guia do povo que governasse seja pelas leis, seja pela doutrina. Assim, os primeiros bispos cristãos, instituídos pelo próprio Cristo, foram os Apóstolos. É nesse sentido que o apostolado de Judas é chamado "seu bispado" (At 1,20). Os ancião nomeados pelas Igrejas cristãs para guiar o rebanho de Cristo com sua doutrina também foram chamados bispos. Timóteo, além de ser ancião (ancião, no Novo Testamento, significava um cargo, não apenas uma idade), era também bispo. Os bispos, nesse tempo, contentavam-se com o título de anciãos. São João, o Apóstolo amado do Senhor, começa sua Segunda Epístola com as palavras "Do ancião para a senhora eleita". Fica, assim, evidente que, no tempo dos Apóstolos, bispo, pastor, ancião, doutor, isto é, mestre, eram apenas nomes dados para a mesma função. Naquele tempo não havia governo por coerção, mas apenas por doutrina e persuasão. O Reino de Deus ainda estava para vir, num novo mundo, e, assim, não podia haver em nenhuma Igreja uma autoridade capaz de obrigar, antes de o Estado haver abraçado a fé cristã; não havia, pois, diversidade de autoridade, apesar da existência de cargos diversos.

Não encontramos no Novo Testamento nenhum cargo além dos magisteriais da Igreja, isto é, apóstolos, bispos, anciãos, pastores e doutores, cuja missão era proclamar Cristo aos judeus e incrédulos e, ainda, dirigir e ensinar os crentes. Evangelista e profeta não significavam cargos, mas dons graças aos quais diversos homens se tornavam úteis à Igreja. Os evangelistas escreveram sobre a vida e os atos de nosso Salvador, como os apóstolos São Mateus e São João, os discípulos São Marcos e São Lucas e os demais que escreveram sobre esse assunto (como São Tomé e São Barnabé, embora a Igreja não tenha aceitado os livros que recebem seus nomes). Os profetas foram importantes para a Igreja, pois tinham o dom de interpretar o Antigo Testamento e de comunicar à Igreja suas revelações especiais. Não eram esses dons, nem o dom das línguas, nem o dom de expulsar os demônios ou de curar outras doenças, nem qualquer outro que levava à atribuição de um cargo na Igreja, a não ser a vocação e a eleição para a função de ensinar.

Do mesmo modo como os apóstolos Matias, Paulo e Barnabé não foram instituídos diretamente por nosso Salvador, mas eleitos pela Igreja, ou seja, pela assembleia dos cristãos (Matias pela Igreja de Jerusalém e Paulo e Barnabé pela Igreja de Antioquia), os presbíteros e pastores de outras cidades foram eleitos pelas Igrejas dessas cidades. Para poder provar essa afirmação, precisamos examinar de que forma procedeu São Paulo à ordenação dos presbíteros, nas cidades nas quais os habitantes haviam sido convertidos à fé cristã, imediatamente após ele e Barnabé terem recebido seu apostolado. Lemos que "eles ordenaram anciãos em todas as Igrejas" (At 14,23); à primeira vista, isso pode ser tomado como argumento comprobatório de que eles mesmos os escolhiam e lhes conferiam sua autoridade. Examinando o texto original, poderemos constatar que a escolha e autorização era determinada pela assembleia dos cristãos de cada cidade. Porque as palavras originais eram *keirotonésantes autois presbytérous kat'ekklesían*, isto é, "quando eles ordenaram os anciãos pela imposição das mãos em cada congregação". Em todas essas cidades, os magistrados e funcionários eram escolhidos por meio da pluralidade de sufrágios. Como o levantar das mãos distinguia os votos favoráveis e os votos contrários, em qualquer das cidades ordenar um funcionário resumia-se em reunir o povo para eleger o funcionário por pluralidade de votos, seja pela pluralidade de mãos erguidas, pela pluralidade de vozes ou pela pluralidade de bolas, feijões ou pedrinhas que cada um punha em vaso marcado como afirmativo ou negativo; os costumes variavam de cidade para cidade. Assim, era a assembleia que elegia seus anciãos: os Apóstolos eram apenas presidentes da assembleia, encarregados de convocá-la para essa eleição e de proclamar os eleitos, dando-lhes a bênção, o que atualmente conhecemos por consagração. Por isso, os presidentes das assembleias, que na ausência dos apóstolos eram os anciãos, eram chamados *proestontes*, em latim *antistites*; essas palavras significam a principal pessoa da assembleia, cuja função era contar os votos e declarar quem fora escolhido; no caso de empate, essa pessoa acrescentava seu próprio voto, a fim de resolver o problema, o que era, também, função do presidente de um concílio. E, sendo que em todas as Igrejas os presbíteros eram ordenados da mesma forma, quando as Escrituras empregam a palavra *constituir*, como em *Hina katastéses katà pólin presbytérous*, "Por esse motivo te deixei em Creta, para que constituísses anciões em todas as cidades" (Tt 1,5), devemos entender a mesma coisa, ou seja, que ali deviam ser reunidos os fiéis para ordenar presbíteros por pluralidade de sufrágios. Pareceria estranho aos habitantes de uma cidade em que os magistrados eram sempre eleitos por uma assembleia que, no momento em que se tornassem cristãos, tivessem de eleger seus mestres e guias, quer dizer, seus presbíteros (também chamados bispos), de outra forma, diversa daquela da pluralidade de sufrágios indicada por São Paulo com a palavra *keirotonésantes* (At 14,23). Assim, a escolha de bispos, em todas as cidades (antes de os imperadores terem achado necessário regular o assunto, a fim de manter a paz entre elas), se fazia sempre por meio de assembleias de cristãos.

Essa prática é a mesma, até hoje, para a eleição dos bispos de Roma. Se em qualquer cidade o bispo tivesse o direito de escolher outro para suceder-lhe na missão pastoral, quando necessitasse deixar o local para implantá-la em outro, teria, também, o direito de designar seu sucessor no lugar em que por último residira e morrera. Porém, não constatamos que qualquer bispo de Roma tenha designado seu sucessor. Eles foram escolhidos pelo povo, durante muito tempo, como podemos verificar no caso da sedição suscitada entre Dâmaso e Ursicino por causa da eleição, sobre a qual diz Amiano Marcelino que foi de tal proporção que o prefeito Juvêncio, incapaz de manter a paz entre eles, foi obrigado a deixar a cidade; nessa ocasião foram encontrados dentro da própria igreja mais de cem mortos. Apesar de mais tarde os bispos de Roma terem sido eleitos, primeiro por todo o clero de Roma, depois pelos cardeais, nunca nenhum deles foi indicado para a sucessão por seu antecessor. Por conseguinte, se não pretenderam ter o direito de designar seus sucessores, creio ser possível concluir que não tinham o direito de designar os sucessores dos outros bispos, antes de receberem qualquer novo poder que não poderia ser atribuído a ninguém pela Igreja, mas apenas por quem tivesse autoridade legítima tanto para ensinar como para comandar a Igreja, ou seja, o soberano civil.

Ministro, originalmente *diákonos*, quer dizer aquele que executa, voluntariamente, o trabalho que caberia a outra pessoa. É diferente de servo, pois este tem a obrigação de obedecer àquele que nele manda. Os ministros, por seu lado, obedecem à missão que lhes foi designada, e nada mais. São ministros de diferentes pessoas os que ensinam a palavra de Deus e os que administram os negócios seculares da Igreja. Os pastores da Igreja chamados "ministros da Palavra" (At 6,4) são ministros de Cristo, pois é a ele que pertence essa palavra. O ministério do diácono chamado "serviço às mesas" (At 6,2) é um serviço feito à Igreja ou à congregação; portanto, nem um homem nem a Igreja podem dizer que seu pastor é ministro, mas um diácono pode ser chamado de ministro por toda a congregação, esteja ele incumbido de servir as mesas ou de distribuir mantimentos aos cristãos, que viviam de um fundo comum em cada cidade ou de coletas, como nos primeiros tempos, ou, ainda, de cuidar da casa de orações ou de administrar rendas e negócios terrenos da Igreja.

De fato, a função do diácono é servir à congregação, cada qual de acordo com seus dons, pregando o Evangelho, quando oportuno, ou defendendo a doutrina de Cristo, como fez, por exemplo, Santo Estêvão, ou pregando e batizando, como fez Filipe. O Filipe que pregou o Evangelho na Samaria (At 8,5) e batizou o eunuco (At 8,38) era Filipe, o Diácono, e não Filipe, o Apóstolo. As Escrituras deixam bem claro que, enquanto Filipe pregava o Evangelho na Samaria (At 8,5), os Apóstolos estavam em Jerusalém (At 8,1), e que, "quando ouviram que a Samaria havia recebido a palavra de Deus, enviaram Pedro e João" (At 8,14); pela imposição das mãos destes, os que foram batizados receberam o Espírito Santo (que não haviam recebido antes com o batismo de Filipe; At 8,15). Para que conferisse o Espírito Santo, era necessário que o batismo fosse ministrado ou conferido por um ministro da palavra, e não pelo ministro da Igreja. Pedro e João foram, portanto, enviados de Jerusalém à Samaria pelos Apóstolos para confirmar o batismo efetuado por Filipe, conferindo aos batizados as graças, sinais do Espírito Santo, que acompanhavam todos os verdadeiros crentes naquela época. O que eram esses sinais é expresso nas palavras de São Marcos: "Estes sinais acompanharão os que acreditam no meu nome: expulsarão demônios; falarão com novas línguas; eliminarão serpentes; e, se beberem uma beberagem mortífera, ela não lhes causará nenhum dano; porão suas mãos sobre os enfermos e estes serão curados" (Mc 16,17). Essas graças Filipe não poderia dar, mas os Apóstolos, sim, e, como fica claro nessa passagem, assim o fizeram, dando-as a cada homem que acreditou na verdade e que foi batizado por um ministro de Cristo. Esse poder não pode hoje ser conferido pelos ministros; ou existem poucos verdadeiros crentes, ou Cristo possui poucos ministros.

Os primeiros diáconos não eram escolhidos pelos Apóstolos, mas pela congregação dos discípulos, ou seja, dos cristãos de todas as classes, e isso está expresso em At 6, em que lemos que os 12, depois que se multiplicou o número de discípulos, reuniram-se e disseram que não seria próprio que eles, Apóstolos, servissem às mesas, descurando da palavra de Deus: "Buscai, irmãos, entre vós, sete varões de honesto testemunho, cheios do Espírito Santo e de sabedoria, aos quais possamos indicar para essa função" (At 6,3). Está claro que a escolha foi da congregação, embora os diáconos tenham sido eleitos pelos Apóstolos; está expresso no versículo 5: "O parecer agradou à multidão e esta escolheu sete", etc.

A tribo de Levi foi a única, no Antigo Testamento, capaz de exercer o sacerdócio e outros funções inferiores da Igreja. A terra fora dividida entre as demais tribos (com exceção da de Levi), que, pela subdivisão da tribo de José nas de Efraim e Manassés, continuaram a ser 12. Foram escolhidas determinadas cidades para que fossem habitadas pelos que pertenciam à tribo de Levi, destinando os arredores para a criação de gado; seu quinhão devia ser o décimo dos frutos da terra de seus irmãos. Os sacerdotes contavam com um décimo desse décimo, mais oferendas e sacrifícios, para se sustentarem. Deus havia dito a Aarão: "Da terra deles não tereis herança, nem tereis parte entre eles; eu sou vossa parte e vossa herança entre os filhos de Israel" (Nm 18,20). Assim, pois, sendo Deus o rei e tendo instituído a tribo de Levi para que seus componentes fossem Seus ministros públicos, concedeu-lhes a renda pública para seu sustento, isto é, a parte que Deus havia reservado para si mesmo, o dízimo e as oferendas, como vemos nas palavras de Deus: "Eu sou tua herança". Podemos, portanto, chamar clero, com base em *kléros*, aos levitas, pois a palavra grega significa lote ou herança. Isso não quer dizer que eles seriam os herdeiros do Reino de Deus, mas que a herança de Deus lhes serviria de sustento. Considerando que, naquela época, Deus era seu rei, e Moisés, Aarão e os sumos sacerdotes, seus representantes, fica claro que foi instituído pelo poder civil o direito ao dízimo e às oferendas.

Depois de os judeus terem repudiado Deus, solicitando um rei como o de outras nações, os levitas continuaram desfrutando da mesma renda, direito esse que não lhes foi tirado pelos reis, uma vez que a renda pública estava à disposição da pessoa pública, que, até o exílio, era o rei. Depois do retorno do exílio, os dízimos continuaram a ser pagos ao sacerdote. Por conseguinte, o sustento da Igreja foi determinado pelo soberano civil. No que se refere ao sustento de Cristo e de seus Apóstolos, lemos que eles tinham apenas uma bolsa (transportada por Judas Iscariotes) e que, muitas vezes, os Apóstolos pescavam para se sustentar, pois essa era sua profissão. Quando Cristo mandou os 12 Apóstolos pregarem, proibiu que levassem em suas bolsas ouro, prata e bronze, "pois o trabalhador é digno de seu alimento" (Mt 10,9s). Disso podemos inferir que seu sustento normal não estava em desacordo com seu emprego, uma vez que seu emprego era "dar gratuitamente, posto que gratuitamente haviam recebido" (Mt 10,8); seu sustento resultava da dádiva gratuita daqueles que acreditavam na boa nova da vinda do Messias. A isso poderíamos acrescentar as contribuições feitas por gratidão daqueles que haviam sido curados por nosso Salvador, por exemplo "certas mulheres das quais foram afastados maus espíritos e que foram curadas de enfermidades, como Maria Madalena, de quem foram expulsos sete diabos, e outras, como Joana, mulher de Cuza, que era procurador de Herodes, ou Susana, e várias outras, que ofereciam a Cristo e a seus Apóstolos o alimento que tinham em suas propriedades" (Lc 8,2s).

Os cristãos de todas as cidades, após a ascensão de nosso Salvador, viviam em comum com o dinheiro resultante da venda de suas propriedades e outras posses, que depunham aos pés dos Apóstolos de bom grado e não por obrigação (At 4,34s). "Porventura, conservando a terra", disse São Pedro a Ananias, "ela não era tua? E, vendida, não continuaria em teu poder?" Isso demonstra que Ananias não necessitava proteger nem as terras nem o dinheiro mediante mentiras, pois não era obrigado a contribuir com nada, a não ser que quisesse. Tal como no tempo dos Apóstolos, no tempo que sucedeu a Constantino, o Grande, o sustento dos bispos e pastores da Igreja cristã devia-se às contribuições voluntárias dos que seguiam a doutrina. Ainda não havia referência ao dízimo; entretanto, no tempo de Constantino e de seus filhos os cristãos tinham tão grande afeição por seus pastores, como diz Amiano Marcelino, ao descrever a sedição de Dâmaso e Ursicino em razão do bispado, que essa disputa se justificava, uma vez que, nessa época, os bispos viviam muito bem, eram conduzidos em carruagens e possuíam aparatos suntuosos, graças à liberalidade de seu rebanho e, em especial, das matronas.

Cabe perguntar se os pastores estavam condicionados a se sustentar com contribuições voluntárias, como as esmolas: "Afinal", disse São Paulo, "quem vai à guerra às suas expensas? Quem cuida do gado e não bebe seu leite?" (1Cor 9,7). E ainda: "Não sabeis que aqueles que ministram sobre coisas sagradas vivem das coisas do templo, e que os que vigiam o altar participam do altar?" (1Cor 9,13). Isto é, têm direito a uma parte do que oferecem ao altar para poder se manter. E concluiu: "O Senhor estabeleceu que quem prega o Evangelho viva do Evangelho". Dessa passagem deduzimos que os pastores da Igreja devem ser sustentados por seu rebanho, mas não que fixem quanto ou qual a espécie dos emolumentos, e que sejam eles (como foram) os que determinam qual será sua cota. Esses emolumentos devem ser literalmente gratuitos, e dependem, ou da liberalidade de cada indivíduo pertencente ao rebanho, individualmente, ou da congregação como um todo. Não podiam depender da congregação como um todo, pois, nessa época, seus atos não eram leis; por conseguinte, até que os imperadores e soberanos civis promulgassem leis a esse respeito, a manutenção dos pastores deveu-se, apenas, à generosidade dos indivíduos. Os que serviam no altar viviam daquilo que lhes era oferecido. Por seu turno, os pastores também podiam aceitar o que lhes era oferecido, mas nunca exigir. Diante de qual corte poderiam exigir seus direitos, se não possuíam tribunais? Se tinham árbitros entre eles, quem deveria executar suas sentenças, uma vez que seus funcionários não possuíam armas? Sendo assim, a congregação como um todo só poderia estipular os emolumentos dos pastores da Igreja quando seus decretos tivessem a força de lei (e não apenas de cânones). E essas leis só poderiam ser feitas por imperadores, reis e outros soberanos civis. O direito do dízimo da lei de Moisés não podia ser aplicado aos ministros do Evangelho dessa época, pois Moisés e os sumos sacerdotes eram os soberanos civis do povo governado por Deus, cujo reino entre os judeus estava presente, ao passo que o Reino de Deus pelo Cristo ainda está por vir.

Neste capítulo e nos anteriores, falamos dos pastores da Igreja e de sua missão (pregar, ensinar, batizar, presidir as várias congregações); falamos também da censura eclesiástica, isto é, a excomunhão, e dissemos que, onde o cristianismo era proibido pelas leis civis, era evitada a companhia dos excomungados e, onde o cristianismo era sancionado pelas leis civis, os excomungados eram expulsos das congregações de cristãos; dissemos ainda que os pastores e ministros da Igreja eram eleitos pela congregação, e que quem os consagrava e abençoava era o pastor; falamos das rendas que lhes eram devidas, que consistiam em suas posses e em seu próprio trabalho, bem como nas oferendas e nas contribuições dos cristãos devotos, que eram voluntárias. A seguir, examinaremos a função, na Igreja, dos soberanos civis que abraçaram a fé cristã.

É importante lembrar que, em todos os Estados (como vimos no capítulo XVIII), é inerente ao poder civil soberano, pertencente a um homem ou a uma assembleia, o direito de julgar quais são as doutrinas que favorecem a paz e que, portanto, devem ser ensinadas aos súditos. É evidente que as ações dos homem derivam da opinião que eles têm sobre o bem e o mal que essas ações possam causar. Consequentemente, aquele que for convencido de que sua obediência ao poder soberano será mais prejudicial do que a desobediência não respeitará a lei e, desse modo, contribuirá para a destruição do Estado, instituído para evitar a desordem e a guerra civil. Nos Estados pagãos, o soberano civil era chamado pastor do povo, pois nenhum súdito podia legalmente ensinar ao povo sem a licença ou autorização do soberano.

Não era a conversão à fé de Cristo que dava esse direito aos reis pagãos, já que Cristo nunca ordenou que os reis, por acreditarem nele, devessem ser depostos, isto é, que passassem a se sujeitar a alguém além de si mesmos, o que é a mesma coisa que se ver privado do poder necessário à manutenção da paz entre os súditos e à defesa contra os inimigos estrangeiros. Portanto, os reis cristãos continuam a ser os pastores supremos de seu povo, podendo eleger os pastores que desejarem para que, na Igreja, ensinem ao povo que comandam.

Mesmo admitindo que o direito de eleição, como antes da conversão dos reis, pertence à Igreja, porque esse era o costume desde o tempo dos Apóstolos (como já vimos neste capítulo), o soberano civil cristão possui esse direito. Assim, enquanto cristão, permite o ensino e, enquanto soberano (que é o mesmo que dizer a Igreja por representação), os mestres que elege são os eleitos pela Igreja. Quando uma assembleia de cristãos escolhe seu pastor, num Estado cristão, é o soberano quem o elege, uma vez que a eleição se realiza com a sua autoridade, da mesma maneira como, quando uma cidade elege um prefeito, esse é um ato de quem possui o poder soberano. Qualquer ato que for realizado é um ato seu, já que sem seu consentimento será anulado. Os exemplos a respeito das eleições de pastores pelo povo ou pelo clero, que podem ser tirados da história, não são argumentos contra o direito de nenhum soberano civil, uma vez que aqueles que os elegeram agiram com sua autorização.

Tendo em vista que o soberano civil é o supremo pastor, em todo Estado cristão, tendo a incumbência de olhar pelo rebanho de seus súditos, e que é ele quem nomeia todos os demais pastores, segue-se daí que deriva dele, soberano civil, o direito dos pastores de ensinar, pregar e exercer as demais funções pastorais. Eles são, portanto, apenas seus ministros, da mesma forma que os magistrados das cidades, os juízes dos tribunais de justiça e os comandantes do exército são apenas ministros daquele que é o magistrado de todo o Estado, o juiz de todas as causas e o comandante de toda a milícia, ou seja, o soberano civil. E a causa disso não é o fato de serem seus súditos aqueles que ensinam, mas, sim, aqueles a quem é ensinado. Um rei cristão pode conferir a autoridade de ordenar pastores em seus domínios a outro rei (diversos reis cristãos atribuem esse poder ao papa); ele não estará, com essa atitude, instituindo um pastor acima dele, nem um soberano pastor acima de seu povo. Se assim o fizesse, estar-se-ia privando do poder civil, o qual, ficando à mercê da opinião que seus súditos têm de seu poder e do temor de serem castigados em outro mundo, dependeria, ainda, da lealdade e habilidade dos doutores, os quais podem estar sujeitos, como qualquer outro ser humano, à ambição e à ignorância. Também um mestre estrangeiro precisa ser autorizado pelo soberano para ensinar em seus domínios. Os doutores cristãos são nossos mestres de cristianismo, mas os reis são pais de família, que podem ou não aceitar mestres para ensinar a seus súditos por recomendação de um estranho, mas não por sua ordem, especialmente se o ensino redundar apenas em proveito daquele que o recomenda; e não podem, para o bem público, conservar tais mestres por tempo além daquele necessário. Sempre esteve a seu cargo esse cuidado, tais como quaisquer outros direitos essenciais da soberania.

Quando for perguntado a um pastor, no desempenho de suas funções, da mesma forma que os anciãos e sacerdotes perguntaram a nosso Salvador: "Com que autoridade fazes essas coisas e quem te deu essa autorização?" (Mt 21,23), ele deverá responder que aquilo que faz foi autorizado pelo Estado, e que essa autorização partiu do rei ou assembleia que o representa. Com exceção do supremo pastor, todos os demais pastores desempenham suas funções pelo direito, ou seja, pela autoridade do soberano civil, *juri civili*. Tanto o rei como qualquer outro soberano desempenha seu cargo de supremo pastor sob a autorização de Deus, isto é, por direito divino ou *jure divino*. Os títulos *Dei gratia rex*, etc., só podem ser usados pelos reis (como sinal de submissão a Deus). No início de seus mandatos, os bispos devem dizer: "Pelo favor da majestade do rei, bispo desta ou daquela diocese"; e os ministros civis: "Em nome de Sua Majestade". Quando querem negar, de maneira sub-reptícia a autoridade do Estado, dizem "Divina Providência", que é o mesmo que *Dei gratia*. Dessa forma, põem de lado o colar da submissão civil, pondo em perigo a unidade e a defesa do Estado.

O soberano cristão, sendo o supremo pastor de seus súditos, poderia pregar (e isso ninguém contesta), batizar e administrar o sacramento da Ceia do Senhor, ou consagrar os templos ao serviço de Deus, como o fazem os pastores, mas isso não é aceito pela maior parte das pessoas; em primeiro lugar, porque o soberano não tem o hábito de realizar esses atos e, em segundo, porque a administração dos sacramentos e a consagração de pessoas e lugares para uso sagrado exige a imposição das mãos dos que foram ordenados (desde o tempo dos Apóstolos) para esses ministérios. Por conseguinte, se quero provar que os reis cristãos têm direito de batizar e consagrar, vou acrescentar as razões pelas quais eles se abstêm de fazê-lo, e como, sem a imposição das mãos, são capazes de fazê-lo se assim o desejarem.

Sem qualquer sombra de dúvida, se o rei fosse versado em ciências, poderia, em vista de seu cargo, dar palestras nas universidades como as que autoriza que outros deem. Entretanto, todo o seu tempo é absorvido pelos assuntos de Estado e, portanto, não lhe seria conveniente dedicar-se em pessoa a esses misteres. Se quiser, um rei pode, também, sentar-se na cadeira do magistrado para ouvir e julgar causas de qualquer espécie, do mesmo modo como autoriza magistrados a fazê-lo em seu nome. Entretanto, a quantidade de assuntos que tem de resolver como chefe de governo o absorvem de tal forma que ele é obrigado a delegar essas missões a seus ministros e outros subordinados. Do mesmo modo, nosso Salvador (que sem dúvida tinha o poder de batizar) não batizava, pessoalmente, ninguém, mas mandava que seus Apóstolos e discípulos o fizessem (Jo 4,2). Igualmente, São Paulo batizava muito pouco em razão da falta de tempo, pois tinha de pregar em lugares diferentes e longínquos; batizou apenas os coríntios Crispo, Caio e Estéfanas (1Cor 1,14.16), pois pregar era sua principal função (1Cor 1,17). Fica claro, assim, que o cargo mais importante (como o de governar a Igreja) dispensa o menos importante. É evidente, portanto, a razão pela qual não existe o costume de os reis cristãos realizarem o batismo, que também raramente é ministrado pelos bispos e, mais raro ainda, pelo papa.

Quanto à necessidade de imposição das mãos como autorização para que os reis batizem e consagrem, consideremos o quanto segue.

Entre os judeus, a imposição das mãos era uma antiga cerimônia pública. Por meio desse ato, era designada e tornada certa uma pessoa ou qualquer outra coisa pretendida numa oração, bênção, sacrifício, consagração, condenação ou outro ato análogo do homem. Assim, Jacó, ao abençoar os filhos de José, "pôs sua mão direita sobre Efraim, o mais novo, e a mão esquerda sobre Manassés, o primogênito" (Gn 48,14); fez isso conscientemente (embora Efraim e Manassés tenham sido apresentados a ele de tal modo por José, que Jacó teve de estender seus braços em cruz), indicando, entre os dois, o que deveria receber maior bênção. Foi ordenado a Aarão, no sacrifício de oferenda, "pôr suas mãos sobre a cabeça do boi" (Ex 29,10) e "pôr suas mãos sobre a cabeça do carneiro" (Ex 29,15). Lemos o mesmo em Lv 1,4 e 8,14. Quando Moisés ordenou Josué como capitão dos israelitas, consagrando-o a serviço de Deus, "pôs suas mãos sobre sua cabeça, impondo-lhe o cargo" (Nm 27,23), de forma que a ele devessem obediência na guerra. Deus ordenou, na consagração dos levitas, que os filhos de Israel pusessem suas mãos sobre a cabeça dos levitas. Na condenação do homem que havia blasfemado, Deus ordenou que "ele fosse ouvido e que pusessem suas mãos sobre sua cabeça e, em seguida, que fosse apedrejado por toda a congregação" (Lv 24,14). Por que apenas os que tivessem ouvido aquele que havia blasfemado poriam as mãos sobre sua cabeça, em vez de um sacerdote, de um levita ou de outro ministro de Estado, senão pelo fato de que nenhum outro teria sido capaz de designar e asseverar aos olhos da congregação quem era que havia agido daquela maneira e devia morrer? Designar um homem ou outra coisa, pela mão, ao olhar causa menos confusão que fazê-lo por meio de um nome, ao ouvido.

Essa cerimônia tinha tão grande importância que Aarão, ao abençoar, conjuntamente, toda a congregação, como não poderia fazê-lo com a imposição das mãos, "ergueu as mãos em direção ao povo" (Lv 9,22). Sobre cerimônia semelhante, de consagração dos templos entre os pagãos, podemos ler que o sacerdote, enquanto dizia as palavras de consagração, pousava sua mão num dos pilares do templo. Quando se tratava de serviço público de Deus, os celebrantes preferiam designar com as mãos, para que os olhos tivessem a certeza, a designar com as palavras, para os ouvidos.

No tempo de nosso Salvador, essa cerimônia não consistia em nenhuma novidade. Jairo não rogou a nosso Salvador que curasse sua filha doente, mas que "pousasse sobre ela suas mãos para sará-la" (Mc 5,23). Também "levaram até ele as criancinhas para que ele pousasse suas mãos sobre suas cabeças e orasse" (Mt 19,13).

Os apóstolos, os presbíteros e o próprio presbiterado, de acordo com esse antigo ritual, punham as mãos sobre os que ordenavam pastores, orando, ao mesmo tempo, para que recebessem o Espírito Santo, todas as vezes que se apresentava a ocasião. A finalidade era sempre a mesma, ou seja, a designação pontual e religiosa da pessoa ordenada tanto para uma função pastoral como para uma missão especial. "Os Apóstolos oraram e puseram suas mãos sobre as cabeças" (At 6,6) dos sete diáconos para designá-los para essa função, e não para dar-lhes o Espírito Santo (eles estavam cheios do Espírito Santo antes mesmo de serem escolhidos, como verificamos no versículo 3). Quando o diácono Filipe, na Samaria, converteu algumas pessoas, Pedro e João foram para lá "e puseram sobre eles suas mãos, e eles receberam o Espírito Santo" (At 8,17). Além dos Apóstolos, tinham esse poder os presbíteros. São Paulo aconselhou a Timóteo que "não pusesse, bruscamente, as mãos em ninguém" (1Tm 5,22), ou seja, que não designasse abruptamente alguém para o cargo de pastor. Todo o presbiterado pôs as mãos sobre Timóteo, como lemos em 1Tm 4,14, mas devemos entender que alguns o fizeram por delegação do presbítero, provavelmente seu *proestos*, ou *prolocutor*, talvez o próprio São Paulo. Este disse a Timóteo: "Reparte o dom do Senhor que está em ti, pela imposição de minhas mãos" (2Tm 1,6); por dom, aqui, devemos entender os dons necessários a exercer a função pastoral, e não o Espírito Santo, terceira pessoa da Santíssima Trindade. São Paulo, por exemplo, recebeu duas vezes a imposição das mãos: quando foi batizado, em Damasco, por Ananias (At 9,17s), e em Atioquia, quando foi enviado para pregar pela primeira vez (At 13,3). Essa cerimônia de ordenação dos pastores tinha por finalidade designar a pessoa a quem esse poder era conferido. O batizado de uma pessoa que já tivesse o poder de ensinar, ao fazer dela um cristão, não lhe teria conferido nenhum novo poder, mas feito com que pregasse a verdadeira doutrina, usando corretamente seu poder. Assim, a imposição das mãos não era aí necessária, sendo suficiente só o batismo. Em época anterior ao cristianismo, os soberanos possuíam o poder de ensinar e ordenar mestres. Assim, o cristianismo não lhes deu nenhum novo direito, mas veio apenas orientá-los sobre como deveriam ensinar a verdade. Era desnecessária a imposição das mãos (além daquela feita durante o batismo) a fim de autorizá-los ao exercício de qualquer parte da função pastoral, como batizar e consagrar. No Antigo Testamento, podemos contatar que, no tempo em que a soberania residia no sumo sacerdote, ele tinha o direito de consagrar, mas, no tempo em que a soberania residia no rei, o direito pertencia apenas ao rei. Lemos, por isso, que Salomão tinha, além do governo eclesiástico, o direito de exercer as funções eclesiásticas, pois ele abençoou o povo, consagrou o Templo e proferiu a oração pública (1Rs 8) que hoje é padrão para a consagração de todas as igrejas e capelas cristãs.

Fica evidente, em razão dessa consolidação do direito político e eclesiástico dos soberanos cristãos, que eles têm sobre seus súditos toda espécie de poder que possa ser conferido a um homem, para o governo de seus atos, seja em política como em religião; eles podem fazer as leis que julgarem melhores para o governo de seus súditos, na medida em que são o Estado e também a Igreja, pois o Estado e a Igreja são constituídos pelos mesmos homens.

Assim, se o entenderem, podem entregar ao papa (como hoje fazem muitos reis cristãos) o governo de seus súditos em matéria de religião. Nesse caso, o papa lhes fica subordinado, exercendo esse cargo em *dominion jure civili* de outrem, pelo direito do soberano civil, e não jure divino, pelo direito de Deus. O papa, portanto, pode vir a ser demitido dessas funções, sempre que o soberano considerar isso necessário para o bem de seus súditos. O soberano pode, ainda, se assim achar conveniente, confiar o cuidado da religião a um supremo pastor ou a uma assembleia de pastores, atribuindo-lhes o poder sobre a Igreja ou uns sobre os outros, e os títulos de honra que quiser, como bispo, arcebispo, padre ou presbítero; pode estabelecer para seu sustento as leis necessárias, seja por dízimos ou de outra forma, mas deve fazê-lo de acordo com sua consciência, da qual só Deus pode ser juiz. Ao soberano civil compete nomear os juízes e intérpretes das Escrituras canônicas, pois a ele cabe transformá-las em leis. É ele, ainda, quem dá força às excomunhões, as quais seriam desprezadas se não fossem, graças a suas leis e punições, capazes de reduzir à humildade os mais obstinados libertinos, obrigando-os a unirem-se ao resto da Igreja. Resumindo, o soberano tem o poder supremo em todas as causas, sejam elas eclesiásticas ou civis, no que concerne às ações e às palavras que as dão a conhecer, pois só em virtude dessas ações pode alguém ser acusado. Daquilo que alguém não pode ser acusado não existe juiz de nenhuma espécie, a não ser Deus, que conhece o coração humano. Pertencem aos soberanos, sejam monarcas, sejam assembleias, todos esses direitos, pois os que representam um povo cristão representam a Igreja, e Igreja e Estado cristão são uma só e a mesma coisa.

Embora o que aqui foi dito, bem como em outras passagens deste livro, seja suficientemente claro para afirmar o supremo poder eclesiástico dos soberanos cristãos, considero necessário, pelo fato de o papa de Roma aspirar universalmente a esse poder, tese que tem sido sustentada principalmente e, creio eu, com a maior força possível, pelo cardeal Belarmino, em sua controvérsia *De Summo Pontifice*, examinar, o quanto antes, os fundamentos e a solidez de seu discurso.

O primeiro livro, entre os cinco que escreveu sobre o assunto, contém três questões. Numa delas, pergunta qual seria o melhor governo, a monarquia, a aristocracia ou a democracia, e conclui que não seria nenhuma destas, mas, sim, um governo misto de todas três. Em outra questão, perguntando qual dessas formas de governo seria a melhor para o governo da Igreja, conclui por uma forma mista, mas na qual deveria predominar a monarquia. Na terceira questão, pergunta se, nessa monarquia mista, São Pedro ocuparia o lugar de monarca. No que diz respeito a sua primeira conclusão, já provei suficientemente (capítulo XVIII) que são simples e absolutos todos os governos a que os homens são obrigados a obedecer. Na monarquia, existe apenas um homem com o poder supremo, e o poder de qualquer homem que constitui a população do Estado foi delegado por ele, e este pode usar esse poder em seu nome. Numa aristocracia ou democracia, há apenas uma assembleia suprema. Esta possui o mesmo poder que pertence ao monarca na monarquia; não é soberania mista, mas absoluta. Não devemos discutir qual das três formas é a melhor, quando uma delas já está estabelecida, devendo a mesma ser sempre preferida, mantida e considerada, pois fazer algo que vise a subversão contraria tanto a lei natural quanto a lei positiva divina. Ademais, qualquer que seja a melhor forma de governo, em nada altera o poder do pastor (a não ser que detenha a soberania civil), pois sua vocação não é a de governar os homens pelo mandamentos, mas de ensiná-los e persuadi-los com argumentos, deixando-os livres para decidir aceitar ou rejeitar a doutrina ensinada. Monarquia, aristocracia e democracia representam três espécies de soberanos, não de pastores, ou três espécies de chefes de família, não de professores de escolas para crianças.

A segunda conclusão, referente à melhor forma de governo da Igreja, nada representa quanto à questão do poder do papa fora de seus próprios domínios, pois em todos os outros Estados seu poder (se tiver algum) não é o de chefe de família, mas apenas de mestre.

Quanto à terceira conclusão, de que São Pedro seria monarca da Igreja, ele cita como principal argumento uma passagem de São Mateus: "Tu és Pedro e sobre esta pedra construirei a minha Igreja. [...] E dar-te-ei as chaves do céu; tudo o que unires na terra será unido no céu, e tudo o que separares na terra será separado no céu" (Mt 16,18.19). Quando bem examinada, essa passagem prova apenas que a Igreja de Cristo tinha como fundamento um único artigo: que Pedro, em nome de todos os Apóstolos que professavam, deu a nosso

Salvador oportunidade para proferir as palavras aqui citadas; o que podemos entender claramente é que nosso Salvador pregava, ele mesmo, por intermédio de João Batista e por intermédio de seus Apóstolos, um único artigo de fé, "que ele era o Cristo", uma vez que todos os outros artigos da fé se fundamentam apenas nesse. João Batista foi quem começou, pregando apenas isto: "O Reino de Deus está próximo" (Mt 3,2); nosso Salvador pregou o mesmo (Mt 4,17); e, quando encarregou os 12 Apóstolos de sua missão, não há menção de que tenha pregado qualquer outro artigo diferente desse (Mt 10,7). Esse era o artigo principal, e é ele o fundamento da fé da Igreja. Depois, quando os Apóstolos voltaram a ele, perguntou a todos e não apenas a Pedro quem os homens diziam que ele era, e eles responderam que alguns diziam que ele era São João Batista, outros Elias, outros Jeremias ou um dos profetas (Mt 16,13). Então ele tornou a perguntar-lhes, e não apenas a Pedro: "Quem dizeis vós que eu sou?" (Mt 16,15), ao que São Pedro respondeu, em nome de todos: "Tu és Cristo, Filho do Deus Vivo"; o que eu já disse ser o fundamento da fé de toda a Igreja. Nosso Salvador aproveitou, então, para dizer: "Sobre esta pedra construirei minha Igreja". Fica claro que a pedra fundamental da Igreja era o mesmo que o artigo fundamental da fé da Igreja. Mas então por que (objetarão alguns) nosso Salvador disse também as palavras "Tu és Pedro"? Se o original desse texto tivesse sido rigorosamente traduzido, a razão teria aparecido claramente: é preciso lembrar que o Apóstolo Simão era apelidado Pedra (que é a significação da palavra siríaca *cephas* e da palavra grega *pétros*). Assim, após a confissão daquele artigo fundamental, e referindo-se a seu nome, disse ele (como ficaria em nosso idioma): "Tu és Pedra, e sobre esta Pedra construirei minha Igreja". Isso é o mesmo que dizer: "Este artigo, de que eu sou o Cristo, é o fundamento de toda a fé que eu exijo dos que vão ser membros de minha Igreja". Essa referência a um nome não é coisa desusada na fala comum. Mas teria sido uma fala estranha e obscura, se nosso Salvador, propondo-se construir sua Igreja sobre a pessoa de São Pedro, tivesse dito "tu és Pedra e sobre esta Pedra construirei minha

Igreja", quando seria tão óbvio ter dito, sem ambiguidade, "construirei minha Igreja sobre ti"; sem dúvida, teria havido sempre a alusão a seu nome.

Por sua vez, as palavras "dar-te-ei as chaves do céu", etc., significam apenas o que nosso Salvador ofereceu a todos os demais discípulos: "Tudo o que unires na terra será unido no céu, e tudo o que separares na terra será separado no céu" (Mt 18,18). Qualquer que seja a interpretação que a isso seja dada, não existe dúvida de que o poder aqui outorgado pertence a todos os supremos pastores, como são todos os soberanos civis cristãos em seus próprios domínios. Tanto é assim que, se nosso Salvador em pessoa ou mesmo São Pedro tivesse convertido qualquer desses soberanos, fazendo-os nele crer e reconhecer seu reino, mesmo assim, dado que seu reino não é deste mundo, teria unicamente confiado a esse soberano a tarefa de converter seus súditos, e, se isso não se verificasse, o teria privado da soberania, à qual está indissoluvelmente ligado o direito de ensinar. Nada mais diremos acerca da refutação do primeiro livro do cardeal Belarmino, por meio do qual pretendia provar que São Pedro seria monarca universal da Igreja, ou seja, de todos os cristãos do mundo.

O segundo livro apresenta duas conclusões. Uma delas é que São Pedro foi bispo de Roma, onde morreu. A outra é que os papas de Roma são sucessores de São Pedro. Ambas têm sido contestadas por outros, mas, supondo que sejam verdadeiras, se, por acaso, por bispo de Roma entendêssemos o monarca da Igreja, ou seu supremo pastor, ele não teria sido [illegible] outro, mas, sim, Constantino (o primeiro imperador cristão). Da mesma forma que Constantino, todos os outros imperadores cristãos eram, por direito, os bispos supremos do Império Romano. Do Império Romano, mas não de toda a cristandade, pois, em se tratando de um cargo essencialmente inerente a sua soberania, os demais soberanos cristãos teriam, em seus territórios, o mesmo direito. Tudo isso pode ser uma resposta a seu segundo livro.

A questão a respeito de o papa ser ou não o Anticristo foi tratada em seu terceiro livro. Não encontro argumento algum capaz de provar que ele o seja, no sentido em que esse nome é usado nas Escrituras. Nem acrescentaria nenhum argumento derivado da qualidade do Anticristo para contradizer a autoridade que ele exerce ou que até agora exerceu nos domínios de outro príncipe ou qualquer Estado.

Os profetas do Antigo Testamento predisseram a vinda do Messias, e os judeus o esperavam; ou seja, esperavam um Cristo, que viria restabelecer entre eles o Reino de Deus, por eles rejeitado quando, no tempo de Samuel, pediram um rei como o das demais nações. Essa expectativa dos judeus tornou-os acessíveis às imposturas daqueles que possuíam a ambição de conseguir esse régio domínio e, também, a arte de enganar o povo, mediante falsos milagres, por meio de uma vida hipócrita ou de orações e doutrinas plausíveis. Em vista disso, nosso Salvador e seus Apóstolos preveniram o povo contra os falsos profetas e os falsos Cristos. Falsos Cristos são aqueles que pretendem ser Cristo e não o são; são os chamados Anticristos, no mesmo sentido em que, quando se deu um cisma na Igreja, ao serem eleitos dois papas, cada um deles chamava ao outro antipapa, ou falso papa. Assim, o Anticristo, em sentido apropriado, tem duas características essenciais: negar que Jesus é o Cristo e pretender ser o Cristo. São João definiu a primeira: "Todo espírito que não confessa que Jesus Cristo veio na carne não é de Deus, e esse é o espírito do Anticristo" (1Jo 4,3). A segunda está expressa nas palavras de nosso Salvador: "Muitos virão em meu nome, dizendo: 'Eu sou o Cristo'" (Mt 24,5), e ainda: "Se alguém vier a vós e disser: 'Aqui está o Cristo, ali está o Cristo', não lhe deis crédito". O Anticristo é, pois, forçosamente, um falso Cristo, isto é, um dos que pretendem ser Cristo. Dessas duas características, negar que Jesus seja o Cristo e afirmar a si mesmo como o Cristo, deduzimos que deve existir também um adversário de Jesus, o verdadeiro Cristo, e esse é um outro significado habitual da palavra Anticristo. Entre esses muitos Anticristos, existe um que é especial, *ho Antíchristos*, o Anticristo, ou Anticristo enquanto determinada pessoa, e não *um* Anticristo, indefinidamente. Tendo em vista que o papa de Roma nem pretende ser Cristo, nem nega que Jesus seja o Cristo, não poderia ser chamado Anticristo, pois, por esse termo, entendemos aquele que pretende falsamente ser o Cristo, e não aquele que se diz seu vigário-geral ou representante. Existem, também, sinais da época desse Anticristo especial, como quando aquele abominável destruidor a que se refere Daniel (Dn 9,27) se erguer no lugar sagrado (Mt 24,15), quando então ocorrerá um tumulto como nunca houve desde o princípio do mundo, nem voltará a haver, pois, "se durasse muito tempo, nenhuma carne se salvaria; mas, por causa dos eleitos, esses dias serão abreviados" (Mt 24,22), serão menos dias. Mas esse cataclismo ainda não aconteceu; imediatamente depois dele, o sol e a lua se obscurecerão, as estrelas cairão e haverá um abalo dos céus, verificando-se, a seguir, o glorioso retorno de nosso Salvador por entre as nuvens (Mt 24,29). Portanto, o Anticristo ainda não chegou, ao passo que muitos papas já vieram e se foram. É certo que o papa, arrogando-se o direito de ditar leis a todos os reis e nações da cristandade, usurpou um reino deste mundo que Cristo não reservou para si, mas nisso nada há de Anticristo, pois ele o faz para Cristo e não como Cristo.

Para provar que o papa é o supremo juiz de todas as questões de fé e de costumes (o que é o mesmo que ser o monarca absoluto de todos os cristãos do mundo), o quarto livro apresenta três proposições. A primeira, que seus juízos são infalíveis; a segunda, que ele pode fazer leis autênticas para punir os que não as respeitam; a terceira, que toda jurisdição eclesiástica foi conferida ao papa de Roma por nosso Salvador.

Para provar a infalibilidade dos juízos do papa, o cardeal Belarmino alega as Escrituras, citando, em primeiro lugar, a passagem de Lc 22,31: "Simão, Simão, Satanás desejou poder peneirar-te como trigo; mas eu orei por ti, para que tua fé não fraqueje; e tu, uma vez convertido, fortalece a teus irmãos". No entender de Belarmino, Cristo concedeu aqui a Simão Pedro dois privilégios: um, de que sua fé não fraquejasse, nem a fé de nenhum de seus sucessores; outro, que nem ele nem nenhum de seus sucessores jamais definiria ponto concernente à fé ou aos costumes de modo errado ou contrariando a definição de um papa anterior. Isso implica uma interpretação estranha e extremamente forçada. Aquele que ler atentamente esse capítulo verificará que não existe passagem em todas as Escrituras que mais contrarie do que essa a autoridade do papa. Quando os sacerdotes e os escribas pretendiam matar nosso Salvador na Páscoa, e Judas estava decidido a traí-lo, nosso Salvador celebrou o sacrifício do Cordeiro Pascal com seus Apóstolos, declarando que não voltaria a fazê-lo até a chegada do Reino de Deus, e acrescentando que um entre eles iria traí-lo. Perguntaram, então, os Apóstolos qual deles seria e, em seguida (dado que a próxima Páscoa que o Mestre iria celebrar seria já como rei), iniciaram uma discussão sobre quem seria nesse dia o maior homem. Então nosso Salvador lhes disse que os reis das nações exerciam domínio sobre seus súditos e eram designados por uma palavra que em hebraico significa generoso: "Mas isso eu não posso ser para vós; deveis servir-vos uns aos outros; eu vos ordeno um reino, mas tal como meu Pai o ordenou a mim; um reino que comprarei com meu sangue, mas que possuirei só após minha segunda vinda; então comereis e bebereis à minha mesa, e sentar-vos-eis em tronos, julgando as 12 tribos de Israel". Dirigindo-se a São Pedro, disse: "Simão, Simão, Satanás tenta, sugerindo uma dominação presente, enfraquecer tua fé no futuro, mas eu orei por ti, para que tua fé não fraqueje. Portanto, tu, nota isto, estando convertido e compreendendo que meu reino é de outro mundo, consolida em teus irmãos essa mesma fé". São Pedro respondeu (como alguém que já não espera nenhuma autoridade neste mundo): "Senhor, estou pronto para ir contigo, não apenas para a prisão, mas também para a morte". Isso evidencia que não foi dada a São Pedro nenhuma jurisdição nesse mundo, mas o encargo de ensinar aos outros Apóstolos que eles também não teriam nenhuma. Quanto à infalibilidade das sentenças definitivas de São Pedro em matéria de fé, o que lhe podemos atribuir, baseando-nos nesse texto, é unicamente que São Pedro devia conservar sua crença nesse ponto: que Jesus voltaria de novo e possuiria o reino no dia do juízo final. Por esse texto, o reino não foi transferido a todos os seus sucessores, posto que continua a ser reclamado até o mundo atual.

A segunda passagem é a de Mt 16,18: "Tu és Pedro, e sobre esta pedra construirei minha Igreja, e os portões do inferno não prevalecerão contra ela". Isso comprova (como já mostramos neste capítulo) que os portões do inferno não prevalecerão contra a confissão de Pedro que deu origem a essa fala, que é: Jesus é Cristo, Filho de Deus.

O terceiro texto é Jo 21,16s: "Alimenta minhas ovelhas", que nada mais contém, senão a missão de ensinar. Se admitirmos que os outros Apóstolos estão incluídos na designação de ovelhas, isso significa o supremo poder de ensinar, mas apenas para o tempo em que não havia soberanos cristãos que já possuíssem essa supremacia. Provei que os soberanos cristãos são, em seus domínios, os supremos pastores, assim instituídos em virtude de terem sido batizados, embora sem nenhuma outra imposição de mãos. Essa imposição, sendo uma cerimônia para designar a pessoa, torna-se, portanto, desnecessária, visto que o soberano já está designado para o poder de ensinar a doutrina que bem entender, por deter, sobre seus súditos, o poder absoluto. Como demonstramos anteriormente, os soberanos são os mestres supremos, em razão de seu cargo, e estão obrigados, por seu batismo, a ensinar a doutrina de Cristo a seu povo. Se o permitem a outros, fazem-no com risco de suas próprias almas, pois será aos chefes de família que Deus pedirá contas da instrução de seus filhos e servos. Foi do próprio Abraão, e não de um contratado, que Deus disse: "Ele ordenará a seus filhos e a sua casa que o sigam, no caminho do Senhor, fazendo justiça e julgamento" (Gn 18,19).

A quarta passagem é Ex 28,30: "Tu porás no peitoral do julgamento o *Urim* e o *Tummim*"; esses termos foram interpretados pelos Septuagintas como *delosin kai alétheian*, isto é, evidência e verdade. O cardeal Belarmino conclui daí que Deus deu ao sumo sacerdote a evidência e a verdade (o que corresponde quase à infalibilidade). Porém, quer se trate da evidência e da verdade, quer se trate de uma advertência ao sacerdote para estimulá-lo a esforçar-se por se informar claramente, dando um julgamento justo, aquilo que foi dado ao sumo sacerdote foi dado ao soberano civil, pois era isso que era, abaixo de Deus, o sumo sacerdote no Estado de

Israel; isso constitui um argumento favorável à evidência e à verdade, isto é, da supremacia eclesiástica dos soberanos civis sobre todos os seus súditos, e contrário ao pretenso poder do papa. São esses todos os textos alegados por ele para provar a infalibilidade de julgamento do papa, no que se refere à fé.

No que concerne à infalibilidade de seu julgamento a respeito dos costumes, o cardeal Belarmino alega o texto de Jo 16,13: "Quando chegar o Espírito da verdade, ele vos guiará até toda a verdade"; nesse trecho, diz o cardeal, toda a verdade significa a verdade necessária à salvação. Com essa mitigação, porém, ele não atribui infalibilidade ao papa mais do que a qualquer pessoa que professe o cristianismo e que, portanto, não será condenada. Pois, se alguém errar em qualquer ponto em que não errar seja necessário para a salvação, é impossível que tal pessoa seja salva; se só esses pontos são necessários à salvação, sem eles é impossível que alguém se salve. No próximo capítulo declararei, com base nas Escrituras, quais são esses pontos. Neste, direi simplesmente que, mesmo que estivesse comprovado que o papa não tem a possibilidade de ensinar algo errado, isso não o autoriza a qualquer jurisdição nos domínios de outro príncipe, a não ser que, ao mesmo tempo, defendamos o ponto de vista de que cada um é obrigado, em sã consciência, a dar trabalho, em todas as ocasiões, ao melhor trabalhador, mesmo que tenha prometido esse trabalho a um outro, anteriormente.

Apoiando-se nos textos, o cardeal Belarmino alega em seguida, com base na razão, o seguinte: se o papa pode errar nas coisas necessárias, então Cristo não tomou as providências suficientes para a salvação da Igreja, pois lhe ordenou que seguisse as indicações do papa. Essa razão só teria validade se o cardeal provasse quando e onde Cristo deu tal ordem, ou tomou conhecimento de algum papa. Mesmo que admitamos ter sido dado ao papa tudo quanto foi dado a São Pedro, não seria justo, uma vez que não há nas Escrituras nenhuma ordem para obedecer a São Pedro, obedecer às ordens do papa quanto elas contrariassem as de seu soberano legítimo.

Enfim, nem a Igreja nem o próprio papa declararam que ele é o soberano civil de todos os cristãos do mundo.

Assim, os cristãos não são todos obrigados a reconhecer sua jurisdição em matéria de costumes, pois a soberania civil e a suprema judicatura referentes às controvérsias de costumes são uma e a mesma coisa. Quem faz as leis civis não apenas declara, mas também institui a justiça e a injustiça das ações humanas, pois não existe nada nos atos dos homens que os faça íntegros ou iníquos, a não ser sua conformidade com a lei do soberano. No momento em que o papa reclama a supremacia quanto às controvérsias relativas aos atos humanos, está ensinando os homens a desobedecerem ao soberano civil; essa é uma doutrina errônea e contrária aos muitos preceitos de nosso Salvador e de seus Apóstolos, transmitidos pelas Escrituras.

O cardeal Belarmino invoca diversas passagens para provar que o papa tem o poder de fazer leis. Primeiramente, Dt 17,12: "O homem que age presunçosamente, não obedecendo ao sacerdote, que ali está para ministrar perante o Senhor teu Deus, ou perante o juiz, esse homem morrerá, e tu farás desaparecer o mal de Israel". A réplica a isso é que o supremo sacerdote (imediatamente abaixo de Deus) era o soberano civil, e a ele cabia constituir todos os juízes. Então, essas palavras significam o seguinte: "O homem que ousar desobedecer ao soberano civil do momento ou a qualquer de seus funcionários na execução de suas funções morrerá", etc.; isso contraria o poder universal do papa e é, decididamente, a favor da soberania civil.

O cardeal alega, em segundo lugar, Mt 16: "Tudo o que unires", etc., e interpreta esse unir como o mesmo que é atribuído aos escribas e fariseus: "Eles atam pesados fardos, duros de carregar, e põem-nos aos ombros dos homens" (Mt 23,4), o que significa, segundo ele, fazer leis, concluindo daí que o papa pode fazer leis. Tal afirmação afeta apenas o poder legislativo dos soberanos civis, já que os escribas e fariseus sentavam-se na cadeira de Moisés, mas Moisés era abaixo de Deus o soberano do povo de Israel, e foi por isso que nosso Salvador ordenou a este que fizesse tudo o que eles dissessem, mas não tudo o que eles fizessem. Ou seja, que não seguissem seus exemplos, mas obedecessem a suas leis.

A terceira passagem é Jo 21,16: "Alimenta minhas ovelhas"; isso não significa poder para fazer leis, mas uma ordem para ensinar. Ao senhor da família compete fazer as leis e, usando sua própria discrição, escolher o capelão e, ainda, o professor que ensinará a seus filhos.

A quarta passagem, Jo 20,21, é contrária ao próprio cardeal. As palavras são: "Como meu Pai me enviou a mim, eu vos envio a vós". Mas nosso Salvador foi enviado para redimir (com sua morte) os que acreditassem, assim como para prepará-los, por meio de sua pregação e da dos Apóstolos, para que pudessem entrar em seu reino; como ele mesmo disse, esse reino não era deste mundo, e por isso ele nos ensinou a orar por seu retorno futuro; não disse aos Apóstolos quando isso aconteceria (At 1,6s), mas que, nesse momento, os 12 Apóstolos se sentariam em 12 tronos (talvez cada um deles tão alto como o de São Pedro), para julgar as 12 tribos de Israel. Como Deus Pai não incumbiu nosso Salvador de fazer leis neste mundo, concluímos, com base no texto, que nosso Salvador também não enviou São Pedro para fazer leis na terra, mas para convencer os homens a esperarem, com fé inquebrantável, sua segunda vinda; sendo súditos, deveriam obedecer a seus príncipes e, sendo príncipes, crer em si próprios e se esforçar para fazer com que seus súditos acreditassem nisso, o que significa uma missão episcopal. Portanto, essa passagem é favorável à atribuição da supremacia eclesiástica à soberania civil, contrariando as conclusões a que chegou o cardeal Belarmino.

At 15,28 é a quinta passagem: "Pareceu bem ao Espírito Santo e a nós não vos impor um fardo maior do que o necessário: que vos abstenhais das carnes oferecidas em sacrifício aos ídolos, do sangue, das carnes estranguladas e da fornicação". Impor um fardo deve ser interpretado como ato do poder legislativo. Porém, lendo esse texto, quem poderia dizer que essa forma de expressão utilizada pelos Apóstolos não pode ser empregada com igual propriedade tanto para dar conselho quanto para fazer leis? A fórmula da lei é "nós ordenamos", mas "pareceu bem" é a forma usual daquele que se limita a dar conselho. Quem dá conselho impõe, de qualquer forma, um fardo, embora seja condicional, isto é, dependa de quem recebe esse conselho desejar ou não alcançar sua finalidade. Esse é o caso do fardo de se abster das carnes estranguladas e do sangue, que não é absoluto, mas serve apenas para o caso de a pessoa não querer errar. Mostrei anteriormente (capítulo XXV) que o que distingue uma lei de um conselho é o seguinte: a razão de uma lei é o desígnio e o benefício de quem a prescreve, ao passo que a razão de um conselho é o desígnio e o benefício daquele a quem é dado o conselho. No presente caso, os Apóstolos visam a salvação, o benefício dos gentios convertidos, e não seu próprio benefício; realizados seus propósitos, eles teriam sua recompensa, fossem ou não obedecidos. Por conseguinte, os atos desse concílio eram conselhos, e não leis.

A sexta passagem é a de Rm 13: “Que cada alma se sujeite aos poderes superiores, pois não há poder a não ser o de Deus”. Segundo o cardeal, isso não se aplica somente aos príncipes seculares, mas também aos príncipes eclesiásticos. A réplica é, em primeiro lugar, que os únicos príncipes eclesiásticos que existem são aqueles que são, também, soberanos civis, e que seus principados não ultrapassam o limite de sua soberania civil; fora desses limites, eles podem ser aceitos como doutores, mas não reconhecidos como príncipes. Se o Apóstolo tivesse desejado dizer que devemos ser súditos tanto de nossos próprios príncipes como do papa, estaria pregando uma doutrina que o próprio Cristo disse ser impossível: servir a dois senhores. Não obstante o Apóstolo dizer em outra passagem: “Escrevo estas coisas estando ausente, pois, se estivesse presente, usaria de dureza, de acordo com o poder que me deu o Senhor”, isso não significa reclamar o poder de punir a qualquer de seus destinatários condenando-os à morte, à prisão, ao banimento, ao açoitamento ou a uma multa; significa, sim, simplesmente, o poder de excomungar, que, sem o poder civil, não significa outra coisa senão abandonar a companhia do excomungado e não ter com ele maior contato do que com um pagão ou um publicano. Essa penalidade, em muitas ocasiões, pode ser maior para o excomungante do que para o excomungado.

A sétima passagem é 1Cor 4,21: "Devo ir a vós com uma vara ou com amor e espírito de clemência?" Novamente, aqui, o que o Apóstolo pretende dizer com "uma vara" não é o poder que um magistrado tem para punir os criminosos, mas apenas o poder da excomunhão; por sua natureza, a excomunhão não é uma punição, mas tão somente uma denúncia da punição que Cristo virá a infligir, quando estiver de posse de seu reino, no dia do juízo. Mas, até mesmo nesse dia, não será propriamente uma punição como a que é aplicada a um súdito que infringiu a lei, mas, antes, uma vingança, como a que é aplicada a um inimigo ou a um rebelde que nega o direito de nosso Salvador a seu reino. Não fica provado o poder legislativo do bispo que não possuir também o poder civil.

A oitava passagem é 1Tm 3,2: "Um bispo deve ser marido de uma só mulher, vigilante, sóbrio", etc., o que, segundo o cardeal Belarmino, é uma lei. Acredito que ninguém pode fazer leis para a Igreja, a não ser o monarca da Igreja, isto é, São Pedro. Suponhamos que esse preceito tenha sido formulado pela autoridade de São Pedro. Mesmo assim, não vejo razão para chamar-lhe lei e não conselho, uma vez que Timóteo não era súdito, mas apenas discípulo de São Paulo; os membros do rebanho que Timóteo tinha a seu cargo também não eram súditos de seu reino, mas seus alunos na escola de Cristo. Se todos os preceitos que São Paulo deu a Timóteo fossem leis, não seria também uma lei "não beber mais água, mas usar um pouco de vinho, por ser mais saudável"? Por que os preceitos dos bons médicos também não são leis? Não é o modo imperativo de falar, mas a sujeição absoluta a uma pessoa que transforma um preceito em lei.

A nona passagem, 1Tm 5,19: "Contra um ancião, não aceites acusação, a não ser diante de duas ou três testemunhas", também não é uma lei, mas um sábio preceito.

A décima passagem é Lc 10,16: "Aquele que vos ouve, ouve a mim, e aquele que vos despreza, despreza a mim". Sem sombra de dúvida, quem despreza o conselho dos que são enviados por Cristo despreza o conselho do próprio Cristo. Mas aqueles que Cristo enviou não foram ordenados pastores pela autoridade legítima? Quem foi legitimamente ordenado, se não o foi pelo soberano pastor? E quem é ordenado pelo soberano pastor, num Estado cristão, se não foi ordenado pela autoridade do soberano desse Estado? Concluímos dessa passagem que aquele que ouve a seu soberano, se ele é cristão, ouve a Cristo, e que quem despreza a doutrina autorizada por seu rei, sendo ele cristão, despreza a doutrina de Cristo (Belarmino pretendeu provar o contrário). Nada disso, entretanto, tem alguma coisa a ver com as leis. Na qualidade de pastor e de mestre de seus súditos, um rei cristão não converte suas doutrinas em leis. Se ele não pode obrigar as pessoas a acreditarem, pode, enquanto soberano civil, fazer leis compatíveis com sua doutrina, obrigando, então, os homens a certas ações; ações que, de outra maneira, eles não praticariam; o rei não deveria ordenar os pontos de sua doutrina, mas, na medida em que os ordena, eles se convertem em leis. Os atos praticados em obediência a essas leis, sem aprovação interior, são ações do soberano, e não do súdito, que, nesse caso, é apenas um instrumento, não agindo espontaneamente, mas observando as ordens de Deus relativas à obediência aos reis soberanos.

A décima primeira passagem é toda vez que os Apóstolos usam alguma palavra que costuma ser usada com o significado de uma ordem para designar um conselho, ou quando chamam de obediência a aceitação de seus conselhos. Assim, há quem invoque 1Cor 11,2: "Recomendo-vos que guardeis meus preceitos tais como vo-los dei". Em grego, essa frase diz: "Recomendo-vos que guardeis aquilo que vos dei como eu vo-los dei", o que não passa de um bom conselho, não sendo, portanto, uma lei. E, em 1Ts 4,2: "Sabeis que mandamentos vos demos", a frase grega diz: *parangelías edókamen*, equivalente a *paredókamen*, "o que vos entregamos", como na passagem anteriormente aludida, o que não prova que as tradições dos Apóstolos fossem outra coisa, senão conselhos. Embora o versículo 8 diga: "Aquele que os despreza não despreza a ninguém senão a Deus", efetivamente nosso Salvador não veio para julgar, isto é, para ser rei deste mundo, mas para sacrificar-se pelos pecadores e para deixar em sua Igreja doutores que guiassem, e não que arrastassem os homens para

Cristo; nosso Salvador jamais aceitou atos forçados (como os produzidos pela lei), mas a conversão interior do coração, que é obra dos conselhos e da doutrina, e não das leis.

Também em 2Ts 3,14: "Se algum homem não obedecer a nossa palavra nesta epístola, assinala-o e não aceites sua companhia, para que ele possa vir a se envergonhar", em razão da palavra obedecer, o cardeal Belarmino pretendeu inferir que essa epístola era uma lei para os tessalonicenses. Indubitavelmente, as epístolas dos imperadores eram leis; assim, se os cristãos tivessem de obedecer também à Epístola de São Paulo, estariam obedecendo a dois senhores. A palavra obedecer, que em grego é *hypakoúei*, significa *dar ouvidos a* ou *pôr em prática* não somente aquilo que é ordenado por quem tem o direito de castigar, mas também aquilo que é apresentado sob a forma de conselho, visando nosso bem. São Paulo não manda matar, bater, prender ou multar o desobediente, como o fazem os legisladores, mas ordena que evitem sua companhia, para envergonhá-lo; está claro, pois, que era sua reputação entre os fiéis que os cristãos respeitavam, e não o império de um Apóstolo.

Como última passagem, temos Hb 13,17: "Obedecei a vossos chefes e submetei-vos a eles, pois eles velam por vossas almas, já que terão de prestar contas delas". Aqui, igualmente, devemos entender por obediência seguir seus conselhos, pois a razão de nossa obediência não deriva da vontade e do mando de nossos pastores, mas de nosso próprio benefício, pois o que eles visam é salvar nossas almas, e não exaltar seu próprio poder e autoridade. Se todas as coisas que eles ensinam fossem leis, o poder legislativo estaria a cargo não apenas do papa, mas de cada pastor em sua paróquia. Por outro lado, os que são obrigados a obedecer a seus pastores não têm o poder de examinar suas ordens. Que dizer a São João, que nos manda "não obedecer a todo espírito, mas provar a cada um para saber se são de Deus, pois andam pelo mundo muitos falsos profetas" (1Jo 4,1)? Fica claro, assim, que podemos contestar as doutrinas de nossos pastores; mas não contestar uma lei. As ordens dos soberanos civis são confirmadas como leis sob todos os aspectos. Se alguém, além deles, puder elaborar leis, teremos o fim do Estado e, consequentemente, da paz e da justiça, contrariando todas as leis divinas ou humanas. Não é possível concluir nada, com base nessa ou em qualquer outra passagem das Escrituras, que prove que são leis os decretos do papa, se ele não detiver também a soberania civil.

O último ponto que o cardeal pretende provar é que Cristo, nosso Salvador, confiou a jurisdição eclesiástica imediatamente ao papa, e a mais ninguém. Com isso, o cardeal não aborda a questão da supremacia entre o papa e os reis cristãos, mas entre o papa e os outros bispos. Primeiramente, diz estar estabelecido que a jurisdição dos bispos é, em sentido geral, *de jure divino*, isto é, pelo direito de Deus. Como prova, cita São Paulo, Ef 4,11, em que está escrito que Cristo, após sua ascensão aos céus, "concedeu dons aos homens, uns como apóstolos, outros como profetas, outros como evangelistas, outros como pastores e outros como mestres"; disso o cardeal infere que eles tinham sua jurisdição pelo direito de Deus, mas a passagem não garante que tal jurisdição lhes venha imediatamente de Deus, e, sim, por intermédio do papa. Se dissermos que alguém tem sua jurisdição *de jure divino*, mas não imediatamente, que jurisdição legítima, ainda que só civil, poderia existir num Estado cristão sem ser ao mesmo tempo *de jure divino*? O poder civil é conferido aos reis cristãos diretamente por Deus, e os magistrados sob eles exercem seus cargos em razão dessa delegação; o que fazem nesse exercício não é menos *de jure divino mediato* do que o que fazem os bispos em razão da ordenação do papa. O poder legítimo é imediatamente divino no supremo governante, e mediatamente, nos que têm autoridade abaixo da dele. Se não reconhecemos que todo funcionário do Estado tem seu cargo pelo direito de Deus, torna-se impossível concluir que, da mesma forma, além do papa, também o tenha qualquer bispo.

Podemos chamar de uma contenda *de lana caprina*[1] toda essa disputa que pretende provar que Cristo atribuiu

[1] "Lã de cabra", em latim. A expressão designa um assunto de pouca importância. (N. do E.)

a jurisdição apenas ao papa, ou também a outros bispos, se considerarmos a jurisdição fora dos locais em que o papa detém a soberania civil. Ninguém, a não ser os soberanos, pode ter qualquer espécie de jurisdição. Isso porque jurisdição significa o poder de ouvir e decidir os litígios entre os homens, não podendo, portanto, pertencer a ninguém a não ser àquele que possui o poder de prescrever as regras do bem e do mal, isto é, de fazer as leis e obrigar os homens, com a espada da justiça, a obedecer a suas decisões, tanto as que foram proferidas por ele mesmo quanto as provenientes dos juízes que nomeou para esse fim. Portanto, apenas o soberano civil poderá fazê-lo com legitimidade.

Ao alegar, baseado no capítulo 6 de Lucas, que nosso Salvador mandou reunir seus discípulos e escolheu 12 homens aos quais chamou Apóstolos, Belarmino prova apenas que Cristo os elegeu (com exceção de Matias, Paulo e Barnabé), e lhes deu poder e mando para que pregassem, mas não para que julgassem litígios entre os homens. Julgar litígios é um poder que Cristo recusou assumir, dizendo: "Quem fez de mim um juiz ou um divisor, entre vós?", e, em outra passagem: "Meu reino não é deste mundo". Assim, quem não tem poder para ouvir e decidir os litígios entre os homens não tem, igualmente, qualquer tipo de jurisdição. Entretanto, Deus lhes deu poder para pregar e batizar em qualquer parte do mundo, desde que o soberano legítimo não o proibisse, uma vez que devemos obediência a nosso soberano, em todas as coisas, conforme Cristo e seus Apóstolos expressamente nos ordenaram.

São inúteis todos os argumentos mediante os quais o cardeal Belarmino pretende provar que os bispos recebem do papa sua jurisdição, porque o próprio papa não tem nenhuma jurisdição nos domínios dos outros príncipes. Como, porém, tais argumentos provam, ao contrário, que todos os bispos recebem de seus soberanos civis a jurisdição que têm, sinto-me obrigado a enumerá-los.

O primeiro encontra-se em Nm 11, quando Moisés, incapaz de arcar sozinho com todo o fardo da administração dos negócios do povo de Israel, recebeu de Deus a ordem de escolher 70 anciãos, e Deus tomou uma parte do espírito de Moisés para dá-la a esses 70 anciãos. Isso não quer dizer que Deus enfraqueceu o espírito de Moisés, o que de nada serviria, mas que os anciãos receberam dele sua autoridade. Belarmino interpreta de maneira fiel e sincera essa passagem. Mas, como Moisés tinha toda a soberania no Estado dos judeus, é evidente que eles receberam do soberano civil sua autoridade e, portanto, a passagem prova que os bispos recebem sua autoridade do soberano civil, nos Estados cristãos, e, do papa, apenas nos territórios em que o papa é soberano, e em nenhum outro Estado ou território.

O segundo argumento vem da natureza da monarquia; nela, toda a autoridade está nas mãos de uma só pessoa, sendo a autoridade dos demais emanada desta. O cardeal Belarmino diz que o governo da Igreja é monárquico. Isso milita em favor dos monarcas cristãos; sendo que eles são realmente monarcas de seu próprio povo, isto é, de sua própria Igreja (porque a Igreja é a mesma coisa que um povo cristão), o poder do papa não é monárquico, nem tem nada de *árquico* ou de crático, sendo apenas didático, mesmo no caso de São Pedro, pois Deus aceita apenas obediência voluntária, nunca forçada.

O terceiro argumento está assentado no fato de a sé de São Pedro ser chamada por São Cipriano a cabeça, a fonte, a raiz, o sol de onde deriva a autoridade dos bispos. Entretanto, conforme a lei natural, que é um princípio do bem e do mal melhor do que a palavra de qualquer doutor, que é apenas um homem, o soberano civil de cada Estado é a cabeça, a fonte, a raiz, o sol de onde deriva toda jurisdição. Assim, deriva do soberano civil a jurisdição dos bispos.

O quarto argumento está baseado na desigualdade entre as jurisdições. Porque, se Deus (diz o cardeal) a tivesse dado diretamente, teria conferido, ao mesmo tempo, igualdade de jurisdição e de ordem; vemos, porém, que alguns são bispos de apenas uma cidade e outros de uma centena de cidades, e outros, ainda, de províncias inteiras, sendo que não são determinadas por ordem de Deus essas diferenças. Sua jurisdição não vem de Deus, mas do homem; ela é maior ou menor conforme o desejo do príncipe da Igreja. Se o cardeal tivesse provado que o papa é detentor de uma jurisdição universal sobre todos os cristãos, esse argumento teria servido a seus propósitos, mas, como não o provou, e é de nosso conhecimento que a ampla jurisdição do papa lhe foi conferida por aqueles que a detinham, isto é, os imperadores de Roma (o patriarca de Constantinopla, baseado no mesmo título, ou seja, de ser bispo da capital do império e sede do imperador, pretendeu igualá-lo), segue-se que todos os bispos recebem sua jurisdição dos soberanos dos lugares em que a exercem. Assim, eles não possuem autoridade *de jure divino*, tal como o papa, que só tem autoridade *de jure divino* onde exerce, também, o cargo de soberano civil.

Já o quinto argumento é: "O papa não pode tolher a jurisdição dos bispos, pois eles a recebem imediatamente de Deus; ele, papa, não pode contrariar o que foi determinado por Deus", estando isso devidamente provado. "Porém", diz o cardeal, "o papa pode fazê-lo, e já o fez". Isso também é admissível, se ele o fizer em seus domínios, ou mesmo no domínio de qualquer outro príncipe que lhe tenha outorgado esse poder, mas não universalmente, como um direito do papado. Esse poder pertence a cada soberano cristão, dentro das fronteiras de seu império, sendo, portanto, inseparável da soberania. Antes de o povo de Israel (por ordem de Deus a Samuel) ter-se submetido a um rei, da mesma forma que as demais nações, o governo civil era exercido pelo sumo sacerdote, e só ele podia nomear ou depor um sacerdote subalterno. Posteriormente, esse poder foi transferido ao rei, como provado pelo próprio argumento de Belarmino. Se o sacerdote (sumo sacerdote ou qualquer outro) recebesse sua jurisdição imediatamente de Deus, o rei não a poderia tirar, pois nada podemos fazer contrariando o que é determinado por Deus. Sabemos, entretanto, que o rei Salomão privou de seu cargo o sumo sacerdote Abiatar (1Rs 2,26s), pondo Sadoc em seu lugar (1Rs 2,35). Portanto, os reis podem, igualmente, quando o desejarem, ordenar e demitir os bispos, se isso tiver por finalidade o bom governo de seus súditos.

Temos como sexto argumento: se os bispos têm sua jurisdição *de jure divino* (quer dizer, recebida imediatamente de Deus), os que o afirmam deveriam prová-lo por meio de alguma palavra de Deus, mas não podem apresentar nenhuma. Nada tenho a dizer contra esse argumento, mas ele não é mais válido do que o argumento que prova que o papa não tem jurisdição nos domínios de outro príncipe.

Finalmente, o cardeal Belarmino apresenta como argumento o testemunho de dois papas, Inocêncio e Leão. Não tenho dúvidas de que ele poderia ter invocado, pelos mesmos motivos, os testemunhos de quase todos os papas desde São Pedro. Considerado que todo ser humano tem amor ao poder, aquele que for eleito papa, quem quer que seja ele, não poderá evitar a tentação de sustentar essa opinião. Entretanto, poderiam apenas prestar testemunho de si mesmos, portanto inválidos, como o fizeram Inocêncio e Leão.

Em seu quinto livro, o cardeal Belarmino apresenta quatro conclusões. A primeira é: o papa não é senhor do mundo inteiro. A segunda: o papa não é senhor de todo o mundo cristão. A terceira: o papa, fora de seu território, não tem diretamente nenhuma jurisdição temporal. Essas três conclusões podem ser tranquilamente aceitas. A quarta, que diz que o papa, nos domínios dos outros príncipes, tem, indiretamente, o supremo poder temporal, eu nego, a não ser que, por "indiretamente", o cardeal quisesse dizer que esse poder foi obtido por meios indiretos; só nesse caso essa conclusão poderia ser acatada. Suponho que, ao dizer que o papa tem esse poder indiretamente, quis referir-se ao fato de que essa jurisdição temporal lhe pertence de direito, e de que esse direito é apenas uma consequência de sua autoridade pastoral, não podendo ser exercido se não tivesse essa autoridade. O supremo poder civil, portanto, está ligado ao poder pastoral (chamado espiritual), tendo o soberano civil, assim, o direito de tirar o reino de uns para dá-los a outros, se isso contribuir para a salvação das almas.

Seria conveniente examinar as consequências dessa doutrina, para que príncipes e governantes, detentores da soberania civil em seus diversos Estados, possam avaliar, por si mesmos, se é conveniente aceitá-las e se elas contribuem para o bem de seus súditos, do qual terão de prestar contas no dia do juízo. Nós o fazemos a seguir, antes de verificar com quais argumentos o cardeal pretende provar essa doutrina.

Ao dizer que o papa, nos domínios de outros príncipes, não tem diretamente o supremo poder civil, entendemos que o papa não o reclama com base na submissão original daqueles que serão governados, como o fazem os demais governantes civis. É evidente, e já suficientemente demonstrado neste tratado, que o direito de todos os soberanos deriva originariamente do consentimento de cada um dos que serão governados, tenham sido os soberanos escolhidos para defender a comunidade de um inimigo, como quando há uma concordância geral em designar um homem ou uma assembleia para proteger o povo, ou como forma de salvar a própria vida, mediante a submissão a um conquistador inimigo. Quando o papa renuncia à posse direta do supremo poder civil sobre os outros Estados, nega unicamente ter adquirido seu direito desse modo. Mas ele o exige de outra maneira, que consiste (sem o consentimento dos que serão governados) num direito que lhe foi dado por Deus (indiretamente, como o cardeal diz), ao assumir o papado. Independentemente da maneira como foi adquirido, o poder continua sendo o mesmo, podendo o papa (se isso lhe for concedido como um direito) depor príncipes e governantes, se for preciso, para salvar as almas, como e quando julgar necessário, pois se considera o único a deter o poder de julgar. Essa não é apenas a doutrina de Belarmino, na obra citada, mas a que muitos doutores ensinam em seus sermões e livros, e que também decretaram vários concílios, e que os papas puseram em prática, sempre que a ocasião foi propícia. O quarto Concílio de Latrão, realizado sob o papa Inocêncio III, estabeleceu o seguinte cânon (*De Haeretici*, capítulo 3): "Se, apesar de admoestado pelo papa, um rei deixar de expurgar seu reino dos hereges e, depois de ter sido excomungado por isso, não prestar satisfação dentro de um ano, seus súditos ficarão dispensados de prestar-lhe obediência". Isso foi posto em prática em diversas ocasiões, como na deposição de Chilperico, rei da França, na translação do Império Romano para Carlos Magno, na opressão do rei João, da Inglaterra, na transferência do reino de Navarra e, em anos mais recentes, na liga contra Henrique III, da França, e em muitos outros casos. Acredito que poucos príncipes não considerem isso injusto e inconveniente; entretanto, gostaria que todos eles decidissem se querem ser reis ou súditos. Os homens não podem servir a dois senhores. Os príncipes devem, portanto, aliviá-los, seja tomando completamente em suas mãos as rédeas do governo, seja deixando-as inteiramente nas mãos do papa, a fim de que os que desejam ser obedientes sejam protegidos em sua obediência. Não passa de palavras essa distinção entre o poder temporal e o poder espiritual. Sob todos os aspectos, é muito perigosa a divisão do poder, partindo-o em poder indireto e poder direto. Mas vamos aos argumentos do cardeal Belarmino.

O primeiro é: "O poder civil está sujeito ao poder espiritual. Portanto, o detentor do supremo poder espiritual tem o direito de mando sobre os príncipes temporais, e o de dispor de suas temporalidades tendo em vista o espiritual". No que diz respeito à distinção entre o temporal e o espiritual, é necessário examinar em que sentido podemos dizer inteligivelmente que o poder temporal ou civil está sujeito ao espiritual. Essas palavras podem ser compreendidas de duas maneiras diferentes: quando dizemos que um poder está sujeito a outro, isso significa que quem tem um deles está sujeito a quem tem o outro ou, então, que um dos poderes está para o outro como um meio está para um fim. Podemos dizer que é incompreensível que um poder tenha poder sobre outro, ou que um poder tenha direito de mando sobre outro, considerando que a sujeição, o mando e o direito são acidentes de pessoas, e não de poderes. Tal como a arte do seleiro está subordinada à do cavaleiro, um poder pode estar subordinado a outro. Se o governo civil é instituído para nos conduzir à felicidade espiritual, isso não quer dizer que, se um rei tiver o poder civil e o papa o poder espiritual, o rei seja obrigado a obedecer ao papa, do mesmo modo que o seleiro não é obrigado a obedecer ao cavaleiro. Da mesma forma que, da subordinação de uma arte, não podemos inferir a sujeição do mestre, assim também, da subordinação de um governo, não podemos inferir a sujeição de um governante. Logo, quando o cardeal argumenta que o poder civil deve estar sujeito ao poder espiritual, isso significa que o soberano civil está sujeito ao espiritual. Assim, o soberano civil está sujeito ao soberano espiritual e, portanto, o príncipe espiritual exerce poder de comando sobre os príncipes temporais. A conclusão seria essa mesma, se a antecedente tivesse sido provada. Para provar sua conclusão, o cardeal alega, em primeiro lugar, este motivo: "Reis e papas, clero e leigos constituem um único Estado, isto é, uma única Igreja. E em todos os corpos os membros dependem uns dos outros. Entretanto, as coisas espirituais não dependem das coisas temporais; portanto, as temporais dependem das espirituais, devendo-lhes sujeição". Há dois erros crassos nessa argumentação. Um refere-se ao fato de dizer que todos os reis cristãos, papas, clero e todos os outros cristãos constituem um único Estado. Entretanto, a França é um Estado, a Espanha, outro, Veneza, outro, e assim por diante. E esses Estados são constituídos por cristãos, sendo, portanto, outros tantos corpos de cristãos, ou seja, outras tantas Igrejas. Seus soberanos são seus representantes, e com isso são capazes de comandar e obedecer, de fazer e de padecer, tal como um homem natural. Numa Igreja geral ou universal não é assim, enquanto não houver um representante; ela não o tem na terra e, se assim fosse, toda a cristandade seria um só Estado, sendo o soberano seu representante nas coisas espirituais e nas temporais. Para que o papa se torne esse representante, seriam necessárias três coisas que nosso Salvador não lhe conferiu: mandar, julgar e castigar (exceto pela excomunhão, separando-se de quem com ele se recusa a aprender). Mesmo que o papa fosse o único vigário de Cristo, ele não poderia exercer seu governo antes da segunda vinda de nosso Salvador. Igualmente, não será o papa, mas o próprio São Pedro, juntamente com os outros Apóstolos, quem será o juiz do mundo.

O outro erro é dizer que os membros de cada Estado dependem uns dos outros, tal como num corpo natural. A bem da verdade, existe uma coesão entre eles, mas dependem apenas do soberano, que representa a alma do Estado, o qual, na sua ausência, se desagregaria numa guerra civil, pois deixaria de haver união entre os homens, por falta de uma dependência comum em relação a um soberano reconhecido. Da mesma forma, por falta de uma alma que os conserve unidos, os membros do corpo natural se desagregam no pó. Não há nessa comparação nada de onde possamos inferir a dependência dos leigos em relação ao clero, ou dos funcionários temporais em relação aos espirituais; daí inferimos, apenas, a dependência de ambos em relação ao soberano civil; sem dúvida, este deve orientar suas ordens civis para salvar as almas, mas nem assim se submete a ninguém, a não ser a Deus. Portanto, é uma mentira essa argumentação, que apenas serve para enganar os que não sabem distinguir entre a subordinação das ações em vista de um fim e a sujeição das pessoas a outras na administração dos meios. Isso porque, para todo fim, os meios são determinados pela natureza, ou pelo próprio Deus, sobrenaturalmente, mas o poder para fazer os homens empregarem os meios, em todas as nações, é atribuído (pela lei natural, que determina o cumprimento da palavra dada) ao soberano civil.

O segundo argumento é: "Todo Estado, supondo que seja perfeito e suficiente em si mesmo, pode mandar em qualquer outro Estado que não lhe esteja sujeito, forçando-o a mudar a administração do governo; mais ainda, pode depor o príncipe e pôr outro em seu lugar, se de outro modo não puder defender-se contra as injúrias que esse príncipe pretende fazer-lhe. Maior direito tem ainda um Estado espiritual, por sua vez, de ordenar a um Estado temporal que mude a administração de seu governo, ou mesmo de depor o príncipe e instituir outro, se não tiver outro modo de defender o bem espiritual".

Para se defender das injúrias, um Estado pode, legitimamente, fazer tudo o que o cardeal afirmou, pois é verdade e já foi suficientemente demonstrado em tudo o que precede. Se pudesse existir hoje, no mundo, um Estado espiritual, diverso de um Estado civil, então seu príncipe poderia defender-se e garantir-se por meio da guerra, se lhe fosse feita injúria ou se lhe faltasse garantia de que não lhe seria feita injúria no futuro. Isso consiste em depor, matar ou subjugar ou praticar qualquer ato de hostilidade. Por esse mesmo motivo, um soberano civil, diante de injúrias ou pelo temor a elas, poderia declarar guerra legitimamente ao soberano espiritual. Isso ultrapassa o que o cardeal Belarmino gostaria de inferir de suas próprias proposições.

Na verdade, não há neste mundo um Estado espiritual, pois isso significa o reino de Cristo, que ele mesmo disse não ser deste mundo. Tal reino deverá existir no outro mundo, na ressurreição, quando os que viveram justamente e acreditaram que ele era o Cristo se erguerem como corpos espirituais (apesar de terem morrido como corpos naturais). Nosso Salvador julgará então o mundo e vencerá seus adversários, fundando um Estado espiritual. Uma vez que não existem na terra homens cujos corpos sejam espirituais, não pode haver nenhum Estado espiritual entre homens que subsistem carnalmente, a menos que chamemos de Estado aos pregadores que têm a missão de ensinar e preparar os homens para sua recepção no reino de Cristo, quando ele ressuscitar, o que, como já demonstramos, não se trata de um Estado.

Temos como terceiro argumento: "Não é legítimo que cristãos tolerem um rei infiel ou herege, se ele se esforçar parar conduzi-los a sua heresia ou infidelidade. O papa deverá julgar o rei que tenta arrastar seus súditos para a heresia; ele terá o direito de tomar decisões sobre a deposição do príncipe".

Todas essas afirmações são falsas, uma vez que os cristãos (ou homens de qualquer religião), se não tolerarem seu rei, seja qual for a lei que ele faça, mesmo sendo referente à religião, faltarão a sua palavra, contrariando a lei divina, tanto natural quanto positiva. Apenas o soberano civil poderá julgar as heresias, pois elas são apenas uma opinião pessoal, mantida com obstinação, contrariando a opinião que a pessoa pública (o representante do Estado) ordenou que fosse ensinada. Fica evidente que não pode ser uma heresia uma opinião publicamente escolhida para ser ensinada, nem o soberano príncipe que a autorizou é um herege; hereges são apenas os indivíduos particulares que obstinadamente defendem uma doutrina proibida por seus soberanos legítimos.

Pretendendo provar que os cristãos não devem tolerar reis infiéis ou hereges, o cardeal invoca a passagem do Deuteronômio em que os judeus foram proibidos por Deus de escolherem um estrangeiro, ao estabelecerem um rei para governá-los (Dt 17). Disso o cardeal infere que é ilegítimo um cristão escolher um rei que não seja cristão. É verdade que o homem que é cristão, isto é, que já se obrigou a aceitar nosso Salvador como seu rei, tentará demasiado a Deus se vier a escolher neste mundo um rei que ele tem a certeza de que procurará dissuadi-lo de sua fé, seja pelo terror, seja pela persuasão. Mas é muito perigoso, também, diz o cardeal, eleger um rei que não seja cristão e não depô-lo, depois de já escolhido. Eu digo que a questão, aí, não está no perigo de deixar de depor o soberano, mas na justiça de depô-lo. Em alguns casos, escolhê-lo poderá ser injusto, mas depô-lo, quando já tiver sido escolhido, não pode, de forma alguma, ser justo. Isso seria uma violação de fé e, portanto, é contrário à lei natural, que é a eterna lei de Deus. De outra parte, não há nenhum registro de que determinada doutrina tivesse sido considerada cristã no tempo dos Apóstolos, nem no tempo dos imperadores romanos, antes de os papas serem os detentores da soberania civil em Roma. Quanto a isso, responde o cardeal que os cristãos de então não depuseram Nero, nem Diocleciano, nem Juliano, nem o ariano Valente, simplesmente por carecerem de forças temporais. É possível, mas por acaso nosso Salvador, que poderia contar com a ajuda de 12 legiões de anjos imortais e invulneráveis, bastando invocá-la, carecia de forças para depor a César, ou a Pilatos, que, injustamente, sem constatar que ele tivesse cometido qualquer falta, o entregou aos judeus para que fosse crucificado? Ou, se os Apóstolos necessitavam de poder temporal para depor a Nero, seria preciso que eles, em suas epístolas aos cristãos neófitos, os ensinassem (como o fizeram) a obedecer aos poderes constituídos acima deles (dos quais Nero era, naquele tempo, um exemplo), e lhes dissessem que lhes deviam obediência, não por temer sua ira, mas por motivos de consciência? Podemos afirmar que eles não só obedeciam, mas também ensinavam coisas em que não acreditavam, por falta de força? Esse não seria o motivo, pois os cristãos deviam, por questão de consciência, tolerar seus príncipes pagãos (não pode ser chamado herege alguém cuja doutrina é pública) ou os demais príncipes que autorizavam o ensino de um erro. Quanto ao poder temporal do papa, quando o cardeal alega, mais adiante, que São Paulo nomeou juízes, sob os príncipes pagãos daquele tempo, alguns que não haviam sido ordenados por esses príncipes (1Cor 6), isso não é verdade, pois o que São Paulo fez foi limitar-se a recomendar que escolhessem alguns de seus irmãos como árbitros, para dirimir suas divergências, a fim de que não recorressem à lei uns contra os outros perante juízes pagãos. Esse é um preceito sadio e cheio de caridade, que merece ser seguido também nos melhores Estados cristãos. Quanto à ameaça que pode haver para a religião no fato de os súditos tolerarem um príncipe pagão ou transviado, esse é um ponto perante o qual o súdito não é um juiz competente; se o fosse, os súditos temporais do papa também poderiam julgar as doutrinas do papa. Como demonstramos anteriormente, todo príncipe cristão não é menos pastor supremo de seus súditos do que o papa.

O quarto argumento se baseia no batismo dos reis, que, para poderem tornar-se cristãos, submetem seus cetros a Cristo e prometem guardar e defender a fé cristã. Isso é correto, pois os reis cristãos são súditos de Cristo; mas eles podem igualar-se aos papas, pois são os supremos pastores de seus próprios súditos, e o papa é o rei e pastor na própria Roma.

O quinto argumento é extraído das palavras de nosso Salvador: "Apascenta minhas ovelhas", com as quais ele conferiu todo o poder necessário a um pastor, como o de afugentar os lobos, no caso os hereges, o de isolar os carneiros bravios que atacam as outras ovelhas com seus cornos, como o fazem os reis perversos (embora cristãos), e o de dar ao rebanho o sustento necessário. Disso o cardeal infere que São Pedro recebeu de Cristo esses três poderes. A isso respondo que o último desses poderes não é outra coisa senão o poder, ou melhor, a ordem de ensinar. No que se refere ao primeiro, o poder de afugentar os lobos, ou seja, os hereges, a passagem citada é: "Guarda-te dos falsos profetas que vão a ti disfarçados de ovelhas, mas que na verdade são lobos ferozes" (Mt 7,15). A réplica é que os hereges não são falsos profetas, nem ao menos são profetas e nem sequer (admitindo que os hereges são os lobos referidos) os Apóstolos ordenavam que os matassem e, no caso em que fossem reis, que os depusessem, mas, apenas, que se resguardassem deles, fugindo ou evitando-os. Esse conselho de evitar os falsos profetas não foi dado a São Pedro nem a qualquer dos apóstolos; ele foi dado à multidão dos judeus que o seguiu até a montanha; eram, em sua maioria, homens que ainda não se haviam convertido. O poder de expulsar os reis teria, então, sido dados a homens que nem ao menos eram cristãos. A respeito do poder de separar e isolar os carneiros bravios (fazendo referência aos reis cristãos que não querem submeter-se ao pastor romano), lembramos que nosso Salvador se recusou a assumir esse poder neste mundo; nosso Salvador, ainda, aconselhou que deixassem crescer juntos o joio e o trigo até o dia do juízo; acrescentamos que ele não deu esse poder nem mesmo a São Pedro, ou este o teria dado aos papas. O que é pedido a São Pedro, e a todos os outros pastores, é que tratem como pagãos ou publicanos os cristãos que desobedecem à Igreja, ou melhor, ao soberano cristão. Considerando que os homens não reclamam do papa nenhuma autoridade sobre os príncipes pagãos, tampouco deve o papa reclamá-la sobre os que são considerados pagãos.

Do poder exclusivo de ensinar, o cardeal infere também um poder coercitivo que o papa teria sobre os reis. O pastor, diz ele, tem de sustentar seu rebanho adequadamente; portanto, o papa pode e deve compelir os reis a cumprirem seu dever. Disso se segue que o papa, como pastor dos cristãos, é o rei dos reis, o que sem dúvida todos os reis cristãos devem admitir, ou então devem assumir, em seus domínios, o supremo cargo pastoral.

Está baseado em exemplos o sexto e último argumento do cardeal. Primeiramente, respondo que os exemplos nada provam. Em segundo lugar, que os exemplos invocados significam muito pouco com respeito a uma probabilidade de direito. Ou Joiada, ao matar Atalia (2Reis 11), praticou esse ato pela autoridade do rei Joás, ou então esse foi um crime horrível da parte do sumo sacerdote, que, mesmo após a eleição do rei Saul, não passava de um simples súdito. Santo Ambrósio, quando excomungou o imperador Teodósio (se for verdade que o fez), praticou um crime capital. Por seu lado, os julgamentos dos papas Gregório I, Gregório II, Zacarias e Leão III são considerados nulos, porque foram em causa própria. De acordo com essa doutrina, os atos por eles praticados são os mais graves crimes (especialmente o de Zacarias) que já incidiram na natureza humana. No que diz respeito ao poder eclesiástico, isto é suficiente. Se Belarmino fosse apenas um indivíduo particular, e não o defensor do papado, que se posicionou contra todos os príncipes e governos cristãos, eu poderia ter sido mais breve, deixando de analisar cada um de seus argumentos.

## Capítulo XLIII

### Do que é necessário para um homem ser recebido no Reino dos Céus

O pretexto mais frequente de sedição e de guerra civil nos Estados cristãos residiu, durante muito tempo, na dificuldade em obedecer, ao mesmo tempo, a Deus e aos homens quando suas ordens se contradizem; até hoje, isso não está suficientemente resolvido. É evidente que o homem, ao receber duas ordens contrárias, deve obedecer àquela que vem de Deus, embora a outra proceda de seu legítimo soberano (seja ele um monarca ou uma assembleia soberana) ou seja o comando de seu pai. A dificuldade consiste no fato de os homens, quando recebem ordens em nome de Deus, não saberem, em alguns casos, se a ordem vem de Deus ou se aquele que ordena o faz abusando do nome de Deus para obter algum benefício para si mesmo. Da mesma maneira como havia na Igreja dos judeus diversos falsos profetas, que procuravam fama junto ao povo com visões e sonhos fantasiosos, também tem havido em todos os tempos, na Igreja de Cristo, falsos mestres, que procuram fama junto do povo com doutrinas imaginárias e falsas e que, por meio dessa fama (porque é natural a ambição), tentam governá-lo visando o próprio benefício.

Para os que são capazes de distinguir entre o que é necessário e o que é desnecessário para sua entrada no Reino de Deus, a dificuldade de obedecer ao mesmo tempo a Deus e ao soberano civil sobre a terra não tem qualquer gravidade. Quando o soberano civil dá uma ordem que, se obedecida, não prejudica a entrada na vida eterna, não a obedecer seria injusto; citamos o preceito do Apóstolo: "Servos, obedecei a vossos senhores em tudo", e: "Crianças, obedecei a vossos pais em todas as coisas"; e o preceito de nosso Salvador: "Os escribas e os fariseus sentam-se na cátedra de Moisés; portanto, obedecei a tudo o que eles disserem". No entanto, se uma ordem, sendo obedecida, pudesse vir a ser a causa da condenação à morte eterna, então seria insensato obedecer a ela, e aqui cabe o conselho do nosso Salvador: "Não temais aqueles que matam o corpo, mas não podem matar a alma" (Mt 10,28). Assim, os homens devem aprender a fazer a distinção entre o que é necessário e o que é inútil com relação à salvação eterna, a fim de evitar as punições que lhes podem vir a ser infligidas, neste mundo, pela desobediência a seu soberano terreno, e as que, em vista de sua desobediência a Deus, lhes poderão vir a ser infligidas no mundo vindouro.

Está contido em duas virtudes tudo o que é necessário à salvação: fé em Cristo e obediência às leis. Esta última seria suficiente para nós, se fosse perfeita. Uma vez que, por desobediência à lei de Deus, somos culpados não apenas originalmente, em Adão, mas também por nossas próprias transgressões, precisamos agora, além da obediência para o resto de nossa vida, também de uma remissão dos pecados dos tempos passados; essa remissão é a recompensa de nossa fé em Cristo. A prova de que apenas isso contribui para nossa salvação é que o Reino de Deus só está fechado para os pecadores, isto é, os desobedientes ou transgressores da lei, e não para aqueles que se arrependem e acreditam em todos os artigos da fé cristã necessários à salvação.

O firme propósito da obediência é a única exigência de Deus, que aprecia em todas as nossas ações a vontade de obedecer a Ele. Em todos os nomes que a obediência recebe, ela tem o significado desse propósito. Alguma vezes, essa obediência é denominada caridade e amor, implicando a vontade de obedecer; nosso Salvador considera nosso amor a Deus e o amor ao próximo como o inteiro cumprimento da lei. Outras vezes, a obediência é conhecida por retidão, que significa a vontade de dar a cada um o que lhe é devido, isto é, a vontade de obedecer às leis. Outras vezes, ainda, a obediência corresponde à palavra arrependimento, pois arrepender-se implica um afastamento do pecado, o que significa exatamente a volta da vontade de obediência. Assim, quem deseja sinceramente cumprir os mandamentos de Deus, ou se arrepende verdadeiramente de suas transgressões, ou ama a Deus com todo o seu coração e ao próximo como a si mesmo, tem toda a obediência necessária a sua entrada no Reino de Deus, uma vez que, se fosse exigida por Deus uma inocência perfeita, nenhuma carne se salvaria.

Quais seriam as ordens que Deus nos deu? São as ordens de Deus todas as leis transmitidas aos judeus por Moisés? Se assim for, por que sua obediência não foi ensinada aos cristãos? Se assim não for, que outras leis existiriam além da lei natural? Nosso Salvador não nos deu novas leis, mas aconselhou-nos a observar aquelas a que estávamos submetidos, isto é, as leis naturais e as leis de nossos vários soberanos. Ele não fez nenhuma nova lei para os judeus em seu Sermão da Montanha; apenas expôs as leis de Moisés, às quais já estavam sujeitos. As leis de Deus, pois, são as leis naturais, sendo a mais importante a que diz respeito à inviolabilidade de nossa fé, o que significa uma ordem a obedecer a nossos soberanos civis, constituídos acima de nós por um pacto mútuo. Essa lei de Deus, que ordena a obediência à lei civil, ordena, consequentemente, obedecer a todos os preceitos da Bíblia, que, como demonstramos no capítulo anterior, só são lei nos lugares em que o soberano civil os converteu em lei; em outros locais, esses preceitos não passam de um conselho, que um homem pode, sem injustiça, desobedecer, por sua conta e risco.

Tendo tomado consciência de que a obediência é um item imprescindível para a salvação, e sabendo também a quem se deve a lei, consideraremos a seguir, com referência à fé, em quem e por que razão cremos, e quais são os itens ou pontos principais em que devem necessariamente crer aqueles que querem se salvar. Primeiramente, quanto à pessoa em quem acreditamos, é necessário que a tenhamos ouvido falar, pois é impossível acreditar em alguém antes de conhecer o que disse. Assim, a pessoa que falou sobrenaturalmente com Abraão, Isaac, Jacó, Moisés e os profetas, e na qual acreditaram, era o próprio Deus; a pessoa na qual acreditavam os Apóstolos e os discípulos que conversaram com Cristo era nosso Salvador. Aqueles a quem nem Deus Pai nem nosso Salvador falaram alguma vez não poderiam dizer que a pessoa na qual acreditavam fosse Deus. Eles acreditaram nos Apóstolos e, depois deles, nos pastores e doutores da Igreja, que recomendaram à sua fé a história do Antigo e do Novo Testamento; assim, a fé dos cristãos, desde o tempo de nosso Salvador, baseou-se, inicialmente, na reputação de seus pastores e, mais tarde, na autoridade daqueles que fizeram que o Antigo e o Novo Testamento fossem recebidos como normas da fé. Isso só poderia ser feito pelos soberanos cristãos, que são, portanto, os pastores supremos e as únicas pessoas a quem os cristãos ouvem, hoje, falar da parte de Deus, exceto aqueles a quem Deus fala sobrenaturalmente, em nossos dias. Considerando que existem muitos falsos profetas pelo mundo, os outros homens devem analisar esses espíritos, como São João nos aconselhou, a ver "se são de Deus ou não" (1Jo 4,1). Tendo em vista que o exame das doutrinas pertence ao pastor supremo, é em sua pessoa que todos aqueles que não têm nenhuma revelação especial devem acreditar, e ela é, em todos os Estados, o soberano civil.

Os motivos que levam os homens a acreditar em qualquer doutrina cristã são muitos e diferentes. Efetivamente, a fé é um dom de Deus e age em cada homem de forma diversa, pelas vias que parecem oportunas a Deus. A causa imediata mais vulgar de nossa crença, referente a qualquer ponto da fé cristã, é acreditarmos que a Bíblia é a palavra de Deus. Porém, por que motivo acreditamos que a Bíblia é a palavra de Deus ainda é muito discutido, como necessariamente são todas as questões que não se encontram bem fundamentadas.

Isso se dá porque a questão não é feita nos termos: "Por que acreditamos nisto?", mas, sim: "Como sabemos isto?", como se crer e saber fossem a mesma coisa. Assim, enquanto uma parte baseia o que sabe na infalibilidade da Igreja, a outra o faz no testemunho de um espírito particular, e nenhum dos lados conclui aquilo que pretende. Como poderá um homem saber o que é a infalibilidade da Igreja, se não souber antes o que é a infalibilidade das Escrituras? Ou como um homem saberá que seu próprio espírito é diferente de uma crença baseada na autoridade e nas argumentações de seus mestres, ou numa presunção de seus próprios dotes? Além do mais, não há nada nas Escrituras que possa fazer inferir a infalibilidade da Igreja e, menos ainda, de qualquer Igreja em particular; e, menos do que tudo, a infalibilidade de um ser humano em particular.

Está claro, portanto, que os cristãos não sabem, mas apenas acreditam que as Escrituras são a palavra de Deus; e está claro também que os meios para fazê-los acreditar, que aprouve a Deus proporcionar-lhes ordinariamente, estão de acordo com os métodos da natureza, a saber, crer com base nos testemunho de seus mestres. Essa é a doutrina de São Paulo relativa à fé cristã em geral: "A fé chega ouvindo" (Rm 10,17), isto é, ouvindo nossos legítimos pastores. Disse o Apóstolo também: "Como acreditar naquele a quem não ouviram? E como ouvirão, sem um pregador? E como pregarão, se não forem enviados?" (Rm 10,14s) Fica claro, portanto, que a causa comum da crença em que as Escrituras são a palavra de Deus coincide com a causa pela qual acreditamos em todos os outros artigos de nossa fé, isto é, escutar aqueles que estão autorizados por lei e designados para nos ensinar, por exemplo, nossos pais, em nossas casas, e nossos pastores, nas igrejas. A experiência confirma essa conclusão. O único motivo pelo qual nos Estados cristãos todos os homens acreditam ou pelo menos professam que as Escrituras representam a palavra de Deus, e em outros Estados não, é que nos primeiros isso é ensinado desde que a pessoa nasce, enquanto nos outros é ensinado diversamente.

Mas, se o ensino é a causa da fé, por que nem todos

acreditam? É certo, portanto, que a fé é dom de Deus, e que Ele a dá a quem escolher. Mesmo assim, pelo fato de a fé ser transmitida por intermédio de professores, sua causa imediata consiste em escutá-los. Como numa escola todos recebem o ensinamento, e alguns aproveitam e outros não, a causa do ensino daqueles que aproveitam é o professor. Não obstante, disso não podemos inferir que o aprendizado não seja um dom de Deus; sem dúvida, não são todos que podem desfrutar de todas as boas coisas que vêm de Deus, salvo os inspirados, porque isso implica um dom sobrenatural e a mão direta de Deus; assim, quem pretende tal coisa pretende ser um profeta, sujeitando-se ao exame da Igreja.

Quer os homens conheçam, quer acreditem, quer admitam que as Escrituras são a palavra de Deus, o certo é que, se, baseando-nos em passagens da Bíblia, perfeitamente claras, demonstrarmos quais são os artigos de fé necessários à salvação, esses homens conhecerão, acreditarão e admitirão, necessariamente, as Escrituras.

O *unum necessarium*, o artigo de fé que as Escrituras apontam como o único necessário à salvação, é que Jesus é o Cristo. Pelo nome de Cristo devemos entender o rei que Deus, pela boca dos profetas do Antigo Testamento, prometeu enviar ao mundo para reinar (sobre os judeus e sobre as nações que acreditassem nele) em Seu nome eternamente, e para conceder aos homens a vida eterna que se perdera com o pecado de Adão. Depois de provar isso, com base nas Escrituras, mostrarei ainda quando e em que sentido alguns outros artigos podem também ser chamados indispensáveis.

Para provar que acreditar neste artigo, Jesus é o Cristo, é toda a fé necessária à salvação, meu primeiro argumento será tirado do objetivo dos evangelistas, que, a julgar pela descrição da vida de nosso Salvador, consistiria em estabelecer este único artigo, Jesus é o Cristo. O Evangelho de São Mateus se resume a isto: que Jesus pertencia ao rebanho de Davi e nasceu de uma virgem, que são os sinais do verdadeiro Cristo; que os magos vieram adorá-lo como Rei dos Judeus; que Herodes, pela mesma razão, procurou matá-lo; que João Batista o proclamou; que ele pregou por si mesmo e pelos

Apóstolos que era rei; que ensinou a lei como um homem de autoridade, e não como um escriba; que curou doenças apenas com sua palavra e fez, ainda, muitos outros milagres que, segundo havia sido previsto, Cristo faria; que foi saudado como rei quando entrou em Jerusalém; que preveniu os homens de que tivessem cuidado com todos aqueles que pretendessem ser Cristo; que foi preso, acusado e condenado à morte por dizer que era rei; que a causa de sua condenação, escrita na cruz, foi "Jesus de Nazaré, o Rei dos Judeus". Tudo isso tende apenas para o seguinte fim: os homens devem acreditar que Jesus é o Cristo. Era esse, pois, o objetivo do Evangelho de São Mateus. Igual era o objetivo de todos os evangelistas (como podemos ver por sua leitura). Portanto, o Evangelho todo teve por objetivo estabelecer esse único artigo. São João o aponta expressamente em sua conclusão: "Estas coisas estão escritas para que possais saber que Jesus é o Cristo, o Filho do Deus vivo" (Jo 20,31).

Baseio meu segundo argumento nos sermões dos Apóstolos, seja durante o período em que nosso Salvador viveu sobre a terra, seja depois de sua ascensão. No tempo de nosso Salvador, os Apóstolos foram enviados para pregar o Reino de Deus (Lc 9,2), pois nem aqui nem em Mt 10,7 lhes deu outro encargo além deste: "Ide, pregai e dizei que o reino do céu está próximo", isto é, que Jesus é o Messias, o Cristo, o Rei que estava para vir. Fica claro em At 17,6 que sua pregação, também depois da ascensão, foi a mesma: "Eles arrastaram", escreve São Lucas, "Jasão e alguns irmãos ante os governantes da cidade, gritando: 'Estes, que tumultuaram o mundo inteiro, também vieram até aqui, e foram recebidos por Jasão. E todos procedem de forma contrária aos decretos de César, dizendo que há um outro rei, Jesus'". Vemos o mesmo nos versículos 2 e 3 desse capítulo, em que lemos que São Paulo, "como era seu hábito, entrou e foi até eles, e durante três sábados discutiu com eles as Escrituras, mostrando e alegando que Cristo necessariamente sofreu e ressuscitou dos mortos, e que esse Jesus que ele pregava é Cristo".

Meu terceiro argumento está baseado nos textos das Escrituras que declaram que toda a fé exigida para a salvação pode ser facilmente alcançada. Não haveria nada no mundo tão árduo como ser cristão, se fosse indispensável à salvação uma íntima aceitação de todas as doutrinas concernentes à fé cristã atualmente ensinadas (a maior parte das quais são objeto de disputa). O ladrão crucificado, mesmo arrependido, não teria sido salvo ao dizer: "Senhor, lembre-se de mim quando estiver em seu reino", testemunhando, com isso, não acreditar em nenhum outro item a não ser este: Jesus é o Rei. Não seria possível, também, dizer, como em Mt 11,30, que "o jugo de Cristo é fácil e sua carga leve", nem que "as criancinhas acreditam nele", como é dito em Mt 18,6. Nem São Paulo poderia ter afirmado: "Coube a Deus, pela loucura da pregação, salvar aqueles que acreditavam" (1Cor 1,21). E o próprio São Paulo também não poderia ter sido salvo, nem poderia ter-se tornado doutor da Igreja de forma tão repentina, talvez sem nunca ter pensado na transubstanciação, no purgatório ou em outros artigos hoje introduzidos.

O quarto argumento vem de textos muito claros, que não admitem nenhuma controvérsia interpretativa. Assim, em primeiro lugar, Jo 5,39: "Procurai as Escrituras, pois nelas vereis que tendes vida eterna, e elas dão testemunho de mim". Nosso Salvador se refere apenas às Escrituras do Antigo Testamento, pois os judeus daquela época não podiam procurar as do Novo, que ainda não estavam escritas. Entretanto, no Antigo Testamento não havia nada de Cristo, mas apenas sinais por meio dos quais os homens podiam conhecê-lo quando viesse, isto é, que ele descenderia de Davi, nasceria em Belém e de uma virgem, que faria grandes milagres e coisas semelhantes. Acreditar que esse Jesus era ele seria suficiente para a vida eterna; uma coisa mais do que suficiente não é necessário; consequentemente, nenhum outro artigo é exigido. E também: "Quem vive e crê em mim não morrerá eternamente" (Jo 11,26). É suficiente, para alcançar a vida eterna, acreditar em Cristo; portanto, não se faz necessária outra fé além dessa. Crer em Jesus e acreditar que Jesus é o Cristo significam o mesmo, como vemos nos versículos seguintes. Quando nosso Salvador disse a Marta: "Tu acreditas nisto?" (Jo 11,26), ela respondeu: "Sim, Senhor, acredito que tu és o Cristo, o filho de Deus que devia vir ao mundo" (Jo 11,27). Há, portanto, nesse artigo fé suficiente para a vida eterna, e mais do que suficiente não é necessário. A terceira passagem é Jo 20,31: "Estas coisas estão escritas para que possais acreditar que Jesus é o Cristo, o Filho de Deus, e crendo possais ter vida por seu nome". Basta acreditar que Jesus é o Cristo, pois isso já é ter fé suficiente para a obtenção da vida, não sendo necessário qualquer outro artigo. A quarta passagem é 1Jo 4,2: "Todo espírito que confessar que Jesus Cristo veio na carne é de Deus". E 1Jo 5,1: "Aquele que acreditar que Jesus é o Cristo nasceu de Deus". E o versículo 5: "Quem vence o mundo, senão aquele que acredita que Jesus é o Filho de Deus?" A quinta passagem é At 8,36s: "'Vede'", disse o eunuco, "'eis a água; o que impedirá que eu seja batizado?' Disse Filipe: 'Se acreditares de todo o coração, podes'. E ele respondeu: 'Acredito que Jesus Cristo é o Filho de Deus'". Portanto, a crença neste artigo, Jesus é o Cristo, é suficiente para o batismo, isto é, para nossa recepção no Reino de Deus; logo, é tudo o que é necessário. Geralmente, em todos os textos em que nosso Salvador diz a alguém: "Tua fé te salvou", a razão aludida é uma determinada confissão que, diretamente ou por consequência, implica a crença de que Jesus é o Cristo.

O argumento final está baseado em passagens nas quais esse artigo se institui como fundamento da fé, uma vez que se salvará quem a esse fundamento estiver agarrado. O primeiro desses textos é Mt 24,23: "Se alguém vos disser que Cristo está aqui ou ali, não o acrediteis, porque aparecerão falsos Cristos e falsos profetas, e mostrarão grandes sinais e maravilhas", etc. Constatamos que o artigo "Jesus é o Cristo" precisa ser mantido, embora faça milagres aquele que ensinar o contrário. O segundo texto é Gl 1,8: "Ainda que nós ou um anjo do céu vos pregue qualquer outro Evangelho, diferente daquele que vos pregamos, que seja maldito". O Evangelho pregado por Paulo e pelos outros Apóstolos era apenas este artigo: Jesus é o Cristo. Assim, por acreditar nesse artigo chegaremos, inclusive, a rejeitar a autoridade de um anjo do céu e, mais ainda, a de qualquer mortal que nos ensine o contrário. Esse é, pois, o artigo fundamental da fé cristã.

Um terceiro texto é 1Jo 4,1: "Amados, não acrediteis em todos os espíritos. Só assim podereis conhecer o Espírito de Deus; todo espírito que confessar que Jesus encarnou é de Deus". Portanto, está evidente que esse artigo é a medida e a regra por meio da qual são avaliados e examinados todos os demais artigos; é, pois, o ponto fundamental. Um quarto texto é Mt 16,18, em que São Pedro, depois de ter professado esse artigo, dizendo a nosso Salvador: "Tu és Cristo, o Filho do Deus vivo", obteve dele a resposta: "Tu és Pedro, e sobre esta pedra construirei minha Igreja", do que infiro que esse artigo é aquele sobre o qual estão fundamentadas as demais doutrinas da Igreja. O quinto texto é 1Cor 3,11ss: "Nenhum homem pode pôr outro fundamento diferente que contrarie a este: Jesus é o Cristo. Se alguém puser sobre essa fundação ouro, prata, pedras preciosas, madeira, palha, restolho, a obra de cada homem será manifestada, pois o dia a declarará, porque será revelada pelo fogo e o fogo porá à prova a obra de cada homem, seja qual for. Se permanecer a obra de alguém que construiu, ele receberá uma recompensa; se a obra do homem for queimada, ele sofrerá perdas, sendo salvo, porém, pelo fogo". Essas palavras são, em parte, de simples e fácil compreensão, mas, ao mesmo tempo, alegóricas e difíceis. Assim, podemos inferir que quando os pastores ensinam o fundamento de que Jesus é o Cristo, embora extraiam falsas ilações (todos os homens, às vezes, estão sujeitos a isso), podem ser salvos e, com maior razão, serão salvos aqueles que, não sendo pastores, mas ouvintes, acreditam naquilo que lhes é ensinado por seus legítimos pastores. Por conseguinte, a crença nesse artigo é o bastante, não sendo exigido, para a salvação, qualquer outro artigo de fé.

A parte que é alegórica, que diz que "o fogo porá à prova a obra de cada homem" e que "a salvação virá pelo fogo", ou "por meio do fogo" (pois o original, em grego, é *dià pyrós*), não altera a conclusão que extraí das outras palavras, que são simples. Como esse texto também serviu de argumento para provar o fogo do purgatório, apresentarei, também, minha hipótese sobre o significado desse julgamento de doutrinas e a salvação dos homens pelo fogo. O Apóstolo parece aludir às palavras do profeta Zacarias, que, ao falar sobre a restauração do Reino de Deus, disse: "Duas partes serão separadas e perecerão, mas a terceira permanecerá; jogarei ao fogo a terceira parte e a fundirei, como se funde a prata, e a purificarei, como se purifica o ouro. Eles invocarão o nome do Senhor e eu os ouvirei" (Zc 13,8s). O dia do juízo é o dia da restauração do Reino de Deus, e será nesse dia, como disse São Pedro, que se dará a conflagração do mundo, na qual os maus perecerão, mas aqueles que Deus salvar passarão pelo fogo sem se queimar e (assim como a prata e o ouro são purificados pelo fogo, que os liberta de suas impurezas) serão refinados e purificados de sua idolatria e invocarão o nome do verdadeiro Deus. A esse respeito disse São Paulo que "o dia" (isto é, o dia do juízo, o grande dia da chegada de nosso Salvador para restaurar o Reino de Deus em Israel) purificará a doutrina de cada homem, avaliando o que é ouro, prata, pedras preciosas, madeira, palha ou restolho; e que aqueles que tirarem falsas deduções sobre o verdadeiro fundamento verão suas doutrinas condenadas, mas, apesar disso, serão salvos, passando pelo fogo universal sem se queimar, vivendo eternamente para invocar o nome do verdadeiro e único Deus. Nesse sentido, não há nada que não esteja de acordo com o resto das Sagradas Escrituras, nem há vestígios do fogo do purgatório.

Um homem poderia vir a perguntar se, para a Salvação, acreditar que Deus é o Onipotente Criador do mundo, que Jesus Cristo ressuscitou e que todos os homens ressuscitarão dos mortos no último dia não é tão necessário quanto acreditar que Jesus é o Cristo. Respondo que é preciso acreditar nisso, bem como nos demais artigos, mas que eles são de tal natureza que estão contidos neste e, com maior ou menor dificuldade, podem ser deduzidos dele. Quem deixará de constatar que aqueles que acreditam que Jesus é o Filho do Deus de Israel, e que os israelitas tinham como Deus o Onipotente Criador de todas as coisas, também acreditam que Deus é o Onipotente Criador de todas as coisas? Como pode alguém acreditar que Jesus é o rei que reinará eternamente, a menos que também acredite que ele ressuscitou dos mortos?

Não poderia um morto exercer o cargo de rei. Resumindo, aquele que defende esse fundamento, Jesus é o Cristo, defende expressamente tudo aquilo que é corretamente deduzido dele e, implicitamente, todas as suas consequências, embora não tenhamos a habilidade suficiente para defini-las. Assim, devemos continuar sustentando que a crença nesse único artigo constitui fé suficiente para obter a remissão dos pecados dos penitentes, de modo que possam, assim, ser levados para o reino do céu.

Uma vez demonstrado que toda a obediência exigida para a salvação consiste no desejo de obedecer à lei de Deus, isto é, no arrependimento, e que toda a fé exigida para isso está inserida na crença neste artigo, Jesus é o Cristo, mencionarei certas passagens do Evangelho que provam que tudo o que é necessário à salvação está contido nessas duas afirmações. Aqueles a quem São Pedro pregou no dia de Pentecostes, logo após a ascensão de nosso Salvador, perguntaram-lhe e aos demais Apóstolos: "Homens e irmãos, o que faremos?" (At 2,37). E São Pedro respondeu: "Arrependei-vos e seja cada um de vós batizado para a remissão dos pecados, e recebereis o dom do Espírito Santo" (At 2,38). Então, tudo o que é necessário para a salvação é o arrependimento e o batismo, isto é, a crença em que Jesus é o Cristo. E, tendo certo governante perguntado a nosso Salvador: "O que farei para alcançar a vida eterna?" (Lc 18,18), este respondeu: "Tu conheces os mandamentos: não cometas adultério; não mates; não dês falsos testemunhos; honra teu pai e tua mãe" (Lc 18,20), ao que, quando ele disse que os tinha observado, nosso Salvador acrescentou: "Vende tudo o que possuis, dá-lo aos pobres, vem e segue-me", significando: confia em mim, que sou o rei. Portanto, basta cumprir a lei e acreditar que Jesus é o rei para alcançar a vida eterna. Em terceiro lugar, disse São Paulo: "Os justos viverão pela fé" (Rm 1,17), não todos, mas os justos. Portanto, o necessário para a vida eterna são a fé e a justiça (isto é, a vontade de ser justo, ou arrependimento). Nosso Salvador disse: "O tempo está cumprido e está próximo o Reino de Deus; arrependei-vos e acreditais no Evangelho" (Mc 1,15). Essa era a boa nova de que o Cristo ia chegar. Assim, basta, para a salvação, o arrependimento e a crença de que Jesus é o Cristo.

Como é imprescindível que a fé e a obediência (implícitas na palavra arrependimento) concorram para nossa salvação, a questão relativa a saber por meio de qual das duas somos justificados é discutida de maneira impertinente. Entretanto, não será impertinente esclarecer de que forma cada uma delas contribui para nossa justificação, e em que sentido dizemos que devemos ser justificados por uma ou pela outra. Primeiramente, se retidão significa a justiça das próprias obras, ninguém alcançará a salvação, pois dificilmente haverá alguém que não tenha transgredido a lei de Deus. Assim, quando nos é dito que devemos ser justificados por nossas ações, há nisso uma alusão à vontade, que Deus sempre aceita pela própria palavra, tanto nos homens bons como nos maus. E somente nesse sentido dizemos que um homem é justo ou injusto, e que sua justiça o justifica, isto é, lhe dá o título de justo, na aceitação de Deus, e o torna capaz de viver por sua fé, do que antes não era capaz. Então, a justiça justifica no sentido em que justificar é o mesmo que dizer que alguém é justo, e não no sentido de exonerar a lei, já que seria injusto o castigo de seus pecados.

Dizemos, também, que um homem está justificado quando sua desculpa, mesmo que insuficiente, é aceita; isso ocorre quando expressamos nossa vontade ou nosso esforço por cumprir a lei e nos arrependemos de nossas falhas, e Deus aceita isso como sendo a própria realização do ato. Visto que Deus não aceita a vontade pela ação, a não ser na crença, que torna consistente nossa alegação, é nesse sentido que só a fé justifica. Portanto, a fé e a obediência são, ambas, necessárias à salvação, mas dizemos que cada uma delas justifica em diferente sentido.

Depois de mostrar o que é necessário para a salvação, não é uma coisa árdua reconciliar nossa obediência a Deus com nossa obediência ao soberano civil, seja ele cristão ou infiel. Se ele for cristão, permitirá a crença no artigo que diz que Jesus é o Cristo e nos demais artigos nele contidos ou que, por evidente consequência, são deduzidos dele, compreendendo toda a fé necessária à salvação. Como é um soberano, exigirá obediência a todas as suas leis, isto é, a todas as leis civis, nas quais estão contidas, igualmente, todas as leis naturais, isto é, todas as leis de Deus, pois, além das leis naturais e das leis da Igreja, que fazem parte da lei civil (pois a Igreja que tem o poder de fazer leis é o Estado), não existe qualquer outra lei divina. Aquele que obedece a seu soberano cristão não está impedido de acreditar, nem de obedecer a Deus. Suponhamos que um rei cristão deduza ilações falsas do fundamento "Jesus é o Cristo", isto é, elabore construções de palha ou restolho, e que ordene o ensino delas; ainda assim, diz São Paulo, ele será salvo e, com maior razão, será salvo quem ensina essas coisas por sua ordem, e, ainda mais, aquele que não as ensina, mas acredita em seu legítimo mestre. Quando um súdito for proibido pelo soberano civil de professar alguma dessas suas opiniões, com que fundamento justo poderá ele desobedecer? Os reis cristãos podem errar ao tirar uma dedução, mas quem os julgará? Poderia ser um particular, quando a questão é sua própria obediência? Ou julgará aquele que havia sido designado pela Igreja, com esse propósito, isto é, pelo soberano civil que a representa? Se é o papa ou um Apóstolo que julga, não poderia ele errar ao fazer uma ilação? Não teria errado um dos dois, quando São Paulo se opôs a São Pedro? As leis de Deus e as leis de um Estado cristão não podem, pois, contrapor-se.

Quando o soberano civil é infiel, todos os súditos que lhe fazem oposição pecam contra as leis de Deus (pois são as leis naturais), rejeitando o conselho dos Apóstolos, segundo o qual todos os cristãos devem obedecer a seus príncipes, e todas as crianças e servos devem obedecer, em tudo, a seus pais e mestres. No que diz respeito à fé, ela é interior e invisível. Eles têm a mesma licença que teve Naamã, e não precisam pôr-se em perigo por ela. Se o fizerem, porém, devem esperar sua recompensa no céu, e não se queixar de seu legítimo soberano, muito menos fazer-lhe guerra. Quem não fica feliz em qualquer justa ocasião de martírio não tem a fé que professa, mas apenas aparenta tê-la, para disfarçar sua própria contumácia. Que rei infiel será tão irracional que, sabendo que tem um súdito que espera pela segunda vinda de Cristo, quando o mundo atual for destruído pelo fogo, e que se propõe a obedecer a Cristo (o que representa a intenção da crença em que Jesus é o Cristo), mas que se considera obrigado a obedecer às leis desse rei infiel (o que todos os cristãos conscientes estão obrigados a fazer), condenaria à morte ou perseguiria esse súdito?

Consideramos ser suficiente o que dissemos até aqui a respeito do Reino de Deus e da política eclesiástica. Com isso, não pretendo impor nenhuma opinião própria, mas apenas mostrar quais são as deduções advindas dos princípios de uma política cristã (que são as Sagradas Escrituras), em confirmação do poder do soberano civil e do dever de seus súditos. Aludindo às Escrituras, tentei evitar os textos de interpretação dúbia ou controvertida, só abordando aqueles cujo sentido é mais simples e que concordam com a harmonia e finalidade da Bíblia, escrita para o restabelecimento do Reino de Deus em Cristo.

Pois não são as palavras brutas, mas, sim, o objetivo do escritor que dá a verdadeira luz pela qual um escrito deve ser interpretado; aqueles que insistem em analisar textos isolados, desconsiderando o principal objetivo, não podem tirar ilações claras, mas, antes, atirar partículas das Escrituras, como se fossem poeira, nos olhos dos homens. Visando apenas as próprias vantagens, em vez de revelar a verdade, eles tornam tudo mais obscuro do que é.

# Parte IV

# Do reino das trevas

## Capítulo XLIV
## Das trevas espirituais resultantes da má interpretação das Escrituras

Nas Escrituras, além dos poderes soberanos, divino e humano, sobre os quais discorremos nos capítulos anteriores, há referência a um outro poder: o "dos governantes das trevas deste mundo" (Ef 6,12), "o reino de Satanás" (Mt 12,26) e "a soberania de Belzebu sobre os demônios" (Mt 9,34), isto é, sobre os espíritos que flutuam no ar, razão pela qual Satanás também recebe o nome de "príncipe do poder do ar" (Ef 2,2) e, por governar nas trevas deste mundo, "príncipe deste mundo" (Jo 16,11). Consequentemente, os que estão sob seu domínio, ao contrário dos fiéis, que são os "filhos da luz", são chamados os "filhos das trevas". Belzebu é o príncipe dos espíritos que vivem em seus domínios de ar e trevas, e esses demônios, fantasmas ou espíritos de ilusão significam alegoricamente o mesmo. O reino das trevas, da forma como é apresentado nesses e em outros textos das Escrituras, é uma confederação de impostores. Para conseguirem dominar os homens neste mundo, eles tentam, mediante obscuras e errôneas doutrinas, extinguir a luz da natureza ou do Evangelho neles existente e, assim, perturbar sua preparação para o Reino de Deus que há de vir.

Da mesma forma como os cegos, que, desde seu nascimento, foram privados da luz dos olhos corpóreos, não fazem ideia do que seja essa luz, e da mesma forma como ninguém concebe em sua imaginação uma luz maior do que a que alguma vez vislumbrou pelos sentidos externos, ninguém, também, pode imaginar que exista um grau maior do que aquele a que já chegou no que se refere à luz do Evangelho e do entendimento. Consequentemente, os homens só são capazes de reconhecer suas trevas raciocinando sobre desastres que não estavam previstos em seu caminho. A parte mais escura do reino de Satanás é aquela que não possui a Igreja de Deus, ou seja, está entre os que não creem em Jesus Cristo. Entretanto, não podemos afirmar que a Igreja possui (como a terra de Gessen) toda a luz necessária para realizar a obra que Deus deseja de nós. A que se devem as contendas entre os homens, em forma de guerras civis ou externas (altercações que surgem à menor contrariedade, sofrida pela própria sorte ou em razão da fortuna dos outros), que existiram na cristandade desde a época dos Apóstolos? Por que tantos caminhos diferentes para atingir a felicidade, se não existisse, entre nós, a noite ou, pelo menos, a bruma? Portanto, não há a menor dúvida de que ainda nos encontramos nas trevas.

O inimigo subsiste na noite de nossa natural ignorância, e nos mostrou as taras dos erros espirituais. Primeiro, abusando das Escrituras e apagando suas luzes, pois já praticamos um erro quando não conhecemos as Escrituras. Em segundo lugar, fazendo predominar a demonologia dos poetas pagãos, ou seja, introduzindo suas fabulosas doutrinas referentes aos demônios, que não passam de imagens ou fantasmas do cérebro, sem qualquer natureza real própria, distinta da fantasia humana, como são os fantasmas dos mortos, os entes mágicos e outros personagens de contos de fadas. Em terceiro lugar, mesclando com as Escrituras diversos vestígios da religião e da vã e errônea filosofia dos gregos, acentuadamente a de Aristóteles. Em quarto lugar, mesclando com ambas falsas ou discutíveis tradições, bem como incorretas e falsas histórias. Assim, erramos quando damos atenção aos espíritos sedutores e à demonologia daqueles que dizem mentiras hipocritamente, ou, como está no original, "daqueles que representam os mentirosos" (1Tm 4,1s) com uma consciência falsa, isto é, contrária a seu próprio conhecimento. Falarei com brevidade, neste capítulo, sobre os primeiros, ou seja, os que, abusando das Escrituras, seduzem os homens.

O maior e principal abuso das Escrituras, do qual são consequentes todos os demais, é utilizá-las para provar que o Reino de Deus, tantas vezes nelas mencionado, é a atual Igreja ou multidão de cristãos vivos ou que, estando mortos, deverão ressuscitar no juízo final. Efetivamente, o Reino de Deus foi primeiro instituído pelo ministério de Moisés apenas sobre os judeus, os únicos a serem chamados de povo eleito, e deixou de existir, mais tarde, no momento da eleição de Saul, quando os judeus recusaram continuar a ser governados por Deus e pediram um rei, segundo o costume das demais nações, e o próprio Deus consentiu, como já mostrei longamente no capítulo XXXV. Depois dessa época, não houve no mundo nenhum outro Reino de Deus, por aliança ou de outro modo, embora Ele sempre tenha sido, seja e sempre continue a ser rei de todos os homens e de todas as criaturas, governando-as de acordo com Sua vontade, por meio de poder infinito. Contudo, Ele prometeu, por intermédio de seus profetas, restaurar Seu governo para os judeus, novamente, quando o tempo assinalado em seus ocultos desígnios tivesse transcorrido plenamente e eles voltassem, arrependidos e com o desejo de se emendar, e convidou também os pagãos a virem gozar de Seu reino e de sua felicidade em condições análogas de conversão e arrependimento; e prometeu, ainda, mandar seu Filho à terra para expiar os pecados de todos os homens, por meio de sua morte, e prepará-los com sua doutrina para recebê-lo quando de sua segunda vinda. Como ainda não houve a segunda vinda, o Reino de Deus ainda não chegou e, assim, não estamos sob o poder de nenhum rei, por pacto, a não ser de nossos soberanos civis, excetuando apenas o fato de os cristãos já estarem no reino da graça, uma vez que já receberam a promessa de serem acolhidos quando de seu retorno.

Assim, como consequência desse erro, que é afirmar que a atual Igreja é o reino de Cristo, deveria haver um homem ou uma assembleia a fim de que nosso Salvador (agora no céu) falasse, por seu intermédio, sobre essa lei; esse homem ou assembleia deveria representar sua pessoa perante toda a cristandade, ou diversos homens ou diversas assembleias deveriam fazê-lo perante diversas partes da cristandade. O papa deveria exercer o poder real sob Cristo universalmente, e as assembleias dos pastores fazê-lo nos Estados particulares (quando as Escrituras só o permitem aos soberanos civis). Essa representação é tão apaixonadamente disputada, que faz desaparecer a luz da natureza, causando uma escuridão tão grande na compreensão dos homens que estes já não conseguem enxergar aquele a quem prometeram obediência.

Está de acordo com a pretensão do papa de ser vigário-geral de Cristo, na atual Igreja (pretendendo que esse é o Reino de Deus ao qual alude o Evangelho), a doutrina segundo a qual é necessário que um rei cristão receba a coroa pelas mãos de um bispo, como se dessa cerimônia derivasse a cláusula de *Dei gratia* do seu título; e, assim, ele só se torna rei pelo favor de Deus quando coroado pela autoridade do vice-rei universal de Deus sobre a terra; e todos os bispos, seja qual for seu soberano, fazem, no momento de sua consagração, um juramento de absoluta obediência ao papa. Também está de acordo com isso a doutrina do quarto Concílio de Latrão, reunido no tempo do papa Inocêncio III (*De Haereticis*, capítulo 3): "Se, apesar de admoestado pelo papa, um rei deixar de expurgar seu reino dos hereges e, depois de ter sido excomungado por isso, não prestar satisfação dentro de um ano, seus súditos ficarão dispensados de prestar-lhe obediência". Por heresias são entendidas todas as opiniões que a Igreja de Roma proibiu que fossem defendidas. Sempre que há qualquer contradição entre os desígnios políticos do papa e os dos outros príncipes cristãos, como muitas vezes acontece, surge uma tal névoa entre seus súditos, que eles não conseguem diferenciar um estrangeiro, que se apossou do trono de seu legítimo príncipe, daquele que eles próprios lá tinham posto; nessa escuridão de espírito, eles são levados a lutar uns contra os outros, sem distinguir seus inimigos de seus amigos, conduzidos pela ambição de outro homem.

Também como resultado dessa pretensão de que o Reino de Deus seja a Igreja, temos que os pastores, diáconos e todos os outros ministros da Igreja se autodenominam clero, dando o nome de leigos aos outros cristãos, isto é, ao simples povo. Clero significa, pois, aqueles que se sustentam com o rendimento que Deus havia reservado para si próprio durante seu reinado sobre os israelitas, e que depois atribuiu, como herança, à tribo de Levi (destinado aos que seriam seus ministros públicos e não possuíam nenhuma porção de terra da qual pudessem viver, como seus irmãos). Assim (pretendendo a Igreja, tal como os domínios de Israel, ser o Reino de Deus), disputando o papa para si próprio e para seus ministros subordinados esse rendimento, como herança de Deus, o nome de clero era adequado a essa pretensão. Portanto, os dízimos e outros tributos pagos aos levitas, como direitos de Deus entre os israelitas, foram durante muito tempo pedidos e tomados aos cristãos pelos eclesiásticos, *jure divino*, isto é, por direito de Deus. O povo de todos os lugares foi, então, obrigado a pagar um duplo tributo: um para o Estado, outro para o clero. O que era pago ao clero correspondia a um décimo de seus rendimentos, ou seja, o dobro daquilo que o rei de Atenas (considerado um tirano) exigia de seus súditos para pagar todas as despesas públicas. Ele estabelecera, como tributo, apenas a vigésima parte dos rendimentos de seus súditos e, mesmo assim, o arrecadado era suficiente para sustentar, com abundância, seus funcionários. Os dízimos e as ofertas constituíam a totalidade do rendimento público no reino dos judeus, durante o reinado sacerdotal de Deus.

Também a distinção entre as leis civis e as leis canônicas resultou do mesmo erro de considerar a atual Igreja o Reino de Deus. A lei civil seriam os atos dos soberanos em seus próprios domínios, e a lei canônica, os atos do papa nos mesmos domínios. A lei canônica era representada apenas pelos cânones, isto é, por regras propostas e só voluntariamente acolhidas pelos príncipes cristãos, até a mudança do império para Carlos Magno; contudo, mais tarde, à medida que o poder do papa aumentava, tornaram-se regras obrigatórias, e os próprios imperadores (para evitar maiores males, a que o povo podia ser conduzido cegamente) eram obrigados a deixar considerar os cânones como leis.

Dessa forma, em todos os domínios do poder eclesiástico do papa, os judeus, os turcos e os pagãos só são tolerados, em sua religião, pela Igreja romana na medida em que, professando-a, não ofendam o poder civil. Um cristão estrangeiro, porém, comete falta capital se não professar a religião romana, pois o papa pretende que todos os cristãos sejam seus súditos. Não fora assim, contrariaria a lei das nações perseguir um estrangeiro cristão por professar a religião de seu próprio país, como se ele fosse um pagão; ou melhor, na medida em que não estão contra Cristo, estão com ele.

Do mesmo erro resulta, ainda, que em todos os Estados cristãos há isenção para alguns homens dos tributos e dos tribunais do Estado civil, em virtude de sua liberdade eclesiástica; isso ocorre com o clero secular, além dos monges e dos frades, os quais, em muitos lugares, são em tal número que chegam a representar uma parte substancial do povo, a tal ponto que, se houvesse necessidade, seria possível, apenas com eles, constituir um exército suficiente para combater o príncipe de seu Estado ou outros príncipes, em qualquer guerra que a Igreja pretendesse encetar.

Transformar a consagração em conjuração ou encantamento é um segundo abuso geral das Escrituras. Nas Escrituras, consagrar é oferecer, dar ou dedicar, com piedosa e honesta linguagem e determinados gestos, um homem ou qualquer coisa a Deus, separando-o do uso comum, isto é, santificá-lo ou torná-lo de Deus, para ser usado apenas por aqueles a quem Deus nomeou para serem seus ministros públicos (como já demonstrei extensamente no capítulo XXXV); com isso, o que muda não é a coisa consagrada, mas seu uso, de profana e comum para sagrada e específica do serviço de Deus. Quando, porém, há a pretensão de mudar, com essas palavras, a coisa em si, então não é mais consagração, mas uma obra extraordinária de Deus ou uma vã e ímpia conjuração. Dado que, pela frequência da pretensão de mudar a natureza nas consagrações, tal coisa não pode ser encarada como uma obra extraordinária, não passa de uma conjuração ou encantamento para convencer os homens de uma alteração inexistente da natureza, que contraria o testemunho dos olhos humanos e de todos os outros sentidos. Isso se dá, por exemplo, quando o padre, em vez de consagrar o pão e o vinho ao serviço particular de Deus no sacramento da Ceia do Senhor (que é o ato de separar essas matérias de seu uso comum para significar, isto é, para lembrar aos homens sua redenção, pela Paixão de Cristo, cujo corpo foi fustigado e sangrou sobre a cruz por nossas transgressões), ao dizer as palavras de nosso Salvador: "Este é meu corpo", e: "Este é meu sangue", pretende que já não exista a natureza do pão, mas, sim, o próprio corpo de Cristo, embora não apareça diante de nossos olhos ou de qualquer dos outros sentidos de quem assiste ao ato qualquer coisa que não tivesse aparecido antes da consagração. Os esconjuradores egípcios, que, pelo que dizem as Escrituras, transformaram suas varas em serpentes e a água em sangue, são vistos apenas como pessoas que iludiram os sentidos dos espectadores por uma falsa aparição de coisas e, contudo, são julgados como encantadores. Que pensaríamos deles se, em suas varas, não tivesse aparecido nada semelhante a uma serpente e, na água encantada, nada que se assemelhasse ao sangue ou a alguma outra coisa que não fosse água, e se tivessem dito ao rei que eram serpentes que pareciam varas e que era sangue que parecia água? Isso teria sido, simultaneamente, encantamento e mentira. Pois bem: nessa cerimônia diária, os padres fazem exatamente o mesmo, ao usarem as palavras sagradas à maneira de um encanto, nada produzindo de novo para os sentidos, mas fazendo os espectadores pensarem que o pão se converteu num homem e, mais ainda, em Deus, exigindo que os homens o adorem como se nosso Salvador estivesse presente como Deus e como homem, cometendo, com isso, a maior idolatria. Se dizer que aquilo já não é mais pão, mas, sim, Deus, fosse uma boa desculpa para a idolatria, por que os egípcios não poderiam dar a mesma desculpa, quando diziam que os alhos e as cebolas que veneravam não eram alhos nem cebolas, mas uma divindade existente nessas especiarias ou coisas semelhantes? As palavras: "Este é meu corpo" são iguais a:

"Isto significa ou representa meu corpo", e consistem numa figura de linguagem comum; mas tomá-las literalmente é um abuso e, se assim o fizermos, não podem ser aplicadas em nada diferente do pão que o próprio Cristo consagrou com suas mãos. Ele nunca afirmou que, se qualquer padre dissesse: "Este é meu corpo", ou: "Este é o corpo de Cristo", referindo--se ao pão, este seria efetivamente transubstanciado. Nem a Igreja de Roma alguma vez estabeleceu essa transubstanciação, até a época de Inocêncio III, quando o poder dos papas estava no auge e as trevas tinham ficado tão densas que os homens não distinguiam o pão que lhes era dado para comer, especialmente quando era marcado com a figura de Cristo na cruz, como se quisessem que os homens acreditassem que se transubstanciava não só no corpo de Cristo, mas também na madeira da cruz, e que corpo e cruz eram comidos conjuntamente no sacramento.

O mesmo encantamento, em vez da consagração, é usado também no sacramento do batismo, durante o qual há um abuso do nome de Deus, em cada uma das várias pessoas e em toda a Trindade, uma vez que é feito o sinal da cruz a cada nome pronunciado no encantamento. Diz o sacerdote quando consagra a água: "Conjuro-te, criatura da água, em nome de Deus Pai Todo-Poderoso e em nome de Jesus Cristo, seu único Filho Nosso Senhor, e em virtude do Espírito Santo, que te tornes água benta para afastar todos os poderes do inimigo e para erradicar e suplantar o inimigo", etc. Dá-se o mesmo na bênção do sal que se mistura com a água: "Que te convertas em sal bendito, que todos os fantasmas e fraudes do demônio fujam do lugar onde o sal for espargido; e que cada espírito impuro seja conjurado por aquele que virá para julgar os vivos e os mortos". Isso se repete na bênção do óleo: "Que todo o poder do inimigo, toda a hoste do diabo, todas as investidas e fantasmas de Satanás possam ser afastados por esta criatura do óleo". Também a criança que está para ser batizada é submetida a diversos encantamentos. Primeiramente, à porta da igreja, o padre assopra três vezes em seu rosto, dizendo: "Sai de dentro deste ser, espírito impuro, e dá lugar ao Espírito Santo, o Confortador", como se todas as crianças, até serem assopradas pelo padre, fossem seres demoníacos. E ainda, antes de sua entrada na Igreja, o padre repete: "Conjuro-te [...] para que saias e abandones este servo de Deus". Antes do batismo, esse exorcismo é repetido mais uma vez. Esses e alguns outros encantamentos são usados no lugar de bênçãos e consagrações, na administração dos sacramentos do batismo e da eucaristia. Cada uma das coisas utilizadas nessas cerimônias sagradas (exceto o profanado cuspo do padre) possui alguma forma de exorcismo.

Outros ritos, como o casamento, a extrema-unção, a visita aos enfermos, a bênção das igrejas e dos cemitérios, etc., também não estão isentos de encantamento, pois neles são utilizados óleo e água benta, abusando da cruz e da sagrada palavra de Davi, *asperges me Domine hyssopo*, como conjuros eficazes para afastar fantasmas e espíritos imaginários.

Podemos considerar como mais um erro a má interpretação das palavras vida eterna, morte eterna e segunda morte. Embora esteja registrado nas Sagradas Escrituras que Deus criou Adão para que vivesse eternamente, em caráter condicional, isto é, desde que não desobedecesse a Suas ordens; embora leiamos que esse estado de vida eterna não era essencial à natureza humana, mas consequência da virtude da árvore da vida, da qual o homem tinha liberdade de comer, enquanto não houvesse pecado; embora leiamos que foi expulso do Paraíso depois de ter pecado, para que não comesse da árvore da vida nem vivesse para sempre; e, enfim, embora leiamos que a Paixão de Cristo é uma remissão do pecado de todos os que acreditarem nele e, por conseguinte, uma restituição da vida eterna a todos os fiéis e apenas a eles, apesar de lermos tudo isso nas Escrituras, a doutrina é agora, e tem sido há bastante tempo, bem diferente, a saber: que cada um possui eternidade de vida por natureza, na medida em que sua alma é imortal; que, dessa forma, embora a espada flamejante à entrada do Paraíso impeça que o homem se aproxime da árvore da vida, não o impede de possuir a imortalidade que Deus lhe tirou por causa de seu pecado, nem seria necessário o sacrifício de Cristo para sua remissão e, consequentemente, não apenas os fiéis e justos, mas também os maus e os ímpios gozarão da vida eterna, sem nenhuma morte, muito menos uma segunda e eterna morte. Para justificar tudo isso, diz essa doutrina que por segunda e eterna morte devemos entender uma segunda e eterna vida, mas em meio a tormentos; uma figura de linguagem nunca usada, exceto nesse caso.

Essa doutrina está fundamentada em alguns dos mais obscuros textos do Novo Testamento, que, contudo, considerada a finalidade completa das Escrituras, podem, com bastante clareza, ser interpretados em sentido diverso, e desnecessário à fé cristã. Supondo que, quando um homem morre, nada resta dele senão seu esqueleto, não pode Deus, que transformou, com suas palavras, a argila e o pó inanimados numa criatura viva, dar vida, com igual facilidade, apenas com sua palavra, a uma carcaça morta, deixando-a viver para sempre ou fazendo-a morrer novamente? O espírito, nas Escrituras, significa a vida ou a criatura viva; e o corpo e a alma, conjuntamente, o corpo vivo. No quinto dia da Criação, Deus disse: "Que a água produza *reptile animae viventis*", a coisa rastejante que tinha nela uma alma viva, que, na tradução, temos como "aquilo que tem vida". E mais, Deus criou baleias e *omnem animam viventem*, o que é traduzido por "toda criatura viva". O mesmo ocorreu com o homem, que Deus fez do pó da terra, soprando nele o hálito da vida, *et factus est homo in animam viventem*, isto é, "e o homem foi tornado uma criatura viva". E quando Noé saiu da arca, Deus disse que não mais destruiria *omnem animam viventem*, isto é, "todas as criaturas vivas". E: "Não comas o sangue, pois o sangue é a alma" (Dt 12,23), isto é, a vida. Dessas passagens, deduzimos que, se por alma devêssemos entender uma substância incorpórea, com uma existência separada do corpo, o termo poderia referir-se, com igual exatidão, a qualquer outra criatura viva além do homem. Porém, que a alma dos que creem não permanecerá em seus corpos por sua própria natureza, mas pela graça especial de Deus, desde a ressurreição até a eternidade, penso tê-lo provado suficientemente, com base nas Escrituras, no capítulo XXXVIII. No que concerne às passagens do Novo Testamento em que está escrito que qualquer homem pode ser lançado de corpo e alma no fogo do inferno, a referência não é outra coisa senão o corpo e a vida, ou seja, que os homens serão lançados vivos no fogo perpétuo de Geena.

É por essa abertura que penetra a tenebrosa doutrina; primeiro, a doutrina dos tormentos eternos e, depois, a do purgatório e, em consequência, dos espíritos dos mortos perambulando em lugares consagrados, solitários ou escuros; disso se origina a pretensão de exorcismo e conjuração de espíritos, como também de invocação dos mortos, e a doutrina das indulgências, isto é, da isenção, durante um tempo ou para sempre, do fogo do purgatório, onde há quem pretenda que essas substâncias incorpóreas são queimadas para serem purificadas e preparadas para o céu. Como, antes do tempo de nosso Salvador, os homens estavam possuídos, por contágio da demonologia dos gregos, da opinião de que as almas humanas eram substâncias distintas de seus corpos e, assim, quando o corpo morria, a alma de todos, bem-aventurados ou maus, precisava subsistir em algum lugar em vista de sua própria natureza, sem reconhecerem, pois, nenhum presente sobrenatural de deuses, os doutores da Igreja tiveram dúvidas, durante muito tempo, sobre o local onde elas deviam permanecer até que fossem, novamente, reunidas a seus corpos na ressurreição. No início, disseminou-se a ideia de que elas permaneciam sob os altares, mas, em seguida, a Igreja de Roma achou mais oportuno criar para elas um lugar no purgatório, o que, nos últimos tempos, vem sendo demolido por algumas outras Igrejas.

Passemos a considerar, agora, os textos das Escrituras que confirmam com maior clareza esses três erros gerais apontados. No que diz respeito aos textos que o cardeal Belarmino alegou para demonstrar o caráter atual do Reino de Deus administrado pelo papa (sobre o que não há nenhum argumento que contenha indício comprobatório), já os refutei e deixei claro que o Reino de Deus, instituído por Moisés, terminou com a eleição de Saul, e que, depois de sua época, o sacerdote, por sua própria autoridade, nunca depôs nenhum rei. O que foi feito pelo sumo sacerdote a Atalia não o foi por direito próprio, mas por direito do jovem rei Joás, seu filho; entretanto, Salomão, por seu direito próprio, depôs o sumo sacerdote Abiatar, substituindo-o por outro. A passagem mais difícil de replicar, de todas as que podem ser aduzidas para provar que o Reino de Deus por Cristo já é deste mundo, não é referida por Belarmino nem por qualquer outro defensor da Igreja de Roma, a não ser por Beza, que faz esse Reino começar a partir da ressurreição de Cristo. Ignoro, todavia, se, com isso, pretendia dar ao presbitério o supremo poder eclesiástico na República de Genebra (e a todo o presbiterado, em qualquer Estado), ou aos príncipes e outros soberanos civis. Efetivamente, o presbiterado, nos locais em que existe essa forma de governo eclesiástico, aspirou ao poder de excomungar seus próprios reis e ser o supremo moderador em matéria de religião, à semelhança do que é reivindicado, universalmente, pelo papa.

As palavras são: "Em verdade, vos digo que há alguns daqueles que aqui estão que não provarão a morte antes de terem visto o Reino de Deus chegar com poder" (Mc 9,1). Literalmente, essas palavras significam que, ou alguns daqueles homens que estavam junto de Cristo, naquele momento, ainda estão vivos, ou, então, que o Reino de Deus deve existir agora, neste mundo presente. Há outra passagem ainda, de mais difícil interpretação: os Apóstolos, depois da ressurreição de nosso Salvador, e imediatamente antes de sua ascensão, perguntaram-lhe: "Restituirás agora o reino a Israel?" E ele respondeu: "Não compete a vós conhecer os tempos e as épocas que o Pai detém em seu próprio poder, mas recebereis poder pela vinda do Espírito Santo sobre vós, e sereis minhas testemunhas, seja em Jerusalém, seja em toda a Judeia, Samaria e até os confins da terra" (At 1,6), o que é o mesmo que dizer: meu Reino ainda não chegou, nem sabereis antecipadamente quando vai chegar, pois virá como um ladrão na noite, mas enviar-vos-ei o Espírito Santo e por ele recebereis poder para testemunhar a todo o mundo, por vossa pregação, minha ressurreição, as obras por mim feitas e a doutrina que ensinei, para que acreditem em mim e tenham esperança na vida eterna quando eu retornar. Como isso poderia estar de acordo com o advento do reino de Cristo no momento da ressurreição? E São Paulo diz "que eles abandonaram os ídolos para servir o Deus verdadeiro e vivo e para esperar por Seu Filho do céu" (1Ts 1,9s), passagem em que "aguardar Seu Filho do céu" significa aguardar sua chegada para ser rei no poder, o que não seria necessário, se esse reino estivesse então presente. Se o Reino de Deus começou na ressurreição (como Beza queria ver em Mc 9,1), não haveria motivo para que os cristãos dissessem em suas preces, desde a ressurreição: "Venha a nós o vosso reino". As palavras de São Marcos não devem ser interpretadas dessa forma. "Alguns daqueles que aqui estão", disse nosso Salvador, "não provarão a morte antes de terem visto o Reino de Deus chegar com poder". Se esse reino deveria chegar com a ressurreição de Cristo, e todos os Apóstolos estavam vivos depois da ressurreição de Cristo, por que razão foi dito "alguns daqueles", em vez de "todos vós"?

Aos mais exigentes quanto à interpretação desse texto, recomendo que interpretem antes as palavras semelhantes de nosso Salvador a São Pedro, referindo-se a São João: "Se eu quero que ele fique até que eu retorne, o que interessa a ti?" (Jo 21,22). Com base nisso surgiu a versão de que São João não morreria. Não obstante, a veracidade dessa versão nem foi confirmada, por estar apoiada em sólido fundamento, nem foi refutada como desprovida de um fundamento aceitável para essas palavras: foi deixada como um fato não bem compreendido. Isso também se nota na passagem de São Marcos. E, se for correto conjeturar sobre seu significado pelo que se segue imediatamente no texto, tanto nessa versão como na de São Lucas, na qual a mesma expressão foi repetida, não é improvável que haja alguma relação disso com a Transfiguração, descrita nos versículos imediatamente subsequentes, que dizem que "depois de seis longos dias Jesus levou consigo Pedro, Tiago e João [não todos, mas alguns de seus discípulos], conduzindo-os a uma alta montanha, onde estavam sozinhos, e se transfigurou diante deles. Suas vestes se tornaram brilhantes, brancas como a neve, de forma tal que nenhuma roupagem da terra poderia comparar-se a elas. Então apareceram Elias e Moisés, que conversaram com Jesus", etc. Assim, esses Apóstolos viram Cristo em glória e majestade, a forma como deverá retornar, e eles ficaram aterrorizados. Por meio dessa visão, cumpriu-se a promessa de nosso Salvador; que se tratou de uma visão pode, provavelmente, ser inferido de São Lucas, que, contando a mesma história, disse que Pedro e os demais que estavam com ele caíram num sono profundo (Lc 9,28). Mas o sabemos, com maior certeza ainda, por Mt 17,9, em que o fato é também relatado, pois nessa passagem nosso Salvador lhes recomendou: "Não contem a ninguém a visão, até que o Filho do Homem ressuscite de entre os mortos". Seja como for, não podemos extrair daí nenhum argumento que comprove que o Reino de Deus começou antes do dia do juízo final.

Entre os outros textos aduzidos para provar o poder do papa sobre os soberanos civis (além dos de Belarmino), destaca-se aquele que diz que as duas espadas que Cristo e seus Apóstolos apresentavam entre eles eram as espadas espiritual e temporal, que, segundo lemos, São Pedro lhes deu por intermédio de Cristo. Há ainda um outro texto falando de duas luminárias, das quais a maior significaria o papa, e a menor, o rei; poderíamos deduzir da mesma forma, com base no primeiro versículo da Bíblia, que por céu devemos entender o papa, e, por terra, o rei. Isso, porém, não significa argumentar com base nas Escrituras; pelo contrário, é um insolente insulto aos príncipes, que se generalizou durante o período em que os papas tiveram força suficiente para defender a própria grandeza e para lutar contra todos os reis cristãos, enfrentando até imperadores, ridicularizando-os tanto quanto às Escrituras, que dizem, no salmo 91: "Tu pisotearás o leão e a serpente; o jovem leão e o dragão jazerão a teus pés".

A respeito dos ritos da consagração, embora dependam, em sua maioria, da discrição e da sensatez dos chefes da Igreja, e não das Escrituras, quem os governa é obrigado a tomar a orientação exigida pela própria natureza; igualmente, as cerimônias, as palavras e os gestos devem ser, a um só tempo, decorosos e significativos ou, pelo menos, devem estar de acordo com a ação. Ao consagrar o tabernáculo, o altar e os vasos que pertenciam aos judeus, Moisés o fez com o óleo que Deus havia recomendado para essa finalidade (Ex

40): e assim eles se tornaram sagrados. Nada foi feito para afugentar os espíritos. Também quando consagrou Aarão (o sumo sacerdote) e seus filhos, Moisés (o soberano civil de Israel) os lavou com água (não com água exorcizada), pôs-lhes as túnicas e os ungiu com óleo, e eles foram santificados, para celebrar a Deus no cargo sacerdotal; essa se constituiu numa simples e decorosa purificação, ornamentando-os antes de apresentá-los a Deus para serem seus servos. Ao consagrar o templo que havia construído, o rei Salomão (soberano civil de Israel) ficou em pé diante de toda a congregação de Israel e, após a bênção, deu graças a Deus por ter conseguido convencer seu Pai, pondo em seu coração a necessidade da construção, e por lhe ter sido concedida a graça de levar a cabo essa tarefa; então, suplicou a Deus que, em primeiro lugar, aceitasse aquela casa, muito embora não estivesse adequada a Sua infinita grandeza, e que ouvisse as preces de seus servos quando ali rezassem ou (se estivessem ausentes) que rezassem voltados para ela; finalmente, ofereceu um sacrifício ou um ofertório de paz, e a casa foi consagrada (1Rs 8). Não foram feitas procissões; o rei, todavia, manteve-se em posição de destaque; não houve água exorcizada, nem *Asperges me*, nem qualquer outra aplicação impertinente de palavras proferidas em outra ocasião, mas um discurso decente e racional, que estava de acordo com a oferta da nova casa a Deus.

Não há qualquer registro de que São João tenha exorcizado a água do Jordão, nem Filipe a água do rio em que batizou o eunuco, nem que algum pastor do tempo dos Apóstolos tenha passado sua saliva no nariz da pessoa a ser batizada, dizendo *in odorem suavitatis*, isto é, para um doce sabor ao Senhor, pelo que nem a cerimônia da saliva, por sua impureza, nem o uso dessas palavras da Escritura, por sua ligeireza, podem ser justificadas por qualquer autoridade humana.

Existem diversas passagens que parecem, à primeira vista, comprovar que a alma pode viver eternamente separada do corpo, por graça especial e restauração da vida eterna que Adão perdeu com o pecado e que foi restabelecida aos fiéis por nosso Salvador por meio de seu sacrifício, aplicando-se isso não apenas às almas dos eleitos, mas também às dos réprobos, como uma propriedade do gênero humano, sem a necessidade de nenhuma outra graça de Deus, exceto aquela que é dada universalmente a toda a humanidade. Entretanto, essas passagens, comparadas com o que foi alegado anteriormente (capítulo XXXVIII), com base em Jó 14, me parecem muito mais sujeitas a interpretações controvertidas do que as próprias palavras de Jó.

Primeiramente, vemos as palavras de Salomão: "Então voltará o pó a ser pó como antes, e o espírito voltará a Deus, que o deu" (Ecl 12,7). Essas palavras podem ser interpretadas (se não houver qualquer outro texto que se oponha frontalmente a este) no sentido de que só Deus sabe (mas o homem não) o que sucede com o espírito do homem quando ele expira; no mesmo livro, Salomão proferiu o mesmo, mas com o sentido que lhe dei: "Todos vão para o mesmo lugar; tudo foi feito com o pó, e ao pó retornará; quem sabe se o espírito do homem vai para cima e se o espírito do animal vai para baixo, para a terra?" (Ecl 3,20s) Ninguém, exceto Deus, e essa seria uma forma incomum de falar sobre coisas que não entendemos: "Deus sabe o que" e "Deus sabe onde". Em Gn 5,24, "Henoc caminhou com Deus e desapareceu, porque Deus o levou", o que é explicado em Hb 11,5: "Foi trasladado para que não morresse; não foi encontrado, porque fora Deus que o havia trasladado. Antes de sua trasladação, teve o testemunho de que agradava a Deus". Ocorrendo tanto pela imortalidade do corpo quanto pela da alma, o fato mostra que essa sua trasladação era especial para aqueles que agradavam a Deus, ao contrário do que sucede aos malvados, e que depende da graça, não da natureza. Que interpretação poderíamos dar, além do sentido literal das palavras de Salomão: "Que o que acontece aos filhos dos homens acontece aos animais e, como morrem uns, morrem, também, os outros; todos têm um mesmo respiro e, por isso, os homens não predominam sobre a besta, porque tudo é vaidade" (Ecl 3,19)? O sentido literal nos mostra que não há nenhuma imortalidade natural da alma, nem contradição a respeito da vida eterna, da qual, por graça, os eleitos desfrutarão. E lemos ainda: "Melhor do que ambos está aquele que ainda não foi" (Ecl 4,3), isto é, está melhor do que aqueles que vivem ou viveram, o que, se a alma de todos aqueles que viveram fosse imortal, seria uma afirmação excessiva, pois ter uma alma imortal seria pior do que não ter alma. E mais uma vez: "Os vivos sabem que morrerão, mas os mortos não sabem de nada" (Ecl 9,5), isto é, nada sabem naturalmente, antes da ressurreição do corpo.

A imortalidade natural da alma é defendida em outra passagem, na qual nosso Salvador disse que Abraão, Isaac e Jacó viviam; mas ele se referia à promessa de Deus e à certeza de ressuscitar novamente, e não de uma vida real. Assim, quando Deus disse a Adão que, no dia em que comesse do fruto proibido, certamente morreria, isso significa que daquele dia em diante era um homem morto por sentença, mas não por execução, até milhares de anos depois. Assim, Abraão, Isaac e Jacó estavam vivos por promessa, mas não realmente até a ressurreição. Não são contrárias a isso a história de Dives e de Lázaro, se forem tomadas como parábolas, o que realmente são.

Há ainda outras passagens no Novo Testamento em que a imortalidade parece ser diretamente atribuída aos malvados. Efetivamente, eles também ressuscitarão no dia do juízo final. Em várias passagens está escrito que eles serão atirados no fogo eterno, padecendo "tormentos eternos, castigos eternos, pois o verme da consciência não morre nunca"; tudo está encerrado na expressão morte eterna, que é geralmente interpretada como "vida de perpétuos tormentos". Entretanto, não encontramos em nenhuma passagem a afirmação de que alguém deve viver eternamente em tormentos. Seria difícil compreender que Deus, Pai de misericórdia, que exerce domínio total sobre os homens, que os induz a agir e querer, e sem cuja liberalidade o homem não pode inclinar-se para o bem, nem se arrepender do mal praticado, possa castigar as transgressões humanas, sem estabelecer nenhum limite de tempo e mediante requintes de tortura. Temos de considerar, portanto, qual é a exata significação dada ao fogo eterno e a outras coisas semelhantes nas Escrituras.

Já dissemos que o Reino de Deus por Cristo começará no dia do juízo, e que, então, todos os fiéis ressuscitarão, com corpo glorioso e espiritual, e serão seus súditos nesse seu Reino, que será eterno; eles não se casarão, nem serão dados em casamento, não comerão nem beberão, como o faziam antes, quando possuíam seu corpo, mas viverão para sempre em suas pessoas individuais, sem a eternidade específica da geração. Entretanto, não existe nenhuma passagem nas Escrituras que prove que também os réprobos ressuscitarão, para receber os castigos por seus pecados. Os eleitos que estiverem vivos naquele dia, com seus corpos terrenos, verão sua transformação em espirituais e imortais, como já constatamos, mas que os corpos dos réprobos, que se encontram no reino de Satanás, serão também gloriosos ou espirituais, não comerão, beberão ou gerarão, como os anjos de Deus, e que sua vida será eterna em suas pessoas individuais, como é a vida de todos os fiéis, ou como a vida de Adão teria sido, se ele não tivesse pecado, não pode ser provado, e a única exceção a isso são alguns trechos das Escrituras que fazem referência aos tormentos eternos.

Da mesma forma que, depois da Ressurreição, os eleitos retornarão ao estado em que vivia Adão antes de ter pecado, os réprobos também ficarão na situação de Adão e de sua posteridade depois de cometido o pecado. Deus prometeu um redentor a Adão, se sua descendência confiasse nele e se arrependesse, mas não aos que morressem em pecado, como é o caso dos réprobos.

Então, os textos que mencionam "fogo eterno", "tormentos eternos" ou "o verme que nunca morre" não contrariam a doutrina segundo a qual haverá uma segunda e eterna morte, no sentido próprio e natural da palavra morte. Podem ser eternos o fogo ou os tormentos preparados para os maus em Geena, Tofet ou qualquer outro lugar, e sempre haverá homens maus para neles serem atirados, embora nem todos e nenhum eternamente. Se os homens maus forem deixados no estado em que estavam depois do pecado de Adão, no momento da ressurreição viverão como o fizeram, ou seja, poderão casar e terão corpos rudes e corruptíveis, como tem hoje a humanidade; consequentemente, eles poderão, como faziam antes, continuar gerando perpetuamente, depois da ressurreição. Em nenhuma parte as Escrituras dizem o contrário. Referindo-se à ressurreição, São Paulo aborda apenas a vida eterna, e não o castigo que dela advirá (1Cor 15). Sobre a vida eterna, diz que o corpo "é semeado em corrupção e cresce em incorrupção; semeado em desonra e cresce em honra; semeado em fraqueza e cresce em poder; semeado como corpo natural, e cresce como corpo espiritual". Isso não poderia ser dito a respeito dos corpos daqueles que ressuscitam para o castigo. Nosso Salvador, ao falar da natureza do homem depois da ressurreição, refere-se à ressurreição para a vida eterna, e não para o castigo. O texto é Lc 20,34ss: "Os filhos deste mundo contraem matrimônio e são dados em matrimônio, mas aqueles que forem considerados dignos daquele mundo e da ressurreição dos mortos não se casam nem são dados em casamento, nem podem morrer mais, pois tornam-se iguais aos anjos e são os filhos de Deus, sendo os filhos da ressurreição". Porém, os filhos deste mundo que estão no estado em que Adão os deixou contrairão matrimônio e serão dados em matrimônio, corrompendo-se e gerando eternamente; isso representa a imortalidade da espécie, mas não das pessoas dos homens. Como são indignos, não farão parte dos seres que alcançarão o mundo futuro e a ressurreição absoluta dos mortos, mas apenas por um curto período, como moradores deste mundo e com o objetivo de serem castigados por sua contumácia. Os eleitos serão as únicas criaturas da ressurreição, isto é, os únicos herdeiros da vida eterna. Não morrerão mais os que se igualarem aos anjos, que são os filhos de Deus. Enquanto isso, para os réprobos está destinada uma segunda e eterna morte, e haverá um período de castigo e de tormento entre a ressurreição e sua segunda e eterna morte, que durará tanto tempo quanto dure a propagação da espécie humana, ou seja, eternamente.

Como dissemos, a doutrina do purgatório baseia-se nessa doutrina da eternidade natural das almas separadas do corpo. Supondo que a vida eterna seja alcançada apenas por graça, não resta dúvida de que só existe a vida do corpo, não havendo qualquer imortalidade até a ressurreição. As passagens referentes ao purgatório alegadas por Belarmino e extraídas das Escrituras canônicas do *Antigo Testamento* são, em primeiro lugar, o jejum de Davi em favor de Saul e Jônatas, mencionado em 2Sm 1,12 e, novamente, em 2Sm 3,35, pela morte de Abner. O jejum de Davi, diz o cardeal, destinava--se à obtenção, das mãos de Deus, de algo para eles, depois de sua morte, pois, depois que Davi jejuou para conseguir o restabelecimento de seu próprio filho, ao saber que havia morrido, clamou para que lhe servissem comida. Sendo que a existência da alma está separada do corpo e, assim, nada pode ser obtido por meio do jejum para as almas que já estão no céu ou no inferno, deve haver, portanto, um outro lugar para os mortos, e esse seria o purgatório. Assim, o cardeal deturpou esses textos a fim de oferecer provas da existência de um purgatório, a partir do que fica evidente que as cerimônias de luto e jejum, quando são praticadas pela morte de alguém cuja vida não foi proveitosa para os carpidores, são feitas em honra de suas pessoas, e, quando praticadas por ocasião da morte daqueles cuja vida trouxe benefício aos carpidores, resultam de seu prejuízo particular. Saul e Abner foram honrados com o jejum de Davi, que se reconfortou diante da morte de seu próprio filho, comendo normalmente.

Quanto aos demais textos do *Antigo Testamento* aos quais o cardeal se referiu, nada neles pode ser alegado como vestígio ou traço de prova. Belarmino menciona todos os textos em que aparecem as palavras cólera, fogo, incêndio, expiação ou purificação, que os padres só retoricamente aplicaram, em sermões, à doutrina, em que já acreditavam, do purgatório. O primeiro versículo do salmo 37, "ó Senhor, não me afastes com tua cólera nem me castigues com teu intenso desagrado", não teria nenhuma correlação com o purgatório, se Agostinho não tivesse ligado a cólera ao fogo do inferno e o desagrado, ao do purgatório. E o que tem a ver com o purgatório a passagem de Sl 66,12: "Entramos em fogo e água e trouxeste-nos a um lugar úmido", e outros textos semelhantes (com os quais os doutores daquele tempo enfeitavam ou ampliavam seus sermões ou comentários), trazidos a propósito pela força ou pela habilidade?

O cardeal mencionou ainda outras passagens do *Novo Testamento*, a respeito das quais a réplica não é fácil. Em primeiro lugar, a de Mt 12,32: "Aquele que disser uma palavra contra o Filho do Homem será perdoado, mas aquele que falar contra o Espírito Santo não será perdoado nem neste mundo nem no mundo vindouro"; Belarmino pretendeu, aí, que o purgatório seja o mundo vindouro, quando serão perdoados alguns pecados que não o foram neste mundo. No entanto, já ficou claro que existem três mundos: um cujo período vai desde a Criação até o Dilúvio, e que foi destruído pela água e que é chamado nas Escrituras "o velho mundo"; outro, do Dilúvio até o dia do juízo, que é "o mundo atual", e que será consumido pelo fogo; e, finalmente, o terceiro, que existirá a partir do dia do juízo e será eterno, denominado "o mundo vindouro", que, por concordância geral, não terá purgatório. Assim, são incompatíveis o mundo vindouro e o purgatório. Mas qual seria o sentido das palavras de nosso Salvador? Tenho de confessar que dificilmente se conciliariam com todas as doutrinas unanimemente aceitas até agora. Não me envergonho de confessar que é grande a profundidade das Escrituras, o que impede o restrito conhecimento humano de perscrutá-las. Entretanto, proponho à consideração dos mais eruditos teólogos o que é sugerido pelo próprio texto. Em primeiro lugar, o fato de que falar contra o Espírito Santo, a terceira pessoa da Trindade, é falar contra a Igreja, na qual o Espírito Santo reside, parece estabelecer uma comparação entre a simplicidade com que nosso Salvador suportou as ofensas que lhe foram feitas, enquanto ele próprio ensinou o mundo, isto é, quando estava na terra, e a severidade dos pastores que vieram depois dele, contra os que negassem sua autoridade, que vinha do Espírito Santo. Como se ele tivesse dito: vós, que negais meu poder e ides crucificar-me, sereis por mim perdoados, sempre que vierdes a mim com arrependimento; mas, se negardes o poder daqueles que, daqui em diante, vos ensinarão, pela virtude do Espírito Santo, eles serão inexoráveis e não vos perdoarão, mas, sim, vos perseguirão neste mundo e vos deixarão sem absolvição (ainda que vos dirijais a mim, sem vos dirigirdes a eles também) para as punições, tanto quanto estiver ao seu alcance, do mundo que está por vir. Essas palavras podem ser tomadas como uma profecia, ou predição referente aos tempos, como têm sido sempre interpretadas na Igreja cristã. Se não for esse o significado (porque não tenho a pretensão de estar certo em tão difícil passagem), talvez possa haver lugar, depois da Ressurreição, para o arrependimento de alguns pecadores. Uma outra passagem concorda com a citada. São as palavras de São Paulo: "O que farão aqueles que são batizados pelos mortos, se os mortos não ressuscitam de nenhuma maneira? Por que também são eles batizados pelos mortos?" (1Cor 15,29); essa passagem pode provavelmente estar baseada no que foi feito no tempo de São Paulo, quando havia o costume de receber o batismo pelos mortos (como os homens que agora acreditam que podem servir de garantia para a fé das crianças que ainda não são capazes de tê-la), atuando em prol das pessoas dos amigos mortos, para que se disponham a obedecer e a receber nosso Salvador como seu rei, quando ele vier novamente; assim, para alcançar o perdão dos pecados no mundo que está por vir, não haveria necessidade de um purgatório. Nessas duas interpretações há tantos paradoxos que não merecem confiança; limito-me a propô-las aos que são profundamente versados nas Escrituras, a fim de que investiguem se não há algum texto mais claro que as contradiga. Simplesmente afirmo que considero a Escritura evidente para me convencer de que não existe nem a palavra nem a realidade do purgatório, nem neste nem em nenhum outro texto, nem nada que possa provar a necessidade da existência de um lugar para a alma sem o corpo, nem para a alma de Lázaro durante os quatro dias em que esteve morto, nem para as almas daqueles que a Igreja Romana pretende que estejam, agora, sendo atormentados no purgatório. Com efeito, Deus, que pode dar vida a um pedaço de barro, tem o mesmo poder para novamente dar vida a um morto e transformar sua carcaça inanimada e podre num glorioso, espiritual e imortal corpo.

A outra passagem está em 1Cor 3, em que está escrito que aqueles que acumularam restolho, feno, etc., para que lhes servisse de base, verão sua obra perecer, mas "serão salvos, embora pelo fogo". Há quem pretenda que esse fogo seja o fogo do purgatório. Como já dissemos, essas palavras são uma alusão às de Zc 13,9, em que o profeta diz: "Porei no fogo a terceira parte, e os purificarei como se purifica a prata, e os afinarei como se afina o ouro". Isso é dito a respeito da vinda do Messias em poder e glória, isto é, no dia do juízo final e da conflagração do mundo presente, no qual os eleitos não serão consumidos, mas refinados, isto é, serão destruídas as doutrinas e tradições errôneas, como se estas fossem chamuscadas para depois proclamarem o nome do Deus verdadeiro. Da mesma forma, a respeito daqueles que, sustentando o fundamento de que Jesus é o Cristo, constroem sobre ele doutrinas falsas, dizem os Apóstolos que não serão consumidos no fogo que renova o mundo, mas que o atravessarão, para alcançar a salvação, a fim de reconhecer e abjurar os erros anteriores. Aqueles que constroem são os pastores; a fundação é Jesus, o Cristo; o restolho e o feno, as falsas ilações oriundas da ignorância ou da fraqueza; o ouro, a prata e as pedras preciosas, as verdadeiras doutrinas; a refinação ou purificação, a renúncia aos erros. Em tudo isso que vimos não existe um só vestígio do consumo pelo fogo das almas incorpóreas.

Uma terceira passagem, anteriormente mencionada, é a de 1Cor 15,29, relativa ao batismo pelos mortos; com base nela conclui o cardeal que não deixam de ser úteis as orações pelos mortos e, com base nisso, afirma a existência de um fogo do purgatório. Mas nada disso é exato. Entre as muitas interpretações da palavra batismo, a mais aceitável é que, por batismo, devemos entender (metaforicamente) um batismo de penitência, e que os homens, nesse sentido, são batizados quando jejuam, rezam e dão esmolas. Portanto, batismo pelos mortos e orações pelos mortos significam o mesmo. Trata-se, porém, de uma metáfora, não havendo qualquer outro exemplo desse uso da palavra nas Escrituras nem em nenhuma outra forma de linguagem; e esse uso discorda também da harmonia e do objetivo das Escrituras. A palavra batismo é utilizada, também, com o significado de banho no próprio sangue, como aconteceu com Cristo na cruz e com a maioria dos Apóstolos, por terem sido suas testemunhas (Mc 10,38; Lc 12,50). Entretanto, não podemos afirmar que as palavras oração, jejum e esmolas tenham qualquer similaridade de significado com banho. Essa palavra aparece também em Mt 3,11 (o que parece contribuir para explicar o purgatório), no sentido de uma purificação pelo fogo. Está claro que fogo e purificação são as mesmas coisas sobre as quais falou o profeta Zacarias: "Porei a terceira parte no fogo, e os refinarei", etc. (Zc 13,9). E São Pedro, depois dele: "Que a prova de tua fé, ainda mais preciosa do que a do ouro, que perece, muito embora seja afinado com o fogo, possa ser encontrada em louvores, honras e glória na vinda de Jesus Cristo" (1Pd 1,7). E São Paulo: "O fogo purificará a obra de todos os homens, seja ela de que espécie for" (1Cor 3,13). São Pedro e São Paulo falam do fogo que haverá quando Cristo retornar, e o profeta Zacarias do dia do juízo. Assim, a passagem de São Mateus poderia ser interpretada da mesma forma e, então, não haveria necessidade do fogo do purgatório.

Outra interpretação do batismo pelos mortos é aquela que já antes mencionei, e que o cardeal Belarmino prefere, em segundo lugar de probabilidade, dela inferindo, também, a utilidade da oração pelos mortos. Se, depois da ressurreição, aqueles que não ouviram falar de Cristo ou que nele não acreditaram podem ser recebidos no reino de Cristo, não é inútil que, depois de sua morte, seus amigos orem por eles, até que ressuscitem. Mas, mesmo admitindo que, em vista das orações dos fiéis, Deus possa converter alguns que não ouviram Cristo pregar e que, por isso, não o poderiam ter rejeitado, e mesmo reconhecendo que, nesse ponto, a caridade dos homens não pode ser censurada, isso não autoriza qualquer conclusão a respeito do purgatório, porque há uma grande diferença entre ressuscitar da morte para a vida e ressuscitar do purgatório para a vida, posto que é passar de uma vida a outra vida, de uma vida atormentada a uma vida gozosa.

Podemos citar um quarto texto, o de Mt 5,25: "Concordai imediatamente com vosso adversário, enquanto caminhais com ele, para que, a qualquer momento, ele não vos entregue ao juiz e o juiz vos entregue ao oficial, e vós sejais lançados na prisão. Em verdade vos digo que de nenhum modo escapareis de lá até que não tenhais pago o último tostão". De acordo com essa alegoria, o ofensor é o pecador, o adversário e o juiz são Deus, o caminho é esta vida, a prisão é o túmulo, o oficial, a morte; concluímos daí que o pecador não ressuscitará para a vida eterna, mas para uma segunda morte, até que tenha pago tudo quanto devia, ou que Cristo tenha pago por ele com sua paixão, que é um resgate pleno para todo tipo de pecado, tanto para os menores quanto para os grandes crimes, tanto um como outro veniais após a Paixão de Cristo.

O quinto texto é o de Mt 5,22: "Todo aquele que se aborrecer com seu irmão sem uma razão será culpado em juízo. E todo aquele que disser a seu irmão: *Raca*, será culpado diante do conselho. Mas aquele que o chamar de louco será condenado ao fogo do inferno". Desse trecho o cardeal infere três espécies de pecados e três formas de castigo, e que somente o último pecado será castigado com o fogo do inferno; consequentemente, depois desta vida haverá punição dos pecados menores no purgatório. Dessa inferência não há qualquer vestígio em nenhuma interpretação dada até aqui. Serão, pois, após esta vida, diversos os tribunais de justiça, tal como o eram entre os judeus no tempo de nosso Salvador, que ouvirão e classificarão as diversas espécies de crimes, e haverá uma diversidade de juízes e de conselhos? A judicatura não pertencerá a Cristo e a seus Apóstolos? Esse texto, para ser compreendido, precisa ser examinado em conjunto com as palavras precedentes e subsequentes, e não isoladamente. Nesse capítulo, nosso Salvador interpreta a lei de Moisés, lei essa que os judeus julgavam estar cumprindo quando não a tinham transgredido em seu sentido literal, embora tivessem violado o desígnio ou propósito do legislador. Como eles pensavam que só estariam transgredindo o sexto mandamento se matassem um semelhante, ou o sétimo, se dormissem com uma mulher que não fosse sua esposa, nosso Salvador disse-lhes que, se um homem tiver ódio de seu irmão, sem uma justa causa, estará cometendo um homicídio: "Ouvistes", disse ele, "a lei de Moisés, que diz 'não matarás', uma vez que 'aquele que matar será condenado perante os juízes', ou perante a sessão dos 70, mas, eu vos digo, aborrecer-se com o irmão, chamando-o de louco é homicídio, e quem o fizer será punido no dia do juízo com o fogo do inferno, durante sessão de Cristo e seus Apóstolos". Essas palavras não foram empregadas para distinguir a diversidade de crimes, tribunais de justiça e castigos, mas para ressaltar a distinção entre os pecados, pois os judeus não a extraíam da diferença entre as vontades de obedecer a Deus, mas da diferença entre seus tribunais temporais de justiça; e tais palavras foram empregadas, principalmente, para acentuar que a vontade de magoar o irmão, embora o efeito só apareça no ultraje, ou nem apareça, será julgada pelos juízes e pela sessão como crime, e punida com a pena do fogo do inferno, o que equivale a afirmar que não existirão tribunais distintos no dia do juízo. Dessa forma, nada há nesse texto que prove a validade do purgatório.

É Lc 16,9 o sexto texto: "Tornai-vos amigos do deus Dinheiro, para que, quando falhardes, possam receber-vos em tabernáculos eternos". O cardeal quer provar, com isso, a invocação dos santos defuntos. O significado, entretanto, é mais simples: devemos, por meio de nossas riquezas, tornar-nos amigos dos pobres, para obter suas orações enquanto eles viverem: "Aquele que dá aos pobres empresta a Deus".

A sétima passagem é Lc 23,42: "Senhor, lembrai-vos de mim quando chegardes ao vosso reino". Haverá, pois, diz o cardeal a remissão dos pecados depois desta vida. Mas a ilação não é adequada. Nosso Salvador o perdoou e, quando voltar novamente em glória, lembrará de ressuscitá-lo outra vez, para a vida eterna.

Finalmente, a oitava passagem é At 2,24, em que São Pedro disse de Cristo: "Deus o ressuscitou, abrandando as penas da morte, porque não era possível que ele ficasse preso a ela". A interpretação feita pelo cardeal Belarmino é de que Cristo desceu ao purgatório, libertando algumas almas de seus tormentos, ao passo que é evidente que Cristo é que foi libertado, isto é, era ele, e não as almas do purgatório, que não podia ser detido pela morte ou pelo túmulo. Mas, se fizermos uma análise mais apurada das notas de Beza com referência a essa passagem, poderemos constatar que, em vez de penas, a palavra poderia ser bandagens; assim, nada justificaria a busca do purgatório nesse texto.

## Capítulo XLV
## Da demonologia e de outros vestígios da religião dos pagãos

A imaginação denominada visão é o resultado da impressão provocada nos órgãos da vista pelos corpos luminosos, que, seja em linha reta, seja em muitas linhas, refletidas a partir dos corpos opacos ou refratadas ao passar através de corpos diáfanos, produzem nos seres vivos a quem Deus deu tais órgãos uma imaginação do objeto. Não parece ser uma simples imaginação, mas o próprio corpo fora de nós, da mesma maneira como, ao comprimir fortemente o olho, surge uma luz exterior, perceptível apenas pela própria pessoa, uma vez que, na verdade, não existe, sendo apenas um movimento dos órgãos internos, que reagem contra a resistência. O movimento resultante dessa pressão, que continua mesmo depois que o objeto que a causou foi removido, é o que denominamos imaginação e memória, e (durante o sono e algumas vezes numa grande perturbação dos órgãos provocado por doença ou violência) sonho, sobre os quais já falamos nos capítulos II e III.

Essa natureza da visão jamais foi descoberta por aqueles que, nos tempos antigos, aspiravam ao conhecimento natural, e muito menos por aqueles que não consideram coisas tão remotas (como é o conhecimento) com base em seu uso presente. Não é fácil para os homens conceberem essas imagens da fantasia e dos sentidos, a não ser como coisas realmente existentes fora de nós. Algumas delas (porque desaparecem, não sabemos por que nem como) terão de ser absolutamente incorpóreas, isto é, imateriais, ou formas sem matéria, cor ou formato, sem nenhum corpo colorido ou figurado, que podem ser postas em corpos aéreos (como uma roupa) para se tornarem visíveis quando quiserem a nossos olhos corpóreos. Há quem as veja como corpos e criaturas vivas, mas feitas de ar ou de outra matéria mais tênue e etérea, que se condensa quando as pessoas as veem. Mas ambas têm uma denominação geral: demônios. Como se os mortos com os quais os homens sonham não fossem os habitantes de seu próprio cérebro, mas, sim, do ar, do céu ou do inferno; não fantasmas, mas espíritos, com tanto fundamento como se alguém dissesse que viu seu próprio espírito num espelho ou os espíritos das estrelas num rio ou, ainda, chamasse à vulgar aparição do sol, com cerca de um pé de altura, o demônio ou espírito daquele grande sol que ilumina todo o mundo visível. É por isso que esses espíritos são temidos, como detentores de um poder ilimitado, capaz de fazer o bem ou mal. O temor desses seres proporciona aos governantes dos Estados pagãos o controle sobre o medo, estabelecendo a demonologia (em razão da qual os poetas e os sacerdotes principais da religião pagã eram especialmente reverenciados ou respeitados), como algo necessário à paz pública e à obediência dos súditos, estabelecendo, entre tais demônios, uns bons e outros maus, uns para compelir o povo à observância e os outros para impedi-lo de violar as leis.

Essas coisas às quais era dado o nome de demônios foram mencionadas por Hesíodo, um dos mais antigos poetas gregos, na genealogia de seus deuses e, ainda, em outras histórias, algumas das quais foram analisadas no capítulo XII.

Os gregos, por meio de suas colônias e conquistas, comunicaram sua língua e escritos à Ásia, ao Egito e à Itália e, por conseguinte, também sua demonologia, ou (como São Paulo a chama) suas doutrinas demoníacas. Assim, essa demonologia chegou também até o povo judeu, tanto na Judeia como em Alexandria e em outras locais onde vivia. Os judeus não davam o nome de demônio (como ocorria entre os gregos) aos espíritos bons e maus, mas só aos maus. Deram o nome de Espírito de Deus aos bons demônios, acreditando que aqueles em cujos corpos entravam eram profetas. Qualquer ato benéfico era atribuído ao Espírito de Deus, e os maus a algum demônio, mas a um *kakoddímon*, um mau demônio, isto é, um diabo. Chamavam demoníacos, isto é, possuídos pelo diabo, aqueles que denominamos loucos ou lunáticos, ou os que sofriam de epilepsia, ou que diziam coisas absurdas, que eles não entendiam. Uma pessoa notoriamente impura era considerada possuidora de um espírito impuro; um mudo, um demônio mudo; de João Batista, em razão da singularidade de seu jejum, diziam que ele possuía um diabo (Mt 11,18) e, de nosso Salvador, pelo fato de ter dito que quem obedece às suas ordens não verá a morte *in aeternum*, disseram: "Agora sabemos que tu tens um diabo. Abraão morreu e os profetas também morreram" (Jo 8,52); e ainda, porque ele disse que eles estavam prestes a matá-lo, o povo respondeu: "Tu tens um diabo que intenta matar-te?" (Jo 7,20). Com isso, fica evidente que os judeus tinham as mesmas opiniões a respeito dos espíritos, a saber, que não eram espíritos, isto é, imagens do cérebro, mas coisas reais e independentes da imaginação.

Uma vez que essa doutrina não era verdadeira, por que motivo (podem alguns perguntar) nosso Salvador não a contradisse e não ensinou o contrário? Ou, ainda, por que utilizou, em diversas ocasiões, formas de discurso que pareceram confirmá-la? Minha resposta a isso, primeiramente, é que, quando Cristo disse: "Um espírito não tem carne nem ossos" (Lc 24,39), embora afirmasse a existência de espíritos, não negou que fossem corpos. Quando São Paulo diz: "Ressuscitaremos como corpos espirituais" (1Cor 15,44), reconhece a natureza dos espíritos, mas, também, que eles são espíritos corpóreos, o que não é difícil de compreender, considerando que o ar e muitas outras coisas são corpos, embora não tenham nem carne nem ossos ou qualquer outro corpo tangível que possamos ver. Mas, quando nosso Salvador fala ao diabo e lhe ordena que saia de um homem, se pelo diabo quer dizer uma doença, como o frenesi ou o lunatismo, ou um espírito corpóreo, não teria sido imprópria a expressão? Podem as doenças ouvir? Ou pode haver um espírito corpóreo num corpo de carne e osso, já cheio de espíritos vitais e animais? Não haveria espíritos sem corpos, ou são eles pura imaginação? À primeira pergunta respondo que o fato de nosso Salvador ordenar à loucura ou ao lunatismo, no momento de curar, é tão impróprio como censurar a febre, o vento e o mar, pois eles também não ouvem. A ordem de Deus à luz, ao firmamento, ao sol e às estrelas, no momento de criá-los, não teria sido absurda, já que não podiam ouvi-lo? Entretanto, essas falas não são impróprias, pois significam o poder da palavra de

Deus; portanto, também não é impróprio dar ordens à loucura ou ao lunatismo (com a designação de diabos, pela qual eram então habitualmente conhecidos) para que saíssem do corpo de um homem. Com referência ao fato de serem incorpóreos, ainda não encontrei nenhum trecho das Escrituras por meio do qual possamos concluir que alguém fosse possuído por qualquer outro espírito corpóreo, exceto pelo próprio, graças ao qual seu corpo se move naturalmente.

Logo depois que o Espírito Santo desceu sobre nosso Salvador sob a forma de uma pomba, segundo São Mateus, "foi conduzido pelo Espírito ao deserto" (Mt 4,1); e o mesmo é confirmado nestas palavras: "Estando Jesus cheio do Espírito Santo, foi conduzido em Espírito ao deserto" (Lc 4,1), pelo que fica evidente que, por Espírito, aqui, devemos entender o Espírito Santo. Isso não pode ser interpretado como uma possessão, pois Cristo e o Espírito Santo são uma e a mesma substância, não se dando, então, possessão de uma substância ou corpo por outro. Nos versículos seguintes, que afirmam que "ele foi levado pelo diabo para a cidade santa e posto no pináculo do templo", deveríamos concluir que ele estava possuído pelo diabo, ou que foi para ali conduzido à força? E quando o texto diz, ainda, que foi "transportado dali pelo diabo para uma montanha extremamente alta, de onde lhe mostrou todos os reinos do mundo", não devemos acreditar que estivesse possuído ou forçado pelo diabo, nem que uma montanha pudesse ser tão alta (de acordo com o sentido literal) que permitisse vislumbrar todo um hemisfério. Que outro sentido poderíamos dar a esse trecho, senão o de que ele foi por si próprio para o deserto e que essa transladação de um lugar a outro, do deserto para a cidade e de lá para uma montanha, era uma visão? Em conformidade com isso está também a frase de São Lucas, que diz que ele foi conduzido para o deserto, não por um espírito, mas em Espírito; sem dúvida, com relação a sua translação à montanha e ao pináculo do templo, São Lucas se expressa da mesma maneira que São Mateus, o que está de acordo com a natureza de uma visão.

Quanto ao que São Lucas diz de Judas Iscariotes, que "Satanás entrou nele e depois disso ele foi conversar com os sumos sacerdotes e capitães, sobre o modo como poderia atraiçoar Cristo para eles" (Lc 22,3s), podemos responder que, pela entrada nele de Satanás (isto é, do inimigo) o texto pretende dar a entender a intenção hostil e traidora de vender seu Senhor e Mestre. Pois, tal como Espírito Santo, nas Escrituras, frequentemente deve ser entendido como as graças e as boas inclinações dadas pelo Espírito Santo, por "entrada de Satanás" podemos entender as cogitações malvadas e os desígnios dos que são adversários de Cristo e de seus discípulos. Do mesmo modo como é difícil dizer que o diabo entrou em Judas antes de ele ter tido um propósito tão hostil, também é impertinente dizer que ele era, em seu coração, o primeiro inimigo de Cristo, e que o diabo entrou nele depois disso. Portanto, a entrada de Satanás e seu propósito perverso eram uma coisa só.

Se não existe nenhum espírito imaterial nem nenhuma possessão dos corpos dos homens por qualquer espírito corpóreo, alguém poderia perguntar por que razão nosso Salvador e seus Apóstolos não ensinaram isso ao povo, usando palavras tão claras que não suscitassem dúvidas. Questões como essas são apenas curiosas, e não são necessárias para a salvação de um cristão. Os homens podem questionar, igualmente, por que motivo Cristo, que poderia ter dado a todos os homens fé, piedade e toda espécie de virtudes morais, as deu apenas a alguns, e não a todos, e, ainda, por que encomendou as investigações das causas naturais e das ciências à razão natural e à laboriosidade dos homens, e não as revelou sobrenaturalmente a todos ou a qualquer homem, e tantas outras perguntas análogas, para as quais, sem dúvida, podem ser alegadas razões prováveis e piedosas. Assim como Deus, levando os israelitas para a Terra Prometida, não lhes deu garantias nesse país subjugado por todas as nações a sua volta, deixando-os com dificuldades que se assemelhavam a espinhos em seu flanco, para neles despertar de tempos a tempos a piedade e a laboriosidade de povo eleito, da mesma forma nosso Salvador, conduzindo-nos para seu reino celestial, não destruiu todas as dificuldades das questões naturais, mas deixou-as para que exercitássemos nossa laboriosidade e razão; o objetivo de sua pregação é, apenas, mostrar-nos este caminho simples e direto para a salvação: a crença em que ele era o Cristo, o Filho do Deus vivo, enviado ao mundo para sacrificar-se por nossos pecados e, ao regressar, reinar gloriosamente sobre seus eleitos para salvá-los de seus inimigos para todo o sempre. A opinião sobre a possessão dos espíritos ou fantasmas não se constitui em nenhum impedimento no caminho, embora possa fazer alguns se desviarem dele, seguindo suas próprias inclinações. Se pretendermos uma explicação das Escrituras para todas as questões que podem surgir e tumultuar o cumprimento das ordens de Deus, poderemos, igualmente, queixar-nos de Moisés por não ter estabelecido o tempo para a criação de tais espíritos, bem como para a criação da terra, do mar, dos homens e dos animais. Finalizando, constatamos a existência de anjos e espíritos bons e maus nas Escrituras, mas não que eles sejam incorpóreos como as aparições que os homens veem no escuro, em sonhos ou visões, a que os latinos chamavam *spectra*, e que consideravam serem demônios. Acredito haver espíritos corpóreos (embora sutis e invisíveis), mas nunca que o corpo de qualquer homem possa ser possuído ou habitado por eles, e que os corpos dos santos serão, concretamente, tais corpos espirituais, como os denominou São Paulo.

Não obstante, a doutrina contrária, isto é, de que há espíritos incorpóreos, tem prevalecido de tal modo na Igreja, que a prática do exorcismo (isto é, da expulsão de demônios por conjuração) nela se apoiou, não tendo, ainda, sido totalmente suprimida (embora seja praticada rara e fracamente). Na Igreja primitiva, havia muitos seres demoníacos e poucos seres afetados pela loucura e outras enfermidades similares, enquanto, nos tempos de hoje, há mais loucos do que demoníacos; isso não é o resultado de uma mudança de natureza, mas apenas de denominações. Consiste também numa incógnita a razão pela qual os Apóstolos, e depois deles, durante algum tempo, os pastores da Igreja, curavam essas doenças e, hoje, isso não se dá; como também por que todo verdadeiro crente não tem o poder de fazer, atualmente, aquilo que os fiéis faziam, como lemos em Mc 16,17: "Em nome de Cristo expulsarão demônios, falarão com novas línguas, levantarão serpentes, beberão venenos mortais sem que eles façam efeito, e curarão os doentes com a imposição de mãos", e tudo isso sem outras palavras, exceto "em nome de Jesus". Provavelmente, esses dons extraordinários eram dados à Igreja apenas durante o tempo necessário para que os homens confiassem plenamente em Cristo, e almejassem alcançar a felicidade apenas no reino vindouro; e é provável, por conseguinte, que, quando passaram a ambicionar autoridade e riquezas e a confiar em sua própria capacidade para um reino deste mundo, esses dons sobrenaturais de Deus lhes tenham sido novamente arrebatados.

Outro vestígio do paganismo é a adoração das imagens, que não foi instituída por Moisés no Antigo Testamento, nem por Cristo, no Novo, nem foi imitada dos pagãos, mas foi tolerada entre eles, depois de terem dado seus nomes a Cristo. Antes que nosso Salvador pregasse, a religião generalizada entre os gentios era adorar aparências que suscitam no cérebro a impressão dos corpos externos sobre os órgãos dos sentidos, aparências essas que são comumente chamadas ideias, ídolos, fantasmas, fantasias, sendo representações dos corpos externos que as causam, sem possuir em si nenhuma realidade, como não existe nenhuma realidade nas coisas que parecem estar entre nós em sonhos. Por essa razão, São Paulo diz que "sabemos que um ídolo não é nada", não porque pensasse que uma imagem de metal, pedra ou madeira não fosse nada, mas porque aquilo que era venerado ou temido na imagem, o considerado como um Deus, não passava de mera ficção em cérebros transtornados, sem lugar, habitação, movimento ou existência. O culto dessas ficções com honras divinas é chamado nas escrituras de idolatria e revolta contra Deus. Sendo Deus o rei dos judeus, e primeiro Moisés e depois o sumo sacerdote Seus representantes, se fosse permitido ao povo cultuar e orar às imagens (representações de suas próprias fantasias), o povo deixaria de depender do verdadeiro Deus, com o qual não pode haver semelhança; não haveria, também, dependência de Seus ministros, Moisés e os sumos sacerdotes, e cada homem ter-se-ia governado de acordo com seu próprio desejo, até chegar à máxima subversão do Estado e a sua própria destruição, por falta de união. Portanto, a primeira lei de Deus era que Seu povo não devia tomar como deuses *alienos deos*, isto é, os deuses de outras nações, mas apenas aquele verdadeiro Deus que condescendeu em falar com Moisés, e que, por intermédio dele, deu a Seu povo leis e direções, para sua paz e sua preservação dos inimigos. A segunda lei de Deus era que o povo não devia fazer para si nenhuma imagem para culto, de sua própria invenção. Isso seria o mesmo que depor um rei para submeter-se a outro rei, imposto por uma nação vizinha ou por nós mesmos.

As passagens das Escrituras com as quais alguns pretendem justificar a utilização de imagens, objetivando adorá-las ou instalá-las nos locais onde Deus é adorado, são, em primeiro lugar, dois exemplos: o dos querubins sobre a Arca de Deus e o da serpente de bronze. Em segundo lugar, há alguns textos que nos ordenam que prestemos culto a certos objetos por sua relação com Deus, como Seu escabelo. Finalmente, em terceiro lugar, há alguns outros textos pelos quais é autorizada uma veneração religiosa de coisas sagradas. Antes de examinar a força desses textos, para provar o que pretendem, tenho de, primeiramente, explicar o que deve ser entendido por veneração e por imagens e ídolos.

No capítulo XX deste discurso, explicamos que honrar é dar alto valor ao poder de qualquer pessoa, e que esse valor é estabelecido mediante comparação com outras pessoas. Como não existe absolutamente nada que possa ser comparado a Deus em matéria de poder, nós o desonraríamos com qualquer valor menor do que o infinito. E essa honra, por sua natureza, está enraizada nas profundezas do coração. Os pensamentos anteriores dos homens, que aparecem exteriormente em suas palavras e ações, são os sinais de nossa adoração, sendo conhecidos pelo nome de culto, em latim, *cultus*. Assim, rezar, jurar, obedecer, ser diligente e oficioso no servir, em suma, todas as palavras e ações que indicam receio de ofender ou desejo de agradar se traduzem por culto, sejam elas sinceras ou falsas. Como se manifestam em sinais de veneração, são, também, denominadas honra.

O culto oferecido às pessoas que consideramos apenas homens, como os reis e as autoridades, é o culto civil, mas o culto oferecido a quem supomos ser Deus, quaisquer que sejam as palavras empregadas, as cerimônias, os gestos e outros atos, é o culto divino. Ajoelhar diante de um rei, quando aquele que o faz o julga apenas um homem, nada mais é que um culto civil; já aquele que tira o chapéu numa igreja, que respeita como a casa de Deus, venera por meio do culto divino. Enganam-se a si mesmos os que procuram a diferença entre culto divino e culto civil, não na intenção de quem venera, mas nas palavras *douleía* e *latreía*. De acordo com essa distinção, havendo duas espécies de servos: os *douloi*, ou propriamente escravos, cujos serviços se chamam douleía, totalmente em poder de seus senhores, depois de aprisionados durante o combate, em caso de guerra, e cujo corpo não mais lhes pertence (sua vida depende da vontade de seu senhor, podendo ser perdida à menor desobediência), sendo comprados e vendidos como animais; e os *thétes*, ou empregados domésticos, que servem voluntariamente (por aluguel ou na esperança de alcançar um benefício de seus senhores), e a cujo serviço os senhores não têm outro direito além daquele que está contido nos contratos feitos com eles. Essas duas espécies de servos têm muito em comum, ou seja, outros determinam qual será seu trabalho. *Latris* é o nome que é dado a ambos, significando aquele que trabalha para outrem, seja como escravo, seja como servo voluntário, e *latreía* significa todo serviço executado. *Douleía* é apenas o serviço do escravo e a condição de escravidão. Ambos os termos são empregados promiscuamente nas Escrituras (para significar nosso culto a Deus): *douleía*, porque somos os escravos de Deus, e *latreía*, porque o servimos. E em qualquer espécie de culto inclui-se não apenas a obediência, mas também a veneração, isto é, as ações, gestos e palavras que significam honra.

Uma imagem (na mais estrita significação da palavra) é a semelhança de algo visível. Nesse sentido, as formas fantásticas, aparições ou aparências de corpos visíveis não passam de imagens aos olhos humanos, da mesma forma que a aparição de um homem ou de qualquer outra coisa na água, por reflexão ou refração, ou do sol ou das estrelas, por visão direta no ar, já que não são reais as coisas vistas, nem estão no lugar onde parecem estar, nem são suas magnitudes e figuras as mesmas que as do objeto, mas capazes de se modificar pela variação dos órgãos da visão ou por lentes e, muitas vezes, presentes em nossa imaginação e em nossos sonhos, mesmo quando ausentes ou quando adotam outras cores e formas, como coisas que dependem apenas da fantasia. Essas imagens, originariamente e com mais propriedade, são chamadas ideias e ídolos, que derivam da palavra grega eído, cujo significado é ver. São também chamadas fantasmas, o que nesse idioma significa aparições. Dessas imagens resulta que uma das faculdades da natureza humana se denomina imaginação. De tudo isso, fica claro que nem existe nem poderia existir uma imagem feita de uma coisa invisível.

É lógico que não há imagens de algo infinito, porque todas as imagens e aparições que são provocadas pela impressão de coisas visíveis têm uma figura que possui quantidade de alguma forma determinada. Assim, não pode haver nenhuma imagem de Deus, nem da alma do homem, nem dos espíritos, mas apenas dos corpos visíveis, isto é, corpos que têm luz em si próprios ou que são por ela iluminados.

O homem, que é capaz de imaginar figuras fantásticas que nunca viu, compondo uma delas com porções de diversos seres, como os poetas constroem seus centauros, quimeras e outros monstros jamais vistos, pode também materializar essas formas, reproduzindo-as em madeira, barro ou metal. Essas são, também, chamadas imagens, não pela semelhança com qualquer coisa corpórea, mas pela semelhança com algum fantástico habitante do cérebro de quem as criou. Existe uma certa semelhança entre os ídolos que se encontram no cérebro de quem os cria e a figura esculpida, moldada ou pintada, razão pela qual podemos afirmar que o corpo material realizado pela arte é a imagem do ídolo fantástico criado pela natureza.

Na acepção mais ampla da palavra imagem está contida também qualquer representação de uma coisa por outra.

Portanto, um soberano sobre a terra pode ser denominado a imagem de Deus, e um magistrado inferior, a imagem do soberano. Na idolatria dos gentios, na maioria das vezes, era pouco considerada a similitude entre seu ídolo material e seu ídolo de fantasia; contudo, aquele era denominado imagem deste. Assim, uma pedra por desbastar podia representar Netuno, o mesmo acontecendo com diversas outras figuras, muito diferentes daquelas que concebiam como seus deuses. Atualmente, temos imagens diferentes para representar a Virgem Maria, e figuras diversas para um mesmo santo, e muitas nem mesmo correspondem à fantasia do homem; contudo, servem bem ao propósito para o qual foram feitas, que não é outro senão representar as pessoas cujos nomes foram mencionados na história. A elas cada qual aplica uma imagem mental particular, ou até mesmo nenhuma. No sentido mais amplo, uma imagem é a semelhança ou a representação de alguma coisa visível, ou ambas as coisas, como acontece na maior parte dos casos.

O termo ídolo é ainda mais ampliado nas Escrituras, a ponto de significar também o sol ou uma estrela, ou quaisquer outras criaturas, visíveis ou invisíveis, adoradas como deuses.

Tendo mostrado o que é culto e o que é imagem, reunirei as duas coisas para analisar o que significa idolatria, que é proibida no segundo Mandamento e em várias outras passagens das Escrituras.

Cultuar uma imagem é praticar voluntariamente aqueles atos externos que são sinais de veneração, ou da matéria da imagem, que pode ser madeira, metal ou alguma outra substância visível, ou da fantasia do cérebro, por cuja semelhança ou representação a matéria foi formada e transformada em figura, ou das duas coisas, como um corpo animado, composto de matéria e espírito, como se fossem corpo e alma.

Tirar o chapéu diante de um homem com poder e autoridade, ou diante do trono de um príncipe, e nos outros lugares que ele ordenou para esse fim em sua ausência, é venerar esse homem ou príncipe com um culto civil, e é um sinal, não de que o súdito venera o tamborete ou o lugar, mas a pessoa, e tal atitude não pode ser considerada idolatria. Entretanto, se quem o faz supõe que a alma do príncipe esteja no tamborete, ou apresenta uma petição ao tamborete, está praticando culto divino e idolatria.

Rogar ao rei por coisas que ele pode fazer por nós, apesar de nos prostrarmos diante dele, não passa de culto civil, porque não reconhecemos nele nenhum outro poder além do humano. Porém, pedir-lhe que o tempo melhore e outras coisas que só Deus pode fazer por nós é culto divino e idolatria. Por outro lado, se um rei obrigar um homem a realizar esses atos sob ameaça de morte ou de outro severo castigo corporal, então tal homem não estará cometendo idolatria, porque as ordens do soberano para que o adorem, cumpridas pelo terror de suas leis, não são um sinal de que aquele que lhe obedece o venere intimamente como Deus, mas, sim, de que o faz para salvar-se da morte ou de uma vida miserável. Aquilo que não é sinal de veneração interior não é culto e, portanto, não é idolatria. Não causará espanto aquele que o fizer, e não porá nenhum entrave entre si e seu irmão, pois, por mais sábio ou erudito que seja aquele que cultua assim a outra pessoa, não é possível argumentar, com base nisso, que aprove tal culto, mas, sim, que o faça por temor, não sendo seu o ato, mas do soberano.

Adorar a Deus em algum local peculiar ou voltar o rosto para uma imagem ou para determinado lugar não significa cultuar ou venerar o lugar ou a imagem, mas, sim, reconhecê-los como sagrados, isto é, admitir que a imagem ou o lugar estão à parte do uso comum. Esse é o significado da palavra sagrado, que não implica uma nova qualidade do lugar ou da imagem, mas apenas uma nova relação, que deriva do fato de terem sido apropriados por Deus, não sendo essa atitude, portanto, idolatria, como também não o era cultuar Deus diante da serpente de bronze. Igualmente, não se tratava de idolatria o fato de os judeus, afastados de seu país, voltarem os rostos, quando rezavam, para o templo de Jerusalém, ou de Moisés tirar os sapatos diante da sarça ardente, no solo do monte Sinai, lugar que Deus havia escolhido para aparecer-lhe e dar Suas leis ao povo de Israel, e que era, portanto, solo sagrado, não por uma santidade inerente, mas, sim, por ter sido reservado para uso de Deus. Também não é idolatria o culto dos cristãos nas igrejas, as quais são dedicadas a Deus para esse fim pela autoridade do rei ou de outro verdadeiro representante da Igreja. Porém, venerar a Deus como se animasse ou habitasse alguma imagem ou lugar, isto é, supondo uma substância infinita num lugar finito, é idolatria, pois tais deuses finitos não são reais, mas apenas ídolos do cérebro, sendo comumente referidos nas Escrituras com as palavras vaidade, mentiras e nada. Também cultuar a Deus, não o considerando presente no lugar ou na imagem, mas com o objetivo de ali recordar a Ele, ou a alguma de Suas obras, quando o lugar ou a imagem foram dedicados ou erigidos por uma autoridade particular, e não por aquela de nosso pastores soberanos, é idolatria. Pois o Mandamento diz: "Não farás de ti mesmo qualquer imagem gravada". Moisés não erigiu a serpente de bronze para si, mas para obedecer a uma ordem de Deus; portanto, não contrariou o Mandamento. O bezerro de ouro, feito por Aarão e o povo, porém, não tinha sido autorizado por Deus, sendo, assim, idolatria; não só o tomaram como Deus, mas também o fizeram com uma finalidade religiosa, sem que Deus, seu soberano, nem Moisés, que era Seu representante, o tivessem permitido.

Júpiter era cultuado como um Deus pelos pagãos, bem como outros que, quando vivos e como homens, tinham, quem sabe, praticado grandes e gloriosos atos. Os pagãos cultuavam como filhos de deuses vários homens e mulheres, supondo-os concebidos pelo relacionamento entre um mortal e uma divindade imortal. Tratava-se de idolatria, porque resolveram assim, por si próprios, endeusá-los, não tendo, para isso, a autorização de Deus, nem de Sua eterna lei da razão, nem de Sua vontade positiva e revelada.

Embora nosso Salvador fosse um homem e nós também acreditássemos que fosse um Deus imortal e Filho de Deus, não há nisso idolatria, pois não construímos essa crença segundo nossa imaginação ou juízo, mas segundo a palavra de Deus revelada nas Escrituras. No que se refere à adoração da Eucaristia, se as palavras de Cristo "isto é meu corpo" significam que ele próprio e o pão que aparecia em sua mão, e não apenas este, mas todos os pedaços de pão que desde então e em qualquer altura mais tarde seriam consagrados por sacerdotes, seriam outros tantos corpos de Cristo, e contudo todos eles seriam apenas um corpo, então isso não é idolatria, porque é autorizado por nosso Salvador. Mas, se o texto não tiver esse significado (pois não há outro que possa ser alegado), então, como é um culto de instituição humana, é idolatria. Não basta dizer que Deus pode transubstanciar o pão no corpo de Cristo, pois os pagãos também sustentaram que Deus era onipotente e, contudo, com essa razão não podiam desculpar sua idolatria, pretendendo, como os demais, uma transubstanciação de sua madeira e pedra na onipotência divina.

Seja como for, pretender que a inspiração divina seja uma penetração sobrenatural do Espírito Santo num homem, e não uma conquista da graça de Deus pela doutrina e pelo estudo, constitui um dilema muito perigoso, pois, se os fiéis não cultuam os homens que acreditam ser assim inspirados, podem cair em impiedade, por não adorar a presença sobrenatural de Deus. Se os cultuam, porém, cometem idolatria, pois os Apóstolos jamais permitiriam que os cultuassem dessa maneira. Assim, a forma mais segura consiste em acreditar que, pela descida da pomba sobre os Apóstolos e pelo sopro de Cristo sobre eles, quando lhes deu o Espírito Santo, e por sua dádiva pela imposição das mãos, devam ser entendidos os sinais que aprouve a Deus utilizar ou ordenar que fossem utilizados para afirmar a promessa de Cristo de assistir às pessoas em seu propósito de pregar o Reino de Deus, e em sua conversão, para que não fossem pedra de escândalo, mas de edificação para nós.

Além do culto idólatra das imagens, existe, também, o culto escandaloso dessas imagens, o que é um pecado, mas não uma idolatria. Isso porque a idolatria consiste em venerar mediante sinais de honra interna e real, mas um culto escandaloso nada mais é que um culto simulado, que pode, muitas vezes, aliar-se a um ódio interior e profundo, tanto da imagem como do demônio fantástico ou ídolo a que é dedicada. Essa adoração procede somente do temor à morte ou a outra punição mais árdua. Tal atitude, contudo, é um pecado naqueles que assim adoram quando estes são homens cujas ações são observadas por nós, como luzes que servem de guias para evitar tropeços e quedas no caminho da religião. Afinal, o exemplo daqueles que não consideramos como modelos não influem sobre nós. Pelo contrário, deixa-nos abandonados a nossa própria diligência e precaução e, consequentemente, não pode causar nossa queda.

Quando um pastor, legitimamente chamado a ensinar e a dirigir os outros, e que goza de grande reputação, presta honras exteriores a um ídolo por temor, escandaliza seu irmão, parecendo aprovar a idolatria, a menos que torne seu medo e sua relutância tão evidentes quanto o culto. Seu irmão, argumentando com base na atitude de seu mestre ou daquele cuja inteligência admira, conclui que tal atitude é legítima em si. Esse escândalo é pecado, e um escândalo certamente. Mas, se uma pessoa que não é pastor, nem goza de eminente reputação por seus conhecimentos da doutrina cristã, realiza esses mesmos atos, e outros o seguem, não se dá aí nenhum escândalo, pois não existe motivo para que as pessoas em questão sigam esse exemplo; trata-se, antes, de uma máscara de escândalo, que essas pessoas utilizam para se desculpar perante outros homens. Se um homem ignorante que está em poder de um rei ou Estado idólatra, a quem foi ordenado, sob pena de morte, que preste culto diante de um ídolo, odiar esse ídolo em seu coração, procederá bem, embora, se tivesse forças suficientes para suportar a morte em vez de lhe prestar culto, procedesse ainda melhor. Porém, se um pastor, que, como mensageiro de Cristo, tomou para si o encargo de ensinar a doutrina de Cristo a todas as nações, fizer o mesmo, não só provocará um escândalo pecaminoso perante as consciências de outros cristãos, mas demonstrará um pérfido abandono do encargo que lhe foi confiado.

O resumo de tudo quanto dissemos sobre o culto das imagens é que aquele que venera, numa imagem ou em qualquer criatura, seja sua matéria, seja qualquer outra imaginação sobre o que julga nela residir, ou mesmo ambas as coisas conjuntamente, ou aquele que acredita que tais coisas ouvem suas rezas, ou veem suas devoções, sem ter ouvidos ou olhos, comete idolatria. Quem dissimula tal culto, temendo o castigo, se for um homem cujo exemplo tem influência sobre seus irmãos, comete um pecado, mas não idolatria; aquele que cultua o Criador do mundo diante de uma imagem ou num lugar que ele mesmo não fez nem escolheu, mas que foram instituídos pelo mandamento da palavra de Deus, como fizeram os judeus, adorando a Deus diante dos querubins e, depois, durante um tempo, da serpente de bronze, e no templo de Jerusalém, ou orando em sua direção, não comete idolatria.

No que se refere ao culto dos santos e das imagens e relíquias, e a outras coisas hoje em dia praticadas na Igreja de Roma, afirmo que tais atitudes não são permitidas pela palavra de Deus, nem originadas da Igreja de Roma com base na doutrina ali ensinada, mas em parte nela deixadas pela primeira conversão dos gentios e, em seguida, favorecidas, confirmadas e aumentadas pelos bispos de Roma.

Quanto às provas alegadas com base nas Escrituras, ou seja, os exemplos de imagens erigidas por indicação de Deus, digo que não o foram para que o povo ou qualquer homem as cultuasse, mas para que cultuassem o próprio Deus diante dessas imagens, como anteriormente fora feito diante dos querubins sobre a Arca e da serpente de bronze. Não lemos que o sacerdote ou qualquer outro tenha cultuado os querubins. Pelo contrário, lemos que Ezequias quebrou em pedaços a serpente de bronze que Moisés tinha erigido (2Rs 18,4), pois o povo queimou-lhe incenso. Além do mais, esses exemplos não são dados para que os imitemos, isto é, para que também passemos a criar imagens sob o pretexto de cultuar a Deus diante delas. As palavras do segundo Mandamento: "Não farás para ti próprio nenhuma imagem gravada", etc., fazem distinção entre as imagens que Deus ordenou que fossem erigidas e aquelas que construímos por nós próprios. Portanto, justificar com os querubins ou a serpente de bronze as imagens criadas pelos desígnios humanos, e, com a veneração ordenada, a que foi voluntariamente instituída pelos homens não é argumento adequado. Devemos considerar também que, assim como Ezequias quebrou em mil pedaços a serpente de bronze que estava sendo adorada pelos judeus, para que não mais o fizessem, também os soberanos cristãos deveriam quebrar as imagens que seus súditos se habituaram a adorar, a fim de não dar mais ensejo à idolatria. Pois o povo ignorante, atualmente, toda vez que as imagens são adoradas, acredita piamente que as imagens têm um poder divino; e seus pastores ainda lhes dizem que algumas delas falaram e sangraram, sendo isso um milagre, fazendo supor que esses atos foram praticados pelo santo representado pela imagem ou que está dentro dela. Quando os israelitas adoravam o bezerro, pensavam, na verdade, estar adorando ao Deus que os conduzira para fora do Egito; mesmo assim, tratava-se de um ato de idolatria, pois eles acreditavam que o bezerro fosse Deus, ou que Deus estava em suas entranhas. Embora alguns homens pensem ser impossível que o povo fosse tão ignorante, a ponto de julgar que uma imagem seria o próprio Deus ou um santo, e de adorá-la por isso, as Escrituras afirmam que foi isso mesmo que ocorreu, pois, quando foi feito o bezerro de ouro, o povo disse: "Estes são teus deuses, ó Israel" (Ex 32,2), e as imagens de Labão eram denominadas seus deuses (Gn 31,30). Vemos a todo momento, por uma experiência comum a todos os povos, que os homens que se preocupam apenas com seu sustento e conforto vivem contentes em acreditar em coisas absurdas, sem se preocupar em analisá-las, defendendo sua crença como se ela estivesse fundamentada num vínculo seguro e inalienável, só podendo ser alterada por uma lei expressa e nova.

Alguns trechos das Escrituras levam esses homens a deduzir que é legítimo pintar anjos, e mesmo o próprio Deus, por exemplo, Deus perambulando por um jardim ou Jacó vendo Deus no topo de uma escada, e mesmo outras visões e sonhos. Não passam de fantasias essas visões e sonhos, sejam elas naturais ou sobrenaturais, e aquele que pinta uma imagem de qualquer delas não retrata a Deus, mas sua imaginação, o que é o mesmo que criar um ídolo. Não é pecado pintar um quadro de acordo com a própria imaginação, mas, quando isso é feito com o intuito de representar a Deus, contraria o segundo Mandamento, e não pode ser utilizado para veneração. Dá-se o mesmo com as imagens dos anjos e dos mortos, a não ser que se trate de monumentos de amigos ou de homens que mereçam ser lembrados, quando, então, essa imagem não é utilizada para o culto, sendo, apenas, uma veneração civil, não da pessoa, mas dos atos que praticou. Quando isso é feito com referência à imagem de um santo, sem nenhuma outra razão a não ser aquela de que possa ouvir nossas preces e se regozijar com as honras que lhe prestamos, mesmo sabendo que está morto e que nada pode ver, ouvir ou sentir, nós lhe estamos atribuindo um poder superior ao humano, e isso é uma idolatria.

Considerando, então, que não está autorizado na lei de Moisés e nem no Evangelho o culto religioso de imagens ou de outras representações de Deus, que os homens criaram por si mesmos, ou o culto da imagem de qualquer criatura no céu ou na terra, ou sob a terra, e dado que os reis cristãos, que são os representantes vivos de Deus, não devem ser adorados por seus súditos por qualquer ato que represente que seu poder é considerado maior do que é capaz a natureza do homem mortal, não é possível conceber que o culto religioso atualmente em uso tenha sido instituído na Igreja em razão de uma interpretação equívoca das Escrituras. Resta, então, a hipótese de que esse culto permaneceu na Igreja pelo fato de não terem sido destruídas as imagens adoradas pelos pagãos, quando estes foram convertidos ao cristianismo.

A elevada estima e os altos preços atribuídos às obras de arte teriam sido a causa da conservação das imagens, fazendo que seus possuidores, embora convertidos e deixando de cultuar a tais imagens como demônios, conservassem-nas ainda em suas casas, a pretexto de o fazerem em honra de Cristo, da Virgem Maria, dos Apóstolos e de outros pastores da Igreja primitiva. Foi fácil lhes dar novas denominações, passando a chamar de imagem da Virgem Maria e de seu Filho, nosso Salvador, aquela que antes era a imagem de Vênus e de Cupido, tomando a imagem de um Júpiter pela de um Barnabé, e a de um Mercúrio, por um Paulo, e assim por diante. A ambição mundana, que aumentava gradualmente nos pastores, levou-os a procurar agradar aos cristãos neófitos, fazendo-os se afeiçoar a esse tipo de honras, às quais aspiravam mesmo depois de sua morte, desejando obtê-las como aqueles que já as haviam logrado; assim, o culto das imagens de Cristo e de seus Apóstolos cresceu com um sentido cada vez mais idólatra, não obstante, algum tempo depois da época de Constantino, diversos imperadores, bispos e concílios gerais terem examinado e condenado sua legitimidade, fazendo-o, porém, muito tarde e brandamente.

Outra relíquia do paganismo é a canonização dos santos. A prática não se originou de uma interpretação equivocada das Escrituras, nem foi inventada pela Igreja romana, pois é um costume tão antigo como o próprio Estado de Roma. Rômulo foi o primeiro a ser canonizado em Roma, depois que Júlio Próculo, perante o Senado, jurou que aquela lhe teria falado após sua morte, assegurando-lhe que morava no céu, onde o chamavam Quirino, e que protegeria o desenvolvimento do Estado da nova cidade. O Senado deu, em seguida, testemunho público de sua santidade. Júlio César e outros imperadores que o sucederam, graças a testemunho semelhante, foram também canonizados como santos, da forma como hoje é determinada a canonização, coincidindo com a *apothéosis* dos pagãos.

O nome e o poder de *Pontifex Maximus*, recebido pelos papas, também teve sua origem no paganismo romano. Esse nome era dado àquele que, no antigo Estado de Roma, tinha a autoridade suprema, sobre o Senado e o povo, para regulamentar todas as cerimônias e doutrinas referentes à religião. Quando Augusto César transformou o Estado em monarquia, destinou esse cargo e o de tribuno do povo para si mesmo (isto é, o poder supremo tanto no Estado como na religião), e os imperadores que o sucederam desfrutaram dos mesmos títulos. Porém, durante o período do imperador Constantino, o primeiro a professar e autorizar a religião cristã, estava de acordo com sua profissão de fé fazer que a religião fosse regulamentada (sob sua autoridade) pelo bispo de Roma. Ao que parece, o nome *Pontifex* não foi adotado tão rapidamente pelo bispo de Roma, mas seus sucessores tomaram essa iniciativa, com a qual fortaleceram o poder que exerciam sobre os bispos das províncias romanas. Esse não foi um privilégio concedido a São Pedro, mas à cidade de Roma, pois os imperadores estavam sempre dispostos a apoiar aquilo que lhes dava autoridade sobre os outros bispos; isso fica bem claro no fato de o bispo de Constantinopla, quando o imperador converteu essa cidade em sede do Império, ter pretendido ser igual ao bispo de Roma; finalmente, depois de muita luta, o papa venceu, tornando-se o *Pontifex Maximus*, mas apenas por concessão do imperador e só dentro dos limites do Império, e não em qualquer outra parte, a não ser depois que o imperador perdeu seu poder em Roma, embora o próprio papa tenha tirado dele esse poder. Baseando-se nisso, podemos concluir que não há motivo para a superioridade do papa sobre os outros bispos, a não ser nos territórios onde ele próprio é o soberano civil e quando o imperador, investido com o poder civil romano, tenha escolhido expressamente o papa para ser, sob sua autoridade, o pastor principal de seus súditos cristãos.

Outra relíquia da religião dos gregos e dos romanos é o ato de carregar os santos em procissão, uma vez que era hábito deles transportar, em carroças, de um lugar a outro, seus ídolos. Essa carroça era denominada, em latim, *thensa* e *vehiculum Deorum*, sendo a imagem posta numa moldura ou escrínio, a que chamavam *ferculum*. O transporte, denominado *pompa*, deu origem ao que hoje chamamos procissão. Assim, entre as honras divinas prestadas a Júlio César pelo Senado, uma delas foi que na pompa, ou procissão, durante os jogos circenses, ele seria transportado pela *thensam et ferculum*, uma carroça sagrada e um escrínio, o que era o mesmo que ser conduzido como um Deus, da mesma forma que são conduzidos os papas, sob um pálio, pela guarda suíça.

Tanto os gregos como os romanos, durante essas procissões, carregavam tochas acesas e velas postas diante das imagens dos deuses. Mais tarde, os imperadores de Roma receberam as mesmas honras, como podemos constatar pelo que lemos acerca de Calígula, que, ao ascender ao Império, foi transportado para Roma de Misenum, acompanhado por uma multidão de gente, por caminhos enfeitados com aras, altares de sacrifício de animais e tochas acesas; Caracala, por seu turno, foi recebido em Alexandria com incenso, flores e *dadouxíais*, isto é, tochas, pois *dadouxoi* eram aqueles que entre os gregos seguravam tochas acesas nas procissões de seus deuses. Com o passar do tempo, o povo devoto e mais ignorante prestou honras a seus bispos com pompa semelhante, acendendo velas de cera a imagens de nosso Salvador e de santos, no interior das igrejas. O uso de velas foi disseminado, tendo até mesmo sido estabelecido por alguns dos antigos concílios.

Os pagãos possuíam a *aqua lustralis*, isto é, a água benta. As cerimônias pagãs são, também, imitadas pela Igreja de Roma em seus dias santos. Em lugar das bacanais pagãs, os cristãos têm as vigílias; em vez de suas *saturnalia*, temos nossos carnavais e a liberdade dos servos na Terça-Feira de Entrudo. Correspondem à procissão de Priapo nossas danças em volta do mastro de cocanha, sendo a dança uma espécie de culto; os pagãos tinham a procissão chamada *Ambarvalia*, e nós, a procissão a céu aberto, pelos campos, na Semana das Ladainhas. Não creio que essas sejam todas as cerimônias conservadas pela Igreja desde a primeira conversão dos pagãos, mas são as que consigo lembrar. Se observarmos atentamente o que é apresentado nas histórias a respeito dos ritos religiosos dos gregos e dos romanos, sem dúvida poderemos encontrar muitas de nossas velhas garrafas vazias do paganismo, que os doutores da Igreja romana, seja por negligência, seja por ambição, encheram novamente com o novo vinho de uma cristandade que, com o tempo, as romperia.

## Capítulo XLVI
### Das trevas que resultam da vã filosofia e das tradições fabulosas

Entendemos por filosofia o conhecimento adquirido, por raciocínio, partindo da forma de geração de qualquer coisa para chegar a suas propriedades, ou, de suas propriedades, para um possível modo de geração das coisas, para, no final, na medida em que a matéria e a força humana o permitirem, poder produzir os efeitos exigidos pela vida humana. O geômetra, a partir da construção de figuras, encontra muitas de suas propriedades e, por meio delas, descobre novas maneiras de construí-las racionalmente, para poder medir a terra e a água, além de uma infinidade de outras utilizações. O astrônomo, por sua vez, a partir do nascente, do poente e do movimento do sol e das estrelas, em várias partes dos céus, toma conhecimento do que causa o dia, a noite e as diferentes estações do ano; com esses dados, consegue realizar a contagem do tempo. Isso se dá, também, com todas as demais ciências.

Por essa definição, fica claro que não devemos considerar como parte dela o conhecimento original denominado experiência, o qual consiste na prudência, pois este não é alcançado racionalmente, uma vez que existe tanto nos animais como no homem. Pelo contrário, essa experiência se origina da lembrança de uma sucessão de fatos ocorridos em tempos passados, no que a omissão de qualquer pequena circunstância, alterando o efeito, frustra a esperança do mais prudente, já que nada é produzido por um raciocínio correto, mas, sim, pela geral, eterna e imutável verdade.

Portanto, não daremos a denominação filosofia a nenhum gênero de falsas conclusões, pois quem raciocina corretamente, empregando termos que compreende, não pode concluir um erro.

Nem a daremos ao que qualquer homem conhece por revelação sobrenatural, já que isso não é adquirido por raciocínio.

Nem também a daremos ao que é extraído, por raciocínio, da autoridade dos livros, já que nisso não procedemos da causa ao efeito, nem do efeito à causa, mas da fé.

Como a faculdade de raciocinar é uma consequência do uso da linguagem, não seria possível haver verdades gerais descobertas por raciocínio quase tão antigas como a própria linguagem. Os selvagens da América não deixam de possuir algumas boas proposições morais. Eles também conhecem um pouco de aritmética, para adicionar e dividir, com números pequenos, mas nem por isso são filósofos. Assim como havia plantas de cereais e de vinho em pequena quantidade, dispersas pelos campos e bosques, antes que os homens conhecessem suas virtudes e as utilizassem como alimento ou as plantassem, deliberadamente, formando umas campos e, outras, vinhedos, numa época em que se alimentavam de bolos de farináceos e bebiam água, também devem ter existido especulações gerais e proveitosas que vieram a ser os fundamentos naturais da razão humana. No início, sem dúvida, em número escasso, pois os homens viviam baseados numa tosca experiência e não havia método, isto é, não semeavam nem plantavam o conhecimento, separando-o das ervas daninhas e das plantas vulgares do erro e da conjetura. Possivelmente a causa disso tenha sido a falta de tempo, pois deviam estar sempre à cata de alimentos e buscando responder a outras necessidades para sobreviver, bem como se defendendo contra os vizinhos, enquanto não erigiram grandes Estados, a partir do que as coisas puderam ser diferentes. O ócio é o mãe da filosofia e o Estado, a mãe da paz e do ócio. Quando surgiram, pela primeira vez, grandes e florescentes cidades, surgiu pela primeira vez também o estudo da filosofia. Estão incluídos, entre os mais antigos filósofos, os gimnosofistas da Índia, os magos da Pérsia e os sacerdotes da Caldeia e do Egito, e esses países constituíram os reinos mais antigos. A filosofia não surgiu entre os gregos e os outros povos do Ocidente, cujos Estados (que não eram talvez maiores que Luca ou Gênova) nunca tinham paz, a não ser quando se temiam mutuamente, empregando seu ócio para se observar e vigiar. Finalmente, quando a guerra uniu muitas dessas cidades gregas menores em cidades e maiores e em menor número, sete homens, de diversas partes da Grécia, começaram a adquirir a reputação de sábios, alguns em razão de máximas morais e políticas, e outros porque aprenderam, com os caldeus e os egípcios, a astronomia e a geometria. Mas não há qualquer referência à existência de escolas de filosofia.

Após terem derrotado os exército persas e dominado o mar e, com isso, todas as ilhas e cidades costeiras do arquipélago, tanto do lado da Ásia como do da Europa, enriquecendo, os atenienses não tinham nada para fazer, tanto em seu país como fora dele, exceto, como diz São Lucas, "contar e ouvir novidades" (At 17,21), ou discorrer publicamente sobre filosofia, especialmente com os jovens da cidade. Cada mestre escolheu, então, um lugar para esse fim: Platão, determinados passeios públicos denominados Academia, derivado de *Academus*; Aristóteles, o caminho para o templo de Pã, o chamado Liceu; outros, a *Stoa*, passeio coberto em que eram comercializadas mercadorias; outros, lugares onde passavam o tempo de seu ócio ensinando ou discutindo suas opiniões; e outros, ainda, qualquer lugar onde pudessem falar à juventude da cidade reunida. Isso foi feito por Carnéades, em Roma, no tempo em que era embaixador, levando Catão a aconselhar ao Senado que o expulsasse imediatamente, temendo a corrupção dos costumes dos jovens, que se deleitavam ouvindo-o dizer belas coisas (como eles pensavam).

O lugar em que qualquer deles ensinava e discutia passou a ser denominado *schola*, que em sua língua significava ócio, e suas disputas, *diatribae*, ou seja, passar o tempo. Os próprios filósofos tinham o nome de suas seitas, e algumas delas deram nome a suas escolas. Assim, os que seguiam a doutrina de Platão eram denominados acadêmicos; os seguidores de Aristóteles, peripatéticos, nome do passeio em que ele ensinava; os que seguiam Zenão eram chamados estoicos, de Stoa, tal como nós poderíamos denominar *more-fields*, igreja de São Paulo e bolsa aos homens que se reúnem nessas localidades para conversar e passar o tempo.

Entretanto, os homens se acostumaram com essas práticas, e escolas públicas foram erigidas na Europa e na África; nelas, em quase todos os Estados, mantinham-se debates e eram realizadas conferências.

Tanto antes como depois da vinda de nosso Salvador, os judeus mantinham escolas, mas eram escolas para ensinar suas leis. Apesar de serem chamadas sinagogas, isto é, congregações do povo, elas não diferiam em natureza, mas apenas em nome, das escolas públicas, na medida em que, todos os sábados, nelas a lei era exposta e discutida. Não se localizavam apenas em Jerusalém, mas em todas as cidades dos pagãos em que os judeus moravam. Havia uma escola desse tipo em Damasco, onde Paulo entrou, para perseguir. Nas de Antioquia, Icônio e Tessalônica, Paulo entrou para discutir. E assim havia as sinagogas dos libertinos, dos cirenaicos, dos alexandrinos, dos cilicianos e aquelas da Ásia; da escola dos libertinos e dos judeus que eram estrangeiros em Jerusalém saíram aqueles que discutiram com Santo Estêvão (At 6,9).

Porém, qual tem sido a utilidade dessas escolas? Que ciência é desenvolvida nelas, mediante suas leituras e discussões? O que conhecemos sobre geometria, mãe de toda ciência natural, nós não o devemos às escolas. Platão, considerado o maior filósofo grego, proibiu a entrada em sua escola a todos aqueles que já não fossem, de algum modo, geômetras. Havia muitos que estudavam essa ciência de grande utilidade para a humanidade, mas não há menção de uma sua escola, nem havia uma seita de geômetras, nem eram eles conhecidos pelo nome de filósofos. Nessas escolas, a filosofia natural era mais um ideal do que uma ciência, sendo expandida em linguagem não muito apurada, o que não pode ser evitado por aqueles que ensinam filosofia sem antes terem alcançado um grande conhecimento em geometria. Em verdade, a natureza opera por meio do movimento, cujos modos e graus não podem ser conhecidos sem o conhecimento das proporções e das propriedades das linhas e das figuras. Sua filosofia moral é apenas a descrição de suas próprias paixões, uma vez que a regra dos costumes, sem o governo civil, é a lei natural, e nela a lei civil determina o que é honesto e desonesto, o que é justo e injusto e, de modo geral, o que é bom e mau; as escolas, ao contrário, estabelecem as regras do bom e do mau, conforme seu apreço ou desapreço. Em razão da grande variedade de gostos, não existe nada, por conseguinte, que seja admitido em linhas gerais, e cada um faz (na medida em que o ousa) o que parece bom a seus próprios olhos, para subversão do Estado. Sua lógica, que deveria ser o método de raciocinar, são apenas armadilhas de palavras e invenções para confundir os que intentarem propô-las. Enfim, não existe nada tão absurdo que os antigos filósofos não tenham defendido (como diz Cícero, que era um deles). Creio que dificilmente poderia existir coisa mais absurda em matéria de filosofia natural do que aquilo que hoje é denominado a *Metafísica* de Aristóteles, nem tão contrário ao governo como grande parte do que foi dito em sua *Política*, nem mais ignorante do que uma grande parte de sua *Ética*.

Originariamente, a escola dos judeus era uma escola da lei de Moisés, que ordenou que, ao cabo de cada sete anos, durante a festa dos tabernáculos, ela fosse lida a todo o povo para que, ouvindo, pudesse aprendê-la (Dt 31,10). Assim, a leitura da lei a cada sábado (tornada hábito depois do exílio) não deve ter tido outro objetivo senão o de levar ao conhecimento do povo os Mandamentos que deveriam ser cumpridos, e expor-lhe os escritos dos profetas. Das várias repreensões feitas por nosso Salvador, fica claro que os judeus corromperam o texto da lei com falsos comentários e tradições fúteis, e que compreenderam tão mal os profetas, a ponto de não reconhecerem Cristo nem suas obras, profetizadas por eles. E isso em tal grau que, com suas preleções e discussões nas sinagogas, transformaram a doutrina de sua lei numa fantástica filosofia a respeito da incompreensível natureza de Deus e dos espíritos, que formularam se baseando nas vãs filosofia e teologia dos gregos, e misturando-as a suas próprias fantasias, extraídas dos textos mais obscuros das Escrituras, que mais se prestavam às distorções do que melhor atendiam a seus objetivos, e baseando-se também nas fabulosas tradições de seus antepassados.

O que hoje é chamado de universidade é uma reunião e uma incorporação, sob um governo, de muitas escolas públicas, numa única cidade, na qual as principais se destinam às seguintes profissões: religião romana, direito romano e arte da medicina. O estudo da filosofia tinha apenas o objetivo de auxiliar o ensino da religião romana e, sendo a autoridade de Aristóteles a única, seu estudo não era propriamente o da filosofia (cuja natureza não depende de autores), mas o da aristotelia. Já a geometria não ocupou lugar nenhum, durante muito pouco tempo, por não se submeter a nada, exceto à rígida verdade. Assim, quando alguém, pelo engenho de sua própria natureza, alcançava, por meio dela, algum grau de perfeição, era geralmente considerado um mago, e sua arte, diabólica.

Analisando, agora, os dogmas da vã filosofia introduzida nas universidades e, a partir delas, na Igreja, em parte provenientes de Aristóteles e em parte da cegueira do entendimento, considerarei, primeiramente, seus princípios. Existe uma certa *philosophia prima*, que deveria gerar todas as demais filosofias, e que consiste, principalmente, na correta delimitação do significado das denominações ou apelações que são, entre todas, as mais universais. Essas delimitações permitem evitar a ambiguidade e os raciocínios equivocados, sendo, comumente, chamadas definições, tais como as definições de corpo, tempo, espaço, matéria, forma, essência, sujeito, substância, acidente, potência, ato, finito, infinito, quantidade, qualidade, movimento, ação, paixão e várias outras, necessárias à explicação das concepções do homem relativas à natureza e à geração dos corpos. Assim, a explicação (isto é, o estabelecimento do significado) desses e de outros termos análogos, nas Escolas, é denominado, comumente, metafísica, como parte da filosofia de Aristóteles, que tem esse mesmo título, embora em outro sentido, pois em Aristóteles significa "livros escritos ou estabelecidos com base em sua filosofia natural", enquanto a escolástica toma essa denominação para os livros de filosofia sobrenatural. A palavra metafísica admite esses dois significados. O que neles está escrito dista tanto, na maior parte dos casos, da possibilidade de ser compreendido, e é tão contrário à razão natural, que quem quer que pense que há algo ali para ser compreendido precisa considerá-lo sobrenatural.

Dessa metafísica, misturada às Escrituras para constituir uma divindade escolástica, resulta que há no mundo essências separadas dos corpos, chamadas essências abstratas e formas substanciais. Para a interpretação desse jargão, é preciso um pouco mais de atenção do que a habitual. Assim, peço desculpas àqueles que não estão habituados a esse tipo de discurso, por me dedicar àqueles que o estão. O mundo (não me refiro apenas à terra, cujos aficionados recebem o nome de "homens mundanos", mas também ao universo, isto é, ao conjunto de todas as coisas existentes) é corpóreo, isto é, corpo, e tem todas as dimensões de grandeza, a saber, o comprimento, a largura e a profundidade; cada parte do corpo é igualmente corpo, e tem, por si mesma, as mesmas dimensões; consequentemente, cada parte do universo é corpo, e o que não é corpo não é parte do universo. Sendo o universo tudo, aquilo que não é parte dele não é nada e, portanto, não está em lugar nenhum. Com base nisso, não podemos inferir que os espíritos não sejam nada, pois eles têm dimensões e são, portanto, realmente corpos, embora esse nome, na linguagem comum, seja dado apenas aos corpos visíveis ou palpáveis, ou seja, possuidores de alguma opacidade. Os espíritos são chamados incorpóreos, denominação mais honrosa do que, de forma piedosa, pode ser atribuída ao próprio Deus, no qual não consideramos que atributo expressa melhor Sua natureza, que é incompreensível, mas qual deles melhor expressa nossa vontade de venerá-lo.

A fim de sabermos por que os escolásticos dizem que existem essências abstratas, ou formas substanciais, devemos considerar o significado dessas palavras. As palavras são empregadas para registrar pensamentos e concepções de nosso espírito para nós mesmos e para outrem. Entre essas palavras, algumas são nomes das coisas concebidas, tais como as denominações de todos os tipos de corpos que agem sobre os sentidos e impressionam a imaginação. Outras servem para denominar as próprias imaginações, isto é, ideias ou imagens mentais de todas as coisas que vemos ou lembramos. Finalmente, temos palavras que são os nomes de nomes, ou de diferentes espécies de discurso. Universal, plural e singular são nomes de nomes, e definição, afirmação, negação, verdadeiro, falso, silogismo, interrogação, promessa, contrato são nomes de certas formas de discurso. Outras palavras destinam-se a mostrar a consequência, ou incompatibilidade, de um nome em relação a outro; assim, quando dizemos que "um homem é um corpo", pretendemos afirmar com isso que o nome "corpo" é necessariamente consequente do nome "homem", consequência que adquire significado quando os dois nomes são unidos pela palavra "é". Da mesma forma que usamos o é do verbo ser, os latinos usam est, e os gregos, ésti, em todas as suas declinações. Não é possível afirmar que em todas as demais línguas faladas nas nações do mundo seja empregada uma palavra correspondente, mas é certo que ela não é imprescindível, uma vez que, com a justaposição dos dois nomes — homem e corpo —, poderíamos dar a entender sua consequência, se fosse esse o costume (o costume dá força às palavras), mesmo sem utilizar o verbo ser em qualquer conjugação ou pessoa.

Se existisse algum idioma que não tivesse uma palavra correspondente a *est*, isto é, *ser*, os homens que a empregassem não seriam, por isso, menos capazes de inferir, de concluir e de realizar todo gênero de raciocínio que os gregos e os latinos conseguem realizar. O que ocorreria com os termos entidade, essência, essencial, essencialidade, que desse verbo derivam e, com muitos outros que dependem destes, aplicados como comumente são? Não se trata de nomes de coisas, mas sinais, pelos quais tornamos conhecido que concebemos a consequência de um nome ou atributo em relação a outro; pois, quando dizemos "um homem é um corpo vivo", não queremos dizer que o homem seja uma coisa, o corpo vivo outra e uma terceira coisa o "é" ou "ser", porque o homem e o corpo vivo são a mesma coisa, já que a consequência, "se ele for um homem, é um corpo vivo", é uma consequência verdadeira, representada pela palavra "é". Portanto, ser um corpo, caminhar, falar, viver, ver e outros infinitos semelhantes é também corporeidade, marcha, fala, vida, vista e outros termos análogos, que significam o mesmo, e não são os nomes de nada, como visto anteriormente.

Qual seria o objetivo (alguém poderia perguntar) de tais sutilezas numa obra desta natureza, que só se propõe a examinar o que é necessário à doutrina do governo e da obediência? Nós as apresentamos porque os homens não podem ser submetidos ao abuso daqueles que, com essa doutrina das "essências separadas", construída sobre a vã filosofia de Aristóteles, os quiserem impedir, mediante nomes fúteis, de obedecer às leis de seu país, do mesmo modo como os homens assustam os pássaros do trigo com um espantalho vazio, um chapéu e um cajado. Tais sutilezas servem de base a afirmações como a de que, quando um homem morre e é sepultado, sua alma (isto é, sua vida) pode perambular separada do corpo e ser vista à noite, entre os túmulos. Com o mesmo fundamento, dizem os escolásticos que a figura, a cor e o sabor de um pedaço de pão têm um ser, lá onde a maioria das pessoas não vê mais do que pão. E, ainda, dizem que a fé e a sabedoria, e outras virtudes, são, às vezes, infundidas no homem, outras vezes, assopradas do céu para dentro dele, como se o virtuoso e suas virtudes pudessem estar separados. E assim vão dizendo tantas outras coisas destinadas a reduzir a dependência dos súditos em relação ao soberano poder de seu país. Quem obedeceria às leis, se acreditasse que a obediência lhe foi infundida ou assoprada para dentro? Ou quem deixaria de obedecer a um sacerdote que pode constituir uma espécie de Deus melhor do que seu soberano, e, ainda, melhor do que o próprio Deus? Ou quem, temendo os espíritos, não terá o máximo respeito àquele que sabe fazer a água benta para afastá-los? Isso basta como exemplo dos erros que foram sendo introduzidos na Igreja, com base nas entidades e essências de Aristóteles. Pode ser que os homens da Igreja se deem conta de que essa é uma filosofia falsa, mas, ao escrever sobre ela, dirão que essa filosofia está certa e vem fortalecer sua própria religião, temendo, sempre, o destino de Sócrates.

Uma vez incorrendo nesse erro das "essências separadas", os escolásticos necessariamente se envolvem em outros absurdos derivados dele. Efetivamente, considerando essas formas reais, veem-se obrigados a dar-lhes um determinado espaço. Entretanto, como sustentam que são incorpóreas, sem dimensão alguma de quantidade, e todos sabem que espaço implica dimensão, e que não pode ser preenchido por algo que não seja corpóreo, defendem seu ponto de vista com uma distinção: que tais formas não estão na verdade em parte alguma *circumscriptive*, mas *definitive*. Esses termos são apenas meras palavras e, portanto, insignificantes, sendo apresentadas em latim para esconder sua vacuidade. Como a circunscrição significa a determinação ou definição de seu espaço, ambos os termos, que pretendem fazer a distinção, têm o mesmo significado. Particularmente, a respeito da essência do homem, que, dizem eles, é sua alma, afirmam que ela está inteirinha em seu dedo mindinho, e toda ela em qualquer outra parte (por mais pequena que seja) de seu corpo; contudo, não há mais alma em todo o corpo do que em qualquer uma dessas partes. Alguém poderia supor que com tais absurdos sirvam a Deus? Entretanto, tudo isso é necessário para aqueles que querem acreditar na existência de uma alma incorpórea separada do corpo.

Ninguém ousou explicar como uma substância incorpórea pode padecer e ser atormentada no fogo do inferno ou do purgatório; apenas dizem que é impossível saber como o fogo chega a queimar as almas.

Como o movimento é mudança de lugar, e as substâncias incorpóreas não são capazes de ocupar um lugar, ficam confusos ao pretenderem convencer que é possível que uma alma possa ir, sem o corpo, para o céu, para o inferno ou para o purgatório, e que os espíritos humanos (e eu diria: com as vestimentas que os cobrem) caminham à noite nas igrejas, adros e cemitérios. Ignoro o que poderiam replicar, a menos que digam que perambulam *definitive*, e não *circumscriptive*, ou espiritualmente, e não temporalmente, pois essas magníficas distinções são aplicáveis, de modo indistinto, a qualquer dificuldade.

No que se refere ao significado de eternidade, não querem que essa palavra seja considerada como uma infinita sucessão de tempo, pois nesse caso não seriam capazes de apresentar uma razão acerca de como é que a vontade de Deus e a preordenação das coisas que estão por vir podem não ser anteriores a sua presciência, tal como a causa eficiente vem antes do efeito ou o agente, antes da ação; nem acerca de muitas outras ousadas opiniões relativas à incompreensível natureza de Deus. Eles dirão que a eternidade é a manutenção do presente, o *nunc-stans* (como as Escolas o chamam), que nem eles nem ninguém compreende, tal como não compreenderiam um *hic-stans* para uma infinita grandeza de espaço.

Os homens dividem o corpo em sua imaginação, enumerando suas partes, e enumerando também as partes do espaço que elas ocupam, e apenas fazendo muitas partes podemos também fazer muitos lugares dessas partes; disso concluímos que não podem ser concebidas no espírito de nenhum homem mais ou menos partes do que os lugares para elas; contudo, querem fazer-nos crer que, pelo todo-poderoso poder de Deus, um corpo pode estar ao mesmo tempo em muitos lugares, e muitos corpos ao mesmo tempo num só lugar, como se fosse um reconhecimento do Poder Divino dizer que aquilo que é não é, ou que aquilo que foi não foi. Essa é somente uma pequena parte das incongruências a que se veem forçados em razão da disputa filosófica, quando deveriam admirar e adorar a natureza divina e incompreensível, cujos atributos não podem significar o que Deus é, mas devem expressar nosso desejo de venerá-lo com as melhores apelações de que somos capazes. Aqueles que se aventuram a raciocinar sobre Sua natureza com base nesses atributos de honra perdem o raciocínio logo na primeira tentativa, caindo de uma inconveniência para outra, inúmeras vezes, da mesma maneira que alguém que, ignorando as cerimônias da corte, ao ver-se na presença de uma pessoa de maior distinção do que a das pessoas com quem está acostumado, tropeça ao entrar e, para não cair, deixa escorregar a capa e, para recuperá-la, deixa cair o chapéu e, de uma gafe a outra, revela sua rudez e seu temor.

No que tange à física, isto é, ao conhecimento das causas subordinadas e secundárias dos eventos naturais, os escolásticos não apresentam senão palavras ocas. Quando pretendem saber por que determinados corpos caem naturalmente por terra, enquanto outros se levantam, as Escolas, baseadas em Aristóteles, dirão que os corpos que caem são pesados, e que é a gravidade que os impele para baixo. Entretanto, eles definiram a gravidade como uma atração para o centro da terra. Assim, a causa que faz cair os corpos é uma tendência para descender, o que é o mesmo que dizer que os corpos ascendem ou descendem porque o fazem. Poderão dizer que o centro da terra é o lugar de repouso e conservação para coisas pesadas e que, portanto, elas tendem a ir para lá, como se as pedras e os metais tivessem desejos ou pudessem discernir em que lugar querem estar, como o homem, ou como se gostassem do descanso, ao contrário do homem, ou como se um pedaço de vidro estivesse em piores condições numa janela do que no meio da rua.

Se perguntássemos por que, de um momento para outro, o mesmo corpo parece maior, sem que nada lhe tivesse sido acrescentado, responderiam que, quando parece menor, está condensado e, quando parece maior, rarefeito. Qual é o significado de condensado e rarefeito? Dizem que condensado é quando há na mesma matéria menos quantidade do que antes e rarefeito, quando há mais, como se pudesse existir matéria desprovida de uma quantidade determinada, quando ela representa a determinação de matéria, isto é, de corpo, pelo que dizemos que um corpo é maior ou menor do que outro, em tanto ou quanto. Ou como se um corpo pudesse existir sem quantidade alguma, podendo, posteriormente, ser acrescido de maior ou menor quantidade, dependendo de o corpo ser mais ou menos denso.

Sobre a causa da alma no homem, dizem *creatur infundendo* e *creando infunditur*, isto é, que "foi criada por infusão" e "infundida por criação".

Sobre a causa da sensação, falam de uma ubiquidade de espécies, isto é, das manifestações ou aparições dos objetos, que, quando aparecem ao olho, são visão, ao ouvido, audição, ao palato, paladar, ao nariz, olfato, e, ao restante do corpo, tato.

Para eles, a vontade de realizar determinada ação é chamada de *volitio*, e eles apontam como sua causa a faculdade, ou seja, a capacidade que os homens têm de desejarem coisas distintas, denominada *voluntas*; fazem da potência a causa do ato, como se a causa dos bons e maus atos dos homens se devesse a sua capacidade de praticá-los.

Muitas vezes, apontam como causa de eventos naturais sua própria ignorância, mas mascarada com outras palavras, como quando dizem que o destino é a causa das coisas contingentes, isto é, das coisas cujas causas são desconhecidas; ou quando atribuem muitos efeitos a qualidades ocultas, isto é, qualidades desconhecidas por eles e, por conseguinte (segundo pensam), desconhecidas de todos os outros homens; e quando falam em simpatia, antipatia, *antiperistasis*, qualidades específicas e termos análogos, que não significam nem o agente que os produz, nem a operação pela qual são produzidos.

Se uma metafísica e uma física como as citadas não constituem vã filosofia, não existe nada que o seja, nem haveria necessidade de que São Paulo nos prevenisse para que as evitássemos.

Quanto a sua filosofia moral e cívica, apresenta os mesmos absurdos. Se um homem comete uma injustiça, isto é, um ato contrário à lei, eles dizem que Deus é a primeira causa da lei e também a primeira causa daquela e de todas as outras ações, mas não, em absoluto, da injustiça, já que esta é a inconformidade da ação em relação à lei. Trata-se, pois, de vã filosofia. Alguém poderia igualmente dizer que um homem traça tanto uma linha reta como uma curva, e outro apontar sua incongruência. Tal é a filosofia de todos os homens que formulam as conclusões antes de conhecer as premissas, pretendendo compreender o incompreensível e, dos atributos da honra, fazer atributos da natureza, distinção feita para defender a doutrina do livre-arbítrio, isto é, de uma vontade do homem que não está sujeita à vontade de Deus.

Aristóteles, bem como diversos outros filósofos pagãos, define o bem e o mal pelo apetite dos homens, e tem razão, enquanto considerarmos cada um deles governados por sua própria lei. Com efeito, na condição de homens que não têm outra lei além de seu próprio apetite, seria impossível existir uma regra geral para determinar quais são as boas e quais são as más ações. Porém, num Estado, essa medida é falsa: não é o apetite dos homens privados que constitui a medida, mas é a lei, a vontade e o apetite do Estado. Essa doutrina continua a ser praticada, e a bondade e maldade de cada um, bem como a dos outros, é julgada pelas próprias paixões. Ninguém admite que algo seja bom ou mau, a não ser o que assim lhe parece, sem se preocupar com as leis públicas; apenas os monges e frades estão, por voto, comprometidos a obedecer a seu superior, obediência essa a que cada súdito deveria estar obrigado pela lei natural perante o soberano civil. É, portanto, uma doutrina vã e perniciosa para o Estado essa visão particular do bem.

Dizer que o casamento repugna à castidade ou à continência também se constitui numa filosofia vã e falsa e, por conseguinte, transforma essas virtudes em vícios morais, como o fazem aqueles que alegam a castidade e a continência como base para negarem o casamento ao clero. Essa proibição, confessam, é apenas uma ordem emitida pela Igreja, exigindo de seus ministros que servem o altar e administram a Eucaristia que observem uma abstinência contínua de mulheres, para que se mantenham sempre castos e para que a continência os faça puros. Assim, o sexo legítimo, praticado com as esposas, é denominado por eles de falta de castidade e de continência, e o casamento é considerado um pecado, ou pelo menos uma coisa tão impura e suja que torna um homem impróprio para servir o altar. Se a norma foi estabelecida porque o uso das mulheres constitui incontinência e é contrário à castidade, então todo o casamento seria um vício; se é algo demasiadamente impuro e sujo para um homem consagrado a Deus, com muito mais razão outros atos naturais, necessários e diários, que todos praticam tornariam os homens indignos de exercerem o sacerdócio, porque são muito mais sujos.

O secreto fundamento dessa proibição do casamento aos padres não está nos erros dessa filosofia moral, nem mesmo na preferência pela vida de solteiro, em detrimento do estado do matrimônio (sensata afirmação de São Paulo, que percebeu a inconveniência de ter uma esposa e filhos para aqueles que, naqueles tempos de perseguição, eram pregadores do Evangelho e se viam obrigados a fugir de um país para outro); o fundamento está, isso sim, no desígnio dos papas e dos padres dos tempos subsequentes de serem eles mesmos (ou seja, o clero), os únicos herdeiros do Reino de Deus neste mundo, sendo, portanto, necessário impedir que os sacerdotes se casassem, porque nosso Salvador disse que, quando chegasse seu Reino, os filhos de Deus não casariam nem seriam dados em casamento, mas seriam como os anjos do céu, isto é, espirituais. Considerando que assumiram a denominação de espirituais, permitir-lhes (quando não havia necessidade) ter esposas teria sido uma incongruência.

A filosofia civil de Aristóteles chamava de tiranias a todos os Estados que não fossem populares (como era o Estado de Atenas), sendo todos os reis chamados de tiranos, e a aristocracia dos 30 governadores ali estabelecidos pelos lacedemônios, que os subjugaram, os 30 tiranos. Era chamada de liberdade a condição de democracia a que se submetia um povo. Um tirano significava, originariamente, um monarca, mas quando, mais tarde, essa forma de governo foi abolida na maior parte da Grécia, o nome continuou a significar o mesmo que antes, chegando a ser odiado pelos Estados populares. Do mesmo modo, o nome de rei tornou-se odioso depois da deposição dos reis em Roma, sendo natural a todos os homens conceberem que alguma grande falta tem o significado de algum atributo que exprime desgosto e é dado a um grande inimigo. No momento em que os mesmos homens ficassem descontentes com aqueles que detinham a administração da democracia ou da aristocracia, não procurariam nomes desagradáveis para exprimir sua ira, mas chamariam a uma, anarquia, e a outra, oligarquia, ou tirania de alguns poucos. O que ofende o povo é o fato de ser governado não como cada um de seus membros o faria, mas como o representante público, seja ele um homem, seja uma assembleia de homens, julga conveniente, isto é, por meio de um regime arbitrário; assim, o povo dá nomes desagradáveis a seus superiores, ignorando (até talvez um pouco depois de uma guerra civil) que, sem esse tipo de governo, a guerra seria infinita, e que são o homem e suas armas que fazem a força e o poder das leis, e não as palavras.

Esse é mais um erro da política de Aristóteles: num Estado bem-ordenado, não são os homens que governam, mas, sim, as leis. Qual é o homem que, em seu juízo perfeito, mesmo não sabendo ler nem escrever, vendo-se governado por aquele a quem teme, não acredita que este poderá vir a matá-lo e provocar-lhe algum dano, se não o obedecer? Ou, então, que acredita que a lei, isto é, as palavras e o papel, possa causar-lhe algum mal, sem que sejam empregadas as mãos ou as espadas dos homens? Isso figura entre os erros perniciosos, uma vez que induz os homens, na medida em que seus governantes não os agradem, a aderir àqueles que chamam tiranos a esses governantes, e a pensar que é legítimo guerrear contra eles. Essas crenças são, muitas vezes, exaltadas do púlpito pelo clero.

Outro erro encontrado em sua filosofia civil (que não aprenderam com Aristóteles, nem com Cícero, nem com nenhum pagão), para aumentar o poder da lei, é o da regra das ações, que abarca os próprios pensamentos e a consciência dos homens, por meio de exame e de inquisição daquilo que eles sustentam, apesar da conformidade de suas palavras e de suas ações. Em virtude desse erro, os homens ou são punidos por responderem a verdade, revelando aquilo que pensam, ou são constrangidos a dizer mentiras, temendo o castigo. O magistrado civil, antes de atribuir a um ministro a missão de ensinar, pode investigar quais são as doutrinas que está propenso a pregar; caso verifique que são contrárias ao que o magistrado pretende, despoja-o dessa missão. Porém, forçá-lo a se acusar por sustentar determinadas posições, quando seus atos não são proibidos por lei, contraria a lei natural e, especialmente, os que ensinam que o homem será condenado a tormentos eternos e extremos, se morrer com uma falsa crença a respeito de um artigo da fé cristã. Quem, sabendo existir um tão grande perigo num erro, arriscaria sua alma ao confiar os cuidados naturais de si mesmo a um outro homem que não se importaria com sua condenação?

Outro erro, em questão de política, é que a interpretação da lei possa ser feita, de acordo com um critério próprio, por um particular que careça de autorização do Estado, isto é, que não tenha a permissão de seu representante. Esse erro não deriva de Aristóteles, nem de qualquer dos outros filósofos pagãos, pois nenhum deles nega que, no poder de fazer as leis, está também compreendido o poder de explicá-las, quando há necessidade. E não foram as Escrituras, em todas as partes delas em que são leis, instituídas em lei pela autoridade do Estado, e estabelecidas como uma parte da lei civil?

Do mesmo gênero é o erro de alguém que, não sendo soberano, limita em algum homem o poder que o Estado não restringiu, como acontece com aqueles que determinam que apenas determinados homens podem fazer a pregação do Evangelho, quando as leis a deixaram livre. Se o Estado concede a liberdade para pregar ou ensinar, ou seja, não o proíbe, ninguém pode proibi-lo. Se eu estivesse entre os idólatras da América, poderia imaginar, sendo um cristão, embora não tendo recebido ordens, que é um pecado pregar a Jesus Cristo, enquanto não recebesse essas ordens emanadas de Roma? Ou, se preguei, não devo esclarecer dúvidas e explicar as passagens das Escrituras àqueles que me circundam, isto é, não devo ensinar? Quanto a isso e, da mesma forma, quanto à administração dos sacramentos, podem dizer que a necessidade será levada em conta para tal missão, o que é verdade. Mas é certo igualmente que, se a dispensa resulta da necessidade, pela mesma razão não é necessária a dispensa quando não existe lei que o proíba. Consequentemente, significa tirar a liberdade legítima negar essas funções aos que o soberano civil não negou, e isso contraria a doutrina do governo civil.

Poderíamos apresentar, ainda, outros exemplos da vã filosofia trazida pelos doutores da escolástica para a religião, mas qualquer um pode notá-los por si mesmo, se assim o quiser. De minha parte, acrescentarei apenas que os escritos dos escolásticos, em sua maioria, não passam de absurdas torrentes de palavras estranhas e bárbaras, ou de termos usados de maneira diferente do uso comum da língua latina, tal como os teriam empregado Cícero e Varrão e todos os gramáticos da antiga Roma. Se alguém desejar prová-lo, faça-o (como já disse antes), traduzindo algumas sentenças escolásticas num dos idiomas atuais: francês, inglês ou outro, pois tudo o que não puder ser entendido em qualquer uma dessas línguas não o é, também, em latim. Essa falta de sentido na linguagem, embora não possa ser considerada uma falsa filosofia, possui o dom de não apenas esconder a verdade, mas também de fazer os homens pensarem que já a encontraram, e desistirem de continuar a buscá-la.

Finalmente, quanto aos erros originados de histórias falsas e incertas, o que serão todas as lendas de milagres fictícios nas vidas dos santos, e todas as histórias de aparições de espíritos, introduzidas pelos doutores da Igreja romana para reforçar suas doutrinas do inferno e do purgatório, o poder do exorcismo e outras doutrinas que não têm nenhum aval nem na razão nem nas Escrituras, e ainda todas aquelas tradições que denominam a palavra oral de Deus, que são todas essas histórias, senão apenas contos da Carochinha? Mesmo que estejam dispersas nos escritos dos antigos Padres, o certo é que esses Padres eram homens e, portanto, passíveis de acreditar, com demasiada facilidade, em falsas narrativas. Trazer suas opiniões como testemunho da verdade daquilo em que acreditavam não tem qualquer força diante daqueles que, seguindo o conselho de São João (1Jo 4,1), examinam profundamente o espírito de tudo o que se refere ao poder da Igreja romana (de cujo abuso ou não suspeitavam ou recebiam benefícios), senão a de desacreditar seu testemunho no que se refere a uma crença demasiado temerária nas narrativas; os homens sinceros, sem grande conhecimento das causas naturais (como eram os Padres), estão, em sua maioria, geralmente mais sujeitos a esses erros. Naturalmente, os melhores homens são aqueles que menos suspeitam de fins fraudulentos. O papa Gregório e São Bernardo aludem a essas aparições de espíritos que afirmavam estar no purgatório, e assim também procedeu nosso Beza, não por si, mas tomando por base o relato de outrem. Mas se eles, ou quaisquer outros, relatam tais histórias como sendo de seu próprio conhecimento, não as confirmam, mas desvendam sua própria debilidade ou fraude.

A introdução da falsa filosofia se soma à supressão da verdadeira filosofia por parte daqueles homens que, nem por autoridade legal, nem por suficientes estudos, são juízes competentes da verdade. Nossas navegações evidenciam, e todos os homens versados em ciências humanas reconhecem, hoje, que existem antípodas. A cada dia se torna mais concreto que os anos e os dias são determinados pelos movimentos da terra. Contudo, os homens que, por meio de seus escritos, propuseram essa doutrina como uma ocasião para apresentar as razões pró e contra, foram punidos pela autoridade eclesiástica. Qual é a razão disso? Essas opiniões contrariam a verdadeira religião? Se são verdadeiras, não poderiam fazê-lo. Deixemos a verdade ser examinada por juízes competentes ou refutada por aqueles que pretendem conhecer o contrário. Seriam essas opiniões contrárias à religião estabelecida? Deixemo-las serem silenciadas pelas leis daqueles a quem seus mestres estão sujeitos, ou seja, pelas leis civis. Com efeito, até mesmo a desobediência daqueles que, contrariando as leis, ensinam a verdadeira filosofia pode ser legalmente punida. Seria porque essas opiniões tendem a causar a desordem no governo, incitando a rebelião e a sedição? Então, deixem-nas ser silenciadas, e os mestres serem punidos pelo poder a quem está entregue o cuidado da paz pública, que é a autoridade civil. Seja qual for a espécie de potestade que os eclesiásticos se atribuam (em qualquer lugar onde estejam sujeitos ao Estado), para defender seu próprio direito, embora o chamem o direito de Deus, não é isso senão usurpação.

## Capítulo XLVII

### Do benefício que resulta do obscurantismo, e a quem favorece

Um dos Cássios, um severo juiz romano, mereceu de Cícero uma honrosa menção em razão de seu costume de, nas causas criminais (quando o depoimento das testemunhas não era suficiente), perguntar aos acusadores *cui bono*, isto é, que lucro, honra ou outro benefício o acusado obtinha ou esperava obter por seu ato. Entre as conjeturas, nenhuma revela com tanta evidência o autor como o benefício da ação. Examinarei, de acordo com a mesma regra, quem teria dominado, durante tanto tempo, o povo desta parte da cristandade com essas doutrinas que são contrárias à paz nas sociedades humanas.

Primeiramente, ligados ao erro de que a atual Igreja, hoje militante sobre a terra, é o Reino de Deus (isto é, o reino de glória, ou a terra da promissão, não o Reino da graça, que é apenas uma promessa da terra), encontram-se os benefícios terrenos que se seguem: primeiro, que os pastores e mestres da Igreja estão habilitados, como ministros públicos de Deus, ao direito de governar a Igreja e, consequentemente (porque a Igreja e o Estado são uma mesma pessoa), a serem reitores e governantes do Estado. Em razão desse título, o papa prevaleceu sobre os súditos de todos os príncipes cristãos, convencendo-os de que aqueles que o desobedecessem estariam desobedecendo ao próprio Cristo, e de que, quando houvesse desacordo entre ele e outros príncipes (fascinados com a expressão poder espiritual), os súditos cristãos deveriam abandonar seus legítimos soberanos, o que significa, realmente, uma monarquia universal sobre toda a cristandade. Apesar de terem sido investidos do direito de serem os supremos mestres da doutrina cristã pelos próprios imperadores cristãos, dentro dos limites do Império Romano (como eles próprios reconhecem), com o título de *Pontifex Maximus*, isto é, como funcionários sujeitos ao Estado civil, com a divisão do Império foi fácil introduzir junto do povo, que já lhes obedecia, um outro título: o direito de São Pedro. Com ele, não apenas protegeriam e manteriam intacto seu pretenso poder, mas o estenderiam às demais províncias romanas, mesmo que estas já não estivessem submetidas ao Império Romano. O benefício de uma monarquia universal (tendo em vista o desejo dos homens de estarem submetidos a uma autoridade) é suficiente para pensar que os papas, que aspiravam a tal benefício e o desfrutaram durante longo tempo, foram os autores da doutrina por meio da qual o lograram, a saber, de que a Igreja existente na terra é o reino de Cristo. Pois, aceitando isso, seria preciso aceitar também que Cristo tivesse um representante entre os homens, a fim de ditar suas ordens.

Depois que algumas Igrejas se libertaram desse poder universal do papa, seria razoável esperar que os soberanos civis recuperassem, em todas essas Igrejas, todo o poder a que tinham direito e que estivera em suas mãos (antes de, inadvertidamente, o perderem). Isso se deu na Inglaterra, efetivamente, exceto pelo fato de que aqueles por intermédio dos quais os reis administravam o governo da religião, afirmando que seu cargo era de direito divino, pretenderam usurpar, se não uma supremacia, pelo menos uma independência em relação ao poder civil; e pareceram usurpá-la, reconhecendo, porém, ao mesmo tempo, que o rei tinha o direito de despojá-los do exercício de suas funções, quando assim o quisesse.

Nos locais onde o presbitério assumiu o cargo, não obstante muitas outras doutrinas da Igreja de Roma terem sido proibidas de serem ensinadas, a de que o reino de Cristo já chegou e que começou com a ressurreição de nosso Salvador continuou ainda a ser sustentada. Mas *cui bono*? Que benefício esperavam dela? O mesmo que os papas esperavam: ter poder soberano sobre o povo. Que significa para os homens excomungar seu legítimo soberano, senão afastá-lo de todos os lugares do serviço público de Deus em seu próprio reino? E, com a força, tentar resistir-lhe, enquanto ele, pela força, tenta corrigi-los? Ou que significa, sem a autoridade do soberano civil, excomungar uma pessoa, senão negar-lhe sua legítima liberdade, isto é, usurpar um poder ilegítimo sobre seus irmãos? Assim, o clero romano e o clero presbiteriano são os autores desse obscurantismo em matéria de religião.

Nesta altura, vou referir-me também a todas as doutrinas que sustentam a manutenção da posse dessa soberania espiritual, depois de alcançada. Em primeiro lugar, aquela que diz que o papa, em sua capacidade pública, não pode errar. Se isso for aceito como verdade, quem se recusaria a obedecer a tudo aquilo que ele ordenar?

Em segundo lugar, a doutrina de que todos os demais bispos, seja qual for o Estado, não recebem seu direito diretamente de Deus, nem de seus soberanos civis, mas do papa, que é a doutrina que possibilita o surgimento, em todos os Estados cristãos, de homens poderosos (como são os bispos), que dependem do papa e lhe devem obediência, apesar de ele ser um príncipe estrangeiro. E o papa lhes permite (como muitas vezes o fez) instigar uma guerra civil contra o Estado que pretender refutar seu governo, de acordo com seus interesses imediatos.

Em terceiro lugar, a doutrina que prega a isenção desses e de todos os outros sacerdotes, monges e frades do poder das leis civis. Assim, existe uma grande parte de todos os Estados que usufrui do benefício das leis e é protegida pelo poder do Estado civil sem contribuir com sua parte nas despesas públicas, nem estar sujeita às penalidades devidas a seus crimes como os demais súditos, e que, consequentemente, não teme a ninguém, exceto ao papa, e adere apenas a ele, a fim de fortalecer sua monarquia universal.

Em quarto lugar, a doutrina que leva a dar aos membros do clero (que, no Novo Testamento, era constituído por presbíteros, isto é, anciãos) o nome de sacerdotes, isto é, sacrificadores, que, enquanto Deus foi rei dos judeus, era o título do soberano civil e de seus ministros públicos. Transformar as Ceias do Senhor num sacrifício serviu também para que o povo acreditasse que o papa tinha, sobre todos os cristãos, o mesmo poder soberano que Moisés e Aarão tinham sobre os judeus, isto é, todo o poder civil e todo o poder eclesiástico, que, naquela época, pertenciam, ao mesmo tempo, ao sumo sacerdote.

Em quinto lugar, a doutrina de que o matrimônio é um sacramento permitiu ao clero julgar se os matrimônios são legítimos e, portanto, decidir sobre a legitimidade dos filhos, definindo também, por conseguinte, o direito de sucessão nos reinos hereditários.

Em sexto lugar, a doutrina da proibição do matrimônio aos sacerdotes possibilitou a garantia desse poder do papa sobre os reis. Um rei que exercesse o sacerdócio não poderia contrair casamento e transmitir seu reino a sua posteridade. Não sendo um sacerdote, o papa exige essa autoridade eclesiástica sobre ele e sobre seu povo.

Em sétimo lugar, pela doutrina que estabelece a confissão auricular os papas obtêm, para a manutenção de seu poder, um conhecimento dos desígnios dos príncipes e das pessoas de destaque no Estado civil maior do que o que esses príncipes podem obter acerca dos desígnios do Estado eclesiástico.

Em oitavo lugar, pela canonização dos santos e pela declaração dos que são mártires, os papas asseguram seu poder, posto que induzem as pessoas mais simples a repudiar as leis e as ordens de seus soberanos civis, inclusive às custas da própria morte, quando tais soberanos são excomungados pelo papa, declarados hereges ou inimigos da Igreja, isto é (como interpretam), quando são inimigos do papa.

Em nono lugar, os papas asseguram tudo isso graças ao poder que atribuem aos sacerdotes de atuar como Cristo e impor penitências, procedendo à remissão e à redenção dos pecados.

Em décimo lugar, o clero se enriquece pela doutrina do purgatório, da justificação lograda com base nos atos extremos e das indulgências.

Em décimo primeiro lugar, por sua demonologia e por praticar o exorcismo e outras coisas inerentes a essa prática, fazem o povo respeitar seu poder (ou pelo menos pensam que o logram).

Finalmente, a metafísica, a ética e a política de Aristóteles, as distinções frívolas, os termos bárbaros e a linguagem obscura dos escolásticos, ensinada nas universidades (todas elas erigidas e regulamentadas pela autoridade do papa), contribuem para evitar que esses erros sejam detectados e para que os homens confundam o *ignis fatuus* da vã filosofia com a luz do Evangelho.

Se esses exemplos não fossem suficientes, poderíamos aduzir outros de suas obscuras doutrinas, cujos benefícios redundam claramente no estabelecimento de um poder ilegítimo sobre os legítimos soberanos do povo cristão, ou na manutenção desse poder, quando já estabelecido; ou, ainda, no sustento dos bens terrenos, da honra e da autoridade daqueles que os detêm. De conformidade com a citada regra do *cui bono*, podemos atribuir ao papa e ao clero romano, e a todos aqueles que tentam introduzir nas mentes humanas essa doutrina falsa de que a Igreja hoje sobre a terra é o Reino de Deus mencionado no Antigo e no Novo Testamento, a autoria de todas essas trevas espirituais.

Os imperadores e outros soberanos cristãos, sob cujo governo surgiram, pela primeira vez, esses erros, e sob os quais se deu a usurpação dos eclesiásticos sobre seus cargos, determinando perturbações em seus domínios e o fim da tranquilidade de seus súditos, embora tenham sofrido esses males por falta de previsão de suas consequências e de penetração nos desígnios de seus mestres, podem também ser considerados cúmplices de seu dano e do dano público, já que, sem sua autoridade, desde o princípio, nenhuma doutrina sediciosa poderia ter sido pregada publicamente. Digo que poderiam ter impedido desde o princípio, mas nenhum remédio existia ou poderia ser inventado por homem algum para libertar o povo do domínio desses homens espirituais. No que se refere aos remédios arbitrados por Deus, que nunca deixa de destruir, oportunamente, as maquinações dos homens contra a verdade, temos de esperar sua livre decisão, que às vezes chega a permitir que a prosperidade de Seus inimigos, juntamente com sua ambição, cresça a tal ponto, que sua violência abra os olhos que a cautela dos predecessores desses soberanos havia fechado, e faça que os homens fracassem da mesma forma como a rede de Pedro arrebentou em razão da excessiva quantidade de peixes apanhados. Afinal, a impaciência daqueles que procuraram resistir a tal usurpação, antes que os olhos de seus súditos fossem abertos, apenas contribuiu para aumentar o poder ao qual resistiam. Não censuro, portanto, o imperador Frederico por ter sustentado o apoio a seu compatriota, papa Adriano, pois, de acordo com a disposição de seus súditos nessa ocasião, se não tivesse agido dessa forma, provavelmente não teria tido sucesso em seu império. Censuro, porém, aqueles que, no início, quando seu poder ainda era íntegro, consentiram o ensino dessas doutrinas nas universidades de seus domínios, e apoiaram os atos de todos os papas que se sucederam, os quais se apossaram do trono dos soberanos cristãos, para dirigi-los ou sofreá-los, e a seu povo, da forma como bem entenderam.

Da mesma forma como são armadas, também são desfeitas as invenções humanas. O processo é o mesmo, mas a ordem é inversa: a teia começa nos primeiros elementos de poder, que são a sabedoria, a humildade, a sinceridade e outras virtudes dos Apóstolos, aos quais todos os povos convertidos obedeceram por reverência e não por obrigação. Tais povos possuíam consciências livres, não estando suas palavras e seus atos sujeitos senão ao poder civil. Posteriormente, os presbíteros (à medida que os rebanhos de Cristo aumentavam), reunindo-se para discutir o que deviam ensinar e, portanto, obrigando-se a nada ensinar contra os decretos de suas assembleias, disseminaram a ideia de que as pessoas eram obrigadas a seguir sua doutrina, e, quando não eram obedecidos, refutavam também a companhia dos que assim procediam (o que foi chamado excomunhão), não por serem essas pessoas infiéis, mas por serem desobedientes. Esse foi o primeiro nó em sua liberdade. Quando aumentou o número de presbíteros, aqueles da cidade principal ou província assumiram a autoridade sobre os paroquiais, e se denominaram bispos. Esse foi o segundo nó imposto à liberdade cristã. O bispo de Roma, considerando que estava na cidade imperial, assumiu, finalmente, uma autoridade sobre todos os outros bispos do império (em parte pela vontade dos próprios imperadores, que lhe deram o título de *Pontifex Maximus*, e, depois, quando os imperadores se debilitaram, pelos privilégios de São Pedro), e esse foi o terceiro e último nó, e a total síntese e construção do poder pontifical.

A análise, ou resolução, pode ser realizada pelo mesmo processo, mas começando pelo último laço a ser atado, como podemos ver na dissolução do preterpolítico governo da Igreja na Inglaterra. Primeiramente, o poder dos papas foi totalmente dissolvido pela rainha Isabel, e os bispos, que exerciam anteriormente suas funções pelo direito do papa, passaram a exercê-las pelo direito da rainha e de seus sucessores, embora, conservada a expressão *jure divino*, fosse possível pensar que eles as exerciam por direito imediato de Deus. Assim, desatou-se o primeiro nó. Em seguida, os presbiterianos conseguiram, na Inglaterra, a derrubada do episcopado, e, assim, foi desamarrado o segundo nó. Quase ao mesmo tempo, o poder foi também tirado dos presbiterianos e, dessa forma, voltamos à independência dos primitivos cristãos, que podiam seguir a Paulo, a Cefas ou a Apolo, segundo a preferência de cada um. Se isso ocorre sem luta, e sem que avaliemos a doutrina de Cristo por nosso apego à pessoa de seu ministro (falta que o Apóstolo censurava aos coríntios), talvez seja melhor. Primeiramente, porque não deve existir nenhum poder sobre as consciências dos homens, com exceção da própria palavra que produz a fé em cada um, nem sempre de acordo com o objetivo daqueles que a semeiam e regam, mas do próprio Deus, que a faz crescer; em segundo lugar, porque é desarrazoado, naqueles que ensinam que existe tal perigo no mais ínfimo dos erros, requerer de um homem dotado de razão própria que siga a razão de qualquer outro homem, ou até mesmo de muitos homens, o que vem a ser equivalente a arriscar sua salvação jogando cara ou coroa. Esses mestres não deveriam, também, aborrecer-se com a perda de sua autoridade anterior, pois deveriam ser os primeiros a saber que o poder é conservado pelas mesmas virtudes com que é adquirido, isto é, pela sabedoria, humildade, clareza de doutrina e sinceridade de linguagem, e não pela supressão das ciências naturais e da moralidade da razão natural, nem por uma linguagem obscura, nem arrogando-se mais conhecimento do que aquele que realmente possuem, nem por fraudes beatas, nem pelas demais faltas, que, nos pastores da Igreja de Deus, não são apenas faltas, mas escândalos, em virtude das quais, mais cedo ou mais tarde, os homens acabam por deparar com a supressão de sua autoridade.

Depois que se propagou a doutrina de que a Igreja hoje militante é o Reino de Deus referido no Antigo e no Novo Testamento, a ambição e a pretensão aos cargos inerentes a essa condição e, em especial, ao cargo máximo de representante de Cristo, e a pompa daqueles que obtiveram assim os principais cargos públicos, tornou-se, gradualmente, tão acintosa, que causou a perda da reverência interior devida à missão pastoral, e os homens mais sábios, entre os que possuíam algum poder no Estado civil, passaram a negar obediência à Igreja quando apoiados pela autoridade de seus príncipes. A partir da época em que o bispo de Roma passou a ser reconhecido como bispo universal, pretendendo suceder a São Pedro, sua hierarquia plena, isto é, o reino do obscurantismo, pode ser comparada adequadamente com o reino das bruxas das fábulas narradas pelas velhas senhoras da Inglaterra, que se referiam a fantasmas e espíritos e às proezas praticadas à noite por esses seres. Quem considerar a origem desse vasto domínio eclesiástico poderá constatar que o papado nada mais é que o fantasma do falecido Império Romano, que se senta coroado sobre o sepulcro deste, porque foi das ruínas do poder pagão que o papado se levantou, repentinamente.

A linguagem empregada nos atos praticados na Igreja ou nos demais atos públicos, isto é, o latim, não é usada por nenhuma nação hoje existente. O que é esse idioma, senão o fantasma da antiga língua romana?

As bruxas de qualquer nação só têm um rei universal, que alguns de nossos poetas denominam rei Oberom, mas que as Escrituras chamam Belzebu, príncipe dos demônios. Da mesma forma, os eclesiásticos, qualquer que seja seu domínio, reconhecem apenas o papa como rei universal.

Os eclesiásticos são seres espirituais e pais espirituais. As bruxas são espíritos e fantasmas. Bruxas e fantasmas moram nas trevas, nos lugares ermos e nas sepulturas. Os eclesiásticos caminham na obscuridade da doutrina, em mosteiros, igrejas e claustros.

Os eclesiásticos têm suas igrejas catedrais, que, em qualquer cidade onde tenham sido erigidas, em virtude da água benta e de outros encantamentos denominados exorcismos, têm o poder de transformar essas cidades em sede do império. As bruxas também vivem em castelos encantados, ao redor dos quais existem fantasmas gigantescos que os protegem.

Da mesma forma que as bruxas não podem ser presas, nem levadas a responder pelo mal que praticarem, também os eclesiásticos não estão submetidos ao julgamento dos tribunais de justiça civil.

Os eclesiásticos, por meio de certos encantos constituídos por metafísicas, milagres, dogmas, tradições e escrituras deturpadas, anulam o raciocínio dos jovens, fazendo-os executar apenas aquilo que lhes ordenam. Dessa mesma maneira, as bruxas, segundo dizem, tiram as crianças de seus berços e as transformam em seres idiotizados, com tendências à pratica do mal, aos quais a sabedoria popular denomina duendes.

Em que oficinas ou laboratórios as bruxas fabricam seus encantamentos é coisa que nunca foi explicada pelas vovós; entretanto, são sobejamente conhecidos os laboratórios do clero, ou seja, as universidades, cuja disciplina procede da autoridade pontifícia.

Quando algo ou alguém desagrada às bruxas, seus duendes o fazem desaparecer. Quando algum Estado civil desagrada aos eclesiásticos, eles também enviam seus duendes, isto é, seres supersticiosos e subversores mandados para instigar seus príncipes, pregando a sedição; o príncipe pode ainda ser seduzido com promessas, para que hostilize a outro príncipe.

As bruxas não se casam, mas entre elas existem os íncubos, que copulam com seres de carne e osso. Tampouco os sacerdotes se casam.

Mediante pedidos de donativos aos homens ignorantes, que os temem, e por meio de dízimos, os eclesiásticos usufruem do melhor que há na terra; o mesmo se dá na fábulas, quando as bruxas roubam dos estábulos e se apoderam da nata do leite.

O tipo de dinheiro que circula no reino das bruxas não é revelado pelos contos fantásticos. Já os eclesiásticos aceitam a moeda que circula no país onde se encontram, como pagamento de canonizações, indulgências e missas.

Podemos acrescentar outras semelhanças entre o papado e o reino das bruxas. Por exemplo, tal como as bruxas só têm existência na imaginação de gente ignorante, que se alimenta de contos da Carochinha, narrados pelas avós ou pelos antigos poetas, também o poder espiritual do papa (fora dos limites de seu próprio domínio civil) consiste apenas no temor do povo ignorante diante das excomunhões, de tanto ouvirem falar de falsos milagres, falsas tradições e falsas interpretações das Escrituras.

Não foi, portanto, difícil para Henrique VIII expulsá-los, apesar do exorcismo, nem para a rainha Isabel. Mas há quem pergunte: esse espírito de Roma, agora desaparecido, perambulando em missões nos lugares desertos da China, do Japão e das Índias, que lhe produziram escassos frutos, poderá, talvez, voltar com uma assembleia de espíritos até mais maléfica do que ele próprio, para penetrar nesta casa asseada, tornando o fim ainda pior do que o princípio? Isso porque não é apenas o clero romano que pretende que o Reino de Deus seja deste mundo, e que, assim, possa exercer nele um poder distinto do poder do Estado civil. Isso é tudo quanto me propunha dizer sobre a doutrina da política, o que, depois de revisado, submeterei, de bom grado, à censura de meu país.

Com base na contradição entre algumas das faculdades naturais da mente, bem como entre uma paixão e outra, e nas implicações disso para a convivência humana, há quem argumente a impossibilidade de que algum homem esteja suficientemente disposto a todas as espécies de dever civil. Dizem os defensores dessa ideia que a severidade do julgamento torna os homens intransigentes e incapazes de perdoar os erros e fraquezas dos outros, e que, por outro lado, a agilidade da imaginação faz os pensamentos terem menor estabilidade que o necessário para poderem distinguir com exatidão o que é certo e o que é errado. Ademais, em todas as deliberações e em todos os pleitos, é preciso que haja um raciocínio sólido, pois, se não fosse assim, as decisões dos homens seriam precipitadas e suas sentenças injustas. No entanto, se não houver uma eloquência poderosa que assegure a atenção e o consenso geral, o efeito da razão será insignificante. Assim, essas são faculdades contrapostas; a primeira baseia-se nos princípios de verdade, e a outra, nas opiniões, verdadeiras ou falsas, já acolhidas, e nas paixões e interesses dos homens, diferentes e mutáveis.

A coragem (que entendo como o desprezo aos ferimentos e à morte violenta) é uma paixão que induz os homens à vingança pessoal e, muitas vezes, suscita o propósito de perturbar a paz pública, enquanto o temor predispõe, em muitas casos, à deserção da defesa pública. Essas paixões não podem ser encontradas, segundo dizem, numa mesma pessoa.

Considerando a disputa entre as opiniões e a conduta humana em geral, é, também segundo dizem, impossível manter uma amizade civil constante com todos aqueles com os quais os negócios mundanos nos obrigam a tratar, posto que tais negócios, na maioria dos casos, implicam uma luta perpétua, em defesa da honra e das riquezas e pela conquista ou manutenção da autoridade.

A quem assim pensa respondo que todas essas são, sem dúvida, grandes dificuldades, mas não impossibilidades, pois, mediante a educação e disciplina, podem ser, e algumas vezes são, reconciliados tais antagonismos. A razão e a imaginação podem coexistir adequadamente num mesmo homem, mas alternadamente, segundo as exigências da finalidade a que esse homem se propõe. Assim como os israelitas, no Egito, às vezes eram apressados em seu trabalho de fazer tijolos e outras vezes saíam a recolher palha nos campos, também o julgamento pode, às vezes, fixar-se numa determinada consideração e, outras vezes, dar asas à imaginação, vagando pelo mundo. Da mesma forma, razão e eloquência (não nas ciências naturais, mas pelo menos nas ciências morais) podem coexistir. Se há espaço para exaltar e preferir o erro, haverá muito mais espaço para exaltar e preferir a verdade, quando assim for necessário. Tampouco existe incompatibilidade entre temer as leis e não recear um inimigo público, nem entre abster-se de ofender e perdoar os que nos ofenderam.

Não existe, portanto, como creem alguns, incompatibilidade entre a natureza humana e os deveres civis. Vi clareza de julgamento e amplidão de imaginação, força de razão e graciosidade de elocução, coragem para a guerra e temor das leis, e tudo, de forma evidente, num único homem: meu muito nobre e venerado amigo Sidney Godolphin, que, sem odiar ninguém, nem sendo odiado por ninguém, foi contudo morto no início da última guerra civil, na querela pública, por uma mão irresponsável e destituída de discernimento.

Gostaria de acrescentar às leis naturais enunciadas no capítulo XV a que determina que todo homem é impelido por natureza, no que dele depende, a proteger na guerra a autoridade que o protege em tempo de paz. Assim, quem pretende que exista um direito natural que proteja seu corpo não pode pretender que destruir aquele graças a cuja força ele é protegido seja também um direito natural. Isso implicaria uma manifesta contradição em si próprio. Embora essa lei possa ser inferida de algumas das que foram mencionadas, a oportunidade requer que seja inculcada e lembrada.

Tendo observado, em vários livros ingleses recentemente publicados, que as guerras civis não conseguiram ensinar suficientemente aos homens em que momento um súdito deve submeter-se ao conquistador, nem mesmo o que significa conquista, nem como ela pode obrigar os homens a obedecerem às leis do conquistador, direi, satisfazendo a todos, que um homem se torna súdito de um conquistador quando, tendo a liberdade de se submeter a ele, consente, por palavras expressas ou por outro sinal suficiente, em ser seu súdito. Em que ocasião um homem tem a liberdade de se submeter, já o demonstrei no final do capítulo XXI. Concretamente, quando alguém não está submetido a seu primitivo soberano por outro dever, a não ser o de súdito comum, esse momento advém quando seu meios de sustento estão sob a guarda dos soldados e das guarnições do inimigo; então, ele deixa de receber proteção de seu soberano, passando a ser protegido por seu adversário, em razão da contribuição prestada. Considerando essa contribuição como algo inevitável (não obstante seja uma ajuda ao inimigo), deve ser considerada legítima; uma submissão total, embora seja uma ajuda ao inimigo, não pode ser considerada ilegítima. Além disso, se considerarmos que os que se submetem ajudam o inimigo apenas com parte de suas propriedades, enquanto os que se negam o ajudam com a totalidade, não há motivo para denominar assistência a essa submissão ou arreglo, sendo antes algo em detrimento do inimigo. Se um homem, além de sua obrigação como súdito, tem também a obrigação de soldado, não possui a liberdade de se submeter a um novo poder enquanto o anterior se conservar no campo de batalha e lhe fornecer os meios de subsistência, com seus exércitos e guarnições, pois, nesse caso, não poderia queixar-se de falta de proteção e de meios de sobrevivência como soldado. Se essa assistência falhar, um soldado pode buscar sua proteção onde está mais seguro de encontrá-la, submetendo-se, legitimamente, a um novo senhor. E pode fazê-lo, legalmente, no tempo em que lhe aprouver. Se o fizer, estará, sem dúvida alguma, obrigado a ser um verdadeiro súdito, pois um contrato legal não pode ser desfeito ilegalmente.

Com isso, podemos entender quando cabe dizer que os homens foram conquistados, e em que consiste a natureza da conquista e o direito do conquistador, pois essa submissão implica tudo isso. A conquista não é a própria vitória, mas a aquisição de um direito sobre as pessoas dos homens, por meio da vitória. Então, aquele que foi morto está vencido, mas não foi conquistado; quem foi aprisionado e conduzido ao cárcere, ou foi acorrentado, não foi conquistado, embora tenha sido vencido, pois ainda é um inimigo e, se tiver oportunidade, fugirá. Entretanto, aquele que, tendo prometido obediência, recebeu a vida e a liberdade, está conquistado, tornando-se, então, um súdito. Diziam os romanos que seu general havia pacificado determinada província, o que pode ser traduzido como conquistado; e que o país tinha sido pacificado pela vitória, quando seu povo havia prometido *imperata facere*, isto é, fazer o que o povo romano havia ordenado: isso era ser conquistado. Essa promessa pode ser expressa ou tácita: expressa por promessa; tácita por outros sinais. Assim, por exemplo, um homem que não tenha sido chamado a fazer uma tal promessa expressa (por seu poder não ser considerável), se vive ostensivamente sob a proteção desse novo governo, é porque se submeteu a ele. Entretanto, se essa submissão for secreta, esse homem estará sujeito a sofrer todas as penalidades atribuídas a um espião e inimigo do Estado. Não digo que isso constitui injustiça (os atos de hostilidade declarada não recebem esse nome), mas que, ao contrário, com justiça, ele pode ser condenado à morte. Igualmente, se um homem, quando seu país é conquistado, encontra-se fora dele, não fica conquistado nem submetido, mas se, ao regressar, submeter-se ao governo é obrigado a obedecer a ele. Portanto, a conquista (para a definirmos) é a aquisição do direito de soberania pela vitória. Esse direito é adquirido com a submissão do povo, por meio da qual este faz um contrato com o vencedor, prometendo obediência em troca de vida e liberdade.

No capítulo XXIX mencionei, como uma das causas da dissolução dos Estados, a sua geração imperfeita, que consiste na falta de um poder legislativo absoluto e arbitrário. Quando tal poder não existe, o soberano civil tende a manejar sem habilidade a espada da justiça, como se ela estivesse demasiado quente para suas mãos. Uma das razões disso (que ali não mencionei) é que todos justificam a guerra por meio da qual seu poder foi, pela primeira vez, alcançado, e pensam que é dela que seu direito depende, e não da posse. Como se, por exemplo, o direito dos reis da Inglaterra dependesse da excelência da causa de Guilherme, o Conquistador, de sua descendência linear e direta; se assim fosse, talvez hoje não houvesse nenhum vínculo de obediência dos súditos a seu soberano em todo o mundo. Assim, todos aqueles que, sem nenhuma necessidade, pensam assim se justificar, justificam na verdade todas as rebeliões triunfantes que a ambição levantar contra eles e contra seus sucessores. Considero, portanto, como uma das mais efetivas sementes da morte de qualquer Estado que os conquistadores não apenas exijam a submissão a eles dos atos dos homens no futuro, mas também uma aprovação de todas as suas ações passadas, quando há poucos Estados no mundo cujo começo pode, em sã consciência, ser justificado.

Tendo em vista que tirania não significa nem mais nem menos que soberania, a não ser pelo fato de que os que utilizam a primeira palavra odeiam aqueles a quem chamam tiranos, penso que a tolerância a um ódio professo à tirania é uma tolerância ao ódio ao Estado em geral, e uma outra má semente, não tão diferente da primeira. Com efeito, para justificar a causa de um conquistador é quase sempre necessária a censura da causa dos conquistados, mas nenhuma delas é necessária para a obrigação dos conquistados. Considerei necessário dizer tudo isso para proceder à revisão das duas primeiras partes deste discurso.

Baseando-me em textos das Escrituras, mostrei no capítulo XXXV que no Estado dos judeus o próprio Deus foi feito soberano por aliança com o povo, o qual foi, portanto, chamado Seu "povo eleito", para distingui-lo do restante do mundo, sobre o qual Deus não reinava por consentimento, mas por Seu próprio poder. Moisés era o representante de Deus sobre a terra nesse reino, e foi ele quem transmitiu ao povo as leis que Deus deu a ele para que se governasse. Deixei, entretanto, de me referir aos funcionários indicados para a execução das penalidades, quando as leis fossem desobedecidas, especialmente no caso das penas capitais, não considerando, então, que essa matéria fosse tão necessária, como verifiquei posteriormente. Sabemos que, de modo geral, em todos os Estados a execução dos castigos corporais é entregue ou a guardas ou a outros soldados do poder soberano, ou entregue àqueles que por carência, por desprezarem a honra e por serem duros de coração se adequam a tal empreitada. Entre os israelitas, existia uma lei positiva de Deus, seu soberano, que determinava que quem fosse culpado de crime capital deveria ser apedrejado até a morte pelo povo, e que as primeiras pedras fossem lançadas pelas testemunhas e, depois delas, por todo o povo. Essa lei designava quem seriam os executores, mas não permitia que ninguém atirasse pedras no criminoso antes da culpa formada e da sentença, da qual a congregação era juiz. As testemunhas tinham, porém, de ser ouvidas antes que se procedesse à execução, a menos que o fato tivesse sido cometido na presença da própria congregação ou à vista dos legítimos juízes, não sendo, nesse caso, necessárias outras testemunhas além dos próprios juízes. Como esse procedimento não era totalmente compreendido, ele deu oportunidade a uma perigosa interpretação: qualquer homem poderia matar a outro, em alguns casos, por um direito de zelo, como se as execuções feitas sobre os ofensores no Reino de Deus, nos tempos antigos, não resultassem da ordem soberana, mas da autoridade do zelo particular, o que seria um absurdo, se considerarmos os textos que pretendem justificá-lo.

Em primeiro lugar, quando os levitas caíram sobre o povo que tinha feito e adorado um bezerro de ouro, matando três mil pessoas, o fizeram sob ordem de Moisés, pela boca de Deus, como está claro em Ex 32,27. Quando o filho de uma mulher de Israel blasfemou contra Deus, aqueles que o ouviram não o mataram, mas levaram-no à presença de Moisés, que o pôs sob custódia, até que Deus proferisse uma sentença contra ele, como lemos em Lv 24,11s. Mais uma vez, quando Fineias matou Zambri e Cozbi (Nm 25,6ss), não foi por direito de zelo particular: seu crime foi cometido na presença da assembleia, não havendo, portanto, necessidade de testemunhas. A lei era conhecida e ele era o herdeiro aparente da soberania, e, o que constitui o ponto principal, a legalidade de seu ato dependia totalmente de uma posterior ratificação de Moisés, da qual não havia motivo para duvidar. Essa suposição de uma ratificação futura é, às vezes, necessária para a segurança de um Estado, como, numa inesperada rebelião, ocasião em que quem consegue abortá-la, por seus próprio meios, na comarca onde se inicia, sem lei ou comissão expressa, pode fazê-lo legalmente e providenciar para que seu ato seja ratificado ou perdoado, enquanto o estiver praticando ou depois de tê-lo praticado. Diz ainda o texto bíblico expressamente: "Aquele que matar o assassino matá-lo-á pela palavra das testemunhas" (Nm 35,30); mas, por testemunhas, o texto pressupõe uma judicatura formal e, consequentemente, condena a pretensão de um *jus zelotarum*. A Lei de Moisés concernente a quem induz à idolatria, isto é, no Reino de Deus, a uma renúncia a sua aliança, proíbe perdoá-la e ordena ao acusador que condene o réu à morte e lhe atire a primeira pedra (Dt 13,8), mas não que o mate antes de ele ser condenado. O processo contra a idolatria é apresentado com exatidão, pois ali Deus falou ao povo como juiz e ordenou-lhe que, quando alguém fosse acusado de idolatria, inquirisse com toda a diligência acerca do fato e, se fosse verdadeiro, que então o apedrejasse, mas que a primeira pedra fosse lançada pelas testemunhas (Dt 17,4ss). Não se trataria, então, de zelo particular, mas de condenação pública. Do mesmo modo, quando um pai tem um filho rebelde, a lei diz que deverá levá-lo perante os juízes da cidade e todos os seus habitantes o apedrejarão (Dt 21,18-21). Foi com base nessa lei que Santo Estêvão foi apedrejado, e não com base no zelo particular, pois antes de ser levado à execução ele tinha pleiteado sua causa perante o sumo sacerdote. Não há nada nisso tudo, nem em qualquer outra parte da Bíblia, que sustente as execuções por zelo particular, já que, sendo, muitas vezes, uma conjunção de paixão e ignorância, opõem-se à justiça e à paz de um Estado.

Eu disse no capítulo XXXVI que não foi declarado de que forma Deus falou sobrenaturalmente a Moisés, nem que Ele não lhe teria falado, algumas vezes, por meio de sonhos e visões, ou mediante uma voz sobrenatural, como a outros profetas. Efetivamente, a maneira como Deus falou a Moisés, de seu trono de clemência, está expressamente mencionada com estas palavras: "Daquele momento em diante, quando Moisés entrava no tabernáculo da congregação para falar com Deus, ouvia uma voz que lhe falava, do trono da clemência, que se encontrava sobre a Arca do testemunho e, de entre os querubins, lhe falava" (Nm 7,89). Mas não é declarado em que consiste a preeminência da maneira de Deus falar a Moisés, em relação à maneira como falava aos outros profetas, como a Samuel e Abraão, a quem também falou por uma voz (isto é, por visão), a menos que a diferença consista na clareza da visão. Pois as expressões "face a face" e "boca a boca" não podem ser entendidas em sentido literal, se levarmos em consideração a infinitude e a incompreensibilidade da Natureza Divina.

No que diz respeito ao conjunto da doutrina, percebo que seus princípios são verdadeiros e adequados e seus raciocínios sólidos. Fundamento o direito civil dos soberanos e o dever e a liberdade dos súditos nas conhecidas inclinações naturais da humanidade e nos artigos da lei natural, os quais ninguém que pretenda ter raciocínio suficiente para governar sua família particular deve ignorar. Fundamento o poder eclesiástico dos mesmos soberanos nos textos que o evidenciam, e que são consoantes com o objetivo de todas as Escrituras. Assim, estou persuadido de que aquele que se dedicar a sua leitura com a finalidade única de se informar, o será. Entretanto, aqueles que, por escritos ou discursos públicos ou por suas ações eminentes, já se comprometeram a defender opiniões contrárias não se satisfarão com facilidade. Em tais casos, é natural que os homens, ao mesmo tempo em que avançam na leitura, desviam sua atenção à procura de objeções ao que já foi lido anteriormente. Forçosamente, há de haver muitas opiniões de tal gênero numa época em que os interesses dos homens sofrem mudanças (levando em conta que grande parte da doutrina que serviu para estabelecer um novo governo tem necessariamente de ser contrária à que conduziu à dissolução do anterior).

A parte que trata do Estado cristão contém algumas doutrinas novas; num Estado em que as doutrinas contrárias já estivessem completamente estabelecidas, sua divulgação sem permissão poderia constituir uma falta, porque, com isso, seria usurpada a função do mestre. Mas, como os homens, hoje, aspiram à verdade, além de à paz, oferecer essas doutrinas, que julgo verdadeiras e que manifestamente tendem para a paz e para a lealdade, à consideração dos que ainda não tomaram nenhuma decisão significa oferecer vinho novo para ser posto em barril novo, de forma que ambos possam, em conjunto, ser preservados. Suponho, assim, que, quando a novidade não alimentar nenhuma perturbação nem desordem num Estado, os homens não terão mais propensão a reverenciar a antiguidade, e nem a aceitar que os antigos erros preponderem sobre uma verdade nova e comprovada.

De nada desconfio tanto como de minha elocução, a qual, entretanto, tenho esperança (excetuadas as fatalidades da impressão) de que não seja obscura. Deliberadamente me abstive de citar, como ornamento, antigos poetas, oradores e filósofos, contrariando o costume dos últimos tempos, e, tenha eu procedido bem ou mal nisso, assim o fiz baseando-me em diversos motivos. Primeiramente, porque toda a verdade da doutrina depende ou da razão ou das Escrituras: ambas dão crédito a muitos autores, mas nunca o recebem de nenhum. Em segundo lugar, as matérias em questão não são de fato, mas de direito, não havendo lugar para testemunhas. São raros os autores antigos que não se contradigam às vezes a si próprios ou aos outros, o que torna seus testemunhos insuficientes. Em quarto lugar, as opiniões que são levadas em conta apenas em razão do crédito da antiguidade não representam, intrinsecamente, o julgamento dos que as citam, mas palavras que passam (como bocejos) de boca em boca. Em quinto lugar, muitas vezes os homens abrigam um desígnio perverso ao pregar suas doutrinas corrompidas com os ditos da sabedoria de outros homens. Em sexto lugar, não acho que os antigos, que tais homens citam como ilustração, fizessem o mesmo com os que escreveram antes deles. Em sétimo lugar, temos um argumento de indigestão: o risco de que as frases gregas e latinas não mastigadas ressurjam e, como costumam fazer nos escritos de alguns autores, sem ter experimentado nenhuma modificação. Finalmente, embora respeite os homens da Antiguidade que escreveram verdades evidentes ou nos conduziram ao melhor caminho para que as descobríssemos por nós mesmos, penso que não devamos nada à Antiguidade em si, pois, se queremos reverenciar a época, a presente é a mais antiga. Se a referência for à antiguidade do autor, não tenho certeza de que aqueles a quem é conferida essa honra fossem mais velhos quando escreveram do que eu, quando agora escrevo. Porém, se atentarmos bem, o louvor aos autores antigos resulta não do respeito aos mortos, mas, sim, da competição e da inveja mútua entre os vivos.

Concluindo, nada há neste discurso, nem naquele que escrevi antes, em latim, sobre o mesmo assunto, pelo que me é dado perceber, que seja contrário à palavra de Deus ou aos bons costumes, ou que contribua para a perturbação da paz pública. Acredito, portanto, que este texto pode ser impresso com proveito e, com mais proveito ainda, ensinado nas universidades, às quais compete julgar este assunto. Efetivamente, considerando que as universidades são as fontes da doutrina cívica e moral, com cuja água os pregadores e os fidalgos, haurindo-a tal como a encontram, costumam borrifar o povo (tanto do púlpito como na conversação), convém mantê-las puras, liberando-as do veneno dos políticos pagãos e dos encantos dos falsos espíritos. Dessa forma, conhecendo a maioria dos homem seus deveres, existirá menor possibilidade de servirem à ambição de alguns descontentes em seus propósitos contra o Estado, e serão menos gravosas as contribuições necessárias à paz e à defesa. Os próprios governantes, por sua vez, terão menos motivos para manter, à custa do povo, um exército maior do que aquele necessário à defesa da liberdade pública contra as invasões e as usurpações dos inimigos estrangeiros.

Deste modo concluí meu discurso sobre o governo civil e eclesiástico, ocasionado pelas desordens dos tempos presentes, imparcialmente, sem propósitos pessoais e sem outro objetivo senão aquele de evidenciar aos olhos dos homens a mútua relação existente entre proteção e obediência, cujo cumprimento inviolável é exigido tanto pela condição da natureza humana quanto pelas leis divinas, naturais ou positivas. Embora na agitada situação dos Estados possa não haver uma constelação muito propícia ao aparecimento de verdades dessa natureza (já que há uma visão desfavorável dos elementos dissolventes de um antigo governo e só são enxergadas as costas dos que erigem um novo), não posso acreditar que meu discurso venha a ser condenado nesta época, tanto pelo público juiz das doutrinas quanto por qualquer pessoa que esteja interessada na continuidade da paz pública. Com essa esperança, retorno a minha interrompida especulação sobre os corpos naturais, na qual (se Deus me der saúde para acabá-la) espero que a novidade venha a agradar tanto quanto desagradou nesta doutrina do corpo artificial, pois essa verdade é unanimemente bem-vinda, uma vez que não se opõe aos interesses ou aos prazeres de nenhum homem.

## O objetivo, a filosofia e a missão da Editora Martin Claret

O principal objetivo da Martin Claret é contribuir para a difusão da educação e da cultura, por meio da democratização do livro, usando os canais de comercialização habituais, além de criar novos.

A filosofia de trabalho da Martin Claret consiste em produzir livros de qualidade a um preço acessível, para que possam ser apreciados pelo maior número possível de leitores.

A missão da Martin Claret é conscientizar e motivar as pessoas a desenvolver e utilizar o seu pleno potencial espiritual, mental, emocional e social.

O livro muda as pessoas. Revolucione-se: leia mais para ser mais!

MARTIN CLARET

# Relação dos Volumes Publicados

1. Dom Casmurro
Machado de Assis
2. O Príncipe
Maquiavel
3. Mensagem
Fernando Pessoa
4. O Lobo do Mar
Jack London
5. A Arte da Prudência
Baltasar Gracián
6. Iracema / Cinco Minutos
José de Alencar
7. Inocência
Visconde de Taunay
8. A Mulher de 30 Anos
Honoré de Balzac
9. A Moreninha
Joaquim Manuel de Macedo
10. A Escrava Isaura
Bernardo Guimarães
11. As Viagens - "Il Milione"
Marco Polo
12. O Retrato de Dorian Gray
Oscar Wilde
13. A Volta ao Mundo em 80 Dias
Júlio Verne
14. A Carne
Júlio Ribeiro
15. Amor de Perdição
Camilo Castelo Branco
16. Sonetos
Luís de Camões
17. O Guarani
José de Alencar
18. Memórias Póstumas de Brás Cubas
Machado de Assis
19. Lira dos Vinte Anos
Álvares de Azevedo
20. Apologia de Sócrates / Banquete
Platão
21. A Metamorfose/Um Artista da Fome/Carta ao Pai
Franz Kafka
22. Assim Falou Zaratustra
Friedrich Nietzsche
23. Triste Fim de Policarpo Quaresma
Lima Barreto
24. A Ilustre Casa de Ramires
Eça de Queirós
25. Memórias de um Sargento de Milícias
Manuel Antônio de Almeida
26. Robinson Crusoé
Daniel Defoe
27. Espumas Flutuantes
Castro Alves
28. O Ateneu
Raul Pompeia
29. O Noviço / O Juiz de Paz da Roça / Quem Casa Quer Casa
Martins Pena
30. A Relíquia
Eça de Queirós
31. O Jogador
Dostoiévski
32. Histórias Extraordinárias
Edgar Allan Poe
33. Os Lusíadas
Luís de Camões
34. As Aventuras de Tom Sawyer
Mark Twain
35. Bola de Sebo e Outros Contos
Guy de Maupassant
36. A República
Platão
37. Elogio da Loucura
Erasmo de Rotterdam
38. Caninos Brancos
Jack London
39. Hamlet
William Shakespeare
40. A Utopia
Thomas More
41. O Processo
Franz Kafka
42. O Médico e o Monstro
Robert Louis Stevenson
43. Ecce Homo
Friedrich Nietzsche
44. O Manifesto do Partido Comunista
Marx e Engels
45. Discurso do Método / Regras para a Direção do Espírito
René Descartes
46. Do Contrato Social
Jean-Jacques Rousseau
47. A Luta pelo Direito
Rudolf von Ihering
48. Dos Delitos e das Penas
Cesare Beccaria
49. A Ética Protestante e o Espírito do Capitalismo
Max Weber
50. O Anticristo
Friedrich Nietzsche
51. Os Sofrimentos do Jovem Werther
Goethe
52. As Flores do Mal
Charles Baudelaire
53. Ética a Nicômaco
Aristóteles
54. A Arte da Guerra
Sun Tzu
55. Imitação de Cristo
Tomás de Kempis
56. Cândido ou o Otimismo
Voltaire
57. Rei Lear
William Shakespeare
58. Frankenstein
Mary Shelley
59. Quincas Borba
Machado de Assis
60. Fedro
Platão
61. Política
Aristóteles
62. A Viuvinha / Encarnação
José de Alencar
63. As Regras do Método Sociológico
Émile Durkheim
64. O Cão dos Baskervilles
Sir Arthur Conan Doyle
65. Contos Escolhidos
Machado de Assis
66. Da Morte / Metafísica do Amor / Do Sofrimento do Mundo
Arthur Schopenhauer
67. As Minas do Rei Salomão
Henry Rider Haggard
68. Manuscritos Econômico-Filosóficos
Karl Marx
69. Um Estudo em Vermelho
Sir Arthur Conan Doyle
70. Meditações
Marco Aurélio
71. A Vida das Abelhas
Maurice Materlinck
72. O Cortiço
Aluísio Azevedo
73. Senhora
José de Alencar
74. Brás, Bexiga e Barra Funda / Laranja da China
Antônio de Alcântara Machado
75. Eugênia Grandet
Honoré de Balzac
76. Contos Gauchescos
João Simões Lopes Neto
77. Esaú e Jacó
Machado de Assis
78. O Desespero Humano
Sören Kierkegaard
79. Dos Deveres
Cícero
80. Ciência e Política
Max Weber
81. Satíricon
Petrônio
82. Eu e Outras Poesias
Augusto dos Anjos
83. Farsa de Inês Pereira / Auto da Barca do Inferno / Auto da Alma
Gil Vicente
84. A Desobediência Civil e Outros Escritos
Henry David Toreau
85. Para Além do Bem e do Mal
Friedrich Nietzsche
86. A Ilha do Tesouro
R. Louis Stevenson
87. Marília de Dirceu
Tomás A. Gonzaga
88. As Aventuras de Pinóquio
Carlo Collodi
89. Segundo Tratado Sobre o Governo
John Locke
90. Amor de Salvação
Camilo Castelo Branco
91. Broquéis/Faróis/Ultimos Sonetos
Cruz e Souza
92. I-Juca-Pirama / Os Timbiras / Outros Poemas
Gonçalves Dias
93. Romeu e Julieta
William Shakespeare
94. A Capital Federal
Arthur Azevedo
95. Diário de um Sedutor
Sören Kierkegaard
96. Carta de Pero Vaz de Caminha a El-Rei Sobre o Achamento do Brasil
97. Casa de Pensão
Aluísio Azevedo
98. Macbeth
William Shakespeare

99. Édipo Rei/Antígona
Sófocles

100. Lucíola
José de Alencar

101. As Aventuras de Sherlock Holmes
Sir Arthur Conan Doyle

102. Bom-Crioulo
Adolfo Caminha

103. Helena
Machado de Assis

104. Poemas Satíricos
Gregório de Matos

105. Escritos Políticos / A Arte da Guerra
Maquiavel

106. Ubirajara
José de Alencar

107. Diva
José de Alencar

108. Eurico, o Presbítero
Alexandre Herculano

109. Os Melhores Contos
Lima Barreto

110. A Luneta Mágica
Joaquim Manuel de Macedo

111. Fundamentação da Metafísica dos Costumes e Outros Escritos
Immanuel Kant

112. O Príncipe e o Mendigo
Mark Twain

113. O Domínio de Si Mesmo Pela Auto-Sugestão Consciente
Émile Coué

114. O Mulato
Aluísio Azevedo

115. Sonetos
Florbela Espanca

116. Uma Estadia no Inferno / Poemas / Carta do Vidente
Arthur Rimbaud

117. Várias Histórias
Machado de Assis

118. Fédon
Platão

119. Poesias
Olavo Bilac

120. A Conduta para a Vida
Ralph Waldo Emerson

121. O Livro Vermelho
Mao Tsé-Tung

122. Oração aos Moços
Rui Barbosa

123. Otelo, o Mouro de Veneza
William Shakespeare

124. Ensaios
Ralph Waldo Emerson

125. De Profundis / Balada do Cárcere de Reading
Oscar Wilde

126. Crítica da Razão Prática
Immanuel Kant

127. A Arte de Amar
Ovídio Naso

128. O Tartufo ou O Impostor
Molière

129. Metamorfoses
Ovídio Naso

130. A Gaia Ciência
Friedrich Nietzsche

131. O Doente Imaginário
Molière

132. Uma Lágrima de Mulher
Aluísio Azevedo

133. O Último Adeus de Sherlock Holmes
Sir Arthur Conan Doyle

134. Canudos - Diário de Uma Expedição
Euclides da Cunha

135. A Doutrina de Buda
Siddharta Gautama

136. Tao Te Ching
Lao-Tsé

137. Da Monarquia / Vida Nova
Dante Alighieri

138. A Brasileira de Prazins
Camilo Castelo Branco

139. O Velho da Horta/Quem Tem Farelos?/Auto da Índia
Gil Vicente

140. O Seminarista
Bernardo Guimarães

141. O Alienista / Casa Velha
Machado de Assis

142. Sonetos
Manuel du Bocage

143. O Mandarim
Eça de Queirós

144. Noite na Taverna / Macário
Álvares de Azevedo

145. Viagens na Minha Terra
Almeida Garrett

146. Sermões Escolhidos
Padre Antonio Vieira

147. Os Escravos
Castro Alves

148. O Demônio Familiar
José de Alencar

149. A Mandrágora / Belfagor, o Arquidiabo
Maquiavel

150. O Homem
Aluísio Azevedo

151. Arte Poética
Aristóteles

152. A Megera Domada
William Shakespeare

153. Alceste/Electra/Hipólito
Eurípedes

154. O Sermão da Montanha
Huberto Rohden

155. O Cabeleira
Franklin Távora

156. Rubáiyát
Omar Khayyám

157. Luzia-Homem
Domingos Olímpio

158. A Cidade e as Serras
Eça de Queirós

159. A Retirada da Laguna
Visconde de Taunay

160. A Viagem ao Centro da Terra
Júlio Verne

161. Caramuru
Frei Santa Rita Durão

162. Clara dos Anjos
Lima Barreto

163. Memorial de Aires
Machado de Assis

164. Bhagavad Gita
Krishna

165. O Profeta
Khalil Gibran

166. Aforismos
Hipócrates

167. Kama Sutra
Vatsyayana

168. Histórias de Mowgli
Rudyard Kipling

169. De Alma para Alma
Huberto Rohden

170. Orações
Cícero

171. Sabedoria das Parábolas
Huberto Rohden

172. Salomé
Oscar Wilde

173. Do Cidadão
Thomas Hobbes

174. Porque Sofremos
Huberto Rohden

175. Einstein: o Enigma do Universo
Huberto Rohden

176. A Mensagem Viva do Cristo
Huberto Rohden

177. Mahatma Gandhi
Huberto Rohden

178. A Cidade do Sol
Tommaso Campanella

179. Setas para o Infinito
Huberto Rohden

180. A Voz do Silêncio
Helena Blavatsky

181. Frei Luís de Sousa
Almeida Garrett

182. Fábulas
Esopo

183. Cântico de Natal/ Os Carrilhões
Charles Dickens

184. Contos
Eça de Queirós

185. O Pai Goriot
Honoré de Balzac

186. Noites Brancas e Outras Histórias
Dostoiévski

187. Minha Formação
Joaquim Nabuco

188. Pragmatismo
William James

189. Discursos Forenses
Enrico Ferri

190. Medeia
Eurípedes

191. Discursos de Acusação
Enrico Ferri

192. A Ideologia Alemã
Marx & Engels

193. Prometeu Acorrentado
Esquilo

194. Iaiá Garcia
Machado de Assis

195. Discursos no Instituto dos Advogados Brasileiros / Discurso no Colégio Anchieta
Rui Barbosa

196. Édipo em Colono
Sófocles

197. A Arte de Curar pelo Espírito
Joel S. Goldsmith

198. Jesus, o Filho do Homem
Khalil Gibran

199. Discurso sobre a Origem e os Fundamentos da Desigualdade entre os Homens
Jean-Jacques Rousseau

200. Fábulas
La Fontaine

201. O Sonho de uma Noite de Verão
William Shakespeare

202. MAQUIAVEL, O PODER
José Nivaldo Junior

203. RESSURREIÇÃO
Machado de Assis

204. O CAMINHO DA FELICIDADE
Huberto Rohden

205. A VELHICE DO PADRE ETERNO
Guerra Junqueiro

206. O SERTANEJO
José de Alencar

207. GITANJALI
Rabindranath Tagore

208. SENSO COMUM
Thomas Paine

209. CANAÃ
Graça Aranha

210. O CAMINHO INFINITO
Joel S. Goldsmith

211. PENSAMENTOS
Epicuro

212. A LETRA ESCARLATE
Nathaniel Hawthorne

213. AUTOBIOGRAFIA
Benjamin Franklin

214. MEMÓRIAS DE SHERLOCK HOLMES
Sir Arthur Conan Doyle

215. O DEVER DO ADVOGADO / POSSE DE DIREITOS PESSOAIS
Rui Barbosa

216. O TRONCO DO IPÊ
José de Alencar

217. O AMANTE DE LADY CHATTERLEY
D. H. Lawrence

218. CONTOS AMAZÔNICOS
Inglês de Souza

219. A TEMPESTADE
William Shakespeare

220. ONDAS
Euclides da Cunha

221. EDUCAÇÃO DO HOMEM INTEGRAL
Huberto Rohden

222. NOVOS RUMOS PARA A EDUCAÇÃO
Huberto Rohden

223. MULHERZINHAS
Louise May Alcott

224. A MÃO E A LUVA
Machado de Assis

225. A MORTE DE IVAN ILICHT / SENHORES E SERVOS
[illegible]

226. ÁLCOOIS E OUTROS POEMAS
Apollinaire

227. PAIS E FILHOS
Ivan Turguêniev

228. ALICE NO PAÍS DAS MARAVILHAS
Lewis Carroll

229. À MARGEM DA HISTÓRIA
Euclides da Cunha

230. VIAGEM AO BRASIL
Hans Staden

231. O QUINTO EVANGELHO
Tomé

232. LORDE JIM
Joseph Conrad

233. CARTAS CHILENAS
Tomás Antônio Gonzaga

234. ODES MODERNAS
Anntero de Quental

235. DO CATIVEIRO BABILÔNICO DA IGREJA
Martinho Lutero

236. O CORAÇÃO DAS TREVAS
Joseph Conrad

237. THAIS
Anatole France

238. ANDRÔMACA / FEDRA
Racine

239. AS CATILINÁRIAS
Cícero

240. RECORDAÇÕES DA CASA DOS MORTOS
Dostoiévski

241. O MERCADOR DE VENEZA
William Shakespeare

242. A FILHA DO CAPITÃO / A DAMA DE ESPADAS
Aleksandr Púchkin

243. ORGULHO E PRECONCEITO
Jane Austen

244. A VOLTA DO PARAFUSO
Henry James

245. O GAÚCHO
José de Alencar

246. TRISTÃO E ISOLDA
Lenda Medieval Celta de Amor

247. POEMAS COMPLETOS DE ALBERTO CAEIRO
Fernando Pessoa

248. MAIAKÓSVSKI
Vida e Poesia

249. SONETOS
William Shakespeare

250. POESIA DE RICARDO REIS
Fernando Pessoa

251. PAPÉIS AVULSOS
Machado de Assis

252. CONTOS FLUMINENSES
Machado de Assis

253. O BOBO
Alexandre Herculano

254. A ORAÇÃO DA COROA
Demóstenes

255. O CASTELO
Franz Kafka

256. O TROVEJAR DO SILÊNCIO
Joel S. Goldsmith

257. ALICE NA CASA DOS ESPELHOS
Lewis Carrol

258. MISÉRIA DA FILOSOFIA
Karl Marx

259. JÚLIO CÉSAR
William Shakespeare

260. ANTÔNIO E CLEÓPATRA
William Shakespeare

261. FILOSOFIA DA ARTE
Huberto Rohden

262. A ALMA ENCANTADORA DAS RUAS
João do Rio

263. A NORMALISTA
Adolfo Caminha

264. POLLYANNA
Eleanor H. Porter

265. AS PUPILAS DO SENHOR REITOR
Júlio Diniz

266. AS PRIMAVERAS
Casimiro de Abreu

267. FUNDAMENTOS DO DIREITO
Léon Duguit

268. DISCURSOS DE METAFÍSICA
G. W. Leibniz

269. SOCIOLOGIA E FILOSOFIA
Émile Durkheim

270. CANCIONEIRO
Fernando Pessoa

271. A DAMA DAS CAMÉLIAS
Alexandre Dumas (filho)

272. O DIVÓRCIO / AS BASES DA FÉ / E OUTROS TEXTOS
Rui Barbosa

273. POLLYANNA MOÇA
Eleanor H. Porter

274. O 18 BRUMÁRIO DE LUÍS BONAPARTE
Karl Marx

275. TEATRO DE MACHADO DE ASSIS
Antologia

276. CARTAS PERSAS
Montesquieu

277. EM COMUNHÃO COM DEUS
Huberto Rohden

278. RAZÃO E SENSIBILIDADE
Jane Austen

279. CRÔNICAS SELECIONADAS
Machado de Assis

280. HISTÓRIAS DA MEIA-NOITE
Machado de Assis

281. CYRANO DE BERGERAC
Edmond Rostand

282. O MARAVILHOSO MÁGICO DE OZ
L. Frank Baum

283. TROCANDO OLHARES
Florbela Espanca

284. O PENSAMENTO FILOSÓFICO DA ANTIGUIDADE
Huberto Rohden

285. FILOSOFIA CONTEMPORÂNEA
Huberto Rohden

286. O ESPÍRITO DA FILOSOFIA ORIENTAL
Huberto Rohden

287. A PELE DO LOBO / O BADEJO / O DOTE
Artur Azevedo

288. OS BRUZUNDANGAS
Lima Barreto

289. A PATA DA GAZELA
José de Alencar

290. O VALE DO TERROR
Sir Arthur Conan Doyle

291. O SIGNO DOS QUATRO
Sir Arthur Conan Doyle

292. AS MÁSCARAS DO DESTINO
Florbela Espanca

293. A CONFISSÃO DE LÚCIO
Mário de Sá-Carneiro

294. FALENAS
Machado de Assis

295. O URAGUAI / A DECLAMAÇÃO TRÁGICA
Basílio da Gama

296. CRISÁLIDAS
Machado de Assis

297. AMERICANAS
Machado de Assis

298. A CARTEIRA DE MEU TIO
Joaquim Manuel de Macedo

299. CATECISMO DA FILOSOFIA
Huberto Rohden

300. APOLOGIA DE SÓCRATES
Platão (Edição bilingue)

301. RUMO À CONSCIÊNCIA CÓSMICA
Huberto Rohden

302. COSMOTERAPIA
Huberto Rohden

303. BODAS DE SANGUE
Federico García Lorca

304. DISCURSO DA SERVIDÃO VOLUNTÁRIA
Étienne de La Boétie

305. Categorias
Aristóteles
306. Manon Lescaut
Abade Prévost
307. Teogonia / Trabalho e Dias
Hesíodo
308. As Vítimas-Algozes
Joaquim Manuel de Macedo
309. Persuasão
Jane Austen
310. Agostinho - Huberto Rohden
311. Roteiro Cósmico
Huberto Rohden
312. A Queda dum Anjo
Camilo Castelo Branco
313. O Cristo Cósmico e os Essênios - Huberto Rohden
314. Metafísica do Cristianismo
Huberto Rohden
315. Rei Édipo - Sófocles
316. Livro dos provérbios
Salomão
317. Histórias de Horror
Howard Phillips Lovecraft
318. O Ladrão de Casaca
Maurice Leblanc
319. Til
José de Alencar

Série Ouro
(Livros com mais de 400 p.)

1. Leviatã
Thomas Hobbes
2. A Cidade Antiga
Fustel de Coulanges
3. Crítica da Razão Pura
Immanuel Kant
4. Confissões
Santo Agostinho
5. Os Sertões
Euclides da Cunha
6. Dicionário Filosófico
Voltaire
7. A Divina Comédia
Dante Alighieri
8. Ética Demonstrada à Maneira dos Geômetras
Baruch de Spinoza
9. Do Espírito das Leis
Montesquieu
10. O Primo Basílio
Eça de Queirós
11. O Crime do Padre Amaro
Eça de Queirós
12. Crime e Castigo
Dostoiévski
13. Fausto
Goethe
14. O Suicídio
Émile Durkheim
15. Odisseia
Homero
16. Paraíso Perdido
John Milton
17. Drácula
Bram Stoker
18. Ilíada
Homero
19. As Aventuras de Huckleberry Finn
Mark Twain
20. Paulo – O 13º Apóstolo
Ernest Renan
21. Eneida
Virgílio
22. Pensamentos
Blaise Pascal
23. A Origem das Espécies
Charles Darwin
24. Vida de Jesus
Ernest Renan
25. Moby Dick
Herman Melville
26. Os Irmãos Karamazovi
Dostoiévski
27. O Morro dos Ventos Uivantes
Emily Brontë
28. Vinte Mil Léguas Submarinas
Júlio Verne
29. Madame Bovary
Gustave Flaubert
30. O Vermelho e o Negro
Stendhal
31. Os Trabalhadores do Mar
Victor Hugo
32. A Vida dos Doze Césares
Suetônio
33. O Moço Loiro
Joaquim Manuel de Macedo
34. O Idiota
Dostoiévski
35. Paulo de Tarso
Huberto Rohden
36. O Peregrino
John Bunyan
37. As Profecias
Nostradamus
38. Novo Testamento
Huberto Rohden
39. O Corcunda de Notre Dame
Victor Hugo
40. Arte de Furtar
Anônimo do século XVII
41. Germinal
Émile Zola
42. Folhas de Relva
Walt Whitman
43. Ben-Hur — Uma História dos Tempos de Cristo
Lew Wallace
44. Os Maias
Eça de Queirós
45. O Livro da Mitologia
Thomas Bulfinch
46. Os Três Mosqueteiros
Alexandre Dumas
47. Poesia de Álvaro de Campos
Fernando Pessoa
48. Jesus Nazareno
Huberto Rohden
49. Grandes Esperanças
Charles Dickens
50. A Educação Sentimental
Gustave Flaubert
51. O Conde de Monte Cristo (Volume I)
Alexandre Dumas
52. O Conde de Monte Cristo (Volume II)
Alexandre Dumas
53. Os Miseráveis (Volume I)
Victor Hugo
54. Os Miseráveis (Volume II)
Victor Hugo
55. Dom Quixote de La Mancha (Volume I)
Miguel de Cervantes
56. Dom Quixote de La Mancha (Volume II)
Miguel de Cervantes
57. As Confissões
Jean-Jacques Rousseau
58. Contos Escolhidos
Artur Azevedo
59. As Aventuras de Robin Hood
Howard Pyle
60. Mansfield Park
Jane Austen